Économie centrafricaine : crises, corruption et gouvernance

Collection « Études africaines »

Forte de plus de mille titres publiés à ce jour, la collection « Études africaines » fait peau neuve. Elle présentera toujours les essais généraux qui ont fait son succès, mais se déclinera désormais également par séries thématiques : droit, économie, politique, sociologie, etc.

Dernières parutions

Pacifique MUSHAMALIRWA BAHOGWERHE, *Capital social et production agricole dans le sud-kivu montagneux*, 2026.
Yves-Patrick MBANGUE NKOMBA, Edouard EPIPHANE YOGO (dir.), *Légitimité de l'état et extrémisme violent au sud du Sahara*, 2026.
Felix NTEP, Nene KANE et Razane CHROQUI (dir.), *Entrepreuriat féminin, inclusion financière et développement économique. Enjeux et stratégies en Afrique*, 2025.
Sous la direction de Cyriaque ESSEBA, *La diplomatie parlementaire camerounaise, Lecture plurielle du déploiement international de l'Assemblée nationale du Cameroun*, 2025.
Jean Claude NDONG MBA, *Géographie de la dépendance urbaine. Entre métropole et villes secondaires de la région de l'Estuaire (Gabon)*, 2025.
Idrissa MANÉ, *Anthropologie du mythe de la malédiction au Sénégal. Cas des Baynouk de Casamance*, 2025.
Jean Faustin TASILE AKUMA, *Comprendre le territoire de faradje et ses chefferies, Un annuaire géopolitique d'avant 1885 à 2025 dans la Province du Haut-Uele en République démocratique du Congo*, 2025.
Yves BUNKULU ZOLA, *RDC, La destination surprise*, 2025.
Jean Félix YEKOKA, *Les fondements socioculturels du vivre-ensemble chez les Kongo de la vallée du Niari (XVIIe-XXe siècle)*, 2025.
Denis RAMSEYER, *Le dilemme des jeunes Kouya (Sokya) de Côte d'Ivoire. Rester ou partir* ?; 2025.
Placide PILO KAMARAGI, *Physionomie des groupes armés en République démocratique du Congo. Une réécriture de l'histoire des conflits armés dans le Sud-Kivu et l'Ituri 1960-2005*, 2025.
Cheick Omar DIALLO, *L'apprentissage et la pratique du français au mali : Interférences linguistique et sociolinguistique*, 2025.
Jean-Claude OLOMBI, *L'ONU en République démocratique du Congo, L'impuissance structurelle du multilatéralisme*, 2025.
Telly DIALLO, *Les trajectoires guinéennes : la migration au-delà des chiffres*, 2025.
Eugène Ntondo BUBOTE, *Le père kongo en France, Analyse comparative d'une paternité appliquée*, 2025.

Clément Bélibanga

Économie centrafricaine : crises, corruption et gouvernance

Quelques éléments
pour la réforme du franc CFA (CEMAC)

L'Harmattan

5-7, rue de l'École-Polytechnique - 75005 Paris

www.editions-harmattan.fr

ISBN : 978-2-336-51664-6
EAN : 9782336516646

Dépôt légal : mars 2026

À mon frère aîné Tobie, qui m'avait poussé à faire de longues études
Au docteur Claude Conjugo, martyr de la démocratie centrafricaine, qui a lutté pour une Centrafrique juste et débarrassée de la corruption

À ma fille Lèko, disparue tragiquement et n'a pas connu l'adolescence

À mon épouse Gisèle

À mes petits-fils : Illyés et Guilimbo

Remerciements

Je remercie Edmond GNIPKINGO GBEGOUDA, ancien économiste principal à la Banque africaine de développement (BAD) et ancien ministre conseiller du premier ministre de la république centrafricaine. Malgré ses occupations, il a accepté de lire tout le livre. J'ai tenu compte de ses remarques importantes et pertinentes tant sur la forme que sur le fond. Il avait déjà écrit la préface de mon premier livre.

Bien entendu je suis responsable les erreurs d'analyse contenues dans ce livre

Avant–propos

Quelques éléments pour la réforme du FCFA-CEMAC ?

La conférence des chefs d'Etat de la Communauté économique et monétaire de l'Afrique centrale (CEMAC) a décidé d'une réforme de la convention monétaire, qui lie la France aux six pays membres de la communauté. Nous présentons dans cet avant-propos de mon livre nos propositions personnelles. Celles-ci, si elles sont appliquées pourraient fondamentalement modifier la convention en faveur des économies de la sous-région et de son financement.

Nous faisons d'abord très rapidement l'historique et ensuite l'analyse critique des principes essentiels de cette convention monétaire avant de donner quelques éléments proposés dans le cadre de cette réforme.

La zone Franc a été créée en 1945 au lendemain de la deuxième de la guerre mondiale. Elle fait suite aux déséquilibres financiers internationaux, défavorables au libre-échange à cette période. La zone franc est conçue comme un système monétaire qui lie la France à ses colonies et permet le développement des échanges avec le pays colonisateur. Les règles édictées depuis n'ont pas fondamentalement changé. Les réformettes mises en place ne sont que de forme et la présence permanente de la France dans les instances décisionnelles atteste que cette zone reste toujours favorable à l'ancien colonisateur qui a des gains non négligeables.

En 1972 et 1973 les sièges ont été délocalisés en Afrique et des gouverneurs africains ont été nommés pour diriger les deux banques centrales. Plusieurs critiques sont toujours formulées essentiellement par des universitaires et des africanistes : Est-ce que la zone est-elle optimale au sens de Robert Mundell ? C'est-à-dire si la zone franc a-t-elle permis le développement économique et social des pays membres ? Le système de parité fixe permet-il équilibre des économies des pays membres ? Ceux-ci peuvent-ils utiliser rationnellement leurs devises qui sont logées au trésor français ? L'arrimage du FCFA au Franc Français et aujourd'hui à l'Euro signifie-t-il que le FCFA est-il garanti par ses monnaies respectives ?

Les questions sont nombreuses et nous nous efforcerons de répondre à certaines d'entre elles.

Section 1 –
La zone Franc : histoire et caractéristiques

La naissance de la zone Franc et l'analyse critique de ses principes fondamentaux

A)– La naissance de la Zone Franc

La colonisation des pays africains par la France a pour objectif premier l'exploitation des richesses de ces pays et leur transfert en métropole. La monnaie est donc ce moyen précieux de développer les échanges. Il fallait créer un système de financement pour faciliter aux entrepreneurs coloniaux des économies coloniales et drainer les richesses vers la métropole.

Les crises monétaires qui ont débuté après la seconde guerre mondiale a sans doute joué un rôle dans la formalisation des zones monétaires coloniales en Afrique et dans d'autres régions du monde sous domination coloniale. Les banques privées qui jouaient le rôle des banques centrales ont fait leur apparition plutôt, leurs sièges étant localisées dans les métropoles respectifs. Si l'Angleterre avait moins d'emprise sur le système monétaire de ses colonies, la France contrôlait rigoureusement les systèmes monétaires de son empire. La date de 1830 correspond à la création des banques dans les colonies Britanniques (Afrique du sud), alors que la banque du Sénégal, de statut privé qui jouait le rôle de la banque centrale pour les colonies Françaises a été créée en 1853 avec les bureaux à Saint Louis au Sénégal.

C'est l'abolition de l'esclavage en 1848 qui a constitué le départ de la création de la Banque du Sénégal, son capital a été constitué par les indemnisations des colons propriétaires d'esclaves. Cette banque jouait le rôle de l'institut d'émission de l'Afrique occidentale française et du Togo.

Le 29 juin 1899, la banque de l'Afrique occidentale (BAO) a transféré son siège à Paris et devient opérationnelle cette même année à Dakar.

Si les prémices d'une zone monétaire existaient déjà, il a fallu attendre les crises monétaires successives qui ont donné la naissance au système de Bretton Woods pour que la zone Franc soit créée.

Le monde a vécu plusieurs systèmes monétaires qui ont connu des crises majeures avant les deux guerres mondiales. Ces multiples crises monétaires, conjuguées avec la guerre ont amené les pays occidentaux à se replier sur leurs colonies respectives afin de mieux les contrôler économiquement et y trouver également des solutions à leurs crises.

La crise économique et financière a tendance à pousser les pays vers le protectionnisme, surtout en l'absence de politiques macro-économiques convergentes. On a toujours tendance à accuser l'autre pays de mener une mauvaise politique ou d'être à la base de la crise. Ainsi la France va orienter le commerce avec ses colonies vers la métropole, protégeant ainsi une zone économique de plus en plus vaste. Les différents signes monétaires circulant dans les colonies constituent un obstacle au développement des échanges dans le bloc. La monnaie doit être émise par les banques naissantes pour uniformiser le système monétaire. Les pouvoirs publics vont organiser les banques détenues par les privés en harmonisant les statuts des banques coloniales et vont voter la loi monétaire en octobre 1936 qui va abolir la définition et la libre convertibilité des billets en métal. L'obligation est faite aux banques de conserver le Franc Français comme monnaie devise dans leurs livres. Le Franc est donc devenu une monnaie commune aux colonies et s'échange à un taux fixe avec les monnaies coloniales. Les contours d'une monnaie sont clairement définis.

À la sortie de la Deuxième Guerre mondiale, en décembre 1945, le gouvernement Français va désigner cette structure monétaire la « Zone Franc ». Le lendemain, l'assemblée constituante ratifie les accords de Bretton Woods et le même jour le FCFA (Franc des colonies Françaises d'Afrique) est créé par un communiqué gouvernemental et sa parité est fixée avec le FF soit 1 FCFA pour 1,77 FF.

La BAO (Banque africaine occidentale) disparait au profit de deux institutions d'émission : une pour l'Afrique occidentale française (AOF) et l'autre l'Afrique équatoriale Française (AEF).

B)– Les transformations de la zone Franc

Plusieurs banques ont été créées, répondant aux vœux des pays coloniaux. Ainsi, pour l'Empire britannique, un système « libre » a été mis en place, dotant chaque colonie d'une banque. Les colonies portugaises eurent aussi droit à leurs banques ainsi que les colonies Belges.

Ces banques ont brisé les liens avec leurs métropoles respectifs à l'indépendance. Il en est de même des pays d'Afrique du nord qui ont créé leur propre monnaie après avoir accédé à la souveraineté internationale.

La zone Franc est donc une zone monétaire unique au monde qui a maintenu les liens avec l'ancien colonisateur, la France avec des caractéristiques particulières.

1)– Les anciennes colonies françaises renforcent les liens monétaires avec l'ancien colonisateur

À l'indépendance, les pays africains, anciennes colonies françaises ont maintenu les liens monétaires avec la France. Seul la Guinée qui a dit non à l'indépendance dictée par la France est sortie de la zone et le Mali en 1962 qui a opté pour le « socialisme scientifique ». Mais ce dernier pays reviendra dans le giron monétaire français en 1984 après avoir dévalué le franc malien de 50 %. La

Mauritanie et Madagascar vont également quitter la zone franc pour créer leurs monnaies propres.

Deux phases ont marqué l'histoire postcoloniale du système monétaire de la zone franc.

En 1962, une union monétaire est créée, caractérisée par une monnaie unique émisse par un institut d'émission commun aux anciennes colonies. Les sièges de ces banques centrales restent localisés à Paris, et dirigés par des Français.

En 1972, pour les pays de l'Afrique centrale et 1973 pour les pays de l'Afrique de l'Ouest, une évolution marque l'histoire de la zone par l'adoption des nouveaux accords de coopération monétaire et de la nouvelle convention du compte d'opérations entre le France et les pays africains. Ces accords donnent naissance aux deux institutions d'émission : La banque des Etats d'Afrique centrale (BEAC) et la banque centrale des Etats de l'Afrique de l'ouest (BCEAO). Les directeurs de ces institutions seront désormais des africains et les sièges seront transférés respectivement à Yaoundé pour la BEAC et à Dakar pour la BCEAO. Il s'agit des transferts aux africains mais pour l'essentiel le pouvoir monétaire reste détenu par la France.

2)– Les caractéristiques essentielles de la zone Franc

La zone Franc est bâtie sur trois principes fondamentaux :

– Adoption d'un système de change fixe entre le FCFA et le FF et aujourd'hui avec l'Euro depuis 1992. Les monnaies de la Zone Franc sont convertibles à taux fixe, et illimitées.

– La libre transférabilité est le corolaire de la fixité du taux de change. Les transferts à l'intérieur de la zone sont illimités et libres, y compris les capitaux.

– La garantie illimitée de convertibilité du FCFA par le trésor français, signifie que celui-ci garantit la monnaie dans la zone, en particulier la convertibilité externe qui doit favoriser l'entrée des capitaux sans limite dans la zone.

– La centralisation des réserves de change des pays membres au trésor français, ce qui compense la convertibilité. Ces réserves sont déposées en partie au trésor français dans les proportions respectives de 60 %, 55 % et 50 % pour la BCEAO et 65 % et 50 % pour la BEAC.

C)– L'analyse critique des mécanismes de la zone Franc

Nous n'analyserons à ce stade que les mécanismes fondamentaux de la zone, en particulier nous tenterons de répondre à la question suivante : Sur le plan purement économique la zone franc peut-elle survivre sans la France ?

1)– Le système de fixité

Le système de change fixe dans une zone monétaire a certes des avantages basiques énumérés dans la littérature spécialisée, même si l'adoption de ce système dans différentes zones ne répond pas au même contexte historique. Les économies africaines étant petites, la fixité des taux de change peut leur procurer sans doute quelques avantages classiques. On peut les rappeler rapidement : réduction des incertitudes liées aux variations de taux de change pour l'exportateur ; la relative stabilité des prix, mais dans le cas étudié, ce système peut favoriser l'inflation importée compte de tenu du degré d'ouverture des économies africaines sur les pays européens membre de l'euro ; son impact est aussi perceptive sur la dette extérieure et sur les finances publiques.

La critique majeure selon nous est que ce système fixe le prix mais n'équilibre pas l'économie. Il ne parait pas être adapté aux économies africaines qui sont perpétuellement exposées aux chocs extérieurs et aux concurrences des autres pays en développement.

Le rattachement de la monnaie africaine à euro depuis sa création jusqu'à la date récente, a mené une politique monétaire déflationniste qui a renchéri le FCFA, alors que les économies africaines et européennes n'ont pas les mêmes structures et niveaux de développement. Cette politique est dommageable pour les exportateurs africains membres.

Le système de taux de changes flottants qui est censé équilibrer le système par la loi du marché est-il profitable pour les pays africains ? Ce système a aussi des vertus, notamment il permet d'utiliser la politique monétaire pour équilibrer l'économie, donc permet une politique indépendante, en particulier l'arme de la dévaluation compétitive pour équilibrer la balance commerciale et rendre l'économie plus attrayante ou ne peut être utilisée pour des politiques conjoncturelles. Cette politique de monnaie forte est même insupportable pour les grandes industries comme airbus qui était obligé de délocaliser certaines de ces unités de production dans la zone dollar pour mieux supporter la concurrence avec boeing. Elle met plutôt l'accent sur l'inflation que sur la croissance.

2)– La garantie illimitée de convertibilité du Trésor français

Ce principe édicte que les monnaies émises par les différents instituts d'émission de la zone franc sont garanties par le trésor français. Est-ce que cela signifie également que la garantie de la France du FCFA n'aurait pas d'existence légale ? Cette affirmation est totalement fausse car un pays ne peut garantir la monnaie d'un autre. C'est la vitalité de l'économie nationale qui garantit la valeur et l'existence d'une monnaie, notamment sa compétitivité, sa production saine, donc sans inflation démesurée qui assure la valeur de sa monnaie. [C. Bélibanga, 1986, thèse de doctorat, Toulouse].

En outre, l'on constate depuis plus d'une vingtaine d'années que les monnaies émises par les deux institutions d'Afrique, la BEAC et la BECEAO ne sont pas convertibles aux guichets entre elles. Ainsi les commerces entre les deux institutions s'effectuaient en FF à partir du début des années 90 et depuis 2002 en euros, ce qui est contraire à la règle écrite par les accords instituant la zone franc. Les échanges entre les zones africaines sont réduits au profit des pays européens. C'est une mise en cause de la zone franc dans les faits car l'objectif d'une zone monétaire est de favoriser les échanges et le développement entre les pays membres.

La libre convertibilité peut certes favoriser les investissements, mais il nous semble que ce n'est la raison du choix de ce principe. C'est essentiellement pour faciliter les rapatriements des capitaux issus de la production dans les pays africains de la zone. Ces transferts limitent l'accumulation, nécessaire à la croissance entretenue de ces pays. Les études menées montrent que la fuite des capitaux est importante des pays africains vers l'extérieur. Le Professeur Philippe Hugon a avancé des chiffres suivants : le montant des transferts sans contrepartie des ménages non africains sortis des pays africains de la zone en direction de la France et du reste du monde est passé de 89 millions de dollars en 1970 à 434 millions de dollars en 1993. Le montant cumulé de ces transferts est estimé à 3783,6 millions de dollars soit 2200 milliards de FCFA. Les placements spéculatifs effectués en FCFA en France entre janvier 1990 et juin 1993 s'étaient élevés à 928,75 milliards de FCFA.

La situation des pays à monnaie non convertible totalement ou partiellement nous invite à plus de réserves par rapport à la situation de la zone CFA. Ces pays reçoivent plus d'investissement direct étranger que les pays la zone franc et limite les fuites de capitaux. Un pays comme le Nigéria qui a une monnaie non convertible reste l'économie puissante en Afrique. L'accueil des investissements étrangers est lié à d'autres facteurs tels que le cadre macro-économique sain, la stabilité politique, la bonne gouvernance, le développement des capacités nationales, un code d'investissement attractif, etc.

3) – Le compte d'opérations

La garantie de convertibilité a pour corollaire l'ouverture d'un compte, appelé compte d'opérations dans les livres du trésor français. Celui-ci enregistre et gère les réserves extérieures des pays membres déposées en France selon les accords de la coopération monétaire entre la France et les pays Africains membres. Ces réserves constituent une garantie extérieure de la monnaie africaine et non les ressources propres de la France. Ce compte représente des sommes importantes en diverses devises servant à financer toutes les opérations extérieures des pays membres et encaisse toutes les opérations extérieures au profit des pays membres. Le fonctionnement assure sur le plan théorique tout risque l'insolvabilité des banques centrales pour les opérations financières extérieures, dans ce cas le trésor français doit fournir aux banques centrales des devises d'une façon illimitée. La situation créditrice du compte d'opérations donne droit au versement aux pays africains membres, des intérêts, dans le cas contraire, le trésor français prélève des intérêts.

Dans l'histoire de la zone Franc, les périodes du déficit du compte d'opération sont très rares. On note en 1983, pour la BCEAO, un déficit de 5,179 milliards de FF ; en 1987, la situation débitrice pour la BEAC était de 1,5 milliard de FF ; en 1998 les deux zones ont connu un déficit global de 2,162 milliards de FF et enfin en 1993 le déficit de la zone BEAC représentait 1,527 milliards de FF. Serges On peut conclure qu'à part ces périodes, la couverture extérieure de la monnaie africaine a été possible grâce à la bonne tenue des économies africaines, même si ces soldes positifs sur une très longue cache les disparités des économies africaines. La France reste le pays de la zone qui tire plus profit des réserves qu'elle peut placer sur les marchés financiers internationaux.

La dévaluation de 1994 qui a équilibré mécaniquement le compte d'opérations a aussi pour but de ne pas faire supporter par la France les conséquences de l'insuffisance des avoirs extérieurs des pays africains. La coopération monétaire est mise à rude épreuve pour les pays africains et constitue une farce qu'il conviendrait de dénoncer.

Section 2 –
La zone franc bloque-t-elle le développement des pays membres ?

C'est une question importante et la réponse n'est pas aisée. Dans l'affirmative, un autre raisonnement serait celui-ci : Et si les pays africains n'étaient pas dans la zone franc, quelles seraient leurs performances économiques et sociales ? Cette analyse serait complexe car elle ferait appel à des analyses économétriques qu'il n'est pas possible de faire dans le cadre de ce chapitre. Ce qui rendrait complexe la position du problème.

L'analyse serait incomplète si on se contente de s'appuyer sur les contreperformances économiques des pays africains de la zone Franc. L'hétérogénéité des résultats économiques ne rend pas compte de la réalité. D'autres variables doivent aussi être intégrées pour affiner l'analyse, en particulier la gouvernance économique et politique qui ne sera pas non plus abordée dans ce chapitre. La question est traitée dans un autre chapitre de ce livre.

Notre démarche consistera à analyser les politiques monétaires et de financement afin de tirer des conclusions partielles et non définitives parce que ces politiques peuvent être favorables ou pas à la croissance économique.

Les déterminants du financement par le système bancaire dans le cas étudié se basent sur les différents taux d'intérêts définis dans la zone de la BEAC et les conditions des banques.

A)– Politique de taux d'intérêt : un coût inaccessible

Le taux directeur de la BEAC est descendu à moins de 5 % ces dernières années. Les taux directeurs de la BEAC sont restés en moyenne relativement plus élevés que ceux de ses partenaires commerciaux. En 2000, moins de 3 points de pourcentage par rapport à la zone euro. Le différentiel est aujourd'hui de 2 points de pourcentage.

Tableau 1 : Taux d'intérêts débiteurs moyen par pays au 1er trimestre 2023

Cameroun	Centrafrique	Congo	Gabon	Guinée Equatoriale	Tchad
9,8	16,39	10,10	18,29	13,17	15,6

Source : BEAC

En 2023, on observe une différence de taux débiteurs entre les pays membres, le Cameroun a le taux le plus bas sans doute à cause de la concurrence entre les nombreuses banques dans ce pays. Le Cameroun à lui seul représente un peu plus de 44,1 % du PIB nominal de la zone CEMAC. Le Gabon et la Centrafrique ont des taux débiteurs importants respectivement 18,29 % et 16,39 %.

Tableau 2 : Taux des prêts dans la zone euro (décembre 2023)

Prêts accordés aux sociétés	**5,22 %**
Prêts accordés aux ménages	**3,97 %**

Source : Banque de France

Au total, le coût effectif d'un crédit pour l'emprunteur primaire varie entre 10,32 % (crédit campagne qui est supprimé) à 21,97 % (découvert non mobilisable).

Les taux débiteurs sont jugés très importants, car ils pénalisent les agents économiques nationaux qui ont des difficultés non seulement à bénéficier les crédits mais ne peuvent supporter les niveaux des coûts très élevés. Par contre, les entreprises étrangères ont la possibilité de se faire financer par les entreprises mères qui ont leurs sièges dans les pays occidentaux où les taux sont relativement bas.

La comparaison avec les pays de la zone euro affiche un taux directeur de 4 % en 2023 et des taux d'intérêts débiteurs extrêmement bas soit 5,22 % pour les prêts accordés aux sociétés et 3,97 % pour les prêts accordés aux ménages.

B)– Prédominance des crédits à court terme

Les crédits à l'économie privilégient les crédits à court terme. Ceux-ci représentent entre 60 et 67 % des crédits à l'économie, alors que les crédits à long terme représentent en moyenne 2,5 % sur la période étudiée.

Tableau 3 : Structure des crédits en 2022 (en %)

	Moyen terme	Long terme
79,05	16,33	4,62

Source : BEAC

...oppement nécessite des projets à long terme, ce que fait quasiment ...ique de crédit de la BEAC. Ce système monétaire ne finance que les ...a court terme notamment les crédits de campagne pour les produits ...coles. Ou des crédits pour les importations des produits manufacturés en provenance de la métropole, ce qui explique la prédominance du crédit à court terme. Cette politique ne met pas l'accent sur les crédits à moyen et à long terme qui ont vocation à financer des équipements et des infrastructures économiques de base de politique de développement. La politique de financement de la zone franc retarde le décollage des pays africains membres et favorise la commercialisation des produits de rente et l'importation des produits étrangers.

Tableau 4 : Crédits à l'économie en % du PIB

Afrique du sud	150
USA	200
France	95
Zone franc	29

Source : Mondafrique, 2015

Si on mesure le rapport entre les crédits à l'économie ramenés au PIB avec d'autres pays, on constate une énorme différence avec les autres pays qui sont indépendants monétairement. Ainsi, ce rapport donne pour les États-Unis, 200 % du PIB, l'Afrique du sud, 150 % du PIB, la France, 95 % du PIB. Pour les pays de la zone franc le rapport crédits à l'économie et le PIB ne représente de 29 % du PIB.

En conclusion, les politiques mises en place par le système de la zone franc ne permet pas de financer efficacement les économies des pays membres

C)- Couverture extérieure du FCFA

La norme exigée pour la couverture extérieure du FCFA doit être égale ou supérieure à 20 % des avoirs extérieurs sur engagement à vue.

Tableau 5 : Taux de la couverture extérieure de la monnaie (en %)

2017	2018	2019	2020	2021	2022
57,5	61,4	67,1	63,6	64	73,1

Source : BEAC

On constate que sur une longue période les pays membres ont bien couvert le FCFA et non la France.

Les avoirs extérieurs ont été largement positifs, les pays n'ont pas besoin de la garantie de la France. La dévaluation de 1994 a été imposée aux pays africains membres de la zone Franc à cause du déficit des réserves extérieures.

Section 3 –
Quelques éléments de réforme du FCFA de la CEMAC

Les éléments de la réforme concernent quatre points essentiels : La modification du système de taux de change, la gestion commune des réserves, la politique monétaire et de crédit et enfin le nom de la monnaie.

1)– Le Régime de change

Le régime de change est constitué de l'ensemble des règles par lesquelles un pays ou un ensemble des pays décident d'organiser la détermination des taux de change. C'est le régime de change qui sert à donner aux relations internationales une ou plusieurs monnaies de règlement. On distingue traditionnellement deux types de système de change : le régime de change fixe et le régime de change flexible ou flottant.

Le régime de change fixe

Dans ce système, le cours d'une devise est fixé par rapport à un étalon (une monnaie ou un panier de monnaies) par la banque centrale qui émet cette devise. C'est ce système qui a dominé l'économie mondiale jusqu'en 1973, année de la levée de la référence du dollar par rapport à l'or. Le système étalon-or est une variante du système fixe. Le système de change défini à la conférence de Bretton Woods était un système de change fixe ajustable dans un intervalle défini entre un plancher et un plafond. Dans ce régime, la banque centrale, par sa politique et interventions doit maintenir la valeur externe de la monnaie. Les partisans du système de taux de change fixe y voient plusieurs avantages : la monnaie attire la confiance des investisseurs, il maitrise l'inflation et favorise la croissance de la production et l'intégration économique. Pour les détracteurs du système de change fixe, celui-ci freine l'ajustement extérieur et limite le recours aux politiques macro-économiques conjoncturelles et accroit la vulnérabilité aux crises. Le taux de change fixe détermine un niveau économique incompatible avec la situation réelle de l'économie et est vulnérable aux crises financières internationales. Dans ce système les politiques monétaires doivent permettre de disposer suffisamment de devises pour défendre la parité de la monnaie. Et, enfin le système de change stable fixe les prix mais n'équilibre pas le système économique global [P. Hugon].

Le régime de change flexible ou flottant.

Le taux de change de la monnaie varie en fonction de la loi de l'offre et de la demande. Sa valeur est donc définie au jour au jour par le jeu de marché. Son avantage fondamental selon Milton Friedman, son partisan, est qu'il permet de supprimer la spéculation car celle-ci dérive d'un changement brutal de parité. Le régime de change flottant pur permet de stabiliser la parité grâce au mécanisme de rééquilibrage de l'offre et de la demande de devises sur le marché de change.

En outre, le régime de change flexible permet l'ajustement automatique de la balance des paiements. En effet, dans une économie ouverte, un déficit courant de la balance des paiements résulte d'un différentiel entre épargne et absorption. Un déficit entraine une dépréciation de la monnaie domestique qui permettra une amélioration de la compétitivité-prix et donc un retour à l'équilibre. Les opposants au régime flexible affirment que la spéculation n'a jamais été aussi forte depuis 1973, (date de l'adhésion des grandes économies à ce système), en témoignent les multiples crises financières qui se sont produites, les déséquilibres des transactions courantes sont devenus vertigineux, connaissant une apogée en 2008 (la chine et les USA) etc.

Nous proposons pour le FCFA de l'Afrique centrale, un système de change fixe et ajustable

Entre ces deux systèmes, il est possible d'adapter un système de change fixe et adaptable. Les marges au niveau du plafond et du plancher seraient préalablement définies, dans lesquelles les fluctuations de la monnaie seraient autorisées.

On peut aussi adopter le système de change flexible qui obéît à la loi de l'offre et de la demande. C'est ce système qui est dominant depuis 1973, quand les États-Unis ont décidé de l'inconvertibilité entre le dollar et l'or. Dans ce cas, il faudrait une économie forte et compétitive où les matières premières doivent être transformées avant d'être exportées. C'est une source de création de valeur ajoutée et des emplois.

2)-La gestion commune des réserves et le compte d'opérations

La gestion des réserves peut être définie comme « le processus par lequel un montant adéquat d'actifs extérieurs du secteur public sont mis à la disposition et sous le contrôle des autorités afin de leur permettre d'atteindre une série d'objectifs bien définis pour un pays ou une union» [FMI, directives pour la gestion des réserves de change, conseil d'administration du 20 septembre 2001]. La gestion peut être centralisée, dans ce cas, les pays mettent la totalité de leurs réserves à la disposition de la banque centrale de l'union monétaire. Elle peut être décentralisée, c'est la situation où les réserves sont gérées en partie par la banque centrale de l'union monétaire et l'autre par le pays détenteur des réserves de change.

Dans la zone franc, le compte d'opérations n'est pas tenu en devises étrangères mais en FCFA alors que les pays membres commercent avec des pays qui achètent en dollar, en euro, en yen ou en yuan. Ces devises étrangères sont confisquées par la France qui crée du FCFA pour les pays membres. C'est un scandale financier.

Dans le cas de cette réforme, le compte d'opérations devrait être fermé à Paris et transformé géré par la BEAC à Yaoundé. Nous aurons ainsi toutes les devises nous permettant de faire des opérations extérieures. Aujourd'hui, les directions nationales de la BEAC ne disposent pas des devises autres que l'euro qui existe en petite quantité. Les dollars sont vendus au marché noir.

L'excédent peut être placé sur les marchés internationaux pour que les pays en bénéficient. Les devises constituent une richesse pour les pays surtout que cinq pays de la zone sont pétroliers.

3)-La politique monétaire et de crédit

La nouvelle politique monétaire et de crédit devrait viser le développement des pays membres en réduisant le taux directeur et les taux débiteurs pour rendre plus compétitive les économies. Ceci pourrait favoriser le développement des PME/PMI. Il est aussi nécessaire d'harmoniser relativement les taux d'intérêts débiteurs et accorder plus les crédits à moyen et long terme pour les projets de développement économique et social.

4)– La présence de la France et le droit de véto

La convention monétaire qui lie la France aux six pays de la zone CEMAC dispose que le français qui est membre du conseil d'administration de la BEAC a un droit de véto sur les délibérations. L'indépendance du conseil d'administration est donc mise à mal. La réforme peut abroger cette disposition et mettre fin à la présence française.

5)– Le choix du nom de la monnaie unique de la CEMAC

Le choix du nom de la monnaie devrait partir de nos civilisations monétaires avant la pénétration de la colonisation. Il s'agit de rendre hommage aux ancêtres qui avaient déjà construit une économie d'échange basée sur la monnaie dont ils fabriquaient dans leurs entreprises. Il s'agit aussi de montrer la résistance à la pénétration de la monnaie occidentale, comme des différentes guerres menées contre les colonisateurs, c'est donc rentre hommage à leur intelligence. C'est aussi montrer que contrairement à la littérature occidentalo-centriste, les pays africains avaient bien une société organisée. Celle-ci n'était nullement basée que sur le troc, mais qu'il existait bien une économie où circulaient différentes monnaies. À partir de cette approche, le nom de la nouvelle monnaie devrait découler des trois noms suivants : le nzimbu, le mitako ou le cauri.

Le ***nzimbu*** était la monnaie qui a circulé dans les pays de l'Afrique centrale et qui a pris naissance dans le royaume du Congo. Les pratiques monétaires internes dans cette région se situent au VIIIème siècle [P. de Maret, 1981] alors que les monnaies du commerce, supports des échanges avec d'autres pays étrangers datent de 1563 [W.G.LW Randles, 1968]. Avant le nzimbu, d'autres monnaies existaient : nkani, nganga, meni, ...Le nzimbu est sous forme de coquillage Olivancillaria nana, « récolté par les femmes pour le compte du Meni-Kongo (souverain du Congo) jusqu'en 1621 ». Cette monnaie avait des multiples et étaient convertie en monnaies étrangères : cofo, lufuku, mafutu tatu.

Le ***mitako*** était à l'origine une monnaie locale connue sous le nom de *ntaku* (*ou ngela, ngele* par référence à sa nature métallique), fabriquée avec du cuivre de Mbuku-Nsongo (Congo). Il avait l'aspect d'un crochet d'environ deux centimètres de long en forme de U. Les commerçants européens faisaient venir des rouleaux de cuivre et les débitaient en fils de 30 à 50 centimètres. Vers 1890, un *mitako* valait officiellement 15 centimes, valeur imposée par les autorités belges. Elles décrétaient la même année que le *mitako* était désormais la monnaie officielle de l'Etat indépendant du Congo. Entre les populations, le *mitako* s'échangeait contre dix centimes ; en 1910, chez les Bakongo, il valait un centime car cette population produisait du cuivre traditionnel.

Le cauri, autre monnaie utilisée est un coquillage d'origine indopacifique de la famille des « cyprées » que l'on trouve principalement sous deux formes « moneta » et « annulus », très répandues sur le continent africain à partir du Xème siècle. C'est aussi une unité de compte et un étalon de valeur ; enfin le cauri peut servir à constituer une réserve de valeur soit à titre d'épargne soit en vue de paiements différé etc. C'est ainsi que dans les premières années de la colonisation, leur utilisation pour le paiement de l'impôt de capitation semble avoir d'abord été encouragée avant d'être définitivement interdite.

Notre choix parmi ces trois monnaies qui ont circulé en Afrique, porte sur Mitako qui est la première monnaie à circuler en Afrique centrale précoloniale et a joué un rôle important dans l'économie des pays de cette région

Le *Mitako* la nouvelle monnaie pour la Communauté économique et monétaire des Etats de l'Afrique Centrale ?

La raison du choix est d'abord d'ordre historique, le Mitako est la première monnaie qui a circulé en Afrique centrale en tant que moyen d'échange. En effet, la première monnaie que Stanley a trouvée au Congo en 1880 est le mitako (baguette de laiton). Le fil de laiton, qui arrivait en rouleaux de 35 kg était découpé en baguettes de 2 cm. Fixée à 5 cm, la valeur de la baguette permettait de substantiels bénéfices. Ensuite, mitako a été utilisé par plusieurs peuples de l'Afrique centrale. Cette monnaie, originaire du Moyen Congo est devenue prépondérante au Congo : les Ba-teke du Stanley Pool se le procuraient aux mines du Boko-Songo (Congo français) par l'intermédiaire des Manyanga, et le revendaient aux Ba-Yanzi de Bolobo qui l'écoulaient sur le haut-fleuve. Les Bobangui ou Ba-Yanzi appelaient muzanga, autre nom de mitako était utilisé comme instrument d'échange, mais a été refondu par des indigènes pour en faire des colliers, des bracelets, chez les mongos et comme chez d'autres peuplades. [Le Vte B.de Jonghe et Victor Tourneur, 1922]. Le Mitako était aussi appelé makouta subdivisé en miya qui valait 5 F dans les années 1940 le long du fleuve Oubangui [R-C Yavoucko, 1978].

Introduction générale

Les politiques économiques mises en place à l'indépendance par la plupart des pays africains au sud du Sahara ont eu des résultats peu significatifs, ne leur permettant pas de connaître un véritable décollage économique.

Dans un environnement international hostile, ces pays doivent faire face aux fluctuations régulières des prix des matières premières déterminés par les pays occidentaux. Par conséquent, ce sous-continent affiche un endettement sans limite dû à une détérioration séculaire des termes de l'échange.

Le diagnostic controversé fait par le « consensus de Washington » a amené le Fonds monétaire international et la Banque mondiale à imposer des programmes d'ajustement structurel (PAS) dans les années 80. Ils ont ainsi mis fin au modèle économique des indépendances, et instauré un néo-libéralisme généralisé sans distinction des particularités nationales. L'objectif visé est plus le remboursement de la dette extérieure et les PAS se sont substitués aux politiques du développement. Le bilan est décevant car l'endettement n'a pas été réduit dans un monde où l'Afrique est fortement marginalisée par la mondialisation.

La dette et les PAS sont-t-ils opposés au développement ? Une question que posent certains économistes avec insistance.

Les débats sur l'économie du développement ont retrouvé un regain d'intérêt dans les années 90, certainement à cause de l'échec des politiques d'ajustement structurel et le libéralisme qui s'est imposé comme le seul et unique modèle de développement.

L'apparition des nouveaux courants a contribué au renouvellement de la pensée théorique (les chercheurs) ou la pratique du développement (les ONG).

Le courant de l'alter développement lie la lutte contre les conséquences de la mondialisation libérale dans les pays du centre à la lutte pour l'annulation de la dette et contre la dégradation des conditions environnementales et sociales dans les pays en développement.

Certains libéraux ont été gagnés à l'interventionnisme, y compris au sein des institutions financières internationales, et ont réhabilité le rôle de l'Etat dans la gestion de l'économie nationale (le courant institutionnaliste).

Le concept de développement lui-même a évolué avec les tenants du développement durable qui intègrent dorénavant les ressources humaines pour mesurer le développement tout en sauvegardant les écosystèmes. Dans cette approche sont intégrés les naturalistes et les écologistes.

Au total, la nouvelle définition du développement de P. Hugon [2005] fait bien la synthèse de ces changements : le développement est alors « un processus endogène et cumulatif de long terme de progrès de la productivité et de la réduction des inégalités, en intégrant des coûts humains et environnementaux acceptables, permettant à un nombre croissant de passer d'une situation de précarité, de vulnérabilité et d'insécurité à une situation de plus grande maîtrise de l'incertitude, des instabilités et de satisfaction des besoins fondamentaux grâce à, l'acquisition de droits, à la mise en œuvre d'organisations et d'institutions et de modes de régulations permettant de piloter des systèmes complexes ».

L'autre débat est le rapport entre croissance, développement et la lutte contre la pauvreté. La stratégie de réduction de la pauvreté à travers le document de stratégie de réduction de la pauvreté (DSRP) était devenue un « modèle » économique suivi des objectifs du millénaire pour le développement. Cette stratégie a vu naitre les objectifs millénaires de développement (OMD) et plus tard les objectifs du développement durable (ODD) après les résultats mitigés des premiers. Quel est le bilan de lutte contre la pauvreté ?

Quelle solution durable apporter à la dette pour libérer le développement alors que les divers traitements et initiatives n'ont pas réduit l'endettement ? L'initiative internationale de lutte contre la pauvreté par l'annulation d'une partie de la dette a eu quels résultats ?

Les pays africains sont dans l'impasse. Comment sortir de ce cercle vicieux de la pauvreté, de l'injustice, de l'intolérance et de la corruption ?

La Centrafrique est l'exemple type d'un pays africain pauvre durable dont les crises récurrentes ont impacté négativement son évolution économique et sociale depuis l'indépendance. Elle a connu plusieurs mutineries, de coups d'Etat militaires, des rebellions armées.

Quelles sont les politiques économiques et financières mises en place depuis l'indépendance et leur efficacité et leur performance ? Leurs impacts sur le niveau de vie du peuple centrafricain qui demeure dans la pauvreté.

Nous analyserons son évolution économique depuis l'indépendance à travers les divers plans de développement économique et les programmes d'ajustement structurel appliqués par les divers gouvernements. Le bilan du document stratégique de lutte contre la pauvreté (DSRP) et son impact sur la pauvreté.

L'évolution de l'agriculture et de l'élevage sera analysée ainsi que celle des finances publiques etc. Les bilans de tous les secteurs économiques seront faits et leur impact sur la population.

L'endettement est-il soutenable ou favorable à la croissance économique ?

Dans les années 90, le peuple centrafricain a conquis, suite aux luttes multiformes, la démocratie qui est rongée progressivement alors que c'est le pilier du développement économique et social.

La pauvreté s'est développée ces dernières années d'une manière importante. D'après une étude de la Banque mondiale faite en 2023, la pauvreté est généralisée et touche 68,8 % de la population, soit

4,2 millions de personnes sur une population 6,1 millions d'habitants.

La situation économique actuelle du Centrafrique nécessite une vraie guerre économique et démocratique qui passe par l'instauration d'un nouvel ordre éthique national.

Le mot guerre est utilisé volontairement, opposé à une situation de guerre qui est devenue récurrente depuis trois décennies dans ce pays. À des guerres dévastatrices et inutiles qui ont pour but de détruire l'économie et les hommes dans le but de satisfaire des intérêts individuels, nous opposons une guerre qui vise le bien être de la population.

PARTIE I.

Chapitre 1.

L'économie du développement en panne ?

Née entre 1945 et 1960, l'économie du développement s'est accélérée dans les années 60 avec la décolonisation. Mais les espoirs qu'ont portés les différentes politiques de développement ont été déçus.

Au début des années 80, les programmes d'ajustement structurel (PAS) se sont substitués à l'économie du développement à la suite du « Consensus de Washington ». L'ajustement n'est plus conjoncturel mais est devenu une politique de développement. Avec la disparition des plans de développement quinquennaux, les politiques de court terme sont devenues dominantes aux dépens des politiques de développement à moyen et long terme. Les résultats obtenus sont restés insuffisants et les grands défis de développement restent les mêmes qu'il y a une soixantaine d'années pour beaucoup de pays africains.

Ces dernières années, la lutte contre la pauvreté est devenue sur le plan théorique une partie intégrale de l'économie du développement et la stratégie de réduction de la pauvreté et pour la croissance inclusive a été développée.

Depuis plus de trois décennies, suite au rapport Gro Harlem Bruntland, en 1987, une approche se fait jour, vulgarisée par le programme des Nations Unies pour le développement (PNUD) : le développement durable ou le développement humain. Cette approche met l'accent sur l'aspect social dans le développement sans nier le rôle de la croissance économique, tout en dénonçant la conséquence essentielle qui est la dégradation de la nature. Les défenseurs du développement durable mettent l'accent sur la croissance économique sans hypothéquer l'avenir des générations futures.

Le vaste panorama de la théorie de développement mesure l'importance toujours accordée à cette matière par l'économie conventionnelle et les instances internationales. Sa définition n'apparaît pas rigoureuse et est largement controversée.

Section 1 –
Définitions, approches et caractéristiques de la théorie du développement

A. Lewis définit l'économie de développement comme traitant de la structure et du fonctionnement des économies dont la production par tête ne dépasse pas 200 dollars de 1980.

Certains auteurs n'admettent pas la formulation d'une théorie particulière de l'économie de développement. Les modèles économiques élaborés pour les pays développés par l'économie générale peuvent être appliqués aux pays en développement. C. Furtado pense que l'économie du développement constitue une thématique particulière et que sa connaissance nécessite une théorisation particulière.

Le sous-développement a plusieurs définitions. René Gendarme a recensé vingt et une définitions parmi les auteurs contemporains alors que W. Singer a estimé qu'un pays sous-développé ressemblait à une girafe « difficile à définir, mais facile à reconnaître lorsqu'on en rencontre ». R. Vernon assimile le sous-développement à un manque d'industrialisation et parce qu'ils « ne sont pas membres de l'OCDE ».

Cette définition normative a été critiquée par plusieurs auteurs qui considèrent le sous-développement comme produit des rapports qui ont assujetti des pays sous-développés aux pays développés. Dans ce sens, pour C. Furtado, le sous-développement est « création de la dépendance ».

Ces diverses définitions contradictoires du sous-développement expliquent la complexité et l'ambiguïté du concept. Ces divergences se retrouvent quand il s'agit d'expliquer le sous-développement. Il existe deux élaborations différentes de la théorie explicative du sous-développement. Les néoclassiques expliquent le sous-développement comme une incapacité à l'industrialisation ou un retard de développement. Alors que les économistes critiques ou marxistes incriminent les pays développés d'avoir déséquilibré les économies coloniales par une exploitation aboutissant à la situation du sous-développement.

A)– Rappel rapide de l'économie du développement

Nous rappelons les conceptions libérales et critiques de l'économie du développement.

1)– Sous-développement, comme retard de développement

Le sous-développement est analysé comme la situation de l'Europe avant la révolution industrielle. Elle correspond aujourd'hui à celle des pays sous-développés. Elle est caractérisée par une série d'inaptitudes au développement. L'évolution de ces pays ne peut se faire que par plusieurs étapes.

a)– Le sous- développement comme série d'inaptitudes au développement

Ces « inaptitudes » sont :

– Le manque d'entrepreneurs au sens de J. Schumpeter : ceux qui jouent le rôle moteur capable d'innover, d'organiser la production et d'assurer l'investissement pour la production future.

– Un enchaînement de cercles vicieux. Les cercles vicieux sont des éléments liés entre eux et qui constituent un handicap pour le développement économique. Ainsi, un pays sous-développé est caractérisé par la faiblesse de revenu qui ne favorise pas l'épargne, donc absence des capitaux pour l'investissement entraînant le processus de croissance soutenue.

– Une série de déterminismes. P. Bairoch parle du détermisme géographique en expliquant que la révolution industrielle a eu lieu dans les pays tempérés alors que les pays sous-développés sont localisés dans les zones intertropicales ou tropicales. Dans ces régions, les terres sont moins fertiles et ne permettent pas une culture variée.

b)– Le sous-développement comme retard de développement

Cette approche a été développée essentiellement par Rostow et appelée « le néo-évolutionnisme de Rostow ». Rostow parle de la généralisation du processus du développement économique de l'occident au reste du monde. Celui-ci doit suivre une démarche linéaire car l'évolution est divisée en cinq étapes : Tradition, transition, décollage, maturité et consommation de masse. La société traditionnelle est déterminée par l'absence de la science et de la technologie, mais est appelée à évoluer positivement. La transition est le moment où la société traditionnelle subit une transformation en utilisant la science et la technologie avec l'apparition des banques, des transports et communications. Le décollage est la période pendant laquelle les obstacles à la croissance régulière sont vaincus. La croissance devient continue grâce à un taux élevé d'épargne et d'investissement. On assiste à l'augmentation de la productivité de l'agriculture. Cette phase appelée « take off » est la plus importante des étapes. La maturité a lieu 30 ans après le « take off » et est caractérisée par un volume d'investissement plus important (10 à 20 % du revenu national). Et enfin l'ère de consommation de masse qui est l'étape où la production des biens de consommation durables et les services deviennent les principaux secteurs de l'économie. La consommation devient abondante.

2)– Sous-développement, comme produit du développement contradictoire et antagonique

Ce courant rejette l'analyse du sous-développement en terme de retard, il ne constitue pas un état naturel mais est créé et perpétué par l'exploitation capitaliste. Pour S. Amin l'économie de développement s'est refusée de poser le véritable problème du sous-développement : « la genèse historique », tandis que A. Gunder Frank trouve l'origine du développement dans « l'accumulation dépendante ».

3)– Origine du sous-développement : l'impérialisme et l'accumulation dépendante

La théorie de l'impérialisme est indiscutablement celle qui a permis d'expliquer la colonisation et son corollaire l'exploitation économique. Même si certains libéraux ne se réclament pas de la théorie de l'impérialisme, ils n'en décrivent pas moins le phénomène. P. Bairoch, économiste libéral analysant les raisons du non-développement des pays du tiers-monde classe parmi « les facteurs perturbés », l'exploitation coloniale. Il en est de même des nombreux écrits de F. Perroux et de R. Prebisch.

A. Gunder Frank dans une vaste étude qu'il a menée dans le cas des pays d'Amérique latine, d'Asie, d'Afrique et d'Orient, a analysé dans chaque pays et groupe de pays, le procès d'accumulation de capital en tant que « déterminante » de la richesse et de la misère des Nations. Pour lui, c'est l'accumulation dépendante qui est la cause du sous-développement des pays étudiés. Ce procès d'accumulation s'est opéré d'une part, par l'intermédiaire des relations commerciales, le commerce triangulaire et d'autre part, l'exploitation des richesses naturelles des colonies dirigées vers les pays colonisateurs. Ce processus a dépossédé le nouveau monde de ressources nécessaires pour l'accumulation primitive : « la conquête des colonies par les Etats européens, a entraîné une gigantesque accumulation de richesses en Europe, dans chacun des Etats ».

4)– Sous-développement et échange inégal

L'échange inégal est un élément explicatif utilisé par l'économie critique pour expliquer le sous-développement. L'analyse se base sur la « détérioration séculaire » des termes de l'échange entre les pays développés et les pays non développés. Pour P. Jalée la détérioration des termes de l'échange a baissé constamment le pouvoir d'achat des exportations des pays en voie de développement (PVD) qui entrave le développement. J. Freyssinet fait le même constat parce que la baisse des recettes des exportations pénalise les financements des investissements à cause de la rareté des moyens de financement. Pour lui, c'est la spécialisation des pays en développement qui est à l'origine de la dégradation des termes de l'échange.

B)– Les stratégies de développement mises en place

On peut réduire le nombre des stratégies du développement mises en place dans les PVD à deux : la stratégie de substitution aux exportations et la stratégie des industries industrialisantes. Nous excluons volontairement les modèles dits socialistes « essayés » par certains pays.

1)– Le modèle de substitution aux importations

Ce modèle trouve ses origines en Amérique Latine. Suite à la crise des années 30 qui a touché les États-Unis et l'Europe, la région a connu une réduction des importations et des recettes des exportations. Le modèle est basé sur le théorème de Prebish-Singer, théoricien structuraliste de la CEPAL (commission économique pour l'Amérique Latine). Ce théorème dit en substance que la demande des produits primaires (qui proviennent des pays en développement) est inélastique par rapport au revenu et contraire à l'élasticité du revenu des biens manufacturés du Sud [E. de la Taille]. La conclusion est qu'à long terme, les PVD connaîtront une faible croissance et une dégradation des termes de l'échange. Dans ces conditions, les PVD doivent protéger leurs marchés et produire localement les biens manufacturés. La réussite du modèle de substitution aux importations est liée à un rôle prédominant de l'Etat. L'intégration régionale constitue la deuxième condition pour l'élargissement du marché et l'Etat a seule vocation (contrairement au secteur privé) à investir dans les secteurs stratégiques.

Les limites de ce modèle sont le financement qui est tributaire des devises pour l'importation des biens d'équipement, la surévaluation des taux de change qui pénalise les exportations industrielles, la taille du marché intérieur et le niveau de revenu interne [J. Adda, 2004].

Cependant Eric Kervénaël [2003] fait un bilan positif du régime populiste de Getulio Vargas qui a appliqué ce modèle économique : le Brésil a investi là où existait un vide, notamment dans le secteur des biens d'équipement en 1950 et le secteur chimie en 1970 en privilégiant le marché intérieur. Entre 1950 et 1980, le PIB a été multiplié par 7, le PIB/habitant par 3. La politique de soutien à la demande a été l'instauration d'un salaire minimum.

Le Mexique est le second pays de l'Amérique latine à avoir mis en place la stratégie de substitution aux importations. À la fin de 1930, les résultats sont visibles dans la demande des importations : la demande des biens de consommation est passée de 22,2 % en 1939 à 5,7 % en 1958 et les biens intermédiaires de 55,9 à 40,4 %. Cette politique a été accompagnée d'une vision endogène du développement de la science et de la technologie dont le financement est passé de 0,15 % du PIB en fin 1960 à 0,42 % en 1982, avec une croissance de 80 % de 1976 à 1980.

Le « miracle » mexicain a également enregistré des résultats probants ente 1940 et 1970 : taux de croissance de 7 % par an, (9 % PIB industriel). L'Etat est devenu un investisseur important avec 30 % et 40 % des investissements totaux. L'emploi industriel augmente et en 1970, la population urbaine est de 60 %, les salaires dans l'industrie augmentent en moyenne de 3, 2 % entre 1950 et 1970. Entre 1945 et 1970 plus de 95 % de la production industrielle est destinée à la demande interne.

2)– Le modèle des industries industrialisantes

Le modèle a été inspiré par François Perroux et Destanne de Bernis qui mettent l'accent sur le développement de certaines industries entraînantes sur le reste de l'économie. Ces industries sont susceptibles de provoquer des effets en amont (matières premières) et en aval (une série d'industries dépendantes). C'est un modèle déséquilibrant, car il délaisse le secteur agricole en particulier.

Le pays pris en exemple est l'Algérie, partisan de l'industrie lourde comme base de développement. Elle a mis l'accent sur la sidérurgie, la pétrochimie et les infrastructures de transport. La sidérurgie valorise le minerai de fer dans le but de produire la fonte et l'acier et de développer en aval une série de branches : industries métalliques, mécaniques et électriques.

C)– Évolution récente de l'économie du développement

Les débats sur l'économie du développement ont retrouvé un regain d'intérêt dans les années 90, certainement à cause de l'échec des politiques d'ajustement structurel et le libéralisme qui s'est imposé comme le seul et unique modèle de développement.

L'apparition des nouveaux courants a contribué au renouvellement de la pensée théorique (les chercheurs) ou la pratique du développement (les ONG).

Le courant de l'alter développement lie la lutte contre les conséquences de la mondialisation libérale dans les pays du centre à la lutte pour l'annulation de la dette et contre la dégradation des conditions sociales dans les pays en développement.

Certains libéraux ont été gagnés à l'interventionnisme, y compris au sein des institutions financières internationales, et ont réhabilité le rôle de l'Etat (le courant institutionnaliste).

Le concept de développement lui-même a évolué avec les tenants du développement durable qui intègrent dorénavant les ressources humaines pour mesurer le développement tout en sauvegardant les écosystèmes. Dans cette approche sont intégrés les naturalistes et les écologistes.

Au total la nouvelle définition du développement de P. Hugon [2005] fait bien la synthèse de ces changements : le développement est alors « un processus endogène et cumulatif de long terme de progrès de la productivité et de la réduction des inégalités, en intégrant des coûts humains et environnementaux acceptables, permettant à un nombre croissant de passer d'une situation de précarité, de vulnérabilité et d'insécurité à une situation de plus grande maîtrise de l'incertitude, des instabilités et de satisfaction des besoins fondamentaux grâce à, l'acquisition de droits, à la mise en œuvre d'organisations et d'institutions et de modes de régulations permettant de piloter des systèmes complexes ».

1)– Le modèle de la mondialisation libérale et l'alter mondialisation

La mondialisation libérale se différencie de la mondialisation marchande par sa forme de régulation anti-gouvernementale et son mode de gestion du capitalisme. C'est un système où la nation ne joue aucun rôle économique et n'influence nullement les décisions prises dans le cadre de l'économie du monde.

La mondialisation marchande est basée sur la régulation keynésienne et néo-keynésienne.

La théorie libérale a un caractère universaliste et prône l'intégration des pays pauvres au marché mondial dans le cadre de la libéralisation économique prônée par les institutions du Bretton Woods et de l'OMC. Elle met en cause l'ancienne théorie libérale de la division du travail, lève la dichotomie qui existe entre croissance et développement et nie les résultats différenciés au niveau de l'intégration internationale. Elle proclame la libéralisation des marchés mondiaux pour recevoir les investissements privés.

L'alter mondialisation sans être un modèle économique est un mouvement de contestation de la mondialisation libérale. C'est un mouvement social qui, face à une logique de mondialisation libérale effrénée, revendique et met en avant des valeurs comme la démocratie, la justice économique, la sauvegarde de l'environnement, des droits humains eu vue d'une mondialisation maitrisée et solidaire [La toupie]. L'alter mondialisme est fondée idéologiquement sur la critique de la mondialisation libérale donc du capitalisme avec comme outil le marxisme. En particulier, il dénonce l'hégémonie du monde financier, à la base des multiples crises mondiales. C'est donc une posture anticapitaliste.

Elle est née des manifestants réunis au sommet de l'organisation mondiale du commerce de Seattle aux États-Unis en 1999 et plus tard lors des réunions d'autres institutions internationales telles que le FMI, G8, G20, sommet européen, forum de Davos. C'est une fusion de plusieurs organisations. Parmi les plus anciennes on peut citer le centre d'études et d'initiatives de solidarités internationales (CEDETIM), une organisation « anticolonialiste, le Comité catholique contre la faim et pour le développement (CCFD). On y trouve aussi des organisations syndicales des salariés, des paysans ou encore l'association pour une taxation des transactions financières pour l'aide aux citoyens (Attac).

L'alter mondialisme comprend trois dimensions :

– Penser et agir global : comprendre les formes modernes des relations économiques et sociales et lutter contre les dimensions actuelles de l'aliénation du système.

– Constituer des contre-pouvoirs : garantir les acquis sociaux et lutter pour avoir d'autres avancées dans le domaine social, solidarité avec les pays en développement pour leur autodétermination. C'est une lutte politique et idéologique qui justifie l'existence de l'alter mondialisme.

– Construire des alternatives : Il s'agit de montrer que la mondialisation libérale ne constitue pas la voie unique offerte au monde. Il y a d'autres modèles de développement qui assurent le bien être des peuples. [D.Plihon, 2008].

Elle défend une vision nationalitaire, donc la régulation keynésienne. Sa composition hétérogène constituée des libéraux, des tiers-mondistes, des socialistes, des communistes et des militants de l'extrême gauche explique les difficultés à se définir socialement. Elle préconise le retour à l'ancienne forme de la mondialisation marchande. Ses actions sont dirigées essentiellement contre l'OMC, la Banque Mondiale et le FMI qui sont les appareils idéologiques de cette mondialisation libérale.

Les partisans de l'alter mondialisation réclament un nouvel ordre économique international par la réforme des institutions internationales et commerciales. En outre, ils réclament le droit au développement qui doit améliorer la situation sociale et le bien-être de chaque être humain et la création d'un cadre démocratique favorable au développement.

2)– L'économie de l'écologie : contradiction entre écologie et la logique économique libérale ?

La notion de ce concept est apparue vers les années 80 avec la contestation du modèle de l'équilibre général basé sur la recherche du profit et incapable de donner des réponses aux problèmes environnementaux.

La croissance économique accélérée conduit à la dégradation de l'environnement et de la planète. Le courant écologique dresse les conséquences dramatiques : la déforestation, l'exploitation minière, la disparition des espèces animales et végétales.

Ces dégradations n'épargnent aucun continent et tendent à réduire les potentialités économiques nécessaires pour les générations futures. En 1992, le rapport de la Banque mondiale dénonce que « le taux d'extinction des espèces est très largement supérieur de 50 à 1000 fois à ce que serait un taux naturel en l'absence de toute influence humaine. Il disparaît une ou deux espèces par jour, en moyenne, mais des centaines de milliers d'espèces restent à découvrir ». On peut ajouter les pollutions (l'effet de serre), la radioactivité. Ces dernières années, le monde assiste impuissant au développement des inondations et des sécheresses, conséquences du changement climatique. L'agriculture intensive, les organismes génétiquement modifiés ont des impacts négatifs sur le sol. La dénonciation de Serge Latouche [2001] est sans appel : « le pouvoir d'autorégulation de la nature a été occulté, méprisé, détruit au bénéfice de celui du capital et de la technique. La nature a été réduite à un réservoir de matière inerte et à la poubelle ». En Afrique, les sociétés forestières détruisent les forêts par les exportations des grumes sans se préoccuper de leur reproduction, les chalutiers occidentaux font disparaître la pêche locale et favorisent la famine.

L'économie écologique s'efforce d'intégrer ces externalités négatives de la croissance économique. Serge Latouche montre que l'intégration de la nature et de l'environnement dans la « rationalité économique » se pose à deux niveaux : celui de l'épuisement des ressources et celui des pollutions. Harwick [1977] tente d'intégrer les ressources non-renouvelables et pose le problème de la règle de compensation. Les rentes prélevées au fur et à mesure de l'épuisement des ressources, qui sont égales à la différence entre le prix de marché et le coût marginal des dites ressources, devraient être réinvesties pour produire un capital de substitution au capital naturel détruit. Pour les pollutions, les économistes doivent s'efforcer de donner un prix aux atteintes à l'environnement, c'est-à-dire, traduire celles-ci en termes monétaires. Il s'agit d'un coût social engendré par l'activité d'un agent mais qui n'est pas supporté par lui (déséconomie externe). Dès lors, si on intègre les externalités négatives dans le calcul de la croissance, les résultats seront en baisse. C'est ce qui explique en partie les taxes imposées par les pouvoirs publics pour atténuer la situation, même si elles sont largement insuffisantes. Il s'agit par exemple en France de l'éco taxe ou pollueur-payeur.

Pour Jérôme Dupras les tenants de l'économie environnementale prônent l'intégration des externalités négatives de la croissance dans le calcul économique, le courant représenté par les économistes de l'écologie va plus loin. L'économie « développe des cadres et des outils d'évaluation susceptibles d'être utilisés par ces agents pour bâtir une économie respectueuse des conditions et des capacités de la nature et des communautés » [Jérôme Dupras, 2014].

La communauté internationale a été convaincue de la gravité de la situation en organisant en 1992 à Rio, le sommet de la planète Terre en définissant les « techniques écologiquement rationnelles ». Malgré la présence de beaucoup de chefs d'Etats africains à ce sommet, l'économiste très écouté à l'époque de la Banque mondiale, Lawrence Summers, a écrit dans un document interne : « Les pays sous-peuplés d'Afrique, sont largement sous-pollués ; la qualité de l'air y est probablement d'un niveau inutilement élevé par rapport à Los Angeles ou Mexico » [cité par Latouche], désignant ainsi officiellement les pays d'Afrique comme poubelles des pays industrialisés.

L'économie de l'écologie cherche également à reformuler le concept de développement, ainsi le « développement doit être économiquement efficace, socialement équitable et écologiquement prudent » [B Zindeau, 2000]. Le capital « naturel » devient un des facteurs de production au même titre que le travail, le capital matériel et le capital humain. Le développement ne se définit pas par la croissance, mais « comme une capacité à satisfaire les besoins humains et à améliorer la qualité de vie, tout en stabilisant le niveau d'utilisation des ressources physiques ».

3)– Le modèle de l'économie durable

L'économie durable est définie par les Nations-Unies comme « un développement qui répond aux besoins des générations du présent sans compromettre la capacité des générations futures à répondre aux leurs ». Le concept de besoins, surtout des plus démunis qui doivent être obligatoirement satisfaits est essentiel dans cette définition. L'économie durable a trois piliers contrairement au modèle de l'équilibre général : l'économique, le social et l'environnement.

François Perroux va faire la distinction entre la croissance qui est quantitative et qui est un moyen et le développement qui a un contenu qualitatif et qui est une finalité. À partir de ces divers apports, le développement durable est défini dans le rapport Brundtland comme un « développement qui satisfait nos besoins sans compromettre, pour les générations futures, la satisfaction de leurs propres besoins ».

Ce modèle trouve ses prémices dans l'approche environnementaliste du développement et ses contenus reprennent les mêmes préoccupations d'intérêt général tels que l'environnement, l'accès aux biens essentiels, l'intérêt des plus démunie etc. Il trouve ses origines déjà en 1960 avec le Club de Rome qui dénonce la croissance économique responsable de la dégradation des ressources écologiques et des inégalités sociales dans le monde. La Conférence des Nations Unies sur l'Environnement en 1972 à Stockholm a fait le procès du productivisme, de l'expansion sans fin du cycle production /consommation. En 1987, madame Brundtland alors première ministre de la Norvège présente les relations positives entre développement et durabilité et avance l'idée de la protection de l'environnement en présence d'une croissance économique et affirme que la pauvreté a un effet négatif sur l'environnement. Le sommet de la Terre en 1992 à Rio qualifie le développement actuel d'« insoutenable ». Plus tard plusieurs sommets se sont préoccupés de cette nouvelle problématique en particulier les sommets de la Terre à Rio, à Johannesburg et Rio + 20 respectivement en 2002 et 2012 et celui de Paris sur le Climat en 2016 et d'autres sommets du genre qui se tiennent annuellement.

Avec la montée des risques écologiques ; la médiatisation de certains évènements (écologiques, sociaux) ; la mondialisation des économies et des échanges qui appelle de nouveaux modes de régulation (globaux) ; l'influence des ONG, l'économie durable occupe une place dans la littérature de l'économie politique.

Le concept du développement durable a été intériorisé et vulgarisé par certaines entreprises et renforcé à travers le programme d'action de Johannesburg sous le patronage des Nations unies en 2002 qui fixe l'objectif « d'encourager le secteur industriel à améliorer ses résultats sur les plans social et environnemental, des codes de bonne conduite, de mesures de certification... ». Le développement durable a permis d'aller plus loin dans la protection environnementale et prend en compte des problématiques plus globales (couche d'ozone, effet de serre, biodiversité).

4)– Le modèle de la croissance endogène

Les modèles néoclassiques de la croissance économique ont bâti leur théorie sur la population et la technologie, variables exogènes considérées neutres, et ont nié les comportements économiques. Solow analyse la croissance comme un phénomène temporaire et qui n'est pas expliqué par l'accumulation du capital. Le modèle Solow va dénier à l'Etat, autre variable exogène, de jouer un rôle dans la croissance économique. Pour cet auteur, en l'absence de progrès technique et d'augmentation de la population, la croissance s'arrête, du fait de l'hypothèse de « la décroissance de la productivité marginale du capital ».

Les modèles keynésiens dont les plus connus sont ceux de Harrod et Domar vont introduire le temps, le lien entre phénomènes réels et monétaires (la monnaie n'est pas neutre), et vont chercher les conditions d'une croissance équilibrée. L'investissement va jouer un rôle important dans l'économie par son effet multiplicateur qui détermine le revenu et la demande, et l'offre va agir sur la capacité de production. L'équilibre est obtenu quand la croissance de l'offre est égale à la croissance de la demande. Harrod en particulier va montrer que l'investissement est une variable d'ajustement. La stabilité de la croissance parce qu'elle dépend de la propension à épargner qui est fonction de la répartition des revenus, notamment celle des capitalistes, doit être importante.

La croissance endogène a voulu répondre à certaines insuffisances des anciens modèles incapables d'expliquer les crises dans les pays en développement et la résolution de la pauvreté. Ce modèle s'est saisi des développements récents de l'économie industrielle basée sur la concurrence imparfaite, les économies d'échelle etc. La croissance endogène va réhabiliter le rôle de l'Etat et les externalités positives de ses investissements sur la croissance, le progrès technique qui est la somme des connaissances cumulées et a le statut de bien public et qui est à l'origine des rendements croissants [V. Escudie, 2004]. Ici le rôle de l'Etat et des biens publics a été réhabilité car c'est l'Etat qui doit favoriser l'innovation et l'accumulation de capital en menant une politique à long terme. Une dimension de la croissance endogène est politique et socioculturelle ajoutée à la dimension économique.

Le capital humain cumulatif au sens de Lucas est essentiel dans ce modèle et permet de définir une double externalité (locale et inter temporelle). D'autres hypothèses posées pour la validité de ce modèle sont : les rendements factoriels ne sont pas décroissants, mais constants ; les rendements d'échelle ne sont pas constants mais croissants grâce aux externalités positives ; l'Etat doit encourager l'innovation et l'accumulation de capital en menant une politique structurelle à long terme.

Ce modèle de croissance a intégré pour l'essentiel des éléments du développement durable et peut être défini comme l'accroissement du bien-être matériel des individus. « Ce qui est en jeu c'est tout le maintien du développement, ou plus précisément de la croissance, en prenant en compte le risque qu'elle ne se tarisse du fait de la non-reproductibilité de certaines ressources » [Escudie, 2004].

Croissance économique engendrée par les financements extérieurs

Les pays faiblement développés connaissent des déficits extérieurs structurels liés à des capacités productives faibles et une absence de diversification de leurs économies. Ceci entraine un déficit chronique de la balance courante. Ces pays sont des importateurs nets en capitaux, donc avec épargne insuffisante. Ils sont donc tributaires des financements extérieurs pour le financement de leur croissance et des projets de développement.

Les économistes sont partagés quant à leur impact réel sur la croissance et le développement des pays en voie de développement (PVD). Certains observent un effet de levier capable de booster la croissance des pays pauvres et, d'autres un effet d'éviction de l'épargne intérieure nécessaire aux économies des PVD tout en développant un endettement qui est devenu insoutenable pour la majorité des pays au milieu des années 80. La dernière catégorie parle de la neutralité du financement extérieur sur la croissance.

– Position théorique du problème

Les financements extérieurs, selon les néoclassiques, se justifient par le fait que le développement économique est souvent entravé par la pénurie de capitaux due à l'insuffisance de l'épargne intérieure. Les pays en voie de développement (PVD) ont besoin d'une certaine quantité d'investissements pour la réalisation de leurs projets et les financements extérieurs constituent un palliatif de manque d'épargne interne et constitue une source de réserves de change. L'autre justificatif des concours extérieurs ou aide est que ceux-ci sont bénéfiques autant aux donateurs qu'aux donataires. Les PVD bénéficieraient de l'influx des ressources financières réelles, tandis que les pays développés verront s'améliorer leur balance commerciale grâce à l'augmentation de leurs exportations vers les PVD et diminuer leur chômage. Et enfin, une dernière justification est qu'une allocation mondiale efficace des ressources, exige que le capital s'oriente vers les secteurs où sa productivité marginale est la plus élevée.

C'est dans ce sens qu'il faut situer les modèles élaborés depuis les années 60, parmi lesquels ceux de Chenery et Strout, Quayum, Haavelmo qui montrent les liens positifs ou négatifs qui existent entre les concours extérieurs, l'épargne intérieure et la croissance.

– Chenery et Strout ont formulé la théorie du double déficit ex-ante d'épargne et de devise qui part de la définition du déficit d'épargne et de devises.

Dans une économie nationale, le total des ressources est égal ex-post, au total des emplois. On peut écrire cette équation sous la forme suivante :

$C+S+M = C+I+X$

$S = I+(X-M)$

(C= consommation, S= épargne, M= importations, I = investissement, X=exportations)

L'épargne est définie comme la formation du capital plus le solde de la balance commerciale (X-M).

Si $X-M < 0$, il y a déficit commercial. Dans ce cas nous avons ex-post, S plus petit que I, ceci entraîne un déficit d'épargne. On remarque aisément qu'en cas de double déficit ex-post, un apport de ressources extérieures permet de financer les deux déficits.

On a donc la relation suivante : (S-I) équivalent à (X-M) équivalent à F (F est l'influx net des ressources extérieures). Ces résultats décrivent les déficits d'épargne et de devises ex-post, il y a égalité, mais en ex-ante ces deux déficits ne sont pas égaux.

Ce cadre théorique général montre que si un pays n'arrive pas à exporter suffisamment, le déficit ex-ante de devises est plus important. Par contre, le déficit ex-ante en épargne signifie que les recettes issues de l'exportation sont affectées à l'importation de biens de consommation. Dans les deux cas, pour la pensée économique dominante, ces déficits ne peuvent être comblés que par les concours extérieurs, intégrés dans les formulations macro-économiques des pays en voie de développement.

– Le modèle Harrod-Domar montre le lien positif entre le financement extérieur et la croissance domestique.

Le modèle peut être écrit ainsi :

Q= aK où a est l'inverse du coefficient du capital moyen ou capital marginal selon les situations. Q est la capacité de production et K le stock de capital.

Dans ce modèle, le facteur rare est le capital tandis que l'offre du travail est excédentaire dans les PVD.

Pour accroître la production Q, un investissement est nécessaire.

I= AQ/a. Cet investissement est comparé à l'épargne domestique qui est déterminée à partir du revenu grâce à la propension marginale à épargner.

Si I>S, la différence sera financée par l'apport extérieur et va jouer un rôle positif sur la croissance économique du pays national.

– Le modèle d'A. Quayum montre que la corrélation entre l'épargne interne et les capitaux extérieurs n'est pas toujours positive. Ceux-ci peuvent détruire l'épargne interne en favorisant son évasion. Par contre, l'épargne intérieure peut être suscitée par le capital extérieur et permettre ainsi des investissements capables d'assurer la croissance de l'économie.

– T.Haavelmo présente l'aide extérieure comme destructrice de l'épargne et avance les argumentations suivantes : l'aide n'est pas investie en totalité, mais affectée en grande partie à la consommation et au fonctionnement de l'administration locale. Et ceci en vertu des accords passés entre les pays donateurs et pays donataires. En outre, l'aide modifie les structures de production en particulier, il est fait appel à des techniques très capitalistiques, permettant ainsi aux pays développés d'écouler les biens d'équipements. Troisième argument, l'épargne n'étant pas indépendante des opportunités d'investissement, l'afflux des capitaux étrangers peut participer à faire baisser l'épargne intérieure, car les capitaux ne sont investis que dans les secteurs rentables. Et enfin, la dernière démonstration paraît plus importante car Haavelmo part de la relation entre l'épargne et le revenu. Le partage entre l'épargne et la consommation est fonction des ressources (ressources + afflux de capitaux extérieurs) que du seul revenu. Pour qu'il en soit ainsi, la consommation doit être supérieure à celle qui découlait uniquement du revenu interne, donc de l'épargne intérieure. Haavelmo conclut qu'en ex-post, il y a substituabilité entre aide et épargne intérieure : plus l'aide est importante, plus l'épargne domestique peut devenir négative.

Au total, les critiques générales ont abouti à un constat d'échec de la théorie dominante de l'économie internationale et au-delà du modèle économique. La correction apportée sous forme d'aide n'a pas donné des résultats satisfaisants sur la croissance des pays moins développés. Le modèle économique a permis la diffusion du mode de production capitaliste [C.A. Michalet, 1976]. Pierre Jalée a énuméré les conséquences essentielles de ce modèle économique :

– déformation ou déséquilibre de l'économie : persistance de l'économie dualiste avec une concurrence importante entre les productions manufacturées de la société capitaliste mondiale, l'artisanat et l'agriculture traditionnels. Ce phénomène empêche une accumulation venue de l'agriculture et constitue un blocage du surplus économique nécessaire à l'investissement.

– dépendance commerciale : la spécialisation des pays du Tiers monde montre qu'ils n'ont pas beaucoup de gammes de produits à offrir.

– sur le plan financier, les contributions financières sous forme de prêts ou d'aide lient les PVD et les privent de leur liberté dans la gestion et la décision économiques.

La stratégie de développement basée sur les financements extérieurs a montré ses limites en engendrant une « économie d'endettement ». Les PVD ont vu leur endettement extérieur évoluer rapidement. Toute projection de développement économique ne peut se faire sans l'intégration de l'endettement. Un surendettement pèse sur un pays qui aura des difficultés de remboursement, ce qui aura un effet dissuasif sur les créanciers et les investissements et peut provoquer une baisse de croissance avec la fuite des capitaux [Krugman, 1989]. Cette théorie de *debt overhang* a montré aussi que plus le niveau de la charge de la dette extérieure est élevé, il y a des effets négatifs sur le taux de la croissance économique et l'amélioration du niveau des vies de la population.

Section 2 –
Dette et PAS contre le développement ?

Au début des années 80, on a assisté aux baisses des produits de base alors que les taux d'intérêt augmentent. Les grandeurs macro-économiques se dégradent : déséquilibres budgétaires et des balances des paiements, endettement insoutenable pour plusieurs pays en développement, inflations à deux chiffres et déséquilibres des taux de change, insuffisance d'épargne intérieure. Les croissances économiques sont devenues négatives avec des dégradations des secteurs sociaux. Ces chocs extérieurs et intérieurs ont provoqué des déséquilibres financiers internes et un endettement insoutenable. Pour réduire ces déséquilibres généralisés et avoir accès aux nouveaux financements pour les projets de développement et rembourser la dette, les pays se sont vus obliger de s'adresser au Fonds monétaire international (FMI) et ont mis en place des politiques d'ajustement structurel (PAS) édictées par celui-ci.

L'ajustement structurel désigne « un processus institutionnel qui se traduit par l'adoption d'accords économiques et financiers par les pays en développement avec des institutions de Breton Woods. Ces dernières cautionnent un développement de réforme en échange de concours financiers abondés pour l'essentiel par les bailleurs bilatéraux » [Severino, Servant, 1990].

Les politiques mises en place sont des conditions qui doivent être remplies par les pays pour avoir accès aux financements des institutions. Les objectifs fondamentaux à atteindre sont les suivants :

– Assurer la stabilité macro-économique, condition d'une croissance durable ;

– Libéraliser l'économie pour l'intégration du marché mondial ;

– Redéfinir le rôle de l'Etat en limitant son intervention et promouvoir le marché ;

– Mobiliser les ressources extérieures.

Le bilan des PAS sont restés mitigés et plusieurs critiques ont été formulées.

Les critiques, au départ venues des universitaires dès les années 80, sont restées sans effet. Avec la dénonciation par l'UNICEF en 1987 des effets sociaux négatifs des PAS du milieu des années 80, celle-ci a proposé l'« ajustement à visage humain ». La Banque mondiale va mettre en place les programmes sociaux sous le vocable de dimension sociale de l'ajustement (DSA) à la fin des années 80. Dès lors, les PAS confirment leur vision strictement économique : retrouver les équilibres financiers afin de faire face aux obligations de la dette vis-à-vis des créanciers internationaux dont le FMI et la Banque mondiale. L'objectif des PAS n'est pas la recherche d'une croissance durable et soutenue dans le but d'accroître le bien être-social, objectif de toute politique économique. Cette curieuse dichotomie entre l'économique et le social explique le développement de la pauvreté dans les pays sous ajustement et explique l'aveu de l'échec des PAS.

Certaines critiques vont émerger au sein des dirigeants de ces institutions ou même chez des personnalités qu'on ne peut soupçonner d'être anti-libérales. Le FMI et la Banque mondiale sont jugés responsables de l'aggravation de la crise dans les PVD. Joseph Stigliz, économiste de la Banque mondiale, prix Nobel d'économie en 2001, avait fait une déclaration surprenante avant d'être licencié pour ses propos : « Quand neuf patients sur dix soignés par un même médecin meurent, il est clair que le médecin ne sait pas ce qu'il fait » et d'ajouter « les politiques d'ajustement structurel (les mesures censées aider un pays à s'ajuster face à des crises et des déséquilibres chroniques) ont prouvé dans de nombreux cas des famines et des émeutes ; et même quand leurs effets n'ont été aussi terribles, même quand elles ont réussi à susciter une maigre croissance pour un temps, une part de ces bénéfices est souvent allée aux milieux les plus riches de ces pays en développement, tandis que qu'au bas de l'échelle, la pauvreté s'était parfois aggravée ». Il remet également en cause l'approche libérale de l'Etat, met l'accent sur les politiques sociales et dénonce la corruption créée par les privatisations. La commission Meltzer du Sénat américain dénonce « l'échec de mission de développement en Afrique » du FMI [2000]. Georges Schultz, ancien Secrétaire américain au Trésor, pense même que le FMI est « inutile, inefficace et dépassé ».

Easterly [2001] montre que la croissance du revenu médian par tête a été de 0 % sur la période 1980-98 comparé à 2,5 % entre 1960 et 1979. Dans le rapport sur le développement humain du programme des Nations unies pour le développement (PUND) de 1999, il est constaté que dans l'ensemble des pays de l'Afrique subsaharienne, le taux de croissance annuelle du PNB par habitant est passé de 1,2 % pour la période 1965-80 à -1,4 % pour la période 1980-93.

Ces nombreuses critiques ajoutées à celles de la société civile et citoyenne mondiale ont amené le FMI et la Banque mondiale en 1999 à mettre au centre de leur politique, la lutte contre la pauvreté, dont le corpus n'est pas fondamentalement différent des PAS. Celle-ci prend le nom de Document stratégique de réduction de la pauvreté (DSRP) et reprend les mêmes conditionnalités et le même cadre macro-économique où sont intégrés les volets social et politique (la Gouvernance). La réussite de l'exécution des politiques contenues dans le DSRP est la condition d'éligibilité à l'initiative PPTE : autre difficulté difficile à surmonter pour beaucoup de pays.

Après plus de deux décennies des PAS en Afrique, leurs bilans sont globalement négatifs et les difficultés sociales amènent plusieurs questions récurrentes. Les politiques préconisées dans le cadre des PAS visent-elles une croissance, capable d'améliorer le niveau de vie des populations ? Les pays africains ont atteint un niveau d'endettement reconnu insoutenable. Les exigences des institutions financières internationales quant à leur remboursement les privent ainsi des ressources de financement du développement. Le niveau de l'endettement actuel est-il compatible avec le développement ? Au-delà de la mode terminologique qui met l'accent désormais sur la lutte contre la pauvreté, cette politique peut-elle agir sur la pauvreté d'une façon durable ?

– Les programmes d'ajustement structurel contre le développement ?

Les politiques d'ajustement structurel visent la fin du modèle de développement des indépendances, basé sur la nationalisation, la réforme agraire, le contrôle de la valorisation des ressources naturelles, la substitution aux importations, le rôle omniprésent de l'Etat, la planification et le parti unique [G.Assiah, 2000]. L'épuisement progressif de ce modèle postcolonial en Afrique a été marqué par l'économie d'endettement, une faible compétitivité extérieure, un faible taux d'épargne, une couverture limitée des besoins de santé et d'éducation, des déséquilibres macro-économiques. Ainsi la politique d'ajustement vise à transformer l'économie administrative de rente en une économie de marché [P. Hugon, 2001].

1)– Différentes approches théoriques des programmes d'ajustement structurel

Il existe traditionnellement deux approches théoriques développées par le FMI : l'approche monétariste et l'approche par l'absorption dont nous rappelons les grandes lignes.

– L'analyse monétariste ou néo-libérale est fondée sur l'approche monétaire de la balance des paiements. Celle-ci est basée sur les analyses de Polak en 1957 et de Mundell en 1968. On part de deux hypothèses : la demande de monnaie est stable et dépend des besoins de transaction, et du revenu. L'offre de la monnaie est exogène, dépendant des décisions des autorités monétaires.

Pour le modèle monétariste de la balance des paiements, le déficit budgétaire est consécutif à l'excès de la masse monétaire qui est à l'origine du déficit de la balance courante. Le déficit budgétaire et la faiblesse de l'épargne vont entraîner un endettement public. L'expansion de la monnaie intérieure entraîne la baisse des réserves extérieures. Le supplément de la monnaie sera utilisé pour acheter les biens importés (la production à court terme étant fixe) ou pour faire des placements à l'étranger. Ainsi, pour les monétaristes, tout déséquilibre extérieur est consécutif de l'excès de la monnaie intérieure. Pour retrouver l'équilibre de la balance des paiements, les autorités monétaires doivent réduire le crédit intérieur qui par définition doit respecter la règle magique de l'offre et de la demande. Il est donc interdit aux autorités politiques d'utiliser la monnaie pour relancer l'économie.

Les mesures préconisées doivent concourir à réduire la demande. Le rôle de l'Etat, jugé coupable de tous les maux, notamment responsable du déficit budgétaire, est redéfini.

Le modèle prix va favoriser l'allocation des ressources par la libéralisation de l'économie.

– L'approche par l'absorption affirme que l'inflation résulte d'un excès des revenus distribués, appelée l'inflation par la demande. Ainsi l'Etat vit au-dessus de ses moyens. Cela signifie que la production nationale est inférieure à l'absorption (Y<A), c'est donc une situation déséquilibrante suite à une augmentation des importations. Il faut donc agir sur la consommation, les dépenses de l'Etat et l'investissement.

Les politiques imposées dans le cadre de l'ajustement structurel ne tiennent pas compte des pluralités des situations, car l'objectif est d'aligner le système monde sur le modèle libéral universel.

a)– La politique déflationniste et la croissance économique

L'objectif théorique est de réduire la demande par la restriction des crédits, avec un effet pervers qui est l'augmentation de l'endettement des entreprises. La baisse de la demande de l'Etat va agir négativement sur les investissements dans le domaine social et celui des revenus des ménages.

Le contrôle de crédit a amené la BEAC à augmenter son taux débiteur à 18 %, alors que la moyenne de l'inflation dans la zone est inférieure à 4 %. L'objectif recherché est d'avoir un taux d'intérêt positif. Cette politique est accompagnée de l'encadrement de crédit (supprimée maintenant). Cette situation pénalise essentiellement les petites entreprises nationales, les entreprises étrangères recourent au financement des entreprises mères [B. BékoloEbé, 1986].

Cette politique est également inefficace parce qu'elle est faite aux dépens de la croissance et d'une plus équitable répartition des revenus [O. Johnson et J. Salop, 1981].

Le taux de croissance des pays au sud du Sahara qui était de 4,6 % entre 1960 et 1973 est passé au début de l'ajustement à 2,1 % entre 1980 et 1990, la croissance est même négative (-1,1 %) entre 1985 et 1995. Le taux d'investissement a suivi la même tendance parce que de 20,6 % du PIB en 1973-1980, il est descendu à 16 % du PIB entre 1980 et 1990 [P.Hugon 2001].

La recherche de l'équilibre budgétaire vise la réduction des dépenses publiques par :

a)- La suspension des recrutements dans la fonction publique, les départs anticipés des fonctionnaires, les blocages des salaires. Ces mesures ont des conséquences dans les secteurs sociaux. Ainsi, les départs anticipés à la retraite initiés et financés par la Banque mondiale ont conduit des enseignants et infirmiers à quitter la fonction publique et non remplacés. Des classes construites sur financement Banque mondiale en Centrafrique sont restées sans enseignants. Le départ des infirmiers qui jouent des rôles importants dans les dispensaires et hôpitaux ont accru des difficultés dans les soins. Ainsi, en Centrafrique, le ratio élèves/maîtres est passé de 54 à 77 en 1990, l'espérance de vie a diminué de 47 ans en 1980 et à 40,4 ans en 2000.

Ces mesures sont accompagnées dans certains pays par la réduction des salaires. Le Cameroun a divisé le salaire des fonctionnaires par deux avant la dévaluation du FCFA. Il y a eu blocage des salaires en Centrafrique en 1982 malgré l'évolution des prix. En Côte d'ivoire, la baisse des salaires dans la fonction publique a représenté 50 % avec suppression des primes [Lachaud, 1992].

Selon la CNUCED [2002], la faible croissance en Afrique subsaharienne s'est accompagnée d'une régression dans la répartition des revenus. En 2000, les revenus par habitant en Afrique étaient inférieurs de 10 % au niveau atteint 20 ans plus tôt.

b)- La baisse de la demande publique par la compression des dépenses de l'Etat a pour conséquence la réduction des investissements dans l'agriculture notamment. La suppression des subventions des intrants est dommageable aux agriculteurs et à l'agriculture africaine, ce qui est même reconnu par la Banque mondiale : « les agriculteurs ont pâti non seulement de la baisse des prix de production mais aussi de l'augmentation des prix des intrants pour les cultures vivrières et de la suppression des subventions pour les engrais » [Banque mondiale, 2000]. Dans le même temps, les pays occidentaux subventionnent leurs agriculteurs. Chaque actif agricole a reçu en 1999 sous forme de prix garanti ou de subvention à l'exportation 21000 dollars aux États-Unis et 17 000 dollars dans l'Union européenne [C. Manzagol, 2003]. Les pays utilisent ces subventions pour détruire l'agriculture des pays pauvres en vendant à ces pays à perte leurs produits agricoles. Ce dumping est également une arme politique importante pour les occidentaux et a des effets ravageurs sur les marchés locaux des pays pauvres [M. Laronche, 2002].

2)– La politique de libéralisation de l'économie

La libéralisation de l'économie est basée sur le modèle prix inspiré par la théorie des avantages comparatifs de D. Ricardo. Une telle approche veut lever les dysfonctionnements qui entravent l'ouverture des économies au marché, condition du développement économique. L'objectif est de retrouver l'équilibre des balances des paiements grâce à l'excédent de la balance commerciale. L'échec de l'ajustement réel explique la dévaluation du FCFA en 1994, instrument plus radical.

– La libéralisation des prix agricoles au producteur. Cette politique a été accompagnée des démantèlements des structures de stabilisation des prix agricoles et de l'encadrement des paysans dans la plupart des cas. Les prix des produits agricoles sont supposés être déterminés par le marché sans intervention de l'Etat qui fixait les prix minimaux, et par la suppression de toute subvention des prix. Dans le contexte des économies africaines qui ne remplissent pas les conditions d'un capitalisme concurrentiel, l'objectif louable des institutions financières internationales d'améliorer les conditions de vie des paysans a eu des effets contraires. Les contre-performances sont importantes : le secteur privé n'est pas assez structuré financièrement, ni important pour se substituer à l'Etat dans le financement des intrants, l'achat des produits agricoles d'exportation.

Les critiques sont venues de la Banque mondiale elle-même : « les réformes sont parfois préjudiciables aux pauvres... La libéralisation des marchés agricoles..., en l'absence de cadre institutionnel approprié,... pourrait avoir des conséquences regrettables sur les pauvres » [Banque mondiale, 2001]. Cette politique a des effets négatifs sur les cultures vivrières car selon le FIDA [2001], la production des cultures vivrières a diminué continuellement de 1980 à 1995. La même agence de la Banque mondiale a établi que la part de l'agriculture dans les prêts de la Banque Mondiale est passée en Afrique au sud du Sahara de 21,2 % pour la période de 1985-1989 à 8,5 % en 1999-2000. Les statistiques de la Banque africaine de développement (BAD) [2005] ont montré que la croissance moyenne de la production céréalière entre 1997-2003 n'était que de 0,8 %, le niveau de la production agricole en 2003 est relativement le même que celui de 1997.

– La dévaluation des monnaies vise à corriger les distorsions nées des taux de change surévalués et doit faciliter les exportations afin de limiter les déficits commerciaux.

La dévaluation du FCFA en 1994 a eu des résultats contrastés au niveau des exportations à cause de la rigidité de l'appareil de production de la plupart des pays de la zone. P. Hugon a noté que les marchés financiers embryonnaires avec principal actif financier la monnaie ont également limité les effets de la dévaluation du FCFA [1998].

Sur le plan macro-économique, les effets mécaniques de la dévaluation ont permis l'augmentation de la croissance économique de 5 % les deux années qui ont suivi l'ajustement monétaire. Les exportations se sont accrues de 23 % en 1995 et les importations ont baissé de 13,3 % en 1994. La balance commerciale excédentaire a été de courte durée en 1994, puisqu'elle est devenue déficitaire en 1995 et 1996. Les prix des biens échangeables ont augmenté, les structures de commercialisation des biens exportables ont retrouvé leurs équilibres financiers.

Les effets négatifs sont la hausse des prix des biens importés non compensés par la hausse des salaires ne dépassant pas 5 % contre un taux d'inflation qui a atteint 20 % dans certains pays.

La dette extérieure a doublé dans les pays de la zone CFA. Les résultats favorables n'ont été que de courte durée et la crise s'est installée de façon durable.

– Les privatisations constituent un autre volet de la libéralisation et du désengagement de l'État parce que selon l'approche libérale, la subvention des entreprises publiques déficitaires concourt à l'augmentation du déficit budgétaire et au déséquilibre du système financier. Si certaines entreprises sont privatisables, le constat est que ce sont des entreprises rentables qui sont acquises par les multinationales. Ces privatisations sont dans la plupart des cas accompagnées de licenciements et les entreprises sont vendues de gré à gré donc en dehors de toute transparence. En Centrafrique, le secteur pétrolier a été libéralisé contre le monopole de la PETROCA (la centrafricaine du pétrole), ancienne société dont le capital est détenu en majorité d'Etat. Total, actionnaire minoritaire dans l'ancienne société, a eu pendant plusieurs années le monopole dans le secteur de la distribution des produits pétroliers. La situation est similaire pour l'UBAC (union bancaire en Afrique centrale) qui a été privatisée dans des conditions occultes dénoncées à l'époque par les journaux indépendants. Ces privatisations profitent dans leur grande majorité aux multinationales à qui ces entreprises sont bradées. Selon la CNUCED, ces entreprises jouent un rôle dans le développement de la corruption de l'État et ce phénomène est bien connu de la Banque mondiale sans qu'elle le dénonce [2002]. En évaluant les réformes anti-corruption de la Banque mondiale, J. Cartier-Bresson [2004] montre que « la privatisation devient la source essentielle de financement de la vie politique...les privatisations ont renforcé les alliances officielles (réseaux légaux) et les compromis officieux. Les réseaux politico-économiques occultes organisent les échanges (légaux et illégaux) de ressources diverses, leurs compensations monétaires et non monétaires respectives sur le long terme et la garantie de l'application des contrats informels et clandestins ».

La critique externe du modèle de l'ajustement structurel reproche au FMI l'impertinence de sa démarche théorique et l'incapacité des politiques conjoncturelles à corriger des déséquilibres structurels inhérents à la formation du système économique des pays en développement. Analysant la nature des déséquilibres extérieurs des pays en développement, B. BékoloEbé explique que ceux-ci proviennent de la spécialisation de ces pays dont le volume des exportations est déterminé par les pays du centre dont ils sont dépendants. Il conclut que l'ajustement du taux de change ne peut avoir un impact favorable dans ces conditions. Pour P. Jacquemot et M. Raffinot : « l'argument théorique et technique à opposer aux chantres de la stabilisation est donc celui-ci : seuls les changements de structures (revenus, prix relatifs) au profit des producteurs travaillant pour satisfaire en priorité la demande interne peuvent établir la stabilité financière durable d'une économie africaine ». N. Kaldor va dans le même sens : « le point fondamental est la nécessité d'une réforme politique et sociale, impliquant d'atteindre un consensus sur la distribution des revenus, ce qui éviterait de créer le type de situation dans laquelle la capacité d'exportation d'un pays est entravée par le fait que ceux dont les efforts sont indispensables au maintien d'un équilibre extérieur ne perçoivent qu'une part excessivement faible des revenus » [1983].

Le rôle impuissant de l'Etat. Le désengagement de l'Etat dans l'économie politique de l'ajustement structurel renvoie au dogme néoclassique qui rend l'Etat responsable des maux dans une économie libérale dont les équilibres s'établissent automatiquement grâce à une « main invisible ».

La théorie libérale de l'Etat reste celle tracée par L.Walras et V. Pareto fondée sur la valeur utilité et sur la référence à la concurrence pure et parfaite. Ici le rôle de l'Etat est très limitatif, voire inenvisageable comme acteur économique. L'intervention de l'Etat se fait par la recherche de l'efficience sociale au sens de l'optimum de Pareto.

Keynes a fourni une justification théorique à l'intervention de l'Etat après l'échec du « laisser faire » dans la résolution de la crise de 29. Il va mettre l'Etat au centre de la résolution du problème du chômage par l'utilisation de la politique monétaire par la manipulation du taux d'intérêt pour accroître l'investissement (politique de l'argent moins cher) et la politique budgétaire expansionniste pour développer les grands travaux et relancer la demande par les subventions sociales. La conception keynésienne montre que l'Etat incarne l'intérêt collectif qui échappe à la volonté individuelle.

K. Marx va montrer que l'Etat participe aux rapports antagonistes et à la résolution des contradictions dans le système global. Ces contradictions sont inhérentes au capital et au travail. L'État est un instrument qui utilise l'appareil de l'Etat pour la défense de ses intérêts. Dans *critique moraliste et moralisante*, K. Marx développe l'idée que « les conditions bourgeoises actuelles sont maintenues par le pouvoir d'Etat, que la bourgeoisie a organisé pour protéger les conditions de sa propriété » [textes de 1842-1847]. Pour l'auteur, il n y a pas de différence entre l'Etat et la bourgeoisie dans un régime capitaliste. Il préserve les intérêts de la bourgeoisie : il y a confusion entre la bourgeoisie en tant que classe et l'Etat une superstructure au service de cette bourgeoisie. La rupture avec l'Etat bourgeois est l'avènement de la révolution prolétarienne.

Si M. Ikonicoff [1983] reconnaît l'importance du marché dans la croissance économique, il se presse d'ajouter que « les pays du Tiers-Monde ne présentent pas les conditions qui déclencheraient spontanément ces mécanismes». F. Perroux quant à lui défend la théorie intermédiaire, notamment l'économie mixte où subsiste concomitamment un «Etat économiquement créateur est nécessaire à des entreprises économiquement créatrices: elles seraient impuissantes sans lui, il serait impuissant sans elles» [1964].

Depuis 1996, on peut considérer que la position de la Banque Mondiale sur l'Etat a évolué sous la présidence de James Wolfensohn qui a initié d'une façon importante la lutte contre la corruption alors que cette institution s'est toujours dite apolitique. La Banque mondiale s'est inspirée de la nouvelle théorie de la nouvelle économie institutionnelle et de la gouvernance.

La nouvelle économie institutionnelle s'oppose à l'économie néolibérale et affirme que les décisions des agents sont déterminées par les mécanismes collectifs liés à l'environnement politique. L'Etat est l'une de ces institutions qui a le pouvoir d'imposer les règles de fonctionnement aux agents ou citoyens. Il doit l'accepter, car seule une institution légitime peut développer le pouvoir d'imposer les règles qui contraignent les actions individuelles [Habermas, 1987]. Cette approche définit la nouvelle fonction de l'Etat qui est chargé d'assurer la cohérence entre les objectifs macro-économiques et les stratégies des entreprises autonomes. Il ne peut pas être seulement spectateur de prises de décision dont les effets pourraient être incompatibles, voire antagonistes à ceux des décisions prises dans d'autres secteurs de l'économie nationale [A. Lhomme, 2004]. La Banque mondiale part de cette approche pour définir sa nouvelle politique désormais basée sur la lutte anti-corruption : « La Banque mondiale intègre alors dans la NEI le projet de la gouvernance comme redéploiement de l'Etat vers les fonctions de facilitateur de négociations privées, et que les politiques économiques doivent s'adapter aux capacités des Etats qui sont diverses» [Banque Mondiale, 2004].

Chapitre 2.

La dette contre le développement ?

D'après une étude faite par B. Békolo-Ebé en 1985, celui-ci situe le point de départ de la reprise de l'endettement des PVD en 1955. Elle coïncide avec la fin de la reconstruction de l'Europe occidentale et les capitaux excédentaires se sont orientés vers les PVD. Cette période correspond au traité de Rome de 1957. L'une des explications est le renforcement des deux blocs : l'Ouest, autour des États-Unis d'Amérique, l'Est, autour de l'ex URSS, chaque bloc cherchant à asseoir son influence dans les nouveaux pays. La création de la Banque mondiale et du FMI en 1944 a accéléré le processus.

En 1956, l'encours total de la dette des pays en développement estimé à 9,7 milliards de dollars est passé à 37,4 milliards de dollars en 1965 soit un accroissement de 285,5 % en dix ans. C'est surtout à partir de 1965 que l'endettement du Tiers Monde s'est accéléré car il est passé à 79,2 milliards en 1971 soit une augmentation de 111,7 % en six ans. Les charges de la dette qui représentaient 700 millions de dollars en 1965 sont passées à 7, 5 milliards de dollars en 1971. Cette situation va s'alourdir à partir de 1973 lors du premier choc pétrolier et en 1978 lors du second choc. Les conséquences se sont manifestées particulièrement sur l'évolution de la détérioration des balances des paiements des PVD. Entre 1973 et 1974, leur déficit est passé de 9 milliards à 30 milliards de dollars soit un peu plus du quadruple. Dans le même temps l'encours de la dette passe de 111,3 milliards de dollars en 1973 à 202,2 milliards de dollars en 1976 soit un peu moins du doublement en 2 ans.

La caractéristique essentielle de la dette à cette période est la prédominance des flux publics. En 1960 les flux des pays de l'OCDE en faveur des pays en voie de développement représentaient 61 % contre 39 % des flux privés. En 1970, ces chiffres représentaient respectivement 51 % et 49 %.

Le deuxième choc pétrolier du début des années 80 va accélérer le processus d'endettement des pays du Tiers Monde avec une augmentation importante des déficits des balances des paiements. Plusieurs pays empruntaient pour rembourser leur dette à cause de la baisse des revenus des exportations.

Cette crise généralisée de la dette va amener le Mexique à déclarer son insolvabilité : c'est la crise importante de la dette.

Plusieurs pays africains doivent assurer le paiement des services de la dette qui ne cessent de croitre face à un fort endettement. Des difficultés lourdes apparaissent avec des déséquilibres des grandeurs macroéconomiques. Les programmes d'ajustement structurel, pour réduire le déficit des finances publiques et de la balance de compte courant afin de réduire l'endettement extérieur ont montré leur limite avec des croissances incessantes de la dette.

Des divers traitements de la dette sont mis en place à travers les mécanismes des clubs de Paris et de Londres. Le traitement de « choc » est sans doute la mise ne place en 1996 de l'initiative dite des pays pauvres très endettés (PPTE) suivie en 2005 de l'initiative d'annulation de la dette multilatérale (IADM) des pays pauvres.

Ces initiatives vont contribuer à réduire les dettes des pays en développement, notamment africains. Certes les créanciers ont réduit la valeur nominale de la dette. La dette africaine publique africaine est ramenée de 66 % du PIB en 2000 en moyenne et près de 24 % en 2008. La croissance du PIB s'est accélérée en moyenne à 5,8 % entre 2000 et 2010 contre 2,5 % au cours de la décennie précédente [F. Faure et P. Guerin, 2021]. Evidemment, la dette n'a pas disparu pour autant, elle va reprendre son ascension avec la crise de 2008. Ainsi, le ratio de la dette en Afrique subsaharienne a augmenté de 29 % du PIB à près de 40 % entre 2008 et 2019, soit le niveau antérieur à l'initiative PPTE.

Le fait marquant est la croissance de la dette privée dans la structure de l'endettement grâce aux interventions des pays africains sur les marchés financiers des pays occidentaux. Ceci est rendu possible depuis la crise financière de 2008 où en appliquant les politiques monétaires non conventionnelles, les taux directeurs des banques centrales sont devenus très bas, donc attractifs pour les pays africains. Ainsi, ces dernières années 21 pays africains ont émis des euro-obligations (ou euro bonds) pour 2,5 milliards de dollars en 2010 et plus 50 milliards de dollars en 2020. La dette envers les créanciers privés représente 40 % du total de la dette africaine [P. Jacquemot, 2020].

La chine est devenue un partenaire incontournable pour les prêts aux pays africains avec 40 % de l'endettement total en direction des pays africains. Les institutions financières lui reprochent son opacité dans ses opérations. Ce pays communiste s'oppose à l'annulation de la dette africaine.

L'avènement mondial de la pandémie à coronavirus apparu en fin de l'année 2019 a provoqué une crise économique mondiale. Le monde a connu un ralentissement important depuis la crise de 1929.

L'Afrique déjà fragilisée dans son économie vit durement ce choc exogène. Alors qu'au cours de ces deux dernières décennies l'Afrique au sud du Sahara a connu un taux de croissance en moyenne de 4,6 %, en 2020 il était de -1,1 %. Les déséquilibres internes et externes vont s'aggraver et la dette atteindra 65,6 % du PIB contre 56,4 % avant la pandémie.

Pour tenter de trouver une solution aux difficultés de ces pays pauvres dans le domaine de l'endettement, les ministres des finances du G20 et les créanciers du club de Paris ont décidé le 15 avril 2020 de l'initiative de la suspension de service de la dette (ISSD) aux 77 pays, dont une quarantaine située en Afrique subsaharienne. Ce moratoire a couvert la période de décembre 2020 à juin 2021.

Cette action est jugée très insuffisante. C'est ainsi que le Président sénégalais a remis à discussion la problématique de l'annulation de la dette qui constitue une solution durable et qui n'a pas trouvé une réponse favorable de la part des créanciers des pays africains.

Section 1–
De la crise de la dette au surendettement

Plusieurs causes expliquent l'aggravation de la dette des pays en développement

A)– Les principales causes de l'aggravation de l'endettement

On peut distinguer les deux premiers chocs pétroliers, les baisses des prix des matières premières, les fluctuations des taux d'intérêt et la crise mexicaine de 1982. À partir des années 90, la poursuite des déséquilibres financiers liés à la faiblesse des capacités productives des pays africains.

1)– Les chocs pétroliers

Le premier choc pétrolier de 1973 a vu le prix du baril du pétrole quadrupler et a permis ainsi aux pays pétroliers d'augmenter d'une façon inattendue leurs revenus. Ceux-ci ont été absorbés en grande partie par les pays occidentaux et ont développé ainsi les pétrodollars. Ces surliquidités ont été prêtées aux pays en développement. Le deuxième choc pétrolier s'est accompagné de la hausse du taux d'intérêt aux États-Unis, mesure prise pour lutter contre l'inflation américaine qui s'est élevée 13,5 % en 1981 et qui a fait perdre au dollar 40 % de sa valeur. Le secrétaire d'Etat au Trésor, Paul Volker, va tripler le taux d'intérêt. Le taux de base bancaire passe de 6,8 % en 1977 à 18,9 % en 1981, les taux des euromarchés sont passés à 20 % en 1980. Les taux d'intérêt sur les prêts privés aux pays en développement passent de 7,9 % en 1977 à 9,5 % en 1978, 11,4 % en 1979 et 12,3 % en 1980. Les taux d'intérêt réels sont devenus positifs. Ces situations ont agi négativement sur la dette des pays pauvres. Ainsi entre 1979 et 1982, la dette totale augmente de 58 %, la dette bancaire de 70 % et la dette à court terme de 89 %.

2)– La chute des cours des matières premières

Les prix des matières premières ont diminué d'une façon importante, alors que les pays africains ont été évincés des matières premières où ils avaient un avantage comparatif. Ces chutes ont raréfié leurs revenus provenant du commerce international.

3)– Aggravation des déficits budgétaires et des balances courantes

L'aggravation des déficits budgétaires est consécutive à des baisses importantes des recettes provenant du commerce international. L'augmentation de la demande a entraîné celle des dépenses publiques à cause du service de la dette.

Les déficits courants sont la conséquence de la hausse des taux d'intérêt conjuguée à la baisse des revenus d'exportation et à la surévaluation des monnaies au détriment des exportations. Cette situation a entraîné une crise économique généralisée, les pays ne pouvant plus faire face aux dépenses d'équipement.

4)– La crise mexicaine de 1982

– Origine et cause de la crise

Certains économistes d'Amérique latine expliquent cette crise par la stratégie du développement adoptée par le Mexique à partir des années 60 : c'est le développement stabilisateur. Pour les théoriciens de cette approche, la dette extérieure est considérée comme le mécanisme le moins inflationniste pour compenser les déséquilibres nationaux extérieur et intérieur : c'est donc le mécanisme stabilisateur.

On peut distinguer d'autres causes :

– la chute du prix du pétrole et d'autres produits d'exportation a entraîné un déficit courant de 11,7 milliards de dollars ;

– la surévaluation du peso après sa dévaluation en 1976 a provoqué la chute des capitaux extérieurs ;

– l'augmentation des importations et des dépenses : à la fin de 1981, les importations ont atteint 23 milliards de dollars et le déficit budgétaire 16 % du PIB, ce qui a entraîné l'augmentation de la dette extérieure ;

– l'augmentation des taux d'intérêt américains et la réduction de la durée des prêts internationaux a amené le pays à accumuler de lourdes charges.

La dette mexicaine est essentiellement privée. En 1982, la dette a atteint 80 milliards de dollars et a cessé d'être un mécanisme d'ajustement mais un élément de crise économique et sociale. En six mois, le taux de change passe de 27 à 72 pesos pour un dollar, l'inflation passe de 13 % en 1973 à 100 % à la fin de 1982 contre 35 % en 1981. À la fin de l'année 82, la dette passe à 85 milliards de dollars dont 20 % à court terme. Le taux de croissance économique devient nul, alors qu'il était de 9 % en 1981.

Le gouvernement est incapable de faire face à ses engagements et demande un moratoire de 90 jours pour rembourser sa dette. Le Fonds monétaire international va mettre un plan d'ajustement structurel en place.

B)– L'évolution de la dette des pays en développement et l'importance de la dette privée

Depuis les années 80, la tendance a été renversée et la dette privée est devenue plus importante dans le financement extérieur des économies des PVD. Alors que les apports publics ont diminué, le financement privé entre 1976 et 1988 a atteint en moyenne 53 % et 60 %. Dans les années 2000 la tendance s'est poursuit entre 2015 et 2016, la dette privée dépassant la dette publique.

1)– Les causes de la privatisation de la dette

La privatisation de la dette a été rendue possible grâce aux surliquidités internationales, les pétrodollars dont les excédents ont été recyclés. En outre, les taux d'intérêt réels faibles conjugués à la bonne croissance économique des pays européens ont favorisé l'exportation des surplus des capitaux vers les pays du Tiers Monde.

Les conditions difficiles des décaissements provenant des institutions multilatérales ont amené les pays en développement à se tourner vers les financements privés. Le fort taux de croissance dans certains pays en développement notamment les pays émergents, a facilité également les financements privés, participant au déséquilibre du Système monétaire international.

2)– L'évolution récente de la dette des pays en développement

La dette des PVD a augmenté d'une façon très importante depuis les dix dernières années. Dans la même période, les difficultés de remboursement sont apparues et certains pays très pauvres ont vu leur dette atteindre 80 % du PIB. L'endettement est passé de 540,9 milliards de dollars en 1980 à 2045 milliards de dollars en 1996 soit une progression de 278 % en une quinzaine d'années.

Tableau 6 : Dette extérieure des pays en développement de 2015 à 2018 (En milliards de dollars des États-Unis)

	2015	2016	2017	2018
Encours de la dette extérieure	7 847,5	8 226,9	9 016,8	9 728,6
Dette à long terme	5 630,8	6 037, 7	6 461, 8	6 836,5
- Dette publique	2 730,6	2 930,7	3 298,7	3 476,4
- Dette privée	2 900,2	3 106,9	3 163,1	3 360,0
Dette à court terme	2 088,4	2 063,7	2 402,5	2 826,2
Indicateurs d'endettement (En %)	956,8	1 083,5	1 147,2	1 238,9
Dette extérieure totale /PIB	27,3	28,6	28,7	29,1
Dette extérieure totale/exportations	100,7	110,6	108,6	105,6
Service de la dette/PIB	3,3	3,8	3,7	3,7
Service de la dette/exportations	11,2	13,4	12,7	13,4

Source : Banque mondiale

La dette a continué à s'alourdir pour atteindre 2600 milliards de dollars en 2004 : la dette multilatérale représente 22 %, la dette bilatérale 20 % et la dette privée 58 % par créanciers. Les indicateurs du

Tableau 6 montrent que la dette des PVD continue son ascension et qu'une partie importante des ressources est consacrée aux remboursements privant ainsi certains pays des ressources nécessaires aux investissements. Entre 2015 et 2018, toutes les recettes des exportations ont été consacrées au remboursement de la dette et en moyenne environ 12 % pour le service de la dette.

3) – L'évolution récente de la dette l'Afrique subsaharienne

En dix ans la dette extérieure publique de l'Afrique Subsaharienne est passée entre 2009 et 2018 de 269 milliards de dollars à 585,8 milliards de dollars, soit une augmentation de 117 % pendant cette période et a représenté en moyenne 5 % du PIB. La dette privée qui représentait 4,6 % e 2009 est passée à

34, 4 % en 2017, alors que la dette publique est passée de 10,4 % à 20,2 % dans la même période.

Graphique 1 : Evolution de la dette extérieure des pays de l'Afrique Subsaharienne de 2009 à 2018 (En milliards de dollars)

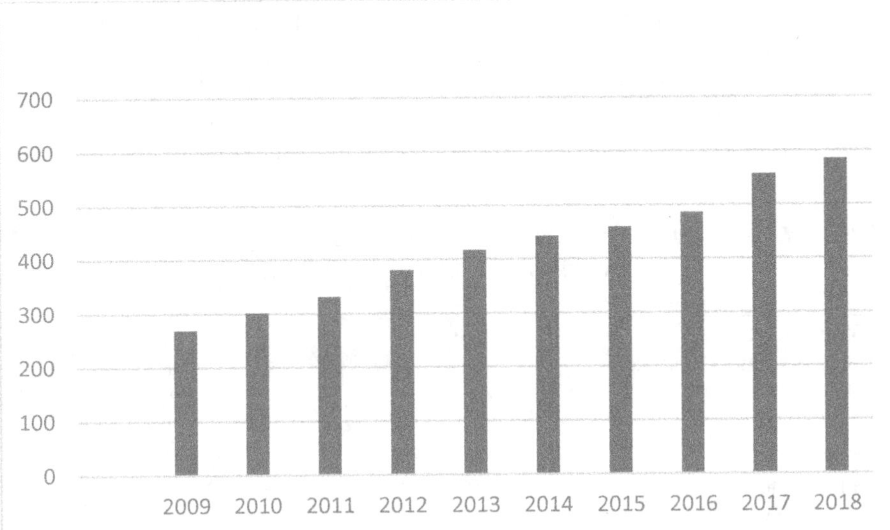

Sources : Banque Mondiale, FMI

C'est surtout après la crise financière de 2008 que la dette extérieure des pays de l'Afrique au sud du Sahara a repris brutalement son envol avec un ratio de dette de 40 % du PIB. Selon le FMI, en début 2020, les pays les plus endettés étaient : le Soudan dont la dette publique représente 207 % du PIB, l'Erythrée 165,1 % du PIB, le Cap-Vert 123,5 % du PIB, le Mozambique 108,8 % du PIB, l'Angola 95 % du PIB, la Zambie 91,6 % du PIB. L'Afrique francophone est la moins endettée avec un taux moyen de 50,1 %. Le Congo le pays plus endetté a un ratio de 78,5 % du PIB.

Le ratio prudentiel d'endettement fixé par le FMI à 55 % du PIB a été dépassé par les pays africains.

Le poids de la dette en Afrique est passé en moyenne de 37 % du PIB en 2012 à 62 % du PIB en 2019. La dette publique interne est passée en moyenne de 15 % du PIB à 25 % du PIB. Cette situation est liée à un niveau d'épargne intérieur bas et des marchés domestiques moins développés. Dans la même période tandis que la dette publique externe étant passée en moyenne quant à elle de 21 % du PIB 32 % du PIB ; en Afrique subsaharienne, la dette publique est passée de 25 % du PIB en 2007 à 52 % du PIB en 2019 quand celle des pays développés est passée de 71 % du PIB à 104 % du PIB sur la même période [M. Ferry et autres, 2021].

Le service de la dette publique extérieure est passé de 7 % des recettes budgétaires en moyenne entre 2012 et 2015 à 14 % des recettes budgétaires en moyenne entre 2015 et 2019. Dans cette région, le service des euros bonds représentera pour les prochaines années en moyenne plus de 30 % du service de la dette publique externe. Le service des euro bonds absorbera ainsi au moins

1,8 % du PIB au Ghana en 2023, 2,3 % du PIB en Angola en 2025, 3 % du PIB au Rwanda en 2023, 1 % du PIB en Zambie en 2024, 7,9 % du PIB au Gabon en 2024. Cette situation fait peser le risque de surendettement. « Dans ce contexte, la question de la soutenabilité de la dette, c'est-à-dire de la solvabilité à long terme de l'Etat, devient à nouveau cruciale ». [Opt. cité]. D'après le FMI, en fin 2019, 50 % des pays d'Afrique étaient en risque élevé de surendettement ou en situation de surendettement avéré, quand ce taux n'était encore que de 21 %.

Tableau 7 : La structure de la dette externe publique ou à garantie publique en Afrique Subsaharienne (2018) (en milliards de dollars)

		% du total
Multilatérale	**110**	**29 %**
dont Banque Mondiale	66	18 %
Autres	44	12 %
Bilatérale	**99**	**26 %**
dont chine	80	21 %
dont club de Paris	17	5 %
Autres	2	1 %
Privée	**166**	**44 %**
dont Euro bonds	117	31 %
dont Banques commerciales	38	10 %
Autres	11	3 %
Total	**375**	

Source : Risky business New Data on Chinese Loans and AfricaDebtProblem ; CARI Briefing Paper N° 3- 2020

– La chine détenait en 2018, 21 % de la dette africaine soit 80 milliards de dollars alors que le club de Paris n'en représente que 5 %. Ce chiffre n'est pas accepté par tout le monde économique, notamment le FMI et la Banque mondiale compte tenu de la non transparence dans le processus des prêts accordés par la chine. Elle est devenue le pays le premier créancier de l'Afrique. 15 % des prêts sont consentis aux conditions préférentielles et 60 % aux contions du marché. Une partie de la dette chinoise est garantie par des recettes provenant des exportations de matières premières. On estime que 50 % des prêts chinois n'apparaissent pas dans les statistiques officielles.

Le service de la dette chinoise représente en moyenne selon les données de la Banque mondiale, 25 % du service de la dette publique externe africaine, et sera plus de 49 milliards de dollars pour la période 2012-2025. Dans certains pays de cette région, le service de la dette chinoise dépassera 40 % du service de la dette publique externe totale : Zimbabwe, 65 %, Djibouti, 60 %, Congo, 60 %, 59 % Guinée, 53 %, Angola, 42 %, Ethiopie et 40 %, Togo.

– La dette privée a représenté en 2018, 44 % de l'endettement des pays africains au Sud du Sahara. Depuis la crise financière de 2008, certains d'entre eux ont accédé au marché international obligataire grâce à la baisse des taux directeurs des banques centrales occidentales et aux politiques monétaires non conventionnelles. En 2019, 7 pays ont levé 13 euro-obligations pour un total de 16, 38 milliards de dollars : Kenya, Mozambique, Ghana, Bénin, Côte d'ivoire, Angola et Afrique du Sud. En 2020, le montant des émissions africaines a atteint plus de 100 milliards de dollars.

Les euro bonds ou euro-obligations ont augmenté atteignant 31 % en 2018, le marché obligataire a ainsi remplacé les créanciers multilatéraux avec la régression des prêts.

4)– Les traitements de la dette

Plusieurs politiques ont été mises en place pour réduire la dette des pays africains au sud du Sahara : les programmes d'ajustement structurel, et d'autres initiatives des années 80 à travers les clubs de Paris et de Londres ainsi que les plans Baker et Brady, l'initiative des pays pauvres très endettés, l'initiative de l'annulation des dettes multilatérales et récemment l'initiative de de suspension du service de la dette dans le cadre de la pandémie à coronavirus.

C)– Ajustement et dette

La justification de l'ajustement est l'endettement important des pays en développement et le remboursement de la dette. Les conditionnalités obligent les pays à moins s'endetter (l'accent est mis sur la dette concessionnelle) et à régler les anciennes dettes. Les nouveaux concours financiers sont réservés en priorité aux paiements des services de la dette et leur accès est subordonné à la signature d'un programme d'ajustement structurel.

On assiste également au renversement des flux en faveur des pays développés. Ainsi entre 1983 et 1988, l'Amérique latine a versé 198 milliards de dollars au titre des seuls intérêts de sa dette extérieure. Dans le même temps, elle n'a reçu que 58 milliards de financements extérieurs.

Pour 600 milliards de dollars dus en 1980, les pays en développement ont remboursé entre 1980 et 2001 environ 4500 milliards de dollars soit pour 1 dollar dû 7,50 dollars remboursés et 54 dollars restant dus. Les transferts nets sont négatifs pour les PED : ainsi, la dette peut être interprétée comme un mécanisme subtil de transfert de richesse du Sud vers le Nord, avec prélèvement au passage de commissions devant enrichir quelques élites du Sud [Toussaint E, Zacharie A., 2001].

D)– Les initiatives en faveur de la dette

Les premières initiatives ont été nombreuses en faveur de la réduction de la dette des pays en développement. Les principales sont les politiques de rééchelonnement des clubs de Paris et de Londres, les plans Baker et Brady, les opérations de reconversion et de rachat des dettes.

1)– Les clubs de Paris et de Londres

Pour passer devant ces clubs, les pays doivent au préalable avoir signé un accord avec le FMI et la Banque mondiale parce que les actions des deux clubs sont coordonnées par le FMI.

– le club de Paris a été créé en 1956 et a pour origine la restructuration de la dette de l'Argentine. Il est devenu incontournable depuis les années 80 avec l'aggravation de la dette des PED. C'est un club informel de créanciers publics qui regroupe 19 pays, membres permanents, et qui sont les principaux pays de l'OCDE et la Russie depuis 1997. C'est la France qui abrite le club de Paris qui est présidé par le directeur du Trésor français.

Sa mission est de rééchelonner le remboursement des dettes publiques extérieures des pays qui éprouvent des difficultés de remboursement. Entre 1983 et 2004, le club de Paris a signé 386 accords avec 80 pays débiteurs, pour un montant total de 350 milliards de dollars de rééchelonnement.

Avec l'initiative des pays pauvres très endettés, le rôle du club a été élargi à l'annulation des dettes publiques jusqu'à 80 % en valeur actualisée à condition que le pays soit éligible à cette initiative.

– Le club de Londres est une institution ad hoc, sans charte constitutive. Il est investi de la restructuration des dettes bancaires. Ses structures et son fonctionnement sont inspirés par le club de Paris. Les conditionnalités sont les mêmes. Le club de Londres tient fréquemment ses rencontres à Frankfort et à New York.

2)– Les plans Baker et Brady

– Le plan Baker, du nom du secrétaire au trésor américain, a été mis en place en 1985 et appelé plan de redressement. Son objectif était d'injecter de l'argent frais afin d'améliorer la situation des pays endettés. Le plan a échoué à cause essentiellement de la réticence des banques créancières à s'investir vis-à-vis des pays très endettés.

– Le plan Brady de 1989 a été initié par l'ancien secrétaire au trésor américain. Ce plan avait proposé l'échange des créances bancaires contre des titres garantis du trésor américain, à condition que les banques réduisent le montant des créances et qu'elles mettent de l'argent dans le circuit. Le pays bénéficiaire s'engage à consolider une partie de sa dette et à signer un accord d'ajustement structurel avec le FMI. Beaucoup de pays ont participé à ce programme, notamment les pays d'Amérique latine et d'Asie. En Afrique, la Côte d'Ivoire et le Nigéria. Beaucoup d'obligations Brady ont été distribuées sur plusieurs marchés financiers. En dix ans, les obligations Brady ont permis à certains pays endettés de restructurer leur dette et d'accéder aux marchés financiers.

3)– Les autres initiatives

– Le rachat des dettes se fait en profitant de la décote subie sur le marché secondaire des dettes. Il évite d'avoir à l'avenir à verser les intérêts de la dette et à rembourser la totalité du capital emprunté. Le remboursement est exigé en devises, ce qui peut aggraver la situation financière des pays endettés, déjà délicate. La banque est chargée d'emprunter aux pays débiteurs pour les rachats. Entre 1988 et 1989, la Bolivie a acheté la quasi-totalité de sa dette auprès des institutions financières pour un montant de 340 millions de dollars à environ 10 % de la valeur nominale.

– La conversion en actifs réels. L'opération consiste à échanger la créance contre une participation dans une entreprise publique. L'emprunteur rachète en monnaie locale avec le produit de la vente, la banque investit dans le pays. Ces opérations se font plus souvent dans le cas des privatisations.

Section 2 –
Surendettement et annulation de la dette : l'initiative en faveur des pays pauvres très endettés (PPTE) et de l'initiative d'allègement de la dette multilatérale (IADM).

Les initiatives des années 80 n'ayant pas permis d'endiguer la dette des pays en développement, la pauvreté s'est aggravée. L'initiative PPTE adoptée à Lyon en France en 1996 par le FMI et la Banque mondiale, a pour objectif de réduire la dette de certains pays africains dont la dette est devenue insoutenable et en même temps promouvoir la croissance afin de réduire la pauvreté. En juin 2005, une seconde décision a été prise concernant l'allègement de la dette multilatérale (IADM).

A)– Aperçu des approches du surendettement.

Il y a surendettement lorsqu'il y a l'accumulation d'arriérés de paiement, l'échec de rééchelonnement à faire correspondre le service effectif et le service contractuel de la dette.

L'allègement de la dette est défini comme tout aménagement telle que la fixation d'un taux d'intérêt au-dessous du taux de marché, la réduction du principal ou encore, le rachat par le pays débiteur lui-même permettant de réduire la valeur actualisée des obligations contractuelles du pays débiteur.

Pour Cohen [1989], la dette est un impôt sur les ressources du pays et peut être un obstacle à l'investissement. La valeur faciale de la dette croît de 0 à l'infini, les rendements qui lui sont associés peuvent initialement augmenter, passer par un maximum et ensuite chuter, puisqu'un endettement extérieur élevé chasse les investissements. Pour empêcher que les pays connaissent cette situation, il faut annuler toute créance excédant le niveau où les rendements sont maximaux. La question posée est de savoir si le débiteur répondra à une réduction de la dette par un ajustement à même de faire augmenter la valeur des remboursements futurs.

Le modèle de Coréden montre qu'un pays qui fait face à ses engagements vis à vis du service de la dette voit augmenter ses investissements actuels. Il justifie l'existence des conditionnalités, qui poussent à l'investissement et montre la volonté du pays à mettre en place une politique d'ajustement.

Si le pays prend la décision d'investir faiblement, le surplus dégagé sera insuffisant pour le remboursement du service de dette, dans cette situation le surplus sécrété sera destiné à la consommation. Par contre, un fort taux d'investissement va permettre de rembourser le service de la dette sur le surplus ainsi créé.

Coréden démontre que quand il existe une limite à la capacité de paiement du pays débiteur, deux cas de figure vont s'imposer : un fort investissement amène le débiteur à faire face à des engagements du créancier ou un faible investissement oblige le créancier à alléger les dettes. Dans la deuxième situation, le créancier n'a aucun intérêt à alléger l'endettement du débiteur.

En faisant l'hypothèse selon laquelle la situation profitable pour les créanciers est celle où ils acceptent un allègement, ceux-ci vont donc alléger la dette. L'allègement doit être légèrement supérieur au montant minimal pour permettre au débiteur de s'engager dans un vaste ajustement de son économie avec un investissement important. La réduction de la dette entraîne dans cette situation, un bénéfice pour le créancier qui se verra rembourser une partie de ses créances tout en maintenant une situation soutenable pour le débiteur.

B)– L'initiative en faveur des pays pauvres très endettés (PPTE) et l'initiative d'allégement de la dette multilatérale (IADM).

Parmi ces deux initiatives, celle des PPTE est la plus importante, la seconde, vient compléter la première.

1)– L'initiative en faveur des pays pauvres très endettés (PPTE)

L'initiative en faveur des Pays pauvres très endettés (PPTE) a vu le jour à Lyon (France) en septembre 1996, lors de la réunion du G7, les pays les plus riches du monde.

Elle fait suite à la situation des pays pauvres dont l'endettement est devenu insoutenable, hypothéquant leur développement et aggravant la pauvreté. L'initiative inclut pour la première fois l'endettement auprès des institutions financières internationales, donc la réduction ou l'annulation de la dette multilatérale. En 1999 avec l'initiative de Cologne, une amélioration a été introduite incluant certains pays jusque-là exclus.

Insoutenabilite de la dette

2 critères sont utilisés pour dire qu'une dette est insoutenable. C'est la situation où le ratio dette (mesurée en valeur actuelle nette)/exportations est supérieur à 200 % ou le ratio dette/recettes publiques est supérieur à 280 %.

a)– Objectifs

L'objectif général est de réduire ou d'annuler la dette des pays les plus endettés et très pauvres pour leur permettre de mettre en place des politiques économiques efficaces capables de réduire d'une manière substantielle la pauvreté. L'initiative vise à :

– prendre davantage en compte le service de la dette (et non seulement l'encours) ;

– abaisser les ratios dettes/exportations et dettes/recettes budgétaires ;

– annuler 53 % de la dette bilatérale et 30 % de la dette multilatérale représentant une valeur de 65 milliards de dollars.

b)– Critères d'éligibilité

Le pays doit être très pauvre, avec un revenu par habitant inférieur à 750 dollars, et être exclusivement éligible aux financements concessionnels de l'association internationale pour le développement (AID). Il doit avoir établi un bilan positif des résultats obtenus dans le cadre des PAS avec le FMI et la Banque mondiale. Le pays doit rédiger un document intérimaire de stratégie de réduction de la pauvreté et ne pas parvenir à une gestion durable de sa dette extérieure en dépit d'une utilisation complète des mécanismes traditionnels d'allégement de dette.

Un pays est éligible si, après avoir bénéficié des termes de Naples (67 % de réduction du stock de dettes) octroyés par le Club de Paris :

– son ratio valeur actualisée de la dette/exportations dépasse 150 % (au lieu de 200 %-250 % avant Naples) ou si

– son ratio valeur actualisée de la dette/recettes budgétaires dépasse les 250 % (au lieu de 280 % avant Naples).

Le pays doit ouvrir son économie au marché avec un ratio des exportations/PIB de 30 % ou plus et avec un ratio recettes/PIB de 15 % (ces ratios étaient respectivement de 40 % et 20 %, avant Cologne).

Le calendrier d'exécution commence dès la réalisation du programme d'ajustement sous la surveillance du FMI. Cette phase dure trois ans et le programme doit être mené avec succès pendant cette période.

« Le point de décision » est l'éligibilité du pays et le montant de l'allègement de la dette est décidé. Les conditions énoncées aux critères sont donc déjà remplies.

La « deuxième étape » correspond à la période où le pays reçoit jusqu'à 90 % de réduction des flux financiers de la part du Club de Paris et aussi de l'allègement de la dette multilatérale. La durée de cette période est fonction de la capacité du pays à réduire la pauvreté en appliquant les mesures contenues dans le document stratégique de réduction de la pauvreté (DSRP). Elle varie entre un et trois ans.

Le « point d'exécution » est celui où tous les créanciers procèdent à l'allégement de la dette pour obtenir sa viabilité, y compris 90 % ou plus de traitement du stock par les créanciers multilatéraux et toute réduction de dette supplémentaire de la part les multilatéraux. La durée de cette dernière étape est fonction de la capacité du pays à mettre en place le programme de la lutte contre la pauvreté. Le financement de ce programme devrait être fait avec l'encours de l'allégement de la dette.

c)– Aperçu du bilan des PPTE

Selon le bilan fait par le FMI en 2021, 37 pays ont bénéficié des montages de réduction de la dette au titre de l'initiative PPTE, dont 31 en Afrique, assurant un allègement de 76 milliards de dollars du service de leur dette. Trois autres pays sont admissibles à l'assistance au titre de l'initiative PPTE. La somalie et le Soudan n'ont pas encore atteint le point d'achèvement.

Selon la même fiche technique du FMI, la réduction de la dette a contribué à la réduction de la pauvreté, et les ressources additionnelles ont été consacrées à des programmes qui bénéficient aux pauvres. Ainsi cette situation a permis de :

– Doper les dépenses sociales. Les dépenses consacrées à la santé, à l'éducation et à d'autres services sociaux ont progressé, représentant cinq fois le montant des paiements au titre du service de la dette.

– Réduire le service de la dette. Pour les pays qui bénéficient d'un allègement de la dette, les paiements au titre de service de la dette ont diminué d'environ 1,5 point de pourcentage du PIB entre 2001 et 2015.

Le coût total de l'aide aux 39 pays qui ont bénéficié de l'initiative ou potentiellement bénéficiaire est estimé à environ 76 milliards de dollars en valeur actualisée nette à la fin de 2017.

d)– Critiques de l'initiative PPTE

L'initiative PPTE a été présentée comme une idée novatrice permettant aux pays très pauvres de revenir aux objectifs du développement. La déception est grande y compris pour les initiateurs.

Cette initiative est vue par certains critiques comme le prolongement des programmes d'ajustement structurel, car pour l'essentiel les politiques prodiguées et les conditions d'éligibilité sont les mêmes que celles des PAS : libéralisation des économies par les privatisations et ouverture accrue des économies vers l'extérieur alors que dans le même temps les prix des produits de rente ne cessent de dégringoler. Le coton a perdu sa valeur de 46 % entre 1999 et 2003. Les conditions d'éligibilité restent draconiennes et ne sont pas facilement accessibles pour des pays en difficulté. La phase de mise en place réussie reste longue parce qu'elle dure au moins trois ans.

Les sommes prévues ne sont pas atteintes comme le constate le PNUD : « L'initiative d'annuler les services de la dette en faveur des pays pauvres très endettés (PPTE) n'a jusqu'ici eu qu'un impact limité...l'allégement de la dette reste toujours loin derrière les intentions et les promesses. Il est urgent que la mise en place de ces programmes s'accélère dans tous les pays et que de nouvelles initiatives soient mises en œuvre pour que la réduction de la dette ait une incidence sur le développement humain. » [2003].

La CUNCED a fait également un constat négatif : « l'allégement de la dette envisagé ne suffira pas à rendre celle-ci supportable à moyen terme... l'ampleur de l'allégement de la dette et la manière dont il interviendra n'auront pas d'effets directs majeurs sur la réduction de la pauvreté » [CUNCED, 2000]. Les critiques vis-à-vis des PPTE semblent être généralisées au point que le FMI et la Banque mondiale ont mis en doute la viabilité de cette initiative et constatent qu'un pays comme Ouganda, bien qu'il soit au point d'achèvement affiche des ratios d'endettement « insoutenables » tels que définis au titre de l'initiative PPTE.

Les « antimondialistes » et beaucoup d'organisations non gouvernementales (ONG) militent pour l'annulation pure et simple de la dette. Celle-ci pourra permettre à ces pays de se consacrer aux véritables problèmes du développement et de la lutte contre la pauvreté. Ainsi, pour le Mali, les estimations du FMI montrent que ce pays remboursera 16,1 millions de dollars d'ici 2010 contre 19,7 millions de dollars maintenant. La Tanzanie de son côté ne pourra voir son service de la dette diminuer que de 7 %.

Parmi les 42 pays PPTE, 33 sont en Afrique subsaharienne. Les pays africains se préoccupent beaucoup du remboursement de la dette qui est une condition d'accès à d'autres prêts alors que leur capacité de remboursement est très insuffisante au regard de leurs richesses. Certains d'entre eux ne peuvent faire face à leurs engagements même par l'utilisation de toute leur production annuelle.

Plusieurs pays délaissent les secteurs vitaux pour le développement comme la santé et l'éducation au profit du règlement du service de la dette. Le Cameroun a consacré en 1999 seulement 6,7 % de ses recettes budgétaires aux secteurs sociaux alors que le paiement du service de la dette représentait 35 %. Ces chiffres sont respectivement de 6,7 % et 40 % pour la Gambie ; de 11,4 % et 35 % pour la Côte– d'Ivoire.

Ainsi, en 1999 le service de la dette a ponctionné 15 milliards de dollars et le secrétaire général des Nations unies a déclaré que les pays africains consacraient 38 % de leur revenu au remboursement de la dette.

Tableau 8 : Part du budget alloué aux services sociaux de base et au service de la dette en 1999(en %)

Pays	**Services sociaux**	**Service de la dette**
Bénin	9,5	10,8
Cameroun	4	36
Côte d'ivoire	11,4	35
Kenya	12,6	40
Niger	20,4	33
Tanzanie	15	46
Gambie	6,7	40

Source : PNUD

En 1998, la Centrafrique a consacré au paiement du service de la dette l'équivalent de cinq mois de salaires alors que les arriérés de salaires représentaient pour la même année cinq mois.

Beaucoup de pays qui ont bénéficié de cette initiative croulent sous le poids de dette. Sur 17 pays d'Afrique que notent S et P Global Ratings, onze ont bénéficié d'un programme PPTE. Parmi eux, deux, le Congo et le Mozambique, ont un niveau d'endettement égal ou supérieur à celui qu'ils affichaient à leur entrée dans le programme. Six pays : le Ghana, le Mozambique, le Rwanda, le Sénégal, l'Ouganda et la Zambie consacrent aujourd'hui une plus large part de leurs recettes publiques à rembourser les intérêts de leurs dettes [N.Fualdes, 2018]. Les allègements n'ont pas toujours été productifs.

2)– L'initiative d'allègement de la dette multilatérale (IADM)

– Objectif

Elle a été mise en place par le FMI, l'association internationale de développement (IDA) de la Banque mondiale et le Fonds africain de développement (FAD) en juin 2005 à Londres, en Angleterre par les ministres des finances des pays du G8 prévoyant l'annulation de 100 %du stock de la dette due par les pays pauvres à ces institutions financières. L'accord a été confirmé par les chefs d'Etat de G8 à Gleneagles en Ecosse, le 8 juillet 2005 avant d'être entériné par le conseil d'administration de la Banque mondiale et du FMI fin septembre 2005.

L'IADM visait à effacer totalement les créances de ces trois institutions envers certains pays qui remplissent les conditions suivantes :

– Avoir un revenu par habitant égal ou inférieur à 380 dollars par an (PPTE ou non PPTE) ;

– Les PPTE dont le revenu par habitant est supérieur à ce montant ;

– Avoir atteint le « point d'achèvement » de l'initiative PPTE ;

– Être à jour de ses obligations envers les trois institutions et avoir un bilan satisfaisant dans les domaines suivants : situation macro-économique, mise en œuvre d'une stratégie de réduction de la pauvreté.

Le coût de l'initiative s'élève à 50,3 milliards pour les trois institutions : 4,8 milliards pour le FMI, 37 milliards pour la Banque mondiale et 8,5 milliards pour le Fonds africain de développement (FAD). L'IADM ne porte que sur les 3 % de la dette extérieure publique des 165 pays en développement.

L'avènement mondial de la pandémie à coronavirus a créé une crise sanitaire, socio-économique sans précédent dans l'histoire de l'humanité. On dénombre des centaines de décès. Les conséquences économiques et financières sont importantes pour les pays africains qui déjà surendettés ont vu leurs déséquilibres macro-économiques structurels s'accentuer. Pour pallier cette situation, les ministres des finances du G20 et les créanciers du club de Paris ont annoncé le 15 avril 2020 l'initiative de suspension temporaire de service de la dette (ISSD) de 77 pays en développement dont une quarantaine située en Afrique.

a)– L'impact de la crise sanitaire sur les économies africaines

Selon les prévisions du Fonds monétaire international, les pays africains seront en récession de - 3 % en 2020 contre 3,2 % en 2019. Le PIB ne peut retrouver son niveau de 2019 avant 2022 voir plus tard en 2023-2024. Les effets de confinement et de distanciation sociale ont été fatals pour plusieurs pays.

Sur le plan mondial, la demande a baissé et la rupture de la chaine d'approvisionnement dans les pays développés ont freiné la production locale. Les recettes du tourisme ont été affectées, la chute des prix des matières premières et surtout le prix du pétrole a chuté de 30 %, et avec une chute des recettes de 17,5 % par rapport à 2019, ont déséquilibré les finances publiques. Le tarissement des financements extérieurs a entrainé une dégradation de la balance courante de -3,8 % en 2020 et sa poursuite en 2021 sous l'effet de contraction du volume de 9,5 % des échanges et aussi avec la baisse des investissements directs étrangers (IDE) [F. Faure et P.Guerin, 2021]. Les envois des fonds des immigrés, des flux financiers non négligeables des pays développés vers les pays en développement devraient diminuer d'environ 40 à 60 %. Le FMI prévoit l'augmentation des déficits qui vont représenter de 4 à 8 points du PIB et un endettement fort.

Sur le plan social « 1,6 milliard d'enfants des pays en développement ont cessé d'aller à l'école,.... 240 millions d'emplois ont été perdus dans les pays à faible et moyen revenu au deuxième trimestre de 2020, tandis que les pertes en revenus du travail sont estimées à 3 500 milliards de dollars pour les trois premiers trimestres de l'année. Selon Oxfam, un demi-milliard de personnes sont par conséquent susceptibles de sombrer dans la pauvreté » [cité par Romain Compère, synthèse du rapport EURODAD, 7 décembre 2020].

b)– Augmentation de la dette des pays africains

Les déficits extérieurs exigent des pays africains des financements extérieurs qui vont faire accroitre leur dette. Celle-ci, selon les prévisions, devrait atteindre 65,6 % du PIB contre 56,4 % en 2020. L'amortissement de la dette extérieure représenterait plus de 50 % des besoins de financement extérieur estimé à

900 milliards de dollars en 2020/2023. « Ce choc sans précédent augmente en effet le coût du service de la dette extérieure, exposant les pays à un risque significatif de surendettement » [opt. cité]. Selon le FMI, la dette des pays en développement devrait augmenter à la hauteur de 10 % du PIB dans les économies de marché émergents, et de 7 % du PIB dans les pays à faibles revenus.

– Mécanisme de l'initiative de suspension du service de la dette

Le 15 avril 2020, le G20 a annoncé un accord prévoyant la suspension entre le 1er avril et le 31 décembre 2020 des paiements en capital et intérêts de la dette due aux créanciers publics bilatéraux par les pays en développement les plus pauvres.

Tous les grands pays créanciers publics bilatéraux sont parties prenantes à cette initiative : les États-Unis, la France, la Russie et la Chine. Les créanciers privés et multilatéraux ont été invités à participer à cette initiative. L'objectif est le moratoire sur le service de la dette.

L'ISSD couvre 77 pays potentiels les moins avancés ainsi que les pays IDA (association internationale de développement de Banque mondiale). Le nombre a été réduit à 73, les quatre autres pays ont été exclus en raison des arriérés envers le FMI et la Banque mondiale (Erythrée, Soudan, Syrie et Zimbabwe). Pour être éligible le pays doit faire une demande et s'engager à utiliser les ressources budgétaires dégagées pour les dépenses sociales, et économiques de santé nécessaires à la gestion de la crise, à ne pas contacter de nouveaux emprunts non concessionnels. 46 pays participaient à l'initiative au début et devraient bénéficier d'un report de 5,3 milliards de dollars en 2020, soit un peu moins de l'annonce initiale d'un allègement temporaire potentiel de la dette de 12 milliards et ne représente que 1,6 % du total des paiements dus par les pays en développement en 2020. La République centrafricaine a formulé une demande en 2020 et participe à l'initiative et devrait bénéficier d'une suspension de service de sa dette de 7,4 millions de dollars en 2020 et 8,7 en 2021.

Certes cette initiative, si elle est heureuse ne résout pas le problème fondamental de la dette des pays qui est devenu un véritable cancer difficile à soigner. Il faut signaler que l'ISSD ne concerne pas les créanciers multilatéraux comme la Banque mondiale et le FMI ou les créanciers privés. En outre, il s'agit d'une simple suspension. « Cela ne coûte rien aux créanciers ; les pays emprunteurs auront simplement des remboursements plus conséquents à effectuer une fois la période de suspension terminée. Ils devront alors certainement emprunter davantage de fonds pour rembourser non seulement le service de la dette reporté, mais aussi peut-être le service d'un nouvel emprunt contacté pour faire face au ralentissement économique engendré par le Covid-19 » [euro dard, 2020]. Les créanciers privés ne participent pas à l'ISSD, mais sont bénéficiaires des ressources libérées par l'ISSD ou par les nouveaux prêts d'urgence du FMI qui devraient en principe être utilisés pour lutter contre le Covid 19 : « entre mai et décembre 2020 [...] les 46 pays qui bénéficient de la suspension du service de la dette auront versé 6,94 milliards de dollars à des créanciers privés,[soit]

1,64 milliard de dollars de plus que ce qu'ils reçoivent des créanciers bilatéraux au titre de « suspension de la dette ».

Section 3 –
Le débat éternel sur l'annulation de la dette

La problématique de l'annulation de la dette des pays pauvres est très ancienne et est portée par les tiermondistes, les altermondialistes, les écologistes et autres. Récemment, le Pape François, l'Union africaine, le président du Sénégal, Macky Sall, le Premier ministre de Pakistan, Imaran Khan ont relancé le débat soutenu par plusieurs pays en développement et le président de la France, Emmanuel Macron. Dès 1987, le président Thomas Sankara, Président du Burkina Faso à la tribune de l'organisation de l'union africaine en 1987 faisait une déclaration historique : « La dette ne peut être remboursée parce que, d'abord, si nous ne payons pas, nos bailleurs de fonds ne mourront pas. Soyons en surs. Par contre si nous payons, c'est nous qui allons mourir ».

Les pays riches s'opposent à l'annulation y compris la Chine, un pays communiste ainsi que les institutions financières internationales.

Plusieurs arguments sont avancés pour justifier cette posture :

a)– L'alourdissement de la dette a rendu insolvable les pays pauvres qui n'auront jamais des ressources financières pour faire y face. Avec la crise sanitaire de 2019, la dette s'est enlisée et les ressources financières très réduites. En effet, la dette totale des pays en développement représentait en 2018,

191 % de leurs PIB. Ce ratio ne sera pas réduit dans les années à venir à cause de l'effondrement de la croissance de ces pays ; « Avant la crise, 46 pays consacraient en moyenne quatre fois plus d'argent à rembourser leurs dettes qu'à financer les services de santé » [Oxfan-France, 2021]. Cette ONG propose que la dette soit annulée jusqu'en 2023 pour permettre aux pays de consacrer les ressources à la protection des populations.

b)– Les partisans des dettes « odieuses » développent l'idée selon laquelle les pays créanciers ont octroyé des dettes à des dictateurs qui sont leurs alliés et qui ont détourné allégrement ses sommes à leurs avantages sans investir en faveur de la population. Mieux, ces dirigeants font repartir ces concours en occident qui sont placés dans les paradis fiscaux. Ils concluent à l'annulation des dettes. Ou bien rendre « illégales » ces dettes sur le plan de droit face aux peuples oppressés : « Plusieurs gouvernements dans l'histoire ont refusé de payer la dette qu'ils héritaient du régime illégitime qui les précédait, en arguant que cette dette n'engageait que le régime en question, non l'Etat » [J. Merckaert, 2006]. Pour M-H Bouchet, le concept de « dette odieuse n'est qu'un alibi pour exonérer les débiteurs de leurs responsabilités sociales, et pour les pays créanciers de dissimuler des intérêts géopolitiques et commerciaux sous une solidarité fictive. Il propose que l'annulation soit liée à la bonne gouvernance, la lutte contre la corruption et réorienter des flux de paiement de la dette vers des programmes à des fins sociales et de développement durable.

c)– Pour les économistes libéraux « les pays pauvres ont abusé des emprunts pour se financer et devraient logiquement assumer les conséquences d'une situation dont ils seraient les seuls responsables ». Pour eux les pays emprunteurs sont dans l'incapacité de bien gérer les finances publiques, notamment collecter efficacement les impôts, dilapidation de l'argent public.

Pour l'économiste chinois, Song Wei « ce que la Chine pourrait faire pour aider, c'est redonner vie aux projets financés par des prêts et réaliser des profits durables, au lieu de mesures simplistes qu'offrent des annulations de dettes [...] Offrir des annulations ne serait pas conforme aux intérêts des pays africains en matière de développement à long terme » [cité par T. Pairault, 2021]

d) – L'Afrique enrichit ses créanciers

Le paiement du fardeau de la dette a entraîné le changement du sens des flux et désormais plusieurs études confirment que ce sont des pays créanciers qui profitent de ce cercle vicieux. En 1995, A. Adédji, alors secrétaire adjoint des Nations unies et Secrétaire exécutif de la commission économique pour l'Afrique avait montré qu'en 1988 le montant total des sorties des capitaux représentait 23 milliards de dollars alors que l'aide au développement en faveur de l'Afrique n'était que de 17,5 milliards de dollars.

La CNUCED pour sa part a confirmé dans son rapport de 2004, que « l'Afrique subsaharienne, qui, ayant reçu 294 milliards de dollars (fin 2002) en prêts et remboursé 268 milliards de dollars en service de la dette, reste cependant débitrice de quelque 210 milliards de dollars ». La conclusion du rapport est que « cela équivaut à un transfert inverse de ressources en provenance du continent le plus pauvre ».

Olivier Blamangin [2004] a montré également que les crédits multilatéraux en direction de l'Afrique subsaharienne ont diminué entre 1985 et 2000 de 30 % en prix constants, et qu'entre 1983-2000 les apports ont été divisés par 5, le service de la dette entre 1985 et 1995 s'élevait à 7 milliards par an, pour un montant moyen de nouveaux prêts de 9,2 milliards de dollars. « Ces transferts nets (nouveaux prêts moins remboursements en capital et paiements d'intérêts) sont aujourd'hui négatifs : depuis 1995, une fois déduits les nouveaux prêts, 1,5 milliard de dollars quittent en moyenne l'Afrique subsaharienne chaque année au titre du remboursement de la dette ».

Section 4 –
L'évolution de l'aide publique au développement (APD)

L'aide publique au développement fait appel aux opérations et mécanismes financiers, allant du don pur et simple au prêt accordé à un tarif préférentiel, négocié entre pays donateurs « développés » ou riches et des Etats bénéficiaires

« sous-développés » ou en voie de développement [Dazoue Dongue Guy, Vangvaidi Albert et Baida Angele Louise ; 2018].

D'après le comité d'aide au développement (CAD), l'aide publique au développement correspond aux courant d'aide en direction de pays en développement et d'institutions multilatérales émanant d'organismes publics, y compris l'Etat, les autorités locales ou de leurs agents d'exécution, et dont chaque opération répond aux critères suivants :

– Avoir pour objectif principal de promouvoir le développement économique et le bien être des pays en développement ;

– Avoir un caractère concessionnel et comprendre un élément de don d'au moins 25 % (au taux d'escompte de 10 %).

1)– Typologie de l'aide au développement

On distingue plusieurs types d'aide publique au développement :

– L'aide multilatérale et l'aide bilatérale. L'aide multilatérale est celle qui est accordée par un groupe d'Etats ou plus généralement par une organisation internationale. Tandis que, l'aide bilatérale est accordée par un Etat à un autre Etat. Ce type d'aide est assortie ou non de conditions.

On parle d'aide bilatérale liée ou non liée. Elle est non liée lorsque le donateur n'impose au bénéficiaire aucune condition d'achat ou de services en retour, c'est l'aide désintéressée. L'aide bilatérale est liée si le pays donateur soumet l'octroi de l'aide à des conditions préalables.

Quel que soit le type d'aide, elle peut se présenter sous les formes suivantes :

– l'assistance technique se présente sous forme de coopération technique autonome et de coopération technique liée à des projets d'investissement. La coopération technique autonome se présente comme fourniture de ressources visant à assurer le transfert de compétence et de connaissances techniques et administratives ou de technologie afin de renforcer la capacité nationale et à étendre des activités de développement, sans que ces ressources soient liées à l'exécution d'un projet d'investissement. Les projets d'investissement se présentent comme le financement en espèces et en nature, des projets d'équipement ou d'investissement précis. La coopération technique est liée à des projets et est aussi appelée assistance financière.;

– l'aide aux programmes/aide budgétaire ou appui aux balances de paiement. Cette aide correspond à l'assistance qui s'inscrit dans le cadre des objectifs plus larges de développement macro-économiques et/ou qui est fournie dans le but d'améliorer la balance des paiements du pays bénéficiaire et de mettre à sa disposition des devises ;

– l'aide alimentaire se présente sous forme de fourniture de vivres pour l'alimentation des hommes à des fins de développement, y compris les dons et prêts pour l'achat de vivres.

2)– Les objectifs de l'aide au développement

Les objectifs de l'aide au développement visent à accroitre la croissance économique en vue de l'amélioration des conditions de la vie de la population. Cet objectif central n'a pas malheureusement été atteint. La première décennie (1960-1970) du développement a été un échec selon bureau international du travail (BIT). En 1980, l'objectif avec les programmes d'ajustement structurel est l'intégration des pays pauvres au marché mondial : les résultats également sont mitigés. Pour les années 1990 qui correspondent à la fin de la guerre froide et le triomphe du libéralisme, ont ouvert de nouvelles perspectives pour le développement économique. Les politiques économiques ont provoqué de graves dégâts sociaux. La mondialisation de l'économie et la lutte contre la pauvreté sont devenus contradictoires. Les problèmes environnementaux et climatiques qui limitent les objectifs des modèles de développement promus par les pays développés font craindre le pire pour la planète entière. Les objectifs millénaires du développement (OMD) qui visaient la lutte contre la pauvreté n'ont pas été atteints.

3)– Evolution de l'aide publique au développement (APD)

En valeur absolue l'APD s'est accrue constamment jusqu'en 1995 avant de connaître une diminution. Elle est passée de 7 milliards de dollars en 1970 à 27 milliards de dollars en 1980 soit du simple au quadruple. Elle a atteint 87,6 milliards de dollars en 1995 avant de commencer à décroître à partir de 1996 où elle est descendue à 73,5 milliards de dollars avant de reprendre une croissance lente.

Tableau 9 : Evolution de l'aide (en % du RNB)

Moyenne 1987-88	Moyenne 192-93	1990	2000	2005	2010	2015	2019	2020
0,55	0,66	0, 32	0,22	0,32	0,31	0,30	0,30	0,32

Source : OCDE

Entre 1996 et 2000 l'APD a baissé de 31 % en dollars constants de 1997 et représente 0,24 % du PIB des pays donateurs. Selon l'OCDE, l'APD a augmenté en termes réels de 3,9 % entre 2002 et 2003 soit 68,5 milliards de dollars et 0,25 % du PIB des pays riches, contre 0,23 % en 2002 et 0,22 % en 2001. L'APD a atteint 78,6 milliards de dollars en 2004 soit une augmentation de 4,6 % en termes réels entre 2003 et 2004. On peut considérer que l'APD a chuté constamment depuis 1965 si on la ramène à la production des richesses des pays occidentaux. Ainsi, entre 1960 et 1965, l'APD représentait 0,48 % du PIB, entre 1980 et 85, ce chiffre était tombé à 0,34 %. En 2004, il ne représente que 0,41 % alors que l'objectif des Nations Unies est d'atteindre 0,7 %. Seuls cinq pays ont atteint ce niveau : la Norvège dont l'aide représentait 0,92 % du revenu national brut en 2003, le

Danemark 0,84, le Luxembourg 0,81, les Pays-Bas, 0,80 et la Suède 0,79. La France ne représentait que 0,41 % du RNB et les États-Unis 0,15.

Dans les années 2000, l'évolution est demeurée modeste. En 2018, l'aide a été estimée à 153 milliards de dollar qui représentent 0,31 % du RNB. En 2021, l'aide a atteint 178,9 milliards, soit une augmentation de 4,4 % en termes réels par rapport à 2020 soit 0,33 % du RNB. L'objectif de 0,7 % est loin d'être atteint.

L'aide est appréciée diversement. Pour Gabas J.J, l'aide est mal utilisée à cause de la mauvaise gouvernance et la capacité d'absorption des pays donataires est insuffisante. L'aide n'est pas efficace si elle ne contribue pas à la réalisation d'un programme de réformes économiques, ainsi elle doit être basée non seulement sur les besoins mais aussi sur le mérite.

Pour pallier la mauvaise gestion de l'aide et le détournement par les pouvoirs publics, les pays donateurs ont accru le rôle des ONG internationales qui ont accès directement aux bénéficiaires.

4)– L'aide française

La tendance récente de l'aide française au développement est à la baisse malgré une importante hausse de 50 % en 1992-1993 par rapport à la période 1987-88. Cette hausse ramenée au revenu national brut est de 0,25 %. La baisse est continue de 1994 jusqu'en 2000. En 2001, l'augmentation a été très importante, soit 196,3 % en un an et 1,24 % du revenu national brut. Depuis l'aide française évolue en dents de scie et reste en deçà de l'objectif de 0,7 % du RNB parce qu'elle n'en représente que 0,42 % en 2004.

Tableau 10 : Aide publique au développement nette de la France (en milliards de dollars)

	Moyenne 1987-88	Moyenne 1992-93	2000	2018	2019	2020
Montant	5,3	8	4,1	10,3	10,9	12,4
% RNB	0,59	0,63	0,32	0,43	0,44	0,53

Source : OCDE

Cette situation est imputable à la doctrine Balladur qui lie dorénavant l'aide française à la signature d'accord avec le FMI et aussi aux difficultés financières et sociales internes à la France. Entre 2018 et 2020, elle est en progression constante et a représenté 0,53 % du RNB sans atteindre le chiffre fatidique 0,7 % du revenu national brut.

Chapitre 3.

Croissance, développement et lutte contre la pauvreté

L'économie politique du développement a mené pendant longtemps le débat entre croissance, développement et celui-ci ne paraît pas être clos. Il a ressurgi depuis les PAS et la lutte contre la pauvreté. La croissance induit-elle le développement ? Et le rapport avec la pauvreté ?

Section 1 – Quelques aspects théoriques

Quelques rappels vont être faits sur la croissance, la croissance pro-pauvres, Croissance et inégalités, et corruption et pauvreté.

1)– La croissance

La croissance est définie généralement comme l'augmentation dans le temps de la production de richesse. L'indicateur est le PIB, concept quantitatif qui ne tient pas compte de l'aspect humain. Le revenu par tête reste aussi simplement quantitatif parce qu'il ne rend pas compte des inégalités sociales qui peuvent exister dans un pays qui extériorise un PIB élevé.

Le développement est caractérisé par la transformation de la croissance économique en qualitatif donc par l'augmentation de niveau de vie, c'est donc la satisfaction de la demande sociale. Pour François Perroux, la croissance économique n'est qu'un *moyen* pour atteindre le développement qui est la *finalité*. Cette démarche précise qu'il peut y avoir croissance sans développement. La Côte-d'Ivoire des années 60 et 70 avait des taux de croissance importants mais n'a pas pour autant réduit d'une manière substantielle la pauvreté. Cette situation a permis au contraire l'émergence d'une bourgeoisie compradore et de la petite bourgeoisie terrienne.

L'économie du développement officielle a toujours privilégié la croissance, comme objectif à atteindre sans se préoccuper du développement et donc de la redistribution. C'est l'orientation de la première génération des PAS.

Comme on l'a vu, la croissance en elle-même n'entraîne pas le développement, et par déduction, ne peut réduire la pauvreté sans politique redistributive. Cependant sans la croissance, la redistribution devient inaccessible. La Chine, l'Inde et certains pays de l'Asie de l'Est ont fait reculer relativement la pauvreté grâce à de forts taux de croissance et une politique de redistribution des revenus conséquente.

S'il est largement admis que c'est le développement qui réduit la pauvreté, les récents développements théoriques tendent à nuancer l'affirmation. Pour François Bourguignon, « l'excès de la pauvreté peut nuire à la croissance quand il empêche, par exemple, les parents d'envoyer les enfants à l'école ou quand il retentit sur leur santé, donc sur leur efficacité économique » [cité par L.Caramel, 2000]. Le développement des ressources humaines est ici analysé comme condition de croissance. C'est ce que confirme Emile-Robert Perrin : « dans des pays profondément inégalitaires, le jeu du multiplicateur, c'est à dire le mécanisme de diffusion des gains de la croissance, ne fonctionne pas, une partie de la population n'ayant qu'un accès limité ou nul aux ressources ou aux opportunités de production » [2004]. C'est ainsi que l'accent doit être mis sur l'accès des pauvres à l'éducation, à la santé, au crédit et à la terre.

Le développement est multidimensionnel et intègre la politique, l'économie, le culturel. La pauvreté définie par les institutions internationales ne constitue qu'un des maux dont souffrent les pays en développement. Comme dit Emile-Robert Perrin, « le développement est également un processus de transformation sociale qui devrait être géré comme tel. La pauvreté n'est pas seulement économique. Elle se traduit par l'exclusion des différents modes d'accès aux ressources productrices de revenus et des liens sociaux ».

2)– La croissance pro-pauvres

En théorie, un pays peut enregistrer un fort taux de croissance sans qu'elle ne profite aux pauvres, c'est le cas où les disparités de revenus ont sensiblement augmenté, c'est à dire si les riches se sont enrichis tandis que les revenus des pauvres ont stagné ou diminué.

La question qui est posée ici est de savoir s'il y a en économie politique une croissance qui serait favorable aux démunis et qui améliorerait leurs conditions d'existence ?

La croissance dans ce cas doit permettre également l'accès des pauvres aux marchés. Deux approches peuvent être distinguées. La première dite relative énonce que la croissance est pro-pauvres lorsque que les pauvres bénéficient plus que les autres des fruits de la croissance. Elle doit aussi se traduire par une réduction de l'inégalité des revenus en faveur des pauvres [Klasen, 2003].

La deuxième approche dite absolue considère comme pro-pauvres une croissance qui se traduit par une réduction de l'incidence de la pauvreté.

L'autre définition affirme que « la croissance est manifestement favorable aux pauvres lorsqu'elle entraîne l'augmentation de leurs revenus ».

L'exemple des pays cités qui ont mis en place une croissance pro-pauvres sont la chine et le Vietnam.

Pour Martin Ravallion [2004], la croissance favorable aux pauvres est toute augmentation du PIB qui s'accompagne d'une réduction de la pauvreté ou bien encore qu'une croissance favorable aux pauvres si, en plus de réduire la pauvreté, elle réduit également les inégalités.

Pour Nanak Kakwani la croissance favorable aux pauvres est une notion relative qui est réalisée lorsque la croissance profite proportionnellement plus aux pauvres qu'à ceux qui ne le sont pas. Il propose également une méthodologie qui peut être appliquée aux enquêtes sur les ménages conçues pour mesurer le revenu et la pauvreté. La procédure consiste à évaluer un taux de croissance qui donne plus de poids aux revenus des pauvres, la pondération dépendant de la mesure de la pauvreté utilisée. Ce taux hypothétique est appelé « taux de croissance d'équivalent pauvreté » (PEGR, pour « poverty equivalent growth rate ») ; si le PEGR est supérieur au taux de croissance réel, ce qui se produit lorsque le revenu des pauvres connait une croissance supérieure à celle du revenu moyen, la croissance est favorable aux pauvres ; s'il est égal ou inférieur au taux de croissance réel, la croissance n'est pas favorable aux pauvres.

Cette méthodologie a été appliquée à Thaïlande qui a connu un taux de croissance économique de 7,5 % entre 1988 et 1996, puis elle a traversé une période de récession entre 1996 et 2000, au cours de laquelle le PIB a chuté en moyenne de 1 % par an. Pendant les années de croissance, le taux de pauvreté est passé de 33 à 11 % pour remonter à 16 % pendant les années de récession.

D'après la définition de Martin Ravaillion, la croissance thaïlandaise était favorable aux pauvres entre 1990 et 1996 et ne l'était plus entre 1996 et 2000. La méthodologie proposée par Nanak Kakwani permet une interprétation bien plus riche, qui se prête à une conception politique. Entre 1992 et 1996, période au cours de laquelle les taux de croissance d'équivalent pauvreté étaient supérieurs aux taux de croissance réels.

Quelles sont les politiques qui doivent être mises en place dans le cadre d'une croissance pro-pauvres ? On peut citer la redistribution pour lutter contre la pauvreté dans les pays pauvres qui signifie l'augmentation des dépenses publiques dans les secteurs sociaux.

Sur le plan institutionnel, les réformes foncières permettent de disposer des terres avec des titres fonciers aux paysans, afin de bénéficier des aménagements du monde rural tels que l'irrigation. En outre, une telle réforme permet la pérennité des infrastructures et l'amélioration de la productivité des systèmes de production.

Les politiques de décentralisation permettent de rapprocher les citoyens des pouvoirs publics qui doivent contrôler et participer à la formulation des politiques publiques qui les concernent et être représentés.

Les systèmes de microfinance permettent aux pauvres exclus du système bancaire complexe d'avoir des petits crédits pour créer ou développer des opportunités créatrices des revenus. C'est donc un outil pour les pauvres.

Au niveau des secteurs sociaux, le développement de l'éducation de base et de la santé primaire permet l'accès aux opportunités et avoir une bonne santé.

La politique agricole pro-pauvres permet la réduction de la pauvreté par la promotion de l'agriculture par le développement des infrastructures en milieu rural : la recherche agricole, l'éducation, les pistes rurales, l'électricité et l'irrigation, la diversification des cultures, au-delà des cultures de rente sont autant des facteurs qui réduisent la pauvreté et augmenter la productivité des travailleurs.

Le développement des petites infrastructures au profit des populations pauvres accroit leurs revenus : petits systèmes d'adduction d'eau, production d'électricité sur une base locale, pistes rurales, voiries des quartiers [J-M Chataïgner et M.Raffinot, 2005].

3)– Croissance et inégalités

Existe-il une corrélation entre inégalité et croissance ? Plusieurs économistes ont travaillé sur ce sujet dont l'approche des deux parmi eux ont fait école.

Le triangle pauvreté-croissance-inégalité de F. Bourguignon. Celui-ci part de l'hypothèse que la pauvreté est entièrement déterminée par le taux de croissance du revenu et la variation dans la distribution du revenu [2003]. Pour l'auteur l'élasticité de la pauvreté par rapport à la croissance n'est ni constante dans les pays à niveau de développement et d'inégalité différente, ni constante d'une méthode de quantification de la pauvreté à l'autre. Ainsi, les liens existants entre croissance et inégalité et inégalité et croissance représentent un enjeu important pour améliorer les stratégies de développement. À partir de sa courbe, on aperçoit une évolution dans la distribution des revenus relatifs dans la plupart des cas. Avec un niveau d'inégalité initial constant, si on combine l'effet croissance et l'effet distribution, on observe l'existence d'un changement dans la courbe de distribution et son effet sur la pauvreté. Les études ont montré que les revenus des populations pauvres augmentaient proportionnellement avec le revenu moyen, de manière presque systématique quelles que soient les périodes et les pays concernés [David. Dollar et Art kraay ; 2002].

La courbe de Kuznets analyse la relation qui lie la croissance économique et le niveau d'inégalités du revenu dans un pays donné et à un moment donné. Il existe un lien de causalité entre les différentes phases de la croissance économique qui détermineraient la distribution des revenus. Sur sa courbe il a représenté l'évolution des inégalités par rapport au niveau de la croissance économique, et dans le long terme par rapport au développement du pays concerné. La courbe de Kuznets indique que les inégalités augmentent dans le temps, puis atteignent un sommet et puis commencent à diminuer. Pour l'auteur, le niveau d'inégalité en fonction du PIB prendrait la forme d'un U inversé, c'est-à-dire que l'inégalité augmente dans les premières phases de développement économique, atteint un point culminant à un niveau de développement intermédiaire, et diminue ensuite. Dans sa démarche, il fait la distinction entre le secteur rural (agricole), caractérisé par un faible niveau d'inégalités, et le secteur urbain (industriel) plus inégalitaire. Lors du processus de la croissance (ou de développement), l'hypothèse est que la distinction faite entre les deux secteurs, composants l'économie du pays étudié, reste inchangé. Mais, l'écart entre le secteur rural et le secteur urbain tendrait à augmenter car selon lui, la productivité augmente plus vite dans l'industrie que dans l'agriculture. Pour l'auteur, l'économie « non développée » est constituée uniquement du secteur rural, à faible inégalité. Le développement économique va de pair avec un « switch » intersectoriel, c'est-à-dire un déplacement progressif des travailleurs du secteur rural vers le secteur urbain. Kuznets montre numériquement que l'inégalité augmentera au fur et à mesure que les travailleurs passeront du secteur rural au secteur urbain jusqu'à un certain point, puis commencera à diminuer quand la quasi-totalité de la population se trouvera dans le secteur urbain.

4)– Pauvreté et corruption

En quoi et comment la corruption joue défavorablement sur la pauvreté ? D'une façon générale la corruption joue un rôle néfaste sur la croissance. Le développement sera fait dans une partie de ce livre. Nous nous limitons au lien entre pauvreté et corruption dans ce paragraphe.

La corruption constitue une double peine pour les pauvres. Les pauvres sont déjà marginalisés dans la société, les pauvres souffrent d'une double exclusion dans les pays où la corruption fixe les règles du jeu. « Dans un environnement corrompu, les richesses sont confisquées au profit d'un petit nombre, l'inégalité des revenus s'accroit et la capacité d'agir du gouvernement est réduite, particulièrement lorsqu'il s'agit de répondre aux besoins des plus pauvres. Cette situation prend les pauvres au piège et freine le processus de développement, forçant souvent les pauvres à verser des pots-de-vin ou d'autres formes illégales de payement pour accéder aux services publics de base. Comme la Banque mondiale l'a justement déclaré, la corruption est le principal obstacle à la réduction de la pauvreté » [Transparency International, document de travail, 2008]. Des exemples sont nombreux : C'est la situation où dans les hôpitaux centrafricains, les pauvres sont obligés de payer le personnel soignant pour avoir droit aux soins en plus des acquittements officiels, le pauvre est obligé de le faire. Ou que les enseignants de tous les ordres obligent les apprenants à payer pour les faire passer en classe supérieure ou que les étudiants sont obligés de payer les enseignants pour qu'ils participent aux soutenances alors que l'enseignement est supposé être gratuit, phénomène qui n'existait pas il y a vingt ans à l'université de

Bangui. Ceux qui ne peuvent satisfaire ces demandes sont plus marginalisés, dans le cas des hôpitaux c'est la mort.

La pauvreté est un phénomène multidimensionnel qui se caractérise par des facteurs comme l'accès aux services publics de base tels que l'éducation, la santé etc. Or, l'accès à ces services sont subordonnés aux exigences de corruption des agents de l'Etat qui aggravent la pauvreté.

Section 2 – La lutte contre la pauvreté

La notion de pauvreté, si elle est complexe, est aujourd'hui mieux maîtrisée dans sa conception et sa mesure. La lutte contre la pauvreté est au centre des politiques des institutions internationales et gouvernementales. Sont-elles efficaces et ont-elles permis d'atteindre les Objectifs du Millénaire pour le Développement en 2015 ?

A)– Retour sur la définition, les caractéristiques et l'identification de la pauvreté

La définition de la pauvreté et sa mesure posent de véritables problèmes aux chercheurs ainsi que les indicateurs et variables nécessaires à sa conceptualisation. La préférence doit-elle être accordée aux indicateurs quantitatifs ou qualitatifs ou à la combinaison des deux ?

1)– définitions et caractéristiques de la pauvreté

La pauvreté peut être définie comme atteignant « les individus et les familles dont les ressources sont si faibles qu'ils se trouvent exclus du mode de vie, des habitudes et des activités normales de l'Etat dans lequel ils vivent » [CEE, citée par Philippe Rosé, 1988]. Le critère mis en exergue ici est le revenu, et renvoie à la théorie du bien-être (indicateur du bien-être). C'est l'aspect quantitatif ou objectif parce qu'il permet la comparaison avec d'autres revenus, c'est la pauvreté absolue qui détermine ce dont dispose une personne ou un ménage pour couvrir les besoins fondamentaux.

D'après les recherches menées par Aline Coudouel et autres en 2002, la consommation est un meilleur indicateur de résultats que les revenus, car elle est directement liée au bien être alors que le revenu est uniquement un des éléments qui permet la consommation des biens. La Banque mondiale utilise aussi la consommation pour mesurer la pauvreté : c'est la proportion de la population qui vit avec moins d'un dollar par jour (en parité de pouvoir d'achat). Cette approche détermine un seuil qui permet d'introduire la notion de pauvreté relative ou subjective qui est définie par rapport aux revenus et aux consommations moyens. Des difficultés réelles existent quant à la définition d'un seuil, il faut tenir compte des réalités sociales existant dans des sociétés différentes car « les besoins essentiels et la notion de subsistance sont conditionnels à l'économie et à la société étudiée » [N. Piège, 1998].

Henri Bartoli donne une approche multidimensionnelle de la pauvreté. Être pauvre, c'est ne pas pouvoir assurer par ses ressources ou activités propres la couverture de ses besoins biologiques et ceux de sa famille, c'est vivre dans un état permanent de relégation et d'insécurité vitale qui tend à être héréditaire, avoir faim, n'être ni instruit, ni soigné, vivre dans des conditions de logement défectueuses, travailler dans des conditions inhumaines [1986]. Cette définition a le mérite d'intégrer les éléments quantitatifs et qualitatifs. Les éléments concernent :

– la santé qui se manifeste par une espérance de vie faible, le non-accès à des soins primaires, une surmortalité infantile etc.

– l'éducation qui se manifeste par l'absence d'éducation de base, un taux important d'analphabétisme et comme dit Galbraith, « il n'y a pas dans ce monde de population éduquée qui soit pauvre et il n'y a pas de population illettrée qui ne soit pauvre » [cité par M. Piège. 2004].

– le logement insalubre, ou des bidonvilles ;

– le chômage ;

Etc.

L'autre aspect multidimensionnel de la pauvreté a été défini par A. Sen dans la théorie des « capacités » selon laquelle la pauvreté est l'absence des opportunités qui dépendent de l'environnement socio-économique [1988].

La pauvreté est aussi politique quand il y a déficit démocratique ou rupture des relations sociales et familiales. Ainsi dans une étude menée en Guinée, la pauvreté est perçue comme l'absence des relations sociales anciennes, par exemple comme le manque de respect social [Shaffer 1998, cité par Pont].

La pauvreté et les inégalités : l'inégalité, contrairement à la pauvreté est définie sur l'ensemble de la population et est fonction de la politique de distribution. L'indicateur principal utilisé pour la mesure de la pauvreté est le coefficient de Gini (le coefficient varie entre 0, qui signifie l'égalité parfaite et 1 une inégalité totale). Le lien entre pauvreté et inégalité est visible dans le cas monétaire et en relation avec la croissance.

2)– Les causes de l'aggravation de la pauvreté

La croissance économique forte a permis de réduire la pauvreté. Selon la Banque mondiale, la pauvreté a diminué en Afrique entre 1990 et 2012, passant de 57 % à 43 % soit de 330 millions de pauvres à 280 millions. Cependant les pays africains n'ont pas atteint l'objectif du millénaire pour le développement qui visait à réduire de moitié le nombre de pauvres. [Banque mondiale, 2020].

L'augmentation et la persistance de la pauvreté a trois explications principales :

Primo, récemment la pandémie de coronavirus qui a impacté négativement la croissance économique a créé de nouveaux pauvres dont une partie vient même de la classe moyenne. Le chômage a touché toutes les couches travailleuses de la société. « Aujourd'hui la pandémie et la crise économique ont déjà réduit à néant les progrès accomplis dans la lutte contre la pauvreté dans le monde, mettant un terme à plus de deux décennies de progrès continu » [Banque mondiale in rapport 2020 sur la pauvreté et la prospérité partagée]. Dans ce rapport la Banque mondiale énumère les méfaits de la pandémie à coronavirus : une contraction mondiale du PIB par habitant comprise entre 5 % et 8 % avec un taux de pauvreté dans le monde qui se situerait entre 9,1 % et 9,4 % en 2020, quelques 88 millions de personnes dans le monde basculeront dans la pauvreté et 115 millions dans le scénario pessimiste. L'Afrique subsaharienne sera la région la plus touchée après l'Asie du Sud. Celle-ci aura 49 ou 57 millions de personnes supplémentaires. Tandis que l'Afrique Subsaharienne compte entre 26 à 40 millions supplémentaires de pauvres.

Secondo, les conflits armés dans les pays africains en particulier et qui provoquent des déplacements, des exodes et déscolarisent les enfants et les jeunes à l'âge d'aller à l'école. Selon la Banque mondiale, en 2020, les 37 pays classés dans la catégorie des pays touchés par les fragilités, les conflits et la violence n'abritent que 10 % environ de la population mondiale mais représentent plus de 40 % des pauvres dans le monde. « Les conflits armés peuvent avoir des effets rapides et considérables sur la croissance économique et la pauvreté [...], leur impact sur la pauvreté et l'accumulation de capital humain peut perdurer pendant des décennies, voire même des générations » [Corral et al. 2020]. Il est à noter également que selon le concept de « un piège du conflit », le fait qu'un pays marqué par de nombreux conflits, l'empêche de s'attaquer au problème de la pauvreté ou une croissance sans exclusion » [Mueller et Techasunthornwat, 2020].

Tertio Selon le rapport de Shock Wanes de la Banque mondiale, le changement climatique pourrait faire basculer plus de 100 millions de personnes de plus dans la pauvreté d'ici 2030. Les données actualisées récemment montrent que les personnes qui rejoindront les pauvres représenteront entre 68 et 132 millions, selon l'ampleur et la gravité des effets de changement climatique pendant cette période. La dégradation de la nature joue négativement sur l'agriculture et donc des moyens de subsistance des ruraux et de ce fait aggrave la pauvreté dans ce secteur. Le rapport cité a également analysé les effets des inondations sur la pauvreté. Ainsi « À l'échelle mondiale, on estime que 1,47 milliard de personnes vivent dans des régions à haut risque d'inondation, dont environ 132 millions de pauvres ».

3)– L'appréhension de la pauvreté

L'appréhension de la pauvreté constitue aujourd'hui une tâche moins difficile grâce aux techniques diverses d'enquêtes qui peuvent être menées dans les pays. Ces enquêtes donnent des informations :

– macro-économiques qui sont généralement le PIB, la consommation le chômage etc.

– les données méso-économies qui sont relatives aux catégories socioprofessionnelles, aux régions, aux communautés locales dans le domaine de la santé, de l'éducation ;

– des informations économiques qui concernent l'ensemble des biens de consommation des particuliers, les biens durables ;

– sur le plan micro-économique, les données sont relatives à la taille du ménage, au montant des dépenses ou revenus des ménages, aux activités.

Les informations nécessaires aux enquêtes doivent aussi concerner :

L'offre sociale qui concerne les statistiques des infrastructures existantes dans le domaine de la santé (hôpitaux, nombre de lits, nombre de médecins etc.), l'éducation (nombres d'établissements scolaires, taux d'encadrement, ratio maître/élèves, etc.).

La demande sociale concerne les ménages et établit les liens avec l'offre et explique le niveau de pauvreté dans le sens où elle rend compte de l'accès aux biens et services offerts dans le pays.

Jean-Luc Dubois a fait l'historique des enquêtes auprès des ménages en Afrique [1996] dont la première a été faite au Ghana en 1953. Depuis cette date, un nombre important d'enquêtes a permis d'identifier la pauvreté. Récemment plusieurs enquêtes prioritaires ont permis de déceler les effets négatifs des politiques d'ajustement structurel sur les catégories des populations pauvres. Quelles que soient les techniques utilisées, leurs résultats permettent aux autorités politiques nationales et aux partenaires internationaux au développement d'avoir une vision claire de la pauvreté afin de définir et mettre en place les politiques de lutte contre la pauvreté.

4)– La pauvreté en Afrique

D'après une étude de « Oxford international development », publiée en octobre 2020, faite dans 48 pays africains, il existe en Afrique 593 millions d'africains pauvres au sens de l'indice de pauvreté multidimensionnelle (IPM). Les pays les plus pauvres sont le Niger et le Soudan du sud avec respectivement 90 % et 92 % de la population pauvre. Les pays où le niveau des pauvres est bas sont la Tunisie et Seychelles.

Graphique 2 : Répartition de la pauvreté selon l'IPM par région (en %)

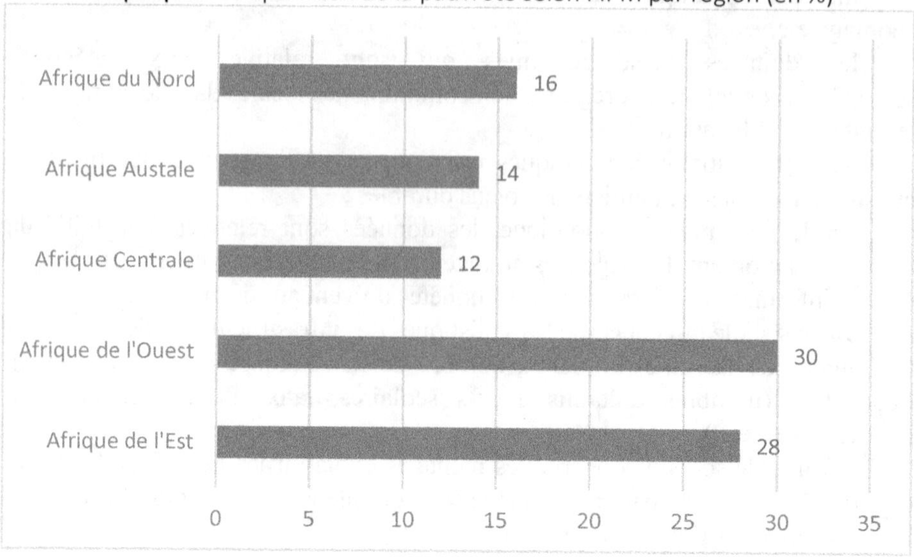

Source : OPHI, 2020

Sur le plan régional, la pauvreté est plus développée en Afrique de l'Ouest avec 30 % des pauvres, l'Afrique de l'Est, 28 %, l'Afrique Australe 14 %, L'Afrique du Nord, 16 % et enfin l'Afrique centrale possèdent relativement moins de pauvres avec 12 %.

Sur les 600 millions de pauvres, selon l'IPM, 510 millions n'ont pas accès à des installations sanitaires adéquates, 504 millions occupent des logements insalubres, 490 millions n'ont pas d'électricité, 387 millions boivent de l'eau de sources insalubres.

Les jeunes sont les plus touchés par la pauvreté (moins de 18 ans sont des enfants).

La pauvreté est plus encrée en zones rurales (62 %) qu'en zones urbaines (38 %).

B)– La lutte contre la pauvreté est-elle efficace ?

Depuis 1990, les institutions internationales ont donné de l'importance à la lutte contre la pauvreté. La Banque mondiale et le PNUD y ont consacré cette année-là leurs rapports annuels. En 1996, les pays les plus riches du G7 ont pris l'initiative PPTE, en 2000 les Nations unies ont défini les Objectifs du millénaire pour le développement et le premier point est l'éradication de la pauvreté absolue en 2015.

La lutte contre la pauvreté a été la priorité des programmes des institutions internationales et semble se substituer aux PAS des années 80. Si le développement de la pauvreté est associé à l'échec des PAS, le cadre de la lutte contre la pauvreté est-t-il différent de celui des programmes d'ajustement structurel ? Comment les PAS ont-ils été substitués à la stratégie de réduction de la pauvreté ? S'oppose-t-elle au développement ? Existe-t-il une dichotomie entre développement économique et social et lutte contre la pauvreté ?

La lutte contre la pauvreté passe pour les institutions financières internationales, par un fort taux de croissance économique durable dans les pays pauvres. Le PNUD ajoute que la croissance doit être accompagnée d'un développement des ressources humaines.

Les liens entre la croissance et la pauvreté sont implicites, notamment l'utilisation du revenu disponible et la consommation des ménages dont les variations dépendent de la croissance. La réduction de la pauvreté rurale nécessite l'augmentation de la croissance du secteur agricole qui entraîne l'augmentation des revenus des paysans.

Quelques études montrent des exemples contradictoires. Une étude faite par Ravallion [1995] a montré un résultat nuancé. Ainsi, si la relation entre la croissance et la réduction de la pauvreté est positive, ce résultat dépend des pays. Sur les seize pays étudiés, l'élasticité de la réduction de la pauvreté à la croissance n'est significative que dans les deux tiers des cas, dans les pays où le surplus de la croissance est distribué aux pauvres.

À partir des enquêtes menées en Tanzanie par Ferreira, A. Coudouel et autres ont conclu que le pays a connu un recul de la pauvreté couplé à une augmentation de l'inégalité, car ce sont les couches favorisées qui ont profité le plus de la croissance alors que les pauvres en ont moins bénéficié. Dans cette situation, la redistribution n'a pas été faite en intégrant la justice sociale. Par contre, au Ghana dans les années 90, les mêmes auteurs ont affirmé que la croissance a été le facteur déterminant de la réduction de la pauvreté par l'augmentation de la consommation moyenne et que la faible réduction de l'inégalité a permis une réduction supplémentaire de la pauvreté [Ferreira, 1996].

Elise Looikah Yee [2004] a mené une étude sur la Malaisie entre 1970 et 2002 et a conclu qu'en présence d'un fort taux de croissance de ce pays, de 7,9 % en moyenne dans la période étudiée, la proportion de la population vivant en dessous du seuil de la pauvreté qui était de 45 % en 1970 est descendue à 5 % en 2002. L'auteur précise que cette forte croissance a été accompagnée d'une politique volontariste de développement des soins de santé, d'un enseignement de meilleure qualité en faveur des pauvres.

Au total la croissance économique peut réduire la pauvreté si elle est accompagnée d'une politique de réduction des inégalités et de développement des infrastructures sociales.

Section 3 –
Les politiques de lutte contre la pauvreté

La lutte contre la pauvreté est une préoccupation ancienne de la Banque mondiale puisqu'elle remonte à la présidence de Robert McNamara dans les années 70. Son intégration véritable dans sa stratégie est un phénomène récent réalisé sous la pression des institutions des nations unies comme le PNUD et l'UNICEF. Cette nouvelle orientation constitue également un aveu d'échec des politiques d'ajustement structurel qui n'ont pas éradiqué la pauvreté, objectif de toute réforme économique.

A)– Objectifs internationaux de la lutte contre la pauvreté

L'objectif de la lutte contre la pauvreté au niveau international est synthétisé dans les objectifs de développement pour le millénaire (OMD) adoptés par le sommet des chefs d'Etat en 2000 dans le cadre des Nations Unies. Ces objectifs sont quantifiables et doivent avoir des résultats palpables en 2015 : la lutte contre la faim, la maladie, l'analphabétisme, la dégradation de l'environnement et la discrimination envers les femmes.

Tableau 11 : Objectifs du millénaire pour le développement, à atteindre à 2015

Réduire de moitié l'extrême pauvreté et la faim 1,2 milliard de personnes vivent encore avec moins d'un dollar par jour. Mais 43 pays, représentant plus de 60 % de la population mondiale, ont déjà atteint ou sont sur le point d'atteindre l'objectif consistant à réduire de moitié la faim d'ici à 2015.	**Réduire de trois quarts la mortalité maternelle** Dans les pays en développement, le risque de mourir en couches est de 1 sur 48. Mais quasiment tous les pays disposent désormais de programmes de maternité sans risques et devraient progresser dans ce domaine.
Assurer l'éducation primaire pour tous Cent treize millions d'enfants ne vont pas à l'école, mais cet objectif est possible à atteindre ; par exemple, l'Inde devrait parvenir à un taux de scolarisation de 95 % en 2005.	**Combattre les maladies, en particulier le VIH /sida et le paludisme** Des maladies meurtrières ont annulé les progrès de développement d'une génération.
Promouvoir l'égalité des sexes et l'autonomisation des femmes Deux tiers des analphabètes dans le monde sont des femmes et 80 % des réfugiés sont des femmes et des enfants. Depuis le Sommet sur le micro– crédit de 1997, des progrès ont été réalisés pour aider et émanciper les femmes pauvres, près de 19 millions rien qu'en 2000.	**Assurer un environnement durable** Plus d'un milliard de personnes n'ont toujours pas accès à l'eau potable. Toutefois, pendant les années 90, près d'un milliard de personnes ont obtenu l'accès à de l'eau potable, et le même nombre à des installations d'assainissement.

Réduire de deux tiers la mortalité des enfants de moins de 5 ans Onze millions de jeunes enfants meurent chaque année, mais ce chiffre était de 15 millions en 1980.	**Mettre en place un partenariat mondial pour le développement, en fixant des objectifs relatifs à l'aide, aux échanges commerciaux et à l'atténuation de la dette** Trop de pays en développement dépensent davantage pour le service de la dette que pour les services sociaux. De nouveaux engagements d'aide pris au cours de la première moitié de 2002 devraient toutefois représenter 12 milliards de dollars supplémentaires par an en 2006.

Source : Nations Unies

À la conférence internationale de Monterrey (Mexique), les pays développés se sont engagés sur le financement de ces objectifs à travers l'assistance, les échanges commerciaux, l'atténuation de la dette et les investissements.

Le suivi et la coordination sont assurés par le programme des nations unies pour le développement.

1)– Stratégies du FMI et de la Banque mondiale pour la lutte contre la pauvreté

Les stratégies mises en place sont contenues dans le document stratégique de réduction de la pauvreté (DSRP) qui doit être initié par les pays avec le concours du FMI et de la Banque mondiale.

Les politiques macro-économiques, structurelles et sectorielles contenues dans ce document doivent être acceptées par les organes dirigeants de ces deux institutions de Bretton Woods (IBW) et constituent la première conditionnalité. Les politiques ont pour l'essentiel les mêmes orientations que celles des programmes d'ajustement structurel.

L'acceptation de ce document qui est basée sur la stabilité macro-économique, les réformes structurelles, dont les privatisations sont la condition essentielle d'accès à l'éligibilité de l'initiative PPTE.

En effet, le DSRP est en théorie un document consensuel et participatif, notamment la partie concernant le cadre stratégique de lutte contre la pauvreté (CSLP), qui doit être conçu et appliqué par la partie nationale. L'autre nouveauté est l'importance que les institutions internationales accordent à la gouvernance, à la responsabilité (accountability) des gouvernants, la transparence, d'où le rôle que doit jouer la société civile dans le processus.

2)– Politiques économiques

Les politiques macro-économiques dictées dans le cadre du DSRP par les IBW reprennent les mesures néolibérales des programmes d'ajustement structurel. Nous avons déjà rappelé les critiques internes et externes de ce modèle inspiré des néo-monétaristes. Elles n'ont pas eu des résultats capables d'éradiquer la pauvreté depuis au moins un quart de siècle dans les pays en développement. Il nous semble que ce préalable macro-économique, s'il persiste ne peut avoir que des résultats décevants, donc contraires aux objectifs affichés.

Les IBW définissent la nouvelle politique basée sur « une croissance rapide et durable, accompagnée d'un modèle de croissance où les pauvres participent entièrement à la vie économique, est une condition nécessaire pour la lutte contre la pauvreté. Il faudra pour cela une gestion macro-économique prudente, une activité et des investissements privés dynamiques ainsi que des politiques sectorielles et structurelles judicieuses... » [FMI, Banque Mondiale, 1999.

Si ces mesures ne sont pas toutes mauvaises, on constate cependant que la logique néolibérale des IBW est respectée, la négation du rôle de l'Etat reste présente dans les programmes.

En définitive, c'est la politique économique d'ajustement structurel qui est transformée en politique économique de la pauvreté. La croissance nécessaire pour éradiquer la pauvreté est-elle compatible avec la compression des dépenses de l'Etat qui élimine les subventions aux intrants pour l'agriculture qui procure des revenus aux pauvres ? Ce sont des questionnements qui devraient trouver des réponses pour réellement retrouver le chemin de la croissance en faveur des pauvres.

B)– Vision des politiques de lutte contre la pauvreté par les pauvres

Les cadres macro-économiques des politiques internationales de lutte contre la pauvreté ne sont pas toujours compatibles avec l'objectif de réduction de la pauvreté. Le débat entre pauvreté et inégalités est évacué alors que la pauvreté est une conséquence de l'inégalité.

Comme l'indique le tableau 11, la vision qu'ont les pauvres sur les politiques d'éradication de la pauvreté diffère de celles préconisées par les IBW.

Tableau 12 : La voix des pauvres et les DSRP

Secteur	**Aspiration des pauvres**	**Mesures d'intervention généralement prévues dans les DSRP**
Education	Diminuer tous les frais scolaires.	Réduire ou supprimer les droits de scolarité dans le primaire ; participation obligatoire aux frais de scolarité aux niveaux supérieurs.
Santé	Gratuité des soins curatifs et prix abordables des médicaments.	Gratuité des soins préventifs ; participation obligatoire aux frais pour les soins curatifs, sauf pour certaines maladies.
Agriculture	Distribuer les terres, réduire les loyers fonciers, subventionner les intrants essentiels et offices des crédits bonifiés ; ne pas privatiser les terrains collectifs ; ne pas démanteler les coopératives d'Etat.	Développer les marchés fonciers, promouvoir les systèmes de micro-crédits ; et supprimer les offices de commercialisation, les subventions et les taxes sur l'agriculture.

C)– Bilan des objectifs du millénaire pour le développement (OMD)

Les objectifs du millénaire pour le développement constituaient le principal instrument de lutte contre la pauvreté à l'échelle mondiale. Ils ont été adoptés par 172 pays, dont l'ensemble des pays d'Afrique. Les OMD comprennent un ensemble d'objectifs assortis d'une date-butoir de réalisation. Les OMD comprennent huit objectifs ciblant la faim, l'éducation, les inégalités entre hommes et femmes, la santé (mortalité des enfants, santé maternelle, et maladies transmissibles), la durabilité environnementale et la formation de partenariats mondiaux pour le développement.

Selon le rapport sur le développement des Nations Unies en Afrique 2015, un bilan a été fait sur les résultats atteints par les OMD que nous pouvons rappeler rapidement. Globalement le rapport indique que « l'Afrique a accompli des progrès relativement limités dans la réalisation des OMD, mais elle a néanmoins réalisé des avancées significatives dans certains domaines » que nous examinons ci-après.

OMD 1 : Elimination de l'extrême pauvreté et la faim. Alors que l'ensemble des pays en développement ont divisé par deux le nombre de pauvres, l'Afrique a fait baisser son taux de pauvreté que de 8 points de pourcentage passant de 56 % à 48,4 %.

OMD 2 : Assurer l'éducation primaire pour tous. Le taux de scolarisation dans l'enseignement primaire s'est significativement accru en Afrique mais en Afrique subsaharienne, le taux est resté relativement faible par rapport à l'Afrique du Nord. Celle-ci a rattrapé le monde développé avec un taux de 99 % contre 78 % en 2012 et l'Afrique subsaharienne a réduit de 12 points de pourcentage entre 1990 et 2012.

OMD 3 : Égalité des sexes et l'autonomisation des femmes. L'Afrique Subsaharienne a eu aussi de bons résultats que les autres pays du monde pour la parité des sexes à l'école primaire, mais en retard sur toutes les autres régions du monde pour la parité des sexes dans le secondaire et le supérieur.

OMD 4 : Le taux de mortalité juvénile a significativement reculé en Afrique. Le taux de mortalité des enfants de moins de 5 ans est passé de 177 à 98 décès pour 1000 naissances vivantes en Afrique subsaharienne et de 73 à 22 pour 1000 en Afrique du Nord. Néanmoins le chiffre de l'Afrique Subsaharienne équivalait à la moyenne des pays en développement au début de la période des OMD.

OMD 5 : Mortalité maternelle. Cette cible n'a pas été atteinte. En 1990, le taux mondial s'élevait à 380 pour 100 000 naissances vivantes, contre 990 pour l'Afrique subsaharienne. Après 15 ans, ce taux est passé à 510 décès pour 100 000 naissances vivantes. Ce taux reste élevé en comparaison avec celui du monde développé qui s'établissait à 230 décès pour 100 000 naissances vivantes.

OMD 6 : Combattre les maladies, en particulier le VIH/SIDA et la paludisme. Entre 2001 et 2012 le taux d'infection de VIH/SIDA a fortement reculé en Afrique subsaharienne, passant de d'environ 2 % à 1 % chez les 15-49 ans.

Entre 2000 et 2012, l'expansion de la lutte contre le paludisme a fait reculer de 42 % le nombre de décès imputables à cette maladie. On estime qu'en Afrique Subsaharienne, 3,3 millions de décès, dont 90 % d'enfants ont été évités.

OMD 7 : Assurer un environnement durable. Les émissions mondiales de dioxyde de carbone ont continué d'augmenter d'environ 50 % depuis le lancement des OMD. Mais l'Afrique a peu contribuer à cette augmentation « mais elle n'en subit pas moins les conséquences, au même titre que les principaux émetteurs. Des millions d'hectares de couvert forestier disparaissent chaque année. Les conditions climatiques, défavorables et imprévisibles, rendent la vie plus difficile à un grand nombre d'agriculteurs qui dépendent de l'agriculture pluviale ».

OMD 8 : Mettre en place un partenariat mondial pour le développement, en fixant des objectifs relatifs à l'aide, aux échanges commerciaux et à l'annulation de la dette. C'est donc ce partenariat qui devrait faciliter le financement des OMD. Sur ce point, le rapport affirme que le partenariat « a amélioré l'engagement des partenaires locaux, les gouvernements et la communauté internationale du développement. L'Afrique a enregistré des améliorations substantielles sur le plan de la dignité humaine, de l'égalité et de l'équité, ainsi que des progrès économiques généraux sur la période couverte par les OMD »

Globalement les résultats des OMD sont insuffisants pour lutter contre la pauvreté même si dans d'autres domaines des avancées ont été notées. D'abord une critique interne à la démarche proposée, notamment les critères élaborés par le FMI pour définir la viabilité de la dette basée sur un ratio de dette/exportations en valeur actuelle nette, or les revenus d'exportation sont fluctuants. Les taux retenus pour définir la viabilité de la dette sont très élevés. Le FMI ne tient pas compte dans son analyse les conséquences sociales et humaines [J. Merckaert, 2006].

L'initiative PPTE est créée par les créanciers pour permettre aux PVD de payer leur dette en la rendant solvable comme affirme la commission Afrique présidée par l'ancien premier ministre britannique : l'initiative PPTE « était destinée à faire passer la dette d'un niveau insoutenable à un niveau soutenable, c'est-à-dire un apurement sur le bilan » et ajoute qu'il « est temps que le monde développé admette que, dans les cas où la dette ne pourra jamais être remboursée, l'allégement ne fait qu'alléger le créancier d'un bilan imaginaire ».

Pour la pauvreté le bilan est nettement négatif.

D)– Des objectifs du millénaire pour le développement aux objectifs du développement durable

Les résultats insuffisants obtenus par les OMD et la persistance de la pauvreté dans le monde a amené les Nations-unies a adopté lors de son assemblée générale du 25 septembre 2015, une résolution intitulée « Transformer notre monde : le programme de développement durable à l'horizon 2030 ». Selon les initiateurs, les ODD représentent un programme de changement, axé sur l'être humain, et fondé sur les principes de transparence, de participation, et d'inclusion.

La principale différence avec les OMD est que le programme des ODD est universel, tous les pays doivent harmoniser leurs stratégies, et identifier, dans chaque domaine, les lacunes et les moyens d'y remédier. Ce programme prend en compte quelques domaines nouveaux tels que le changement climatique, les modes de consommation durable, l'innovation et l'importance de la paix et de la justice pour tous.

La responsabilité de la réalisation des ODD incombe en premier lieu aux gouvernements et aux citoyens qu'ils représentent. En outre, les ODD appellent également à la mise en place d'un partenariat mondial et seront financés tant par le secteur public que privé.

Le programme comprend 17 objectifs de développement durable (ODD) et 169 cibles qui y sont associés à l'horizon 2030.

Section 4 –
Nécessité des réformes structurelles pour lutter durablement contre la pauvreté

Depuis les programmes d'ajustement structurel imposés aux pays en développement, les politiques définies par les pays ne s'inspirent que de ces programmes. Or, ces politiques sont de courte durée et ne visent que la stabilisation du cadre macro-macroéconomique. Certes, celle-ci est nécessaire pour une croissance saine et durable, mais ne constitue nullement une politique économique de développement à long terme. Or, le développement est un processus à long terme qui nécessite des transformations structurelles. Parmi celle-ci on peut citer : Le rôle de l'Etat. Celui-ci doit être capable d'exercer ses fonctions de service public et de gérer le développement. Il doit créer un environnement juridique, économique, et social favorisant l'accumulation et le développement.

La diversification de l'économie. Diversification des cultures et de structures d'exportations pour mieux supporter les fluctuations des cours mondiaux. Notamment les pays producteurs de pétrole, à faible développement agricole quand ils sont victimes des baisses des prix de pétrole subissent profondément la crise par manque de diversification économique. Ces pays ont une économie exclusivement pétrolière dont l'or noir représente la quasi-totalité de leurs exportations et de leurs recettes budgétaires. La diversification pourra jouer le rôle d'amortisseur de la baisse drastique du prix du baril.

L'augmentation de la valeur ajoutée des exportations par la transformation des produits destinés aux exportations. L'élargissement de la capacité d'importations et donc de l'investissement.

La modification de la spécialisation internationale à long terme en intégrant la nouvelle division internationale du travail basée sur la diversification et la transformation industrielle.

C'est la voie qui permet de profiter des chaînes de valeur mondiale. La nouvelle division internationale du travail est bâtie sur les exportations des biens manufacturés ouvrant la voie à l'émergence. Or, les pays au sud du Sahara sont encore cantonnés dans l'ancienne division internationale du travail basée sur les exportations des produits de rente bruts.

L'instauration de la bonne gouvernance, la démocratie, la justice sociale. La sauvegarde de l'environnent et le genre.

Chapitre 4.

Crise financière internationale et nouvelle gouvernance mondiale

L'origine de la crise financière de 2008 se trouve dans la globalisation financière qui est le pilier de la mondialisation libérale. Le développement de nouveaux instruments financiers dont les subprimes a libéralisé à outrance le marché financier et bancaire sans intervention possible d'Etats-nations. Le système est devenu tout puissant aux mains des banquiers sans contre-pouvoirs réels.

La conséquence sur l'économie réelle est la baisse de la croissance avec son corollaire le chômage.

L'Afrique n'a pas été épargnée. Cette crise systémique qui a priori n'a pas le même niveau de répercussion sur les pays développés a néanmoins moins touché les pays africains à cause de leur niveau faible d'intégration dans le marché financier mondial. Seuls, les pays dits pionniers ont eu des conséquences financières, tous ont connu néanmoins à des degrés différents des impacts sur l'économie réelle. La croissance relativement forte qu'a connue l'Afrique subsaharienne ces dernières décennies a eu un coup d'arrêt ainsi que les apports extérieurs des travailleurs immigrés ou des aides.

Cette crise sans précédent a été l'occasion de poser la question de la gouvernance mondiale qui est monopolisée par les pays développés, alors que les pays en développement et émergents qui abritent presque les trois quarts de la population de l'humanité et 85 % du PIB sont isolés dans les prises de décisions. Des voix se sont élevées pour qu'une nouvelle gouvernance mondiale où les pays pauvres peuvent participer aux décisions internationales et que les nouvelles politiques financières leurs soient favorables à leur bien-être.

Section 1 –
Quelques causes de la crise financière internationale

Rapidement, on peut affirmer que le déclenchement de la crise financière de 2008 est la suite logique de la libéralisation des politiques économiques et des instruments financiers inhérents au néo-libéralisme à l'échelle mondiale. La fin du système de Bretton Woods est le début de cette nouvelle période amplifiée par l'ère Tchatcher et Reagan connue sous le nom de « Consensus de Washington ».

A)– La crise immobilière aux États-Unis et les premières politiques mises en place

1)– Aperçu rapide de la crise

La crise de 2008 est sans doute la plus importante après celle 1929 avec des origines différentes. La politique de la hausse des taux d'intérêt mise en place par la réserve fédérale qui est passée de 1 % à

5 % de 2004 à 2005 est sans doute le facteur précurseur de la crise de 2008. Cette hausse a été répercutée sur les taux variables appliqués aux crédits immobiliers américains appelés subprimes qui sont accordés aux ménages qui n'ont pas de garanties de remboursement. Les difficultés de remboursement aux banques créancières ont apparu et ont amené les ménages à transformer des créances en titres. Ces créances transférables à un tiers sont négociables sur le marché sous forme de valeurs mobilières (titrisation), d'où développement de la spéculation sur le marché financier mondial. Cette crise est d'abord la crise d'endettement des ménages américains qui a entrainé la chute des prix de l'immobilier, qui était source de spéculation donc de gain facile.

Les difficultés de remboursement des crédits ont asséché les liquidités et les banques deviennent méfiantes et ne prêtent plus entre elles. Les grandes banques américaines telles *celiman brothers, bear sterms*, banques d'investissement et les agences hypothécaires *freddie et fannie mae* sont en difficulté avec la répercussion sur l'assureur AIG qui a été pratiquement nationalisé par le Trésor américain. La banque d'investissement, *bear steams* a connu également des difficultés avec la faillite des deux de ses fonds spéculatifs. En France, BNP PARIBAS a gelé trois de ses fonds. Les caisses d'épargne françaises ont connu une perte de 751 millions d'euros et *natixis* 250 millions d'euros.

2)– Les politiques mises en place

L'illiquidité des banques en faillite a limité nettement le rôle des banques dans le financement des économies en crise notamment, américaine. La faillite des grandes banques a obligé les pouvoirs publics américains à intervenir massivement pour injecter des liquidités dans le système bancaire. L'objectif est de permettre le financement de l'économie, des prêts aux ménages, et restaurer la confiance perdue en rendant les banques solvables. Le pays le plus libéral va opter pour la relance keynésienne face à la rareté des crédits qui touche l'ensemble de l'économie, alors que la consommation et l'investissement privé diminuent d'une façon drastique. Pour pallier cette carence, le gouvernement va libérer 787 milliards de dollars. La banque centrale, la Fed, injecte directement des liquidités dans le système bancaire et financier. Mieux, la Fed va utiliser une mesure non conventionnelle qui consiste à se substituer aux banques secondaires en finançant directement à court terme les entreprises privées en difficulté. La banque centrale américaine va acheter des bons du Trésor américain pour 300 milliards de dollars.

Dans les pays européens ayant en commun l'euro, quelques mesures ont été prises étalées dans le temps. La banque centrale européenne a augmenté le refinancement des banques qui est passé de 450 milliards d'euros avant la crise à 1000 milliards d'euros. En outre, la BCE a baissé plusieurs fois son taux directeur qui a atteint 1 %. En 2008, les Etats membres de l'union européenne ont bénéficié de 200 milliards d'euros soit 1,5 % du PIB de l'UE consacrés aux diverses interventions. La banque européenne d'investissement (BEI) a porté ses prêts aux PME à 30 milliards d'euros contre 20 milliards d'euros avant la crise.

Le plan français a représenté 26 milliards d'euro, soit 1,3 % du PIB qui sont détaillés comme suit : 11,6 milliards de soutien de trésorerie des entreprises ; 10,5 milliards d'investissement public ; 2 milliards pour le logement et l'automobile et 2 milliards pour l'emploi et les ménages modestes bénéficiant de revenu de solidarité active (via RSA). L'impact sur la croissance est évalué par le gouvernement à 0,6 point du PIB en 2009.

B)– Quelques éléments explicatifs de la crise financière internationale de 2008

On peut avancer au moins quatre explications à la crise de 2008 : la fin du système de Bretton Woods qui a mis fin au système de change fixe et ajustable et a généralisé le système de change flottant ; le néolibéralisme proclamé par le « Consensus de Washington » ; la spéculation et la crise sociale qui est à l'origine des difficultés de remboursement des prêts immobiliers.

1)– La fin du système de Bretton Woods

La période de 1922-1936 est l'avènement du système de l'étalon change-or ou système de Gènes. L'émission de la monnaie est fonction du stock d'or que détient chaque pays et des monnaies convertibles en or. La monnaie de référence est la Livre. Ce système est basé sur la confiance et la création de multiplicateurs des centres d'or entame la confiance des utilisateurs des monnaies. Le système va être fragilisé.

La crise de 29 va déstabiliser le système : l'Allemagne instaure un contrôle des changes, la Grande Bretagne suspend la convertibilité de la Livre en or et la zone sterling est créée.

À la sortie de la deuxième guerre mondiale, les pays occidentaux avait mis en place un système de change fixe qui garantissait la stabilité des monnaies et le développement du libre– échange d'essence libérale. Les participants à la conférence de Bretton Woods de juillet 1944 ont encore à l'esprit les vagues de dévaluations compétitives qui ont entamé le système de Gènes (Italie) et freiné une croissance économique mondiale seine. Ce nouveau système va supprimer tout contrôle de change et adopter la fixité de taux de change, mais ajustables. Le dollar va jouer le rôle dominant, même si ce n'est pas formellement écrit dans l'accord. C'est la période de reconstruction et de l'aide Marshall qui va assurer la suprématie de l'économie américaine, donc de sa monnaie. Ce rôle économique va renforcer le côté impérialisme américain avec la guerre du Vietnam. La guerre nécessite des dépenses militaires énormes qui vont aggraver le déficit budgétaire américain. C'est le début de la pénurie des dollars, mais les américains vont procéder à la création abusive du dollar. Cette politique va entrainer la déconnexion de la valeur du dollar par rapport à l'or. Le déficit énorme de la balance des paiements des États-Unis va réduire le stock d'or. Le 18 août 1971 le président Richard Nixon suspend la convertibilité du dollar en or. Le dollar va être dévalué deux fois dans des intervalles courtes : la première de 8 % le 18 décembre 1971 et la seconde de 10 % est décidée au début de 1972. En 1973 l'accord de Paris va généraliser les changes flottants.

En janvier 1976 les accords de la Jamaïque signent la disparition du système monétaire international de Bretton Woods. Dorénavant il n'aura plus de règle de change de monnaie. Les monnaies se sont mises à flotter selon la loi du marché. L'or n'est plus un instrument de réserve. La gouvernance des monnaies assurée par le Fonds monétaire international dans l'accord de Bretton Woods va disparaitre.

Le marché s'est substitué aux gouvernements. Le néolibéralisme s'installe durablement avec toutes ses règles : généralisation de déréglementations, privatisations, libéralisations.

L'origine est certainement liée à la globalisation financière, facteur essentiel de la mondialisation libérale, qui a mis fin au système monétaire post-guerre et déréglé le système financier. Cette crise de 2008 est la plus importante après celle de 1929. A la différence de celle d'aujourd'hui qui a été amplifiée par les nouvelles techniques financières favorisées par les nouvelles technologies de l'information et de la communication. La crise immobilière américaine consécutive aux crédits à hauts risques (subprimes) est l'élément déclencheur. Sa caractéristique systémique a favorisé sa transmission vers les économies développées et certains pays émergents.

Cette crise financière a entamé la solvabilité et la liquidité de certaines banques et a raréfié les crédits aux entreprises qui, à son tour a provoqué la baisse de production et le développement du chômage en masse dans certains pays.

Les interventions importantes des États-Unis pour recapitaliser ou « nationaliser » certaines banques n'ont pas empêché les faillites de certaines entreprises, le développement du chômage. Les interventions publiques ont permis aux banques de retrouver les équilibres financiers qui leurs ont permis de faire d'énormes profits alors que l'économie réelle n'a pas retrouvé son niveau d'avant la crise.

En Europe, la crise persiste et le fort taux d'endettement met à mal la situation de l'euro. Les conséquences sociales sont désastreuses qui apparemment n'ont épargné aucun pays, sauf relativement l'Allemagne qui très tôt a modernisé son industrie et a acquis un avantage certain en terme de compétitivité hors prix sur ses voisins, notamment la France.

2)– Le néolibéralisme, vecteur idéologique explicatif de la crise

Il faut remonter à Adam Smith pour se rappeler que c'est ce père de l'économie classique qui a posé comme paradigme essentiel, que chaque agent économique en cherchant à maximiser son avantage personnel, concourt ainsi à la satisfaction de l'ensemble de la société. Le marché est le lieu privilégié dans une économie concurrentielle et est un parfait régulateur de l'économie et assure le système des prix et l'équilibre économique et social dans la société. C'est ce qui est connu comme le principe de la « main invisible » qui dicte le comportement de l'individu. L'Etat dans cette vision est responsable des déséquilibres par ses multiples interventions sur le marché. Il doit être cantonné dans la création des infrastructures nécessaires à la croissance économique.

Le néolibéralisme réhabilité au début des années 80 a pris le nom de « Consensus de Washington » et est à l'origine des politiques de libéralisation accrue dans les pays du centre ainsi que dans les pays périphériques. Le monétarisme avec Milton Friedman est le fil conducteur et la base idéologique des politiques mises en place.

Dans les pays développés, la période est cratérisée par la stagflation, le choix est de privilégier la politique anti-inflationniste contre la croissance et l'emploi. En octobre 1979, le Président de la banque centrale américaine, Volcker va maintenir les taux directeurs nominaux à un niveau élevé et une baisse des impôts concomitamment, appliquant ainsi la théorie de l'offre.

En France, en 1983 la France socialiste va met en place la même politique après trois dévaluations infructueuses. En 1986, le retour de la droite libérale au pouvoir va accentuer cette tendance avec une vague de privatisations accompagnée d'une politique anti-inflationniste.

L'Europe libérale va se construire dans les années 1980 respectivement avec l'acte unique européen qui achève la construction du marché intérieur en 1992, espace libre sans entrave pour les marchandises, les services et les capitaux. L'accord de Maastricht signé en 1992 est l'avènement de la monnaie unique et l'harmonisation des politiques monétaires et budgétaires. La Banque centrale européenne, indépendante va privilégier la politique de la monnaie forte au détriment de la croissance et de l'emploi, garantissant l'euro vis-à-vis des marchés financiers.

Les politiques rigoureusement anti-inflationnistes dans les pays développés ont fait monter les taux d'intérêt réels de 20 % entre 1978 et 1981. Parallèlement, la baisse des prix des matières premières ont raréfié les recettes des exportations des pays en développement qui sont devenus très vulnérables et incapables de rembourser les dettes. La mise en place de différents programmes d'ajustement structurel ont donc eu pour but de baisser la demande dans les pays pauvres et libérer des revenus pour rembourser les dettes. Il s'agit dans un premier temps de mettre ensemble des instruments de stabilisation financière qui vise les équilibres financiers par la réduction des dépenses de l'Etat, y compris les dépenses sociales. Les politiques structurelles concernent la libéralisation, les privatisations. Sur le plan de la recherche de la compétitivité c'est généralement la dévaluation des monnaies nationales. La redéfinition du rôle de l'Etat fait partie de l'ancienne génération des PAS. C'est pendant les années 1990 que les nouvelles approches des PAS vont introduire la notion de bonne gouvernance, une des conditions du développement durable, la lutte contre la corruption, l'Etat interventionniste.

Cette vague des programmes d'ajustement structurel dans de nombreux pays en développement n'a pas produit des résultats capables de changer la situation sociale des pays pauvres.

3)– La spéculation à l'origine de la crise financière

Les nouveaux instruments financiers jugés novateurs ont certainement favorisé la spéculation. Les principaux sont la titrisation, les produits dérivés, les marchés à terme, les rachats d'actions, les stocks options etc. Les spéculations boursières se sont développées à un rythme effroyable et ont engendré les risques financiers. Sur les marchés des produits dérivés, le volume d'échange a atteint 629 000 milliards de dollars au premier semestre 2008, contre 539 000 milliards de dollars au premier semestre 2007, soit une augmentation de 30 % [J.M Harriley et D. Plihon, 2009]. En 2006, on dénombrait 10 000 fonds spéculatifs gérant 2 000 milliards de dollars, soit cinq fois qu'en 2000. Dans l'union européenne les produits dérivés se développent en raison de 600 000 milliards de dollars par an qui servent à spéculer sur les matières premières, notamment les produits agricoles dont les victimes sont les pays pauvres [G. Wackermann, 2011]. Ce sont donc des spéculateurs qui dominent le marché en l'absence d'une régulation publique. Le rôle des spéculateurs est récurrent dans les diverses crises économiques et financières contemporaines. Le premier choc pétrolier de 1973 trouve ses origines dans la spéculation car, les pays pétroliers qui ont vu leurs revenus quadruplés en un an et ayant une capacité d'absorption faible ont déversé des fortes liquidités sur les marchés financiers. Le recyclage de ces capitaux en faveur des pays occidentaux, en particulier les États-Unis ont fait naitre de nouveaux instruments financiers favorables à la spéculation.

La crise de 2008 qui se perpétue encore et même pour longtemps s'explique par la perte de confiance des spéculateurs. Les subprimes (prêts hypothécaires) étant des opérations à rentabilités très instables, la chute des cours consécutif aux surcotes explique cette méfiance.

Les fonds de pension ont été l'outil utilisé dans le cadre des subprimes car leurs montants ont représenté 26 000 milliards de dollars. La persistance et le développement des produits dérivés synonyme de la spéculation peuvent permettre d'affirmer que la crise financière pourra encore perdurer. En outre, il y a le développement du capitalisme actionnarial contre le capitalisme productif. Le capitalisme patrimonial favorise la distribution des profits aux actionnaires au détriment des investissements et des revenus salariaux et a transformé le système financier car les profits nourrissent les finances. Ces revenus sont déversés dans des produits financiers qui alimentent la spéculation. La spéculation moderne est donc intrinsèquement liée à ce nouveau fonctionnement des économies développées. La crise actuelle ne peut disparaitre tant que subsistera une spéculation généralisée, mondialisée et non contrôlée.

4)– La crise sociale à l'origine de la crise

La montée des inégalités trouvent les explications dans des évolutions de la stratégie économique adoptée ces dernières décennies. Le capitalisme patrimonial en consacrant une partie importante de la valeur aux dividendes a réduit la part consacrée aux salaires. Les revenus salariaux ont donc baissé alors que les gains de productivité ont été distribués sous forme de profit. La part salariale dans la valeur ajoutée est passée de 62 % en 1960 à 57 % en 2005, alors que les chiffres pour le taux de profit sont respectivement 76 % et 109 %. La flexibilité introduite sur le marché du travail a également engendré une baisse de revenus des travailleurs doublée de précarité avec des emplois atypiques qui touchent la majorité des femmes et des jeunes en particulier. Le système libéral a toujours incriminé la réglementation et d'autres rigidités comme responsables du chômage parce déséquilibrant le marché libre du travail. Globalement dans les pays développés « les salaires médians ont stagné au cours du dernier quart du siècle, tandis que les inégalités de revenu se sont vivement accrues, en faveurs des quintiles supérieurs de la répartition » [J.E Stiglitz, 2010]. Malgré cette situation, les institutions financières ont poussé les ménages à l'endettement grâce à une politique de crédit laxiste doublée des innovations financières qui ont artificiellement augmenté la capacité d'emprunt des ménages. L'endettement de ménages est devenu insoutenable et ils ne peuvent faire face à leurs engagements financiers auprès des institutions financière.

C)– L'impact social de la crise

Selon le Bureau international du travail (BIT), la décroissance liée à la crise de 2008 a eu des conséquences sur le marché du travail. « Après une baisse consécutive, le chômage mondial est passé de 6 % en 2008 contre 5,7 % en 2007. Le chômage a progressé entre 2007 et 2009 d'environ 34 millions, le taux passant de 6 % à 6,6 %. Le nombre de chômeurs a augmenté de 14 millions. » Aux États-Unis le nombre d'emplois supprimés est évalué à 5 millions et 30000 en France. Le chômage s'est développé particulièrement dans l'union européenne qui a contribué pour 40 % de la croissance du chômage entre 2007 et 2009.

Depuis, la situation est loin d'être améliorée sur le front du chômage qui continue à augmenter ainsi que la précarité et l'augmentation des travailleurs pauvres, notamment les femmes. Le chômage des jeunes reste le plus élevé et a augmenté de 18 % au premier trimestre 2011 contre 13 % en 2007. En Espagne 40 % des jeunes en âge de travailler sont sans emploi. Au niveau mondial, le déficit d'emploi est de 64 millions. D'ici 2015 ce déficit atteindra 71 millions, dont 17 millions dans les pays occidentaux. [BIT, rapport 2011]. En France à la fin de 2011 la crise est responsable de 642 000 chômeurs. Le chômage s'est développé particulièrement dans l'union européenne qui a contribué pour 40 % de la croissance du chômage entre 2007 et 2009.

D)– De la crise financière à la l'économie réelle

Les banques sont devenues incapables de financer les entreprises, notamment les crédits à court terme ou les découverts nécessaires pour leurs gestions quotidiennes par manque de liquidités. La crise de l'endettement des ménages ne leur permet plus de consommer et d'épargner.

Plusieurs canaux de transmission ont permis la passerelle à l'économie réelle :

Les réticences des banques vis-à-vis des entreprises et les ménages vont agir négativement sur l'investissement des entreprises et la consommation des ménages. Ce qui fait baisser simultanément l'offre et la demande (effet de richesse).

L'importance du secteur immobilier dans l'économie est telle que sa crie se diffuse rapidement sur les secteurs qui lui sont liés, donc la crise tant à se généraliser.

Sur le plan général, les hésitations des agents économiques ou leurs anticipations sur la crise ont un impact négatif sur l'économie nationale.

Section 2 –
La crise de la dette dans les pays occidentaux

La crise a eu pour corollaire l'augmentation des dettes publiques dans les pays occidentaux qui ont été utilisées dans un premier temps pour résoudre la crise bancaire. La dette publique de la zone euro a augmenté de 26,7 % entre 2007 et 2011 et représente 80 % du PIB de la zone. La dette publique totale américaine a augmenté environ de 50 % entre septembre 2008 et le 15 novembre 2011. Le japon avec un endettement représentant 211,5 % du PIB est le pays développé le plus endetté.

1)– L'évolution de l'endettement des pays occidentaux.

La dette des pays membres de la zone euro qui représentait en 2000, 69,2 % du PIB a atteint en 2011, 87,2 %. Ce chiffre cache des disparités entre les pays de la zone, car la Grèce détient le record avec

165,3 % du PIB ; l'Italie 120,1 % du PIB ; l'Irlande 108,2 % du PIB ; le Portugal, 107,8 % du PIB. La France avec un ratio de 85,8 % du PIB et l'Allemagne 81,2 % sont surendettés au regard des critères du pacte de stabilité et de croissance contenus dans les accords de Maastricht qui fixent la dette maximum à 60 % du PIB.

La dette publique de la France est passée de 239 milliards d'euros en 1979 à 1 211,6 milliards en 2007 soit, respectivement 21 % et 64,2 % du PIB. L'encours de la dette a atteint 1595,2 milliards d'euros en 2010 soit 82,3 % du PIB et au premier trimestre 2012, 1789,4 milliards d'euros représentant 89,3 % du PIB.

La dette de l'Etat fédéral américain ou la dette totale publique des États-Unis représentait en 2006, année d'avant la crise, 8 451 milliards de dollars soit 64 % du PIB. En 2011 l'encours de la dette américaine a atteint 14 764 milliards de dollars, soit 98,7 % du PIB, et une augmentation de 74,7 % en cinq ans.

Le japon est le pays le plus endetté des pays occidentaux avec 12 000 milliards de dollars en 2011, soit 225 % du PIB. Les caractéristiques de la dette publique japonaise ne sont pas les mêmes que les autres pays développés : la dette n'est pas consécutive à la crise internationale financière récente. Elle remonte à des époques plus éloignées et la dette est détenue à 95 % par les japonais, les banques et compagnies d'assurance, la banque centrale en particulier. Les banques représentent 40 % de la dette due à la banque postale qui est une institution publique. C'est aussi un pays qui demeure depuis des années excédentaire, donc compétitif.

2)– Les causes et les conséquences de ces surendettements

Plusieurs causes peuvent expliquer l'endettement des pays européens. L'augmentation extraordinaire des dépenses publiques devenues supérieures à la norme imposée par le pacte de stabilité et de croissance. Les déficits budgétaires sont consécutifs à plusieurs déséquilibres : la crise bancaire qui a menacé la solvabilité des banques a obligé les pays à venir au secours des banques par leur recapitalisation en 2008-2009. Ce coût de sauvetage a contribué à augmenter les dépenses publiques en aggravant les déficits des finances publiques. Cette politique fut inévitable pour le financement des économies nationales. La moyenne des déficits budgétaires à la fin 2009 représentait 6,3 % du PIB, soit le double de la contrainte imposée dans la zone euro qui est de 3 % du PIB. Le déficit de la France a atteint à cette période 7,5 % du PIB, celui de l'Espagne 11,2 % et le Portugal 9,4 %. Seuls l'Allemagne, la Finlande et le Luxembourg sont restés dans la norme européenne soit respectivement : 3,3 %, 2,2 % et 0,7 %. La crise économique a constitué également un élément déclencheur de l'accroissement de la dette souveraine par la baisse des recettes de l'Etat et l'augmentation des dépenses, notamment sociales (baisse des cotisations sociales en France et aggravation des caisses de la sécurité sociale) et a accentué l'augmentation des déficits budgétaires.

Les déterminants du développement de la dette souveraine attestent que la dette constitue un cercle vicieux tant que la crise économique perdure et que le bout du tunnel n'est pas encore perceptible. Seul un taux de croissance durable supérieur à 1,5 % pourra permettre une baisse de la dette.

Les conséquences ont été douloureuses et listées par A.de Benoist : multiplications des délocalisations, désindustrialisation, baisse des salaires, précarité de l'emploi, hausse du chômage. L'auteur ajoute la fuite des capitaux : en France, entre 2000 et 2008, 388 milliards d'euros. Les inégalités de revenus et le chômage se développent. En 2012, en Europe, on note 26 millions de personnes sans emploi, ce qui représente un taux de 10,7 % de la population active, soit 10 % d'augmentation par rapport à 2011. Dans la zone euro le taux est de 11,8 % qui cache les disparités entre les Etats : Espagne 26,6 %, la Grèce

26 %, en France 10,1 % alors que l'Allemagne connait le plein-emploi avec un taux de 5,4 %.

Section 3 – Les conséquences de la crise financière internationale de 2008 sur les économies africaines.

À début, la crise ne semblait pas avoir à priori des impacts visibles sur les économies africaines selon certains économistes. Cette crise systémique ne devrait se propager que sur les économies ayant les mêmes structures financières qui sont complexes et interdépendantes.

Les économies africaines ayant des marchés financiers peu développés avec moins de lien avec les marchés bousiers des pays du centre, mis à part l'Afrique du Sud, le Nigéria et la Tunisie.

Les économies africaines n'ont pas toutes les mêmes niveaux d'intégration dans l'économie mondiale, en particulier les banques n'ont pas pris les mêmes risques que les banques des pays développés. Cependant, les économies africaines ont été néanmoins touchées par la crise et les impacts peuvent se mesurer sur le plan financier et monétaire dans les pays pionniers. Mais les répercussions générales concernent les relations financières et commerciales que les pays périphériques entretiennent avec les pays du centre. La croissance qui est restée soutenue pendant une période importante est touchée avec des conséquences sociales visibles.

A)– Les conséquences financières

Les impacts négatifs financiers de la crise financière internationale sur certaines économies africaines peuvent se mesurer sur le marché financier et monétaire dans un petit nombre de pays. Mais plus largement les flux financiers des travailleurs immigrés et l'aide sont entamés.

1)– Marchés financiers et système bancaire

La crise financière internationale a contaminé les rares pays africains dits pionniers ayant des bourses des valeurs tels que l'Afrique du Sud, le Nigéria, le Kenya et le Ghana. Ces structures n'ayant pas privilégié les crédits hypothécaires à risque ou placé sur le marché mondial des produits dérivés importants n'ont pas connu l'effondrement, mais ont quand même eu quelques impacts.

Ainsi la bourse du Nigéria a chuté de 60 % entre mars 2008 et mars 2009, celle du Kenya

40 % accompagnée de retrait des capitaux et a déséquilibré le taux de change. Le financement des entreprises s'est raréfié et les banques ont manqué de liquidités. Au premier trimestre 2009, le cedi ghanéen s'est déprécié de 14 % par rapport au dollar et le naira Nigérian de 10 %. Le Kwatcha zambien a perdu 13 % de sa valeur par rapport au dollar.

Certains pays ont également connu des situations similaires : Ouganda, Afrique du Sud, Zambie respectivement 22 %, 27 % et 43 % [CEA, 2009].

Certaines banques en Afrique centrale ont fait des placements à risques qui restent marginaux : La Banque du développement des Etats de l'Afrique centrale (BDEAC) a perdu 11 milliards de FCFA dans le fonds Primeo (MADOOFF) ; tandis que la banque des Etats de l'Afrique centrale qui a fait un placement hasardeux, hors bilan interdit par ses statuts a perdu au moins 16 milliards de FCA.

Les filiales des banques étrangères installées dans les pays africains sont sous pression des banques mères qui peuvent raréfier leur liquidité par le retrait de leur capital ou par le remboursement des avances accordées aux filiales. Cette situation peut entrainer une crise bancaire avec un impact sur le financement des économies africaines d'autant plus que le poids des banques étrangères en Afrique est très important.

2)– Impact sur les flux des capitaux et de l'aide publique au développement

Ces dernières années, les flux des investissements directs étrangers (IDE) et de l'aide publique au développement (APD) ont relativement augmenté.

Les flux nets des IDE représentaient à la veille de la crise environ 81 milliards de dollars en 2007 dépassant l'APD évalué à environ 50 milliards de dollars dans la même période.

La crise financière aura certainement un impact négatif sur les entrées en capitaux en Afrique. Selon la Banque africaine de développement (BAD), « aucune émission de bons en monnaie étrangère n'a été enregistrée en 2008, pour le compte des pays Africains. Ce constat est préoccupant si on considère que beaucoup de pays couvrent leurs déficits de compte courant par l'afflux de capitaux privés » [2009]. La BAD estime que le déficit pour l'Afrique est de 50 milliards de dollars en 2009 et 56 milliards en 2010.

L'aide publique au développement devrait connaitre probablement une baisse d'autant plus qu'elle est liée aux produits intérieurs bruts des pays développés, car ceux-ci ont connu une récession généralisée entre 2008 et 2010. La priorité pour les pays donateurs reste la recherche des équilibres budgétaires et la réduction de leurs dettes publiques engendrées par la crise.

Néanmoins, on constate que depuis la crise, les institutions financières internationales en particulier le FMI et la Banque mondiale ont accéléré les décaissements en faveur des pays pauvres, même si ceux-ci ont alourdi la dette. Ainsi, pour les dix premiers mois de 2009, le FMI a accordé des prêts pour 4,3 milliards de dollars contre 1 milliard pour l'année 2008. Le FMI a également assoupli ses conditionnalités pour permettre à certains pays d'avoir accès à la facilité pour la réduction de la pauvreté et pour la croissance (FRPC), en particulier le Bénin, la RCA et la Zambie.

La Banque mondiale a relevé son financement en direction des pays africains qui est passé de 7,3 milliards de dollars en 2008 à 10 milliards de dollars en 2009.

Il est évident que ces concours restent insuffisants au regard de programmes de développement de ces pays.

3)– Impact sur les transferts financiers des travailleurs immigrés africains

Plusieurs travailleurs immigrés d'origine africaine qui travaillent dans les pays industrialisés effectuent régulièrement des transferts financiers importants dans leurs pays d'origine et jouent un rôle important dans les équilibres des comptes courants. La crise financière internationale expose ces travailleurs immigrés aux licenciements ou à la réduction de leurs revenus. Pour l'Afrique subsaharienne ces fonds sont passés de 4,6 milliards en 2000 à 20 milliards de dollars en 2007. Selon la Banque mondiale, dans cette région, les envois de fonds vont baisser de 1 et 2 milliards de dollars. Ces apports sont importants pour certains pays comme le Sénégal, le Mali, le Libéria dont leur proportion peut représenter plus de 10 % du PIB.

4)– Impact sur les balances des paiements et des finances publiques

La crise s'est accompagnée de la baisse des prix de bases et des produits pétroliers qui a contracté les recettes d'exportation des pays africains. Les pays à économies non diversifiées, qui constituent la majorité des pays au Sud du Sahara ont été durablement touchés. Les produits de base exportés par les pays africains ont diminué à partir de la moitié de l'année 2008, en particulier les produits alimentaires, les métaux et les matières premières d'origine agricole.

La prévision du déficit des recettes d'exportation ont représenté de 251 milliards de dollars en 2009 et de 277 milliards de dollars en 2010. A titre d'exemples, au Burundi les recettes de café ont régressé de 36 %, en Angola les recettes d'exportation sont passées de 67 milliards de dollars à 23 milliards de dollars en 2009, en Côte d'ivoire de 10,4 milliards de dollars à 7,7 milliards de dollars. Le Tchad et la Guinée Equatoriale, pays pétroliers ont vu leurs recettes baisser respectivement de 59 % et 43 % entre juillet 2007 et juillet 2008.

Les soldes budgétaires globaux se sont détériorés. Alors que l'excédent budgétaire global était de

12,8 % du PIB en 2008, il est tombé en 2009 à 5 % du PIB. D'un excédent du compte courant de 2,9 % du PIB en 2008, l'Afrique passe à une situation déficitaire de - 4 % du PIB en 2009.

5)– Impact sur la croissance économique

La croissance économique des pays Subsahariens a été relativement élevée cette dernière décennie avec un taux moyen de 5 %. Cependant ce taux n'a pas permis d'améliorer d'une façon substantielle les conditions de vie des africains. Avec la crise, la croissance économique africaine a diminué de 2 % à

4 % en 2009. En 2012, le niveau de croissance d'avant la crise n'est pas atteint, parce qu'il se situe à 4,8 % contre 4,9 % en 2011. Dans les prochaines années, la croissance africaine devrait atteindre environnement 6 % et ceci malgré le ralentissement de la croissance mondiale.

Cette croissance est entraînée par la production du pétrole et les nouveaux gisements qui ont été découverts et qui représentent 10 % de la part des réserves mondiales et seront exploités dans les prochaines années.

Le Nigéria et l'Angola peuvent respectivement exploiter 41 ans, le même niveau qu'en 2011 et 21 années à son niveau actuel de production avant que ses réserves soient épuisées. La production de certains nouveaux pays pétroliers tels que le Ghana, le Mozambique, la Sierre Leone et l'Ouganda contribueront à booster la croissance africaine. L'Afrique est également riche en autres minéraux : en 2010, la Guinée représentait à elle seule plus de 8 % de la production mondiale totale de bauxite ; la Zambie et la république démocratique du Congo détenaient une part combinée de 6,7 % de la production mondiale totale du cuivre ; le Mali, le Ghana et le Mali représentaient ensemble 5,8 % de la production aurifère mondiale totale.

6)– Impact sur le commerce international

Le taux de croissance des volumes des exportations qui est passé de 4,7 % à 8,1 % en 2007 est tombé à 6,1 % en 2008 et 4,9 % en 2009. Les chiffres pour les volumes des importations ont suivi les mêmes tendances.

Le taux de croissance des valeurs des exportations est passé de 42,1 % en 2008 à - 22,5 % en 2009, tandis que celle des importations de 18,2 % à 2,8 % pour la même période.

L'Afrique a suivi la même tendance car le taux de croissance des exportations et des importations est passé respectivement de 10,6 % et 15,2 % en 2008 à 3.6 % et 10,5 % en 2009.

La baisse des exportations a amenuisé les revenus des pays africains et aggravé la dégradation des termes de l'échange.

Au Burkina-Faso, la croissance des exportations est passée de 6,9 % en 2007 à 3,5 % en 2008, ce qui a dégradé le compte courant en 2008, passant à 12,9 % du PIB, soit une augmentation de 3,8 points de pourcentage par rapport à 2007.

Contrairement à d'autres pays en développement qui ont imposé une nouvelle division internationale du travail par le développement des exportations des produits manufacturés, les pays africains sont restés dans l'ancienne division internationale du travail. Celle-ci cantonne les pays moins avancés dans les exportations des matières premières à moindre valeur ajoutée et restent ainsi très vulnérables par rapport aux conjonctures défavorables. Ainsi, les exportations des pays de la communauté économique et monétaire en Afrique centrale (CEMAC) sont constituées à 90 % des matières premières et 60 % pour l'union économique et monétaire ouest africaine(UEMOA).

La crise a donc touché durablement les pays dont le modèle économique est basé sur les exportations de produits de rente et qui ont délaissé la diversification et le secteur de transformation qui pouvaient amoindrir la crise.

Les principaux secteurs qui ont été touchés par la crise sont :

– Les mines qui généralement sont à l'origine des entrées des investissements directs étrangers (IDE) dans les pays comme la république démocratique du Congo où 70 sociétés minières de Katanga ne sont plus actives à cause de la chute des cours de cobalt. La chute de 60 % du prix de la tonne de manganèse a touché le Gabon, deuxième producteur mondial et sa production a été réduite de moitié au premier semestre 2009.

Des investissements ont été suspendus dans certains pays comme la Zambie, l'Afrique du Sud, la RCA et le Cameroun.

– L'agriculture est vulnérable à cause de la baisse des importations liées à la crise dans des pays développés. La baisse des prix agricoles a joué négativement sur le secteur et certains pays se sont trouvés dans l'incapacité de faire face aux paiements des intrants.

7)– L'impact social de la crise

En république démocratique du Congo, la fermeture des plusieurs sociétés minières ont entrainé le chômage de 20 000 personnes. À Madagascar, une entreprise textile a licencié 4 000 employés. En Afrique du sud, la réduction des activités dans le secteur de la construction de l'automobile a réduit une part importante de l'emploi. En RCA, les exploitations du bois et du diamant ont chuté et plusieurs emplois ont été supprimés.

Section 4 –
Pour une sortie durable de la crise financière

Plusieurs esquisses de sorties de crises ont été élaborées par des économistes ou les professionnels de l'économie. Elles mettent l'accent d'une façon générale sur une refonte de la gouvernance financière mondiale, la réforme des institutions pour une meilleure et juste représentation de tous les pays en particulier les pays en développement, le développement des ressources nouvelles pour favoriser le développement des pays pauvres. Les économistes les plus critiques dénoncent le système capitaliste qui intrinsèquement porte en lui ces crises cycliques. Les éléments qui sont résumés dans cette partie sont tirés pour l'essentiel du rapport Stiglitz, Prix Nobel de l'économie remis à Barack Obama, alors président des Etats unis.

A)– Quelle nouvelle gouvernance mondiale ?

L'origine de la crise financière internationale de 2008 pour la plus part des analystes, tient à la mauvaise gouvernance financière et économique mondiale. Celle-ci a été délaissée au marché ou monopolisée par les grands pays développés. Une nouvelle gouvernance doit s'imposer.

1)– Une coordination de l'économie mondiale

Cette coordination vise à limiter la dictature du marché financier sans mettre en cause le rôle du marché mais vise plutôt à corriger les effets très négatifs. Cette démarche ne reconnait pas au marché sa nature « autorégulateur » : « les marchés en général ne se corrigent pas tout seul ; que les marchés financiers en particulier se caractérisent souvent par des « échecs du marché » ; et que les échecs des marchés financiers ont des conséquences systémiques pour l'économie ». L'économie est définie comme un bien public mondial, donc indivisible et doit être gérée de manière à satisfaire les besoins de la population mondiale et lui maintenir un meilleur niveau de vie. La nécessité de la stabilité macro-économique est la condition de la bonne gestion de ce bien public mondial. La réglementation des marchés financiers doivent viser à protéger les consommateurs et investisseurs contre la spéculation, ainsi les nouvelles règles doivent permettre de lutter contre « l'escroquerie, contre la manipulation du marché, contre la représentation fallacieuse des produits et les lois stimulant la concurrence ». Elles doivent assurer la solidité et la sureté des institutions.

La réglementation internationale vise les problèmes de la réglementation micro-prudentielle et les institutions de réglementation.

2)– La réglementation micro-prudentielle

Elle vise à :

– Restreindre les pratiques trop risquées : les pratiques des prêts immobiliers subprimes qui sont à la base de la crise actuelle et les informations biaisées qui sont à la base de ces opérations complexes et qui abusent les consommateurs.

– Réglementer les marchés des titres, notamment en ce qui concerne la titrisation qui a eu des effets pervers et qui n'a pas joué son rôle de diversification des risques et d'évaluation des dettes.

– Protéger l'investisseur et l'accès au crédit. La protection vise à prévenir le consommateur et l'investisseur contre le crédit prédateur et l'usure, les prêts immobiliers subprimes étant assimilés au crédit prédateur. Les crédits devraient être accordés en fonction de la capacité de remboursement des agents économiques. L'accès au crédit doit concerner les « domaines socialement désirables et à décourager là où les bénéfices privés sont supérieurs aux bénéfices sociaux ».

– Réglementer la concurrence. L'objectif est de lutter contre les abus qui provoquent des dysfonctionnements de la concurrence dont les grands groupes financiers en situation de monopole ou quasi-monopole sont responsables. Il faudrait donc appliquer des politiques antitrust et limiter les formations des grands groupes dont la résolution de leurs faillites est difficile et coûteuse.

– Réglementer les agences de notation. Les agences de notation (ANC) ne jouent plus leur rôle important sur le marché financier en donnant des informations transparentes permettant l'évaluation du risque de crédit. La raison est qu'elles sont payées par des clients qu'elles sont censées évaluer, « c'est donc un conflit d'intérêt évident qui a limité la confiance ». Sa réforme consisterait à abandonner la forme de notation actuelle et opter pour une « évaluation quantitative de la probabilité du défaut du paiement. Il deviendra alors possible d'évaluer l'exactitude de leurs prévisions ».

3)– Les institutions de réglementation

La proposition tend à unifier les institutions de réglementation en une seule autorité pour permettre la centralisation des décisions et leur application. La diversité des pays autorise difficilement une telle structure unique, mais au moins que les règles soient les mêmes dans tous les pays. Il est suggéré de créer une nouvelle banque centrale (NBC) qui s'occupe des problèmes macro-économiques et une autorité de réglementation financière (ARF) pour des problèmes micro-économiques. Les deux institutions doivent travailler ensemble parce que leurs décisions peuvent être interdépendantes. L'absence de coordination mondiale risque de provoquer une concurrence à la recherche de profit qui risque de provoquer d'autres crises.

B)– Pour une nouvelle gouvernance mondiale ?

La nouvelle gouvernance doit modifier les représentations au sein des principales institutions politiques, économiques et financières mondiales au profit des pays en développement. Les financements des institutions financières internationales (IFI) doivent profiter également davantage au pays en retard de développement pour assurer leur croissance et leur bien-être social. Cette nouvelle gouvernance doit assurer la bonne gestion et la fourniture des biens publics mondiaux : stabilité du système économique mondiale et les règles commerciales équitables, la protection de l'écosystème.

a)– Modification de droits de vote

La réforme de la gouvernance future « doit assurer l'inclusion et la représentation adéquate des pays en développement, y compris les pays les moins avancés (PMA). Il s'agit d'augmenter les quotes-parts ou augmenter la part des voix de base des pays en développement, base d'attribution de droit de vote au FMI et éliminer le droit de véto dans cette institution financière internationale.

Tableau 13 : Répartition des droits de vote entre les administrateurs du FMI en janvier 2020

Pays % Groupe présidé % Groupe présidé %
par par

Etas -Unis 16,52 Belgique 5,43 Brésil 3,07
Japon 6,15 Colombie 5,31 Inde 3,05
Chine 6,09 Thaïlande 4,34 Eswatini (ex-
Allemagne 5,32 Italie 4,13 Swaziland) 2,97
Royaume-Uni 4,03 Australie 3,79 Suisse 2,89
France 4,03 Canada 3,38 Iran 2,54
Russie (+Syrie) 2,68 Suède 3,29 Egypte 2,53
Arabie
Saoudite 2,01 Turquie 3,32 Mauritanie 1,62
Argentine 1,59

Source : FMI

Or, la situation actuelle montre un déséquilibre entre les pays développés et les pays en développement, ce qui signifie que les décisions incombent en majorité aux premiers. Le FMI, jouant un rôle important dans le financement des PVD d'une part et que les autres partenaires au développement financent les pays que si ce pays est en programme avec le FMI. Celui-ci est le passage obligé pour les autres partenaires financiers.

Les Nations-unies, ces dernières années plaident une réforme de la gouvernance mondiale pour permettre un financement adéquat des économies des pays pauvres. Dans sa résolution 72/203, l'Assemblée générale des Nations-Unies a plaidé pour « la cohérence et la cohésion des systèmes monétaire, financier et commercial internationaux et qu'il importait de veiller à ce que les systèmes soient ouverts, justes et inclusifs. Elle a également encouragé les institutions financières internationales à ajuster leurs programmes et leurs politiques en fonction du programme de développement durable à l'horizon 2030 ».

Cette réforme doit également être menée au sein de la Banque mondiale, l'ONU et ses agences de développement, le conseil de sécurité.

b)– Augmentation des ressources financières en faveur des pays en développement

– Le fonds monétaire international en particulier doit augmenter ses ressources en direction des pays en développement sans des conditions pro cycliques.

– La dette doit être soutenable pour ne pas entraver les objectifs du développement par l'amputation des ressources de ces pays par le service de la dette.

Un nouveau mécanisme de crédit en faveur des pays en développement en besoin de financement qui pourrait être financé par des pays développés ou en développement excédentaires. Ceux-ci peuvent être transformés en investissement directs.

c)– Protéger les pays en développement contre les crises systémiques et contre la pauvreté.

Les pays en développement, notamment les PMA ne disposent pas des instruments pour faire face à la mondialisation libérale qui s'est accélérée ces dernières années. Ces pays ne profitent pas pleinement des bienfaits du libre-échange. En effet, beaucoup de pays développés ont introduit dans le cas des échanges internationaux de certains biens des obstacles non tarifaires qui ne sont pas à la portée de ces pays. En outre, ces pays qui prônent le libéralisme enfreignent la loi de base en subventionnant certains produits qui sont en concurrence avec les pays en développement, pratiquent ainsi le dumping commercial.

Ainsi le rapport Stiglitz propose la relecture critique des accords commerciaux, financiers et économiques. La réduction de la pauvreté nécessite également d'énormes capitaux pour des investissements productifs afin d'améliorer les revenus et l'amélioration de niveau de vie.

C)– Autres réformes proposées

Nous résumons dans cette partie l'approche faite par les économistes d'ATTAC (association pour la taxation des transactions pour l'aide aux citoyens). Celle-ci se démarque de l'économisme car elle intègre le développement durable et la lutte contre les inégalités comme solution à la crise financière internationale. La démarche pose comme hypothèse l'échec des plans de relance mises en place par les pays occidentaux par le financement public des institutions financières pour les doter de nouvelles liquidités et qui n'ont « pas empêcher la récession ». L'analyse est construite sur deux paradigmes essentiels : mettre la finance au service de l'humanité et non le contraire et donner la priorité au social et à l'écologie.

a)– Mettre la finance au service de l'humanité, signifie que c'est l'homme qui doit contrôler la finance. La monnaie est définie comme un bien public et de ce fait sa création doit être contrôlée par la collectivité. C'est la condition pour que la politique des crédits soit orientée vers « les besoins économiques, sociaux et écologiques prioritaires ». Il est proposé de revenir sur le financement intermédié et par la création monétaire et bannir l'accès au financement par le marché financier qui est source de la puissance de la finance libérale, et responsable de la crise actuelle. Dans cette optique, les auteurs proposent la réforme des institutions financières internationales et leur mise sous tutelle de l'ONU et la création d'une monnaie internationale.

b)– Le social et l'écologie au premier plan. Sur le plan social, les inégalités doivent être réduites par une redistribution équitable des richesses au niveau local et mondial.

L'écologie doit être au centre des préoccupations, ainsi tous les pays doivent opter pour des politiques visant le développement durable et la maitrise de l'environnement. Il est par exemples proposé la réparation du « pillage des ressources des pays développés », l'application de toutes les conventions et de tous les protocoles visant à préserver l'environnement.

Chapitre 5.

Les guerres dévastatrices et dangereuses pour la Centrafrique

La guerre peut être définie comme tous les conflits que confrontent des pays ou d'importants groupes de personnes utilisant la force physique et notamment des armes, mettant en œuvre tactique et stratégie, et qui se traduisent ou non par la mort de certains de leurs participants [Wikipédia, Encyclopédie libre]. Cette définition rend compte aussi bien de la deuxième guerre mondiale, que la guerre de 1991 contre l'Irak après l'invasion par ce dernier du Koweït. Pour Funck-Brentano et Sorel [1974], la guerre est l'acte politique par lequel des Etats, ne pouvant concilier ce qu'ils croient être leurs devoirs, leurs droits et leurs intérêts, recourent à la lutte armée, demandent à cette lutte de décider lequel d'entre eux est le plus fort et qui pourra en raison de sa force imposer sa volonté aux autres. C'est la guerre du plus fort qui ne tient pas compte de la loi internationale et explique le caractère belliqueux de certains pays qui sont en état constant de préparation de guerre. Les États-Unis entrent dans cette optique parce qu'ils se sont déclarés gendarmes du « monde libre » (la guerre contre l'Irak en 2003 en dehors d'une raison acceptable par la communauté internationale).

On distingue aussi des guerres civiles qui sont internes et qui opposent une partie de la population à l'autre. Carl Von Clausewitz rejette cette formulation et assimile les guerres civiles « aux dissensions civiles » ou « discordances intérieures » parce que ce n'est pas un conflit qui oppose deux Etats. Pour l'auteur, la guerre ne peut exister au sein d'une même communauté. Raymond voit dans les guerres civiles les mêmes caractéristiques que dans une guerre, prenant l'exemple de la guerre de sécession aux États-Unis, il conclut que si les sudistes avaient gagné la guerre de sécession, il ne conviendrait pas d'écrire que les États-Unis ont surmonté l'épreuve d'une guerre civile, mais qu'une guerre d'indépendance a donné naissance à deux Etats souverains [cité par M.D. Demélas-Bhy, 1997].

En Centrafrique, les trois mutineries peuvent être considérées le début d'instabilité violente et chronique. Certes, il y a eu des tentatives des coups d'Etat, le phénomène des coupeurs de route, mais n'ont pas eu d'incidences majeures. La prise de maquis par le Général François Bozizé lui a permis de prendre le pouvoir d'une façon violente. L'instabilité s'est poursuivie animée par des groupes armés qui a abouti à la chute du régime de François Bozizé en 2013 et la prise de pouvoir sanglant de Michel Djotodia qui a marché sur Bangui le 13 mars 2013 avec une coalition de groupes armés. Celui-ci sera évincé neuf mois plus tard par les chefs d'Etat de la communauté économique des Etats de l'Afrique centrale (CEEAC). Dès lors les groupes armés se sont multipliés occupant la majorité du pays jusqu'en janvier 2020.

Les conséquences humaines, sanitaires, économiques et sociales sont incommensurables.

Section 1 –
Les guerres dévastatrices en Centrafrique : Des mutineries et rébellions armées

La Centrafrique a connu une situation instable depuis 1996 qui ne s'est pas améliorée depuis. Les mutineries d'une partie de l'armée se sont transformées en crises politiques entre 1996 et 1997 avec fond d'instabilité sociale qui trouve ses origines dans les retards des salaires depuis 1990.

En mai 2001, une tentative de coup d'Etat a entraîné une nouvelle crise en octobre 2002 qui sera transformée en rébellion armée et mettra fin au régime légal instauré en septembre 1993. À partir d'octobre 2006, une seconde rébellion a tenté de prendre le pays. Depuis 2003, l'insécurité s'est installée durablement dans le nord du pays.

Les conséquences économiques, sociales et humanitaires sont énormes. L'économie durablement fragilisée n'a pas encore retrouvé son niveau d'avant 1996.

A)– Les mutineries

La Centrafrique a connu en 1996 trois mutineries qui ont duré jusqu'au début de 1997 et deux rebellions armées de 2002 à 2003 et en mars 2013.

Elles trouvent leur origine dans le retard de plusieurs mois pris dans le paiement des salaires des militaires ainsi que la dégradation des conditions de vie des militaires. Cette revendication corporatiste devient politique par la demande du départ du président de la république, Ange-Félix Patassé, par certains militaires qui n'ont pas accepté leur relégation au second rang dans l'armée, ni d'être « traqués » ou victimes de discrimination. Ils affirment en outre que les principes démocratiques ne sont pas respectés par le nouveau pouvoir. Mais celui-ci a vu dans le soulèvement de ces militaires proches de l'ancien pouvoir une tentative de retour de ce dernier.

Pour conjurer la crise, l'intervention de la communauté internationale a été nécessaire. Une force africaine, la mission interafricaine chargée de surveiller les accords de Bangui (MISAB), dirigée par Amadou Toumani Touré ancien chef d'Etat du Mali, a été mise en place, en vertu du chapitre VII de la Charte des Nations unies. Ces accords conclus lors de la conférence de concertation et de dialogue ont été signés par tous les partis politiques, les syndicats et les militaires révoltés et ont recommandé l'instauration de la bonne gouvernance. La tenue des états généraux de la défense a prévu l'amélioration des conditions des militaires et des gendarmes.

La MINURCA (mission des nations unies en république centrafricaine) succédera à la MISAB en avril 1998 pour maintenir la sécurité et superviser les élections législatives de 1998 et présidentielle de 1999 conformément à la résolution 1182 (98) des Nations unies. En janvier 2000, après le retrait de la MINURCA, le Bureau des Nations Unies en Centrafrique (BONUCA) a été créé, transformé en MUNISCA.

Le 21 mai 2001, une tentative de coup d'Etat est revendiquée par l'ancien chef de l'Etat, le général André Kolingba. Les interventions des troupes libyennes et des forces du mouvement de libération du Congo (MLC) de Jean-Pierre Bemba vont réprimer cette tentative.

Le général François Bozizé, alors chef d'état-major, prend le maquis en septembre 2001 et organise la rébellion armée à partir des régions du Nord. Le 15 mars 2003, ses hommes vont s'emparer du pouvoir avec le soutien du Tchad et installent un régime d'exception après la dissolution des institutions démocratiques.

B)– Les groupes armés : Naissance et développement

Les groupés armés ont commencé à apparaitre vraisemblablement après le coup d'Etat « radiophonique » de François Bozizé et de Ange-Félix Patassé en 1982. Mais en réalité, c'est avec l'avènement du coup d'Etat de François Bozizé de 2003 avec ses « libérateurs » qui sont des « Kodos », venant du Tchad que les groupés armés ont commencé à se former. Ce sont ces groupes armés qui se sont structurés et ont constitué une alliance agrandie appelée « Séléka » et ont pris le pouvoir en faveur de Michel Djotodia en mars 2013. Depuis la « dissolution » de la Séléka par le premier d'entre eux devenu chef de l'Etat, les groupes se sont disloqués en constituant quatorze sous-groupes armés contrôlant plus de la moitié du pays avec principal objectif de piller les ressources naturelles du pays avec des gains financiers importants. Depuis mi-décembre 2020, les principaux groupes armés se sont regroupés dans une structure unique appelée coalition des patriotes pour le changement (CPC) dirigée par l'ancien président François Bozizé avec objectif la prise de pouvoir de l'Etat.

1)– Naissance des groupes armés

i) – En 1982, juste après de « coup d'Etat » appelé « passation de pouvoir provisoire du président David Dacko au général André Kolingba pour mettre de l'ordre », en 1982, le général François Bozizé alors ministre de la communication du comité militaire de redressement national (CMRN), proclame à la radio d'Etat la prise de pouvoir en faveur vraisemblablement de Ange-Félix Patassé président du mouvement de libération du peuple centrafricain (MLPC) battu officiellement à l'élection présidentielle de 1980. Ce coup d'Etat « radiophonique » avec la complicité du général Mbaïkoua alors ministre de la justice dans le même gouvernement. Alors que François Bozizé et Ange-Félix Patassé sont en exil respectivement au Bénin et au Togo, le général Mbaïkoua fuit au Tchad avec certains militaires.

Le résidu des compagnons du général Mbaïkoua se transformera en coupeurs de route avec des opposants au pouvoir du Tchad.

Le pouvoir central n'est pas arrivé à mettre fin définitivement à ce phénomène dont certains participeront à la création de certains groupes armés.

ii) – En 2002, le général François Bozizé, alors chef d'Etat- major des forces armées centrafricaines rentrent en conflit avec Ange-Félix Patassé, Président de la République, chef suprême des armées. Depuis la tentative du coup d'Etat avorté du 28 mai 2001, une vague de suspicion se développe à l'entourage du président Patassé. Le chef d'Etat-major est soupçonné de vouloir aussi renverser le pouvoir légal, mais pas forcément légitime. Les opposants sont recherchés et certains sont dans la clandestinité. Le président Ange-Félix Patassé se lance à la poursuite de son chef d'Etat-major. Celui-ci prend la fuite avec des militaires qui lui sont favorables, et généralement de sa tribu et rentre en brousse et prend le maquis. Il a le soutien de la France qui l'accepte en France et aussi du président tchadien le général Idriss Déby Itno qui lui offre gracieusement une logistique importante en armes et en hommes.

Le président François Bozizé prend le pouvoir facilement et a le soutien de tous les partis politiques de l'opposition. Le Professeur Abel Goumba, opposant historique et social- démocrate a accepté le poste de premier ministre.

Il a été accompagné par des groupes armés Tchadiens et soudanais en majorité qui ont détruit des infrastructures publiques et privées ainsi que des entreprises.

N'ayant pas été satisfaits, c'est-à-dire eu des gains notables après avoir pris le pouvoir, les « libérateurs » sont repartis en brousse pour créer des groupes armés afin de déstabiliser le pouvoir qu'ils ont installé à Bangui et enfin de compte reprendre le pouvoir cette fois-ci pour eux.

Ainsi les groupes armés ont commencé leurs créations.

Entre 2004 et 2007, vont naître les premiers groupes armés : Michel Dotodjia qui est officiellement consul centrafricain au Soudan, profite de sa situation pour tisser des relations avec certains pays arabes pour créer le groupe armé GAPLC, Sabone le MLCJ et Hassan FDC. Entre 2009 et 2012, les deux premiers groupes armés fusionnent pour devenir union des forces démocratiques pour le rassemblement (UFDR). Entre 2009 et 2010 Charles Massi, colonel pharmacien biologiste, diplômé de l'école militaire de Bordeaux en France, crée la convention des patriotes pour la justice et la paix (CPJP). Après la mort de Massi, Hisséne prend la direction de CPJP.

Tableau 14 : Liste et acronymes des factions armées et groupes politico– militaires (Octobre 2018)

N°	Acronymes	Nom complet	Chefs militaires et politiques principaux	Bastions
1	UPC	Union pour la paix en Centrafrique	ALI Darassa	Alidao, Bokolobo (Est du pays)
2	FPRC	Front populaire pour la renaissance de la Centrafrique	Michel Djotodia Nourredine Adam	Birao, Ndele, Bria, kaga-Bandoro (nord et Est du pays)
3	MPC	Mouvement patriotique pour la Centrafrique	Mahamat al- khatim	Kaga-Bandoro (centre du pays)Moyenne-sido-RCA 5CENTRE6NORD°
4	MNLP	Mouvement national pour la libération de la Centrafrique	Ahmat Bahar	Béma (nord-ouest du pays)
5	Groupe d'auto-défense-pk5	Groupes d'auto- défense-Bangui (pk5)	Groupe 1 : NimeryMatar alias « Force « Groupe 2 : Djido (alias « 5 minutes ») Groupe 3 : Oumarou Amadou (alias « Tola ») Groupe 4 : Moussa Danda Groupe 5 : Youssouf (alias « you le géant ») Groupe 6 : MahamatTahir (alias « Apo »)	Quartier pk5- Bangui
6	FCCPD	Front du peuple congolais pour le changement et la démocratie	John Tshibangu (arrêté en 2018)	Quelques hommes déployés aux environs de Ndele et Bria
7	RI-Sayo	Révolution justice	Armet NingatoloumSayo	Environs de Paoua (nord-ouest du pays)
8	RJ-Bélanga	Révolution justice (scission)	Bertrand Belanga (tué par balle)	Environs de Paoua (nord-ouest du pays)
9	Anti-Balaka (groupe locaux)	Groupes anti-Balaka locaux	Plusieurs chefs locaux	Dispersés sur l'ensemble du territoire, surtout dans le sud-ouest et sud-est du pays

10	Anti-Balaka-Ngaissona	Coordination nationale des ex. Anti-Balaka	Edouard-Patrice Ngaissona	Boy-Rabe, Boeing, Combattant (Bangui)
11	Anti-Balaka-Bozizé	Anti-Balaka	François Bozizé Francis Bozizé (son)	Gobongo, Boy-Rabe, Combattant (Bangui)
12	LRA	Armée de résistance du seigneur	Joseph kony	Environs d'Obo, Sam-Ouandja, Yalinga (est du pays)
13	FDPC	Front démocratique du peuple centrafricain	Martin Koumtamadji (Alias Abdoulaye Miskine)	Foro, zoukombo, Nguia-Bouar (ouest du pays)
14	3R	Retour, réclamation et réhabilitation	SidikiAbass	Koui (nord-ouest du pays)
15	Siriri	Mouvement Siriri	MouamadouDjaligué	Amada Gaza, Abba (sud-ouest du pays)
16	MLCJ	Mouvement des libérateurs centrafricains pour la justice	ToumouDeya Gilbert Achafi Daoud Assabour (alias « Seigneur de guerre »	Birao (nord-est du pays)
17	Séléka Rénovée	Séléka rénovée	Mohamed Moussa Dhaffane	Kaga- Bandoro (centre du pays)
18	RPRC	Rassemblement patriotique pour le renouveau de la Centrafrique	Zakaria Damane DjonoAhaba	Bria, Tiringoulou (centre – est du pays)
	CNDS	Commission nationale de défense et de sécurité	Abdoulaye Hissène	Ndele, Bria, kaga-Bandoro
	Anti-Balaka/Mokom	Anti-Balaka – Branche militaire pro-Bozizé	Maxime MOKOM	Gobongo (nord de Bangui)

Source : P. Schouten et S-P Kalessopo

À partir de 2004, les groupes armés entrent en guerre dans le nord du pays contre le régime de Bozizé. Des accords de paix furent négociés en 2007 et 2008. Les problèmes nés du processus de désarmement, démobilisation et réinsertion (DDR) vont accentuer la crise et un nouveau conflit va être déclenché qui amène les groupes armés à se coaliser contre le pouvoir du président Bozizé.

Cinq groupes armés vont constituer la stature de la séléka : UFDR, CPJP fondé par Nourredine Adam en 2012, CPSK de Dhaffane crée en 2012 et le FPR de Laddé et Darassa qui vont marcher sur Bangui et chasser le président Bozizé du pouvoir.

Le groupe armé anti-balaka est une réplique à la coalition séléka. Il a été créé en 2013 et a tenté de prendre le pouvoir le 5 décembre de la même année. Ils ont été empêchés par l'armée française alors que c'est le pouvoir Français qui les aurait créés, selon la déclaration d'un de leurs leaders arrêté et présenté devant la CPI, Patrice-Edouard Ngaïssonna.

2)– La recomposition des groupes armés

À partir de 2014, on assiste à la recomposition de la séléka. Sur les ruines de l'ex-séléka et à la suite des scissions, font naitre plusieurs groupes armés pour des raisons économiques et financières : l'unité pour la paix en Centrafricain (UPC) dirigé par Ali Darassa ; le Mouvement patriotique pour la Centrafrique (MPC) dirigé par Mahamat Al-Khatim ; le Rassemblement patriotique pour le renouveau de la Centrafrique (RPRC) de Zakaria Damane ; le Front populaire pour la renaissance de la Centrafrique (FPRC) dirigé par Noureddine Adam.

Selon une étude faite par Thierry Vircouloun [2020], ces scissions ont été faites sur des bases ethniques, les peuls ont préféré se regrouper dans l'UPC, RPRC (les Goulas) ; le FPRC (les Roungas, Tchadiens et Soudanais) ; le MLCJ (les Karas) ; Le FDPC (les Saras et les Kabas) ; le MPC (les tchadiens, plus particulièrement du Salamat) ; le MPC Siriri (les tchadiens) ; la coalition Siri (les peuls) ; les 3R les peuls) ; l'UPC (les peuls) ; les anti-balakas (organisés sur une base locale, ils ont une forte identité ethnique locale mais leur noyau historique est gbaya).

Ces groupes n'ont pas de revendications politiques affirmées. Leur objectif principal est d'occuper des zones économiques stratégiques à des fins financières que nous développerons dans une partie de ce chapitre.

3)– La coalition des patriotes pour le changement (CPC), dirigée par l'ancien président François Bozizé

A la veille des élections générales de décembre 2020, et après l'élimination par la cour constitutionnelle de la candidature de l'ancien président François Bozizé, celui-ci a une fois de plus choisi la voie du maquis dans la brousse. Cette coalition regroupe les groupes armés les plus importants : le MPC, le FPRC, les 3R, l'UPC, et les factions anti-balakas. L'objectif est de prendre le pouvoir en faveur de l'ancien président. Le 13 janvier 2021, la coalition CPC a tenté de faire une excursion à Bangui, mais repoussée par les regroupements des forces des FACA, de la MINUSCA, des instructeurs russes et les forces rwandaises. Ces forces ont continué à les pourchasser et ont récupéré les grandes villes et secondaires du pays.

D'après un rapport des experts de la communauté internationale de mois de juillet 2021, « la coalition est bâtie sur de vaines promesses ». Pour convaincre ses alliés de guerre, l'ancien président Bozizé déclare être soutenu par l'occident et certains pays voisins et qu'une aide importante lui sera accordée quand il prendra le pouvoir, ou encore qu'une fois au pouvoir, il accorderait à tous les chefs de groupes armés les grades militaires et des postes dans l'administration centrafricaine.

Le même rapport affirme que la coalition est « marquée par la désorganisation, la méfiance et la rivalité », parce que la fraction de FPRC de Nourredine Adam ne s'implique pas intégralement sur le plan militaire, il en est de même du MPC et des 3R « qui n'ont pleinement respecté la chaine de commandement de la CPC ».

Sur le plan de logistique, les promesses faites par François Bozizé n'ont pas été tenues. Les armes et les munitions et autres équipements militaires n'ont pas été livrés comme prévu si non pas en grande quantité.

4)– Petite histoire des groupes armés

Les groupes armés trouvent leur origine dans les conflits du Tchad et du Soudan et aussi dans les conflits armés centrafricains tels que les mutineries et les coups d'Etat.

« Il s'agit des soldats perdus des guerres tchadiennes et du Darfour qui, depuis la pacification du Tchad et Darfour, vivent de banditisme/mercenariat dans les périphéries abandonnées. Ces combattants ont trouvé une voie de reconversion naturelle dans le banditisme rural, le braconnage et le mercenariat » [Thierry Vircoulon, 2020]. En 2003, certains parmi eux appelés « libérateurs » avaient déjà accompagné le général François Bozizé pour prendre le pouvoir en 2003. Une partie, mécontente de l'homme qu'ils avaient fait roi sont repartis en brousse ou chez eux et sont revenus en faveur de la coalition Séléka. Ce sont donc des combattants aguerris qui ont participé à plusieurs guerres civiles régionales et qui sont venus avec des armes lourdes. Ceci explique la force du FPRC dirigé par Noureddine Adam qui a vécu longtemps au Soudan et qui a également des entrées à Ndjaména. Il a joué un rôle déterminant dans la prise de Bangui en 2013 et a été nommé ministre de la sécurité dans le gouvernement de la Séléka dirigé par Nicolas Tiangaye.

Les soldats « perdus » lors de différents putschs ou coups d'Etat et des milices du pouvoir MLPC se sont « égarés » en brousse sous la direction d'Abdoulaye Miskine qui a créé le FDPC ethnique, qui regroupe en majorité les saras et les kabas et qui sévissaient dans la préfecture de la Nana-Mambéré et Baboua. Il a été proche du Président Patassé et a fait partie de la garde rapprochée de Martin Ziguélé alors premier ministre.

Section 2 –
Quelques causes des guerres dévastatrices en Centrafrique

Les guerres dévastatrices et appauvrissantes caractérisent la Centrafrique depuis au moins un quart de siècle. Elles ont des causes multiples et leurs conséquences sont incalculables. Elles sont à l'origine en partie de la situation chaotique de la Centrafrique.

On peut distinguer des causes économiques, sociales et politiques.

A)– Les causes économiques et sociales

Collier et Hoeffler [2002] ont montré à partir de recherches économétriques, que la pauvreté est un facteur de guerre. C'est le cas dans des pays qui ont un PIB par habitant inférieur à 250 dollars où la probabilité de conflit dans les cinq ans à venir est de 15 % ; pour les pays à PIB par habitant inférieur à 600 dollars, la probabilité d'un conflit dans dix ans est de 18 %, alors que cette probabilité est de 1 % dans les pays où le PIB par habitant est inférieur à 10 000 dollars. K.Y. Amoaka affirme que la pauvreté est liée au manque de capital humain « rend plus probable une guerre civile » [1999], car pour ces jeunes pauvres au chômage, une rébellion constitue une opportunité d'emploi viable là où le marché de travail ne fait aucune place aux jeunes. Il existe également une corrélation entre ressources naturelles et déclenchement de conflit. L'inégalité des répartitions des ressources naturelles sur les territoires peut également être source de conflits de sécession dans l'optique de profiter de ces ressources. Cette situation est propice aux financements des guerres civiles. La captation des ressources naturelles par le gouvernement à des fins privées facilite aussi le développement des conflits.

Les politiques sociales désastreuses s'accompagnant d'un enrichissement personnel sont analysées comme source de conflit, car elles sont vues comme une forme d'injustice sociale.

B)– Les causes politiques

Le manque de démocratie véritable constitue une cause majeure de conflit parce qu'il sécrète plusieurs comportements autoritaires : le maintien au pouvoir, des élections partiales et l'intolérance. Les élections ne sont pas transparentes, l'opposition sans statut est souvent prohibée dans les faits par l'interdiction de ses réunions publiques. Ali Nouhoum Diallo [2005] parle des révisions constitutionnelles « pour mettre en cause des dispositions réclamées et obtenues lors des conférences nationales : c'est le cas de la limitation des mandats ».

L'auteur parle également des problèmes de l'alternance politique devenue impossible et qui frustre l'opposition qui n'a plus de perspective d'arriver au pouvoir par les voies démocratiques. C'est ce qui explique les coups d'Etat ou le développement des rébellions, seules possibilités d'arriver au pouvoir.

Les violations des droits de l'homme, l'impunité et le mauvais fonctionnement de la justice capable de dire le droit peuvent aussi expliquer l'utilisation des armes pour se faire justice ou renverser le pouvoir en place dans le sens d'instaurer un vrai « pouvoir démocratique respectueux des droits de l'homme et asseoir une démocratie et la séparation des pouvoirs ».

Le fait ethnique est aussi un facteur de conflits armés en Afrique.

Section 3 –
Fragilité de l'Etat centrafricain, redistribution de rente et l'apparition des groupes armés

A)– fragilité de l'Etat

La Banque mondiale a créé un cadre analytique d'évaluation des conflits appelé CAST (conflictassessment system tool) pour compiler les données du FSI (fragile states index). Le cadre du CAST est conçu pour mesurer le risque de faillite des Etats. Les FSI se composent de douze indicateurs de risque répartis en quatre catégories : Indicateurs de cohésion, indicateurs économiques et indicateurs sociaux. Pour notre étude nous nous limitons aux quatre indicateurs qui rendent compte de la situation en Centrafrique : appareil sécuritaire, déclin économique et pauvreté, services publics et droit de l'homme

Tableau 15 : Données de FSI pour la RCA

Indicateurs	Note
Appareil sécuritaire	8,9 (2006) et 9 (2017)
Déclin économique et pauvreté	8,1(2006) et 9,1 (2017)
Services publics	8 (2006) et 10 (2017)
Droits de l'homme et Etat de droit	7,5 (2006) et 9,7 (2017)

Source : Tableau fait par l'auteur à partir des données de la Banque mondiale, 2018

Le tableau 15 nous présente les résultats pour la Centrafrique. La note est sur 10. Quand la note est proche de 10, la situation est mauvaise. S'il est proche de 0, cela signifie que la situation s'améliore.

– L'indicateur « appareil sécuritaire » mesure les menaces qui pèsent sur la sécurité d'un Etat. En 2017, la Centrafrique était classée 176ème sur 178 pays avec une note 9 en 2017 contre 8,9 en 2006. Ces chiffres montrent que le pays est en conflit perpétuel depuis plus d'une décennie et explique « les incidents violents tels que les affrontements, des morts au combat, les rébellions, les mutineries, les coups d'Etat et le terrorisme ». Dans cet indicateur sont inclus également les homicides, le crime organisé, la présence des milices indépendants et les paramilitaires. En comparaison avec la Sierra Leone, pays sorti de guerre civile, les chiffres sont respectivement 7 en 2006 et 4,3 en 2017. Pour la RCA, les mauvaises performances « résultent de la détérioration des conditions de sécurité sur le terrain où à chaque nouvel affrontement violent entre groupes armés crée des déplacements supplémentaires, détruit les biens privés, érode la capacité de l'Etat à fournir des services et complique les efforts des organisations humanitaires » [Banque mondiale, 2020].

– L'indicateur « déclin économique et pauvreté ». Il reflète la tendance des mauvaises perspectives économiques et des niveaux élevés de pauvreté à affaiblir la stabilité de l'Etat. Ses sous-indicateurs comprennent le revenu par habitant, le produit national brut, le taux de chômage, l'inflation, la productivité, la dette, le taux de pauvreté et l'environnement des affaires. Il rend aussi compte, entre autres, des crises dans l'évolution des prix des matières premières, des revenus commerciaux et des investissements étrangers.

Les notes montrent que la RCA reste un pays pauvre malgré ses nombreuses richesses naturelles et que la dégradation est plus importante que le premier indicateur, car la différence est de 1 point pour la période étudiée.

– L'indicateur « services publics » mesure la capacité des pouvoirs publics à exécuter leurs fonctions essentielles et à répondre aux besoins de leurs citoyens. L'indicateur comprend l'accès aux soins de santé, à l'éducation, à l'eau et l'assainissement, ainsi qu'aux infrastructures de transport et d'électricité. Il reflète également la capacité de l'Etat à protéger ses citoyens de la violence via des services de la police et de sécurités efficaces. L'indicateur représente également la répartition équitable des services publics entre niveaux de revenu des ménages, entre régions et entre zones rurales et urbaines.

Cet indicateur s'est dégradé de 2 points ce qui est très inquiétant. « La crise prolongée avec l'insécurité en RCA a grevé la capacité de l'Etat à fournir des services et des biens publics essentiels » : difficultés dans le payement des salaires des fonctionnaires, ce qui les pousse à venir et s'y éterniser abondant ainsi leur poste de travail, pénalisant l'enseignement en ce qui concerne les enseignants dès 2019. « Dans les faits, le système éducatif formel a cessé de fonctionner pendant deux années scolaires complètes et certaines écoles n'ont pas repris un fonctionnement normal avant début 2015 » [Opt. cité]. Dans le domaine de la santé, 28 % des établissements de la santé ont été détruits ou endommagés. Ce secteur manque 2000 travailleurs qualifiés et les hôpitaux de province manque de médicaments.

Selon la Banque mondiale 2 millions de personnes souffrent d'insécurité alimentaire, les réserves de nourriture dans les zones rurales sont encore inférieures de 40 % à 50 % à la moyenne d'avant la crise et des milliers des enfants de moins de 5 ans souffrent de malnutrition sévère.

Les infrastructures de transport demeurent extrêmement limitées. En 2010, l'ensemble du pays disposait de moins de 25 000 Km de routes qui sont en très mauvais états.

– Indicateur « droits de l'homme et Etat de droit » examine la capacité et la volonté d'un Etat à protéger les droits fondamentaux ainsi que son respect des libertés personnelles et politiques.

L'indicateur tente de mesurer les violations des droits juridiques, politiques et sociaux y compris les droits des individus, groupes et institutions. Il englobe le harcèlement de la presse, la politisation de la magistrature, l'usage interne de la force militaire à des fins politiques et la répression des opposants politiques, ainsi que les actes de violence contre les civils ayant des mobiles politiques.

Pour cet indicateur, le chiffre de la RCA qui était de 7,5 en 2006 est passé à 9,7 en 2017. Le rapport de cartographie réalisé en 2017, par le haut- commissaire des Nations unies aux droits de l'homme (HCDH) et cité par la Banque mondiale a identifié 620 violations graves des droits de l'homme et du droit international humanitaire entre janvier 2003 et 2015.

B)– Redistribution de rente

L'apparition des groupes armés peut être analysée comme une nouvelle redistribution de rente tirée des ressources naturelles sur le plan géographique. La conquête du pouvoir politique est perçue comme moyen pour acquérir les richesses naturelles et fiscales par l'élite politique minoritaire aux dépens de la majorité de la population qui croupit dans la misère depuis des décennies. « C'est même une motivation première de la prise de pouvoir, prendre le contrôle de l'Etat et de la rente multiforme (mines, fiscalité douanière, flux d'aide etc.) auquel il donne accès ». [B. Lallau, 2015]. Cette rente « centrale » constitue une aubaine pour les chefs d'Etat, les membres de l'exécutif et les hauts fonctionnaires.

Le pouvoir de François Bozizé en est une illustration. L'ancien président a fait du secteur minier l'affaire de son clan. Il avait nommé son neveu Sylvain Ndoutingaï de 2003 à 2012 et a rattaché la fonction directement à la présidence.

À défaut de passer par les urnes, les groupes armés se constituent pour la prise de pouvoir central ou à défaut le contrôle des régions riches en minerais ou autres ressources naturelles. L'exemple de la séléka, qui chassée du pouvoir central, s'est accaparée des zones riches en diamant et en or où elle a continué à piller ces richesses. « Cette marginalité violente est le fruit d'une lutte, jamais stabilisée, entre les rentiers au pouvoir dans la capitale et les brigands (tels les *zarguinas* ou « coupeurs de route » ou des rebelles exclus des mécanismes de pouvoir, entre « entrepreneurs » de la prédation, dont certains réussissent mieux que d'autres.

C)– L'objectif central des groupes armés : piller les ressources naturelles du pays

Les groupés armés n'ont pas de revendications politiques essentielles. Ils n'ont jamais respecté les multiples accords signés avec le gouvernement. La présence de leurs représentants aux gouvernements successifs ou dans les cabinets de la présidence de la république, à la primature ne les ont pas dissuadés à cesser des actions belliqueuses. Cela confirme bien qu'ils n'ont aucun projet politique structuré et diffusé. L'objectif fondamental reste le pillage d'immenses matières premières ou favoriser les entreprises formelles qui exploitent ces ressources pour les sortir illicitement du pays, protégées par les groupes armés.

Les multiples scissions en leur sein ou des affrontements fratricides ont seul but le partage des zones économiques juteuses. « On assiste parfois à une double confrontation guerrière dans certaines zones particulièrement stratégiques comme la ville diamantifère de *Bria la Scintillante* où les groupes de l'ex-séléka s'affrontent ou affrontent en même temps les groupes d'auto-défense des Bandas. Cette conflictualité généralisée qui contredit le schéma réducteur *anti-balaka versus ex-séléka* reflète la raison d'être des groupes armés : la compétition pour le contrôle d'espaces économiques stratégiques. La prédation des ressources économiques,(*leur business model),* est désormais bien connue » [T. Vircoulon, 2020]. Gervais Ngovon [2015] rappelle que dès 2008, que l'UFDR et CPJP avaient déjà commencé à extorquer des pierres précieuses aux diamantaires à Sam-Ouandja, à Sangba et à Bria. Celui-ci a rappelé la citation de leur leader Michel Djotodia en 2013 : « aucun pays étranger n'a financé notre marche sur Bangui ...Nous nous sommes servis uniquement de notre diamant pour l'équipement et l'alimentation des troupes ». Dès que la coalition a pris Bangui, ces membres ont vidé les caisses de l'Etat et pris tout ce qui tombait sous la main. Les rebelles qui n'étaient pas rémunérés, ont eux aussi entrepris de se payer sur la bête : ils se sont livrés à de nombreux pillages dans les administrations, les entreprises privées, chez les particuliers. Djotodia les a lui-même encouragés : « Djotodia leur a dit de se servir partout où ils pouvaient trouver quelque chose de précieux » ont noté des experts mandatés par les Nations Unies » [Bois de sang, global Witness, 2015].

Encadré 1 : Etude de cas : compétition entre RPRC et UPC

Juste avant sa mort en février 2017, le Général Zoundeko, chef d'Etat-major du RPRC, nous avouait dans un entretien que sa relation avec Ali Darassa de l'UPC avait dégénéré justement à cause de l'enjeu des barrières. Après la chute du pouvoir de Séléka et son retrait de Bambari, l'UPC et le RPRC, factions de séléka, s'étaient répartis les différentes zones stratégiques. L'UPC, plus puissant, reprenait tous les points stratégiquement rentables et laissait seulement au RPRC le contrôle des villes de Gambo et de Bakala.

Auparavant, les taxes se payaient au niveau des barrières, ce qui permettait aux groupes qui les contrôlaient de générer des recettes. Mais Ali Darassa centralisait ensuite le payement de certaines taxes, dont celle de la frontière, au niveau de Bambari, ce qui, conduisit en grande partie à une intégration de ses hommes, sans salaire, sont partis vivre à Bambari, ce qui conduisit en grande partie à une intégration de ses hommes au sein du FPRC. Seul le général Zacharie Damane, initialement associé au RPRC, a réussi à se tailler un petit empire entre Bria et Oudda, où il impose une taxe douanière méticuleusement respectée par les Soudanais. Damane, cependant, semble plutôt opérer à titre personnel, et ses hommes se déclarent liés à lui et non RPRC.

Source : P. Schouten et S-P Kalessopo

Les ressources naturelles telles que le bois sont exploitées par les entreprises occidentales et Libanaises et exportées par le Cameroun, protégées par les groupes armés. Il en est de même du diamant et de l'or où les entreprises internationales débarquent avec des avions spéciaux dans les zones pour acheter ces pierres précieuses.

Les barrières routières restent un des moyens pour s'enrichir au dépend des caisses de l'Etat.

Nous décrivons dans cette partie le mécanisme des pillages des ressources du pays.

Section 4 –
L'enrichissement illicite par des barrières routières

Une étude minutieuse a été faite par Peer Schouten et Soleil-Parfait Kalessopo pour décrire avec rigueur sous forme d'un rapport intitulé : « laisser piller ». L'économie politique des barrières routières en république centrafricaine, comment les groupes armés s'enrichissent par les installations des barrières tout le long de la route. Deux circuits économiques ont été identifiés détenus par les groupes armés, sources de revenu : le circuit de bétail, le circuit soudanais lui procurent au total environ 3,93 milliards de FCFA.

A)– Les différentes barrières

Le tableau 16 énumère 413 barrières routières (alors que les auteurs de l'enquête en ont dénombré 284 à partir du même tableau ci-dessous) dont 49 % sont exploitées par les forces gouvernementales, 50,6 % par les groupes armés et 1,6 % non classées. Les barrières des groupes sont plus nombreuses que celles des forces gouvernementales.

Tableau 16 : Nombre de barrières par acteur

Groupe	Nombre de barrières	Affiliation	Nombre de barrières
Ex-Seleka	149	FPRC	61
		UPC	42
		MPC	40
Autres groupes armés	66	RJ	16
		Anti-Balaka	40
		FPDC	1
Services étatiques	198	Gendarmerie	92
		FACA	11
		Police	34
		Douane	14
		Eaux et forets	29
		Mairie	12
		Phytosanitaire	6
Autres(pas clair, paysans, jeunes de villages...)	6		

Source : P. Schouten et S-P Kalessopo

Parmi les groupés armés, le FPRC contrôle le plus grand nombre de barrières, alors que la gendarmerie a plus de barrières parmi les forces gouvernementales.

Le coût de tronçon varie sans savoir les déterminants. Ainsi Birao-Bambari qui a une distance de 690 possède 30 barrières avec un coût unitaire moyen de 170 000 FCFA et rapporte un total de 3 210 000 FCFA alors que Birao-kaga Bandoro qui a une distance de 730 km n'a que 18 barrières pour un coût unitaire moyen de 14 361 FCFA et un gain de 285 500 FCFA.

Tableau : 17 Les coûts des taxes des barrières en République Centrafricaine

Axe	KM	No. Barrières	Densité de barrières	Coûts moyen par barrière (pour camion)	Coûts total	Cout par km.
Bangui-Béloko	582	26	1 tous les 22 km	6.731FCFA	175.000FCFA (267 EUR)	301 FCFA
Sibut-Bangassou	550	27	1 tous les 20 km	22.093 FCFA	596.500 FCFA (910 EUR)	1.083 FCFA
Birao-Bambari	690	30	1 tous les 23 km	107.000 FCFA	3.210.000 FCFA (4.894 EUR)	4.652 FCFA
Birao-kagaBandoro	730	18	1 tous les 40 km	14.361 FCFA	258.500 FCFA (394 EUR)	354 FCFA
KagaBandoro-Sido	170	10	1 tous les 17 km	42.500 FCFA	425.000 FCFA (648 EUR)	2.500 FCFA
Moyenne	504	22	1 tous les 24 km	25.038 FCFA	933.000 FCFA (1.422 EUR)	1.778 FCFA

Source : P. Schouten et S-P Kalessopo

Les barrières les plus coûteuses doivent être installées proches des zones diamantaires où passent le commerce Soudan-Centrafrique. La moyenne par barrière est estimée à 25 038 FCFA, tandis que le coût par km est de 1. 778 FCFA.

Les taxes sont différentes en fonction des moyens de déplacement utilisés : les camions et les motards ont des prix fixes, alors que les commerçants et les passagers payent les taxes en fonction de leurs colis qui peuvent contenir des produits manufacturés, le bois ou les minerais ainsi que des biens de consommation locaux (manioc, maïs etc.).

B)– Le rapport distingue trois circuits principaux : le circuit de bétail, le circuit soudanais et le circuit « légal »

a)– Le circuit de bétail est composé des couloirs de commercialisation du bétail, entre le nord du pays et Bangui, en passant par les marchés de bétail comme Kaga Bandoro, et Bambari. Ce circuit comprend 62 barrières et, est contrôlé par MPC, UPC et 3R.

Encadré 2 : Circuit de commercialisation de bétail

Ce circuit de commercialisation porte sur le mouvement de bétail dans les zones de pâturage à Bangui, centre de consommation de 200 têtes de bœuf par jour, soit environ 73. 000 bêtes par an. L'enjeu pour les groupes ex-séléka est de contrôler au plus près la chaine de commercialisation bovine jusqu'à Bangui. En effet, le contrôle donne accès au bénéfice tiré entre la différence de prix entre une tête de bœuf ou troupeau (autour de 50.000 FCAF) et à Bangui (plus de 500.000 FCFA).

Les groupes armés interviennent à plusieurs points de la chaine de commercialisation du bétail. D'abord ils imposent les « taxes de transhumance » dans les zones de pâturage, qui apportent au-delà de 655. 000.000 de FCFA par an. Deuxièmement, ils imposent des taxes sur les principaux marchés de bétail de Kaga Bandoro (contrôlé par le FRC/MPC) et Bambari par UPC, ce qui leurs apportent au moins 1.244.500.000 de FCFA annuellement, ainsi que sur les marchés régionaux comme Kabo (MPC) et Mobaye (UPC). Troisièmement, entre ces marchés et Bangui, toute une série de barrières routières (au nombre de 14) ainsi que fluviales (au nombre de 8) sont érigées pour y taxer le transport de bétail. L'ensemble de ces barrières rapporte encore 275. 100.000 de FCFA au financement des groupes armés. Selon nos recherches, l'ensemble des profits tirés par les groupes ex-séléka du circuit du bétail s'élèvent à au moins 2.351.450.000 de FCFA par an. Ce montant exclu les profits tirés de la participation directe dans le commerce du bétail par les groupes armés.

Source : P. Schouten et S-P Kalessopo

Ces groupes armés gagnent 2 351 450 000 millions de FCFA par an.

Tableau 18 : Aperçu des principaux circuits économiques

Circuit	Corridor principal	Entrepreneurs internationaux	Acteur armé associé
Bétail	De la zone autour de Bambari/ kagaBandoro, vers Bangui	Transhumants tchadiens et soudanais	MPC/UPC/3R
Soudanais	Am Dafok – Birao - Ndele - kagaBandoro et Am Dafok – Birao - Bria - Bambari	Commerçants soudanais	FPRC/UPC
« Légal »	Garoua Boulai - Bangui	Transporteur camerounais	Gouvernement/MINUSCA

Source : P. Schouten et S-P Kalessopo

b)– Le circuit soudanais concerne les axes desservis par les commerçants soudanais : Birao, Kaga Bandoro et Bambari. C'est par cette voie que sont exportés le café, du miel et du sésame en direction u Soudan.

Tableau 19 bis : Taxes payées par camion soudanais le long du circuit café

Lieu	Qui prélève la taxe	Bambari - Soudan	Soudan – Bambari
Zone de production (Kouango/Alindao	Darassa (UPC)	800.000 – 1.000.000 FCFA	
Bambari	Babou (UPC)	150.000 - 750.000 FCFA	150.000 – 300.000 FCFA : Taxe douanière
Bria	FPRC	100.000 FCFA	150.000 – 300.000 FCFA : Taxe douanière
Bria-Ouadda	Damane (RPRC)	600.000 FCFA	1.250.000 FRCA : Taxe douanière
Mouka-Bria	Damane (FPRC)	75.000 FCFA	75.000FCFA : Escorte
Ouadda-Ouanda-Djallé	Chete Ali (FPRC)	100.000 FCFA	250.000 FCFA : Taxe douanière
Coût par camion pour l'axe entier		1.925.000 – 2.725.000 (2.940-4.160 EUR)	1.875.000 – 2.175.000 (2.860 – 3.320 EUR)

Source : P. Schouten et S-P Kalessopo

En contrepartie des biens manufacturés pour la zone sous-contrôle de l'ex-séléka, les taxes perçus par le FPRC et l'UPC représentent 1 558 900 000.

c)- En plus des barrières, les groupes armés imposent un système de « dédouanement parallèle, obligeant aux transporteurs de passer par la barrière *virtuelle* du comzone pour y payer des gros montants pour avoir le droit de circuler dans leur fief » [op ; cité]

En outre, les groupes armés ont instauré le système des escortes obligatoires qui consistent à imposer des escortes sur certains tronçons contrôlés par eux.

L'autre source d'enrichissement illicite est le bois avec la complicité des entreprises libanaises et occidentales.

Section 5–
L'enrichissement illicite par l'industrie forestière et le rôle complice des entreprises françaises, libanaises et chinoises.

Pays produisant et disposant suffisamment du bois dans une grande partie du pays, les groupes armés Séléka se sont appuyés sur les entreprises forestières pour s'enrichir illicitement et de ce fait financer leur coalition destructrice. Les entreprises françaises, libanaises et chinoises ont profité de la crise politico-militaire pour s'enrichir tout en violant les textes internationaux.

A)– L'enrichissement illicite de la coalition Séléka

a)– Les gains perçus

i)– En avril 2013, aussitôt après avoir pris Bangui, la coalition séléka a contrôlé la région du sud-ouest, la zone forestière, mais aussi la zone diamantaire. Les anciens permis délivrés par le précédent régime ont été annulés et ont été attribués à d'autres sociétés. Plusieurs entreprises artisanales ont été créées par les proches du nouveau pouvoir et la plupart des bois produits ont été vendus au Tchad où le bois est rare. « Un accord de troc du bois centrafricain contre le pétrole tchadien avec le président Idriss Déby. Ce marché a été négocié par Moussa Dhaffane (d'origine soudanaise) ministre des eaux et forêts. Avec cet accord, Djotodia s'est engagé à fournir du bois contre le pétrole tchadien ». [Global Witness, 2015]. Le même ministre a extorqué chez les vendeurs de bois du marché *Magalé* à Bangui, tous leurs produits qu'il a revendu pour son propre compte au Tchad. La séléka se fait payer par les entreprises forestières pour leur protection et leurs installations pour des millions de FCFA. Les dirigeants des entreprises ont versé également aux Séléka mensuellement 500 000 FCFA à des hauts gradés pour leur protection et entre 25 000 et 50 000 FCFA aux soldats pour assurer leur sécurité. Ces entreprises donnent également du carburant aux dirigeants de Séléka. Global Witness estime que les entreprises forestières ont versé au total 1.159.350 000 FCFA à la coalition Séléka en 2013 pour la protection de leurs bureaux et installations.

ii)– La Séléka perçoit également des taxes aux barrières installées par eux. Selon les experts mandatés par les Nations unies, les grumiers circulant entre la RCA et le Cameroun ont été systématiquement soumis au système de prélèvement illégal de taxe mis en place par la séléka tout le temps de son séjour au pouvoir. Les experts ont calculé que la séléka avait perçu, en 2013 environ en 19. 000.000 de FCFA par mois de la part des entreprises forestières. Selon Global Witness, à chaque voyage effectué depuis la zone forestière vers Douala, port d'exportation du Cameroun, les grumiers devraient selon les trajets, payer 150.000 à 200.000 FCFA. Ces taxes ont été estimées par les auteurs cités plus haut à 786.000.000 de FCFA entre avril 2013 et janvier 2014.

iii)- Certaines entreprises effectuaient directement des paiements supplémentaires à Michel Dotodjia. La SEFCA a versé en mai 2013 à « l'administration séléka, une avance de trésorerie » de 250.000.000 de FCFA.

b)- Le rôle du ministre des eaux et forêts, chasse et pêche : le séléka Moussa Dhaffane

ENCADRÉ 3.
LE MINISTRE DES EAUX, DES FORÊTS ET DE LA PÊCHE, MOHAMED MOUSSA DHAFANE

Numéro trois et co-fondateur de la séléka, Mohamed Moussa Dhaffane est le président de la convention patriotique du salut du kodro (CDSK), un groupe armé créé en mai 2012. Il a été nommé au ministère des forêts en 2013. Ses hommes et lui ont commis des graves exactions contre des civils. Le 28 juin 2013, il a, selon plusieurs témoins, participé à un massacre à Gobongo, un quartier de Bangui considéré comme un bastion de Bozizé. Ce jour-là, les habitants manifestaient pour protester contre un meurtre perpétré la veille par des membres de la séléka. Global Witness a rencontré un témoin qui a affirmé que Dhaffane, après avoir été visé par des pierres lancées par les manifestants, « a pris le fusil de son aide camp et a commencé à tirer » sur la foule. Un frère de ce témoin a été tué. La cinquantaine de soldats de la séléka qui l'accompagnaient ont fait à leur tour usage de leurs armes puis ont pillé le quartier. Dhafane et ses hommes ont assassiné au moins six personnes et blessé de nombreuses autres ce 28 juin 2013.

Avant cela, les hommes de Dhaffane ont pillé son propre ministère dans la semaine qui a suivi le coup d'Etat. Un rapport du ministère des Forêts a évalué à 150 millions de FCFA les pertes occasionnées. Les pillards se sont aussi emparés des armes et munitions servant à la sécurisation des ressources forestières et fauniques, le tout valant 2,477 milliards de FCFA (3,8 millions EUR). Un stock d'ivoire estimé à 600kg (valant 1,5 million USD sur les marchés asiatiques) a disparu.

Dhaffane a été limogé en juin 2013 par ses pairs de la séléka, officiellement pour « malversations financières », opérations « de racket », « recrutement de combattants », « achat d'armes ». Il a été remplacé à son poste par le neveu de Michel Djotodjia, Rizigala Ramadane, qui restera jusqu'en janvier 2014, date du départ du pouvoir de Djotodjia.

Après son éviction, Dhaffane a fait plusieurs déclaration reconnaissant une partie des crimes de la séléka, « Que cela ne surprenne personne que ce soit moi, deuxième vice-président de la séléka, qui condamne aujourd'hui, devant le monde et devant l'histoire, avec la plus grande fermeté toutes les exactions et autres crimes odieux perpétrés par une partie de la séléka ».

Source : Bois du sang, global witness, 2015.

B)– Les anti-balakas remplacent la sélékas

Après la fuite des membres de la séléka en janvier 2014, les anti-balakas ont pris la relève mais avec moins d'ambition que la coalition qui a un projet structuré pour s'enrichir et détruire le pays. Les anti-balakas se sont installés sur les mêmes barrières abandonnées par la séléka pour continuer à raquettier. À chaque passage, les anti-balakas exigent entre 1000 et 3000 FCFA. Un de leurs chefs a déclaré au réseau des journalistes pour les droits de l'homme en RCA que « c'est par manque de moyens financiers qu'ils continuent de multiplier les contrôles sur les barrières ...Les formalités nous permettent de prendre nos éléments en charge. Nous n'avons pas d'autres sources de revenus. Ce sont des jeunes qui assurent la sécurité sur cet axe et il faudra au moins les nourrir ». Global Witness a estimé les sommes versées par les entreprises aux anti-balakas à environ 83. 746. 130 FCFA en 2014.

– L'enrichissement illicite des entreprises forestières

L'industrie du bois en Centrafrique est un secteur corrompu. La crise a accentué cette situation qui a permis aux entreprises forestières de faire des profits énormes sans faire face à leurs engagements financiers vis-à-vis de l'Etat.

Trois entreprises ont maintenu leurs activités pendant l'occupation de leurs zones par les groupes armés, rompant ainsi à leurs engagements nationaux et internationaux. Il s'agit de la SEFCA détenue par le groupe libanais Sahely, l'entreprise d'origine française IFB et Viewood à capitaux chinois.

Un audit réalisé dans le cadre d'un projet par l'ONG WWF en 2012, a montré que SEFCA et IFB ne respectaient pas plusieurs lois règlementant les conditions de travail des employés, les conditions d'exploitation de la forêt, la préservation de l'environnement... Pour SEFCA il y avait 16 cas de non-conformité, ce qui indiquait des irrégularités dans les procédures d'exploitation. L'audit a également identifié 23 cas de non-conformité pour IFB sur son site de Batalimo.

Encadré 4 :
Les trois entreprises qui ont maintenu leurs activités en 2013

– SEFCA (Société d'exploitation forestière centrafricaine)

Première compagnie du pays en terme de production et d'exportation, elle est détenue par le groupe libanais Sahely, détenu par les frères Nessrallah et Jamal El Sahely. La société a deux permis faisant en tout 721.419 hectares dont 576. 891 hectares de superficie utile.

SEFCA possède sa propre société de transport, Exotica

– IFB (Industrie forestière de Batalimo)

Entreprise d'origine française, IFB est propriétaire de trois permis couvrant 613.221 hectares dont 348. 215 hectares de surface utile.

– Viewood

Ce groupe chinois a créé trois sociétés de droit centrafricain : Thanry Centrafrique, Sokofad et Vica. Ensemble, ses entreprises détiennent trois permis représentant 784.306 hectares, dont 501. 317 hectares de surface utile. Après la guerre, le groupe a créé une quatrième société, Sinfocam, qui a obtenu un permis qui a porté la superficie du groupe à 1. 018. 771 hectares. Viewodd exploite aussi plusieurs concessions au Cameroun, près de la frontière avec la RCA.

Source : Bois du sang, global witness, 2015.

En outre, aucune de ces entreprises ne respectait son « plan d'aménagement », « ce qui est passible de sanctions et peut entrainer le retrait de permis de la société pour un non- respect répété ». Les entreprises payent rarement leurs taxes. Une étude réalisée par la FAO, réalisée en partenariat avec le gouvernement centrafricain soulignait déjà en 2004 : « Le recouvrement des taxes forestières n'est pas optimal ».

Tableau 19 : Tableau Arriérés des taxes des entreprises en juillet 2014

Entreprises	Arriérés des taxes 2012-2013 (FCFA)
SEFCA	750. 146.005
IFB	459. 017.375
SCAD	177.457.300
SCAF	253. 568.606
SCD	88.360.230
VICA (Vicwood)	240. 697.420
SOFOKAD (Vicwood)	62. 767.426
THANRY(Vicwood)	166. 190.880
TOTAL	2.198.205.242

Source : Ministère des finances

Un rapport d'observation du processus d'attribution des permis commandé par le gouvernement centrafricain a souligné à propos des entreprises qui s'étaient portées candidates : « Beaucoup de ces sociétés qui s'étaient portées candidates... semblent peu ou pas soucieuses de la gestion durable, de la certification forestière et des droits des communautés ». En 2011, un rapport d'évaluation de l'agence française de développement (AFD) avait déjà jugé qu'il n'existait aucune « garantie d'un engagement réel dans la gestion durable » de la part des compagnies forestières en RCA.

L'avènement des groupes armés a été l'occasion de faire plus de profits. C'est le cas de l'entreprise *tropica-bois,* la plus importante exportatrice de bois de tripler son profit entre 2010 et 2013.

Tableau 20 : Résultats financiers de tropica-bois (en euros)

ANNEE	CHIFFRE D'AFFAIRES	PROFIT
2013	20 499 485	668 719
2012	22 225 929	603 888
2011	18 626 594	288 491
2010	15 479 172	271 178

Source : Registre du commerce du tribunal

Les autres ressources naturelles qui attirent plus les groupes armés sont le diamant et l'or.

Section 6 –
L'enrichissement par le pillage du diamant et de l'or

L'or et le diamant constituent à l'évidence une malédiction pour la Centrafrique, car c'est par ces minerais que le malheur arrive. La rébellion de la Séléka trouve entre autre ces prémices dans la recherche de la rente que constitue le diamant. La confiscation arbitraire par le clan Bozizé en 2008 des pierres et fonds des collecteurs de diamants et des bureaux d'achat a joué un rôle dans la radicalisation des groupes armés. « Plusieurs diamantaires centrafricains ont admis avoir financé ces derniers mois les activités de l'ex-rébellion séléka, allant jusqu'à revendre les pierres au Soudan et au Tchad pour alimenter l'effort de guerre » [Datas, 2013]. Ainsi, le premier acte du ministre des mines de la Séléka a été d'annuler plusieurs contrats miniers délivrés par le précédent pouvoir en faveur des ceux qui lui sont proches. Le chef de la séléka a clairement déclaré le 15 mai 2013 : « Nous allons faire un état des lieux en ce qui concerne les contrats miniers, tout ce qui a été signé (...) avec des concessionnaires à l'époque de l'ex-président Bozizé ». Cette richesse que constitue le diamant était estimée en 2010 par l'united states geological survey, institut de recherche américain à 39 millions de carats de diamants alluvionnaires à exploiter en RCA.

A)– Les mécanismes de pillages mis en place par les groupes armés

Les méthodes utilisées pour piller le secteur minier sont multiples :

i) L'annulation des anciens permis pour en délivrer les nouveaux. Dans une zone de la préfecture du sud-est du pays, un « général » nommé Nama s'installe à Nola, ville où se situent de nombreux bureaux d'achat de diamant et de l'or. Comme font les « gradés » de la Séléka, ce « général » s'enrichit en vendant des permis pour un coût de 150 000 FCFA par semaine. La séléka a commercialisé aux sociétés internationales des droits relatifs à l'exploration des sites et à leur production future pour avoir des profits importants. En 2012, la société clima Dubaï, basée aux Emirats Arabes Unis (EAU) qui détenait une concession aurifère et diamantaire de 500 km² et d'une durée de trois ans dans la région de Salo a dû négocier avec le gouvernement rebelle dans l'espoir de garantir les futures opérations.

ii) *La société soudanaise Omburman (RIDA)* a bénéficié d'une concession d'une durée de trois ans et couvrant une superficie de 1 850 km² près de Sam-Ouandja, pour un coût de 500 000 FCFA par km² et par an. *L'international peace information service (IPIS)* a signalé 34 décrets de ce type qui ont été promulgués en dehors des procédures normales lorsque la Séléka était au pouvoir.

La Séléka a également instauré une administration parallèle pour surveiller et exploiter le secteur minier en délivrant les permis minier, en percevant des taxes illégales et imposant un racket de protection ciblant les mineurs et autres acteurs opérant autour des sites miniers. Pour global witness [juin, 2017], les marchands chrétiens étaient contraints de verser jusqu'à 65 % de leurs recettes sous forme de taxes et de paiement de protection. La même organisation non gouvernementale (ONG) fait état d'un document signé à l'époque par Nourredine Adam (le cerveau des opérations de renseignements de la Séléka) demandant au président de l'époque, Djotodia, d'imposer une taxe fixe aux mineurs pour augmenter les profits issus du commerce du diamant. Ce nouveau flux de revenus était nécessaire, insistait-il, pour se procurer des armes et renforcer les services de renseignement de la Séléka. Certains hauts commandants de la Séléka étaient devenus des commerçants de diamant. Le président Djotodia, alors président de la république avait ordonné l'octroi à Oumar Younous, membre de la Séléka le droit de « vendre des diamants au Soudan, à Doubaï au Qatar et en Chine sans ingérence du bureau d'évaluation et de contrôle de diamant et d'or de Becdor, l'organe étatique officiellement chargé de réglementer le commerce de diamant. [Global witness].

Dès 2014, des factions de la séléka avaient également imposé les systèmes de taxation illégale, notamment aux mineurs et aux collecteurs de diamants, ainsi qu'aux avions qui se posaient dans la région. Le groupe des experts des Nations unies dans un des rapports indique que : « Avant l'arrivée des forces internationales à Bria, en avril 2014, les forces de l'ex-Séléka imposaient une redevance à l'atterrissage de 75 dollars à Bria. À Sam-Oundjia [...] aucune force internationale n'est présente. Les forces de l'ex-Séléka, placées sous les ordres du commandant de zone Beya Djouma prélevaient 100 dollars à titre de redevance à l'atterrissage ». Le même rapport indiquait que les collecteurs (intermédiaires du négoce des diamants) de Sam-Ouandla versent également une indemnité journalière aux soldats de l'ex-Séléka qui gardaient les locaux des principaux collecteurs et hommes d'affaires.

Dans la zone de Bria, les taxes imposées s'élevaient à environ 800 dollars US et aux bureaux d'achat locaux des taxes d'un montant approximatif de 3 000 dollars.

Les anti-balakas ont occupé les zones diamantifères de l'ouest de la Centrafrique, notamment Boda, Carnot et Berbérati après la débandade des ex-Séléka en janvier 2014. Selon les chercheurs d'Amnesty international, certains anti-balakas sont devenus eux -mêmes des mineurs ou prennent le contrôle des sites diamantifères de l'ouest. D'autres réclament aux mineurs et aux négociants des « taxes » ou de l'argent en échange de leur protection. Dans certains cas, les anti-balakas se contentent de dérober aux mineurs leurs diamants ou l'argent qu'ils ont gagné. Ils volent également à mains armés des diamants dans les sites et sont plongés dans le commerce des diamants [Amnesty international, 2015].

B)– Les entreprises qui s'enrichissent avec les minerais de sang en violation du Processus de Kimberley

La République centrafricaine est devenue membre du processus de kimberley (PK) en 2003, mais sa participation a été suspendue en mai 2013 à cause des groupes armés qui exploitent les ressources minières, notamment le diamant. Ainsi, la situation en République centrafricaine « risquait de ne pas être conforme aux exigences minimales du programme de certification, en particulier à la section IV du document officiel du système de certification du Processus de Kimberley, en vertu de laquelle chaque participant doit *créer un système de contrôles internes visant à éliminer les diamants bruts de la guerre des chargements de diamants bruts qui sont importés dans son territoire ou qui en sont exportés* ».

En juillet 2015, le processus de Kimberley a décidé de lever partiellement cette suspension à certaines conditions, ouvrant la voie à une reprise des exportations de diamants bruts par la République centrafricaine.

Cette décision n'a pas pour autant empêcher le développement de la contrebande des diamants centrafricains dans la sous-région et dans une partie du monde, ainsi que certaines entreprises qui ont continué à faire le commerce du diamant en toute illégalité.

En novembre 2024, la levée de l'interdiction a été définitive.

1)– Les itinéraires de la contrebande du diamant centrafricain

Si la contrebande du diamant centrafricain est perçue pendant la période rebelle comme une violation du processus de Kimberley, ce phénomène n'est pas nouveau mais récurrent. En effet, le secrétariat du processus de Kimberley a estimé qu'environ 30 % des diamants quittaient le pays avant le début du conflit de 2013, tandis que pour la Banque mondiale dans une étude de 2010, ce sont 50 % des diamants centrafricains qui quittent le pays frauduleusement.

Encadré 5 : Combien de diamants sont exportés illégalement de République centrafricains ?

La contrebande est par nature difficile à mesurer. Comme indiqué plus haut, on estime qu'environ 30 % des diamants centrafricains sortaient en fraude du pays avant le conflit, et le Groupe d'experts des Nations unies estime que 140 000 carats supplémentaires ont passé illégalement la frontière après la suspension de la république centrafricaine du processus de kimberley.

Les exportations centrafricaines de diamants bruts dans le cadre du processus de Kimberley se sont élevées à 60,8 millions de dollar des États-Unis en 2011 et à 62,1 millions de dollars en 2012. En 2013, jusqu'à sa suspension en mai, le pays a exporté 21 millions de dollars de diamants. 2011 2012 2013 (janvier à mai)

Carats 323 575 365 916 118 946

Source : Amnesty international, 2015

Le service géologique américain (USGS) a estimé sur la base des analyses satellitaires de 2017, que 82 % de la production annuelle estimée 330 000 cartas sortent du pays en contrebande.

La contrebande est dirigée dans les pays limitrophes que dans les pays arabes et européens qui traditionnellement exportent ou vendent le diamant centrafricain.

Une autre étude en 2018, financée par le PNUD et l'UNICEF estime la contrebande est comprise entre 7 % et 86 % de la production actuelle des diamants. Selon cette étude, la contrebande passe par des frontières, notamment le Cameroun, la RDC, le Congo et les réseaux basés dans la capitale.

Le rapport de l'Amnesty qui est cité dans cette partie énumère, deux principaux pays limitrophes de la république centrafricaine : Le Cameroun et la République Démocratique du Congo (RDC), le Congo, le Tchad et le Soudan. La RDC, pays où sévissent des groupes armés depuis des décennies, connait un marché parallèle important et durable. Depuis longtemps les diamants circulent en fraude entre ces trois pays. C'est également le cas de la Belgique où d'après les statistiques commerciales de l'ONU de 2000, la république centrafricaine avait déclaré avoir exporté officiellement 52 millions de dollars de diamants bruts vers la Belgique, alors que la Belgique en a déclaré 168 millions de dollars.

2)– Les itinéraires sous régionaux et l'aéroport de Bangui

i)– Le trafic du diamant centrafricain en direction du Cameroun provient des villes de l'Ouest frontalier de ce pays, selon le groupe d'experts de l'ONU, « Les collecteurs de diamants de Berbérati et de Bangui ont admis que la plupart des diamants produits dans l'Ouest de la République centrafricaine, près de la frontière avec le Cameroun, étaient illégalement introduits via Gamboula et Gbili (préfecture de la Mambéré-Kadeï) en République centrafricaine, à Kenzou et Kette, dans la région du Cameroun, puis à Batoumi, Bertoua, Yaoundé et Douala etc. », [cité par Amnesty international, 2015]. Le bureau d'achat camerounais GemsAfrica semblait disposer d'une antenne à Kenzou. Cette entreprise a exporté 815 carats bruts à Doubaï en mars 2014 par le biais du secrétariat camerounais du processus de Kimberley.

Le secrétaire national permanent du processus de Kimberley du Cameroun et le directeur des mines de ce pays affirment que les diamants centrafricains n'entrent pas dans la chaîne d'approvisionnement légale de ce pays. Pour le secrétaire national camerounais, les exportations de ce pays sont négligeables. Pour lui, « si des diamants centrafricains étaient introduits dans le circuit légal du Cameroun, on constaterait une augmentation de ses exportations ». Cependant on remarque une hausse de production et des exportations camerounaises enregistrée fin 2013 et début 2014 qui pourraient s'expliquer selon IPIS, par de nombreux réfugiés centrafricains qui travaillent maintenant dans le secteur du diamant au Cameroun. En outre, comme souligne le rapport de l'USAID de mai 2019, « Le Cameroun est souvent cité comme la plaque tournante pour la contrebande des diamants et or centrafricains. Les produits sortent par des frontières terrestres.

Même si certains acheteurs musulmans sont revenus en Centrafrique, plusieurs sont restés, surtout ceux qui sont relativement plus riches. Des anciens acheteurs de bureaux d'achat fermés se trouvent surtout à Bertoua qui est le centre majeur d'achat et de financement de l'or et des diamants dans l'est du Cameroun. Au-delà des anciens acheteurs réfugiés au Cameroun, d'autres acheteurs illicites opèrent également depuis le Cameroun ». Il est également noté que les acheteurs illicites et des intermédiaires en RCA sont financés depuis le Cameroun et doivent ramener leurs produits vers le lieu de financement [USAID, 2019].

ii)– Le trafic du diamant centrafricain en république démocratique du Congo concerne la région de la Basse- Kotto, située dans le sud de la ville frontalière de la RDC, notamment les villes centrafricaines qui produisent des diamants qui sont Alindao, Kembé et Dimbi qui sont contrôlées par le groupe armé, l'UPC, dirigé par Ali Darassa, de nationalité Nigérienne. La ressemblance des diamants centrafricains avec ceux de république démocratique du Congo rend difficile d'établir les statistiques. Cependant, « des diamants saisis à Anvers en mai 2014 sont soupçonnés d'avoir été exportés avec des certificats du processus de Kimberley établis en RDC. Après cette saisie, les autorités minières de RDC ont reconnu que les diamants centrafricains avaient pu être introduits dans la chaîne d'approvisionnement officielle en RDC, mais ont affirmé que les diamants interceptés à Anvers pouvaient aussi avoir été introduits en fraude aux Emirats Arabes Unis, puis échangés contre des diamants provenant réellement de la RDC commue l'indiquait leur certificat,[Amnesty international, 2015].

iii)– Le Tchad et le Soudan reçoivent des diamants centrafricains trafiqués qui viennent des principales zones de production de l'est de la république centrafricaine. Ces diamants clandestins sont introduits à partir des villes frontalières à ces deux pays qui sont principalement Bria et Sam-Ouandja qui ne sont pas membres du processus de Kimberley. L'IPIS a signalé en décembre 2014 que la contrebande de diamants vers le Soudan avait augmenté depuis la suspension de la république centrafricaine du processus de Kimberley et que ce trafic concernait 85-90 % des pierres de qualité moyenne, représentant une source importante pour les groupes armés. Cette région est contrôlée par le groupe armé le plus important qui est le FPRC, dirigé par l'ancien ministre de la sécurité du gouvernement Séléka, Nourredine Adam.

iv)– L'aéroport de Bangui

Une partie importante des pierres passent par l'aéroport de Bangui en provenance des vols internes (ONU, privé etc.). Par la suite, les trafiquants utilisent les vols internationaux, notamment vers le Cameroun où il existe plusieurs vols par semaine avec un coût moindre.

Le contrôle à l'aéroport de Bangui n'est pas efficace à cause de la corruption des agents ou par manque de détecteurs qui n'existe pas d'une façon durable. Des passagers trafiquants mettent aussi les pierres en soute.

3)– Les itinéraires internationaux

Ce sont des centres de négoce.

i)– Anvers. Les autorités de cette ville belge, centre important de négoce européen avait saisi en juin 2014 trois lots de diamants bruts, en provenance semble-t-il de la république centrafricaine, précisément de Sam-Ouandjia et de Bria. Ces diamants avaient été expédiés à Anvers, via Doubaï alors que la république centrafricaine avait été suspendue du processus de Kimberley. Le groupe des experts diamantaires (GTED) établi dans le cadre du processus de Kimberley a confirmé que ces diamants pouvaient venir de Centrafrique, en particulier de Bria et de Sam-Ouandja dans l'est du pays.

ii)– Doubaï. Cette ville constitue avec Anvers deux plus grandes bourses ou centre de négoce du diamant au monde. Plusieurs milliers de diamantaires y travaillent. Plusieurs diamants d'origine diverse passe par Doubaï.

C)– Les entreprises qui achètent les diamants du sang

Deux mois après la prise de pouvoir par la coalition Séléka, le processus de Kimberley a interdit l'exportation des diamants centrafricains mais pas la production et le commerce à l'intérieur du pays. Ainsi, tout le long du conflit, les mineurs artisanaux ont continué à exploiter et vendre les diamants aux sociétés exportatrices de diamants ou bureaux de vente.

Tableau 21 : Etat des stocks des diamants des bureaux d'achat de Bangui en avril 2015

	Badica	Sodiam	Sud Azur	Total
Poids en carats	3 966,24	60 776,38	1 468,38	66 211,00
Prix par carat (francs CFA)	68 918	57 856	85 690	59 136
Valeur (francs CFA)	273 345 328	3 516 278 241	125 825 482	3 915 449 051
Valeur (dollars US)	546 688	7 032 521	251 650	7 830 859

Source : Amnesty international

D'après le tableau 21, les grandes sociétés de diamant ont continué à acheter des diamants en provenance des zones occupées par les groupes armés permettant ainsi à ces derniers de disposer des moyens financiers pour acheter des armes et continuer leurs sales besognes.

Encadré 6 : SODIAM (Société centrafricaine du diamant

La Sodiam est aussi une société d'achat et d'exportation de diamants basée à Bangui et disposant de bureaux d'achat locaux à Berberati, Carnot et Nola. Elle a poursuivi ses activités tout au long du conflit, achetant des diamants principalement dans l'Ouest du pays. En octobre et novembre 2014, des personnes impliquées dans le secteur du diamant à Boda et à Carnot ont raconté à Amnesty international que la Sodiam disposait d'acheteurs ***« mobiles »*** *dans la région, qui achetaient des diamants à différents négociants .Un homme travaillant dans le commerce du diamant à Carnot depuis 1961 a déclaré à l'organisation :* ***« La Sodiam a un acteur qui vient par ici. Il vient de passer un mois ici ; il est reparti il y'a trois jours. Ils en envoient beaucoup ; c'était au moins le troisième ».***

En mai 2015, les chercheurs d'amnesty international se sont entretenus avec un représentant de la sodiam à Carnot. Il a confirmé que celle-ci n'avait pas cessé de travailler à Carnot depuis l'explosion de violence début 2014. Il a affirmé que la société achetait des diamants et les envoyait à Bangui, où ils étaient placés dans un coffre-fort en attendant la levée de la suspension du processus de Kimberley.

Selon le rapport intermédiaire du Groupe d'experts des Nations unies, en mars 2014, la Sodiam avait en stock à Bangui 40 576 carats de diamants, dont 90 % achetés après la suspension de la République centrafricaine du processus de Kimberley en mai 2013. Le rapport final du Groupe d'experts indique que la Sodiam a encore acheté 7 655 carats entre mars et juillet 2014 (portant le total à 48 231 carats). Sur ce total, 442 carats ont été achetés à Berberati entre mai et juillet 2014. S'appuyant sur les données du BCDOR, Enough Project a estimé que les stocks de diamants de la Sodiam s'élevaient à 60 776 carats en avril 2015, pour une valeur totale de plus de sept millions de dollars (voir le tableau 21 pour plus de précisions).

En mai 2015, Amnesty International a visité le bureau d'un négociant à Carnot et en a observé le fonctionnement. Le négociant, dont les locaux étaient gardés par plusieurs jeunes hommes, achetait et vendait des diamants : les chercheurs ont pu voir des enveloppes de diamants et des liasses de billets. Il leur a montré des récépissés de ventes à la Sodiam. Il a expliqué que, pour des raisons de sécurité, il ne pouvait pas sortir de la ville pour se rendre sur les sites d'extractions des diamants.

Le Groupe d'experts des Nations unies a obtenu des informations similaires auprès de collecteurs travaillant dans l'Ouest de la République centrafricaine. Dans son rapport de juin 2014, il a indiqué avoir recueilli des témoignages de collecteurs de diamants de Carnot, Guen et Boda qui affirmaient continuer de vendre des diamants à la Sodiam. Dans son rapport d'octobre 2014, il a dit que les deux principaux collecteurs de diamants de Berberati ***« ne pouvaient garantir que leurs achats de diamants ne profitaient pas à des groupes armés, puisque***

les anti-balaka, employés comme mineurs ou intermédiaires, étaient de ce fait présents dans la plupart des zones minières ». *Le Groupe d'experts a également indiqué qu'un collecteur de Berberati* ***« ne s'était jamais rendu sur aucun site d'extraction pour y vérifier les conditions de sécurité »***. *Un autre collecteur travaillant sur l'axe Boda- Guen-Carnot a indiqué acheter des diamants auprès d'un chef anti-balaka à Sasélé, dans l'Ouest de la république centrafricaine. Le rapport du Groupe d'experts a indiqué que ce collecteur, ainsi que les deux principaux collecteurs de diamants de Berberati – tous cités nommément dans leur rapport – vendaient des diamants à la Sodiam. Il a publié des documents prouvant la vente de diamants à la Sodiam en mai et juin 2014.*

Contacté par le Groupe d'experts, le directeur général de la sodiam a déclaré que sa société avait pour politique de ne pas acheter aux militaires ni aux membres de groupes armés, et qu'elle donnait pour instruction à ses collecteurs d'en faire autant ***« pour éviter de s'approvisionner indirectement auprès de membres présumés des anti-balaka »***. *Le Groupe d'experts a conclu que :* ***« Les achats de la Sodiam ont indirectement financé des anti-balaka, mais que la société réduit désormais ce risque en mettant en œuvre les directives relatives au devoir de diligence »***.

Le Groupe d'experts continue de surveiller les achats de la Sodiam pour vérifier s'ils financent indirectement les anti-balaka.

Au vu des informations ci-dessus, et compte tenu de la force implication des anti-balaka dans l'extraction et le commerce du diamant dans les villes de l'ouest du pays telles que Berb2rati et Carnot, Amnesty International estime très probable que la Sodiam a acheté et continue d'acheter des diamants ayant financé les anti-balaka.

Amnesty International a écrit à la Sodiam en juin 2015 pour lui demander des précisions sur les procédures qu'elle a dit au Groupe d'experts mettre en œuvre pour éviter ces achats. Elle lui a demandé en particulier comment elle identifiait les anti-balakas ou les intermédiaires ayant acheté auprès d'eux, et comment elle se renseignait pour savoir si les mineurs ou les collecteurs avaient été ***« taxés »*** *par les anti- balaka. Le cabinet juridique britannique Carter Ruck, représentant légal de la Sodiam, a répondu que celle-ci était capable de sélectionner les diamants qui ne soutenaient pas le groupe armé et que, compte tenu de l'ampleur restreinte de ses activités actuelles, elle était en mesure d'éviter les achats provenant de sources douteuses. Il a ajouté que, si la Sodiam avait par le passé acheté des diamants à l'un des collecteurs de Berberati (cité dans le rapport du Groupe d'experts), elle ne le faisait plus. Il a souligné que la Sodiam n'avait jamais* ***« acheté quoi ce soit qui puisse raisonnablement être qualifié de diamant de la guerre »***.

Sur la question de la diligence requise, Carter Ruck a fourni un lien vers un document sur le site de la Sodiam.

Source : Amnesty international, 2015

Badica et Sodiam « ont acheté à deux pour plusieurs millions de dollars de diamants pendant le conflit, notamment des diamants provenant de zones où l'on savait pertinemment que la Séléka et les anti-Bakakas extorquaient de l'argent et aux mineurs et aux négociants ». [Amnesty international, 2015

Encadré 7 : La kardiam

La kardiam, a été concernée par les saisies, en mai et juin 2014 à Anvers, de diamants soupçonnés d'avoir été exportés illégalement de la République centrafricaine (pour plus de précisions, voir plus loin de chapitre sur les centres de négoce internationaux).

Dans son rapport d'octobre 2014, le Groupe d'experts a conclu :

« Les achats légaux et illégaux de Badica dans ces zones fournissaient une source de revenus durable à l'ex-séléka, en violation du régime des sanctions imposé par l'organisation des Nation unies. »

Amnesty International a écrit à kardiam en juin 2015 pour lui demander ses commentaires sur les allégations concernant Badica et kardiam. Kardiam a répondu qu'elle et Badica contestaient l'ensemble des affirmations contenues dans le rapport d'octobre 2014 du Groupe d'experts des Nations unies et que Badica avait fourni au Groupe d'experts un contre-rapport prouvant qu'elle exerçait un commerce licite et transparent et démontrant les fautes commises par les experts des Nations unies dans le cadre de leur enquête, ainsi que les erreurs matérielles contenues dans leur rapport. Une copie de cette lettre figure en annexe de ce rapport.

Le 20 août 2015, en vertu du chapitre VII de sa charte, l'ONU a imposé des sanctions économiques à Badica et kardiam pour avoir ***« fourni un appui »*** *à la séléka et aux forces anti-balakas* ***« grâce à l'exploitation et au commerce illicites de ressources naturelles-diamants [...] notamment »*** *en République centrafricaine selon ces sanctions :*

« ...jusqu'au 29 janvier 2016, tous les Etats Membres doivent continuer de geler immédiatement les fonds et autres avoirs financiers et ressources économiques se trouvant sur leur territoire qui sont en la possession ou sous le contrôle direct ou indirect des personnes ou entités désignées par le comité ou de toute personne ou entité agissant pour le compte ou sur les ordres de celles-ci ou de toute entité en leur possession ou sous leur contrôle, et [...] tous les Etats Membres doivent continuer d'empêcher que leurs nationaux ou toute personne ou entités des fonds, avoirs financiers ou ressources économiques ou n'en permettent l'utilisation à leur profit ».

Source : Amnesty international, 2015

Les Etats - Unies ont ajouté Badica et kardiam sur leur liste des personnes et entités visées par les sanctions le 21 aout 2015 et l'Union européenne a fait de même le 2 septembre 2015.

La société BADICA a été radiée de cette liste par les Nations Unies. En effet, par lettre datée du 7 avril 2021, référence : S/AC.55/2021/OC.027 adressée au chargé d'affaires par intérim par Aubin Marcien Kpatamango, Secrétaire principal du Comité du Conseil de sécurité créé par résolution 2127 (2013) concernant la République centrafricaine, il est écrit : « conformément aux dispositions de l'alinéa i) de la section 7 de ces directives, le Secrétariat doit, après la radiation d'une personne ou d'une entité inscrire sur la liste des personnes et entités visée par des mesures de gel des avoirs et d'interdiction de voyager prévues dans la résolution 2399 (2018), telles que reconduites par la résolution 2536 (2020), informer la mission permanente de l'Etat Membre ou des Etats membres dans le quel ou lesquels on est fondé à croire que la personne ou l'entité se trouve. En conséquence, je vous informe par la présente que l'entité nommée BUREAU D'ACHAT DE DIAMANT EN CENTRAFRIQUE (BADICA)/ KARDIAM a été radiée de la liste relative aux sanctions tenue par le Comité le 5 avril 2021 ».

Section 7 –
Le rôle ambigu des puissances étrangères

La Mission multidimensionnelle intégrée des Nations unies pour la stabilisation en République centrafricaine (MINUSCA), représentant les puissances internationales sont censées mettre à l'écart par la violence légitime les groupes armés. Elle bénéficie de l'Article IV des textes des Nations unies qui l'autorise à utiliser la force militaire contre les groupes armés. Conformément à la résolution 2387, du conseil de Sécurité du 15 novembre 2017, la MINUSCA doit « procéder à des arrestations et des mises en détention en vue de maintenir l'ordre public fondamental et de lutter contre l'impunité » en l'absence des forces de sécurité nationales. La MINUSCA est censée réduire la capacité de nuisance des groupes armés. Le constat ne va pas dans le sens de cette résolution. « Pour autant les trafics transfrontaliers ne se sont jamais aussi bien portés et les groupes armés ne subissent guère de pression de la MINUSCA » [T. Vircoulon, 2020].

Chapitre 6.

Quelques causes et conséquences des guerres dévastatrices en Centrafrique

Les guerres dévastatrices imposées par les coups d'Etat, mutineries militaires et les rébellions armés récurrents caractérisent la Centrafrique depuis au moins trente ans et ont fait de celle-ci un pays instable. L'Etat pendant longtemps ne contrôlait que le quart du pays, dominé par les groupes armés et qui se sont substitués aux structures administratives. Le pays s'est enlisé dans un état d'extrême pauvreté, de violence et d'instabilité politique.

Elles ont des causes politiques qui peuvent être l'absence de la démocratie, la quasi-absence de l'autorité de l'Etat, la corruption, la recherche effrénée de rente, l'impunité, des ambitions personnelles, le développement de l'injustice sociale etc.

Les facteurs économiques résident dans la mauvaise gestion généralisée des ressources de l'Etat et du pays, le détournement des biens publics, le développement du chômage notamment chez les jeunes, le manque de politique volontariste de développement économique et social etc.

Les conséquences sont multiples et incommensurables. Les minuteries et groupes armés ont mis à terre l'économie du pays qui connaissait déjà des graves difficultés structurelles : disparition de l'embryon industriel naissant des années 70 par sa destruction avec les trois mutineries militaires de 1996, 1997 et 1998 ainsi que par les différents rebellions et divers conflits armés des années 2000. La prise de pouvoir par les rebelles de la Séléka a fait reculer d'une façon forte les indicateurs macro-économiques principaux du pays : le taux de croissance est descendu à -36,4 % en 2013, niveau historiquement bas. La production les principaux produits d'exportation ont quasiment disparu à cause des violences envers les agriculteurs qui sont obligés de quitter leurs villages et se réfugier ailleurs dans le pays ou fuir dans les pays voisins, les recettes fiscales ont dégringolé de 66,2 % en 2013. Les services de la douane ne parviennent pas à contrôler les flux qui traversent les frontières et les services de l'Etat n'arrivent pas à lever des impôts à cause de l'insécurité. Ce sont les groupes armés qui se sont convertis en « fonctionnaires » des différentes régies financières

Les productions agricoles de rente (coton et café) ont quasiment disparu, l'élevage est désorganisé provoquant la famine généralisée dans le pays avec le renchérissement des prix des produits agricoles et manufacturés de premières nécessités. En outre, les groupes armés pillent en règle les ressources naturelles du pays, privant l'Etat de ressources publiques et ont détruit certaines installations économiques.

Sur le plan commercial, on a assisté à la fuite des commerçants dominants, provoquant la rareté des produits de première nécessité et la spéculation.

Le système éducatif déjà très fragile s'est écroulé avec les années de crise empêchant la scolarisation. Les groupes armés ont détruit les installations éducatives plongeant les populations dans des précarités scolaires rares, jamais connues par le pays, privant la jeunesse scolarisée de l'éducation et de formation pendant plusieurs années et accélérer la pauvreté des populations.

La santé constitue le secteur le plus touché par la situation de longue crise. Tous les piliers du système de santé ont été touchés : la gouvernance, les ressources humaines, les infrastructures,, les médicaments... entrainant son effrontément.

Plus de la majorité de la population est tombée dans l'insécurité alimentaire, soit 2,6 millions représentant 57 % de la population. Deux enfants sur trois ont besoin d'aide alimentaire, un enfant sur quatre est déplacé ou réfugié. En juillet 2021, 80 000 enfants de moins de 5 ans étaient à risque de malnutrition aiguë sévère (MAS). 395 000 enfants de moins de 5 ans souffrent de malnutrition chronique.

Le conflit a poussé au déplacement d'un centrafricain sur quatre. Les personnes déplacées représentaient en juillet 2021, 717 000.

Les personnes qui ont besoin de protection sont au nombre de 2,5 millions de personnes dont 900 000 enfants en 2021.

Les multiples interventions des organisations humanitaires internationales ont permis relativement d'assurer l'accès aux services sociaux de base et la protection des personnes vulnérables. Eviter la rupture scolaire longue en introduisant l'éducation en situation d'urgence.

Section 1 –
Quelques causes des guerres dévastatrices en Centrafrique

A)– Les quelques causes politiques

Les quelques causes explicatives trouvent leur fondement dans l'histoire du pays, la permanence des coups d'Etat, le difficile encrage de la démocratie naissante, un Etat failli, la mauvaise gouvernance, l'ethnisation du pouvoir etc.

1)– Les causes historiques

A.S Houenou cite les razzias esclavagistes du 18ème et du 19ème siècle liés à l'islamisation venant de l'Est du pays. Les groupes rivaux à l'origine de la traite orientale venaient pour la plupart des pays arabes frontaliers et surtout de l'Orient. Ces traites ont enregistré des conflits transversaux, à la fois politiques, ethniques et religieux. L'histoire culturelle et sociologique de la Centrafrique est fortement liée à « cette saignée humaine dont ont été victimes les centrafricains ». Pour l'auteur, cette situation a laissé des séquelles traumatisantes dans la conscience collective de ce peuple et a engendré la fuite de nombreuses ethnies. Ainsi les Bandas sont venus du Darfour au milieu du 19ème siècle pour fuir les attaques des Sultans du Ouaddaï et du Darfour. Vers les années 1820, les Gbayas ont échappé aux attaques du Lamido Ousman Dan Fodio du royaume peul de l'Adamawa, dans le nord du Cameroun. Cette situation a conduit des Centrafricains non islamisés à entretenir la peur de l'homme musulman.

2)– La permanence des coups d'Etat

L'histoire du pays est jalonnée par des coups d'Etat, sources d'instabilité récurrente depuis l'indépendance. La prise de pouvoir par la force est devenu le moyen sur pour s'accaparer des richesses du pays. Il faut même situer la période juste après la mort de Barthélémy Boganda, père de l'indépendance du pays. Abel Goumba qui était l'héritier politique légitime a été écarté de force, arrêté et envoyé en exil à l'intérieur du pays en faveur de David Dacko qui a instauré le parti unique.

En 1966, le colonel Jean Bédel Bokassa, chef d'état- major de l'armée à son tour a renversé le président David Dacko et a instauré la présidence à vie et l'empire avec une dictature sanglante.

Après 13 ans de pouvoir sans partage, l'empereur sera renversé par les militaires français venus dans les transals directement de la France à travers « l'opération barracuda » le 20 septembre 1979. David Dacko qui se trouvait dans l'un des transals fut installé au pouvoir par les français. Il dissout l'empire et instaure la démocratie multipartite.

Le 1er septembre 1981, le général André Kolingba prend le pouvoir légué par le président David Dacko et dissout la constitution démocratique et instaure le parti unique. Les mouvements politiques et sociaux de 1990 et 1991 obligent le pouvoir à instaurer la démocratie multipartite.

En la faveur des élections démocratiques, l'opposant Ange Félix Patassé fut élu à la présidence de la république. « Cependant... à cause des méthodes anti-démocratiques dans l'exercice du pouvoir et du système de prédation économique mis en place par son gouvernement, le président Patassé a été renversé par François Bozizé, le 15 mars 2003 avec l'appui de « libérateurs » venus des pays voisins, en majorité des mercenaires d'origine tchadienne » [A.S. Houenou, PSEI, N° 15].

Le 24 mars 2013, Michel Djotodia, chef de la coalition Séléka, soutenu par les mercenaires soudanais et tchadiens chassent François Bozizé du pouvoir.

Michel Djotodia sera contraint de démissionner le 10 janvier 2014 sous la pression des chefs d'Etat de la communauté économique des Etats de l'Afrique centrale (CEEAC).

3)– L'Etat militarisé et faiblesse du système de défense et de sécurité

Les divers coups d'Etat portés par des mercenaires étrangers venus des zones de guerre, fait de la Centrafrique un pays où les armes circulent à moindre coût et ou les mercenaires occupent une partie du territoire à la recherche des richesses du pays. En face, une force de défense et de sécurité insuffisante, inadaptée et mal formée, dont le but est exclusivement pour protéger les monarques au pouvoir.

La Centrafrique subit les conséquences des trafics des armes provoqués par la perméabilité de ses frontières qui autorise le développement du mercenariat sous régional. Ainsi le pays a subi des impacts négatifs des guerres à ses frontières notamment en république démocratique du Congo (RDC), au Tchad, au Soudan et au-delà en Lybie. Dans l'extrême sud-est du pays dans le Haut-Mbomou, le retrait des armées ougandaises et américaines en 2013, installées en 2011 et pour neutraliser l'armée de résistance du salut a laissé un vide, favorable aux divers groupes armés qui se sont installés et violentent en permanence les populations civiles.

Les prémices à cette militarisation du pays résident dans les actions menées par les « zaraguinas » ou coupeurs de route qui sévissaient déjà les années 80 et 90 dans les régions de l'ouest, du nord-ouest, le nord-est et dans le centre. Ils s'attaquent la population et prennent leurs biens. Les braconniers viennent majoritairement des pays voisins.

La faiblesse du système et de la sécurité est devenue structurelle à cause de la déviation du rôle des forces de la défense et de la sécurité de la défense du territoire. L'armée est devenue une institution à la solde des présidents de la république successifs, une force prétorienne dont le but est de protéger uniquement les chefs d'Etat. Ceux-ci ont constitué une armée tribale, laissant tomber l'armée nationale et multiethnique et républicaine.

4)– Le manque de démocratie véritable

Constitue une cause majeure de conflit parce qu'il sécrète plusieurs comportements autoritaires : le maintien au pouvoir, des élections partiales et l'intolérance. Les élections ne sont pas transparentes, l'opposition sans statut est souvent prohibée dans les faits par l'interdiction de ses réunions publiques. Ali Nouhoum Diallo [2005] parle des révisions constitutionnelles « pour mettre en cause des dispositions réclamées et obtenues lors des conférences nationales : c'est le cas de la limitation des mandats ».

L'auteur parle également des problèmes de l'alternance politique devenue impossible et qui frustre l'opposition qui n'a plus de perspective d'arriver au pouvoir par les voies démocratiques. C'est ce qui explique les coups d'Etat ou le développement des rébellions, seules possibilités d'arriver au pouvoir.

Les violations des droits de l'homme, l'impunité et le mauvais fonctionnement de la justice incapable de dire le droit, peuvent aussi expliquer l'utilisation des armes pour se faire justice ou renverser le pouvoir en place, dans le but d'instaurer un vrai « pourvoir démocratique respectueux des droits de l'homme et asseoir une démocratie et la séparation des pouvoirs ».

Le fait ethnique est aussi un facteur de conflits armés en Afrique.

Dans le cas centrafricain, les élections générales truquées à grande échelle de 2011, le refus du dialogue et maintien du président de l'époque en dépit des accords de Libreville de décembre 2021ont été un prétexte pour la coalition de la Séléka de chasser le président Bozizé du pouvoir.

5)– Une gouvernance très contestable

En Centrafrique, la gestion rigoureuse de la chose publique s'est transformée en gestion patrimoniale accompagnée d'une impunité généralisée avec l'exploitation et l'instrumentalisation des ethnies.

La prédation reste le vecteur de la gouvernance. C'est le peuple qui paye la lourde conséquence car les nombreuses richesses sont pillées systématiquement par les pouvoirs successifs et les groupes armés et le peuple est maintenu dans l'extrême pauvreté « Qui pille ? Les clans du pouvoir, aussi. C'est même motivation première de la prise de pouvoir, prendre le contrôle de l'Etat et de la rente multiforme (mines, fiscalité douanière, flux d'aide etc.) auquel il donne accès ». [B. Lallau, 2015]. Les autorités politiques tirent leurs « biens » en détournant les deniers publics sans être inquiétés. Plus, on est dans cette posture plus on grimpe dans la hiérarchie. Certains membres du gouvernement ayant fait la prison pour malversations sont devenus ministres contre le principe de bonne moralité. « L'effondrement et les faiblesses structurelles du système judiciaire et l'absence de chaîne pénale a engendré une impunité généralisée » [OCHA, 2015]

Le régionalisme, le tribalisme, le sectarisme, l'appartenance au parti au pouvoir restent le mode de nomination à des postes dans la fonction publique, le secteur public et parapublic.

« L'arrivée aux affaires de François Bozizé tourna la surreprésentation ethnique à l'avantage des Gbaya. Les postes clés du ministère des finances étaient[...] détenus par des membres de la communauté ethnique présidentielle tandis que le ministère des mines était presque mono-ethnique, la plupart de ses cadres et directeurs étaient originaires de la région du président, Bossangoa » [IGG, 2013, cité par G. Gonvon, 2015].

B)– Quelques causes économiques et sociales

Collier et Hoeffler [2002] ont montré à partir de recherches économétriques, que la pauvreté est un facteur de guerre. C'est le cas dans des pays qui ont un PIB par habitant inférieur à 250 dollars où la probabilité de conflit dans les cinq ans à venir est de15 % ; pour les pays à PIB par habitant inférieur à 600 dollars, la probabilité d'un conflit dans dix ans est de 18 %, alors que cette probabilité est de 1 % dans les pays où le PIB par habitant est inférieur à 10 000 dollars. K.Y. Amoaka affirme que la pauvreté liée au manque de capital humain « rend plus probable une guerre civile [1999], car pour ces jeunes pauvres au chômage une rébellion constitue une opportunité d'emploi viable là où le marché de travail ne fait aucune place aux jeunes. Il existe également une corrélation entre ressources naturelles et déclenchement de conflit. L'inégalité des répartitions des ressources naturelles sur les territoires peut également être source de conflits et de sécession dans l'optique de profiter de ces ressources. Cette situation est propice aux financements des guerres civiles. La captation des ressources naturelles par le gouvernement à des fins privées facilite aussi le développement des conflits.

Les politiques sociales désastreuses s'accompagnant d'un enrichissement personnel sont analysées comme source de conflit car elles sont vues comme une forme d'injustice sociale.

Les premières mutineries militaires en Centrafrique étaient liées au nom paiement des PGA, même si les revendications politiques se sont incrustées par la suite. Le mouvement politique pour la plupart commence par des revendications sociales. C'est le cas des années 90. Les grèves pour les retards cumulés des salaires des fonctionnaires se sont transformées en revendications politiques par la lettre ouverte au président de la république de l'époque. Les élections pluralistes nées de l'exigence de la coordination de la convocation de la conférence nationale (CCCN), qui par ailleurs a été refusé par le pouvoir a vu son candidat battu aux élections générales de 1993 et la victoire d'un candidat de l'opposition.

Si les rebellions durent en Centrafrique, c'est aussi à cause de la pauvreté des jeunes au chômage qui trouvent dans cette forme de révolte des petits revenus pour survire. Ils se sont transformés en rebelles armés pour exploiter des richesses ou arnaquer les voyageurs. Dans cette catégorie de la population, il existe ceux qui ont été dépossédés de leurs biens et qui se sont transformés en rebelles. On peut citer à titre d'exemples « les jeunes pauvres, éleveurs, dépossédés, pillés eux-mêmes qui voient dans la lutte armée un mode « normal » de la débrouille. Ce qui les exclut aussi souvent de leur milieu social d'origine, et rend difficile tout retour à une vie « civile normale ». Ces ouvriers de la prédation sont parfois très jeunes, on les recrute justement pour cela, leur jeunesse et leur malléabilité » [B. Lallau, 2015].

Section 2 –
Quelques conséquences

Les conséquences sont humaines, économiques et sociales, politiques.

A)– Les conséquences politiques, économiques, humanitaires et sociales

Ces mouvements militaires et des groupes armés ont ruiné le pays, avec des conséquences politiques, économiques, humanitaires et sociales incalculables que les gouvernements successifs n'arrivent pas à éradiquer.

1)– Quelques conséquences économiques

La mutinerie militaire de 1996 a été celle qui a été fatale pour la Centrafrique avec des conséquences énormes sur le plan économique, par la destruction d'une partie de l'embryon du tissu commercial et industriel de Bangui en 1996.

Les trois unités de transformation de cigarettes ont été totalement pillées avec destruction des usines. En 1995 à Bangui, sur130 sociétés qui appartenaient au secteur formel à Bangui, seulement une trentaine a survécu. La production du secteur secondaire est passée de 114,4 milliards de FCFA en 1995 à 83,9 milliards de FCFA en1996, soit une régression de 26,6 % en un an. Ce niveau de production n'a été atteint qu'en 2007 avec une valeur de 120,7 milliards de FCFA. L'avènement de la séléka a eu le même impact négatif sur le secteur tertiaire car il a reculé entre 2012 et 2014, passant de 189 milliards à 94,4 milliards de FCFA soit une régression d'environ 50 %. Pendant la période Séléka, l'économie s'est presque arrêtée compte tenu de l'ampleur de la dégradation de la situation générale de l'économie. Jusqu'en 2021, le niveau de 2012 n'a pas été atteint parce que la projection n'était que de 115,9 milliards de FCFA.

Le secteur tertiaire a suivi le même mouvement parce que sa production a diminué de 11,15 % due à la mutinerie de 1996.

Le secteur primaire qui n'a pas été touché par les mutineries de 1996 a subi des effets indirects de la crise par une faible croissance.

Le coup d'Etat manqué de 2001 va fragiliser davantage la situation économique. Mais c'est surtout la rébellion armée de 2002 à 2003 qui va réduire l'économie agricole dans plus de la moitié du pays et limiter l'activité les entreprises commerciales de la ville de Bangui et de certaines villes de province. Le président de la ligue centrafricaine des droits de l'homme de l'époque résume des conséquences de la rébellion : « ... Mais les mercenaires tchadiens du groupe « Zaghawa », utilisés par la rébellion ont ainsi de leur côté commis les mêmes crimes, détruisant, pillant et emportant des biens de particuliers et des équipements des entreprises telles que la société SOCOCA (secteur coton) ou « KAJIMA », organisme japonais qui participe au projet de développement des infrastructures routières ». [Nganatouawa Goungayewanfiyo, Communication à la rencontre-débat du 21 février 2006 à Lyon].

Selon les Nations unies, « depuis 2002 deux campagnes agricoles ont été perdues dans les cinq préfectures les plus durement touchées par la guerre civile et l'insécurité qui l'a suivie. Au cours du premier semestre 2005, la crise alimentaire... s'est accentuée » [Procédure d'appel global, Nations unies, 2005]. Le même rapport reconnaît le déficit vivrier qui a touché les préfectures contrôlées par la rébellion armée : Ouham, Nana-Gribizi, Ouham- Pendé.

Le taux de croissance réel qui était de 2,7 % en 1999 a chuté successivement à 0,5 % en 2001, 1,1 % en 2002 et -7,7 % en 2003.

Les recettes fiscales sont descendues à 32,8 milliards en 1996 contre 49,3 milliards en 1995, soit une perte de 33,4 %. Les droits et taxes à l'importation ont drastiquement diminué de 54,3 % ainsi que les impôts sur les chiffres d'affaires. Au total, le taux de croissance réel qui était de 6,4 % en 1994 suite à la dévaluation est devenu négatif.

Les mouvements militaires ont arrêté les activités de survie des populations rurales, ce qui a réduit les revenus des ruraux et aggravé la pauvreté.

Le secteur tertiaire a connu un nouveau recul à partir de 2002 avec un chiffre d'affaires passant de 105,2 milliards de FCFA en 2001 à 77,6 milliards de FCFA en 2003, soit une baisse de 26, 2 % en deux ans.

Les finances publiques ont connu en 2003 une baisse de 26,1 % qui correspond aux pillages des entreprises commerciales de Bangui par les rebelles soit 7,9 % du PIB.

Le déficit du solde courant qui était de -11,4 milliards de FCFA en 2002 est passé à -16,3 milliards de FCFA en 2003.

La situation économique s'est améliorée relativement à partir de 2004, sans connaitre une véritable croissance capable de réduire la pauvreté. Avec l'avènement de la coalition de la séléka en 2013, la croissance du PIB a chuté à -36,4 %, niveau jamais atteint depuis l'indépendance. La croissance du secteur primaire a dégringolé à -18,4 % en 2013 contre 1,4 % en 2012. Cette situation est imputable à une baisse du secteur primaire de -18,4 %.

L'agriculture qui porte ce secteur a connu une baisse de -12,6 %. Les paysans ont été chassés par les rebelles et se sont cachés en brousse ou se sont réfugiés à l'intérieur ou à l'extérieur du pays. La baisse des productions vivrières a entrainé la famine dans les zones rurales et a provoqué la flambée des prix dans les villes. Selon l'évaluation nationale de la sécurité alimentaire (ENSA) en 2019, « l'agriculture en RCA continue de souffrir de la volatilité de la situation sécuritaire, des déplacements récurrents de la population, des difficultés d'accès aux intrants et aux outils agricoles ».

L'élevage a baissé et est tombé à -2,7 % en 2013 contre 0,3 % en 2012. Les conflits entre les éleveurs et les agriculteurs d'une part et l'engagement de certains éleveurs dans la rébellion peuvent expliquer en partie cette baisse.

Les finances publiques ont chuté de - 66,2 % en 2013, contre une croissance positive de 14,3 % en 2012. L'Etat arrive difficilement à lever les impôts à cause de l'occupation de plus de la moitié du pays par les groupes armés qui se sont substitués à l'Etat dans cette tâche régalienne.

2)– Le commerce de détail désorganisé

Le commerce de détail a connu un mouvement aller-et-retour, a été réorganisé et a vécu une mutation pendant le conflit.

La crise de mars 2013 a connu le départ de certains commerçants d'origine étrangère comme en 1996. Le fait marquant avec l'arrivée des séléka, qui ont été pourchassés par les anti-balakas à partir de décembre 2013 de la même année, est le départ des commerçants musulmans dominants dans le commerce de détail basés en grande partie au quartier PK5 qui ont fui la violence.

Les premiers commerçants musulmans sont arrivés au début XXème siècle en l'Afrique centrale. Dès les années 1960, plusieurs tchadiens, pour fuir les guerres dans leur pays se sont installés en Centrafrique, en grand nombre à Bangui, notamment dans le commerce de bétail et de la viande. Les générations suivantes ont diversifié les activités dans les secteurs des transports, de l'immobilier, ou des ventes de produits manufacturés. Certains commerçants musulmans sont venus du Soudan, des haoussas et des peuls qui viennent du Cameroun et du Nigéria. On les trouve également dans le secteur des mines, notamment les musulmans peuls, haoussa ou arabes originaires d'Afrique de l'ouest et du Tchad, des maliens, nigérians guinéens, sénégalais. [M. Tarif, 2015].

Ainsi à la crise, 70 % du secteur était détenu par les commerçants musulmans, leur fuite a donc laissé un vide. On considère que 5000 camerounais auraient quitté le pays, en 2014, près de 95 % des commerçants musulmans avaient quitté PK5 sur les 120 000 qui habitaient ce quartier.

Le départ des opérateurs économiques musulmans et le blocage du marché de PK5 ont impacté toute la chaine d'approvisionnement des marchés de la capitale. Les prix des produits alimentaires et de première nécessité ont explosé. L'essentiel des éleveurs (majoritairement peuls) et marchands de bétail (arabes) étant également musulmans, le commerce de bétail a lui aussi été fortement frappé par la crise, et la viande avait quasiment disparu des étals entre 2014 et 2015 [opt. cité].

Le conflit a provoqué une mutation dans le secteur du commerce général, notamment à Bangui. Face au vide laissé par des commerçants musulmans et d'origine étrangère, les centrafricains de « souche » ont tenté tant bien que bien de « combler le vide » en mettant en place une structure d'approvisionnement de la ville de Bangui en particulier. « Aussi les espaces qui étaient auparavant occupés par des commerçants musulmans ont été repris par d'autres commerçants et les stocks et le capital productif spoliés revendus, constituant ainsi un « petit capital » de départ pour de « nouveaux arrivants » [opt, cité]. Au départ des commerçants musulmans, les commerçants non-musulmans ont disposé des points de vente, mais ont continué à travailler pour certains d'entre eux avec les commerçants musulmans bloqués au PK5. D'autres ont développé des réseaux d'approvisionnement avec les camerounais, le Cameroun constituant le débouché principal qui ravitaille la Centrafrique. Beaucoup de jeunes centrafricains appelés « Boubanguérés » qui sont des commerçants du secteur informel se sont organisés pour maitriser relativement les réseaux de commercialisation, cependant ces nouveaux commerçants « autochtones » peinent à devenir compétitifs.

Le retour progressif des commerçants musulmans rompus aux structures commerciales et d'approvisionnement ont permis de retrouver la situation d'avant la crise. Les reprises de leurs activités sans obstacles sont étonnantes. Plusieurs explications peuvent être avancées : les ressources financières accumulées avant la crise ou procurées par des réseaux familiaux ; la diversification des activités fait que le choc dans un secteur est couvert par des revenus procurés par les autres secteurs ; la maitrise des réseaux commerciaux transnationaux ; un savoir-faire cumulé par l'expérience etc.

3)– Les peuls, l'élevage et le conflit

Les peuls Mbororo sont arrivés en Oubangui-Chari au début du XXème siècle dans les années 1920, par les hauts plateaux de l'Adamaoua par le Cameroun, années 20. Le massif de Yadé situé dans les actuelles préfectures de l'Ouham pendé et de la Nana-Mambéré a été leur porte d'entrée dans l'Oubangui-Chari. Ensuite, ils se sont dirigés vers Carnot et Bangui encouragés par les autorités coloniales qui voulaient favoriser l'élevage et les exonèrent donc de l'impôt sur le bétail. Le service de l'élevage étant créé en 1932, les Mbororo furent encouragés par les autorités coloniales à s'implanter au centre du pays, dans la zone de Bambari, Ippy et Alindao. Des éleveurs s'installèrent également à Yaloké, Bossembélé et Boda. Les Djafoun furent le premier clan Mbororo à s'implanter en Oubangui-Chari suivi de peu par les woodabé [T. Vircoulon, 2021].

Après la seconde guerre mondiale, l'économie de l'élevage est mise en place avec comme orientation la protection sanitaire du bétail et l'organisation d'une filière commerciale afin d'alimenter Bangui, les villes de l'ouest (Bouar, Carnot, Bozoum, etc.) et même Brazzaville et actuel Kinshasa. Dans le cadre de la régulation de la transhumance, le long de la frontière entre le,Tchad et la Centrafrique furent installés les postes de contrôle vétérinaire. Cette politique du développement de l'élevage fut accompagnée de celle de la culture attelée et du développement du coton.

À la fin des années 1950, on distinguait trois zones d'élevage bovin en Centrafrique qui sont devenues dans les années 1960 des communes d'élevage qui sont passées à cinq afin d'inciter les éleveurs à la sédentarisation, de sécuriser leur accès au foncier et d'augmenter le cheptel. Ces communes sont dirigées par des coutumiers Mbororo reconnus : Koui, Niem-Yelewa, gaudrot au nord-ouest, et ouro-djam et ewou-yambélé au centre. Deux autres communes d'élevage dans la Basse-Kotto et l'Ombella-Mpoko furent créées plus tard.

Mais à partir des années 1970 et 1980, les Mbororo se sont dispersés dans d'autres parties du pays et aussi avec l'arrivée d'autres Mbororo et arabes venus du Tchad et du Soudan. « Ce double mouvement s'est effectué dans un contexte d'effondrement progressif des capacités régulatrices de l'Etat et l'administration du territoire ». Cette mutation s'explique par la croissance de leur cheptel, la dégradation des pâturages, le déclin de l'encadrement vétérinaire et de leur attachement au mode de vie nomade. Entre 1970 et 1990, les savanes de l'ouest et du centre du pays se sont peuplés d'éleveurs Mbororo venus du nord-est et certains ont même occupé la lisière de la forêt tropicale.

Les grandes sécheresses de 1973 et 1984, les guerres civiles du Tchad, et du fait de l'abondance en pâturages et en eau en Centrafrique ont favorisé les mouvements transfrontaliers de pasteurs étrangers. Ceux-ci n'étaient plus contrôlés par les pouvoirs publics centrafricains. Mais en 1980, le secteur de l'élevage fut réorganisé grâce au programme national du développement de l'élevage (PNDE) financé par la Banque mondiale et la communauté économique européenne (actuel union européenne). Les éleveurs se sont organisés en groupements d'intérêts pastoraux (GIP), une entité socio-professionnelle pour les représenter et la fédération nationale des éleveurs centrafricains (FNEC) chargée d'être en interface avec les administrations et de défendre les intérêts des éleveurs. En 1991, l'association centrafricaine des commerçants de bétail (ACCB) fut créée et en 1998, l'association des commerçants de bétail centrafricain (ACOBECA).

Pour trouver une solution aux conflits entre éleveurs et agriculteurs, les zones d'action agropastorales (ZOGROP) furent créées. Le but est de créer un espace aux éleveurs assortis des titres fonciers délivrés par le gouvernement. Seules cinq zones ont été créées sur dix-huit prévues. La création de l'association éleveurs-agriculteurs a pour but de gérer l'espace agropastoral commun. La politique publique de l'élevage a eu des limites dans les années 2000 et a provoqué des clivages entre agriculteurs et éleveurs : la fin des communes d'élevage ; le non-respect des corridors de transhumance, l'intensification de la transhumance transfrontière et le bouleversement de l'équilibre entre agriculture sédentaire et élevage transhumant, l'érosion des échanges solidaires entre communauté d'éleveurs et d'agriculteurs, la hausse des tensions agropastorales consécutives aux compétitions autour du foncier et aux problèmes de cohabitation entre pasteurs et les communautés autochtones. « *In fine,* la transformation d'une partie importante du territoire centrafricain en Far west pastoral » [opt ; cité].

Avant la grande crise de 2013, des conflits divers couvaient entre communautés d'éleveurs (notamment dues aux vols de bétail), violences entre agriculteurs et éleveurs et violences entre éleveurs transhumants et bandits (les zarguinas). L'apparition des groupes armés en 2006-2008 a été l'occasion pour que les Mbororo puissent acquérir des armes par l'intermédiaire des groupes armés tchadiens et soudanais, militaires de carrière, eux-mêmes devenus des grands éleveurs qui se protègent avec des armes de guerre. Ils s'opposent aux violences et vols du bétail des éleveurs, et les kidnappings par des « zarguinas » ou coupeurs de route. Ces derniers sont composés également des soldats tchadiens démobilisés, d'éleveurs désargentés et d'autres groupes ethniques transfrontaliers entre le Tchad, la Centrafrique et le Cameroun qui opéraient dans la zone grise du nord-ouest, entre ces trois pays et le long de la frontière centrafricano-tchadienne. Entre 2005 et 2007, l'insécurité des « zarguinas » a fait disparaitre les marchés de bétail de Ngaoui et poussé des milliers d'éleveurs Mbororo à fuir au Cameroun et au Tchad. Environ 20 000 trouvèrent refuge dans la région de Goré au Tchad et environ 70 000 entre Bertoua et Touboro dans l'est du Cameroun.

À partir de décembre 2013, avec la contre-offensive des anti-balaka, une chasse aux musulmans en général et les Mbororo en particulier été menée. Ils ont fui vers le Cameroun et le Tchad.

La violence contre les Mbororo les a amenés à s'organiser armes à la main. Ainsi, les maires des communes d'élevage ont créé des groupes d'auto-défense chargés d'assurer la sécurité des zones de pâturage, Baba Laddé ex-gendarme tchadien devenu mercenaire, prend la tête du front populaire pour le redressement (FPR), milice se revendiquant de la « cause peule ». La séléka a eu comme composante peule la convention patriotique pour le salut du kodro (CPSK), dirigé par le peul mbororo, Mahamat Moussa Daffane. Avec la dissolution de la séléka, les combattants peuls ont repris leur autonomie en s'installant à Bambari sous la direction de l'UPC d'Ali Darassa, refusant de participer au front populaire pour la renaissance de Centrafrique dirigé par Nourredine Adam et Zoundeko. Ce refus a provoqué une confrontation entre les miliciens de Zoundeko et ceux d'Ali Darassa qui a été remportée par les peuls et qui a conquis une zone importante dans le centre et centre-est du pays.

La milice armée peul dans l'ouest centrafricain, les « 3R » (retour, réclamation, et réhabilitation) a été créée par SidikiAbass et s'est installée dans la commune d'élevage de De Gaulle dans la sous-préfecture de Koui. Ses objectifs tournent autour du retour des peuls Mbororo qui ont été chassés de Centrafrique par les anti-balaka et qui se sont réfugiés au Cameroun, la réouverture de l'accès aux zones pastorales à la frontière camerounaise et la lutte contre les voleurs de bétail. De 2015 à 2019, les « 3R » ont repris le contrôle des communes d'élevage situées à la frontière centrafricano-camerounaise et à sécuriser la transhumance annuelle.

Dans la Mambéré-Kadeï, la coalition siriri créée en 2017 est composée de Mbororo dont l'objectif est de protéger les troupeaux qui allaient paître dans les communes frontalières contre les anti-balaka de la zone de Noufo et de Nassolé.

Une étude menée par l'organisation internationale pour les migrations (OIM) en janvier et février 2019 a montré que dans la Nana-Gribizi, l'Ouham et la Bambingui-Bangoro, indiquait que 70 % des 129 localités évaluées ont connu des conflits liés au passage des éleveurs. Souvent liés à la destruction des champs par les troupeaux ou à une concurrence pour l'approvisionnement en eau. Le phénomène de migration pastorale dans le nord-ouest a fréquemment des conséquences désastreuses pour ces régions. Les relations déjà difficiles entre les éleveurs (y compris tchadiens et soudanais) et les populations autochtones se sont détériorées au fils des années, également en raison de la prolifération des armes, donnant lieu à de nombreux conflits intercommunautaires, de plus en plus violents.

D'une façon générale, les peuls Mbororo, bien qu'intégrer dans le pays, l'apparition de la crise et les tueries assumées par les groupes armés à dominance peuls Mbororo laisse très critique les centrafricains de souche. Leurs deux principaux leaders sont tous des étrangers à savoir feu SidikiAbass et Ali Darassa d'une part. D'autre part, « les éleveurs majoritairement peuls et musulmans, étant considérés comme complices des ex-séléka, aussi de confession musulmane » [C. Carré et M. Radosta, 2018].

Section 3 –
Quelques conséquences sociales et humanitaires

Les conséquences des crises ont été catastrophiques sur le plan sanitaire, humanitaire et social. La situation sociale désastreuse a fait reculer le pays au classement du développement du PNUD avec un niveau de l'indicateur du développement humain (IDH) qui est resté bas. Le pays qui était classé 154ème sur 174 pays en 1995 est tombé au 165e en 2004 et au 169e sur 177 pays en 2005 tandis que sept ans plus tard le pays a continué à reculer, tombant au 185e place sur 187 pays en 2013. En 2016, le pays est le dernier rang au classement de l'IDH. Tous les rapports des Nations unies concordent sur la crise sociale aggravée par la situation de guerre et d'insécurité dans le pays, notamment dans les zones qui ont connu la rébellion armée.

Tableau 22 : Faits saillants 09/2021

Population	4,9 millions
Personnes ciblées pour assistance en 2021	1,84 millions
Personnes en insécurité alimentaire	2,6 millions
Réfugiés centrafricains	699 000
Personnes ayant besoin d'une aide humanitaire	2,8 millions
Personnes assistées en 2020	1,6 million
Personnes déplacées (31/07/2021)	691000

Source : OCHA

1–) Impact sur les déplacements des personnes.

La situation a commencé à se dégrader avec les déplacements massifs à l'intérieur du pays des populations du sud au moment des mutineries militaires, pour fuir les tueries des troupes loyalistes aidées par des troupes tchadiennes.

En 2001, le coup d'Etat manqué a provoqué un mouvement d'exil, notamment en république démocratique du Congo et au Congo. Cet exil a concerné dans leur grande majorité des personnes de l'ethnie yakoma que le pouvoir cherchait à éliminer les cadres. Les troubles qui perdurent dans le nord ont provoqué le départ vers le Tchad d'un nombre important de Centrafricains.

Selon un rapport d'Amnesty International sur les violences faites aux femmes [2004], les viols ont été l'œuvre des combattants de Jean-Pierre Bemba et de ceux du général François Bozizé. En juillet 2003, 316 victimes de viols ont été répertoriées en sachant que toutes les victimes ne se sont pas présentées pour éviter d'être connues, craignant des « humiliations ». Les viols qui ont eu lieu tant à Bangui que dans les villes de province lors de la rébellion, ont été les vecteurs de développement du VIH/SIDA.

La rébellion a isolé 2,2 millions de personnes de Bangui qui ont été privées d'infrastructures sociales, dont 350 000 enfants de moins de cinq ans et 600 000 femmes en âge de procréer. Ces populations se sont réfugiées dans la brousse ou sont parties au Tchad voisin pour fuir les troupes rebelles qui se sont infiltrées à partir de 2002.

Tableau 23 : Déplacés et réfugiés (2013 à 2021)

Années	**Déplacés**	**Réfugiés**
2013	395 000	ND
2016	402 000	451 600
2017	600 000	500 000
2021	691 000	699 000

Source : OCHA

Les déplacés et des réfugiés sont devenus récurrents à cause de la permanence des luttes armées entre les groupes armés pour la conquête des zones riches en ressources naturelles, notamment l'or et le diamant ou par l'affaiblissement de l'Etat qui ne protège plus la population civile. Environ un centrafricain sur quatre est déplacé à l'intérieur du pays ou dans les pays voisins. 67 % des déplacés vivent dans les familles et 33 % sur les sites. Le nombre de réfugiés et de demandeurs d'asile vivant en Centrafrique est passé à 10 057 en 2020 contre 3 078 en 2019 fuyant des violences armées en république démocratique du Congo. Comme le montre le tableau 23, la progression des déplacés internes et des réfugiés dans les pays limitrophes a progressé continuellement. Alors que les centrafricains déplacés représentaient en 2015, 396 000 personnes, à la fin du mois de septembre 2018, 643 000 personnes ont été dénombrées, soit une progression de 38 %. Ces déplacés sont souvent attaqués par les groupes armés qui les encerclent et les empêchent d'accéder à l'aide humanitaire. Les enfants dans certains cas sont séparés de leurs parents.

La violence extrême exercée par la séléka en 2013 sur les populations de l'Ouham et de l'Ouham Pende située dans le nord-ouest, proche du Tchad par où les rebelles sont entrés en Centrafrique a fait déplacer environ 40 % de la population. Ces déplacements sont vers le centre et le sud et certains d'entre eux passaient par la brousse.

En 2017, l'est du pays était en proie à une insécurité. De mai à juillet 2017, 240 000 nouveaux déplacés ont été enregistrés dont 65 000 personnes se sont réfugiées en république démocratique du Congo (RDC). Cette année a été caractérisée par l'insécurité qui s'est installée dans les préfectures de Haute Kotto, du Haut Mbomou, de la Basse Kotto et du Mbomou. Dans la Haute Kotto la population était constituée à 68 % de déplacés. Bria, la capitale préfectorale était vidée de sa population à cause de la crise de 2017. Du 15 au 18 mai 2017, sur une population estimée à 47 500 habitants, 41 409 avaient été déplacées. En mai 2017, plusieurs foyers de tension ont émergé dans l'Est du pays : Alindao, Bangassou, Mobaye, Zémio, Bria sont « des régions emblématiques des tensions intercommunautaires exacerbées par des affrontements entre groupes armés. Les représailles des groupes armés ne sont pas dirigées contre les belligérants mais contre les civils perçus comme étant affiliés aux groupes opposés » [OCDA, 2017].

Le mouvement de retour se fait également mais d'une façon lente. Entre janvier et août 2020, 92 000 personnes déplacées internes sont rentrées volontairement. Ce nombre de retour est en baisse par rapport aux mouvements enregistrés suite à la signature de l'accord de février 2019 selon le rapport OCHA de 2020. Entre janvier et août 2020, 19 302 rapatriements de réfugiés centrafricains ont été enregistrés incluant 1 219 rapatriés facilités et 18 033 rapatriés facilités et 18 083 rapatriés spontanés.

2)– Impact sanitaire

C'est le secteur le plus touché par les crises successives et qui a des répercussion sur les autres secteurs sociaux. Déjà avec la rébellion de 2003 qui a abouti au coup d'Etat contre le président Ange-Félix Patassé, on dénombrait plusieurs centres de santé ou hôpitaux régionaux endommagés par la rébellion. Ainsi, selon les Nations unies, en 2005, 57 % des structures sanitaires dans la préfecture de la Kémo et 38 % dans la préfecture de Nana-Gribizi ont été fermées ou non réhabilitées et les conditions de santé très dégradées.

On assiste à la recrudescence des maladies telles que les diarrhées rouges, et les hépatites dans les villes de Kaga-Bandoro et Paoua, villes contrôlées longtemps par la rébellion. La pandémie VIH/SIDA a augmenté dans les villes de province, soit 20 % à Bossangoa voire 35 % dans certaines zones selon les Nations unies. Le déficit vivrier a amené les populations des préfectures touchées par la rébellion à consommer des racines sauvages dont « la toxicité a causé plusieurs décès ».

La malnutrition des enfants de moins de cinq ans a atteint un niveau de 30 %, et l'eau potable manque dans plusieurs villages.

La rébellion armée a généralisé la précarité en milieu rural avec la limitation du taux d'accessibilité aux services sociaux de base, notamment aux soins médicaux.

L'espérance de vie qui était de 47 ans dans les années 80 est tombée à 39,8 ans en 2002 selon le PNUD. Le taux de mortalité infantile qui était de 157/1000 en 1995 est passé à 194/1000 et la couverture vaccinale de 37 % à 19 % pour la même période.

Avec l'avènement de la séléka, la situation s'est plus dégradée à cause de l'occupation de plus de la moitié du territoire dans la durée. La crise a affecté tous les piliers du système de santé : gouvernance, ressources humaines, infrastructures, médicaments/équipements, intrants médico-sanitaires, financements etc. La présence des groupes armés limitent la mobilité des personnes et l'accès des populations aux services de santé.

Les centres de santé ont été pillés, donc sans médicaments et de matériel de soin sur tout le territoire. Ceux-ci sont restés longtemps fermés suite à la fuite du personnel de santé. Les infrastructures sanitaires comme la qualité des services fournies ont été fortement détériorées par des années de conflit. Au niveau national, 121 structures de santé ne sont pas fonctionnelles et près d'une personne sur quatre doit marcher plus d'une heure pour en trouver une. Ces structures inexistantes sont situées en majorité dans l'Ouham, l'Ouhanm-Pendé, le Haut-Mbomou et la Basse-Kotto qui sont des préfectures enregistrant un nombre élevé de déplacés... Le manque de médicaments et de personnels qualifiés constitue une barrière majeure à l'accès aux soins de santé [OCHA, 2020].

Il manque de services de santé fonctionnels dans certaines préfectures et les populations se contentent de la médecine traditionnelle ou à l'automédication pour soigner les enfants dont les rechutes sont fréquentes.

La proportion d'enfants malades dans les ménages croit régulièrement. L'insuffisance de couverture vaccinale a été fatale pour certains enfants et a provoqué la recrudescence de certaines maladies. En janvier 2020, l'épidémie de la rougeole fut officiellement déclarée par le gouvernement et elle a touché 21 des 35 districts sanitaires que comptent le pays. Au total, 28 233 cas de rougeole ont été enregistrés entre le 1er janvier et le 8 septembre 2020, y compris 135 décès. En milieu de l'année 2020, la couverture du vaccin, contenant des antigènes clés contre la méningite et le tétanos, s'élevait à 79 % au niveau national. Si ce taux excède 100 % à Bangui I et à Bimbo, il ne dépasse pas 50 % dans les districts de Kembé, Satéma, du Haut Mbomou ou de Kouango et Grimari.

3)– L'impact sur l'éducation

Les conséquences sur l'éducation et la formation de la crise de 2003 ont été répertoriées par les agences des Nations Unies [UNESCO, 03 ; Procédure d'Appel Global, 2005 ; Appel d'Urgence Système des Nations unies en

Centrafrique, 2003] : Dans les cinq préfectures des zones de combat, 68 écoles sur 598, soit 12 % sont demeurées fermées pour l'année scolaire 2004/2005 avec 150 226 enfants à l'âge scolaire hors du système éducatif. À Bossangoa, le taux de fréquentation a chuté de 15 % à cause de l'insécurité qui a amené une partie de la population à fuir la ville. On dénombre 233 salles de classe détruites. Les écoles ont été réquisitionnées par les rebelles pour en faire des « états-majors », les tables- bancs sont utilisées comme bois de chauffe.

Les enseignants se sont réfugiés dans les zones relativement épargnées, notamment à Bangui et en brousse, certains d'entre eux se sont convertis provisoirement en agriculteurs. Les enfants sont privés du soutien alimentaire en raison de l'interruption des programmes de cantines scolaires du programme alimentaire mondial (PAM).

Depuis les crises sociales et militaires qui remontent déjà à 1992, les calendriers scolaires n'étant pas encore revenus à la normalité, une partie des élèves et étudiants ont quitté le système éducatif pour se reconvertir dans le commerce et viennent ainsi grossir le secteur informel. Le taux brut de scolarisation fondamental1est tombé à 67 %, contre une moyenne de 95 % en Afrique et 82 % dans les pays de la CEMAC. Le taux brut de scolarisation du secondaire est de 11 % contre 80 % en Afrique et 68,7 % dans les pays de la CEMAC.

Avec l'arrivée de la coalition de la séléka en 2013, le même scénario a été répété, mais dans la durée et a touché tout le territoire. En 2012, donc au début de la grande crise aiguë, une étude faite par Cluster Centrafrique entre décembre 2012 et mars 2013 sur les impacts négatifs sur le système éducatif, notamment sur les élèves, le corps enseignant, infrastructures et ses répercussions à court et long terme sur l'éducation et la formation des jeunes. L'étude a été faite sur 176 écoles sur un échantillonnage par préfecture.

Pendant cette période, notamment en décembre 2012, 86 % des écoles ont été fermées au moins une fois et 49 % d'entre elles étaient encore fermées. Les cours perdus représentaient 6 mois. Il paraissait très difficile de rattraper l'année scolaire. Toutes les écoles étaient fermées dans la Kémo, 93 % dans la Sangha-Mbaéré, 72 % dans la Haute-Kotto, 71 % dans la Ouaka et 70 % dans la Bamingui-Bangoran. Les causes sont la peur de la violence, le manque d'enseignants et le manque de matériel/fourniture, les dommages ou la destruction des écoles. 32 % des écoles ont été détruites ou endommagées, 64 % pillées, 2 % brulées, 8 % ont été touchées par les balles. Les rebelles ont occupé les 25 % des écoles en pratiquant la violence sur élèves et le personnel enseignant.

Si cette situation ne concernait que certaines villes de province et Bangui, au fur et à mesure que les rebelles occupaient les autres villes, les dégradations se sont généralisées. Ainsi, les détériorations du système éducatif ont continué. En 2017, l'instabilité sécuritaire a constitué l'obstacle majeur d'accès à l'école. 20 % des écoles demeurent encore fermées sur l'étendue du territoire. Plus de 70 000 enfants (3 à 17ans) déplacés sur les sites sont dépourvus d'un accès aux écoles formelles et les fréquents déplacements constituent également un motif d'abandon. Entre janvier et octobre 2017, 45 alertes signalant les attaques contre des écoles ont été reçues par le Cluster Education.

La pandémie à coronavirus a également joué un rôle néfaste sur l'éducation. Ainsi, le 27 mars 2020, les portes de 3 679 établissements scolaires étaient fermées dans le cadre de la riposte COVID-19 privant ainsi 18 908 filles et 18 089 garçons d'éducation [OCHA, 2020].

Les conséquences à court et à moyen terme sont évidentes :

– Les enfants non scolarisés sont privés de la structure et de la stimulation nécessaires à leur bon développement cognitif, social et psychologique. C'est l'avenir du capital humain du pays qui est en jeu.

– Une génération entière risque de rester analphabète et ne sera jamais capable de développer son potentiel intellectuel et professionnel. Cette situation n'affecte pas seulement les enfants, mais aussi les familles, les communautés et le pays tout entier.

– La crise de l'éducation risque de nourrir de nouveaux conflits : Le risque est grand que la fermeture prolongée des écoles et l'absence d'activités éducatives incitent des adolescents à s'engager dans les activités dangereuses et illicites, en particulier auprès des ex-séléka ou dans les groupes d'auto-défense [Cluster Education, 2013].

4)– Impact sur la nutrition et sécurité alimentaire

Le document d'analyse des besoins (HNO) 2017 a montré que 6 sous-préfectures sanitaires (Zangba, Mobaye, Birao, Ouanda-Djallé, Gambo et Ouango) ont un niveau « critique » de taux de nutrition aiguë globale supérieur au seuil d'urgence de 15 % défini par l'OMS. En outre, 39 sous-préfectures sanitaires sur 71 que compte le pays, ont des taux de malnutrition aiguë sévère (MAS) supérieurs au seuil d'urgence de 2 %. En 2018, au niveau national 752 553 élèves devraient être dans le besoin pour la prise en charge curative et la prévention de la malnutrition en situations aiguë. En outre, 605 formations sanitaires auraient besoin d'un appui technique

L'analyse du cadre intégré de classification de la sécurité alimentaire (IPC, février 2017) a mis en évidence que près de 30 % de la population (soit 1,1 million de personnes) et que toutes les préfectures du pays sont concernées, entièrement ou partiellement. L'enquête nationale de sécurité alimentaire (ENSA, décembre 2016) a montré que près d'un centrafricain sur deux est en situation d'insécurité alimentaire (soit 2,1 million de personnes). Les secteurs agricoles, le pastoralisme et l'agropastoralisme qui constituent les moyens de subsistance de 75 % de la population connaissent une fragilité liés à la crise. La FAO rappelle que « la faim et la dénutrition frappent plus durement là où les conflits sont prolongés et les capacités institutionnelles faibles ». [Action contre la faim, 2018]. En effet, dans le cadre de la Centrafrique, les crises empêchent les producteurs ruraux, les éleveurs et les commerçants de se développer.

Chapitre 7.

La corruption en Afrique : causes et conséquences

La corruption est sans doute le cancer incurable qui s'est propagé et développé dans le monde entier et notamment en Afrique au Sud du Sahara. Transparency international qui publie un classement annuel sur la perception de la corruption dans le monde donne une moyenne de 32 aux pays africains sur une échelle de 1 à 100 pour l'enquête de 2019. Une autre enquête menée auprès de populations africaines en 2019 montre qu'elles perçoivent que la corruption est en constance progression et constitue un grand handicap à l'évolution du continent. 55 % des citoyens pensent que la corruption a augmenté au cours de ces derniers 12 mois. Ce chiffre cache les disparités entre les pays, ainsi il est de 85 % en république démocratique du Congo (RDC) et 83 % au Soudan. [Baromètre mondial de la corruption. Afrique, 2019]. « La corruption constitue, sous toutes sortes, un danger imminent qui menace toutes les sociétés humaines » [O. Hadhrami] ou que la corruption est en effet l'un des principaux obstacles à la transformation structurelle en Afrique » [CEA, 2016].

La corruption est définie par la convention des Nations unies comme « le fait de commettre ou d'inciter à commettre des actes qui constituent un exercice abusif d'une fonction (ou un abus d'autorité), y compris par omission, dans l'attente d'un avantage ou pour l'obtention d'un avantage, directement ou indirectement promis, offert ou sollicité, ou à la suite de l'acceptation d'un avantage directement accordé, à titre personnel ou pour un tiers ».

On distingue traditionnellement trois grandes familles de corruption : La grande corruption qui concerne les activités liées au fonctionnement de l'Etat qui bénéficient à l'élite gouvernementale. La petite corruption que vivent au quotidien les citoyens par l'abus de pouvoir des fonctionnaires portant sur les montants limités et qui touchent les pauvres. La corruption politique qui se traduit par la manipulation des politiques, des institutions et des règles de procédures associées à l'affectation de ressources et de fonds pour les décideurs politiques.

Plusieurs facteurs expliquent la petite corruption dont les bas salaires qui sont distribués en Afrique notamment. La corruption prétend pallier les bas revenus.

La corruption a des conséquences financières et économiques qui privent ces pays des ressources de financement des projets de développement et favorise le pillage des ressources naturelles de nombreux pays.

Selon le rapport de la CNUCED le développement de 2020, les flux financiers illicites qui quittent chaque année représentent 88,6 milliards de dollars, soit l'équivalent de 3,7 % du PIB. De 2000 à 2015, la fuite illicite des capitaux en provenance d'Afrique s'est élevée au total à 836 milliards de dollars. Comparé au stock total de la dette extérieure de l'Afrique, qui s'élevaient à 770 milliards de dollars en 2018, cela fait de l'Afrique un « créancier net » du reste du monde selon le rapport. Pour la Banque mondiale, dans une fiche d'information de février 2020, il y a une corrélation entre les versements de concours financiers à des pays fortement dépendants de l'aide, et des dépôts bancaires dans les centres financiers offshores.

Sur le plan sanitaire, la corruption dissuade les couches sociales les plus défavorisées l'accès aux structures de santé publique et impacte négativement sur les structures et les soins. Le rapport de transparency international de 2020, dénonce les défaillances de la santé. La crise de Covid-19 a montré les aspects néfastes de la corruption sur le système de santé en Afrique. Ainsi la plupart des pays manquent de médicaments et d'équipements. « La corruption tue, tant est prégnant le lien entre corruption et défaillances des systèmes de santé, de l'accès au soin, ou du développement des services publics » dénonce le rapport.

La corruption dans le secteur de l'éducation pénalise l'accès notamment des filles à l'éducation, réduit le budget alloué et abaisse le niveau de l'école et la qualité de l'enseignement. « La corruption dans le secteur de l'éducation compte parmi les obstacles les plus importants à la réalisation des objectifs du millénaire pour le développement (OMD) et du droit universel à l'éducation » [Transparency International, 2013]. Selon ce rapport, on estimait en 2013 à environ 17 % la moyenne mondiale des personnes qui avaient versé un pot-de-vin dans le secteur de l'éducation, aucun pays, ni aucune région du monde n'étant épargnée.

La corruption est généralisée au sein de l'appareil judiciaire. Un rapport sur la justice concernant 48 pays, montre que la corruption judiciaire serait très répandue dans 30 pays d'entre eux. Ce qui porte atteinte à l'Etat de droit et à la légitimité des pouvoirs publics et réduit considérablement la capacité de la société à juguler la corruption [Nations unies, office contre la drogue et le crime].

La corruption des multinationales bien que peu développée, reste timide au niveau de sa dénonciation. La mise en examen de l'industriel français Vincent Bolloré, dans l'attribution des concessions portuaires en Guinée et au Togo reste un des cas rares.

Pour réduire et prévenir ce fléau, les institutions internationales et certains gouvernements nationaux ont proposé plusieurs pistes pour éradiquer ou réduire la corruption. Il est suggéré la mise en place d'institutions de bonne gouvernance crédibles qui devraient définir le programme de transformation au-delà de la question de la corruption [Nations Unies, Commission économique pour l'Afrique, 2016]. La Banque mondiale pour lutter contre la corruption dans les projets qu'elle finance a mis des mécanismes de contrôle en place permettant de garantir que les fonds décaissés aux pays clients soient utilisés aux fins prévues. Elle a créé une vice-présidence de l'intégrité qui est un service indépendant chargé d'enquêter sur les « allégations de fraude dans les opérations financées par le groupe de la banque. Entre 1999 et 2019, 956 entreprises et personnes ont été frappées d'exclusion, et 421 exclusions croisées avec d'autres multilatérales de développement ont été appliquées par la Banque mondiale durant la même période ». La Banque mondiale aide aussi les Etats à prévenir et à détecter la corruption par l'amélioration de la gestion des finances publiques et les services judiciaires et aussi à former les fonctionnaires.

L'apparition de l'ethnicité met à mal la démocratie car elle favorise l'impunité et rend l'administration incompétente pour gérer le développement.

Section 1 –
Définitions, mesures, facteurs, et différentes formes de la corruption

Nous allons dans ce chapitre présenter les différentes approches de la corruption formulées par plusieurs auteurs qui définissent la corruption comme est un phénomène d'échange occulte et d'influence réciproque entre les sphères politique et économique.

Sa mesure bien que complexe est basée sur la perception et les enquêtes. Plusieurs facteurs explicatifs sont avancés pour déterminer les causes de la corruption qui pour plusieurs chercheurs sont liées à la pauvreté. On distinguera la forme la plus simple de la corruption à celle qui est plus complexe.

A)– Différentes approches de la corruption

Pour les économistes, c'est une transaction correspondant à la trahison d'un mandat (la victime) qui opère par un échange illégal entre un mandataire et un tiers, dont les gains et les pertes dépendent de l'action du mandataire. Elle peut également être définie comme « l'abus du pouvoir à des fins et profits personnels, « ou que les actions menées par les membres du gouvernement ou hors de cet organe, qui sont dans l'intérêt de ces personnes, ils seront autorisés d'ignorer des lois et des politiques, en établissant des nouvelles lois, ou des lois existantes afin de leur permettre de gagner des gains directs et immédiats » [cités par Omar Hadhrami, université de Jordanie]. Ici la corruption est liée à l'absence de réforme ou la transparence ou le désir de changer ce qui est en place par quelque chose de mieux.

Transparency international, organisation internationale non gouvernementale spécialisée dans la lutte contre la corruption définit que « la corruption consiste en l'abus d'un pouvoir reçu en délégation à des fins privées ». Cette définition inclus la corruption dans le secteur privé.

Pour Samuel Huntington, la corruption est l'un des critères de l'absence des institutions politiques actives connues lors de l'époque actuelle, et par conséquent, la corruption n'est pas le résultat des comportements de déviation d'un comportement acceptable, mais il est le résultat de la déviation des attitudes des comportements habituels et ceux en place [2002].

Pour les sociologues, la corruption est un problème moral qui révèle des problématiques et des déviations dans le comportement humain normal inspiré des principes et des valeurs de la société.

Khan [2006] pose la corruption comme l'un des principaux obstacles à la transformation structurelle en Afrique. Ainsi, pour cet auteur, la corruption est un phénomène qui est étroitement lié à la mauvaise gouvernance et ajoute qu'il est à la fois nécessaire et souhaitable « d'exercer des pressions pour réduire la corruption et progresser vers la bonne gouvernance, mais cela ne pourra se faire que si l'on prête attention aussi aux autres capacités de gouvernance requises pour accélérer et soutenir la croissance » [in Rapport sur la gouvernance en Afrique IV, CEA, 2016].

Le droit international définit la corruption comme l'abus d'une fonction publique à des fins personnels » [A. Salem, 2010].

La convention des Nations unies définit la corruption comme « le fait de commettre ou d'inciter à commettre des actes qui constituent un exercice abusif d'une fonction (ou un abus d'autorité), y compris par omission, dans l'attente d'un avantage ou pour l'obtention d'un avantage, directement promis, offert ou sollicité, ou à la suite de l'acceptation d'un avantage directement accordé, à titre personnel ou pour un tiers »

Quant à la Banque mondiale, la corruption est le fait d'utiliser sa position de responsable d'un service public à son bénéfice personnel » ou l'abus d'une fonction publique pour un profit personnel. Cette définition met l'accent sur la relation entre le secteur public et les intérêts privés et les acteurs étatiques (fonctionnaires, agents publics, bureaucrates, et politiciens).

Pour la banque asiatique de développement : « Tout comportement par lequel les agents du secteur public et privé obtiennent un enrichissement impropre et illicite qu'il soit personnel ou à l'avantage de relations, ou qu'ils le provoquent en profitant de leur position ».

La corruption est aussi présentée comme une atteinte aux droits de l'homme « La corruption en détournant les modes démocratiques et en privant les Etats de ressources nécessaires à l'exercice de leurs fonctions de base en matière des garanties de production de services de base, viole indirectement la plupart des droits humains fondamentaux ».

Le dictionnaire Oxford English définit la corruption comme étant « la conduite malhonnête ou frauduleuse de personnes au pouvoir, impliquant en général des pots-de-vin », associée à « l'action ou l'effet par lequel une personne est moralement dépravée ».

Le dictionnaire Longman définit la corruption en ces termes : « atteinte à l'intégrité, à la vertu ou au principe moral », qui à « l'incitation à commettre un délit par des moyens illicites ».

B)– La mesure de la corruption

L'organisation non gouvernementale transparency international (TI) est celle qui est réputée menée des enquêtes et proposer les éléments de la lutte contre la corruption. Cette organisation a été fondée à Berlin en 1993 par Peter Eigen, ancien directeur de la Banque mondiale pour l'Afrique de l'ouest et du centre. Elle se consacre à la transparence et à l'intégrité de la vie publique et économique. Elle sensibilise l'opinion publique aux effets dévastateurs de la corruption internationale et travaille de concert avec les gouvernements, le secteur privé et la société civile afin de développer et mettre en œuvre des mesures visant à la combattre. [Le dico du commerce international].

Depuis l'apparition du classement de TI, les deux-tiers des pays africains au sud du Sahara ont un indice de perception de la corruption inférieur à la moyenne. ce qui implique que la corruption y est perçue comme étant endémique [G. Akono Gantsui].

Tableau 24 : Indice de perception de la corruption pour quelques pays africains en 2012 et 2021. Transparency International (score/100 et 174 pour 2012 et 179 2021pays classés)2012

Pays	Score	Rang mondial
Rwanda	53	50
Afrique du sud	43	69
Burkina	38	83
Bénin	36	94
Gabon	35	102
Cameroun	26	144
Centrafrique	26	144
Congo	26	144
RDC	21	160
Guinée-Equatoriale		
Tchad	20	163
	19	165

L'étude des deux tableaux mis en évidence par l'auteur montre les recules ou les gains de certains pays africains. Ainsi, sur 11 pays étudiés, 3 pays ont monté dans le classement en 9 ans, 1 est resté stable et 7 ont régressé dans le classement mondial.

Le Rwanda est le pays au sud du Sahara qui est classé premier dans la sous-région occupant le 49e mondial en 2021, suivi de l'Afrique du Sud.

2021

Pays	Score	Rang mondial	Changement de rang (2012-2021)
Rwanda	54	49	+1
Afrique du sud	44	69	=
Burkina	40	86	- 3
Bénin	41	83	+11
Gabon	30	129	-17
Cameroun	25	149	- 5
Centrafrique	26	146	- 2
Congo	19	165	-11
RDC	18	170	-10
Guinée-Equatoriale			
Tchad	16	174	-11
	21	160	+ 5

Le Bénin a gagné pendant la période étudiée onze rangs et le Tchad cinq. Le Gabon a reculé de dix-sept rangs, le Congo a dégringolé de onze points alors que la Guinée Equatoriale est classée 174 / 179 en 2021.

Le classement général de 2021 fait ressortir que sur le continent africain, seuls six pays sont arrivés à passer la barre des 50 points. Il s'agit des Seychelles (66), du Botswana 60, du Cap-Vert (58), du Rwanda (54), de Maurice (53) et de la Namibie (51). Au bas de l'indice, on trouve le Soudan, (16) la Somalie (12) et le Soudan du Sud (12).

Avec un score moyen de 32, l'Afrique Subsaharienne est la région la moins performante sur l'IPC, affichant peu d'amélioration par rapport aux années précédentes [Agence econfin, 2021]. Le rapport de l'année 2021 fait ressortir que « Les différents signalements montrent que la corruption touche l'ensemble de la réponse à la Covid-19, qu'il s'agisse de l'accès aux tests de dépistage, aux traitements et aux autres services de santé, que la passation de marchés publics de fournitures médicales et de préparation générale aux situations d'urgence ».

Au niveau mondial, les pays en tête selon l'IPC sont le Danemark et la Nouvelle-Zélande avec un score de 88, suivis de la Finlande, Singapour, la Suède et la Suisse avec un score de 85 chacun.

Quelques critiques ont été formulées par rapport à la méthodologie utilisée pour mesurer la corruption basée sur la perception. Cette démarche ne permet pas d'élaborer des politiques. Si on prend par exemple les données relatives à des cas de corruption signalés dans le système judiciaire, ils correspondent généralement à des informations sur la réponse de justices pénale plutôt qu'à des informations sur l'ampleur et la nature exacte du crime lui-même. En outre, les données ne mettent pas en évidence la dimension internationale de la corruption. Or, en Afrique la dimension internationale de la corruption et son ampleur est liée pour l'essentiel au comportement des sociétés étrangères et autres acteurs internationaux.

Les flux de l'aide publique au développement influent aussi sur l'évolution de la corruption en Afrique en raison de la part importante qu'ils représentent dans les budgets des pays africains. « L'aide étrangère est le moyen pour certaines élites politiques dans les pays bénéficiaires, de s'adonner à des activités de recherche de rente... elle peut diminuer l'obligation des Etats de rendre compte ; l'aide publique au développement est orientée vers des activités spécifiques sous la pression d'intérêts acquis ; elle favorise la corruption à l'échelle nationale ». [CEA, 2016].

C)– Différents types et formes de corruption

On distingue divers types et formes de corruption

a)– Les types de corruption

On peut distinguer trois types de corruption : La grande corruption, la petite corruption et la corruption politique. [cité par J. Godin, 2019 et manuel de formation, conseil de l'Europe, 2013]. Et aussi que la corruption active et la corruption passive.

– *La grande corruption* consiste en des actions « commises aux échelons supérieurs du gouvernement et qui faussent les politiques ou le fonctionnement central de l'Etat, dont les dirigeants tirent profit au détriment de l'intérêt public ». La grande corruption peut culminer par la captation de l'Etat. Cette expression de la Banque mondiale décrit des contextes dans lesquels des groupes d'intérêts puissants du monde des affaires sont en mesure d'obtenir l'adoption de textes législatifs, ou réglementaires favorables, en contrepartie du transfert de faveurs matérielles significatives (pots-de-vin, prises de participation dans le capital d'entreprise, contrôle informel) octroyés à des politiciens ou législateurs. Les institutions qui peuvent être visées sont l'exécutif, le législatif, le judiciaire et les agences de régulation. La prédation peut être le fait d'entreprises privées, de groupes d'intérêt, de clan d'oligarchiques ou d'organisations criminelles.

Une autre approche de la grande corruption est « le fait d'enfreindre de manière intentionnelle et dans le plus grand secret, de la part d'hommes politiques (et/ou autre partie ou parties corruptrices) les règles d'un comportement moral dans une communauté politique donnée [Robben, 1998]. Ce qui correspond au détournement de fonds publics, le favoritisme politique et le clientélisme, qui sont des crimes énoncés dans la convention de l'Union africaine sur la prévention et la lutte contre la corruption et dans la convention des Nations unies contre la corruption. Pour la grande corruption, le dirigeant maximise sa richesse personnelle au détriment du bien-être de la population. À cette fin, le dirigeant doit avoir, le contrôle total ou presque des pouvoirs politiques sur le territoire national. Une portion de la richesse amassée par le biais de la corruption, sert à acheter la loyauté de ceux qui aideront le dirigeant à rester au pouvoir. Ce qui à son tour, fragilise les droits civiques et les institutions publiques susceptibles de s'opposer à de telles violations du contrat social. La grande corruption, source de mauvaise allocation des ressources, a pour effet de concentrer la richesse entre les mains d'une poignée de kleptocrates [CEA, 2016]. Elle tend aussi à saper les institutions politiques démocratiques des pays africains.

La grande corruption empêche les pays africains de réaliser des taux de croissance élevés, par le biais de la mobilisation de ressources nationales. L'un des principaux moyens dont dispose le gouvernement pour mobiliser des ressources est la fiscalité. Ce qui est souvent compromis par les pertes résultant de la fraude fiscale et du détournement des revenus de l'Etat [Culpeper et Bhushan, 2010]

– *La corruption politique* se traduit par la « manipulation des politiques, des institutions et des règles de procédure associées à l'affectation de ressources et de fonds par des décideurs politiques, qui abusent de leur position pour maintenir leur pouvoir, leur statut et leur richesse »

La corruption politique peut aussi consister à « acheter » des députés à l'assemblée nationale dans le but de créer une majorité non acquise par les urnes. Le cas le plus connu en Centrafrique est celui de Koudoufara : élu comme député de l'opposition en 1998, il a été « acheté » par le pouvoir afin de constituer une majorité au régime qui venait de perdre les élections dans les urnes.

La corruption politique empêche l'avènement d'une véritable démocratie et un choix transparent à travers un débat démocratique, un programme et une vision de l'avenir d'un pays.

– *La petite corruption* vise « les abus de pouvoir quotidien des fonctionnaires subalternes et intermédiaires dans leurs échanges avec des simples citoyens, qui tendent souvent d'obtenir des biens ou des services de base dans les hôpitaux, les écoles, les services de police et d'autres organismes ». Elle est également appelée corruption administrative ou bureaucratique, se produit dans les relations entre les fonctionnaires ou agents publics et les citoyens. La petite corruption est fréquente dans de nombreux pays. Parfois les médecins, sans un pot-de-vin, refusent de recevoir les patients, qui ne passent même pas le barrage de l'infirmière. On connait des cas où les élèves ne reçoivent pas les notes qu'ils méritent si leurs parents ne font pas des cadeaux à l'enseignant ou n'inscrivent pas « volontairement » leurs enfants à des cours privés payants dispensés par l'enseignant, ou le cas de conducteurs qui paient de la main en main un policier pour les délits routiers réels ou allégés, afin d'éviter d'avoir à acquitter l'amende réglementaire.

La corruption active et la corruption passive. On dit de la personne qui soudoie qu'elle commet un acte de corruption active, et de la personne soudoyée qu'elle commet un acte de corruption passive.

b)– Les formes de corruption

On distingue plusieurs formes de corruption. Cette partie rappelle les principales.

Tableau 25 : Les formes élémentaires de la corruption

Formes élémentaires de la corruption	**Nature de la corruption**	**Catégories juridiques**
Gratification	Transaction spontanée	Corruption
Commission	Transaction négociée	Corruption
Piston, faveur, népotisme	Transaction spontanée	Trafic d'influence
Rétribution indue	Transaction négociée ou extorsion	Concussion
Tribut	Extorsion	Concussion
Perruque	Appropriation	Détournement de biens publics, abus de biens sociaux
Détournement	Appropriation	Détournements de biens publics, abus de biens sociaux

Source : G.Blundo et J.P Olivier de Sadan

La classification des formes élémentaires de la corruption synthétisée dans le tableau 25 se retrouve dans tous les pays africains. L'étude a dressé ces formes élémentaires de corruption dont les principales sont les suivantes :

– *La gratification* se donne ex-post et se présente comme un geste spontané le l'usager. Un agent public qui a « bien fait » son travail sera ainsi « remercié » par « quelque chose », dont le montant ou la forme sont laissés à l'appréciation de l'usager.

– *La « commission »* ou pot-de vin est la remise à un fonctionnaire ou agent public d'un avantage indu, par exemple un montant donné, un pourcentage du montant d'un contrat ou toute autre faveur en nature afin pour que celui-ci agisse ou s'abstienne d'agir dans l'exercice de ses fonctions officielles. C'est l'intervention d'un fonctionnaire lui donnant droit à un bénéfice, qui généralement représente au moins 10 % du total des investissements ou du profit que la victime doit tirer de l'opération, ceci au détriment de la collectivité, notamment des recettes de l'Etat.

– *Le détournement* est l'appropriation des biens publics à son profit et peut être de l'argent ou un bien public. Le détournement de fonds est une autre forme de corruption : dans ce cas, il s'agit du vol de ressources (publiques) par une personne dépositaire de l'autorité.

– *Le piston, le clientélisme ou le favoritisme* touchent tous les niveaux lors du recrutement dans l'administration au détriment des critères de compétence. Les nominations et affectations, les stages et formations rémunérées obéissent à ces pratiques. Le clientélisme est défini par J.E Médard comme « un rapport de dépendance personnelle non lié à la parenté qui repose sur un échange réciproque de faveurs entre deux personnes, le patron et le client, qui contrôlent des ressources inégales ».

– *Redistribution indue d'un service public* : Pour effectuer un acte relevant de sa fonction, le fonctionnaire fait payer l'usager. Il vend donc le « service » qu'il est censé officiellement effectuer « gratuitement » (du point de vue de l'usager).

– *Le tribut ou « péage »* est extorqué sans qu'aucune intermédiation ou aucun « service » (légal ou illégal) ne soit véritablement fourni.

– *La perruque* : C'est l'utilisation de matériels de l'entreprise par les ouvriers pour « bricoler » à leur propre compte. Les agents de l'Etat exercent des activités annexes parfois sur les lieux de travail au détriment du travail lui-même. C'est aussi l'utilisation privative de matériels et de temps appartenant à l'Etat.

– *L'extorsion,* est comme le détournement de fonds, une forme de corruption où une seule partie tire un avantage.

– *La captation de l'Etat* renvoie à la mainmise exercée par certains dirigeants politiques et/ou certaines élites économiques sur les lois, des politiques ou institutions gouvernementales au service du bien public (par le biais de pots-de-vin ou du financement opaque de partis politiques, etc.) dans leur seul intérêt politique ou personnel. La captation de l'Etat peut impliquer des sommes considérables ou toutes sortes d'influences politiques et de menaces. Elle est considérée comme une forme grave de corruption, car elle affecte les règles du jeu et crée des inégalités systémiques.

– *La collusion* : Accord secret entre les parties appartenant au secteur public et/ou privé, conclu dans le but de commettre une fraude et de réaliser des gains illicites.

Section 2 –
Les facteurs de la corruption

Plusieurs facteurs expliquent la corruption et les avis divergent. Il existe une panoplie de causes classées en facteurs endogènes et exogènes.

A)– Facteurs endogènes

– La pauvreté est l'argument explicatif généralement avancé pour expliquer le développement de la corruption. Les produits issus de la corruption combleraient les faibles niveaux des salaires distribués dans les administrations africaines. « Si seulement je percevais un salaire qui me permettrait d'assurer une vie décente à ma famille, je n'aurais pas besoin d'accepter des pots-de-vin » [Manuel de formation, Conseil de l'Europe, 2013]. Il n'y a pas consensus sur cette corrélation entre pauvreté et corruption. Cependant, il est intéressant de relever que bon nombre des pays pauvres de la planète connaissent aussi les niveaux de corruption très élevés. Ainsi, la république démocratique du Congo, le Zimbabwe, le Libéria, le Burundi, la Somalie et l'Afghanistan, qui se classent parmi les 10 pays les plus pauvres du monde en termes de produit intérieur brut par tête, sont aussi ceux qui se classent le plus mal dans l'indice de perception de la corruption (IPC). [Opt cité].

– Le déficit d'Etat démocratique. Les politologues observent que la corruption apparait généralement dans les sociétés qui vivent des époques de transition sur le chemin de la démocratie : l'équilibre institutionnel n'y est pas encore réalisé et quelques personnes sont portées à abuser du pouvoir très important, notamment d'arbitrage entre plusieurs évolutions et rythmes de changement possibles, dont elles disposent. « La corruption est essentiellement un problème de gouvernance, un constat d'échec des institutions et la marque d'un manque de capacité de gérer la société au moyen de systèmes équilibrés de freins et de contrepoids sociaux, judiciaires, politiques et économiques.

L'incapacité des pays à construire un Etat disposant des règles établies au service de l'intérêt général et de pouvoirs suffisants pour les appliquer est aussi un élément explicatif de la corruption. Ces Etats ont souvent des fonctions publiques pléthoriques peu rémunérées qui se font de leurs emplois une rente.

– L'économie de rente favorise la corruption : la lutte pour l'accès aux permis de recherche et d'exploitation. La corruption active des personnes susceptibles de délivrer les permis ou de fermer les yeux sur l'absence d'autorisation.

B)– Facteurs exogènes

– Les circonstances politiques internationales qui imputent la corruption à la guerre froide. En effet, la corruption aurait été encouragée pour éviter que certains pays africains optent pour le socialisme s'opposant ainsi à l'économie de marché. Une cause géopolitique contemporaine serait l'instabilité qui affecte un grand nombre de pays de l'Afrique qui donne aux dirigeants le sentiment de la précarité de leurs pouvoirs et dont le désir de s'enrichir rapidement pour se prémunir contre d'éventuels accidents politiques.

L'intérêt géostratégique favoriserait également la corruption par la compétition entre les pays riches qui utilisent certains moyens pour asseoir leur pouvoir. Plus la société du nord serait-elle-même perméable à la corruption, plus le phénomène serait fort. John Lambsdorff note des corrélations économétriques fortes entre le degré de corruption estimé par l'indice TI du pays exportateur et celui du pays importateur lorsque tous deux sont élevés. C'est le cas pour l'Italie, la Belgique et la France.

– Dans les années 80, la mise en place des programmes d'ajustement structurel a aggravé la corruption suite aux réductions des rémunérations. Par exemple au Cameroun, les salaires des fonctionnaires ont été réduits de 50 % et un ministre aurait cherché à compenser le gap par un prélèvement sur tous les marchés publics relevant de sa compétence en vue de la redistribution à son entourage.

– L'aide au développement provenant de multiples donateurs en concurrence les uns aux autres est source de la corruption. La pratique des grands marchés d'appel d'offre internationaux financés par l'aide ou autres concours financiers ont été ainsi dénoncés par *Transparency international* (TI) dans son rapport de 2002 : « Certains bailleurs de fonds ont été peu scrupuleux dans la manière d'attribuer leurs fonds ...Les IFI ne se souciaient guère de la destination de leurs fonds et regardaient la corruption comme une question politique épineuse à laquelle il ne leur appartenait pas de répondre ». [M. Doucin, 2005].

C)– Exemples de corruption en Afrique

La corruption dans la police

Encadré 8 : Cameroun
La police : une institution gangrenée par la corruption ?

Dans l'enquête du baromètre mondial de la corruption 2003 de TI3, en réponse à la question « si vous pouviez éliminer la corruption au sein d'une des institutions suivantes, quel serait votre premier choix ? », 40 pour 100 des répondants camerounais ont placé la police en deuxième place, après le système judiciaire avec 31 pour 100. Le comportement de la police inquiète gravement le public et même Pierre MinloMedjo, le délégué général à la sûreté nationale, a déclaré en décembre 2003 : « Il est signalé çà et là des cas de sous-traitance illégale des services publics, d'escroquerie éhontée, de violences exercées délibérément, de racket quasi-systématique des étrangers, d'abus de toutes sortes et, surtout, la corruption pratiquée à grande échelle par des fonctionnaires véreux qui en ont fait une source intarissable d'enrichissement personnel ».

Ces observations reflètent la réalité quotidienne. A titre d'exemple, les chauffeurs de taxi sont, de façon routinière, forcés de verser 1000 francs CFA (2$ US) ou plus aux policiers pour des infractions imaginaires telles que « le refus de transporter les passagers », « l'encombrement de la voie publique » ou l'utilisation d'un « double pare-brise » dans le cas des chauffeurs de taxi qui portent des lunettes.

Cette situation était devenue si extrême que les chauffeurs de taxi se sont mis en grève en mars 2004, dénonçant le harcèlement des policiers et exigeant, entre autres choses, le respect de la tarification en matière d'infractions. A l'issue des négociations entre le gouvernement et les syndicats des chauffeurs de taxis, les pouvoirs publics ont publié une liste des pièces administratives et autres accessoires à produire lors des contrôles de police ainsi qu'une classification des amendes. Les chauffeurs de taxi ont repris le travail mais seules des sanctions exemplaires infligées aux policiers corrompus et l'imposition d'une véritable discipline pourra éradiquer la corruption au sein de la police.

Source : Rapport Mondial sur la corruption, 2005, page 152 (rapport pays)

Les corruptions dans les secteurs économiques

Dans le rapport mondial sur la corruption de 2005, des exemples plus importants ont fait l'objet d'un recensement qui peut rapidement être cité :

– Au Nigeria, une affaire de corruption implique l'ancien dirigeant militaire qui aurait transféré des dizaines de milliards de dollars hors du pays durant son gouvernement, de 1993 à 1998 [Charles Corey, Washington File, 2004],

– En Angola, la même source affirme que la mauvaise gestion des revenus du pétrole aurait entraîné la disparition de 4, 2 milliards de dollars entre 1997 et 2002.

Encadré 8 bis : Douane formelle et informelle au Bénin

Pratiquement chaque douanier a au moins un *klébé* qui travaille pour lui. Les *klébés* ou « arracheurs de billets » dans le jargon des escrocs du sud Bénin, aident les douaniers à « contrôler la fraude » moyennant 10 % de commissions sur leurs prises. De même qu'ils extorquent illégalement de l'argent à toute personne faisant passer ses marchandises par la douane, le douanier aussi prendra sa part de l'argent ainsi extorqué. Il y a près de 400 *klébés* à Kraké, à la frontière avec le Nigeria, soit quatre fois le nombre des douaniers officiels. Les *klébés* jouent le rôle intermédiaire entre ceux qui donnent et ceux qui reçoivent les pots-de-vin et qui ne veulent pas être identifiés. Dans le port de Cotonou, les *klébés* ont même remplacé les douaniers à plusieurs postes de contrôle.

Mais les *klébés* ne sont pas les seuls agents informels opérant dans les ports du Bénin et aux passages des frontières.

Des transitaires ambulants ou agents de transit informels aident les importateurs à faire leurs formalités à travers une succession de contrôles différents. Leur savoir-faire consiste à connaître la topographie de la corruption et ses raccourcis que seul le pot-de-vin ou le paiement d'une somme secrète permet de découvrir. Dédouaner au port du Bénin une voiture d'occasion importée demande le versement de 17 pots-de-vin différents dont 10 dans les seuls bureaux de la douane. Pour le dédouanement d'un container, il faudra également passer par ces procédures tortueuses en payant beaucoup plus cher.

Les transitaires ambulants se sont taillés un créneau spécial, car ils travaillent uniquement contre espèces sonnantes et trébuchantes, méthode particulièrement favorisée par les douaniers corrompus. Il y a évidemment les courtiers officiels qui ne se font pas priés moyennant une petite somme pour sous-traiter leurs marchés aux agents informels : leur travail devient ainsi semi officiel et leurs recettes n'apparaissent pas dans le chiffre d'affaires taxé du courtier officiel. Bien que le travail soit enraciné dans la corruption, comble de l'ironie, les transitaires ambulants ont pu créer des syndicats et des associations reconnus par le ministère de l'intérieur.

La corruption au Bénin obéit à une logique spécifique qui la fait prospérer.

Les procédures officielles prennent du temps à aboutir et les retards reviennent cher aux entrepreneurs. Les importateurs sont en permanence soumis à la pression économique de ce qu'il est convenu d'appeler « les extras normaux » – les frais de magasinage dans les entrepôts de la douane, les pénalités pour cause de retards, et pour beaucoup, c'est une course contre la montre. Les « extras normaux » absorbent les profits, et de ce fait, les importateurs ou leurs agents préfèrent payer les « extras anormaux » ou pots-de-vin. Ceux qui sont concernés rétorquent que l'inefficacité du gouvernement « justifie » les pratiques de corruption.

Un projet de recherche majeur sur la petite corruption en Afrique de l'Ouest, mené par l'école des hautes études en sciences sociales de Marseille en France, entre 1999 et 2001, fait état de faits similaires. Une équipe de socio anthropologues, dirigée par Giorgio Blundo et Jean-Pierre Olivier de Sardan, a étudié la réalité de la corruption quotidienne au Bénin, au Niger et au Sénégal en combinant les interviews personnelles avec les analyses tirées des articles publiés dans les journaux et les archives des tribunaux locaux. L'étude s'est intéressée à un certain nombre de domaines de l'administration publique dont les transports, la douane, la justice et les soins de santé.

L'étude a trouvé curieusement un trait commun aux administrations des trois pays, qui consiste à faire appel à une multitude d'intermédiaires volontaires et temporaires comme les *klébés* et les transitaires ambulants du Bénin. En raison de leur déficit en ressources humaines et matérielles, avec ces agents temporaires et intermédiaires qui transmettent les pots-de-vin des citoyens aux officiels, il est de plus en plus difficile de distinguer où s'arrête l'Etat et où commencent les petites affaires.

Source : Rapport Mondial sur la corruption, 2003.

Section 3 –
Les conséquences de la corruption en Afrique

On distingue les conséquences politiques, économiques et sociales

A)– Les conséquences politiques de la corruption

La corruption engendre une inégalité entre les compétiteurs et biaise les jeux démocratiques. Ils ne sont plus sains et les choix des citoyens cessent d'être transparents. La corruption favorise les détenteurs de l'argent au détriment des moins nantis.

Elle peut ainsi détourner l'activité politique vers les canaux informels tels que le clientélisme, le népotisme ou la constitution de mafias, s'avérant au bout du compte un piètre substitut à la politique [M. Johnston, 2000]. De ce fait la corruption viole les droits civiques et politiques et est porteuse d'une violence intrinsèque, celle des rapports de domination. Ceux qui en bénéficient exercent un pouvoir discriminatoire qui peut aller jusqu'à la dénaturation des processus électifs (achats de votes) et l'exercice d'une autorité privative de libertés pour les plus faibles.

La corruption est contraire à la démocratie parce qu'elle développe les fraudes électorales. Elle a des effets négatifs sur le fonctionnement de l'Etat et celui de la démocratie. Jean-François Médard voit en la corruption la négation des valeurs qui fondent l'Etat et la démocratie. La corruption est utilisée par l'autorité politique pour se maintenir longtemps au pouvoir ce qui est contraire au principe de l'alternance politique, fondement de la démocratie représentative.

La corruption affecte la libre concurrence et la participation. Ces deux éléments sont essentiels à la démocratie et sont des conditions de la mise en place d'une démocratie véritable. « La concurrence et la participation doivent être vigoureuses, elles doivent également être structurées, disciplinées et justes » [M. Johnston, 2000]. Les institutions solides sont nécessaires non seulement pour faciliter et protéger les activités économiques et politiques ; elles doivent également définir les liens acceptables entre ces domaines. Ainsi, la politique et l'économie, l'Etat et la société ne peuvent pas être dissociés : L'Etat fournit les garanties (libertés civiques, applicabilité des contrats) essentielles à la société civile et au développement économique, tandis que l'économie fournit à la fois des ressources matérielles et des « signaux de politique » critiques. « Dans les pays où les systèmes d'influence illicite ou des attentes malhonnêtes dominent la sphère politique, l'opinion des autres groupes ou citoyens n'a que très peu de poids et les mandats légitimes risquent de perdre tout leur sens. De même, une liberté réelle de voter, de former des organisations indépendantes et de rechercher le soutien populaire peut être détournée par le trafic d'influence, ou considérablement restreinte par des réseaux de connivence entre politiciens et bureaucrates » [op. cité]. La corruption, comme forme d'influence, requiert des ressources rares (argent, accès, expertise), c'est pourquoi elle profite généralement aux nantis aux dépens des plus démunis. Le favoritisme permet certes à de nombreuses personnes de participer au processus politique, mais aux conditions fixées par les dirigeants et pour servir les intérêts de ces derniers.

L'autre questionnement est de savoir si la démocratisation peut-elle vaincre la corruption ? L'existence d'une opposition, l'alternance au sommet de l'Etat, une presse libre et un système judiciaire crédible et indépendant peut vaincre la corruption. « La compétition politique peut être la condition préalable pour que la démocratisation ait un potentiel anticorruption intrinsèque. Un système politique compétitif pourrait en effet mettre un frein à la corruption en permettant aux partis et aux dirigeants de conquérir ou de perdre le pouvoir en fonction de leur prise de position par rapport à un certain nombre de problèmes, notamment la bonne conduite des affaires de l'Etat ».

Emmanuelle Lavallée [2006] a fait une enquête dans 14 pays au Sud du Sahara sur la confiance que les citoyens de ces pays font dans leurs institutions politiques. Il ressort de cette enquête que le comportement des citoyens africains vis-à-vis de leurs institutions politiques est davantage guidé par des valeurs au fondement de régimes démocratiques que par des préoccupations d'ordre matériel. La confiance des citoyens à leurs institutions dépendent s'ils sont satisfaits de la démocratie, qu'ils perçoivent une augmentation de leurs libertés, de leurs influences sur des décisions politiques et une réduction des inégalités. Par contre, la corruption perçue comme vécue, a un impact négatif sur la confiance dans les institutions politiques et ce quelle que soit la qualité des services gouvernementaux. Une augmentation de la corruption réduira davantage la confiance dans les institutions politiques d'un individu qu'il estime que l'administration est de bonne qualité que celle d'un citoyen qui juge que la qualité des services gouvernementaux est faible.

Le multipartisme a créé une autre forme de corruption sous forme du clientélisme politique : la solidarité factionnelle, les liens d'affiliation, de préférence partisane qu'on trouve dans les administrations publiques africaines ou dans les secteurs parapublics. Les nominations, les affectations, les promotions, les mises au placard suivent la logique d'appartenance au parti pouvoir. « Sur une base bien établie de priorité de recommandations personnelles et des interventions de « protecteurs » aux dépens de critères professionnels, la généralisation récente du multipartisme a greffé en outre un immense et omniprésent système de préférences partisanes, du haut en bas de l'appareil d'Etat : le clientélisme électoral (et ses retombées postélectorales et préélectorales) s'est ainsi superposé aux autres formes du clientélisme »

[J-P Olivier de Sardan, 2004]. Les conséquences sont la démotivation des fonctionnaires délaissés et l'improductivité. Certains bureaux sont vides à cause souvent d'un absentéisme chronique.

B)– Les conséquences économiques et financières de la corruption

La corruption est dévastatrice dans ce sens qu'elle impacte négativement sur la croissance économique, moteur de la lutte contre la pauvreté en privant les pays des ressources financières nécessaires pour les investissements productifs. Les secteurs sociaux sont victimes de la corruption : dans le secteur de l'éducation, la corruption réduit les investissements dans le secteur tout en sapant le niveau et la qualité de l'enseignement ; dans le secteur de la santé, les plus démunis n'ont pas accès aux soins qu'ils méritent.

Les études menées par le programme des Nations unies pour le développement (PNUD) à partir des résultats de l'IDH (indice du développement humain), montrent que dans les pays où la corruption est très développée, le niveau du développement est bas. D'une manière générale, la corruption entraîne la baisse des investissements, de la croissance et l'augmentation de l'insécurité de l'environnement économique, l'altération des processus judiciaires, le renforcement des inégalités et de la pauvreté, par un accès au service rendu au plus offrants, l'augmentation des déficits publics à la suite des détournements des fonds publics, de l'évasion fiscale, de la distorsion des dépenses publiques.

Dans une étude sur les établissements publics d'approvisionnement en eau en Afrique, Estache et Kouassi ont montré qu'une réduction de la corruption de 1 point augmente de 6,3 % le niveau d'efficacité opérationnelle. En l'absence de la corruption, leur efficacité augmenterait de 64 %, ce qui entraînerait donc 64 % de réduction du prix de l'eau. Ce qui signifie que près des 2/3 des frais de fonctionnement sont le fait de la corruption [Institut de la Banque mondiale, 2002].

Dans le domaine des bâtiments et travaux publics, la corruption des fonctionnaires responsables du contrôle ne permet pas une inspection rigoureuse des travaux au point de vue de la qualité et du respect des normes. Les permis sont attribués moyennant des commissions et les inspecteurs corrompus laissent passer les malfaçons ou les travaux de très mauvaise qualité. Ainsi, les routes se dégradent au bout de quelques mois et les maisons s'écroulent rapidement. Ces pratiques augmentent également les coûts récurrents que les pays bénéficiaires ont des difficultés à couvrir.

Le coût économique de la corruption est énorme pour l'économie internationale, car elle représente plus de 5 % du produit international mondial (PIB) et 1 500 millions de dollars sont versés chaque année en pots-de- vin. La corruption entrave la croissance économique sur plusieurs points.

Le découragement du secteur privé par la perte de la confiance des sociétés et des investisseurs, ce qui nuit à la croissance économique. « Les données empiriques indiquent, dans une large mesure, que la corruption réduit le ratio d'investissement par rapport au PIB, diminue les investissements et retarde la croissance économique ». [OCDE, 2016]. La corruption a des effets négatifs sur l'investissement. Plus le taux de corruption est élevé, l'efficacité marginale du capital est faible et l'investisseur ne prend pas de risque d'investir parce que le rendement attendu sera faible. En outre, la corruption affecte l'intégrité de l'environnement concurrentiel d'investissement et l'efficacité qui est la norme d'investir dans le marché, lorsque l'environnement des affaires est concurrentiel et honnête, cela conduit à l'amélioration de la qualité des affaires et à la diminution des prix des produits. En revanche, la propagation de la corruption dans l'octroi des autorisations d'investissement contribue à réduire le nombre d'entreprises sur le marché et conduire à la création d'un monopole de l'environnement et à emporter l'économie souterraine. La propagation de la corruption se reflète sur la réduction du nombre de petites entreprises qui sont le moteur de la croissance dans la plupart des économies, alors que le résultat est la réduction de l'efficacité, de la productivité et de la concurrence, et par la suite la hausse des prix des produits au détriment des intérêts des citoyens et seulement en faveur d'une poignée de bureaucrates corrompus [O. Hadhrami].

En effet, la corruption augmente le coût de l'activité économique, ce qui réduit la profitabilité des investissements. Selon l'OCDE, les pots-de-vin et les négociations difficiles et prolongées augmentent les coûts d'une transaction, ce qui augmente les coûts de l'activité économique en général. Les pots-de-vin et autres frais illégaux ont l'effet d'une « taxe cachée », ce qui augmente le coût d'un investissement. De même, la corruption implique souvent une lourde bureaucratie comportant de nombreuses étapes, dont des délais et des procédures inutiles, qui augmentent les opportunités de collecter les pots-de-vin. Il est estimé qu'en moyenne les pots-de-vin correspondent à 10,9 % de la valeur d'une transaction et à 34,5 % des profits liés à une transaction.

Encadré 9 : CONGO : Un milliard de dollars évaporés

FG Hemisphere, un fonds américain basé à New York, détenteur d'une importante créance sur le Congo, a rapproché les données de KMPG [un bureau d'audit] exclusivement avec celles du TOFE [Tableau des Opération Financières de l'Etat]. Le résultat est assez accablant. Sur la période 2003-2005, les autorités congolaises ont « oublié » de comptabiliser près d'un milliard de dollars de revenus pétroliers ! .... FG Hemisphere conclut que 117 millions de dollars manquent à l'appel dans le budget 2003 et 126 millions dans celui de 2004. En 2005, la flambée des cours du pétrole a transformé l'écart en gouffre : plus de 640 millions de dollars se sont évaporés !

Au total, près d'un milliard de dollars ont disparu en trois ans. Des sommes colossales qui peuvent représenter jusqu'à près de la moitié du budget. Il faut en effet garder à l'esprit que les hydrocarbures constituent 90 % des recettes d'exportation du Congo et 75 % de ses recettes fiscales. Sur les trois années pour lesquelles la comparaison est possible, l'Etat a sous-évalué ses recettes pétrolières respectivement de 24 %, 12 % et 43 % du budget.

Xavier Hariel : *Afrique, pillage à huis clos*, Ed. Fayard, 2006

Les réformes mises en place ont montré que des fonctionnaires fantômes sont nombreux dans les administrations africaines, ainsi en Ouganda, une commission d'enquête sur le secteur public a décelé 42 000 « fantômes » qui touchaient les salaires de l'Etat, des fonctionnaires retraités ou des morts ou ceux qui n'ont jamais existé [PetterLangseth, Institut du développement de la Banque Mondiale, 1995].

Au Cameroun, le rapport cite deux études réalisées par Greenpeace /forest monitor et le DFID britannique et le FMI qui ont « prouvé » que 41 concessions forestières sur 92 étaient exploitées illégalement. Vingt et une de ces concessions ont fait perdre 59,7 milliards de FCFA (115 millions de dollars) de revenu et 432 milliards de FCFA (834 millions de dollars) de dommages et intérêts, soit au total le quart du budget de l'Etat pour l'exercice 2004. L'exploitation anarchique et clandestine de la forêt concerne 625 agréments délivrés en 1994. L'ONG britannique « Global Witness » a montré que le « pillage permet aux forestiers d'exploiter illégalement près de 700 000 m3 de bois par an ».

La corruption fait baisser des investissements étrangers dans un pays. Selon l'OCDE et le FMI qui font état des études qui ont démontré que la profitabilité d'investissement étranger direct est inférieur de 15 points de pourcentage dans les pays où la corruption est bien installée, par rapport relativement épargnés par la corruption.

La corruption peut également avoir des effets négatifs sur les recettes budgétaires parce qu'elle mine la capacité des Etats de recouvrement des taxes et impôts. Elle prive donc les Etats à disposer des ressources nécessaires au financement du développement. Les baisses des recettes sont aussi le fait de la corruption des agents de l'Etat responsables de la perception des impôts, les agents de douane qui déclarent insuffisamment les biens importés avec la complicité les entreprises privées de transit.

L'évasion fiscale constitue donc un obstacle à la mobilisation des ressources. Elle peut prendre plusieurs formes, telles que les fausses déclarations, les exemptions fiscales inappropriées.

En outre, la corruption sape la confiance des citoyens envers l'Etat et, affecte la citoyenneté fiscale.

Les conséquences de la corruption sur les dépenses de l'Etat. Selon l'OCDE, les décisions politiques faussées par la corruption sont susceptibles de causer des pertes économiques les plus évidentes. L'affectation de crédits budgétaires, la réglementation de certains secteurs et l'imposition d'obstacles commerciaux qu'elles entrainent vont à l'encontre de l'intérêt public et finissent par entrainer des pertes de recettes pour l'Etat [OCDE, 2015]. La corruption peut amener les Etats à orienter les dépenses publiques vers les secteurs où il est plus facile d'obtenir les pots-de-vin et des rentes tout en le dissimulant [FMI, 2016]. En plus, la corruption tend à augmenter les coûts des biens et services achetés par le gouvernement, notamment par voie des marchés publics, et à réduire la qualité des biens achetés et des infrastructures. Selon l'OCDE, plus de moitié des cas de corruption transnationale visaient l'obtention d'un marché public. La corruption au niveau de la passation des marchés publics peut prendre plusieurs formes. Certains contrats peuvent être octroyés en l'absence de concurrence ou certaines entreprises peuvent truquer leurs soumissions afin d'obtenir un contrat.

Section 4 – Les conséquences de la corruption sur les secteurs sociaux

Les secteurs de l'éducation et de la santé sont ceux qui sont vulnérables à la corruption compte tenu de leur importance sur la construction globale de la société. Le système éducatif est le moyen royal d'ascension sociale. Tandis que le secteur de la santé maintient l'homme en bonne santé. Les deux secteurs sont des facteurs de la croissance économique et mobilisent des budgets importants en leur faveur.

A)– Les conséquences de la corruption sur le système l'éducatif

La corruption « est une gangrène pour l'éducation en Afrique » [SciDev Net] et a constitué un des obstacles à la réalisation des objectifs du millénaire pour le développement et du droit universel à l'éducation.

La corruption dans le secteur d'éducation se définit selon Hallak et Poisson [2020] comme « une institution systématique d'une charge, publique pour un avantage privé, qui a un impact significatif sur la disponibilité et la qualité des biens et services éducatifs et, en conséquence sur l'accès, la qualité ou l'équité de l'éducation ».

L'éducation est un secteur important parce qu'elle occupe un nombre important de ressources humaines et représentant un poids important dans le budget de l'Etat. « L'éducation est un droit de l'homme fondamental et un moteur du développement, tant personnel qu'économique et social » [Transparency international]. La corruption dans l'éducation constitue donc une remise en cause de ce droit fondamental et détourne les fonds publics énormes destinés à l'éducation et hypothèque l'avenir de plusieurs pays en développement par la dégradation de la qualité de l'enseignement. La corruption empêche l'acquisition des connaissances et des compétences nécessaires pour contribuer au développement des pays.

La corruption est perceptible dans le financement des écoles, des contrats publics, la production et la diffusion de manuels, l'organisation des examens, les concours de recrutement des enseignants et des attributions des bourses. Les pratiques les plus visibles sont : la falsification des bulletins de notes, la vente des sujets des examens à l'avance, l'exploitation ou maltraitance (physique, sexuelle, etc.) d'élèves, le détournement de fonds destinés au matériel pédagogique, aux bâtiments scolaires, etc., l'achat de matériel pédagogique de mauvaise qualité le recrutement et, l'affectation des enseignants conditionnés par les pots-de-vin ou des faveurs sexuelles.

1)– Les types de corruption dans le système éducatif

Les types de corruption dans l'éducation ont été énumérés par Transparency international dans son rapport *mondial sur la corruption : l'éducation* [2013].

La corruption dans les écoles peut prendre la forme de passation de marchés portant sur la construction d'écoles dites « fantômes », d'enseignants fantômes et d'un détournement des ressources prévues pour les fournitures et les manuels scolaires. Le pot-de-vin est utilisé pour accéder à l'éducation et « acheter » ses notes, de népotisme pratiqué dans le recrutement des enseignants et la délivrance de faux diplômes, de l'utilisation inappropriée des subventions scolaires à des fins personnelles, ou encore de l'absentéisme et des cours particuliers qui remplacent l'enseignement officiel. Les pratiques telles que l'exploitation sexuelle en classe en tant qu'abus de pouvoir.

Dans l'enseignement supérieur, on peut lister : les commissions occultes dans le cadre de recrutement et des procédures d'admission, le népotisme dans le recrutement des candidats à des postes permanents, les pots-de-vin versés pour bénéficier d'un logement dans le campus ou recevoir de bonnes notes, l'influence indue exercée par la classe politique et des entreprises sur la recherche. L'utilisation des établissements scolaires à des fins commerciales privées, publication des résultats d'examens conditionnée en versement d'une somme d'argent, détournement de fonds destinés au matériel pédagogique, aux bâtiments scolaires, prélèvement illégal de frais sur des dossiers d'inscription scolaire gratuits.

D'après une étude faite par Z. Méité sur la corruption en Côte d'Ivoire, les formes de la corruption les plus développées sont : les notes de complaisance (61,9 %), le droit de cuissage (59,1 %) et le favoritisme (46,3 %). Il a cité également les autres types de corruption dans l'enseignement : « le pétrole » qui désigne l'obtention du sujet avant qu'il soit même distribué dans les salles d'examen, « les opérations hiboux » qui consistent à traiter des sujets hors de la classe d'examen pour ensuite l'introduire dans le lot des copies à corriger et cela avec la complicité de celui ou ceux qui sont chargés de garder les feuilles d'examens, « les notes sexuellement transmissibles » ou notes subjectives accordées aux élèves (filles) en échanges de relations sexuelles.

2)– Quelques causes de la corruption dans le système éducatif

U4 Anticorruption Resource Centre [2009] énumère plusieurs causes explicatives du développement de la corruption dans le secteur de l'éducation.

– Les salaires sont bas, irréguliers ou payés en retard poussent les enseignants à trouver des revenus complémentaires. En outre, l'insuffisance du financement des écoles et des salaires peut directement résulter de la corruption et des fuites ayant lieu en amont. Dans l'enseignement supérieur, les universités manquant de financement ont des salles de classes surchargées sont plus exposées à la tentation de la corruption.

– L'absence de réglementations et de critères transparents-vecteurs d'opportunités de corruption. Sans normes et réglementions et de critères définies, la limite entre comportements acceptables et inacceptables reste floue. Les déficiences des mécanismes d'accréditation des écoles et des institutions d'enseignement supérieur contribuent également à exacerber le problème.

– Les facteurs sociaux-diminution des risques encourus : du fait des mauvaises conditions des réseaux routiers, ferroviaire et téléphonique, les inspecteurs académiques ne peuvent pas toujours se rendre dans les écoles, ce qui favorise la mauvaise conduite et la corruption des enseignants, assurés de leur impunité.

– Des structures organisationnelles et des mécanismes de contrôles inadéquats, vecteurs d'opportunité de corruption et diminution des risques encourus : Le manque d'incitations à l'amélioration des performances peut favoriser la corruption, tout comme l'absence de mécanismes de contrôle et de sanction.

Deux autres causes de la corruption dans l'éducation semblent être également importantes : Les enjeux prononcés de l'opportunité que présente l'éducation et les grosses sommes d'argent qui sont affectées à son financement. Et le regard que la société porte sur l'éducation en tant que « condition intrinsèque au développement national et humain. Tant que les parents que les gouvernements reconnaissent que les résultats de la scolarité déterminent l'avenir des individus tout comme celui des nations » [Rapport mondial sur la corruption : l'éducation, transparency international, 2013]. L'éducation reste le vecteur de la réussite sociale.

3)– Quelques conséquences de la corruption dans le système éducatif

En 2013, le rapport mondial de Transparency international sur la corruption estimait qu'environ 17 % la moyenne mondiale des personnes qui avaient versé un pot-de-vin dans le secteur de l'éducation, aucun pays, ni aucune région du monde n'étant épargné. Pour les États-Unis, ce chiffre représente 12 %, 9 % pour la Grande Bretagne et en Hongrie 1 %.

4)– L'impact direct de la corruption sur les progrès scolaires

La corruption affecte négativement la motivation des élèves à cause de la durée courte de l'enseignement annuel. L'absentéisme des professeurs limite l'apprentissage et la qualité de l'enseignement, les programmes officiels annuels ne sont jamais terminés ou approfondis. « La corruption sape également les valeurs morales des jeunes. En effet, les fuites d'information avant les examens, l'abus de la relation enseignant-élève à des fins privées et les pratiques corrompues (favoritisme, népotisme, clientélisme, politique, pot-de-vin, etc.) dans le processus de sélection des élites, à tous les niveaux de l'enseignement, font passer un mauvais message aux jeunes générations, à savoir que l'effort personnel et le mérite ne comptent pas et que le succès passe par la manipulation et le favoritisme ». [L. Mokaddem, 2010].

La corruption entraine un taux d'abandon élevé, proportionnel au niveau de pauvreté des élèves.

S.Gupta, H. Davoodi et E. Tiongson [2000] ont analysé, l'effet de la corruption sur la provision des services d'éducation publique. Ils ont conclu à une relation négative entre les indicateurs de qualité des services de l'éducation et le degré de la corruption perçue des pays.

Seka [2005] quant à lui a testé la relation entre l'indice de perception de la corruption et le niveau de l'éducation supérieure comme variable représentant l'accumulation du capital humain. Il a conclu à une relation négative entre l'indice de corruption et le taux d'inscription aux études supérieures. En outre, l'auteur conclut que la propension des jeunes à arrêter trop tôt des études est d'autant plus importante que la corruption est répandue dans l'économie et dans le secteur d'éducation en particulier.

5)– Les effets indirects de la corruption sur les progrès scolaires.

Lamia Mokaddem distingue deux effets indirects de la corruption sur les progrès scolaires : par le biais du revenu par tête et par le biais de la finance publique.

a)– Les effets de la corruption par le biais du revenu par tête

Selon l'auteur, les études ont montré que plus les revenus par tête sont faibles, moins importante sera la demande de l'éducation. En effet dans les pays pauvres, l'éducation est publique, les parents ne supportent pas de frais de scolarité. Mais les coûts de la corruption dans le secteur de l'éducation sont beaucoup plus importants que les frais directs de l'éducation financés par l'Etat. La corruption dans la passation de contrats, les paiements illégaux exigés pour l'admission à l'école et les cours particuliers, ainsi que d'autres coûts occultes augmentent le prix à payer pour obtenir un service théorique gratuit. La corruption augmente les coûts scolaires au détriment des pauvres, qui sont particulièrement vulnérables et très indépendants des services publics pour satisfaire leurs besoins les plus élémentaires. Dans ces pays où les revenus par tête où les parents rencontrent souvent des difficultés financières, ces coûts occultes de l'éducation sont devenus si contraignants que l'achèvement de la scolarité primaire est devenu un problème majeur. Dans plusieurs pays à faible revenu, les enfants sont écartés de l'école par les coûts et par le besoin de compléter le revenu de la famille. Résultat : les taux d'inscription faibles et des taux d'abandon important dans beaucoup de pays en développement.

b)– Les effets de la corruption par le biais de la finance publique

La corruption affecte négativement la disponibilité et la qualité des biens et services éducatifs par son impact sur la finance publique. En effet, la corruption réduit les dépenses d'éducation, favorise le gaspillage et la mauvaise allocation des recettes de l'Etat, réduit la part des dépenses de l'éducation dans le PIB. Dans des pays où la corruption est élevée, les ressources ne parviennent pas dans leur intégralité aux écoles et aux universités, une partie est détournée par les responsables. D'après une étude de la Banque mondiale entre 10 et 87 % des dépenses non-salariales pour l'éducation primaire sont détournées.

6)– Comment lutter contre la corruption dans le système éducatif : quelques éléments d'orientation

Dans les sociétés qui se caractérisent par un Etat de droit, où il y a une véritable impunité, l'existence d'une transparence et la confiance, avec un service public qui dispose de code des services publics efficaces et de solides mécanismes de redevabilité sont en place, et au sein desquelles les medias sont indépendants et la société civile, la corruption ne peut prendre une grande proportion [Transparency international, rapport mondial sur la corruption : éducation, 2013]. Un Etat de droit est donc intrinsèquement un instrument de lutte contre la corruption et de respect du droit à l'éducation qui fait partie des droits humains. La lutte contre la corruption constitue donc la lutte pour un Etat de droit et la défense des droits de l'homme.

Plusieurs approches faites par différents auteurs pour lutter contre la corruption dans le système éducatif.

– Conrad Zellmann [2013] propose *l'approche CAJAC* : les centres d'assistance juridique et d'action citoyenne (CJAC) ont pour objectif l'autonomisation et la participation des citoyens dans la lutte contre la corruption. Les CAJAC encouragent les plaintes des citoyens au sujet des cas précis de corruption, et assistent les individus dans le suivi de ces plaintes. En Afrique, la CAJAC a été créée au Niger. Les mécanismes de signalement par les citoyens peuvent et doivent être intégrés aux efforts de réformes plus généraux des pratiques du secteur éducation. Les services d'assistance téléphonique pour lutter contre la corruption, les mécanismes de plaintes, les bureaux des médiateurs et d'autres instruments similaires complémentent les réformes des systèmes et peuvent contribuer à renforcer l'efficacité de la demande pour mettre un terme à la corruption et à engager les citoyens dans la lutte des abus. Et surtout, toutes les parties prenantes doivent systématiquement intégrer les données sur la corruption signalées par les citoyens dans leurs dossiers, afin qu'elles servent à orienter leurs décisions en matière de politiques et à suivre l'efficacité des réformes.

– Pour Namita Singh [2013], il faut *mobiliser la société civile grâce aux technologies de l'information et de la communication.* Pour l'auteur, les TIC offrent des occasions uniques de résoudre le problème de la corruption. Elles permettent de recueillir les données en temps réel à partir de divers endroits, ainsi que d'agréger rapidement les données et de publier les informations en ligne quasi instantanément. Les publics peuvent être atteints immédiatement et un large éventail de citoyens peut être mobilisé par le biais d'une plateforme unique. Plusieurs gouvernements ont créé et mis en œuvre des TCI afin de promouvoir la transparence par le biais de l'« e-gouvernance », définie par la Banque mondiale comme « utilisation par les instances gouvernementales des technologies de l'information (telles que les réseaux étendus (WAN), internet et les solutions informatiques mobiles qui ont la capacité de transformer les relations avec les citoyens, les entreprises et les autres branches du gouvernement ».

Il est amplement démontré que les initiatives d'e-gouvernance peuvent réduire la corruption de manière significative [T. Andersen, 2009].

Les avantages des TIC sont nombreux : l'e-gouvernance remplace la discrétion par l'automatisation, limitant les occasions pour les fonctionnaires corrompus d'extorquer des pots-de-vin aux citoyens qui dépendent d'eux pour les services ; elle laisse une trace numérique des communications et des prestations de services, qui permet d'assurer une grande redevabilité ; elle peut également faciliter le signalement rapide et anonyme d'actes de corruption et permettre une collecte étendue de données pouvant être extraites en vue de relever des anomalies.

– Les facteurs sources de responsabilisation : Le système éducatif responsable repose sur une législation prônant la transparence, sur une presse libre et sur une société civile active. En outre, les structures organisationnelles et les procédures administratives doivent être clairement définies et ancrées dans les principes de responsabilité et de transparence.

Les facteurs principaux qui détermineront le succès du système sont les suivants : des administrations politiquement indépendantes ; des règles de procédures de gestion bien définies ; des normes et des règles claires en matière de recrutement et d'avancement des enseignants, en fonction de leur mérite ; des critères d'admission des étudiants et d'examen clairement définis ; des codes de conduite ; des systèmes de contrôle du respect des règles et l'application de sanctions en cas d'infraction ; des règles en matière de conflit d'intérêts ; des organismes d'examen autonomes ; l'implication des parents, des enseignants et de la société civile dans la planification et la gestion ; l'accès à l'information ; des mécanismes de réclamation accessibles à toutes les parties prenantes (ainsi que des droits pour les personnes dénonçant des actes des commissions d'accréditation des institutions privées).

B)– Les conséquences de la corruption sur le système sanitaire

Le secteur de la santé est celui où se développe une corruption importante pour plusieurs raisons : Le budget consacré à la santé est estimé à 3 000 milliards de dollars par an. Dans les pays à faible revenu, les dépenses de la santé représentent 5 % du PIB et 15 % dans les pays de l'OCDE. La santé est un facteur capital pour la croissance économique et la réduction de la pauvreté. Les offres des marchés publics constituent des opportunités pour des fonctionnaires véreux. La demande de la santé concerne toutes les couches de la population quelles que soient les origines sociales et la population aspire légitimement à des soins de bonne qualité. Les corrompus de la santé publique, privée ou informelle trouvent ici un lieu pour abuser les patients en développant des petites corruptions. Celles-ci touchent en grande partie les couches sociales défavorisées qui sont prêtes à mettre leurs petits revenus, ce qui aggrave la pauvreté.

Il existe plusieurs types de corruption dans le système de santé et qui ont des conséquences désastreuses sur les infrastructures sanitaires et la santé humaine.

1)– La vulnérabilité du secteur de la santé

Dans une étude faite par les services du premier ministre du royaume du Maroc en 2011, huit facteurs favorisant la corruption dans le secteur de la santé ont été retenus. Les principaux peuvent être énumérés.

– La corruption est un comportement banalisé dans ce sens qu'elle est devenue « un fait de société » et peut être qualifiée « maladie de la société ». Il y a une prédisposition de la population à « corrompre ». L'influence exercée sur la victime de la corruption par son environnement direct ou indirect (famille, entourage, media...) accentue la propagation de ce phénomène et sa transmission vers les générations futures.

– Une confiance altérée envers les services de la santé. Il y a de plus en plus une méfiance des citoyens envers les services de santé « rendus par l'Etat ». Tout comportement par le personnel de la santé, positif ou négatif, est souvent interprété comme une pression morale ou une incitation « implicite à la corruption ».

– Une connaissance limitée de mesures anticorruption mises en place. Ainsi, la mise en place par le ministère de la santé de certaines dispositions en faveur des citoyens sont mal comprises. « En effet, la non satisfaction de leurs besoins acquis offerts par l'Etat est souvent interprétée par une incitation à la corruption ».

– Une insuffisance des mécanismes de dénonciation. Pour le grand public, l'impunité de certains acteurs de la corruption pris sur le fait et en flagrant délit accentue la suspicion du grand public envers l'équité du système réglementaire et judiciaire et « décourage toute dénonciation par les victimes de la corruption ». Une enquête a révélé que 63 % de la population enquêtée juge que la dénonciation des actes de la corruption ne sert à rien ou que les responsables pris sur le fait ne seront « jamais poursuivis », les 37 % restants souhaitent tout simplement ne pas avoir des problèmes.

– Une couverture spatiale en personnel de santé non équilibrée. Le système de santé au Maroc est caractérisé par une pénurie notoire en personnel de santé particulièrement au niveau des médecins, sages-femmes et infirmiers d'une part et par des dispositifs de management de la performance insuffisants d'autre part.

– Des mécanismes de contrôle peu renforcés. Les insuffisances en matière de contrôle de conformité des activités, aux dispositions réglementaires régissant les professions de la médecine concernent aussi bien le secteur privé que public. Le renforcement de ces mécanismes permettrait de réduire la corruption.

U4 ISSUE [2009] a rappelé les études faites pour montrer que le secteur de la santé est vulnérable à la corruption « par la multiplicité des niveaux avérés comme extrêmement sensible au phénomène ».

Le secteur de la santé se caractérise à la fois par un grand déséquilibre de l'information et par le manque d'élasticité de la demande en services [Vian, 2002, 2007].

Du fait du pouvoir discrétionnaire des prestations dans le choix des services qu'ils proposent, les patients se trouvent dans une position fragile. Dans la plupart des pays, les professionnels de la santé jouissent du statut culturel de guérisons fiables, au-dessus de tout soupçon [Savedoof, 2004].

Protégés de la concurrence ou de la responsabilité externe, les systèmes proposent des prestations publiques directes sont généralement peu productifs [Savedooff, 2004].

Le degré de décentralisation et d'individualisation des services est tel que la standardisation et le contrôle des prestations de services et des achats publics reste une tâche complexe, en particulier dans les pays en développement, qui disposent de faibles capacités de contrôle [PNUD, 2003].

Les risques de corruption sont particulièrement élevés aux différents niveaux suivants : les prestations de services par le personnel médical ; la gestion des ressources humaines ; la sélection et l'utilisation de médicaments ; l'approvisionnement en médicaments et matériel médical ; la distribution et stockage des médicaments ; les systèmes de contrôle et la budgétisation et détermination des prix.

Le financement de la santé est également source de corruption. En effet, un système de financement du secteur de santé est vulnérable à la corruption au niveau des contrats publics qui peuvent dégrader la qualité des services, comme par exemple les honoraires illégaux, les vols, l'absentéisme et des pots-de-vin en échange de subventions à l'achat de matériel médical.

Pour Karen Hussman [2012], les facteurs qui contribuent à la grande vulnérabilité des systèmes de santé à la corruption seraient l'incertitude, l'asymétrie de l'information.

L'incertitude sur l'efficacité des traitements médicaux, ou en raison de l'impossibilité de prédire qui tombera malade, quand et de quel genre de pathologie ou encore, du fait de difficultés à différencier un système de santé d'un autre, autant de portes ouvertes à l'inefficacité et aux abus. Les systèmes de santé étant déficients, il est difficile de fixer les normes de redevabilité et de punir les professionnels de santé qui dispensent des soins de mauvaise qualité. Les patients, soumis au monopole des prestations de services publics et limités par l'éloignement, le manque de disponibilité ou le coût élevé de soins privés, ne sont pas en mesure de comparer les offres de soins médicaux. Le choix des consommateurs ne peut donc opérer comme régulateur.

Le secteur de santé se caractérise aussi par une grande asymétrie d'information, source de corruption. Face à des prestations de soins qui jouissent de pouvoir discrétionnaire et peuvent donc abuser de leurs positions, les patients sont vulnérables. L'asymétrie de l'information biaise par ailleurs les prescriptions médicales.

2)– Les types de corruption dans le système de santé.

La corruption dans le secteur de santé se manifeste de plusieurs manières :

– *Les paiements informels*. C'est un paiement réalisé en liquide ou en nature pour des services facturés à un tarif supérieur aux honoraires officiels, c'est « la corruption de survie » parce que ce paiement est censé « combler » les faibles salaires distribués à une catégorie du personnel de la santé. Les patients acquittent des frais officieux pour accéder à des services médicaux, censés être gratuits pour réduire leur temps d'attente, recevoir des médicaments, un traitement ou des repas en cas d'hospitalisation.

Ottar Maestard et Aziza Mwisingo [2007] ont montré que si les patients versant une commission informelle espéraient avoir une bonne qualité de soins, ils n'étaient pas aucune assurance de disposer d'un meilleur traitement. Cependant les paiements informels sont susceptibles d'altérer la qualité des soins médicaux d'au moins trois manières différentes :

i)– Par exemple un médecin qui prétend être en rupture de stock propose bien souvent de vendre des médicaments de ses réserves personnelles ou sur lesquels il touche une commission, des pratiques qui contribuent à rallonger le temps d'attente pour les consultations ou le traitement, et altèrent la qualité des services. De leurs côtés, les systèmes corrompus, les patients qui refusent de payer des pots-de-vin se voient administrer des soins médicaux de qualité inférieure.

ii)– La qualité d'une consultation reposant généralement sur plus d'un intervenant, il est fréquent que le personnel médical exige une part du paiement dû avant d'entamer le traitement d'un patient, ce dernier étant souvent mal reçu. De même, les employés de la santé qui suspectent une répartition inégale de commissions seront susceptibles de vouloir prendre des sanctions et d'arrêter de prodiguer de soins de qualité.

iii)– Enfin, il arrive malheureusement que la qualité des soins soit interprétée comme un signe de subordination du personnel. Néanmoins, les mêmes auteurs ont identifié certains mécanismes selon lesquels les paiements informels peuvent potentiellement devenir des vecteurs de qualité des soins médicaux. Tout d'abord, un employé de la santé essentiellement motivé par l'argent ne s'efforcera d'offrir des soins de qualité que s'il obtient une compensation directe pour les frais engagés.

La possibilité de soutirer des commissions aux patients peut générer une certaine concurrence autour de ces paiements, et donc inciter le personnel à assurer les soins de meilleure qualité, une fois de plus, uniquement là où les patients pourront en être témoins. Une telle concurrence est toujours susceptible d'ébranler la coopération dont les cadres devraient faire preuve pour offrir des services de qualité.

– Les soins privés/le renvoi de patients vers le cabinet du prescripteur/l'absentéisme

Pour compléter leur maigre salaire, les médecins du secteur public sont autorisés à exercer des soins à titre privé. Cependant, on constate par exemple que, pendant leurs heures de service public, les médecins effectuent des consultations privées dans les installations publiques, ou qu'ils renvoient des patients du système public vers leur cabinet privé. Il en découle un taux d'absentéisme élevé, synonyme du gaspillage considérable des ressources publiques.

– La formation, la vente d'accréditations ou de postes et l'habilitation à exercer

L'influence politique, le népotisme et le favoritisme sont susceptibles de biaiser à la fois la sélection des candidats aux formations médicales, les affectations, recrutements et promotions et l'habilitation du personnel de la santé. L'enseignement est un domaine particulièrement sensible, et les étudiants qui acceptent de verser des commissions pour obtenir leur place dans une école de médecine ou leur diplôme menacent les compétences du personnel médical bien formé. Selon Natalia Rumyantseva [2005], l'enseignement supérieur a une influence décisive sur les valeurs et les convictions des jeunes sur les notions de bien et de mal et donc, sur les dirigeants du pays. La corruption dans l'enseignement supérieur est donc un problème de premier ordre

– La fraude dans les soins médicaux

Dans les pays où le gouvernement ou les assurances maladie peuvent facturer leurs services, les possibilités de fraudes sont nombreuses, parmi lesquelles la facture de services fictifs, la surfacturation, la prescription de traitements superflus ou la réalisation d'interventions inutiles.

– Les conflits d'intérêt

La perspective de gains pécuniaires peut influencer les décisions d'un médecin et l'amener à prescrire des interventions ou des traitements inutiles. Les consultations sont donc basées sur l'aspect rémunérateur des soins effectués plutôt que sur les besoins médicaux du patient. Les relations douteuses, financières ou non, qu'entrainent certains médecins avec les sociétés et pharmacies. [K. Hussman, 2012].

– Favoritisme (ou népotisme). Divers types de faveurs accordées par les professionnels de la santé, directement ou indirectement, aux membres de leurs familles, leurs amis ou collègues, ou indirectement à travers un intermédiaire ou une personne influente (administration centrale, autorités locales, élus...) sans considération du mérite ou de l'équité, des aptitudes ou des capacités. Les faveurs accordées concernent aussi bien les prestations rendues dans le cadre de l'offre de soins (accueil, traitement de faveur admission,...) que les modes transversaux de gestion (affectation du personnel de santé, mutation, marchés publics).

– Accaparement du temps, du matériel et des locaux à titre privé. Peut être associé à l'abus de biens sociaux, ce type de corruption se manifeste lorsqu'il y a utilisation du temps, du matériel et des locaux d'établissements publics à titre privé. Il se traduit notamment par :

– L'exercice de manière illégale par des professionnels de santé de la fonction publique (médecins, infirmiers,...) d'activités de médecine dans les cliniques ou des laboratoires privés sans avoir d'autorisation et au détriment des établissements publics se traduisant par des absences et des retards.

– L'usage au niveau des établissements de soins publics (centre de radiologies, laboratoire,...) des équipements, du matériel et des consommables au profit des laboratoires d'analyse biologique ou de radiologie privés.

– La vente de médicaments par des pharmacies des établissements de soins publics aux officines privés.

G. Blundo et J-P Olivier de Sardan [2007] ont également énuméré quelques formes de la corruption dans une étude faite sur *Etat de corruption en Afrique.*

– Petits cadeaux et favoritisme généralisés

Les agents de santé ne voient pas dans les cadeaux une forme de corruption. « Il n'y aurait corruption, selon eux, que si le soignant reçoit « quelque chose » pour une faveur indue ou un acte illégal ». C'est la contrepartie d'un service rendu donné spontanément par un patient, c'est donc un cadeau qui ne serait pas condamnable. Du point de vue des usagers, les diverses formes de gratification, souvent « sollicitées » plus ou moins directement, relèvent bien souvent de la corruption.

– Sur-tarification

La sur– tarification est souvent la forme spécifique que prend, dans l'univers de la santé, le « tribut » ou « péage ». Ce surcoût peut certes parfois affecter la forme « douce » de la gratification, le « cadeau », plus ou moins à la discrétion du donateur, plus ou moins volontaire. Mais il tourne aussi à la surfacturation exigée. En effet, les usagers doivent bien souvent, en plus des frais de consultation, payer un supplément officieux tarifé d'office, exigé, présenté comme s'il s'agissait d'un paiement officiel, avant de recevoir les soins.

– La protection du secteur informel illégal

Ce sont des cabinets de soins privés non autorisés, mais qui pullulent dans tous les pays. « Les autorités sanitaires chargées de faire respecter cette législation sont en fait celles qui assurent la protection de ces cabinets contre rétribution à Malanville ou Parakou. Parfois les contrôleurs présumés sont propriétaires eux-mêmes de tels cabinets illégaux et se trouvent dans l'impossibilité d'interdire aux autres ce qu'ils pratiquent par ailleurs » [Enquête Bénin]. Non seulement les colporteurs de médicaments ou tenanciers de « pharmacies par terre » sillonnent partout les rues de villes comme les campagnes en vendant des produits issus bien souvent de contrebande ou de détournements, sans être jamais inquiétés, mais de plus les grossistes qui les fournissent ont pignon sur rue dans les principaux marchés, et semblent intouchables.

3)– Les conséquences de la corruption sur le système de la santé

On peut distinguer les impacts économiques et sociaux de la corruption dans le système de la santé.

La corruption comme on l'a dit plus haut sur le plan macro-économique et financier amenuise les ressources nationales et internationales nécessaires pour le développement économique et social des pays où le taux de la corruption est élevé. « Les pays corrompus, dont la croissance économique sera de ce fait limitée, dégageront donc moins de ressources publiques pour les investissements, dans le secteur de la santé, notamment » [U4 ISSUE, 2009].

Sur le plan de la santé, le détournement des fonds sous ses plusieurs formes provoque la pénurie des ressources publiques destinées à l'acquisition des infrastructures et des médicaments pour la population. Le secteur est ainsi dépourvu de ressources pour payer les salaires et financer les services de la santé et l'entretien des équipements. Le personnel en ressort démotivé, la qualité des soins en pâtit et les services de la santé s'en trouvent à la fois moins disponibles et moins utilisés [Lindelow et Sernells, 2006]. Des études ont montré que la corruption avait un impact négatif majeur sur les indicateurs de santé tels que la mortalité infantile, l'éducation des filles, les dépenses de la santé et le niveau d'urbanisation [Gupta *et al*, 2002]. Par contre, la diminution de la corruption peut contribuer à l'amélioration de la santé publique, grâce à une meilleure utilisation des dépenses publiques [Azfar, 2005].

Lewis [2000] a montré dans le cadre d'une étude faite en Europe de l'est et en Asie que la corruption sous la forme de paiements informels des soins tend à limiter l'accès aux services de santé, en particulier pour les plus pauvres, et pousse les malades à ajourner leurs consultations médicales. En revanche, lorsque les paiements sont effectués à titre de contribution aux coûts médicaux, ils participent de l'efficacité du système, puisqu'ils contribuent à la prise en charge d'un nombre plus élevé de patients pour un coût additionnel limité.

Les pots-de-vin versés pour contourner la réglementation en matière de médicaments et produits pharmaceutiques a permis la dilution des vaccins en Ouganda et a contribué à aggraver le problème croissant de la contrefaçon des médicaments dans le monde. La consommation de médicaments dont le principe est altéré peut provoquer une pharmaco résistance, en plus de faire peser la menace d'une propagation de pandémie et de nuire gravement à la santé des patients. Les composantes des médicaments peuvent en effet être toxiques ou totalement inactifs, ce qui d'après le groupe spécial international anti-contrefaçon de produits médicaux contribue à saper la confiance du public dans les médicaments pourtant essentiels [IMPACT et OMS, 2006]. Par ailleurs, en raison des vols et des détournements des médicaments vers les pharmacies privées, la corruption peut également entrainer des pénuries dans les centres médicaux publics, et donc de provoquer une diminution de leur fréquentation. Du fait de la corruption dans les contrats publics, les infrastructures publiques demeurent médiocres, alors que le coût des équipements augmente. Le budget restant pour les prestations de services s'en trouve fortement limité.

La promotion peu morale de médicaments et des conflits d'intérêts entre médecins sont d'autres facteurs qui nuisent à la qualité du secteur de la santé. D'après Jérôme Kassirer [2006], si elles ne sont pas strictement réglementées, les activités de promotion et les différentes interactions entre sociétés pharmaceutiques et médecins peuvent amener ces derniers à déroger à la déontologie médicale.

La mise en cause des droits humains par la corruption. Se soigner est un besoins fondamental de l'être humain auquel il doit avoir accès dans des conditions équitables. La corruption est une entrave à ce droit fondamental.

4)– Comment lutter contre la corruption dans le secteur de la santé : Quelques orientations

L'importance du secteur de la santé dans une société a amené des structures nationales et internationales ainsi que des chercheurs à proposer des pistes de réflexion pour une bonne gouvernance du système de la santé publique.

Karen Hussman a proposé des actions. « Pour empêcher toute possibilité de corruption, il est particulièrement important de créer des mécanismes de promotion de la transparence et de veiller à ce que chacun rende compte de ses résultats ». L'auteur propose des mesures juridiques, institutionnelles et de gestion de performances pour prévenir et réprimer la répression. Il évoque la sensibilisation, la prévention, la détection et la sanction de la corruption.

– La sensibilisation qui comprend la formation au tour du cadre déontologique/juridique ; l'instruction scolaire et universitaire ; l'information sur les droits des patients et la création des associations professionnelles.

– La prévention concerne l'assimilation des règles et procédures administratives ; le régime en matière de conflits d'intérêts /déontologie ; l'accès à l'information et la redevabilité.

– Les poursuites et sanctions : les enquêtes ; les mesures disciplinaires ; les sanctions pénales et les sanctions sociales.

– La détection concerne le contrôle interne ; les mécanismes de traitement des plaintes ; la protection des lanceurs d'alerte et l'audit.

Il faut également intégrer les stratégies anti-corruption dans les politiques et plan de santé publique. Deux modèles ont été élaborés dans le cadre d'une application systématique de cette analyse au secteur de la santé.

Sur la base du modèle de l'organisation mondiale de la santé (OMS), intégrer un ou plusieurs diagnostics de corruption et des stratégies palliatives à la réforme des systèmes de santé publique. La méthode de renforcement des systèmes de santé mise en place par l'OMS fournit un modèle qui permet à la fois d'aborder le problème de la corruption de manière systématique et d'améliorer la transparence et la redevabilité dans le secteur. Elaborée en six volets, elle met en avant l'importance du leadership et de la gouvernance et vise à intégrer une dimension de gouvernance, de transparence et de redevabilité aux cinq autres volets : financement de la santé (paiements informels, vol de médicaments à petite échelle, renvoi vers les cabinets privés) ; personnel médical (absentéisme, achat de situations, corruption dans la formation du personnel) ; technologie des produits médicaux (pots-de-vin et des commissions dans les procédures d'achat, détournement de médicaments à grande échelle) ; manque d'information, manque de transparence, pas de compte à rendre les résultats ; financement de la santé (fuites budgétaires, fraude dans les procédures d'achat, et détournement des honoraires).

Pour justifier le besoin de lutter contre la corruption dans les systèmes de santé, les responsables des questions de santé des agences de développement devraient procéder à un diagnostic documenté des niveaux de corruption perçue et vécue et des risques d'abus susceptibles d'affecter les performances des différents volets de la stratégie. Un gouvernement s'engagera sans doute davantage s'il est possible de lui démonter l'impact de corruption sur les résultats des systèmes de santé et les bénéfices potentiels qu'impliquerait le recul de cette dernière.

L'instauration de nouveaux plans de santé nationaux constitue une occasion idéale pour intégrer des stratégies de renforcement de la gouvernance et de lutte contre la corruption du secteur. Les nouveaux plans devraient refléter les priorités en matière d'intervention anti-corruption et prévoir des critères de référence et des indicateurs appropriés pour effectuer le suivi des progrès réalisés. La définition de ces priorités devrait se baser sur les conclusions de l'analyse de vulnérabilité et sur les résultats de faisabilité déterminés par l'analyse économico-politique

Section 5 –
La corruption sur le système judiciaire

Le système judiciaire constitue le pilier de l'Etat de droit, donc de la démocratie. La corruption du système judiciaire remet en cause les principes démocratiques tels que l'égalité et l'équité entre les citoyens, l'impunité et la justice impartiale.

La corruption du système judiciaire constitue un obstacle majeur à la mise en place des instruments qui doivent la combattre. « L'accès de tous les citoyens à la justice est depuis longtemps considéré comme pierre angulaire de la démocratie, de la bonne gouvernance, et d'un développement efficace et équitable » [Carolyn Logan, 2017]. Le pouvoir judiciaire ou « troisième pouvoir » est le dépositaire de l'Etat de droit et le précurseur de la justice et des droits de personnes. L'Etat de droit donne la possibilité à tout citoyen de soumettre à un juge ses griefs et un tribunal impartial.

Le respect l'Etat de droit est possible à trois principales conditions : *Premièrement*, nul ne peut

être contraint de subir des dommages corporels ou matériels sauf en cas de violation du droit distincte établie de manière légale devant les tribunaux ordinaires du pays ; *deuxièmement*, l'Etat de droit suppose, non seulement que personne n'est au-dessus de la loi, mais également que toutes les personnes, hommes ou femmes, quel que soit leur rang ou leur condition, sont soumises aux lois ordinaires du pays et à la compétence des tribunaux ordinaires ; de plus, les principes de justice naturelle doivent être observés et la protection des libertés individuelles garanties [Dicey, 1979].

La corruption judiciaire désigne toute influence indue sur l'impartialité du processus judiciaire, par tout acteur du système judiciaire. Par exemple, un juge peut accepter ou rejeter des preuves pour justifier l'acquittement d'un accusé coupable mais jouissant d'une position politique ou sociale élevée. [Transparency international, 2007].

La corruption judicaire consiste essentiellement en des actes ou des omissions qui se traduisent par l'utilisation de l'autorité publique au profit des juges, du personnel judiciaire et des autres personnels du secteur de la justice, aboutissant à la prise des décisions inappropriées et injustes. Au nombre de ces actes figurent la corruption, l'extorsion, l'intimidation, le trafic d'influence, les abus de procédures judiciaires à des personnelles et toute influence inappropriée sur l'impartialité du processus judiciaire, de la part de tous les acteurs interne ou externes du système judiciaire [CEA, 2018].

Cette partie va donner des éléments concernant les types de corruption dans le système judicaires, ses conséquences sur le fonctionnement de la démocratie et comment lutter contre la corruption dans le système judiciaire.

A)– Les types de corruption dans le système judiciaire

Transparency international [2007] distingue deux principaux types de corruption qui affectent de plus le corps judiciaire : l'ingérence politique du pouvoir exécutif ou législatif dans les procédures judiciaires et le recours au pot-de-vin. Certains auteurs ont également développé des autres formes de corruption dans le système judiciaire.

a)– L'ingérence politique et les pots-de-vin

i) L'ingérence politique dans les procédures se traduit par la menace, l'intimidation ou le « simple » soudoiement des juges par la manipulation des nominations judiciaires, des salaires et des conditions d'emploi.

– Influence indue de l'exécutif et du législatif.

Dans les pays corrompus les pouvoirs exécutif et législatif exercent un contrôle important sur le judiciaire. Celui-ci est souvent perçu comme une « chambre d'enregistrement » du gouvernement. Les magistrats peuvent se croire obligés de répondre favorablement aux demandes des puissants pour conserver leur propre statut. Dans les systèmes judiciaires corrompus, au lieu d'exercer un contrôle sur le gouvernement pour garantir les libertés civiles et les droits humains, les magistrats se font souvent les défenseurs des intérêts de l'Etat contre les droits des individus. Dans de nombreux pays, le président a le pouvoir de récompenser les juges qui se soumettent à ses désirs en offrant des équipements de bureaux modernes, de meilleurs logements et des voitures neuves [Mary Noel Peps, 2000].

– Craintes de représailles.

L'une des raisons pour lesquelles un magistrat pourrait rende une décision, non basée sur les faits et les lois en vigueur, est la crainte de représailles de la part des responsables politiques, de juges de juridictions supérieures, d'individus influents, du grand public ou des médias.

Plutôt que de risquer des mesures disciplinaires, une rétrogradation ou un transfert, les magistrats préféreront appliquer une décision politiquement acceptable qu'une décision juste [Mary Noel Pepys, 2007].

ii)-Les pots-de-vin

Le paiement de pots-de-vin peut intervenir à tous les niveaux d'interaction du système judiciaire : les fonctionnaires de justice peuvent extorquer de l'argent pour des tâches qu'ils sont de toute façon tenus de faire, les avocats peuvent exiger des « honoraires » supplémentaires d'un pot-de-vin. Pour leur part, les juges peuvent accepter des pots-de-vin pour retarder ou accélérer une affaire, accepter ou rejeter une procédure d'appel, influencer d'autres juges ou, simplement, trancher une affaire dans un sens donné.

Quand les accusés ou les justifiables doutent de l'honnêteté des juges et de procédure judiciaire, ils sont beaucoup plus susceptibles de soudoyer les fonctionnaires de la justice, les avocats et les juges pour parvenir à leurs fins.

b)- Autres formes de corruption dans le système judicaire

G. Blundo et J-P Olivier de Sardan [2007] ont fait les registres de la petite corruption dans l'appareil judicaire. Les auteurs ont montré trois cas de figure dans ce registre. L'un concerne les petits fonctionnaires de justice concourant quotidiennement à la délivrance de divers actes relevant de la compétence de l'administration judiciaire. Un autre a rapport avec le juge dans ses relations multiformes avec le milieu social. Un troisième cas traite du détournement des deniers publics qu'on retrouve aussi dans les institutions judiciaires. Les trois cas se trouvent dans la plupart des administrations publiques des pays étudiés.

Le paiement de commissions indues

Au sein de l'appareil judiciaire, la demande d'actes d'état civil ou judiciaire est toujours forte : certificats de nationalité, extraits de casiers judiciaires, jugements supplétifs etc. La délivrance de ces documents est presque subordonnée à quelque chose. Le citoyen doit « payer » pour gagner du temps ou être recommandé. Cette forme de corruption, appelée corruption de survie « ne concerne pas les juges, mais plutôt des petits fonctionnaires de la justice assurant les tâches d'administration dans les tribunaux ».

L'activation de liens personnels avec le juge

Le juge vit aussi les pressions sociales venant de son milieu familial et des réseaux sociaux et autres cercles de solidarité auquel il appartient (parti politique, amitié, voisinage, ethnie, promotion, confrérie, etc.). En effet, il n'est pas rare qu'un parent, un ami ou une connaissance intervienne auprès du juge pour lui-même ou au profit d'un justiciable. Il n'est pas rare que les compensations financières soient proposées au juge à travers les relations personnelles.

Le détournement des deniers publics

Le détournement des deniers publics, qui participe également de la corruption ordinaire, est également identifiable dans les institutions judiciaires.

La négociation des peines

Les pratiques corruptives dans l'appareil judiciaire reposent largement sur une manipulation des registres normatifs qui régulent le système de sanction que les magistrats sont précisément chargés d'appliquer. Ce système de sanction est sous-entendu par une division du travail organisée par une pluralité de textes juridiques dont les plus connus sont le code pénal et le code de procédure pénale. Le magistrat occupe une place centrale puisqu'il revient d'appliquer le système de peine institué pour gérer les entraves à l'ordre public établi. Le développement de la corruption dans le système judiciaire institue la négociation des peines, non pas sur des bases ouvertes et publiques, mais à partir des pratiques occultes mettant à jour d'autres règles de jeu et des logiques parallèles largement indépendantes de celles des textes censés régir le fonctionnement de la justice. Il en découle un système des peines peu rigide, malléable, réversible et induisant assez souvent une application sélective selon les acteurs concernés et les ressources qu'ils sont capables de mobiliser. Aussi, la justice est-elle soumise à des transactions marchandes incessantes dont l'enjeu est variable selon la position qu'occupent les acteurs stratégiques du système judiciaire. Les opportunités de corruption y sont nombreuses. Elles sont directement liées aux différents pouvoirs attribués par les dispositions légales aux magistrats.

Le classement sans suite

C'est une manifestation du pouvoir du procureur que de poursuivre ou non un individu qui fait l'objet d'une accusation.

Ainsi le parquet, à ce stade initial de la procédure, est l'objet de sollicitations incessantes dont le but est de dissuader le procureur et les substituts d'appliquer leur pouvoir de mettre en accusation. Ils peuvent aussi recevoir de leur hiérarchie l'ordre de classer sans suite, tout comme ils peuvent être « démarchés » par (pour) un prévenu potentiel, moyennant rétribution, afin de stopper la procédure déclenchée.

Une justice parallèle

Beaucoup de litiges n'arrivent même plus à la justice. Ils sont réglés à sa porte par les agents de la police dans les commissariats, parfois à l'insu des juges moyennant finances. Les agents de police utilisent en cela un pouvoir de détention arbitraire, sous le couvert de garde à vue autorisée par la loi pour régler de nombreuses affaires qui arrivent au commissariat. La crainte d'être enfermé dans les geôles insalubres de la police judicaire pousse souvent les usagers à marchander leur liberté en cherchant un règlement à l'amiable, même quand ils sont mis en cause avec raison. De simples contentieux personnels ou privés sont traités selon un registre pénal informel, la police judiciaire utilisant en cela la peur de la prison de l'usager et, de tentations et de pressions. Ce sont là des pratiques qui font de la police judiciaire est <un véritable espace rentier pour l'agent qui y est affecté. !

La marchandisation de la liberté provisoire

Ce pouvoir souverain du juge d'instruction fait également l'objet de négociations. Compte tenu de la lenteur judiciaire, les décisions du juge d'instruction sont déterminantes dans le processus judiciaire. C'est pourquoi celui-ci est toujours l'objet, de la part des usagers-prévenus, de toutes sortes de sollicitations, de tentations et de pressions, dont le but est la production de décisions de faveur épargnant les affres de la détention. Le procureur peut décider d'accorder « la liberté provisoire ». Cette décision est devenue une source de rentes pour les juges.

B)– Les causes de la corruption dans le système judiciaire

Les causes de la corruption dans le système judiciaire sont nombreuses. Parmi celles-ci ont peut énumérer fondamentalement le manque d'indépendance du pouvoir judiciaire dans la majorité des pays africains qui explique le niveau élevé de la corruption en Afrique. En effet, les mandats et les nominations des juges relèvent du pouvoir discrétionnaire du pouvoir exécutif qui les rend très vulnérables face aux influences indues de l'exécutif.

Les autres causes sont l'insuffisance du financement et la faible rémunération des juges et autres personnels des tribunaux ; la non-participation des juges et des magistrats à la réforme du pouvoir judiciaire ; le manque de capacité interne tant en ce qui concerne les compétences pertinentes et que des installations inadéquates, en particulier les technologies de l'information et des communications (TIC) ; la formation insuffisante des juges, des magistrats et du personnel judiciaire sur les questions de corruption ; l'absence de lois ou de règles claires régissant la déclaration des avoirs et des cadeaux reçus dans l'exercice de fonctions judiciaires et l'absence de mécanismes forts et efficaces pour contrôler les retards pour rendre les arrêts. [CEA, 2018].

Le recrutement de candidats inadéquats à la fonction d'officier de police génère des risques de corruption. Le processus de recrutement peut être lui-même corrompu ou biaisé, ce qui entraine le recrutement de candidats non-qualifiés.

C)– Les conséquences de la corruption dans le système judiciaire

La corruption porte atteinte au pouvoir judiciaire, érode sa légitimité, fragilise son pouvoir et son autorité et ébranle la confiance dans la gouvernance. En outre, la corruption dans le système judiciaire incite les autres pouvoirs de l'Etat à se livrer à des actes de corruption, convaincus qu'ils peuvent s'en sortir, y compris en corrompant des fonctionnaires de la justice.

La corruption dans le système judiciaire se manifeste à travers des faits tels que la disparition de dossiers, le report injustifié d'audiences, les coûts élevés des poursuites et des frais de justice, la grande capacité de création de réseau et l'établissement de relation entre d'anciens camarades de promotion fortunés et le personnel du système judiciaire, ainsi que les liens politiques entre privilégiés [opt cité].

La perte de confiance des citoyens envers la justice de leurs pays est liée à la corruption envers le système judiciaire. La perception de corruption envers les juges et magistrats représente 33 % de la population alors que ce chiffre est 45 % pour la police. Plus de la moitié des maliens, libériens et camerounais pensent que la « plupart » de leurs juges et magistrats ou « tous » sont corrompus. [C. Logan, 2017]. Ainsi, les hésitations à déposer des plaintes viennent du fait que la population met en cause l'intégrité du personnel et des processus judiciaires et les traitements inéquitables. Cette vision est plus développée chez les pauvres car pour eux les tribunaux favorisent les plus riches et puissants et que le personnel exigera des pots-de- vin.

D'une façon générale, la préservation et le maintien de la confiance du public sont les indicateurs clefs de l'opportunité judiciaire. « Lorsque l'intégrité du pouvoir judiciaire est remise en cause, les décisions qu'il rende perdent leurs fondements que sont l'équité et la prévisibilité et, chose plus grave, l'Etat de droit est relégué au second plan. Pour que le pouvoir judiciaire soit efficace dans la lutte contre la corruption, il doit non seulement être incorruptible, mais également être perçu comme tel » [CEA, 2018].

D)– Quelques éléments de lutte contre la corruption dans le système judiciaire

Richard E. Messick et Sofie A. Schütte [2015] ont proposé quelques outils pour réduire les risques de corruption dans le système judiciaire :

Création d'un système de normes professionnelles et de directives décisionnelles et opérationnelles transparentes et détaillées : Les normes détaillées doivent permettre d'identifier les corruptions et constituent ainsi un premier type d'outil d'évaluation des risques et de détection de la corruption et des abus. Des études ont montré que l'existence de critères stricts et cohérents pour le classement ou la poursuite des affaires, sous le contrôle de superviseurs, réduit la fréquence de la corruption des procureurs [Buscaglia et Ruiz, 2002]. En outre, les normes professionnelles ou des codes de déontologie définissent ce qu'est une conduite acceptable et dans quelles conditions. Ceux-ci doivent être rendus publics et inclus dans les formations et évaluations professionnelles. L'association internationale des procureurs (AIP) a adopté *les normes de responsabilité professionnelle et déclaration des droits et des devoirs essentiels des procureurs et poursuivants*, qui fournissent un modèle de référence à partir duquel construire des normes adaptées au système des différents pays [IAP, 1999].

Mise en place de systèmes de gestion et de contrôle interne efficaces. Les dossiers complexes ou sensibles peuvent être pris en charge par plusieurs procureurs, ce qui permet un examen par les pairs et une vérification des décisions. Les institutions jouissant d'un bon fonctionnement ont pris l'habitude de gérer certains dossiers de manière collective, de rendre obligatoire la validation par le procureur général de toute décision importante, et de réaliser des évaluations régulières des évolutions de prise de décision et des réseaux dans lesquels s'inscrivent les membres du personnel. Cela vaut particulièrement pour les groupes qui s'occupent d'affaires impliquant d'importantes sommes d'argent, des crimes graves, des groupes criminels organisés ou des crimes politiques.

Déclaration de patrimoine, de revenus, de passif et d'intérêts. Il peut être imposé de déclarer le patrimoine des procureurs : leur patrimoine et les intérêts financiers qu'ils /elles détiennent ; leurs sources de revenus (rémunération, revenus d'investissements etc.) ; leur passif (crédits et dettes contractés, etc.) ; l'occupation de poste et l'exercice de fonctions ou d'activités accessoires (par exemple consultant) dans le public ou privé, rémunéré ou pas ; tout autre intérêt ou relation qui crée ou puisse créer un conflit d'intérêt.

Certains moyens de lutter contre la corruption peuvent être les suivants et développés par Transparency international [2007].

Les nominations judiciaires. Le fait de ne pas nommer les juges au mérite peut favoriser la sélection de juges influençables et corrompus.

Les conditions de travail. Les petits salaires et les conditions de travail incertaines, notamment l'injustice des procédures de promotion et de mutation ainsi que le manque de formation continue, rend les juges membres du personnel judiciaire sensibles à la corruption.

La transparence. Le manque de transparence des procédures judiciaires empêche les média et la société civile de contrôler les activités des tribunaux et de dénoncer les cas de corruption judiciaire.

Attribution des dossiers et administration judiciaire. Une attribution des dossiers selon des critères clairs et objectifs, administrée par les juges régulièrement évaluée, évite de voir certaines affaires confiées à des juges favorables au gouvernement ou milieux d'affaires.

Accès à l'information et formation. Les juges doivent pouvoir accéder facilement à la législation, à la jurisprudence et aux procédures judiciaires et recevoir une formation initiale avant ou lors de leur nomination, ainsi qu'une formation continue tout au long de leur carrière. Celle-ci doit notamment comprendre une formation dans les domaines comme l'analyse juridique, l'explication des décisions, la rédaction des jugements et l'administration des dossiers, ainsi qu'une formation éthique et sur la lutte contre la corruption.

Inamovibilité. Elle devrait être garantie aux juges pendant environ 10 ans, sans possibilité de reconduction, car les juges adaptent généralement leurs verdicts vers la fin de leur mandat dans la perspective d'être reconduits.

Obligation de rendre des comptes (redevabilité) et discipline comprend :

– L'immunité. Une immunité limitée pour des actes liés à la fonction judiciaire permet aux juges de prendre des décisions sans craindre d'action civile. L'immunité ne vaut pas le cas de corruption.

– Procédures disciplinaires. Les règles disciplinaires garantissant que l'appareil judiciaire vérifie d'abord vigoureusement toutes les allégations pesant sur un juge. Un organe indépendant sera chargé d'examiner les plaintes déposées contre les juges et devra justifier ses décisions.

– Procédures de révocation transparente et équitable. La révocation d'un juge obéit à des règles strictes et astreignantes. Les mécanismes de destitution des juges doivent être clairs, transparents et équitables et toute décision doit être justifiée. En cas de constat de corruption, un juge est passible de poursuites pénales.

– Droit à un traitement équitable et à une révision en appel. Un juge a le droit de bénéficier d'une procédure équitable, d'être représenté par un avocat et d'interjeter appel dans toute procédure disciplinaire.

– Politique de protection des dénonciateurs. Une procédure de plainte officielle, confidentielle et rigoureuse, est capitale pour permettre aux avocats, utilisateurs de tribunaux, procureurs, policiers, médias et à la société civile de signaler les manquements suspectés ou avérés au code de conduite ou la corruption d'un juge, d'un administrateur judiciaire ou d'un avocat.

– Association des juges forte et indépendante. Une association indépendante des juges représentera ses membres dans toutes leurs interactions avec l'Etat et ses services. Il doit s'agir d'une organisation élue, ouverte à tous les juges. Elle soutiendra les juges sur des questions d'éthique et servir de repère pour les juges qui craignent d'être compromis.

Transparence

– Transparence de l'organisation. L'appareil judiciaire doit publier des rapports annuels sur ses activités et dépenses et fournir au public des informations fiables sur la gouvernance et son organisation.

– Transparence du travail. Le public a besoin d'un accès fiable aux informations relatives aux lois, aux propositions d'amendement de la législation, aux procédures judiciaires, aux jugements, aux sièges vacants, aux critères de recrutement, aux procédures de sélection et à la justification des nominations judiciaires.

– Large publication des droits de la défense. Des mécanismes institutionnels formels garantissent que les parties qui recourent aux tribunaux sont légalement informées de la nature et de l'étendue de leurs droits et des procédures avant, pendant et après l'action en justice.

– Liberté d'expression. Les journalistes doivent pouvoir s'exprimer objectivement sur les procédures judiciaires et signaler les cas de corruption ou la partialité suspectés ou avérés.

– Intégrité des bailleurs de fonds et transparence. Les programmes de réforme judiciaire doivent s'attaquer au problème de la corruption judiciaire. Les pays bailleurs de fonds doivent partager leurs informations en matière de diagnostic, d'évaluation des procédures judiciaires et d'efficacité et nouer un dialogue franc avec les pays partenaires.

Section 6 –
La lutte contre la corruption

Nous distinguons les luttes contre la corruption mises en place par les institutions internationales et celles initiée par les pays africains. Quelle est d'abord la position du problème ?

A)– La position du problème

La volonté de la lutte radicale contre la corruption a pris corps après la fin de la guerre froide. Le motif de sécurité nationale pour tolérer et accepter les régimes corrompus dans le monde entier. En même temps, le programme post-guerre froide de démocratisation, de responsabilité et de transparence a attiré l'attention de la collectivité mondiale, y compris les grandes institutions internationales financières et de développement, sur le problème de la corruption. En outre, la collectivité internationale s'inquiétait dans les années 1990 de voir que le problème de la corruption prenait de l'ampleur. De nouvelles occasions de corruption avaient découlé d'initiatives de privatisation et de déréglementation menées à l'échelle mondiale. En outre, la suppression des barrières commerciales dans les années 1980 et 1990 a entrainé non seulement un accès accru au marché mais une concurrence plus acharnée entre les multinationales et, par extension, une corruption accrue dans un certain nombre de secteurs importants. Ce qui a donné un élan supplémentaire au programme international de lutte contre la corruption, c'est que les multinationales aux États-Unis se considéraient depuis longtemps défavorisées sur les marchés mondiaux en raison de la loi de 1977, *Foreign Corrupt Practices Act*, sur les pratiques de corruption à l'étranger, qui imposait des sanctions pénales aux sociétés qui s'engageaient dans la corruption à l'étranger. C'est pourquoi le gouvernement américain est devenu un chef de file dans la promotion d'efforts pour trouver une solution et limiter la corruption transfrontalière grâce à un régime international [TI, UNDP, ISS].

La corruption prend des formes de plus en plus sophistiquées, et les organes traditionnellement chargés d'appliquer la loi ne disposent pas toujours de l'expertise technique et de ressources nécessaires pour détecter, instruire et poursuivre des cas de corruption complexes [PNUD, 2005]. La complexité croissante des affaires de corruption et des opérations financières qui les sous-tendent requiert un haut niveau d'expertise et une spécialisation des connaissances.

Un organisme de lutte contre la corruption peut être défini comme une institution indépendante, à distance des institutions gouvernementales, dont la fonction principale est de coordonner toutes les activités axées sur l'application de stratégie de lutte contre la corruption d'un pays et de s'exprimer sur la refonte et l'amélioration de cette stratégie.

Les organismes de lutte contre la corruption sont généralement des institutions indépendantes dotées de financements publics avec une mission spécifique de lutte contre la corruption au moyen de stratégies préventives et répressives. Ces outils internationaux de lutte contre la corruption insistent sur la nécessité de promouvoir la création d'institutions et d'organismes indépendants. Ils répondent aussi pour répondre à des défis et des revendications spécifiques comme « un changement démocratique, la pression nationale ou internationale, des crises ou des scandales qui affectent l'infrastructure institutionnelle » [Marie Chêne, Transparency international, 2012].

Les principales fonctions les plus communément attribuées aux organismes de lutte contre la corruption sont les suivantes : proposer des politiques de lutte contre la corruption ; coordonner, surveiller et créer des connaissances grâce aux recherches sur la corruption ; prévenir la corruption ; sensibiliser à la corruption et éduquer contre la corruption ; enquêter sur des cas présumés de corruption et poursuivre le fait de corruption.

La condition d'efficacité des organismes anti-corruption est leur indépendance, or le PNUD [2005] estime qu'il existe de fait très peu d'exemples d'organismes anti-corruption indépendants. Cette position est confirmée par un rapport U4 sur les performances des organismes anti-corruption dans cinq pays d'Afrique [Doig et Williams, 2005].

D'après Chêne [2009] les conditions favorables sont : les ressources humaines et financières suffisantes ; un mandat exhaustif allant au-delà de la simple application de la loi et intégrant des fonctions préventives ; un fort soutien politique ; une méthode d'application des lois s'appuyant sur un corps législatif préexistant et efficace ; et un système judiciaire indépendant et efficace.

B)– Les luttes anticorruptions menées par les institutions internationales

Les luttes internationales contre la corruption sont constituées de diverses conventions. Celles sont des « ententes internationales exécutoires passées par écrit entre des groupes d'Etats qui établissent des règles et normes dont ils conviennent mutuellement et qui expriment un haut niveau partagé d'engagement politique. Leur adoption par les assemblées de gouvernements comme l'assemblée générale des Nations unies ou des assemblées régionales établit un consensus international sur des sujets abordés. » [Transparency International]

Nous distinguons la convention, les pratiques de la lutte de corruption engagées depuis de début des années 1990 par la Banque mondiale et les conventions et ou les textes élaborés par le système des Nations unies, l'Union africaine et de la Banque africaine de développement.

a)– La convention des Nations unies

La convention a été adoptée le 31 octobre 2003 par l'assemblée générale des Nations unies et entrée en vigueur le 14 décembre 2005.

La convention de l'ONU définit le terme d'agent public au sens large et inclut toute personne qui détient un mandat législatif, exécutif, administratif ou judiciaire de l'Etat. Le terme comprend aussi les fonctionnaires des organisations internationales publiques et exige des mesures punitives pour ceux qui leur offrent des pots-de-vin.

Certaines des dispositions étant impératives et d'autres facultatives.

– Mesures préventives. Parmi toutes les conventions contre la corruption existantes, la convention de l'ONU est celle qui comporte les dispositions les plus larges et les plus détaillées sur les mesures préventives dans les secteurs public et privé. Ces dispositions couvrent des sujets comme la prévention de la corruption, l'éthique dans le secteur public, la passation des marchés publics et la gestion des finances publiques, l'information du public et l'accès à l'information, les normes du secteur privé (comptabilité, audit, codes) et les mesures pour prévenir le blanchiment d'argent. La Convention exige aussi que les Etats considèrent les mesures pour améliorer la transparence dans le financement de candidats politiques et de partis politiques.

– La convention de l'ONU prévoit des dispositions obligatoires et facultatives exigeant la criminalisation de toute une gamme d'infractions. Celles-ci couvertes comprennent la corruption (nationale et étrangère), le détournement de fonds, le trafic d'influence, l'abus de fonction, l'enrichissement illicite, le blanchiment des produits de corruption et l'entrave à la justice. De plus, elle comprend des dispositions facultatives sur la corruption et des détournements de fonds dans le secteur privé, c'est-à-dire la corruption de personne à personne.

– Coopération internationale. La Convention de l'ONU prévoit aussi un plan d'ensemble pour la coopération internationale qui pourrait améliorer l'assistance mutuelle en matière de détection et répression, notamment, pour ce qui est de l'extradition et des enquêtes.

b)– La Banque mondiale

La Banque mondiale a initié la lutte contre la corruption, d'abord par sa dénonciation [Rapport, 1987] et la prise de différentes mesures à partir de 1996. L'engagement de la banque mondiale contre la corruption tranche avec son statut apolitique et peut être lié à la chute du mur de Berlin qui correspond à la fin de la guerre froide. Mais la lutte a commencé aussi grâce aux sociétés civiles des pays donateurs qui sont de plus en plus critiques vis-à-vis de leurs dirigeants qui maintiennent des rapports amicaux avec les dictateurs de ces pays. L'accroissement de la pauvreté dans les pays en développement a renforcé la conviction des sociétés civiles à dénoncer l'exploitation capitaliste de ces pays. L'autre facteur de la lutte contre la corruption est la rareté de l'aide au développement et surtout son détournement [James Wolfensohn, 1998].

Dans la lutte anti-corruption de la Banque mondiale, on peut distinguer les propositions faites en direction des pays bénéficiaires de ses concours financiers, et la politique qu'elle s'applique à elle-même.

Ainsi la Banque mondiale demande une application des lois contre la corruption dans les pays africains grâce à un cadre juridique rigoureux, capable de poursuivre ceux qui enfreignent les lois ; une bonne gestion financière du secteur public qui applique la discipline financière ; une société civile forte qui soit un contre-pouvoir réel aux gouvernements, la décentralisation et un fort engagement de l'Etat à lutter contre la corruption.

La lutte contre la corruption est aussi initiée par la Banque mondiale à travers les programmes d'ajustement structurel et constitue une des conditions pour l'accès aux financements. La lutte contre la corruption permet la sécurité des transactions pour les firmes internationales dans le cadre de la mondialisation. C'est également la volonté des institutions de Bretton Woods de reconstruire des institutions politiques viables pour mieux gérer les PAS et d'améliorer la productivité de leurs prêts [Jean Cartier Bresson, 2000].

Les luttes contre la corruption s'articulent sur :

– la réduction de l'intervention de l'Etat dans l'économie pour empêcher la constitution des rentes, source de la corruption et du népotisme ;

– la libéralisation des marchés qui permet de réduire ou supprimer les rentes car il existe une corrélation entre les distorsions dues aux politiques publiques et la corruption ;

– le renforcement de la démocratie qui implique une présence forte de la société civile ;

– un cadre légal fort et un système judiciaire indépendant. L'objectif est de clarifier et de simplifier les lois, les droits et les devoirs et d'augmenter les risques de détections et de sanctions ;

– un nouveau système de management public avec des fonctionnaires motivés et responsables du bien-être collectif [Jean Cartier-Bresson, 2003] ;

– une politique de la bonne gouvernance qui vise à développer le rôle de la société civile, la transparence et la lutte contre l'impunité.

L'évolution de la lutte anti-corruption par la Banque mondiale a permis de développer d'autres structures internes et externes plus efficaces.

– La lutte contre la corruption dans les projets financés par la Banque mondiale.

La Banque mondiale a installé des normes fiduciaires élevées (notamment en matière de gestion financière et de passation des marchés et dans le cadre des enquêtes et sanctions des services d'intégrité). Ces normes comprennent les contrôles diligents réalisés par les experts de la Banque mondiale et les professionnels lors des préparations des projets et leur mise en œuvre. Des spécialistes de la gestion financière et de passation des marchés sont affectés à chaque projet bénéficiant d'une aide de la Banque mondiale durant tout le processus de préparation et de mise en œuvre.

La Banque mondiale a créé la vice-présidence de l'intégrité qui est un service indépendant chargé d'enquêter sur les allégations de fraude dans les opérations financées par le groupe de la Banque ; le conseil des sanctions et le bureau de la suspension et de l'exclusion imposent de sanctions lorsque les allégations s'avèrent fondées à l'issue de ces enquêtes.

Entre 1999 et 2019, 956 entreprises et personnes ont été frappées d'exclusion, et 421 exclusions croisées avec d'autres banques multilatérales de développement ont été appliquées par la Banque mondiale durant la même période.

– La Banque mondiale aide les Etats à prévenir et détecter la corruption

Plusieurs instruments et initiatives destinés à combattre la corruption systémique ont été développés à savoir :

La Banque mondiale aide des Etats à améliorer la gestion des finances publiques et les services judiciaires, à former les fonctionnaires et renforcer leurs capacités, à investir dans les systèmes d'information financière, à développer l'accès du public à l'information et à réduire les possibilités de corruption administrative, par exemple les dessous-de– table.

La Banque mondiale aide ses clients à tirer parti des progrès technologiques (IA, méga données, apprentissage automatique) pour contrer les risques de corruption.

La Banque mondiale aide les pays à renforcer leurs capacités dans des domaines essentiels pour réduire les flux financiers illicites par :

Le soutien des actions de lutte contre la corruption et à améliorer les contrôles et apporter une assistance sur les mesures relatives à la gestion des finances publiques, à la fraude fiscale, à la passation des marchés publics, à la facilitation du commerce et au franchissement des frontières, à la gestion des ressources naturelles, et à la régulation économique.

Mise à disposition de nouveaux outils qui permettent de surveiller et mesurer les flux illicites au niveau national et régional.

La Banque mondiale mène le travail d'assistance aux pays pour les aider à repérer et gérer les risques liés au blanchiment d'argent. Son outil d'évaluation des risques nationaux couvre les infractions générant des revenus illicites, dont la corruption, la fraude fiscale, la criminalité organisée et des crimes contre l'environnement, et il aide les pays à comprendre l'étendue de leur exposition à un grand nombre d'activités donnant lieu à des flux financiers illicites.

La Banque mondiale œuvre à l'amélioration des autorités publiques aux informations sur les bénéficiaires effectifs (afin d'empêcher la création de sociétés écrans) et à renforcer l'échange de données fiscales. Elle aide aussi les pays à mettre en place des dispositifs de déclaration de patrimoine applicables aux responsables publics et de protection contre le blanchiment d'argent. Il s'agit également, par ces initiatives de transparence et de responsabilisation, de faire en sorte que les responsables publics et les entreprises honnêtes soient reconnus tandis que ceux qui sont corrompus ou enfreignent la loi soient sanctionnés.

L'initiative pour le recouvrement des avoirs volés (StAR), engagée à lancer le premier forum mondial sur le recouvrement des avoirs (GFAR) organisé par les nations unies, a activement contribué au gel ou à la récupération de fonds volés pour un montant largement supérieur à un milliard de dollars.

En décembre 2017, l'initiative StAR a lancé le premier Forum mondial sur le recouvrement des avoirs (GFAR) organisé par les États-Unis et le Royaume-Uni, qui a porté sur le Nigéria, Sri Lanka, la Tunisie et l'Ukraine. Un mémorandum d'accord a été signé entre le Nigéria, la Suisse et la Banque mondiale, prévoyant la restitution de 321 millions de dollars recouvrés. [Banque mondiale, 2020].

c)– Directives pour la prévention et la lutte contre la corruption et la fraude dans les opérations du groupe de la Banque africaine de développement [BAD, 2004]

Les principes de base, règles et procédures de la BAD pour la prévention de la lutte contre la corruption

La politique du groupe de la Banque en matière de bonne gouvernance, approuvée par le conseil d'administration en 1999, souligne la lutte contre la corruption comme une condition nécessaire à l'amélioration de la gouvernance en Afrique et encourage la Banque à combattre la corruption dans le cadre de sa mission générale de la bonne gouvernance dans les pays membres.

La Banque dispose de plusieurs mécanismes et procédures internes visant à prévenir la corruption dans ses opérations, à savoir :

– La politique de tolérance zéro : Elle est appliquée lorsqu'il existe des preuves crédibles de corruption impliquant son personnel et ses activités. De même, des mesures sont prises pour s'assurer que les procédés et les procédures internes de la Banque sont conformes aux normes les plus élevés de responsabilité et de l'intégrité. En vertu de cette politique, et conformément au code de conduite du personnel de la Banque qui définit les normes de comportement acceptables, le personnel dont l'implication dans des pratiques de corruption ou des manœuvres frauduleuses dans le cadre de l'exercice des fonctions officielles est établie, fait l'objet d'une enquête minutieuse et est sévèrement sanctionné conformément au règlement du personnel de la Banque.

La tolérance zéro s'applique également aux conditions convenues dans tout accord de prêt. Lorsque la Banque établit des preuves crédibles de corruption dans ses opérations ainsi qu'un manquement aux obligations résultant de l'accord de prêt. En vertu de la politique de tolérance zéro, il n'est toléré dans les activités de la Banque, aucun cas de corruption, ni aucune manœuvre frauduleuse de quelque type ou forme que ce soit, et dans aucune circonstance. La politique de tolérance zéro de la Banque est entièrement en harmonie avec les politiques et procédures adoptées par les autres multinationales de développement.

– La conduite éthique pour le personnel du Groupe de la Banque. Le code de conduite constitue une déclaration des principes de base qui régissent le personnel du groupe de la BAD dans l'exercice de ses activités. Il établit une distinction en ce qui concerne les actes privés qui sont en conflit avec les obligations que lui impose le statut de membre du personnel de la Banque. Le non-respect des règles énoncées dans le code de conduite peut donner lieu à des actions susceptibles d'être considérées comme un manquement à la conduite ou une inconduite grave.

L'infraction, si établie, est passible de sanctions prévues dans le statut et règlement du personnel de la Banque.

Le code de conduite de la Banque stipule : « Il existe un conflit entre les intérêts d'un fonctionnaire et ceux de la Banque que le dit fonctionnaire est censé défendre au plus haut point, lorsque ces intérêts personnels tendent à compromettre l'indépendance de jugement et l'impartialité du membre du personnel concerné. Ce conflit le rend inapte à prendre une quelconque décision au nom de la Banque sur une question donnée, ou à influencer toute décision y relative ».

– La lutte contre le blanchiment d'argent. Dans ce domaine, la BAD collabore avec l'Union africaine au niveau régional en vue de la mise en œuvre de la disposition relative au blanchiment d'argent. Au niveau mondial, la BAD travaille avec le groupe de travail sur la lutte contre le blanchiment d'argent dans le monde, dans le cadre des Nations unies. Des mesures supplémentaires ont été prises par la Banque en vue d'accorder une attention à la problématique du blanchiment d'argent dans son travail diagnostic ; Fournir aux pays membres régionaux une assistance technique et au renforcement des capacités sur la base du travail de diagnostic ; Renforcer les systèmes financiers et les régimes réglementaires à travers les prêts à l'appui des réformes ; Et aider les pays à développer des infrastructures commerciales saines à travers des réformes juridiques et judiciaires.

– Les procédures de passation des marchés et recrutement des consultants. La Banque procède à l'annulation d'une partie ou de la totalité d'un prêt ou d'un don si la procédure de la passation des marchés s'avère entachée de corruption ou de fraude. De même, les entreprises dont l'implication dans des actes de corruption ou des manœuvres de fraude est établie peuvent se voir interdire toute participation aux marchés financés par la Banque, soit indéfiniment soit pour une période donnée. Plusieurs processus d'appels d'offres ont dû être annulés et des entreprises sanctionnées, de même que leurs filiales frappées d'interdiction de participer aux projets de la Banque.

En outre, les règles de procédure pour l'utilisation des consultants proscrivent de manière explicite le népotisme, le favoritisme sur la base de la nationalité ou de l'appartenance à un groupe, et la non-transparence dans les opérations de recrutement.

– Les procédures de décaissements des prêts. Les procédures de décaissement s'appuient sur l'article VIII des conditions générales applicables aux accords de prêt et aux accords de garantie énonce les cas de suspension des décaissements des fonds de prêt pour les motifs qui pourraient être interprétés comme ayant trait à la corruption. La section 8.01 c stipule : « le Fonds suspend en totalité ou en partie le droit de l'Emprunteur ou du garant au décaissement des fonds du prêt, à la suite d'un manquement de l'Emprunteur ou du garant à toute obligation résultant de tout Accord de prêt ou Accord de garantie conclu avec le Fonds »

Cadre d'action réglementaire pour la prévention et la lutte contre la corruption et la fraude

La stratégie et l'actions de la Banque, aux fins de la lutte contre la corruption, s'inscrivent dans le cadre de sa politique en matière de bonne gouvernance, et sont menées en étroite concertation avec les pays membres régionaux concernés. Lorsque l'environnement est mimé par la corruption, l'efficacité des prêts s'en ressent. Pour que le travail de la Banque dans ce domaine puisse être efficace, deux conditions préalables doivent être remplies : d'une part, les PMR doivent démontrer de manière crédible leur engagement à relever le défi de la corruption et, d'autre part, le personnel et les opérations de la Banque doivent être au-dessus de tout soupçon.

La stratégie anti-corruption de la Banque appelle la prise de mesures internes et des mécanismes de sauvegarde efficaces, couplés à un programme d'action solide aux niveaux national et régional. Celle-ci s'articule autour des quatre éléments suivants : i) prévention de la corruption dans les opérations de la Banque ; ii) intégration des préoccupations de lutte contre la corruption dans les opérations de la Banque ; iii) fourniture d'assistance aux PMR qui en font la demande ; et iv) participation aux efforts régionaux et mondiaux.

– Prévention de la corruption dans les opérations de la Banque.

La tolérance zéro est le fil conducteur de la politique de la Banque de lutte contre la corruption. La Banque a adopté une politique de tolérance zéro lorsqu'il existe des preuves crédibles de corruption au niveau du personnel. Le plan stratégique réaffirme l'engagement de la Banque en matière de probité et d'intégrité institutionnelles. En outre, lorsque la Banque estime qu'il existe des preuves crédibles de corruption dans ses opérations et constate un manquement aux conditions d'un Accord de prêt, la direction applique une série de mesures, dont le refus de financer certaines dépenses, la suspension d'un décaissement, l'annulation d'un prêt en partie ou en totalité. Dans des situations où la corruption est généralisée et chronique, la Banque peut, après consultation du PMR, réduire ou suspendre son allocation au secteur ou au pays.

La politique de tolérance zéro est complétée par des mesures de contrôle interne visant à sauvegarder la probité et l'intégrité dans les opérations de la Banque : un code de bonne conduite qui définit les normes acceptables en matière de comportement de personnel ; les politiques transparentes de gestion de ressources humaines, y compris les prévisions de recrutement du personnel ; des politiques transparentes de gestion des ressources humaines, y compris des procédures prévisibles de recrutement et de promotion ; des procédures pour l'utilisation des consultants et l'acquisition des biens, travaux et services ; des procédures de décaissement des prêts, des procédures clairement définies de prévention et de notification des pratiques de corruption etc.

Intégration de la lutte contre la corruption dans les activités de la Banque

L'intégration des questions de bonne gouvernance dans les activités du groupe de la Banque passe par la compréhension par le personnel des causes, des effets et de l'incidence de la corruption sur leur secteur spécifique et/ou leurs sphères géographiques de responsabilité.

L'allocation des ressources fondée sur le critère de la performance et des institutions des pays dépend à près de 40 % de la bonne gouvernance et des questions connexes ; les PMR font des progrès sur la voie de la bonne gouvernance et l'intégrité institutionnelle, et cet effet est sanctionné par une augmentation des allocations annuelles, l'inverse étant le sort de ceux qui sont à la traîne.

La Banque s'attaque aux risques de corruption au niveau de ses opérations en accordant une attention particulière à la transparence, à la responsabilisation et à l'efficacité par le biais d'une évaluation rigoureuse des risques et la mise en place de contrôles et de mécanismes internes de prévention. L'établissement de la preuve crédible d'un environnement dominé par la corruption pendant la phase d'identification peut constituer un motif pour interrompre une activité de prêt. En outre, dans les activités de prêt/hors projets et des opérations d'assistance technique de la Banque, la vulnérabilité au risque de corruption durant le cycle des projets sera prise en compte dans la sélection des cellules d'exécution de projets, l'acquisition des biens, travaux et services, de décaissement des prêt, de même que lors de la supervision et l'audit des projets.

L'aide aux pays membres régionaux qui en font la demande

Les PMR sollicitent une assistance auprès de bailleurs de fonds bilatéraux et multilatéraux qui en font la demande pour la lutte contre la corruption. Ce type de demande peut également provenir d'acteurs non étatiques engagés dans la lutte contre la corruption.

Participation aux initiatives régionales

La BAD intervient dans le cadre de la lutte contre la corruption initiée par l'UA ou le Nouveau partenariat pour le développement de l'Afrique (NEPAD) etc.

d)– Les conventions sur la lutte contre la corruption en Afrique

Il existe plusieurs conventions sur la lutte contre la corruption en Afrique dont la convention de l'Union africaine.

La convention de l'union africaine

La convention de l'UA sur la prévention et la lutte contre la corruption a été adoptée par les chefs d'État au sommet de l'Union africaine qui s'est tenu à Maputo le 11 juillet 2003. La Convention de l'UA prévoit un plan d'ensemble et elle est la seule parmi les instruments de lutte contre la corruption parmi les instruments de la lutte contre la corruption à comporter des dispositions impératives en ce qui concerne la corruption de personne à personne et la transparence dans le financement des partis politiques. Les autres points forts de la Convention de l'UA sont les exigences impératives de déclaration des avoirs par les agents publics désignés et des restrictions sur l'immunité pour les agents publics. La convention de l'UA accorde également une attention particulière au fait que les *médias doivent avec accès à l'information.*

Les obligations des parties se répartissent dans les catégories suivantes :

– Mesures préventives : La convention de l'UA comporte de nombreuses dispositions sur les mesures préventives dans le secteur public et le secteur privé. Celles-ci comprennent dans le secteur public l'exigence de faire des déclarations des avoirs et d'établir des codes de conduite.

Les autres exigences comprennent : l'accès à l'information, la protection des dénonciateurs, des normes concernant les marchés publics, des normes concernant les marchés publics, des normes de comptabilité, la transparence dans le financement des partis politiques et la participation de la société civile. Elle exige également que les Etats établissent, maintiennent et renforcent les autorités nationales indépendantes de lutte contre la corruption.

– Criminalisation. La convention de l'UA prévoit la criminalisation de toute une gamme d'infractions, y compris de versement de pots-de-vin (à des agents nationaux ou étrangers), le détournement de biens par les agents publics, le trafic d'influence, l'enrichissement illicite, le blanchiment d'argent et le recel de biens, et elle comporte une large définition du terme « agent public ». De plus, elle inclut des infractions se rapportant à la corruption dans le secteur public et dans le secteur privé (de personne à personne).

– Coopération internationale. La convention de l'UA établit également un cadre de coopération internationale qui pourrait améliorer l'assistance mutuelle sur le plan de la détection et de la répression en Afrique. Elle fournit aussi un cadre pour la confiscation et la saisie des avoirs

Chapitre 8.

Corruption et ethnicité en Centrafrique

La corruption constitue un fléau centrafricain et est un obstacle au développement économique et social, à la démocratie et à la bonne gouvernance et favorise l'impunité. Elle est perceptible dans les secteurs : la justice, la santé, l'éducation, les forces de sécurité intérieure, des services de la douane et des impôts etc. La corruption bloque l'ascension sociale par le mérite et développe le favoritisme et le népotisme devenus quasiment les seules voies royales pour avoir des diplômes qui par ailleurs sont dévalorisés et accéder à des postes juteux dans la société centrafricaine.

L'ethnicité et le tribalisme sont devenus un autre moyen utilisé par les pouvoirs politiques pour diviser la population et de diriger le pays par les diverses nominations qui répondent à ce critère. C'est une forme de favoritisme défavorable aux choix ne répondant pas toujours aux critères de compétence et d'intégrité.

La lutte contre la corruption reste très modeste alors qu'elle devrait l'être car c'est l'un des grands défis importants et prioritaires à relever dans un des pays le plus corrompu du monde.

En effet, la bonne gouvernance est une condition du développement alors que la corruption constitue un obstacle majeur au progrès social, économique et moral.

Les pouvoirs publics élaborent des textes ou mettent en place des institutions pour la forme et ne sanctionnent pas ceux qui développent ce cancer qui est généralisé dans le pays. Les corrompus et les corrupteurs sont valorisés au détriment des cadres intègres qui sont relégués à des postes « arides » ou mis dans les couloirs où ils moisissent.

L'ethnicité et le tribalisme jouent également un rôle négatif dans la société centrafricaine et constitue une autre forme corruption. Leur utilisation politique développe un favoritisme et fausse le jeu démocratique. Il est utilisé généralement par des politiciens qui ont de la peine à présenter un programme politique cohérent.

Section 1 –
La corruption en Centrafrique

Nous allons présenter dans cette section le panorama de la corruption, la généralisation de la corruption dans ce pays. Il sera donné l'exemple de la corruption dans le système judiciaire, dans les régies financières et dans le secteur de commercialisation des produits pétroliers et leur conséquence sur la démocratie, l'économie et les finances publiques.

A)– Panorama de la corruption en Centrafrique.

L'évolution de l'indice de corruption montre que ce fléau a touché tous les secteurs,

Evolution de l'indice de la corruption en Centrafrique de 2006-2020

Cet indice classe les pays selon le degré de corruption dans un pays. Le nombre des pays varie selon l'année. Par exemple en 2020, le nombre des pays étaient de 180. La note est sur 100.

Tableau 26 : Evolution de l'indice de la corruption en Centrafrique de 2006-2020

Année	Classement de la corruption	Indice de corruption
2006	130	24
2010	154	21
2014	150	24
2017	156	23
2018	149	26
2019	153	25
2020	146	26

Source : Transparency international

Le tableau 26 montre que pour la période étudiée, la moyenne est 24,14 /100. En 2020, en Afrique Subsaharienne sur 49 pays évalués dont la Centrafrique, la moyenne était de 32/100 contre 24/100. Sur 180 pays étudiés cette année, la Centrafrique était classée 146/180. Le pays figure donc parmi les pays les plus corrompus du monde et de l'Afrique Subsaharienne.

B)– La généralisation de la corruption en Centrafrique

Une étude menée en 2005 sur la corruption en Centrafrique a montré que la « corruption est devenue endémique en RCA. Elle touche indistinctement tous les secteurs de la vie économique et sociale. La police/gendarmerie, les douanes, les impôts, le système judiciaire, le secteur de la santé, de l'éducation, les hommes d'affaires, les partis politiques, l'armée, les services administratifs sont des secteurs les plus affectés ». [Enquête sur la corruption auprès des ménages et des entreprises, 2005].

C)– Perception de la corruption par la population centrafricaine

Pour les centrafricains, la corruption des fonctionnaires est un mal et les pouvoirs publics doivent mettre en place une politique efficace pour l'éradiquer. Ils sont 56 % à penser qu'elle va augmenter les années suivantes.

Le groupe police et gendarmerie est perçue comme l'entité la plus corrompue à 96 %. La douane 92 %, le système judiciaire 87 %, les secteurs de la santé et de l'éducation respectivement 86 % et 82 %, l'armée 84 %. Les hommes d'affaires/opérateurs économiques sont aussi touchés par la corruption avec une perception de 78 %. Les services des impôts et les hommes politiques sont également classés comme des corrompus.

a)– Les facteurs de la corruption en Centrafrique

Selon cette enquête, quatre causes essentielles expliquent la corruption :

– Les accumulations d'arriérés des salaires et le niveau bas de ceux-ci dans la fonction publique.

– L'impunité généralisée au niveau des fonctionnaires et l'absence des sanctions et de poursuites judiciaires.

– L'absence de transparence dans la gestion des affaires publiques : manque de mécanisme et d'instruments de contrôle ainsi que le manque de transparence dans la gestion des biens publics.

– Le désir d'enrichissement personnel.

On note également comme facteurs les lourdeurs administratives, la pression des parents et l'absence de code de conduite.

b)– Les pratiques de la corruption

Les personnes enquêtées reconnaissent avoir versé des pots-de-vin à des agents publics dans la proportion de 2 personnes sur 10 (17,9 %). Les raisons explicatives de ce comportement sont les suivantes :

– Pour des démarches effectuées auprès des services financiers et judicaires de l'administration, verser les pots-de-vin, c'est pour éviter des ennuis avec des autorités/responsables des services où les démarches sont effectuées (contravention avec la police, pénalités à la direction des impôts et à la direction des douanes).

– Pour les démarches purement administratives (permis de conduire, documents d'état civil etc...), les versements illicites effectués sont motivés par le souci d'accélérer les procédures.

– Les versements illicites au profit des fonctionnaires ou agents de l'Etat travaillant dans les secteurs de la santé et l'éducation (pour principalement obtenir une place dans une école, passer un examen scolaire, être admis à l'hôpital, être ausculté ou faire des tests médicaux et acheter des médicaments) sont motivés par l'obtention d'une faveur.

Ce sont de petites corruptions dont les montants généralement sont inférieurs à 20 000 FCFA dans les secteurs comme la police ou la gendarmerie, la santé, l'état civil. Dans les secteurs tels que la douane et l'armée, les montants sont relativement élevés et représentent en moyenne 47 329 FCFA et 21 790 FCFA respectivement. La moyenne des montants qui sont versés aux fonctionnaires pour obtenir des services s'élève à 16 709 FCFA par an, ce qui équivaut à 9 % du PIB/tête en 2004 en Centrafrique, ce qui est important pour un pays dont 70 % de la population vit en dessous du seuil de la pauvreté.

D)– Perception de la corruption par les entreprises installées en Centrafrique

Plus de la moitié (53 %) des entrepreneurs pensent que le niveau de la corruption a augmenté au cours des trois dernières années et 55 % projettent qu'elle va augmenter dans les prochaines années.

Pour les entreprises, la corruption est généralisée dans :

– La police et la gendarmerie sont les plus corrompus en Centrafrique avec un score de 94 % de perception. Ce sont les entreprises exerçant dans le secteur du transport des marchandises qui sont plus victimes ;

– La douane qui obtient un score de 93 % avec une conséquence évidente, la réduction des recettes douanières pour l'Etat ;

– Le secteur judiciaire est classé 3ème avec 90 % des entrepreneurs qui pensent qu'il est corrompu ;

– Le secteur de l'éducation et celui de la santé sont corrompus pour les entrepreneurs dans la proportion respective de 89 % et 87 %. Les victimes sont les plus pauvres qui ont accès difficilement à l'éducation et à la santé par manque de moyens financiers pour des payements illicites.

a)– Les formes de corruption au sein des entreprises.

Elles concernent :

– Donner du travail à un proche qui n'a pas les qualifications requises ;

– Demander un paiement supplémentaire pour un service qui fait normalement partie de son travail ;

– Accepter de l'argent ou cadeaux en échange de faveurs ;

– Payer un pot-de-vin ;

– Faire un versement non officiel pour obtenir des informations confidentielles ;

– Faire un versement non officiel pour se qualifier dans le cas d'attribution d'un marché public.

b)– Pratiques de la corruption dans les affaires

Les entreprises reconnaissent à l'enquêteur qu'au cours des douze derniers mois, 72,5 % des chefs d'entreprises ont eu à effectuer des versements non officiels sous quelque forme que ce soit. Concernant les fréquences des versements illicites, environ un tiers des dirigeants d'entreprise ont effectué entre 1 et 3 fois des versements illicites au cours de ces douze derniers mois.

Au cours des douze derniers mois ayant précédé cette enquête, un peu plus de 6 dirigeants d'entreprises sur 10 affirment avoir fait un versement non officiel suite à une demande pour l'offre d'un service. Plus de 82 % des dirigeants des PME ont été confrontés à des demandes de pots-de-vin pour éviter des problèmes avec les autorités. Certains responsables des grandes entreprises reconnaissent avoir fait de gros versements à l'endroit des particuliers dans l'esprit de faire des dons ou des cadeaux.

Les versements illicites les plus fréquents se font dans les secteurs de la douane, des impôts, au sein du monde des affaires et de la police. 27 % du total des montants se trouvent dans la fourchette de 100.000 FCFA à 500.000 FCFA et vont particulièrement dans les secteurs de la douane et puis des impôts.

Le montant moyen versé pour accélérer les démarches administratives dans les services de la douane a atteint la somme de 1.378.000 F CFA et les PME sont les plus nombreuses à faire les versements.

Les démarches effectuées par les 5 chefs d'entreprises auprès des secteurs de l'électricité, de l'eau et du téléphone ont occasionné une dépense totale de plus de 116. 365.000 F CFA en versements illicites au cour des douze derniers mois.

E)- La corruption en politique

À la question de savoir pourquoi les gens s'engagent en politique, 56 % des réponses pensent que l'engagement en politique en Centrafrique est motivé par le souci d'enrichissement personnel, 25 % estiment que c'est pour subvenir aux besoins de leur famille.

La corruption est plus visible pendant la période électorale (8 personnes sur 10).

Les résultats de l'enquête montrent que 25 % de la population ont effectivement reçu quelque chose (argent, don, t-shirts ou promotion administrative) provenant d'un parti politique.

Section 2 –
La corruption dans le système judiciaire centrafricain

L'étude de la corruption dans la chaîne pénale en Centrafrique montre « des schémas de comportement motivés et autorisés par divers facteurs qui, semble, font obstacle à l'Etat de droit, à la sécurité et des relations saines entre les citoyens et les institutions de l'Etat» [CDA, 2017]. La corruption du système judiciaire met en péril la démocratie et l'Etat de droit. Les citoyens dont le dernier rempart est la justice sont désabusés et n'ont plus confiance en leur justice, donc au système démocratique de leur pays.

Dans ce chapitre nous décrirons les différents types de corruption, les facteurs de la corruption, les conséquences et la problématique de la lutte contre la corruption dans la chaine pénale.

1)– Les différents types de corruption dans le système judiciaire centrafricain

Les types de corruption dans le système judiciaire centrafricain sont pratiquement les mêmes décrits dans le chapitre 7.

Les pots-de-vin dans la police et la gendarmerie qui sont illégaux sont constitués de :

– Paiement d'un service pour exécuter une tâche. C'est une taxation illégale prélevée par des brigades de gendarmerie et les commissariats de police. D'autres taxations illégales sont le « droit de bagarre » exigée des personnes impliquées dans une bagarre, ou le « droit de retrait » payée par un plaignant qui veut retirer une plainte.

– Le droit de plainte : il est dû au secrétariat du commissariat quand un citoyen veut déposer une plainte. Il varie entre 1000 et 2000 F CFA.

– Droit de convocation : il doit être versé à l'inspecteur en charge de l'enquête afin qu'une convocation soit signifiée à la partie adverse. Ce droit d'élève en général à 1000 F CFA et doit être payé par chacune des parties.

– Le droit d'intervention : il doit être versé à l'équipe qui se rendra sur le terrain pour documenter l'infraction ou appréhender les suspects. Il est de l'ordre de 15 000 F CFA.

« Ces droits sont illégaux, mais ils constituent presque toujours un prérequis pour une intervention ou une enquête la part des FSI (force de sécurité intérieure) ». Ce n'est pas écrit dans la loi, mais c'est devenu une pratique qui s'est imposée et acceptée par les playants. En fait, c'est celui qui paye plus qui peut avoir la chance de gagner dans ce combat des titans. Par exemple, un habitant d'un quartier avait porté une plainte contre un voleur de tôles et payé le « droit de plainte » et « le droit d'intervention ». Le voleur a été arrêté par la police, mais il a ensuite été relâché parce que le receleur a versé 30 000 F CFA à la police.

– Utilisation de la détention : Les détenus pour des faits mineurs sont relâchés sans aucun formalisme moyennant paiement environ 10 000 F CFA pour la remise en liberté.

– Vente de l'enquête : Les FSI modifient les conclusions des enquêtes en faveur de la personne qui les paie.

– Prélèvement sur les biens saisis : Les FSI détournent les biens et deniers saisis à leur profit personnel. Les agents prélèvent une partie des fonds volés avant de les restituer au propriétaire ou pendant les arrestations, les personnes sont délestées de leurs biens et de leur argent.

Les pots-de-vin dans les tribunaux

Les personnes qui travaillent dans les tribunaux abusent de leur pouvoir pour un gain financier personnel à travers :

– La rétribution d'un service : Pour déposer une plainte ou suivre son dossier au niveau de la justice, il est nécessaire de payer une petite somme d'argent, appelée « facilitation », « soubassement », « intéressement » ou « pourboire ». Dans les usages, on parle de « placer une pierre sur le dossier ». Si rien n'est payé le dossier « s'envole ».

– La manipulation des dossiers par des greffiers pour réaliser un gain financier : Les greffiers peuvent modifier les dossiers, retirer des pièces ou faire disparaitre des dossiers, retirer des pièces ou faire disparaître des dossiers entiers en fonction des montants qu'ils perçoivent. Par exemple, un secrétaire de parquet peut modifier la décision de placer quelqu'un en détention préventive en ajoutant simplement un « S » qui veut dire « sans » au bon endroit. Avec cet ajout sur le formulaire, complété auparavant par le procureur, la mention « mandat de dépôt (MD) » devient « sans mandat de dépôt (SMD) » et conduit à libérer la personne.

– La vente de résultats : Avec une somme d'argent suffisante, il est possible d'acheter les éléments suivants auprès des juges et des officiers du ministère public :

le classement sans suite du dossier ;
la suspension de l'enquête ;
la libération provisoire ou conditionnelle ;
la mise en détention de quelqu'un ;
une décision judiciaire
un aménagement de peine ou une condamnation avec sursis.

Les pots-de-vin dans les prisons

– Rétribution d'un service : elle est exigée par les agents pénitentiaires pour que les détenus puissent accéder à l'essentiel et bénéficier des services auxquels ils ont droit. Par exemple, ils doivent payer pour recevoir leur famille, pour avoir le droit de dormir, pour déposer une demande d'aménagement de peine, pour avoir accès à la cour et pour recevoir la nourriture, pour être transféré dans un meilleur bâtiment tel que la « maison blanche ».

– Proposition de libération pour réaliser un gain financier : Les prisonniers peuvent acheter leur permission de sortie auprès des agents pénitentiaires ou des régisseurs de prison, de plusieurs manières.

Le favoritisme

Le favoritisme joue un rôle à l'intérieur de la chaîne pénale par l'intermédiaire de recrutement des promotions et de l'accès à des opportunités potentiellement lucratives. Le favoritisme est utilisé par les élites politiques pour s'entourer de personnes en lesquelles on peut avoir confiance ou qui ne seront pas opposées au système de corruption.

– Le favoritisme dans les promotions, les nominations et les opportunités professionnelles : les affectations et les promotions se font en fonction de l'ethnie, des liens familiaux, des relations de voisinage, de l'appartenance à une même promotion, de relations personnelles.

– Le favoritisme dans la détermination du résultat d'une affaire. Un exemple dans ce sens a été cité dans de CDA, 2007 : Un gendarme avait tué sa femme pendant la nuit alors qu'il était saoul. Il a été retrouvé dans sa chambre le lendemain avec l'arme du crime et le corps de sa femme, de sorte que sa culpabilité ne faisait aucun doute. Il n'a pas été placé en détention préventive et il ne s'est pas présenté lors de la comparution devant la cour criminelle. Son frère, un haut gradé de la gendarmerie, s'est chargé de sa mutation quelque part dans le pays où il continue à travailler comme gendarme.

Les faveurs sexuelles

Les faveurs sexuelles constituent la deuxième forme de corruption la plus fréquente dans la chaîne pénale. Elles sont utilisées pour obtenir des résultats variés comme pour une embauche, une nomination financièrement intéressante, ou de l'un de ses proches. Le refus d'accorder des faveurs sexuelles peut conduire à l'exclusion de l'équipe, à la mutation dans des « terres arides », au harcèlement moral et à l'humiliation publique. Les femmes peuvent aussi proposé des faveurs sexuelles dans une démarche de transaction, et qu'elles ne leur sont pas seulement imposées.

L'ingérence politique

Les hommes politiques et hauts responsables donnent des instructions qui sont opposés à la loi ou à la bonne administration des dossiers judiciaires qui sont traités. Ces instructions concernent la libération ou la détention des prisonniers. Ces supérieurs hiérarchiques peuvent être un commissaire, un commandant, un procureur, un avocat général, un ministre. Le ministre de la justice et le président de la république ont beaucoup de pouvoir sur l'avenir des magistrats parce qu'ils détiennent la présidence et la vice-présidence du conseil supérieur de la magistrature, organe qui recrute les magistrats et gère leur carrière.

2)– Les facteurs de la corruption dans le système judiciaire

L'étude citée énumère un certain nombre de facteurs explicatifs du développement de la corruption du système judiciaire en Centrafrique : le rôle des autorités politiques et hiérarchiques, l'impunité, les faiblesses du gouvernement, l'ignorance de la population, et la culture des cadeaux.

Le rôle des autorités politiques et hiérarchiques

Pour la majorité de la population, les autorités gouvernementales sont considérées comme la classe politique la plus corrompue. Celles-ci utilisent leurs contacts et leur argent pour se protéger eux-mêmes et s'enrichir. En se comportant ainsi, les autorités donnent le mauvais exemple à leurs subordonnés et à la population en général. Par exemple la grande corruption à grande l'échelle révélée pendant la transition (don Angolais) « comme un véritable tournant, parce que cela a eu un effet de diminuer la culpabilité ressentie par des fonctionnaires de moindre niveau pour avoir abusé de leur pouvoir en vue d'un enrichissement personnel ». « Si les chefs le font, ce n'est pas à nous qui allons changer le pays ».

L'impunité

L'élite politique et administrative bénéficie d'une impunité récurrente. Les institutions mandatées pour contrôler et inspecter ne fonctionnent pas. Leurs rapports adressés au président de la République, au procureur de la république, au ministre de la justice demeurent pour la majorité sans réaction de ceux-ci. « Plusieurs officiers de la police ont dénoncé le fait qu'aucune action disciplinaire n'a jamais été intentée contre des officiers de police notoirement corrompus » [CDA, 2017] d'une part. D'autre part « La majorité des magistrats interrogées a dénoncé le climat d'impunité dans la justice. Il a plus eu de révocation de magistrats depuis les années 90 ». Même si plusieurs enquêtes ont été diligentées par l'inspection générale et ont abouti à des propositions de sanctions importants dont la révocation, elles n'ont pas été entérinées par le conseil supérieur de la magistrature soit pas mis en exécution par le Chef de l'Etat. Par ailleurs, plusieurs magistrats pensent que le précédent inspecteur général a été relevé de ses fonctions car il a été trop « zélé » lors de ses enquêtes.

Les faiblesses de la population

L'analphabétisme de la majorité de la population constitue un des facteurs propices à la corruption. C'est ce qui explique que la population a tendance à tomber dans le jeu de corruption sans savoir que leurs actes sont illégaux.

La culture des cadeaux

La remise systématique des « cadeaux » facilite la corruption dans ce sens que le cadeau est perçu comme une marque d'amitié et de respect. Il provient de la justice coutumière. Néanmoins c'est une forme de corruption.

Le rôle de crise dans le renforcement de la corruption

– La crise a renforcé la pauvreté qui a créé davantage de corruption : La crise a rendu plus difficile la satisfaction des besoins fondamentaux. Beaucoup de fonctionnaires ont perdu leurs biens pendant la crise, ce qui a conduit leur famille à la pauvreté. Avec l'arrêt des hostilités, les fonctionnaires essayent de reconstruire leur patrimoine par tous les moyens possibles. L'accumulation rapide de biens est importante parce que l'avenir demeure incertain à cause des crises répétées en Centrafrique.

– Des gens vivent au-dessus de leurs moyens : Les retards des salaires ont appauvri certaines personnes. Pour survivre, la corruption est le moyen sûr d'avoir des revenus en faisant payer les coûts aux personnes qui utilisent les services publics. Avec une quasi-absence d'autorité gouvernementale, certains fonctionnaires ont pu mettre en place un train de vie qui excédait leur salaire. Pour maintenir un niveau élevé, ils sont maintenant obligés de continuer des pratiques de corruption.

– La perte des valeurs affaiblit l'intégrité : La perte du respect, de l'intégrité et de la dignité qui résulte de la crise, des valeurs qui sont associées au service public en général et aux fonctions judiciaires en particulier. Ces valeurs sont perdues.

3)– Les conséquences de la corruption du système judiciaire centrafricain

On peut citer parmi les conséquences fondamentales l'impunité pour les corrompus, les obstacles pour l'accès à la justice, la méfiance de la population vis-à-vis de leur système judiciaire. L'aggravation de l'injustice sociale et la banalisation de la corruption.

L'impunité pour les corrompus

Les personnes qui ont fait de la corruption leur idéal ne sont pas inquiétés ne sont pas sanctionnés, « les coupables reviennent dans les quartiers pour narguer les victimes ». Ceux qui sont en prison ne sont que des pauvres tandis que les délinquants en col blanc qui détournent des deniers publics importants ne sont pas inquiétés ce qui fait dire que « la chaîne pénale est un système d'oppression et que la justice est pour les riches » [CDA, 2017]. L'impunité générée par la corruption permet à des criminels dangereux de circuler librement et de continuer à menacer la sécurité des personnes. De ce fait, les citoyens peuvent avoir tendance à se rendre justice au lieu de faire confiance à la justice de leur pays.

Les obstacles pour l'accès à la justice

La gratuité de principe de la justice est devenue payante par le fait de la corruption dans le système de la justice. Ainsi, les citoyens qui ont cette contrainte ne peuvent pas s'y rendre.

La justice populaire et la vengeance

« La justice populaire est une réponse immédiate et massive à un crime perçu, comme on le voit dans les cas de justice populaire, et parait d'être fréquent. Il s'agit de la population de se faire directement justice en arrêtant l'auteur d'une infraction et en le soumettant à sa colère »

[opt, cité]. La justice privée, d'autre part, est exercée quand un citoyen se venge directement pour trouver un moyen d'obtenir réparation. C'est une conséquence du manque de confiance dans le système judiciaire.

Encadré 10 ; Synthèse du rapport de la commission d'enquête parlementaire sur la corruption

«... Lors de cette séance, des députés se sont interrogés sur le problème de corruption à l'assemblée nationale que diffusent les réseaux sociaux et les journaux de la place. Cette affaire concernerait, selon les médias, les honorables Mandaba Jean Michel, Tezawa Service Bervy Jean Paul et Dimbélé Nakoe Mathurin, respectivement président, rapporteur et membre de la commission production, et ressources naturelles.

... Prenant la parole, le collègue Makango a déclaré que c'est en sa qualité du président du groupe d'amitié RCA-Chine. C'est ainsi que le président de l'assemblée de l'assemblée a invité celui-ci à venir donner sa version des faits en sa possession.

Prenant la parole, le collègue Makando Ghislain a déclaré... que les chinois accompagnés d'un interprète centrafricain, sont venus le voir à son domicile pour se plaindre de l'honorable Mandaba Jean Michel à qui ils auraient remis 40 millions de FCFA et ce, depuis plus de cinq mois, pour les aider à obtenir un permis d'exploitation minière sans qu'ils ne sachent jusqu'à ce jour à quel niveau se trouve le document.

Mais quand il a appelé an téléphone son collègue pour lui poser la question de savoir si cela était vrai, l'honorable Mandaba Jean Michel lui a répondu ne rien savoir de cette sordide affaire.

Sur instance des chinois qui lui ont apporté des échanges et photos, il a appelé l'honorable Mandaba Jean Michel pour qu'ils se retrouvent au restaurant chinois.... Devant les photos présentées par Makango, le collègue Mandaba Jean Michel a fini par reconnaitre qu'il a bien reçu les 40 millions.

La commission d'enquête parlementaire s'est réunie......

Dans ses dépositions, le collègue Jean Michel Mandaba reconnait formellement avoir encaissé des mains de monsieur Yang-Wengang de la société Ying-Ding-Hong : premièrement 20 millions dans la salle de la commission production et ressources naturelles dont il est le président et deuxièment autres 20 millions au siège de son parti, ce que confirme le chinois.

En conséquence, la commission d'enquête parlementaire propose à la concertation de bien vouloir :

– De prendre acte de la démission de l'honorable Mandaba Jean Minchel annoncée lors de la présentation de prè-rapport à la plénière de son poste de président de la commission production.

– De déclarer l'honorable Mandaba inéligible pour l'exercice d'une quelconque fonction au sein de l'assemblée nationale

– L'obliger à restituer aux chinois dans un bref délai la somme perçue sous peine le levée d'immunité à la requête du tribunal.

NB : Le dossier de candidature de monsieur Jean Michel Mandaba pour l'élection des députés en 2020 a été rejeté par la cour constitutionnelle pour le motif de corruption dans cette affaire.

Développement de l'inégalité sociale

L'inégalité sociale permet aux corrompus de s'enrichir personnellement et d'augmenter leur richesse illicite creusant ainsi la différence avec les pauvres. Le retard du développement est lié à la corruption : le détournement des ressources du gouvernement par la classe politique, l'incompétence des fonctionnaires qui ont obtenu leur poste grâce au favoritisme ou en payant l'absence de sécurité juridique pour les investisseurs, le manque d'éthique dans les milieux économiques dans lesquels les impôts ne sont pas payés.

Davantage de corruption

La corruption dans la chaine pénale « produit davantage de corruption ». Pas seulement en termes d'échelle mais aussi de types différents de corruption. Les recrutements basés sur le favoritisme ou les faveurs sexuelles engendrent des personnes non qualifiées dans le système judiciaire qui n'ont pas la compétence technique pour traiter des dossiers, ce qui constitue encore à des embauches biaisés. Ces personnes insuffisamment formées interagissent avec la population et, grâce à l'ignorance des procédures applicables ou des règles, ou bien avec la cupidité consciente, extorquent les citoyens. Dans ce cas, le favoritisme ou les faveurs sexuelles pratiquées dans les ressources humaines conduisent à une extorsion plus importante des citoyens.

Comment la corruption impacte-t-elle la légitimité des institutions de la chaîne pénale ?

La question posée est de savoir quelle est la conséquence de la corruption sur la légitimité de la police et les tribunaux ?

– La corruption et la légitimité de la police : La corruption a fait perdre le respect de l'autorité de la police et développer une méfiance envers elle. Elle a perdu la confiance que lui portait la population. « Ils sont tous très corrompus, je ne peux pas leur faire confiance. Que vous ayez tort ou raison, vous devez leur donner de l'argent ». La police ne respecte pas la loi ou la manipule, c'est ce que pensent les citoyens. À partir de ce moment, elle n'a aucune légitimité.

– L'impact de corruption sur la légitimité des tribunaux : Les tribunaux responsables des affaires pénales semblent avoir perdu leur légitimité vis-à-vis des citoyens. « La justice appartient à ceux qui ont l'argent. Si vous n'en avez pas, inutile d'essayer ». Pour ceux qui utilisent les tribunaux, la distorsion du processus est tellement forte que le respect de la loi ne procède pas de la rigueur du processus judiciaire, mais du caractère prédéterminé du résultat (ce dernier ayant été acheté ou obtenu sous pression).

4)– La lutte contre la corruption dans le système judiciaire

La communauté internationale n'a pas de programme pour éradiquer la corruption dans le système judiciaire centrafricain. Cependant des investissements importants ont été mis en place pour la formation et les infrastructures par la communauté internationale. Le gouvernement centrafricain ne s'est vraiment pas franchement engagé dans la lutte contre la corruption dans ce secteur.

Programme d'investissement de la communauté internationale en faveur du système judiciaire

Centrafricain.

– Le programme conjoint des Nations unies. Prévu initialement de 2014 à 2017, ce programme a été reconduit jusqu'en 2020. Il comporte cinq volets :

Police et gendarmerie, réforme de la justice, prisons (réforme pénitentiaire), violence sexuelle et sécurité des communautés.

L'objet est de renforcer toutes les parties du système, par la construction d'infrastructures, la fourniture d'équipements et le renforcement des capacités. Ce programme est financé par le bureau of international narcotics and lawenforcement (INL).

– Le programme de réhabilitation des secteurs de la justice et de la police (RESEJEP) a été lancé en 2010 et est fiancé par le fonds européen de développement (FED). Il s'agit de deux éléments : la justice et les services correctionnels. Le volet justice vise à consolider l'Etat de droit et à moderniser le système judiciaire par le renforcement des capacités du personnel de la justice et des institutions connexes, principalement le ministère de la justice. Le programme d'infrastructures a concerné la construction des tribunaux ou la fourniture de matériel informatique.

– Le soutien du gouvernement français est axé sur la bonne gouvernance, notamment en matière de maintien de l'Etat de droit, de la justice et du redéploiement de l'administration de l'Etat. Le principal outil utilisé est le déploiement d'assistants techniques au sein des ministères concernés à des fins de conseil et d'élaboration de projets à petite échelle.

Section 3 –
Autres formes de corruption

On peut distinguer les corruptions des élites politiques et administratives, dans les banques commerciales et dans régies financières

A)– La corruption des élites politiques et administratives

La corruption de certains ministres et hauts cadres de l'administration sont endémiques de telle sorte que les corrupteurs ne cachent plus les critiques à leur égard et non sans aucun respect vis-à-vis de nos autorités.

Plusieurs ministres sollicitent systématiquement des grands commerçants de l'argent liquide ou en nature (alcool, alimentations etc.). Certains se déplacent physiquement pour mendier, surtout chez les libanais. Ils sont devenus des objets de rire et de conversation des libanais.

Plusieurs membres du gouvernement se font construire des maisons par des chinois, suite à un marché public, surfacturé et attribué gré à gré, où l'Etat perd des sommes importantes. Lors d'une crémaillère d'une maison à un niveau, un bien mal acquis, le membre du gouvernement, propriétaire, a déclaré publiquement en remerciant Dieu de lui avoir « donné » cette maison sans qu'il ait à dépenser un franc. Il a oublié qu'il s'est trahi en le disant. Le quartier « Belle vue » est réputée être celui des biens mal acquis.

Les projets à financements internationaux obéissent à la règle de 10 %. Un ministre a déclaré publiquement que c'est la condition pour qu'il signe l'acceptation d'un projet pour un petit entrepreneur.

Certains ministres créent des entreprises occasionnelles pour bénéficier des projets qui dépendent de leurs ministères. Le conflit d'intérêt n'est pas leur préoccupation à cause de l'impunité généralisée pour les élites politiques et administratives.

Pour se faire payer une facture au trésor public, le créancier est obligé de donner à l'avance au moins 10 % de la créance au fonctionnaire du trésor. Un créancier qui a refusé cette forme de corruption s'est vu refuser le paiement de sa créance vis-à-vis de l'Etat.

Les investisseurs potentiels sont harcelés par les corrupteurs. Les autorités exigent à chaque nouveau investisseur une somme d'argent importante qui les décourage. Un investisseur camerounais qui travaille dans les secteurs de produits congelés voudrait s'installer à Bangui. Sa stratégie est de baisser les prix et concurrencer et voire évincer les libanais. Il s'est vu demander par les autorités centrafricaines plus de 40 millions de FCFA comme condition d'installation. Il a une surface financière importante pour faire face à cette demande, mais a renoncé parce ce qu'il n'a pas accepté cette forme de corruption, qui vient des autorités qui ont vocation à créer les conditions pour faciliter les nouveaux investisseurs.

La crise du carburant a mis en cause les autorités politiques gouvernementales qui ont facilité les contrebandes dans le secteur. Cette crise a causé une perte financière importante pour l'Etat. Ainsi le rapport de mission du FMI de novembre 2024 mentionne que la fiscalité pétrolière qui représentait

25 % des recettes fiscales est tombée à 9 % contre 25 % auparavant. Ici, l'intérêt individuel a prévalu sur l'Etat qui a vu ses recettes baissées.

B)– La corruption dans les banques commerciales

Dans certaines banques commerciales, les cadres de la direction générale exigent des pots-de-vin représentant jusqu'à plus de 30 % des crédits sollicités pour les accorder. Les grands commerçants, hommes d'affaires ou des cadres en souffrent. Si cette condition n'est pas remplie, le crédit n'est pas accordé. Le dossier est classé sans réponse de la banque et n'est pas présenté au comité de crédit, seul habilité à l'étudier. Dans cette situation, aucune réponse n'est donnée au demandeur alors que la banque est obligée de donner une réponse motivée au demandeur. Ceci explique des crédits en souffrances dans des banques commerciales.

Les fruits de corruption sont distribués entre les cadres et certains hommes politiques qui les nomment à ces postes, certains sans le niveau initial requis et sans expérience dans le domaine.

Les niveaux de vie très élevés de certains cadres des banques commerciales sans rapport avec leurs salaires expliquent cette situation de corruption.

C)– La corruption au ministère de finances

Jean-Bernard Venant Godouama, ancien directeur de la législation et directeur de la fiscalité des personnes physiques et des petites et moyennes entreprises et ancien directeur général du budget raconte dans une partie de son livre ce qu'il a vécu dans l'exercice de ces fonctions au ministère des finances [Le combat du silence, 2023].

Au niveau de la direction générale des impôts.

« ... Mon premier contact avec ce milieu mafieux eu lieu au niveau contentieux.

.... La pratique la plus courante s'inscrivait dans le même schéma, à savoir : un montant élevé d'impôt est établi ; le gestionnaire s'empresse d'en informer le contribuable et fait la promesse de réduire ce montant si son interlocuteur lui verse quelque chose. Le refus d'obtempérer entrainerait la notification d'un redressement assorti de 100 % de pénalités. Les procédures de recouvrement seront suivies de près et à un jour les saisies seront exécutées.

Les pratiques malhonnêtes étaient nombreuses et variées. Certains inspecteurs, membres d'une équipe de contrôle, qui venaient de boucler un contrôle dans une entreprise retournaient chez le contribuable pour lui promettre de faire le montant de redressement moyennant une ristourne » (page 113).

«... Une autre fois, j'avais fait venir pour m'assister un collaborateur gestionnaire du dossier d'un contribuable que j'allais recevoir. Alors que le contribuable devait répondre à des questions posées, j'avais eu la désagréable surprise de constater que c'était le collaborateur qui donnait des explications. Ce collègue avait la triste réputation de faire un double jeu. Je l'ai rabroué en dénonçant son comportement devant le contribuable et le jeune collaborateur. Il avait eu honte et était sorti de mon bureau.

Je dois dire qu'ils sont nombreux à faire ce genre de choses et à s'enrichir sur le dos de l'Etat. Pêle-mêle, les astuces pour détourner de l'argent étaient nombreux et vont de quittances parallèles, à l'utilisation de papiers carbones pour effacer de chiffres, les falsifications des chiffres, les détournements des recettes versées et la délivrance de fausses quittances pour rassurer les contribuables, sans compter les rackets et autres malversations » (page 116).

– Au niveau de la direction générale du budget.

« Les intrigues se sont poursuivis malgré mes efforts de rigueur mais aussi de conciliation. Les hommes sont ce qu'ils sont, et rien ne peut dissuader des personnes qui veulent nuire.

La situation devenait préoccupante lorsque les problèmes viennent des hauts responsables de l'Etat....

Un haut responsable avait même tenté de se faire rembourser des frais de voitures utilisées lors d'une mission pour laquelle une caisse d'avance avait été allouée.

Comme le ridicule ne tuait pas, il était arrivé qu'un ministre sollicite des frais de mission et un billet d'avion pour sa participation à une réunion statutaire annuelle d'un organisme qui pourtant l'avait pris en charge. De surcroît, le même ministre exigea en classe affaires à une période où la loi des finances le limitait au Chef d'Etat, au Premier ministre et au Président de l'Assemblée Nationale. Je m'y étais opposé, mais face à son entêtement et insistance, je lui avait conseillé, via son Directeur de protocole, de payer la différence pour voyager en classe affaires. Furieux, il avait raccroché le téléphone menaçant d'en découdre avec moi » (pages 123 et 124).

« Un après-midi de décembre 2007, j'avais vu entrer dans mon bureau, sans se faire annoncer, l'officier K..., arme à la ceinture.... L'officier m'apprit qu'il venait, sur instruction du Chef de l'Etat, me demander d'appeler le Directeur Général de TOTAL afin de se voir livrer du carburant pour une mission spéciale, sur la fameuse ligne de réserve. Je n'avais eu aucune difficulté à lui conseiller d'aller obtenir au préalable l'accord du Chef d'Etat puisqu'il s'agissait d'une mission initiée par ce dernier. Mon visiteur était ressorti pour ne plus revenir » (page 127).

D)– La corruption dans le secteur pétrolier

« LA MAFIA DANS LE SECTEUR PETROLIER EN REPUBLIQUE CENTRAFRICAINE

Par Paul-Crescent BENINGA, société civile, 2024

Introduction générale

Le gouvernement centrafricain, a décidé, par Arrêté interministériel du 03 janvier 2023[1], de l'augmentation du prix à la pompe des produits pétroliers. L'essence super passe de 865 à 1300 francs CFA le litre, le gasoil de 855 à 1450 francs CFA et le pétrole lampant de 645 à 1150 francs CFA. Une augmentation de près de 50 %. Il s'agit, selon le ministre du Développement de l'Energie et des Ressources Hydrauliques d'une décision qui s'impose : « nous avons tenté des solutions, mais ça n'a pas donné les résultats attendus par la population. Nous avons mené des réflexions sur qu'est-ce qu'il faut faire face à l'augmentation anormale sur le marché. Nous sommes obligés de prendre une décision [2] ». Cette décision a entraîné de nombreuses réactions d'organisations de la société civile dont le Groupe de Travail de la Société Civile (GTSC) qui a invité le gouvernement à entendre le cri de cœur de son peuple et d'ouvrir de toute urgence de véritables négociations avec les partenaires sociaux pour baisser le prix à la pompe des produits pétroliers [3].

Six mois plus tard, le 06 juillet 2023, le gouvernement a procédé à la baisse du prix à la pompe des produits pétroliers. L'essence super passe de 1300 à 1100 francs CFA, le gasoil de 1450 à 1350 francs et le pétrole lampant de 1150 à 850 francs CFA[4]. Le 29 septembre 2023, le gouvernement centrafricain a, contre toute attente, signé une Convention exclusive de fourniture en produits pétroliers avec la société de droit camerounais Neptune Oil S.A, et ce, en violation de la **Loi 07.005 portant Réorganisation du Sous-Secteur Pétrolier Aval en République Centrafricaine** qui dispose en son article 4 qu'« à l'exception des activités de stockage, les activités d'importation et de réexportation, de mise à bord, de transport, de distribution, de commercialisation et de droiture des produits pétroliers et dérivés sont libéralisées sur toute l'étendue du territoire centrafricain [5] ».

Toutes ces politiques publiques n'ont pas mis un terme à la pénurie des produits pétroliers dans la capitale. Par exemple, en juin 2024, la capitale Bangui était plongée dans une pénurie massive de carburant, et ce, pendant près de trois semaines. Pour le ministre du Développement de l'Energie et des Ressources Hydrauliques, cette pénurie résulterait de l'incapacité de la société Trans Africa Market OIL (TAM Oli) de distribuer des produits pétrolier dans les stations-service. Il a donc procédé à la réquisition de six stations-service de la société pour une durée de 45 jours qui sera renouvelée à deux reprises pour une durée de 90 jours le 18 juillet 2024 et le 22 septembre 2024 de la même année. Cette décision relève d'une stratégie de bous-émissairisation qui explique par la volonté de torpiller les activités de la société TAM Oil qui peine à avoir son agrément, d'une part, et surtout de permettre à la Société Neptune Oil SA qui ne dispose pas de siège et d'agrément de jouir pleinement du monopole d'importation des produits pétroliers [9]. La réquisition au dépôt des produits Jet de TAM Oil[10] et la « saisie orchestrée » par la douane centrafricaine d'une cargaison de 38 000 litres d'essence super au port sec de PK 26 appartenant à la société Tristar[11] sont des exemples à titre d'illustration.

Inquiet de la situation, le FMI a déployé en avril 2024 une Mission d'Assistance Technique qui a formulé des recommandations assorties des échéanciers en vue de permettre au gouvernement centrafricain de reformer son secteur des produits pétroliers. Nous pouvons en énumérer quelques-unes :

✓ Libéraliser les importations de Jet ;

✓ Mener des actions correctives devant assurer la conformité de la convention de Neptune au cadre légal en vigueur, notamment en ce qui concerne les divergences susmentionnées ;

✓ Modifier les décrets 18.295 et 12.019 pour passer de l'évaluation des importations a posteriori et individuelle par marketeur, à une évaluation a priori et unique par voie de transport (route/fleuve) pour tous les marketeurs. Ensuite, mettre en cohérence les prix à la pompe...

L'analyse bilancielle révèle que près de la moitié des recommandations du FMI n'ont pas été mises en œuvre par le Ministère du Développement de l'Energie et des Ressources Hydrauliques.

Toutes ces mesures à la fois édictées par le Ministère du Développement de l'Energie et des Ressources Hydrauliques (I) ont, au lieu de contribuer à la réforme du secteur des produits pétroliers, participé à la désorganisation dudit secteur qui est de plus en plus investi par des mafieux venus de divers horizons (II).

I. La Société Neptune Oil SA : un Cheval de Troie dans le secteur des produits pétroliers en Centrafrique

Créée en 2009, la Société Neptune Oil SA est une entreprise de droit camerounais qui travaille dans le secteur pétrolier. Son irruption dans le secteur pétrolier centrafricain en septembre 2023, à la faveur d'une Convention exclusive d'importation des produits hydrocarbures, s'est faite d'une manière illégale qu'il convient d'analyser.

1.1 La Convention exclusive : une violation de la Loi 07.005 du 24 avril 2007

1.1.1– La Convention exclusive et la violation du principe de la libéralisation des activités du secteur pétrolier centrafricain

À l'exception du stockage où l'État garde le monopole, les activités du secteur pétrolier en RCA ont été libéralisées à la faveur de la Loi 07.005 du 24 avril 2007 portant Réorganisation du Sous-Secteur Pétrolier Aval en République Centrafricaine. Celle-ci dispose en son article 4 qu'« à l'exception des activités de stockage, les activités d'importation et de réexportation, de mise à bord, de transport, de distribution, de commercialisation et de droiture des produits pétroliers et dérivés sont libéralisées sur toute l'étendue du territoire centrafricain [12] ».

Les dispositions de l'article 4 de la Loi 07.005 du 24 avril 2007 constituent un verrou à toute initiative visant à créer des situations de monopole dans le secteur pétrolier, exception faite des activités relatives au stockage. D'autant plus que la Loi n'a pas prévu des cas de dérogation. Le retour à la situation de monopole ne pourrait être envisagé que dans le cas où l'on procède à la modification des dispositions de la Loi 07.005 du 24 avril 2007.

La concession de la situation de monopole à la Société Neptune Oil SA a entraîné des conséquences dramatiques aussi bien au plan fiscal que stratégique.

Au plan fiscal, l'État percevait, avant la signature de la Convention exclusive, en moyenne **2,5 à 3 milliards** de francs CFA par mois hormis les redevances pour l'urbanisation des routes qui sont versées au Fonds d'Entretien Routier (FER). De nos jours, la fiscalité tirée du secteur pétrolier tourne autour de **1,5 milliard**, soit une perte de plus **d'un milliard** par mois [13]. Par exemple, en juillet 2024, l'État a perçu en termes des droits et taxes la somme d'environ **1,7 milliards** de francs CFA[14]. La Société Neptune Oil SA livre, par intermédiaire de la Société Solaris, des produits pétroliers, notamment le gasoil, à des sociétés non agréées sans verser des taxes à l'État. C'est le cas des sociétés chinoises d'exploitation minière à Yaloké et de certaines entreprises des travaux publics [15]. Nul ne doute que cette situation crée de la concurrence déloyale et entraîne une forte baisse des ressources fiscales.

Au plan stratégique, le risque de pénurie est permanent, toute porte à croire que la Société Neptune Oil SA ne dispose pas de capacités financières permettant de répondre convenablement aux besoins du pays en produits pétroliers dont la consommation annuelle est estimée à environ 100 000 m^3. Nos enquêtes ont révélé l'incapacité financière de cette entreprise à constituer une réserve conséquente au dépôt de stockage.

De nombreuses missions du ministre centrafricain du Développement de l'Energie et des Ressources Hydrauliques aussi bien au Cameroun qu'en République Démocratique du Congo pour s'assurer de la réserve des produits pétroliers de la Société Neptune Oil SA se sont révélées infructueuses. Par exemple, en juillet 2024 à Kinshasa, le ministre et sa suite se sont rendus compte que la Société Neptune Oil SA ne disposait d'aucune réserve sur place alors qu'elle a rassuré le ministre d'avoir acheté auprès de son fournisseur, la Société Augusta Energy **20 000 tonnes métriques** de produits pétroliers. Au mois de septembre 2024, seulement **3000 m3** ont été importés. On annonce la mise à disposition de la Société Neptune Oil SA par la Société Augusta Energy de près de **9000 m3** qui seraient en cours d'acheminement [16].

Il importe de faire remarquer que la Société Neptune Oil SA refuse de communiquer au gouvernement centrafricain le prix d'achat des produits pétroliers. Ce cafouillage constitue une entrave à toute possibilité de faire baisser les prix des produits pétroliers à la pompe, d'autant plus qu'il n'existe plus de lisibilité sur la configuration du nouveau comité de structure des prix [17].

1.1.2– La Société Neptune Oil SA : une société inconnue du droit centrafricain

L'absence de siège en RCA : la Société Neptune Oil SA n'est pas connue du droit centrafricain, elle ne dispose pas de siège, encore moins d'agrément en RCA. Pourtant, la Loi 07.005 du 24 avril 2007 en son article 10 alinéa 2 dispose clairement que « le siège social de l'exploitant est en RCA. Si le siège social de la société mère est dans un autre pays, la filiale établie en RCA est de droit centrafricain [18] ». Il ressort clairement de cette disposition que le législateur centrafricain oblige tout exploitant à disposer d'un siège en RCA et à se conformer au droit centrafricain. Somme toute, il n'est pas possible à une société de droit étranger d'exercer directement dans le secteur pétrolier centrafricain, sauf à créer une filiale de droit centrafricain.

Cette absence de siège en RCA témoigne de l'inexistence juridique de la société du point de vue du droit centrafricain. Il s'agit d'un fait qui renseigne sur la volonté du Ministère centrafricain du Développement de l'Énergie et des Ressources Hydrauliques de marcher sur les textes de droit afin de favoriser le déploiement de la Société Neptune Oil SA dans le secteur pétrolier en RCA. Elle constitue au plan social un énorme manque à gagner pour le pays. L'installation de la société Neptune Oil SA aurait permis de donner de l'emploi aux centrafricains et d'améliorer les recettes fiscales de l'État.

L'absence d'agrément : outre l'absence de siège en RCA, la Société Neptune Oil SA ne dispose pas d'agrément alors que la Loi 07.005 du 24 avril 2007 dispose en son article 14 que :

L'agrément est délivré aux exploitants jouissant des capacités financières et techniques nécessaires à l'exercice des activités pour lesquelles l'agrément est demandé et pouvant assurer :

– La sécurité des installations et des équipements d'exploitation ;

– La protection de l'environnement ;

– La protection et la conformité du lieu d'implantation et de la superficie exploitée ;

– L'approvisionnement régulier de sa zone d'intervention ;

– Le stockage et le transport des produits ;

Les détails de ces critères seront fixés par voie réglementaire [19].

Il ne fait aucun doute, à la lecture des dispositions de l'article 14 de la Loi 07.005 du 24 avril 2007 que la Société Neptune Oil SA soit dans l'illégalité et constitue véritablement un Cheval de Troie dans le secteur pétrolier centrafricain au point de vouloir non seulement influencer mais aussi biaiser la décision du gouvernement dans la gestion du secteur pétrolier. L'on se demande comment l'État a pu laisser fonctionner une société dans notre pays sans siège et sans agrément.

1.2– Les tentatives d'immixtion de la Société Neptune dans la gestion du secteur pétrolier

Le projet discret de la privatisation de la Société Centrafricaine de Stockage des Produits Pétroliers (SOCASP) et le mensonge sur les coûts d'achat des produits pétroliers sont des faits, si besoin en était encore, qui attestent de l'immixtion de la Société Neptune Oil SA dans la gestion du secteur pétrolier en RCA.

1.2.1– Le Discret projet de la privatisation de la SOCASP

En dépit des alertes de nombreuses organisations de la société civile sur le risque de confier entièrement l'animation du secteur pétrolier aux entreprises d'origine étrangère (voir le tableau ci-dessous), le ministre du Développement de l'Énergie et des Ressources Hydrauliques, monsieur Arthur Bertrand PIRI, **envisage de faire entrer la Société Neptune Oil SA dans les actions de la Société Centrafricaine de Stockage des Produits Pétroliers (SOCASP).** Les rumeurs qui circulaient au sujet de la privatisation de la SOCASP vont se révéler avérées en septembre 2024. En effet, le ministre Arthur Bertrand PIRI va annoncer lors d'une réunion à Yaoundé entre les experts de son Département et les responsables de la société Neptune Oil SA que celle-ci achètera dans les prochains mois, au moins 30 % d'actions de la SOCASP dans un premier temps et 51 % après investissement [20]. En clair, le ministre entend privatiser et brader la SOCASP.

Ce sera, une fois de plus, un cas de violation flagrante de la Loi 07.005 du 24 avril 2007 en son article 4 qui fait office d'obstacle à toute initiative visant à privatiser l'activité de stockage des produits pétroliers qui est une activité hautement sensible et stratégique. Il n'est pas conseillé de confier cette activité à une entreprise privée qui plus est de droit étranger et inconnue du législateur centrafricain. Selon les informations recueillies, la Société Neptune Oil SA convoiterait les Directions des Affaires Financières et d'Exportation à la SOCASP qui sont des postes hautement stratégiques qui lui permettraient d'avoir le contrôle de l'entreprise.

L'obsession du ministre du Développement de l'Energie et des Ressources Hydrauliques à privatiser entièrement le secteur pétrolier centrafricain, à le confier en grande partie aux entreprises d'origine étrangère et davantage camerounaise est inquiétante et entraîne des soupçons nécessitant de sérieuses investigations. Il est évident qu'une prise de contrôle de la SOCASP par une société étrangère privée se traduirait rapidement par une augmentation de tarifs de la SOCASP et donc du coût du carburant, au détriment de la population centrafricaine mais au bénéfice bien entendu de la rentabilité de Neptune Oil SA et de ses partenaires.

Tableau 27 : cartographie des marketeurs des produits hydrocarbures en République Centrafricaine

ENTREPRISES	ORIGINE	SIEGE À BANGUI	AGREMENT	NATURE D'ACTIVITE	PRESENCE EN PROVINCES
ALPHA-OIL	Camerounaise	OUI	OUI	Vente	**NON**
BOCOM	Camerounaise	OUI	OUI	Vente	**NON**
CITIZEN	Camerounaise	OUI	OUI	Vente	**NON**
G-OIL	Centrafricaine	OUI	OUI	Vente	**NON**
GRENN-OIL	Camerounaise	OUI	OUI	Vente	**NON**
NEPTUNE	Camerounaise	**NON**	**NON**	IMPORTATION(MONOPOLE)	**NON**
PETROLIUM	Camerounaise	NON	OUI	Vente	**NON**
SARDP-OIL	Congolaise	OUI	OUI	Vente	**NON**
SOLARIS	Centrafricaine	OUI	OUI	Vente	**NON**
TAM-OIL	Française	OUI	**En Cours**	Vente	OUI
TRADEX	Camerounaise	OUI	OUI	Vente	OUI
TRISTAR	Indienne	OUI	OUI	Vente (uniquement à la MINUSCA)	**NON**

Source : GTSC

1.2.2– La Société Neptune Oil SA et les pratiques d'arnaque et d'escroquerie aux dépens du gouvernement centrafricain

En avril 2024, le FMI a recommandé au Ministère du Développement de l'Energie et des Ressources Hydrauliques de se rapprocher de la Société Neptune Oil SA pour s'enquérir du coût de revient des produits pétroliers car le prix de vente à la pompe desdits produits demeure très élevé. Pour ce faire, le ministre Arthur Bertrand PIRI s'est rendu au mois de septembre 2024 au Cameroun et a tenu plusieurs réunions avec les responsables de la Société et aussi avec de nombreux autres acteurs du secteur pétrolier. Il ressort de la mission que la Société Neptune Oil SA fait dans la surenchère en mentant sur les Frais de dépôt et le Travail Extra légal (TEL).

Frais de dépôt : la Société Neptune Oil SA fait croire au gouvernement qu'elle paie

10 % des frais de dépôt à la Société Nationale de Raffinage (SONARA) du Cameroun. Après enquête cette version des faits a été démentie par un membre de cette société qui peine à « comprendre la décision du gouvernement centrafricain à accorder l'exclusivité d'importation des produits pétroliers à la Société Neptune Oil SA. (...). D'autant plus que la gestion du secteur pétrolier relève de la souveraineté d'un État [21] ».

Travail Extra Légal (TEL) : De même que pour les frais de dépôt, la Société Neptune Oil SA a informé le gouvernement qu'elle s'acquitte auprès de la Douane camerounaise des frais du Travail Extra Légal. Nos investigations auprès des services des douanes camerounaises ont révélé que la Société ne paie pas le TEL alors qu'elle devrait le faire parce qu'elle ne dispose pas d'une domiciliation à Bangui.

Ces pratiques relèvent de l'arnaque et de l'escroquerie car les frais supposément payés sont imputés sur le coût de revient et influencent le prix des produits pétroliers à la pompe. C'est pourquoi l'on ne comprend pas que le gouvernement centrafricain concède un monopole commercial à une société étrangère sans avoir, au préalable, mené des enquêtes de moralité sur ladite société. Une société étrangère qui ment au nom de son gouvernement et ment à ce même gouvernement devrait passer en justice pour avoir trahi deux États à la fois. Au cas contraire, il est permis de penser que ces mensonges d'État n'ont pour but que d'arnaquer le peuple centrafricain et d'enrichir une oligarchie car ces mensonges sont destinés à augmenter le prix des carburants à la pompe.

II– Les pratiques illégales de certains organes de l'État dans la désorganisation du secteur pétrolier centrafricain

S'il est vrai que le législateur centrafricain a strictement encadré les activités du secteur pétrolier en RCA, il n'en demeure pas moins que les politiques publiques implémentées ces quatre dernières années participent de la désorganisation dudit secteur. On note d'une part, l'incompréhensible décision du **Comité de Contrôle et de Lutte Contre les Importations Frauduleuses des Produits Pétroliers** à verser sur le marché des produits saisis d'origines douteuses, et, d'autre part, la gesticulation institutionnelle du gouvernement dans la gestion de ce qu'il convient de nommer affaire TAM Oil ;

2.1– Le Comité de Contrôle et de Lutte Contre les Importations Frauduleuses des Produits Pétroliers : la politique de la main levée

Les récurrentes pénuries auxquelles le pays a été confronté depuis la crise de la Covid-19 et l'augmentation à la pompe du prix des produits pétroliers ont contribué au développement de la contrebande des dits produits. En 2022, au plus fort de la pénurie, on a noté de nombreux cas d'incendie partis d'entrepôts de carburant dans les quartiers de Bangui, notamment, dans le quartier Km5[22]. Les produits stockés dans ces entrepôts non homologués proviennent en grande partie de la contrebande des importateurs non autorisés et continuent d'inonder le marché jusqu'à nos jours. Face à la persistance du phénomène, le Ministère des Finances et du Budget s'y est intéressé au travers de l'**Arrêté n0 035/MFB/DIRCAB.24 du 14 juin 2024 Fixant les Modalités de Liquidation des Droits et Taxes sur les Produits Pétroliers Pour les Importateurs Non autorisés à la SOCASP.**

Ce texte de loi, encore appelé par les importateurs non autorisés « **l'Arrêté du FMI** », a fixé, comme il est intitulé, les modalités de liquidation des droits et taxes sur les produits pétroliers issus de la contrebande, saisis dans les bidons et/ou fûts et stockés à la SOCASP.

« **L'Arrêté du FMI** » a été interprété par les importateurs non autorisés et le Comité de Contrôle et de Lutte Contre les Importations Frauduleuses des Produits Pétroliers comme étant une forme de régularisation en aval des produits frauduleusement importés. En témoignent les actes de main levée du Comité sur les produits saisis et stockés à la SOCASP entre juillet et septembre 2024, quelques jours après la publication de « **l'Arrêté du FMI** ».

En juillet 2024, le Chef de Service du Comité de Contrôle « a demandé la main levée sur les quatre fûts appartenant à madame KOYAZO Ruth stockés au dépôt de Kolongo pour destination de la ville de Kaga Bandoro[23] ».

Le 12 août 2024, une autre décision de main levée a été ordonnée sur 180 bidons de 25 litres de gasoil frauduleusement importés. Le coordonnateur du Comité de Contrôle justifie la main levée par le fait que l'importateur aurait réglé les droits et taxes de la douane (voir l'image ci– dessous). Comme il a été déjà dit, « **l'Arrêté du FMI** » a été compris comme un cadre réglementaire qui vient légaliser les actes d'importation frauduleuse des produits pétroliers.

Toute décision de main levée est soumise préalablement aux paiements des frais de pénalités qui seront versés dans les caisses du Comité de Contrôle et non du Trésor public. En témoigne l'image ci-après.

Cette politique de main levée fait l'impasse sur l'origine des produits saisis qui se retrouvent sur le marché. Il est difficile de savoir si les carburants importés sont de bonne ou mauvaise qualité. Tout porte donc à croire que le rôle du Comité de Contrôle et de lutte contre les importations frauduleuses des produits pétroliers n'est pas de lutter contre la contrebande desdits produits mais plutôt de laisser entrer les produits pétroliers, de les saisir ensuite pour se faire de l'argent auprès des contrevenants.

2.2– Le Comité interministériel et le « calvaire » de la Société TAM Oil

Le 17 février 2023, la Société Total Energie Marketing Afrique a signé un contrat de cession d'actions relativement à Total Centrafrique avec le groupe Rochefort International Ltd pour le compte de la Société TAM Oil. Cette cession fut, un temps, contestée par le gouvernement qui a mis en place, par Arrêté n^0 014/PM23 du 18 août 2023, un Comité interministériel chargé de vérifier les conditions et modalités des actions de la société Total Centrafrique.

Après des mois de blocage ayant certainement pénalisé l'activité de la Société TAM Oil, le ministre du Développement de l'Energie et des Ressources Hydrauliques a finalement reconnu la légalité de la transaction dans un communiqué officiel du 24 octobre 2023[24] et autorisé ses partenaires, au premier rang desquels les banques, à reprendre leurs relations commerciales, administratives et financières avec la société [25].

Malgré toutes ces manœuvres, la Société TAM Oil a continué d'investir pour développer son activité. Elle a notamment réouvert au début de l'année 2024 trois stations-services dans les villes de Bouar, de Mbaïki et de Sibut (fermées depuis des années) au grand bénéfice de la population locale qui pouvait enfin s'approvisionner en carburant de qualité au même prix qu'à Bangui[26].

La société TAM Oil a également relancé l'activité de ravitaillement à l'aéroport de Bangui M'poko, laquelle était à l'arrêt depuis le premier semestre de l'année 2022 permettant ainsi aux compagnies internationales d'augmenter leur trafic sur Bangui et d'ouvrir de nouvelles routes à l'instar de Royal Air Maroc ou encore d'Ethiopian Airlines. Une fois de plus, la Société TAM Oil va être freinée dans sa relance puisque sa cargaison de Jet commandée en décembre 2023 a été saisie à son arrivée à la SOCASP en janvier 2024 sous prétexte « qu'à compter du 16 janvier 2024, aucun marketeur ne peut importer les produits pétroliers à destination de la RCA » et que « seule la société Neptune Oil SA, mandataire de l'Etat Centrafricain, est autorisée à importer tous les produits pour les besoins du marché national [27] ». Cette saisie est d'autant plus injustifiée que les produits ont été commandés avant le 16 janvier 2024.

Conformément à l'Arrêté de mise en place du Comité Interministériel, celui-ci a pour mission de « procéder à la vérification des conditions et modalités d'application du contrat de cession d'actions relativement à Total Centrafrique, signé le 17 février 2023 entre Total Energies Marketing, le cédant, et Rochefort International Ltd, le cessionnaire [28] ».

Un an après la mise en place du Comité, les lignes ne semblent pas bouger et la Société TAM Oil est confrontée à de nombreuses difficultés dont le refus du Ministère du Développement de l'Energie et des Ressources Hydrauliques de lui délivrer ses agréments, ce, en dépit de l'avis favorable du Comité ministériel.

Le « refus » de délivrer à TAM Oil des agréments en dépit de l'avis favorable du Comité ministériel alors que la Société Tristar a reçu dans la même période ses agréments qui l'autorisent à étendre la vente des produits pétroliers, notamment le Jet à d'autres usagers que la MINUSCA, donne à penser qu'il y a anguille sous roche.

L'État centrafricain est libre de délivrer ou de refuser l'agrément à un marketeur car la décision relève de sa souveraineté. Ce qui est déplorable dans le cas de la Société TAM Oil, c'est le manque de courage des autorités compétentes.

Conclusion

L'intérêt du présent rapport est de mettre la lumière sur les pratiques mafieuses qui s'invitent depuis près de quatre ans dans le secteur pétrolier en RCA, et ce, aux dépens des usagers qui achètent à des prix exorbitants les carburants à la pompe.

Résultat d'une enquête de plus de 24 semaines, cette étude a permis de mettre en lumière les pratiques d'arnaque et d'escroquerie de la Société Neptune Oil SA qui bénéficie de la largesse du Ministère du Développement de l'Energie et des Ressources Energiques. Il est clair que le monopole d'importation des produits pétroliers dont bénéficie la Société Neptune Oil SA contribue au développement de la contrebande qui se « légalise » par le biais de la mésinterprétation de « l'Arrêté du FMI ». Il est à noter que la Convention exclusive entre le gouvernement et la Société Neptune Oil SA est illégale, elle viole les dispositions de la Loi du 24 avril 2007.

Outre la situation de monopole, nous avons remarqué les pratiques déviantes du Comité de Contrôle et de Lutte Contre les Importations Frauduleuses des Produits Pétroliers qui favorisent le développement de la contrebande des produits pétroliers aux origines douteuses.
Les données présentées dans ce rapport ne sont que la partie visible de l'iceberg car nos enquêtes ont révélé la nécessité de poursuivre les recherches dont les résultats seront analysés et publiés au début de l'année 2025.

Source : *Paul-Crescent BENINGA, société civile, 2024*

Cette dénonciation de la société civile reflète la réalité de la politique du gouvernement qui, par certains aspects pénalise les entreprises et les ménages par l'augmentation démesurée des prix des produits pétroliers et met fin à la libéralisation du secteur pétrolier, en violant la loi dans ce domaine pour des intérêts personnels en défaveur de l'Etat. Cette politique décourage les partenaires financiers dans le financement de l'économie nationale. C'est bien ce que reproche le FMI au gouvernement : « Le Fonds monétaire international (FMI) ne compte finalement pas débloquer la troisième et dernière tranche d'aide à la Centrafrique dans le cadre de la facilité élargie de crédit signé en 2023... L'institution de Breton Woods déplore que la réforme du secteur préconisé n'ait jamais été mise en œuvre et que le monopole sur le carburant octroyé à la société camerounaise Neptune Oil n'ait pas été revu... Outre, le processus de libéralisation des importations de carburants qui n'a pas été amorcé par le gouvernement centrafricain en novembre, la révision de la structure des prix des produits pétroliers n'a pas avancé d'un iota ». [Africa intelligence, 2024].

Section 4 –
La lutte contre la corruption en Centrafrique

Le gouvernement centrafricain a mis en place certaines structures pour lutter contre la corruption qui ne produit nullement des résultats escomptés.

Le comité national de lutte contre la corruption (CNLC) a été créé par le décret N° 08.133 du 31 mars 2008. Sa mission principale était d'élaborer le document de stratégie nationale de lutte contre la corruption. Sa tâche a consisté à diffuser les connaissances sur la prévention de la corruption et traiter les plaintes et les réclamations des citoyens concernant la corruption.

Ainsi que la haute autorité de la bonne gouvernance instituée par la constitution de mars 2013. Cette autorité indépendante dans les nominations de ses membres est constituée des hauts cadres avec des formations différentes. Le président est un enseignant en droit de l'université de Bangui. Cette haute autorité fait des rapports sur des cas de corruption ou de détournement des deniers publics qui sont destinés au ministre de la justice, chargé des poursuites pénales. Ces rapports sont généralement classés sans suite. Il est donc nécessaire qu'une réforme permette à l'autorité de poursuivre elle-même les délinquants.

Section 5 –
L'ethnicité, le tribalisme et leur impact sur la politique, la démocratie et les institutions

Les anthropologues et sociologues ont des difficultés à se mettre d'accord sur les définitions de l'ethnicité et du tribalisme. Plusieurs définitions renvoient à l'approche identitaire ou communautariste et situent ce phénomène généralement en Afrique. Ils différencient l'ethnicité du tribalisme, donnant à l'ethnicité un sens sociétal et au tribalisme un sens à connotation politique. Certains auteurs ont montré le rôle de l'ethnicité dans les dernières guerres en Afrique, l'utilisation politique du phénomène qui travestit la démocratie et ses effets néfastes sur le fonctionnement des institutions et structures nationales.

A)– Les tentatives de définition de l'ethnie et ethnicité, de tribu et tribalisme

Les recherches sur l'ethnie et la tribu appartiennent à cette branche de la sociologie qui est l'anthropologie. Elle étudie les mécanismes sociétaux dans les pays autres que les pays développés, notamment les pays africains. C'est ce que dit Pierre Bouvier : « La sociologie traite du même, du nous, en l'occurrence, les sociétés occidentales développées... L'anthropologie est, elle plus, concernée par ce qui relève de là-bas » [2000].

Cette dichotomie artificielle en sciences sociales contraste avec la démarche scientifique qui se veut universelle et considère que la seule civilisation universelle est celle de l'Occident. Cette démarche relativiste développe la suprématie de la culture occidentale. C'est ce que conteste Brice A. Davakan pour lequel « toutes les cultures humaines sont, jusqu'à un certain point, semblables aux autres ; toutes ont, en commun, un ensemble d'éléments que chacune d'elles valorise différemment. Il est superflu de voir dans la diversité des modes de vie et de représentation autre chose qu'une différence d'ordre historique » [2005].

La division entre sociologie et anthropologie apparaît artificielle car elle résulte de la division cristallisée après la guerre et devenue largement obsolète au cours des quinze dernières années, au moment où ont convergé les terrains et les méthodes de la sociologie et de l'ethnologie [S. Beaud et F. Weber].

Cependant la démarche utilisée pour définir ethnie ou tribalisme est inspirée des anthropologues.

L'ethnie et ethnicité

Ethnie vient du mot grec *ethnos* ou *ethnikos* qui désignait les peuples non organisés en cité s'opposant à un peuple « civilisé » structuré avec des règles bien précises. « L'ethnikos » s'oppose à « polis » qui est la cité moderne et évoluée. De nos jours, « ethnikos » possède une notation péjorative et s'apparente à une forme de communauté archaïque et tribale dont les membres sont unis par une même origine. Au milieu de la moitié du XIXème, le mot ethnique change de sens et devient synonyme de race [B. Mankou, 2021].

Ethnie signifie pour Georges Balandier, qui est à l'origine de la pensée de l'anthropologie politique française, montre lui que l'ethnie est une conception souple, mouvante et réelle.

Dans le dictionnaire d'anthropologie et d'ethnologie, « L'ethnie n'est rien en soi, sinon ce qu'en font les uns et les autres. L'ethnie est un objet de manipulation ».

Georges Montandon définit l'ethnie comme « un regroupement naturel comprenant la totalité des caractéristiques humaines ». [Cité par Thierno Bah, 2005]. L'ethnie comprend la race et donc une notion très extensive. Pour Max Weber, ce sont des « groupes humains qui nourrissent une croyance subjective à une communauté d'origine » [1995], tandis que Gérard Bouchard donne une définition exhaustive : « L'ensemble des traits, objectifs et productions symboliques dans lesquels une collectivité se reconnaît et par lesquels elle se fait reconnaître. On pourrait dire tout aussi bien : toutes les caractéristiques culturelles ou symboliques partagées par l'ensemble des membres d'une collectivité et qui ont pour effet, sinon pour fonction, de la singulariser. L'ethnicité, c'est donc tout ce qui nourrit un sentiment d'identité, d'appartenance, et les expressions qui en résultent » [2001].

Généralisant la définition du mot ethnie on peut énumérer les mots qui désignent ce concept : une langue, un espace, des coutumes, des valeurs, un nom, une même ascendance et la conscience qu'ont les acteurs sociaux d'appartenir à un même groupe [Amselle, cité par Ernest-Marie MBonda, 1985].

L'ethnicité est un concept dans le champ des sciences sociales francophones qui a plusieurs définitions. Certains auteurs pensent que le terme est lié à la situation des noirs américains car elle correspond à une forme d'idéologie politique et constitue une lutte de classement social.

Pour John Lonsdale, c'est « l'instinct courant chez l'homme de construire à partir des pratiques quotidiennes de la relation sociale et du travail matériel un ensemble de codes moraux et de références ethniques à l'intérieur d'une communauté plus ou moins imaginaire » [2002]. L'auteur parle ici du comportement d'un groupe identifié à partir d'une ethnie donnée ou de l'instrumentalisation politique de l'ethnie.

Le concept d'ethnicité est utilisé pour analyser les évolutions sociales dans les milieux immigrés en France, ainsi une définition a été utilisée par les autorités politiques et sociales. « C'est une catégorie sociologique qui s'efforce de référer les différenciations sociales et les inégalités économiques observables dans une société donnée, à des caractéristiques de nature ethnique (origine culturelle, traits physiques apparents, modes de comportement, etc.) susceptibles d'identifier des personnes et des groupes » [Commission de terminologie, ministère français de l'emploi et de la solidarité].

À partir de cette approche, des politiques particulières sont mises en place pour favoriser ces groupes. En France, on parle de plus en plus de politique controversée de « discrimination positive » comme instrument de lutte contre les pratiques racistes. Ce sont des mesures compensatoires, correctives pour promouvoir une égalité effective dans des contextes où l'égalité purement légale (l'égalité formelle qu'est l'égalité des chances) masque ou justifie en réalité des inégalités [Baptiste Villenave, 2005]. Ces politiques visent les populations d'origine immigrée.

La tribu et tribalisme

Le mot **tribu** tire son origine du mot latin « tres » qui signifie « trois ». Etymologiquement tribu signifie « (réparti) en trois ».

La définition de la tribu n'est pas très éloignée de celle de l'ethnie car elle renferme les mêmes éléments constitutifs : une coutume et un langage. L'élément différentiateur serait sa petite taille.

Pour le sociologue camerounais Nsame Mbongo, « la tribu représente un groupe ethnique dans lequel la parenté, les hiérarchies selon l'âge, la naissance, la descendance familiale, etc., les droits fonciers collectifs et une faible intégration de personnes étrangères notamment, forment l'ossature de la société et qui, à l'inverse du clan, pratique le mariage entre les membres de divers clans exogames, ceci en l'absence de classes sociales nettement différenciées ou d'un dispositif d'Etat achevé » [cité par Moukoko Priso, 2000]. L'auteur donne une définition exhaustive qui intègre l'arbre généalogique, les biens économiques communs, l'organisation de mariages entre les membres de la tribu.

Le tribalisme est « l'utilisation politique par un groupe dans sa lutte avec les autres groupes » [J. Lonsdale, 2000]. Georges Balandier voit dans le tribalisme « un mode de résistance à l'exploitation capitaliste et à l'oppression de l'Etat » [1955] et assimile ainsi les luttes de libération nationale au refus de la modernité synonyme de la destruction des traditions africaines. L'auteur accuse la colonisation d'avoir détruit les tribus.

Moukoko Priso définit le tribalisme comme « l'ensemble des manifestations de chauvinisme que l'on rencontre dans toutes les sphères de la vie sociale en Afrique noire » [2000]. Ainsi, le chef d'une entreprise publique embauchera en majorité les personnes de sa tribu, sans tenir compte des compétences.

En sciences sociales, le concept de tribu est de plus en plus abandonné au profit du concept d'ethnie. En effet, le mot tribu, jugé réducteur, n'est plus utilisé par les chercheurs européens.

B)– Ethnicité, tribalisme et colonialisme

Plusieurs auteurs marxistes ou critiques rendent responsable de la théorisation et du développement de l'ethnicité ou du tribalisme le colonialisme qui, les a utilisés pour diviser et asseoir facilement sa domination.

Pour les marxistes, l'ethnicité n'est qu'un écran de fumée idéologique servant à masquer la réalité des rapports de classes [Danielle Juteau, 1999].

Sur les évènements de Madagascar, suite au refus des résultats des élections pluralistes de 2002 par l'ancien président de la république et les troubles qui en ont suivi, la lecture explicative qui en a été faite est basée sur l'ethnicité comme a écrit Rakotoarisoa : les responsables politiques, à bout d'arguments, brandissent à nouveau l'épouvantail ethnique, opposant les Merinas aux « côtiers » [2002]. Cette vision est le fait colonial car déjà le général Gallieni déclarait à Madagascar en 1896 : que « je m'appuie pour diriger sur la politique des races ». Cette analyse a été étayée par Beauquier, s'appuyant sur les déclarations, pendant la colonisation, de Lyautey à propos du Maroc : « s'il y a des mœurs et des coutumes à respecter, il y a aussi des haines et des rivalités qu'il faut démêler et utiliser à notre profit, en opposant les unes aux autres, en nous appuyant sur les unes pour mieux vaincre les autres » [cité en 2002].

Analysant la situation du Rwanda, Ernest-Marie Mbonda affirme que les colons allemands et belges ont utilisé la fibre de l'ethnicité pour diviser artificiellement les tutsis et les hutus que certains auteurs n'assimilent ni à des ethnies ni à des tribus différentes, mais à un même groupe.

Pour mieux diviser, les tutsis seront assimilés aux européens pour leur origine éthiopienne ou égyptienne. Ils devaient sur le plan social être situés en haut de la pyramide parce qu'ils avaient le privilège de l'instruction et occupaient toutes les fonctions importantes : ils étaient des seigneurs.

Le médecin belge J.Sasserath décrivait ainsi les batutsis (les tutsis) comme « une race des seigneurs...étaient destinés à régner, leur seule prestance leur assure déjà sur les races inférieures qui les entourent, un prestige considérable » [Cité par E.M Mbonda, 2002].

A contrario, les bahutus (hutus) sont « des nègres qui en possèdent toutes les caractéristiques... Ils conservent un caractère d'enfant, à la fois timide et paresseux.... C'est une classe de serfs... Rien d'étonnant que les braves bahutu (hutus), moins malins, plus simples, plus spontanés et plus méfiants, se soient laissés asservir sans esquisser jamais un geste de révolte » [J.Sasserath, cité par E.M.Mbonda, 2002].

Les colons vont mettre en place la politique de « tutsisation » au Rwanda où on comptait en 1959 que sur 43 chefs, 40 étaient tutsis et 49 sous-chefs sur 55. Dans une école du Rwanda créée par les frères de la charité de grand, on dénombrait en 1932, 45 tutsis, 9 hutus et 14 congolais ; en 1946, 44 tutsis et 8 hutus. Ce qui a amené le contrôle de l'appareil administratif et politique par les tutsis. Cette situation explique la révolte des hutus qui, une fois au pouvoir ont tenté de renverser la tendance, ce qui a engendré plus tard les diverses guerres génocidaires qui rendent instables le Rwanda et le Burundi.

Le même auteur a étudié la situation similaire au Libéria et montre que la situation conflictuelle est née de la discrimination ethnique appelée « la colonisation noire américaine » à travers l'élite « américano-libérienne » qui a eu l'exclusivité du pouvoir entre 1847 et 1980. Avec le coup d'Etat du sergent Samuel Doe, celui-ci a mis en place une politique favorable à son ethnie qui va déstabiliser les pouvoirs successifs. Comme le dit Weissman : « L'ethnicisation des cercles politiques, économiques et militaires au profit des Kahn et accessoirement des Mandingue, ainsi que la politique d'oppression à l'encontre des Gio et des Mano, contribueront à faire de l'appartenance tribale une donnée importante de la lutte politique au Libéria, qui sera instrumentalisée par les différentes factions après le déclenchement des hostilités » [cité par E.M Mbonda, 2002].

Le Cameroun a connu la colonisation allemande de 1884 à 1914, française et anglaise de 1914 à 1960 qui a introduit quelques différences culturelles. Ainsi le « partage » du pouvoir se fait sur la base culturelle et ethnique. Le président de la république avait ainsi institué des quotas pour les concours administratifs et les postes dans la haute hiérarchie.

Néanmoins, une étude comparative a montré que les groupes ethniques appartenant aux présidents de la république ont toujours détenu la majorité des postes administratifs et politiques. Ainsi, le grand nord sous le premier président, originaire du Nord, bénéficiait de 30 % des postes contre 23 % au centre-sud-est alors que sous le deuxième régime où le président est originaire du centre-sud-est, 44 % des postes reviennent à cette région contre 25,4 % au nord. [E.M, Mbonda, 2002].

C)– Ethnicité, tribalisme et multipartisme

Le multipartisme instauré dans les pays africains a travesti dans certains cas la démocratie, parce que certains partis politiques ont été créés sur des bases tribales. De ce fait, ce n'est pas une adhésion à un programme politique, mais à un homme de la tribu ou de la région. C'est ce qui explique la prolifération des partis, chaque ethnie voulant prendre le pouvoir pour les siens et il n'y a de ce fait aucune perspective pour le développement national. L'ethnicité est devenue un moyen de prendre le pouvoir et de le conserver grâce à l'ethnie dont les membres de base (à part son élite) ne bénéficient pas d'une meilleure politique sociale particulière. Dans ce cadre, la prise du pouvoir est analysée comme l'opportunité pour une tribu de prendre le pouvoir. Il est régulier d'entendre des propos du genre : « c'est nous qui commandons et vous devez attendre votre tour ». Pour rester plus longuement au pouvoir, les présidents de la république tribalistes forment des gardes présidentielles constituées exclusivement des membres de l'ethnie qu'ils utilisent pour réprimer les mouvements sociaux ou les contestations des résultats des élections truquées.

C'est ce que précise Oumar Diagne : « les opposants actuels, pour arriver au pouvoir, s'adossent, eux aussi, sur leur appartenance ethnique. Les corps anciens (clans, tribus, ethnies) ressurgissent dans un corps nouveau (Etat postcolonial) » [2000]. L'Etat-nation disparaît au profit de « l'Etat indigène » alors que l'Etat doit jouer le rôle intégrateur pour répondre aux intérêts communs à l'ensemble de ses ressortissants. La tribalisation, la régionalisation du pouvoir politique apparaît ainsi comme l'incapacité des autorités politiques à faire face aux exigences démocratiques et sociales de la population.

Les leaders de ces partis ethniques prennent leurs ressortissants en otage et les utilisent pour assouvir leur intérêt. Ils utilisent les mêmes procédés que les colonisateurs, consistant à diviser le peuple qui pourtant a les mêmes demandes sociales non satisfaites.

En Côte-d'Ivoire, par exemple l'ivoirité a été utilisée pour écarter certains candidats gênants aux élections.

Les marxistes voient ainsi l'ethnicité : « L'idéologie pernicieuse des liens de parenté permettait aux gouvernants et employeurs africains de masquer leur identité réelle d'exploiteurs des classes ouvrières et paysannes derrière leurs fonctions de « leader » des circonscriptions tribales. Le tribalisme est un facteur de division des travailleurs » [J. Lonsdale, 2002].

D)– L'ethnicité, le tribalisme et la promotion sociale et économique

Dans le système d'ethnicité, les nominations ne se basent pas sur la compétence ou l'intégrité, mais sur la tribu ou la région. Les attributions des marchés d'Etat obéissent à cette même logique où rapidement les hommes politiques créent des entreprises fictives qui reçoivent les financements sans pourtant respecter les cahiers des charges. Cette politique est très dommageable pour l'Etat d'autant plus qu'elle est accompagnée de l'impunité.

Le pouvoir devient un moyen d'enrichir les proches, comme dit Chrétien : « dans la mesure où toute la richesse essentielle transite par l'Etat (les prébendes, les contrats, les licences, les capacités de détournement et de fraude), la réussite sociale suppose l'accès à la « bourgeoisie directoriale » ou à ses couloirs. Les postes politiques et administratifs constituent donc les bases des différents échelons d'une nomenklatura de privilégiés qui, par définition, doit en tenir éloignés d'autres candidats... La rivalité politique prend donc la forme d'une confrontation de factions, sans autre projet que de se sentir mieux à même que les autres de « gérer le gâteau national » [1991].

Les conséquences sont dommageables pour le pays : il y a développement de l'impunité, parce que la justice est contrôlée par des membres des tribus qui occupent les postes de présidents des différents tribunaux. Les détournements des deniers publics ne sont pas sanctionnés par la justice ni les violations flagrantes des droits de l'homme par les membres des gardes présidentielles.

Les membres des conseils constitutionnels sont proches du chef de l'Etat qui les utilise pour éliminer les candidats gênants aux élections présidentielles ou entériner des résultats contestés. Les élections législatives suivent la même logique pour permettre au président de constituer une assemblée nationale « godillot ».

Les sanctions deviennent hésitantes, pour ne pas fâcher un membre de l'ethnie ou le priver de « manger », comme dit si bien Iribane : La place des considérations « tribales », largement évoquées... dans toutes les questions de promotion, de sanction, etc., n'est pas indépendante de cette difficulté à s'opposer ouvertement sans entrer dans une relation de vive hostilité. On tend alors à distinguer les « frères » - à qui il est difficile de s'opposer- des « étrangers » à qui l'on est hostile. On a constaté, relate un directeur parlant des procédures d'évaluation, qu'il y en a qui sont complaisantes, suivant que l'agent intéressé vient ou non de la bonne entente [1990].

Philippe Hugon a souligné la conséquence économique du phénomène : « dans les sociétés où l'Etat-nation demeure en voie de constitution et où les réseaux personnels et les solidarités ethniques l'emportent sur l'institutionnalisation de l'Etat, la crise économique a renforcé la décomposition de l'Etat » [1993].

Section 6 –
L'ethnicité, le tribalisme comme source des guerres civiles en Afrique

B. Mankou [2021] a montré que le tribalisme a été la source de certaines guerres en Afrique, notamment au Rwanda et au Congo.

1)- ***Au Rwanda***. Le génocide est la conséquence de la guerre de l'ethnie hutu contre l'ethnie tutsi. Charlène Vince [2022] a résumé le génocide rwandais qui est le massacre des tutsis par les hutu en 1994.

Les causes du génocide rwandais sont multiples. La première est la division du pays entre les tutsis et les hutus. Jusqu'à la moitié du XXème siècle, les colons belges favorisent les tutsis dans l'accès à l'éducation et aux postes administratifs, ce qui provoque la frustration des hutu. Mais les velléités d'indépendance des tutsi incitent les belges à apporter leur soutien aux hutus. A la suite de la prise de pouvoir les hutus, le Rwanda devient indépendant et 1962. Des milliers de tutsis fuient vers les pays limitrophes (Burundi, Ouganda et Congo-Kinshasa) pour échapper aux persécutions. En 1963, 8 000 à 12 000 tutssi restés au Rwanda sont massacrés.

Dans les années 1980, les exilés tutsis créent le front patriote rwandais (FPR) et préparent leur retour au Rwanda. En 1990 l'APR (armée patriotique rwandaise), armée du FPR, envahit le Rwanda depuis l'Ouganda : c'est le début de la guerre civile rwandaise. En 1993, les accords d'Arusha prévoient le retour des tutsi. Néanmoins, des extrémistes hutus, notamment ceux appartenant au mouvement hutu power, refusent les accords. Le 6 avril 1994, le président Juvénal Habyarimana meurt dans un attentat de l'avion présidentiel qui est touché par un tir de missile. Les hutus accusent les tutsis et décident de massacrer ces derniers ainsi que les hutus modérés. Le génocide commence immédiatement après la mort du président. Dans la nuit du 6 au 7 avril 1994, la garde présidentielle et les milices interahamwe refusent que la première ministre, Agathe Uwilinyimana, hutu modérée, prenne le pouvoir. Celle-ci et les dix casques bleus belges, qui étaient affectés à sa protection, sont assassinés. Le 9 avril, un gouvernement provisoire est formé, avec à sa tête Jean Kambanda. Les membres de ce gouvernement sont adeptes du hutu Power et encouragent l'extermination des tutsis.

Les appels au meurtre lancés par le gouvernement sont relayés par la radiotélévision libre les milles collines. Dans chaque village, les miliciens incitent les habitants à éliminer les tutsis et les hutus modérés, considérés comme des traîtres. Ainsi la population hutu, les miliciens interahamwe, Impuzamugambi et l'armée rwandaise, se livrent à des massacres. Les victimes sont tuées à coups de machette, de houe ou de gourdin. Le 4 juillet 1994, le FPR prend Kigali, la capitale du Rwanda. L'armée rwandaise et les milices sont mis en déroute. Le 17 juillet, le FPR contrôle l'ensemble du territoire, ce qui met un terme au génocide des tutsis, qui aura duré environ 100 jours.

Selon l'ONU 800 000 Tutsis et hutus modérés ont été assassinés et 1000 000 de hutus se sont regroupés dans les camps de réfugiés au Zaïre. Certains auteurs parlent de un million de massacres.

À la fin des massacres, le tribunal pénal international pour le Rwanda (TPIR) est créé en novembre 1994 afin de juger les responsables. À l'échelle locale, les gacaca, tribunaux locaux villageois, sont ouverts dès 2002 pour juger ceux qui ont participé au génocide.

2)-**Au Congo.** À partir de 1991, période de la transition, Brazzaville a connu des « guerres urbaines » entre les milices armés. Ces violences d'abord politiques se sont transformés en conflit « ethnique » [E. Dorier-Apprill, annales de la recherche urbaine, N° 91].

En 1992, Pascal Lissouba est élu Président de la république. Un an après, une guerre des milices et ethniques éclate entre les miliciens ninjas de Bernard Kolélas, ancien maire de Brazzaville et ceux de Pascal Lissouba, les zoulous. Ces milices ont été créées sur une base tribale et ont exacerbé la haine entre les partisans des deux camps. Bilan : 2 000 victimes et 50 000 déplacés.

En 1993-1994, les violences sont liées à un différend électoral entre le parti présidentiel et celui de B. Kolélas dont l'état-major est à Bacongo, et qui suscite un soulèvement des premiers groupes « ninjas » de Bacongo-Makélékélé et « zulus » de Mfilo (parti présidentiel) se déchainent contre les civils minoritaires des deux quartiers. À Bacongo, les « ninjas » massacrent ou expulsent les populations originaires du sud-ouest du pays (Nibolek), qui doivent se réfugier dans les quartiers Mfilou. Symétriquement, Mfilou se transforme en « Niboland », sous la coupe de la milice « zulu » qui surnomme son territoire « Beyrouth », Bacongo est alors surnommé « Sarajevo ». De part et d'autres, les maisons sont systématiquement pillées et incendiées.

La guerre de 1997 a entrainé des destructions matérielles, des milliers de personnes arrivent chaque jour au beach officiel de Kinshasa, 30 000 personnes se sont réfugiées dans de nombreuses églises.

Chapitre 9.

Gouvernance et éthique

La recherche de la bonne gouvernance s'impose à tous les gouvernements qui ont choisi de servir leur peuple en leur offrant de bonnes conditions de vie démocratique et sociale et en plaçant leurs populations au sein de leur gestion quotidienne du développement.

C'est le leitmotiv posé par les institutions nationales et institutionnelles comme une des conditions pour le financement du développement.

L'éthique doit être au cœur de la gouvernance. Les modes de régulation de la société et la gestion des affaires publiques doivent être élaborés sur la base des principes moraux. Nous situerons l'éthique en politique, notamment en démocratie, en économie et les controverses sur l'éthique. Au centre de l'éthique se trouve la justice dans toutes ses composantes.

Section 1 –
Gouvernance

Il existe plusieurs approches de la gouvernance selon certains auteurs et des institutions internationales. L'indice et les indicateurs de la gouvernance ont été formulés et vulgarisés par la Banque mondiale. Quels sont les impacts de la gouvernance sur les économies ? Nous parlerons aussi de la gouvernance en Afrique.

A)- Définitions et caractéristiques de la gouvernance

Sa définition est variée et complexe. L'existence et le fonctionnement actif de la société civile est un élément accepté pour le fonctionnement d'une société de la bonne gouvernance. C'est un contre-pouvoir aux gouvernements. En Afrique et dans d'autres pays en développement, des stratégies ont été formulées pour la mise en place et le fonctionnement de la bonne gouvernance.

Le rapport de la Banque mondiale sur l'Afrique en1989 a défini la bonne gouvernance comme un régime politique qui respecte les droits civiques et des droits de l'homme, et qui peut compter sur une administration efficace, compétente, responsable et non corrompue.

Deux éléments sont caractéristiques de la bonne gouvernance : valorisation de la technicité et l'avènement de l'Etat de droit qui exclut l'impunité donc la corruption.

En 1992, la Banque mondiale donne une définition plus large dans son rapport « Governance and development ». Elle fait une distinction entre trois aspects : la forme d'un régime politique ; le processus par lesquels l'autorité est exercée dans la gestion des ressources économiques et sociales d'un pays ; la capacité d'un gouvernement de concevoir, de formuler et de mettre en œuvre les politiques et la façon générale de mener les fonctions du gouvernement. Ainsi, l'aide au développement est liée sur les élections libres et transparentes et l'existence des partis politiques libres et indépendants ; les institutions de l'Etat et une société civile libre.

La société civile constitue un élément important dans l'approche de la Banque mondiale. Une partie importante des concours financiers en direction des pays en développement passent les organisations non gouvernementales (ONG) nationales et internationales.

La gouvernance fait référence à l'ensemble des processus de gouvernement, aux institutions et aux processus et pratiques en matière de prise de décisions et de règlementation concernant les questions d'intérêt commun. La gouvernance ajoute la dimension d'évaluation au processus de gouvernement. Du point de vue des droits de l'homme, la gouvernance fait référence au processus par lequel les institutions publiques conduisent les affaires publiques, gèrent les ressources publiques et garantissent la réalisation des droits de l'homme.

La bonne gouvernance peut évoquer le plein respect des droits de l'homme ; l'état de droit ; la participation effective de la population ; le pluralisme politique ; la transparence et l'application du principe de responsabilité dans les procédures et dans les activités des institutions ; l'efficience et l'efficacité du secteur public ; la légitimité ; l'accès à la connaissance, à l'information et à l'éducation ; les disponibilités de moyens d'action politique ; l'équité ; des attitudes et des valeurs qui favorisent la responsabilité, la solidarité et la tolérance.

En résumé, la bonne gouvernance est liée au processus et résultats politiques et institutionnels nécessaires pour atteindre les objectifs de développement. Les piliers de la bonne gouvernance sont : la transparence ; la responsabilité ; l'obligation de rendre compte ; la participation et la capacité de répondre aux besoins de la population.

B)– L'Indice de la gouvernance mondiale et les indicateurs de la gouvernance

L'indice de la gouvernance mondiale (IGM)

L'indice de la gouvernance mondiale vise la réalisation d'un outil qui devrait permettre aux acteurs en charge de la gouvernance de prendre conscience des questions et problèmes qui se posent et de réfléchir aux solutions à apporter.

L'IGM est défini comme « la gestion collective de la planète ». L'IGM possède deux dimensions. Une dimension analytique : Il doit s'efforcer de dresser plus fidèlement possible l'état des lieux de la gouvernance mondiale. Une dimension opérationnelle : il doit permettre aux acteurs, quel que soit leur niveau, d'agir ou de réagir pour une gouvernance mondiale plus efficace, plus démocratique et plus en phase avec l'environnement [Forum pour une gouvernance mondiale, 2011].

Les objectifs généraux sont la réduction des inégalités, mise sur pied du développement durable et construction de la paix dans un monde de diversité [A. Blin et G. Marin, 2007].

Les domaines fondamentaux sont basés sur les deux textes considérés comme le fondement de la gouvernance mondiale : la charte des Nations unies, signée le 26 juin 1945, et la déclaration universelle des droits de l'homme du 10 décembre 1948. Plus tard certains textes majeurs ont été intégrés dans l'indice de la bonne gouvernance. Il s'agit des conclusions du sommet de la Terre qui s'est déroulé à Rio de Janeiro en 1992 sur les biens environnementaux qui sont l'air, l'eau et les forêts qui seront élargis aux autres biens publics mondiaux communs qui sont la santé, l'éducation, droits de l'homme et qui sont considérés comme essentiels à la sécurité du vivre ensemble au niveau mondial.

La déclaration du millénaire en 2000 confirme les réflexions sur la gouvernance mondiale et renforce le lien qui unit les différents domaines. Les chefs d'Etat et de gouvernement qui se sont réunis à New York du 6 au 8 septembre 2000, s'érigent en « défenseurs, au niveau mondial, des principes de la dignité humaine, de l'égalité et de l'équité ».

Le sommet mondial pour le développement durable à Johannesburg, en 2002 rappelle l'urgence nécessité de réponde aux défis du 21ème siècle dans le respect des principes fondamentaux de la gouvernance mondiale qui sont rappelés dans la déclaration politique finale de ce sommet.

Les indicateurs mondiaux de la gouvernance.

Depuis 1996, Daniel Kaufman, Aart Kraay et Massimo Mastruzzi, avec l'aide de Pablo Zoido-Lobaton, ont développé six indicateurs pour mesurer la bonne gouvernance, dénommés indicateurs mondiaux de la gouvernance qui, à partir de 1996, furent disponibles tous les deux ans, et depuis 2002, annuellement, par période de cinq ans.

Les indicateurs mondiaux de la gouvernance regroupent six dimensions de la bonne gouvernance :

1– Voix citoyenne et responsabilité : dans quelle mesure les citoyens participent-ils réellement au choix de leurs gouvernants, que ce soit par l'étendue de leur liberté d'expression, d'association, ou celle des médias ;

2– Stabilité politique et absence de violence : perception de la probabilité selon laquelle le gouvernement pourrait être déstabilisé, renversé soit par les moyens inconstitutionnels, soit par la violence (violence politique ou terrorisme) ;

3– Efficacité des pouvoirs publics : qualité des services publics, des fonctionnaires, et leur degré d'indépendance vis-à-vis des pressions politiques ; qualité des politiques publiques, aussi bien dans leur définition que dans leur application, mais aussi la responsabilité effective du gouvernement quant à ces politiques publiques ;

4– La qualité de la réglementation : capacité du gouvernement à formuler et appliquer des politiques et réglementations adaptées qui favorisent le développement du secteur prié ;

5– L'Etat de droit : dans quelle mesure les citoyens ont-ils confiance dans les règles posées par la société, et les respectent-ils ; et, en particulier, qualité du contrat social, à travers la police et les juridictions, mais aussi le taux de criminalité et la violence ;

6– La maîtrise de la corruption : si et dans quelle mesure la puissance publique est exercée à des fins privées en incluant à la fois petites et grandes formes de corruption.

C)– Gouvernance et droits de l'homme

Quatre liens peuvent être définis entre gouvernance et droits de l'homme : les institutions démocratiques, la prestation des services publics, l'Etat de droit, l'anticorruption.

a)– Les institutions démocratiques

Les institutions démocratiques donnent aux citoyens les moyens de participer à l'élaboration des politiques. Elles créent des mécanismes qui permettent d'intégrer des groupes sociaux aux processus décisionnels et peuvent encourager la société civile et les communautés locales à formuler et à faire connaître leur position sur des sujets qu'elles jugent importants.

b)– Prestations de services publics

Les pouvoirs publics sont tenus de fournir des biens collectifs essentiels à la protection d'un certain nombre de droits de l'homme : le droit à l'éducation, à la santé et à l'alimentation. Ces services doivent être accessibles à tous et acceptables par tous, ainsi que les moyens d'amener le public à participer aux prises de décisions.

c)– Etat de droit

L'Etat de droit suppose la réforme de la législation et des institutions concernant des systèmes pénitentiaires, des tribunaux et des parlements adaptés. La bonne gouvernance nécessite la lutte en faveur d'une réforme judiciaire, la sensibilisation du public au cadre juridique national et international, et le renforcement des capacités ou la réforme des institutions.

d)– Anticorruption

Dans la lutte contre la corruption, les actions menées pour faire advenir la bonne gouvernance reposent sur des principes tels que l'obligation de rendre des comptes, la transparence et la participation pour mettre au point des mesures anticorruption. On peut créer les commissions anticorruption, instaurer les mécanismes d'échange d'information et de l'utilisation des fonds publics et de l'exécution des politiques par les pouvoirs publics.

D)– Gouvernance et gestion économique

Si pendant des décennies antérieures les économistes n'avaient pas intégré la gouvernance comme un des critères pour booster la croissance économique et le développement du secteur privé, la littérature a intégré désormais la bonne gouvernance comme déterminante pour qu'un pays puisse atteindre un taux croissance inclusive pour son développement et attire les investissements pour le développement du secteur privé.

a)– Gouvernance et croissance

La théorie de la croissance était basée exclusivement sur des facteurs physiques et financiers. Les résultats sont restés mitigés pour la plupart des pays africains. Depuis deux décennies la nouvelle approche intègre la bonne gouvernance comme un facteur positif pour la croissance et le développement économique. En effet, la qualité de la gouvernance et des institutions d'un pays influence sa capacité à assurer la croissance et à améliorer la qualité de vie de ses populations.

Plusieurs études ont confirmé cette affirmation : Reynolds [1985] a montré que l'organisation politique et la capacité administrative expliquent en grande partie les différences dans le schéma de croissance des pays en développement. De nombreuses études ont confirmé qu'il existe une forte corrélation entre le revenu par habitant et la qualité de la gouvernance. Par exemple, Kaufman et Kraay [2003] ont constaté une forte relation positive entre trois indicateurs de bonne gouvernance (la lutte contre la corruption, la protection des droits de propriété ou l'Etat de droit, la participation et la responsabilisation) et le PIB réel par habitant ajusté à la parité du pouvoir d'achat dans un certain nombre de pays latino-américains.

b)– Gouvernance, investissements privés et développement du secteur privé

La promotion de la bonne gouvernance dans les secteurs public et privé, par le renforcement de la transparence et l'amélioration de la prévision des procédures, ainsi que la promotion de meilleures normes de prestation des services publics, contribuent de manière significative à mettre en place un meilleur cadre réglementaire et à attirer les investissements.

D'après l'économiste péruvien Hermando de Soto, le problème des pays en développement n'est pas le manque de richesses que l'absence d'un cadre institutionnel permettant de comptabiliser et d'échanger des capitaux. Pour étayer son propos, De Soto a pris l'exemple de l'expérience des chercheurs qui ont attendu 32 mois pour obtenir l'agrément juridique de 11 institutions afin d'ouvrir une usine de fabrication au Pérou, alors que la même tâche ne prendrait que trois heures à Tampa, en Floride, aux États-Unis [Akin-Olugbade, 2003]. En Afrique cet exemple rappelle la lourdeur administrative dans l'application de la réglementation. Il est généralement reconnu que les investissements privés et le secteur privé se développent dans les pays où les structures de gouvernance économique et la gouvernance des entreprises, sont bien établies.

La gouvernance politique définit les orientations de l'économie et fournit les infrastructures physiques et institutionnelles nécessaires à la gouvernance économique. La gouvernance économique fournit le cadre dans lequel se pratique la gouvernance des entreprises. Cette dernière est l'ensemble des lois qui régissent la création des entreprises ainsi que le cadre réglementaire pour sa gestion. La bonne gouvernance suppose par conséquent l'existence d'éléments fondamentaux pour attirer les investissements étrangers et nationaux. Pour attirer les investissements privés en général, et les investissements directs étrangers en particulier, la bonne gouvernance requiert un certain nombre de paramètres, notamment des mesures administratives simplifiées pour l'investissement privé étranger comme point de départ ; l'existence de systèmes judiciaire et juridique efficaces, comptables et prévisibles ; et un leadership politique fort et transparent [Bisi Ogunjobi]. Les pays qui réussissent à attirer les investissements domestiques et étrangers dans un environnement international compétitif disposent de gouvernements efficaces qui ont mis en place un cadre propice à l'investissement.

La Banque mondiale et la Banque africaine de développement ont, au cours de ces dernières années, adopté des systèmes d'octroi des fonds basés sur les performances, en utilisant les mécanismes internes d'évaluation des performances, intégrés dans divers indicateurs de gouvernance, pour déterminer l'éligibilité d'un pays à des facilités des prêts à des conditions libérales. En effet, dans le cadre du mécanisme mis en place par la BAD pour évaluer les performances des pays, des primes de gouvernance sont introduites pour relever les niveaux d'aide.

Section 2 –
La gouvernance en Afrique

L'acte constitutif de l'Union africaine est le principal instrument du cadre de gouvernance. Il définit la politique et l'organisation institutionnelle de l'UA, ses objectifs et ses principes, ainsi que les principaux organes et institutions chargés de mise en œuvre. On distingue les valeurs communes de l'union africaine et les institutions de gouvernance en Afrique.

A)– Les valeurs communes de l'Union africaine

L'Union Africaine (UA) s'est fixée entre autre comme tâche de promouvoir les valeurs communes pour l'Afrique. Parmi celles-ci on distingue : la démocratie et la bonne gouvernance, l'Etat de droit et droits de l'homme, paix, sécurité et la gouvernance, intégration, coopération et sécurité en Afrique

1)– Démocratie et bonne gouvernance

Pour l'UA, les idéaux de la démocratie et de la bonne gouvernance sont indispensables pour le développement, la paix, la sécurité et la gouvernance sur le continent. Ces idéaux sont consignés dans l'acte constitutif et dans d'autres instruments tels que la charte africaine de la démocratie, des élections et de la gouvernance (CADEG) ; la déclaration de l'OUA /UA sur les principes régissant les élections démocratiques en Afrique ; la déclaration sur la gouvernance politique, économique et institutionnelle, le nouveau partenariat pour le développement de l'Afrique (NEPAD) ; des déclarations (d'Alger et de Lomé) sur les engagements anticonstitutionnels de gouvernement ; la convention de l'Union africaine sur la prévention et la répression de la corruption.

2)– Etat de droit et droits de l'homme

L'Union africaine cherche à promouvoir le respect de l'Etat de droit et des droits de l'homme, tels que formulés dans les instruments tels que la charte africaine des droits de l'homme et des peuples, la déclaration africaine des droits de l'homme et des peuples, la déclaration de Kigali sur les droits de l'homme en Afrique, le protocole sur le statut de la cour africaine de justice et des droits de l'homme, le protocole à la charte africaine sur les droits de l'homme et des peuples, le protocole à la charte africaine sur les droits de la femme en Afrique, la déclaration solennelle sur l'égalité des hommes et des femmes en Afrique, la charte africaine des droits et du bien-être de l'enfant, la charte africaine de la jeunesse.

3)– Paix, sécurité et gouvernance

La paix et la sécurité sont un autre objectif majeur de l'UA, d'où le protocole relatif à la création du conseil de paix et de sécurité de l'union africaine, le cadre de la politique de reconstitution post-conflit de l'Union africaine, la Conférence sur la sécurité, la stabilité, le développement et la coopération en Afrique (CSSDCA), la convention de l'UA régissant les aspects propres aux problèmes des réfugiés en Afrique et la convention de l'Union africaine sur la protection et l'assistance des personnes déplacées en Afrique. L'acte constitutif prévoit un protocole d'accord sur la coopération en matière de paix et de la sécurité entre l'UA et les communautés économiques et régionales (CER) et les mécanismes de coordination des brigades régionales.

4)– Intégration, coopération et sécurité

Le développement et l'intégration économique du continent constituent une autre grande priorité de l'UA, comme le réitère la déclaration sur le thème du sommet de 2012 : « Valeurs partagées pour une plus grande unité et intégration ». L'UA œuvre à la mise en place de la communauté économique africaine (CEA). L'acte constitutif consacre le protocole de 2008 aux relations entre les CER et l'UA.

B)– Institutions de gouvernance en Afrique

Les institutions politiques définissent les politiques et les priorités, l'administration et chargée de leur mise en œuvre. Ces institutions existent à trois niveaux : continental, régional et les Etats membres

1)– Etats membres.

Les Etats membres de l'UA ont des constitutions qui servent de socle à leur gouvernance politique, économique et administrative.

2)– Communautés économiques régionales (CER).

Les CER sont considérées comme des piliers dans la poursuite des objectifs de l'UA en matière de développement et d'intégration régionale. Elles participent aux initiatives de l'architecture africaine de paix et de sécurité aux côtés d'autres mécanismes régionaux. L'UA reconnait officiellement les CER.

3)– Organes de l'Union africaine

Au niveau continental, les principaux organes de l'UA sont : la conférence de l'union, le conseil exécutif, le conseil de paix et de sécurité, le parlement panafricain, les organes juridiques, la commission de l'UA, le comité des représentants permanents, les comités techniques spécialisés, le conseil économique, social et culturel et le comité africain d'experts sur les droits et le bien-être.

C)– Critique des approches et des pratiques de la gouvernance en Afrique

Quelques critiques ont été formulées quant aux conceptions et pratiques actuelles de gouvernance en Afrique. La gouvernance actuelle en Afrique est critiquée sur trois plans : Son inadéquation avec les sociétés, son illégitimité et sa source exogène [Gouvernance en Afrique, Cahier n° 2007-03].

a)– Une gouvernance qui se concentre sur le fonctionnent des institutions étatiques en ignorant leur adéquation avec les sociétés.

En privilégiant l'Etat comme acteur principal de la gouvernance, cette démarche ignorerait les populations en négligeant leurs aspirations. Ainsi « les sociétés se détournent de l'Etat au profit d'autres modes de régulation et d'autres pouvoirs comme les autorités traditionnelles ou religieuses ». La gouvernance actuelle en mettant l'accent que sur l'Etat affirme que sa crise est celle des institutions et marginalise les populations alors que les sociétés africaines elles-mêmes sont en crise. L'efficacité de la gouvernance devrait donc s'interroger sur la « manière d'être et de faire » à la fois de l'Etat, de la société, du citoyen et les différents rapports entre eux.

b)– Une gouvernance axée sur l'égalité et qui omet toute interrogation sur la légitimité

En mettant l'accent essentiellement sur l'Etat l'approche de la gouvernance s'intéresserait à la légitimité formelle des institutions et des règles, en particulier « place l'organisation d'élection au cœur du processus démocratique, donc de la gouvernance ». Cette légalité formelle qui prône la séparation des pouvoirs, n'est ancrée dans la société. Certes, l'aspiration des populations à la démocratie et à l'Etat de droit est légitime, mais cette vision de la gouvernance ignore des questions comme l'éthique et la manière de vivre ensemble pour les sociétés et des Etas composés de communautés plurielles et diverses.

c)– Une gouvernance inspirée de l'extérieur, imposée comme conditionnalité de l'aide, et évaluée par une batterie d'indicateurs non discutée

Les indicateurs et les politiques comme fondement de la bonne gouvernance en Afrique proviendraient de l'extérieur et imposés aux africains. Tels que la lutte contre la corruption, les objectifs de la réalisation des objectifs du développement durable ou la lutte contre la pauvreté. Pour les critiques « la définition d'instruments de mesure et de suivi ne saurait se substituer à l'indentification préalable des changements et des transformations voulus par les protagonistes ». Ainsi après la définition des stratégies et des modalités, les indicateurs ou les marqueurs de progrès vers les changements voulus, on pourra ainsi évaluer la pertinence et l'efficacité des stratégies déployées à cette fin. Tous les acteurs pourraient suivre et aller vers des progrès communs.

Section 3 –
La nouvelle vision proposée par « l'Alliance » [Gouvernance en Afrique, 2007]

La nouvelle vision proposée par « l'Alliance » repose sur deux piliers : la construction d'une gouvernance légitime ancrée dans les pratiques sociales de l'Afrique et construire un Etat de droit véritable, capable de satisfaire les besoins fondamentaux des peuples africain.

A)– Problématique de la construction d'une gouvernance légitime en Afrique

La gouvernance légitime en Afrique signifie que celle-ci doit collectivement concevoir et mettre en place une gouvernance dans laquelle les différents acteurs se reconnaissent et qui répond à leurs aspirations. Cette démarche propose une rupture avec la tendance actuelle des réflexions et des pratiques relatives à la gestion des affaires publiques. Ainsi, la légitimité ne se confond pas à la démocratie, et la vision de la gouvernance à construire dépasse la simple question de l'Etat, de la légalité et des ressources. Elle rappelle des valeurs communes et un projet collectif spécifique qui permet la réalisation des aspirations diverses de tous et de chacun.

a)– Asseoir la légitimité de la gouvernance, c'est l'enraciner

Réconcilier l'Etat et la société est présenté comme l'enjeu fondamental par la mise en adéquation des institutions et des règles de gouvernance avec les réalités des sociétés et de la culture africaine. Il s'agit de revisiter le patrimoine socio-culturel africain pour répondre à des défis comme celui de l'exclusivité de la gouvernance avec la métaphore de « l'arbre à palabres » qui renvoie au sens du dialogue, du principe du consensus africain face aux dérives du « pouvoir de la majorité », ou encore des mécanismes traditionnels de prévention des conflits plus fondés sur la médiation sociale que sur la confrontation

b)– Des institutions enracinées dans l'Afrique et ouvertes au monde

Les institutions doivent être conçues dans une optique de gouvernance adaptée, intégrant les références ainsi que les modes d'organisation et de fonctionnement réels des sociétés. Les visions modernes des sociétés et les modes de gouvernance traditionnels doivent être combinées pour définir le sens et l'architecture des institutions de la gouvernance légitime. Ainsi, les institutions deviendraient l'incarnation des modes de gouvernance tels que voulus et dessinés par l'ensemble des acteurs de la société.

c)– Une approche inclusive et dynamique de l'ensemble des acteurs et la création d'espaces publics de délibération et de co-gestion à toutes les échelles de gouvernance

– La participation : corollaire et correctif de la démocratie représentative.

Le système représentatif généralisé dans les pays africains se résume aux élections qui confèrent la légitimité absolue et exclusive et autorise les élus à tout faire le temps de leur mandat. Les modes actuels de gouvernance relèvent en réalité de l'accaparement des institutions par une minorité. Ils contrarient toute idée de « participation ». La démocratie représentative est faussée, et les populations y participent de moins en moins. C'est donc contraire à la gouvernance qui ne peut s'accommoder d'aucune forme d'exclusion.

Or, la construction des espaces publics est nécessaire à toutes les échelles.

– Les espaces publics pour apprendre à construire le consensus et pour permettre l'échange d'expériences et l'apprentissage des acteurs. Le consensus comme modalité de gestion négociée des enjeux et des aspirations doit permettre à tous et à chacun de se reconnaitre dans les décisions prises et de se sentir coresponsables de leurs implications.

d)– Fonder la gouvernance sur une éthique reconnue et respectée

L'éthique doit être placée au cœur de la gouvernance. Les modes de régulation de la société et de la gestion des affaires publiques doivent être élaborés sur la base de référents moraux et philosophiques connus, reconnus et respectés par tous. Le reniement permanent des acteurs politiques sans idéaux, prompts à faire allégeance à un homme ou à suivre le balancier du pouvoir pour les privilèges et des « honneurs » prouve peu de respect pour l'éthique. Le peu de considération pour la dignité humaine, la gestion patrimoniale des biens et des ressources publics, les lois d'amnistie pour renforcer l'impunité, l'immixtion intempestive des familles des gouvernants dans la gestion de l'Etat sont autant d'illustration de l'absence de l'éthique de la part des politiques et des gouvernants.

B)– Asseoir des Etats de droit capables de relever les défis de la démocratie

L'Etat est perçu comme un obstacle à l'épanouissement et à la sécurité des sociétés et des populations africaines. Il a institué des régimes autoritaires qui ont confondu l'action publique à la régression des masses. L'Etat postcolonial érigé en système du gouvernement, le pillage et le gaspillage des richesses nationales, les atteintes aux libertés élémentaires et à la vie des citoyens.

La refondation de l'Etat s'impose et il doit prendre en considération les aspirations, les dynamiques ainsi que les contraintes des populations.

a)– L'institution d'Etats véritablement démocratiques

« Le gouvernement du peuple, par le peuple et pour le peuple » socle de la démocratie représentative a montré ses limites en Afrique selon la critique. Le suffrage universel a engendré un processus électoral contestable. La plupart des contre-pouvoirs devant limiter le pouvoir sont neutralisés et le cloisonnement des lieux de décision où les politiques publiques sont définies et conduites a fini d'entrainer une profonde césure entre les objectifs et manières de gérer les affaires publiques, d'une part et les besoins et attentes des populations, d'autre part. Il importe de moderniser l'Etat à travers ses structures et des procédures de la démocratie et adapter aux mutations de la société. Etablir de nouveaux rapports entre les mandataires, les mandats et le pouvoir.

b)– Pour une réappropriation sociale du politique

L'Afrique, dans la plupart des cas, est encore incapable d'organiser des élections régulières, transparentes et pacifiques, de ce fait met à mal l'existence et la pérennité de la démocratie.

La démocratie est un projet d'autonomie collective et individuelle. Elle exige que les solidarités communautaires, les solidarités de groupes fondées sur des valeurs effectives, sur les valeurs du terroir et les alliances s'articulent au principe fondamental de la citoyenneté. Dans le processus de démocratisation, l'Etat prend appui sur les individus et sur les communautés de base ouvertes. Il ne peut s'édifier sur la base de cristallisations ethniques, religieuses ou régionalistes. La participation des individus et des organisations sociales aux processus de prise de décision politique et de gestion des affaires publiques à l'échelle des quartiers, des villes et des villages, réinvente de nouvelles formes de solidarité et redonne plus d'espaces de liberté d'initiative aux citoyens.

Le fonctionnement normal de la démocratie implique que tout mandat soit assorti d'une responsabilité qui exige logiquement un devoir de rentre compte. Ceci s'impose à tout individu et à toutes les institutions qui exercent des fonctions ou des missions particulières au nom de l'intérêt général.

L'efficacité de ces principes nécessite que les mesures d'accompagnement soient indispensables : l'instauration et la pérennisation des conditions favorables à l'accès à l'information, d'une part, et, d'autre part, le développement des capacités aptes à faire des citoyens et des organisations sociales des interlocuteurs crédibles des pouvoirs publics et capables d'assumer les responsabilité que leur confère la démocratie.

c)-Renforcer le rôle des médias pour une information juste et pertinente

Les médias occupent une position centrale dans le processus de construction des opinions publiques en Afrique ainsi que la société civile. Ils contribuent aux prises de conscience de la population et s'impliquent dans la lutte contre la corruption, la promotion d'un espace public d'interpellation et favorisent le développement de la démocratie.

Par conséquent la presse doit jouir davantage d'espace de liberté et d'indépendance.

d)– L'institution d'Etats respectueux des principes de l'Etat de droit et de la dignité humaine

L'Etat de droit est une garantie de protection des citoyens contre l'arbitraire et les abus de pouvoir ; il participe aussi à la régulation nécessaire entre l'intérêt général et les intérêts individuels. Il conforte la démocratie.

La construction endogène de l'Etat s'est faite autour d'un pouvoir souvent autoritaire, solitaire et prédateur. D'une part, l'Etat considère la politique comme un moyen d'ascension sociale personnelle. La séparation entre les pouvoirs n'est que formelle, les pouvoirs législatif et judiciaire sont inféodés et soumis à l'exécutif. La recherche de biens matériels et de richesses pousse les magistrats souvent à se compromettre par la soumission à la corruption. « Il est d'ailleurs à la fois symptomatique et inquiétant que le pouvoir judiciaire refuse même d'investir le peu d'espace de liberté et d'initiative que lui reconnait le droit ou, plus fort encore, que la conscience lui commande ».

La nouvelle problématique est de promouvoir des modes de gouvernance qui permettent un jeu équilibré des acteurs et produisent les résultats escomptés en termes de modèle de société, de processus de génération et de partage des richesses, de régulation, et de gestion non-violente des intérêts potentiellement conflictuels.

e)– Des Etats capables de concevoir et de mettre en œuvre une action publique pour le développement

Le système démocratique doit assurer les conditions optimales pour la création de richesses et pour une distribution équitable de celles-ci dans le sens d'améliorer la solidarité et la justice sociale. Ceci nécessite :

– Une gestion transparente et une utilisation optimale des ressources. Deux obstacles doivent être surmontés dans cette perspective. Le premier est la corruption qui affaiblit l'Etat de droit en faisant s'affaisser les règles et valeurs qui à la fois régissent les relations entre les individus, les ressources, les activités et les finalités de l'action publique et assurent la moralité de la vie publique. Elle mine les fondements de l'économie en ce qu'elle corrompt les normes qui l'organisent. Le second obstacle est le délitement des mécanismes publics et sociaux de contrôle de l'action publique.

– Le développement de services socio-économiques de bases pour répondre aux besoins et aux aspirations des populations. L'accès des populations aux services socio-économiques de base est un droit, une exigence morale et une nécessité pour que chaque société aspire à un développement harmonieux. Dans ce sens le développement des services publics est une condition *sine qua non* à l'établissement ou à la restauration de la confiance entre les institutions, et plus particulièrement l'Etat et les populations. L'Etat et les collectivités doivent développer les capacités requises pour offrir à tous des services publics de qualité, durables et en adéquation avec la demande populaire.

Section 4 –
L'éthique

L'intégration ces dernières années du concept d'éthique dans les analyses politiques, économiques et sociales et dans les relations internationales a donné une nouvelle approche des politiques publiques. L'éthique pose le problème de la morale et de la justice dans la formulation des politiques économiques et sociales.

Les actions politiques doivent répondre à cette préoccupation essentielle. L'éthique doit être au centre de l'action. Elle pose également le problème des responsabilités des dirigeants. Max Weber a décrit l'éthique comme essentielle dans la conduite des politiques économiques. Pour ce dernier, les progrès scientifiques et techniques n'aboutissent pas nécessairement au progrès de la morale, donc au bonheur de l'homme. Il place « l'éthique de responsabilité » et « l'éthique de conviction » au centre de l'action qui tient compte du résultat et du principe moral.

La science économique dominante n'a pas fait de place à l'éthique en tant que fondement de politique économique. Le libéralisme économique laisse au marché la capacité de réguler et rendre la justice sociale par l'approche utilitariste : La maximisation de l'utilité individuelle concourt à la satisfaction collective et le marché est supérieur à toute forme d'organisation économique et sociale. L'optimum de Pareto se situe dans cette tradition, ainsi la situation optimale est celle où l'amélioration de la situation d'un individu ne doit pas détériorer la situation d'au moins un autre. La répartition des revenus dans cette société reste totalement ambiguë car cet optimum est difficile à atteindre dans la société réelle.

Le keynésianisme qui s'oppose à la main invisible prône l'interventionnisme pour réguler le marché.

La marchandisation du monde a imposé une gestion anarchique des richesses planétaires sans intégration de l'éthique. Les conséquences sont nombreuses : développement de la pauvreté, désorganisation de l'environnement, réduction ou dégradation des biens collectifs mondiaux tels que l'eau, la forêt. La démocratie, bien premier irréversible et irremplaçable, est limitée à certaines nations alors qu'une partie importante de la planète en est privée.

C'est dans ce cadre qu'est apparue l'intégration de l'éthique dans la gestion de l'économie mondiale. François Perroux définit l'économie comme « l'économie de l'homme, entendue comme l'économie de tout homme et l'économie de tous les hommes. Économie de *tout* homme veut dire que l'être humain entier est accueilli avec ses mobiles allocentriques et égocentriques, dans les structures entièrement ouvertes et non prédéterminées mais telles qu'en aucun de leurs aspects ni en aucun point de leurs transformations, elles ne fassent obstacle à la réalisation par la personne de ce que celle-ci considère comme ses ultimes valeurs : soit des idées (justice, vérité), soit une loi transcendante. Économie de *tous* les hommes signifie économie de tous les êtres humains vivants..... L'économie de tous les hommes et de tout homme s'impose aux civilisations laïques et aux pensées religieuses qui admettent les droits de l'homme. Elle est aussi une idée portée et défendue par des forces réelles, très présentes à l'histoire, celles du travail organisé et de la démocratie » [1961].

L'éthique politique et économique sur le plan international vise la rectification des politiques économiques hostiles, dévastatrices et corrompues, réduisant l'existence de l'homme et l'avenir de l'humanité. La dimension éthique renvoie également à la question des droits de l'homme et de l'accès aux biens premiers et la gestion des patrimoines communs selon un principe d'équité intergroupes, inter-Etats et intergénérationnelle, aux capacités de jugement et de définition du juste ou du bien de la part des agents [Hugon, 1997].

C'est l'apparition du concept des biens communs, des biens collectifs ou des biens publics mondiaux dont la bonne gestion peut réduire les inégalités au niveau international, assurer une distribution équitable et préserver l'écosystème.

D'une façon rigoureuse, l'éthique pose la question de la justice dans la définition et la gestion de la chose publique, « *respublica* ». La justice doit être le catalyseur dans les objectifs politiques, économiques et sociaux. Elle est la première vertu des institutions sociales comme la vérité est celle des systèmes de pensée [J.Rawls, 1987]. Pour cet auteur, dans une société de justice, l'égalité des droits civiques et des libertés pour tous est considérée comme définitive. Ce sont des droits qui sont garantis par la justice et ne sont pas négociables.

Le deuxième principe de la justice est la répartition de toutes les valeurs sociales (revenu et richesse) d'une façon équitable. La justice distributive reste un facteur équilibrant de la société et fait reculer ou empêche les mouvements sociaux déstabilisateurs. Elle est au centre de la recherche de l'équité.

Dans la plupart des pays africains, les politiques mises en place ont renforcé le développement des inégalités économiques, politiques et sociales. Serge Latouche a listé les conséquences des PAS : démantèlement des systèmes de protection sociale (hôpitaux, dispensaires) avec le recul de l'espérance de vie [2003]. La mondialisation internationale n'est pas favorable à ces pays parce qu'elle a détruit leurs ressources naturelles en appauvrissant et en réduisant la possibilité pour les générations futures de profiter des biens communs. La mauvaise gestion endogène et la corruption ont accéléré le dépérissement de certains pays africains.

Ainsi est apparue la nécessité de prendre en compte l'éthique économique et sociale comme une « science du bien agir ». « L'objet de l'éthique ne peut être rien d'autre que les bonnes raisons d'agir au sein d'une société économique » [C. Arnsperger, 2003].

Les autorités constitutionnelles qui ont vocation à déterminer et à mettre en pratique les différentes politiques doivent s'imprégner de l'éthique, c'est instituer de meilleures règles sociales. L'éthique devrait être le leitmotiv de toute réalisation des politiques.

L'objet d'un ordre éthique national répond à cette préoccupation majeure qui intègre la construction d'une société juste sur le plan démocratique par le respect des principes imprescriptibles de la démocratie et de la juste répartition des biens sociaux. Cet ordre éthique national constitue un *guide pratique*. Celui-ci vise à lutter d'une façon radicale contre la corruption par l'instauration de la bonne gouvernance. La politique économique et sociale doit avoir pour préoccupation fondamentale le bien être individuel et collectif, ce qui signifie la justice dans la distribution des revenus, dans l'exploitation des richesses naturelles d'une manière durable.

A)– Définitions et approches de l'éthique

La signification du mot éthique est diverse, ce concept est utilisé invariablement dans le domaine de la gestion des entreprises, de l'économie internationale, de l'écologie, des sciences biologiques et médicales de la santé. Si son utilisation est ancienne, le discours sur l'éthique a pris de l'ampleur depuis les années 80.

Le mot éthique vient du terme grec *éthique* qui signifie les mœurs. L'éthique est la science de la morale et renvoie aux comportements culturels. L'éthique est donc l'exigence pour soi– même, la bonne conduite envers la société, c'est donc un acte de liberté, un choix individuel. L'éthique devient alors une qualité, parce qu'elle constitue un comportement désintéressé, un devoir.

La conception progressiste de l'éthique est « une exigence libre et individuelle de réalisation de valeurs, qui est le ferment et le principe de progrès des morales » [M-A Descamps, 2000].

Patrice Meyer-Bisch voit en l'éthique une manière de répondre au besoin d'autrui, de prendre un engagement de cohérence. Ainsi, il définit l'éthique comme une « conception du bien et du mal, mais pas une réponse aux appels d'autrui » [2003]. Il définit l'éthique de l'individu, comme l'obligation de faire face à une responsabilité sans limites (l'ensemble des droits humains) dans une situation complexe.

Christian Ansperger [2003], en remontant aux origines grecques affirme que l'action fondatrice de l'éthique fut celle de Socrate : *Comment faut-il vivre ?* Vivre, ce peut être aussi *s'abstenir d'agir* pour « bien-être » et même *cesser d'agir* pour « bien mourir ». Au XIXe siècle voit l'avènement de la biologie scientifique qui identifie l'être vivant comme être qui agit. L'avènement de la sociologie méthodique conçoit la vie sociale comme action d'un corps collectif ou comme interaction de corps individuel en vue d'assurer la survie face au milieu naturel en construisant des règles de vivre-ensemble. L'avènement de la philosophie analytique du langage voit dans la communication elle-même un ensemble d'actes qui, pour une part, construisent et instituent la réalité sociale. Ces évolutions ont amené à dire que si vivre est une *activité* composée d'une multitude *d'actions* individuelles et collectives, la question « comment faut-il vivre ? » devient « comment faut-il agir ? ». Aussi l'éthique est une science du bien agir parce qu'elle aide à agir. C'est une science des bonnes raisons d'agir, c'est une éthique sociale et qui est de facto une éthique économique. « L'objet de l'éthique ne peut être rien d'autre que les bonnes raisons d'agir au sein d'une société économique ».

L'éthique peut aussi être définie comme science de la morale différenciant le mal du bien. Philippe Hugon distingue l'éthique collective qui renvoie aux structures de base de la société, au contrat social permettant de répartir les « biens premiers ». L'éthique individuelle ou la morale privilégie les comportements individuels normés par les principes moraux. Il distingue l'éthique positive qui raisonne à partir d'individus dotés de la morale et l'éthique normative qui définit le lien en référence avec les normes et des règles morales extérieures aux agents [1997].

L'éthique est une forme d'engagement de l'individu dans la société aux fins de bien agir parce qu'elle renvoie aux bonnes mœurs. Ainsi Hervé Pourtois la définit comme « disposition à agir en fonction de bonnes raisons » [2004]. L'éthique a cette caractéristique d'être à la fois un *savoir* et un *engagement* ; un savoir car l'éthique permet un jugement de la bonne manière et un engagement qui permet de faire selon des valeurs et des normes morales.

L'éthique donne l'importance à l'homme et traite les hommes « humainement ». Être éthique, c'est avoir un comportement, une manière d'être. « L'éthique est pratique, elle s'inscrit dans les choses, elle fait des choses utiles, des choses vivantes, elle développe la puissance de l'individu » [B. Vergely, 2003]. Elle représente la défense des systèmes des valeurs qui représentent le progrès et la démocratie.

B)– Ethique et morale

Pour certains auteurs, éthique et morale sont synonymes alors que pour d'autres, l'évolution a donné des significations différentes aux deux termes.

Serge Latouche trouve que les deux termes sont synonymes. Partant des deux définitions, la morale définie comme science des mœurs et l'éthique comme science du comportement, il conclut que ces termes ont la même signification, « mais des usages différents (et souvent contradictoires) leur ont donné des *connotations* variées et problématiques [2003]. Ainsi l'éthique est souvent utilisée pour désigner le côté subjectif de la morale, alors que la morale est la face objective, les deux termes sont liés à l'axiologie (la science des valeurs).

Si l'explication classique de l'éthique la rapproche plus de la morale, l'utilisation actuelle lui donne une autre explication. Ainsi l'éthique est « un libre choix individuel » conforme à sa conception du bien et du mal, sans obéissance à une morale. L'éthique est un impératif hypothétique alors que la morale a un impératif catégorique. L'impératif est hypothétique quand il énonce le moyen nécessaire pour atteindre une fin posée ou supposée (la fin justifie les moyens), l'impératif hypothétique est subjectif.

L'impératif catégorique énonce le commandement, sans le soumettre à une condition (choix entre la vérité et le mensonge), l'impératif catégorique est objectif (indépendant de tout objet et inconditionné).

L'éthique n'intègre pas le mal et le bien, ce que fait la morale. Elle pose le problème en terme social, donc les conditions d'existence. Elle fait référence aux valeurs, au respect. L'éthique trouve sa montée dans la critique de la morale dans la société en la dénonçant.

Paul Ricoeur [1990] convient que morale et éthique qui viennent respectivement du latin et du grec (ethos, mores) renvoient à l'idée de mœurs, mais il introduit une nuance en ce que l'éthique est tout ce qui est « bon », et la morale, ce qui est obligatoire. Par « convention », il définit ce qu'il appelle « visée éthique » en trois termes : visée de la vie bonne, avec et pour les autres, dans des institutions justes. Par *visée de la vie bonne*, il entend deux choses fondamentales : la capacité de choisir pour des raisons, de préférer ceci à cela, la capacité d'agir *intentionnellement* ; et avoir la capacité d'initiative pour le changement dans l'accomplissement des actions. La seconde composante *avec et pour les autres* est reliée à la première par la « sollicitude » qui intègre la dimension du dialogue (dimension dialogale). Et enfin *dans des institutions justes*, c'est vivre bien, avec et pour d'autres. Les institutions sont un ensemble de systèmes de partage, de répartition portant sur des droits et des devoirs, des revenus et des patrimoines, des responsabilités et des pouvoirs. La justice est l'élément central dans ce partage des avantages et des charges. « C'est ce caractère *distributif* (au sens large) qui pose un problème de justice ».

La norme morale est l'exigence de l'universalité au sens de Kant posée comme une règle formelle qui indique ce qui doit être fait mais pas « à quels critères il faut soumettre les maximes de l'action : à savoir précisément, que la maxime soit universalisable, valable pour tout homme, en toutes circonstances, et sans tenir compte des conséquences ». Pour Kant, l'homme doit être traité comme une fin et non comme un moyen. Ainsi Ricoeur fait dire à Kant que celui-ci présuppose que le rapport spontané d'homme à homme, c'est « l'exploitation » qui est un rapport de pouvoir déséquilibré où l'autre est une victime de l'un. La morale s'oppose à cette violence et est analysée comme un mal car elle « est la figure que revêt la sollicitude face à la violence et à la menace de la violence ».

L'éthique a un contenu plus scientifique que la morale. Elle n'est pas fondée sur une révélation (comme la religion) ou la seule raison (comme en philosophie), mais s'aide de toutes les études des sciences humaines (sociologie, épistémologie, droit...)

C) – L'éthique et la théorie économique

L'éthique n'a pas occupé une place importante dans l'évolution de la théorie économique depuis la naissance de l'économie politique. La supposée neutralité de la science économique par rapport à la morale depuis les classiques et l'adhésion à l'économie positive comme support de la démarche ont nié la réalité de l'éthique en économie. L'utilitarisme, base philosophique des libéraux, privilégie le bonheur individuel et pose « l'arithmétique des plaisirs », condition du bonheur collectif. Cette démarche a-historique dont l'un des défenseurs est J.S Mill, renvoie au principe du capitalisme qui pense que son modèle universel rend compte à lui seul du fonctionnement de la société. Dans ces conditions, l'éthique ne doit pas constituer une démarche différente. Ainsi, pour l'utilitarisme, est utile ce qui augmente le bonheur de la communauté, mais à condition de ne pas oublier que la communauté est « un corps fictif» et que le bonheur doit être compris comme celui des individus membres de la communauté.

Le prix Nobel de l'économie Amaratya Sen a montré pour sa part que l'éthique a été toujours considérée comme une « branche » de l'économie. Il s'appuie sur A. Smith, père de l'économie classique qui fut professeur de philosophie morale à l'université de Glasgow, et en soulignant qu'à Cambridge, l'économie était l'une des matières de la licence « ès sciences morales ». Pour A. Sen l'économie a deux origines liées à la politique, mais de manière différente : l'une s'intéresse à « l'éthique », l'autre à la « mécanique ». Il fait remarquer que l'économie moderne s'est « appauvrie » par son éloignement de l'éthique et précise que « la science économique telle que nous la connaissons aujourd'hui, peut être rendue féconde si l'on s'intéresse plus sérieusement et plus explicitement aux considérations éthiques qui façonnent le comportement et le jugement humains » [1999].

Notre démarche s'inscrit dans le prolongement de l'analyse normative qui émet un jugement de valeur sur les phénomènes économiques et sociaux. Elle porte un regard critique sur l'approche conventionnelle. Joseph Stiglitz, prix Nobel définit l'économie normative en ces termes : « L'économie normative traite du caractère plus ou moins désirable de différentes actions. Les désaccords en matière d'économie normative portent essentiellement sur des différences dans les échelles de valeurs, et donc sur l'importance à accorder aux coûts et avantages résultant de différentes actions » [2000].

Nous rejetons à la suite de certains économistes l'axiome de rationalité par maximisation. Le comportement ne peut pas s'expliquer par la recherche de l'utilité qui ne dépend que des valeurs individuelles aux dépens des valeurs collectives.

L'éthique comme démarche qui intègre la justice dans la distribution des biens collectifs devrait être au centre des politiques économiques et sociales.

1)– L'utilitarisme et la neutralité de l'économie

La neutralité de l'économie par rapport à l'éthique date d'Adam Smith. Cette datation volontaire ne nous autorise pas à négliger la domination de l'idéalisme en économie qui remonte avant les classiques. On trouve cela dans les visions de Socrate et plus tard de son élève Aristote à travers sa philosophie libérale, notamment dans *l'Ethique à Nicomaque*.

A.Smith va expliquer dans *Les sentiments moraux* l'existence d'une sphère privée qui traite de la morale et une sphère économique qui doit être dépourvue de toute morale comme le dit bien Serge Latouche : « Il y a en effet chez Adam Smith une scission entre le domaine de la morale et celui de l'économie, voire un double étalon moral fondé sur l'ambiguïté de l'amour de soi, au point qu'on a pu opposer ses deux personnalités, celle du moraliste et celle de l'économiste » [2003].

Dans la recherche sur les causes et la nature de la richesse de la nation, A.Smith définit deux éléments essentiels qui sont considérés comme fondement de l'idéologie individualiste : la main invisible et l'homo oeconomicus qui signifient que le bien-être collectif dépend du bien-être individuel ou encore que les phénomènes économiques sont la résultante des comportements individuels qui sont rationnels. C'est ce que dit explicitement A. Smith « Ce n'est pas de la bienveillance du boucher, du marchand de bière ou du boulanger que nous attendons notre dîner, mais du soin qu'ils apportent à leurs intérêts. Nous ne nous adressons pas à leur humanité, mais à leur égoïsme, et ce n'est jamais de nos besoins que nous parlons, c'est toujours de leur avantage » [cité par Amed Silem, 1990].

Nous sommes en présence de la thèse idéaliste qui pose que le sujet, l'homme, est premier ; que les idées sont inscrites dans la nature humaine, déterminent notre comportement qui à son tour détermine les relations entre les hommes, donc les lois du social : les idées mènent le monde. C'est l'explication de la main invisible qui accorde l'importance fondamentale à l'ordre social naturel, parce que la pensée idéaliste nie que les sciences sociales aient une base objective, indépendante de la pensée. Cette conception érige la société humaine en une société spirituelle ayant conscience d'elle-même, capable de se conduire, de décider de la répartition des ressources en fonction de ses besoins. La société ici est représentée comme un individu pensant qui cherche son intérêt et qui est capable d'ériger un ordre social stable et égalitaire.

L'utilitarisme est la fondation de ce système : Si les agents économiques sont libres dans un système libéral de marché, le système aboutit à une allocation optimum des ressources, c'est-à-dire au plus grand bonheur (utilité) pour chacun. L'intervention de l'Etat sur le marché constituera un danger pour la recherche de ce bien-être. Les néoclassiques vont donc faire de l'utilité leur cheval de bataille.

Léon Walras, considéré comme l'un des fondateurs influents de l'école néoclassique, va tenter d'enseigner une théorie de l'équilibre général qui s'obtient par tâtonnement (commissaire-priseur) dans une économie de concurrence pure et parfaite. Son point de départ est une économie concurrentielle avec un prix d'équilibre libre, obtenu après négociation. Dans cette situation, un équilibre général est capable, en cas de choc dont l'origine n'est pas déterminée, de se rétablir par les forces de marché. Il est revenu à G.Debreu et K.Arrouw d'affiner la démonstration et d'introduire quelques hypothèses, notamment le comportement des ménages (avec une fonction bornée), en l'absence de coûts fixes, pour conclure à la possibilité de l'équilibre général. Ils vont conclure à l'optimum de Pareto.

Mais c'est surtout Pareto qui va tenter d'améliorer la théorie de l'équilibre général. Pour lui, l'équilibre général ne signifie pas une meilleure organisation et il va parler du bien-être qui vise « à déterminer les conditions et les moyens de réalisation de la satisfaction maximale des agents économiques d'un espace donné (par exemple, la Nation) » [J-Paul Maréchal, 2005]. Vilfredo Pareto va affirmer que si le bien être de la société dépend du niveau d'utilité de chaque individu, il ne constitue pas la somme des utilités. Pour lui, l'augmentation du bien-être de tous les individus n'aboutit pas sur une situation optimale. L'état optimal de l'économie est donc la situation dans laquelle il n'est pas possible d'augmenter la satisfaction d'un individu sans diminuer celle d'au moins un autre individu [Milan Vujisic, 2006]. On peut déjà constater que cet optimum de Pareto sur le plan social décrit des situations d'injustice surtout dans une société ayant un nombre limité de riches et de nombreux pauvres. A.Sen considère que l'optimum de Pareto est assez restrictif et ne permet pas d'évaluer les réalisations sociales et qu'il est donc inutilisable pour les pouvoirs publics, parce qu'il ne donne pas suffisamment d'informations pour calculer la répartition initiale des ressources.

Les évolutions actuelles sur le plan de la théorie économique dominante restent dans la lignée de ces développements. La théorie des anticipations rationnelles ou les anticipations adaptatives de Milton Friedman renvoient au même fondement de l'économie libérale qui ne se préoccupe nullement de la justice sociale en dehors du marché.

Keynes va bouleverser les analyses néoclassiques basées uniquement sur le marché et l'individualisme. Il va faire plus de place à la macro-économie qu'à la micro-économie contrairement aux néoclassiques. Keynes ne va pas s'atteler spécialement aux comportements d'individus rationnels. Il va se préoccuper des problèmes d'emploi, de la croissance économique de la nation et des politiques économiques qui s'y rattachent. Il va attribuer à l'Etat le rôle régulateur qui s'appuie sur la demande effective et intègre le rôle important de la demande de la monnaie dans la recherche d'équilibre macro-économique. Keynes va désigner l'Etat comme agent économique capable d'assurer la redistribution des revenus vers les groupes sociaux défavorisés, par le développement de la sécurité sociale, l'indemnisation du chômage.

2)– Eléments de critique de la théorie néo-classique et de l'utilitarisme

La démarche est de savoir si l'économie libérale basée sur l'utilité a un rapport avec le réel économique, avec les phénomènes économiques. La mise en avant de l'utilité constitue un obstacle épistémologique qu'il faut d'abord évacuer, parce que l'économie est expliquée par des comportements humains, qui constituent une opinion. Comme dit G. Bachelard : « La science dans son besoin d'achèvement comme dans son principe, s'oppose absolument à l'opinion,... L'opinion *pense* mal, elle ne *pense* pas ....En désignant les objets par leur utilité, elle s'interdit de les connaître » [*La formation de l'esprit scientifique*, Ed. 2004].

a) Les sociétés humaines sont régies par des lois objectives

Le discours que tient la théorie néo-classique est le suivant : A l'équilibre sur tous les marchés, une situation d'optimum économique est atteinte d'après laquelle les revenus, étant donné la répartition des biens, assure la satisfaction maximum des besoins. Un tel système garantirait la plus grande satisfaction possible des besoins. Il trouve sa légitimité dans la philosophie individualiste, fondement du libéralisme.

La question que nous devons nous poser est de savoir si les sociétés humaines obéissent à des lois objectives (donc indépendantes de la pensée) et si ces lois sont connaissables. Les sociétés humaines opèrent une transformation de la nature dans le cadre des rapports sociaux déterminés entre les hommes. Elles ont donc une existence objective, extérieure à la pensée qui les réfléchit. Il n'y a donc pas de raison de considérer les sociétés humaines comme une réalité différente par nature des autres parties du réel et elles doivent être animées par une logique dont la connaissance est possible par la pensée. « Telle est la proposition première sans laquelle on ne pourrait que renoncer à construire une science des phénomènes sociaux » [A. Capian, 1975].

Or, si on revient sur la méthode néo-classique, on peut la qualifier d'empirique parce que ces concepts sont issus de la pratique économique comme dit le néo-classique Böhn-Bawerk : « Notre tâche consistera à présenter un miroir à la pratique de la vie et à transformer les règles que l'homme du commun manie intuitivement avec tant d'assurance, en représentation non seulement assurée, mais aussi consciente » [cité par A. Capian, 1975]. C'est ainsi que le producteur et l'entrepreneur ont la même signification, la notion du profit n'est pas approfondie.

Les concepts néoclassiques produisent également un objet de nature a-historique, parce que les catégories économiques sont éternelles et que les prix s'expriment de la même manière dans tous les systèmes économiques, alors que les lois économiques qui ont gouverné les rapports communautaires, rapports esclavagistes ou rapports capitalistes, ne sont pas les mêmes. Raymond Barre est dans cette logique quand il dit : « l'analyse marginaliste présente une théorie d'économie fondamentale, c'est-à-dire explicative de toute l'économie, qu'elle pratique l'échange ou non, qu'elle fonctionne par les décisions des sujets économiques qui calculent selon leur intérêt propre, ou par les décisions des chefs économiques qui régissent la disposition de tous les biens et de tous les services » [1966].

b)– L'objet néo-classique n'est pas réel mais formel

L'objet néoclassique est la maximisation (consommateur, producteur), comme application de la recherche opérationnelle affirmée par le néoclassique S. Jevons : « L'objet de l'économie politique est de déterminer le maximum de bonheur qui peut être réalisé en achetant le plus de plaisir possible avec le moins de peine possible ». Ce qui est mis en exergue est le désir. Ici, le fonctionnement réel de l'économie revient à chercher les conditions de maximisation de l'utilité. L'école néoclassique a pour objet de chercher une « bonne » procédure d'allocation des ressources, ce qui la prive de la démarche de la recherche des lois objectives. C'est encore ici la manifestation de l'idéalisme.

Par contre, la pensée matérialiste considère que tous les aspects du réel constituent des objets ayant une existence en dehors de la pensée et soumis à des lois susceptibles d'être étudiées et découvertes par elle. C'est ce que précise Karl Marx : « ce n'est pas la conscience des hommes qui détermine leur existence, c'est inversement leur existence qui détermine leur conscience ».

La levée de l'obstacle épistémologique permet de revenir sur l'objet de la science économique. La production matérielle est la base de toute société et toute production est immédiatement production d'individus vivant en société. La production étant le point de départ historique et donc logique de la science économique, la définition de la science économique est l'étude des lois qui gouvernent la production, la distribution, l'échange et la consommation de la richesse. Il existe une unité dialectique entre ces deux moments. Elle repose sur le primat de la production qui détermine tous les autres moments mais qui est conditionnée par les autres moments.

3)– Eléments de critique libérale de l'utilitarisme

Nous venons de donner quelques éléments de critique matérialiste de l'utilité comme fondement de l'économie libérale. John Stuart Mill est le plus connu des théoriciens de l'utilitarisme. Il a repris l'utilitarisme de Jeremy Bentham basé sur le bonheur général et l'a étendu au droit et à la politique. Bentham va parler de « l'arithmétique des plaisirs » pour définir le bonheur alors que Mill va rectifier en substituant une définition qualitative des plaisirs. Il va définir l'utilitarisme comme la doctrine qui donne comme fondement à la morale, l'utilité ou le principe du grand bonheur. Il affirme que les actions sont bonnes ou sont mauvaises dans la mesure où elles tendent à accroître le bonheur où à produire le contraire du bonheur. Par « bonheur » on entend le plaisir et l'absence de douleur ; par « malheur », la douleur et la privation de plaisir [1988].

Dans la théorie de la justice, John Rawls va s'opposer à l'utilitarisme basé sur la maximisation qui ne rend pas compte de la justice dans la société. Ainsi, pour l'auteur : « En l'absence d'intérêts altruistes, solides et durables, un être rationnel ne saurait accepter une structure de base simplement parce qu'elle maximise la somme algébrique des avantages, sans tenir compte des effets permanents qu'elle peut avoir sur ses propres droits, ses propres intérêts de base. C'est pourquoi semble-t-il, le principe d'utilité est incompatible avec une conception de la coopération sociale entre personnes égales... Le principe est en contradiction avec l'idée de réciprocité implicite dans le concept d'une société ordonnée » [1987]. Le principe de maximisation du bien en général rentre donc en contradiction avec les principes d'une coopération équitable.

Amartya Sen a montré que l'utilitarisme a un contenu pauvre parce qu'il ne permet pas une répartition équitable. L'utilitarisme ne s'intéressant qu'à la répartition des utilités, il ne peut apporter une réponse satisfaisante : « Le gain le plus infime de la *somme* totale des utilités serait supposé l'emporter sur les inégalités distributives les plus criantes » (1993]. Pour A. Sen, l'importance accordée à l'utilité sur le plan de la morale par l'utilitarisme ne rend pas compte de la pertinence de l'avantage global dans les critères d'égalité. Il ignore les critères de répartition car pour Sen « Si l'on juge acceptable le principe préalable qui accorde de la valeur à l'égalité dans la répartition du total des utilités, on doit alors condamner la conception utilitariste de l'égalité, et son optique marginaliste »

4) – Économie et éthique

L'éthique devient de plus en plus présente en économie parce qu'elle participe à l'enrichissement de la seconde et la rend plus humaine. A. Sen pense que le rôle de l'éthique en économie permet de façonner « le comportement et le jugement humains ». L'éthique en économie est également une nécessité car la politique économique fait appel à des considérations d'équilibre social, de justice, de bien-être naturel, d'intérêt commun. Pour Michel Falise, les économistes qui ont une réelle préoccupation éthique sont écoutés dans la mesure où ils sont en même temps pertinents.

La préoccupation éthique en économie répond également à la dégradation sociale dans plusieurs pays industrialisés et en développement, en particulier les pays africains où la pauvreté s'aggrave de manière constante. C'est ce qu'affirme Jean-Paul Maréchal : « En démantelant un nombre toujours croissant de régulations sociales et symboliques, le capitalisme contemporain est parvenu à s'affranchir des règles éthiques, culturelles et politiques auxquelles il se soumettait jusqu'ici tant bien que mal » [2005]. Pour Serge Latouche, la préoccupation pour l'éthique tient à la mondialisation et à la décomposition de la société moderne qui l'accompagne.

La recherche de l'éthique est aussi très présente dans les entreprises car celles-ci sont responsables de la dégradation écologique et sociale. Elles cherchent la satisfaction de l'intérêt général, si elle veut « se faire pardonner ses écarts par rapport aux règles de bienséance de l'atomicité de la concurrence» [J. Pierre Galavielle, 2002].

a)– Lien éthique-économie et éthique économique

Les partisans d'un lien éthique-économie et l'éthique économique sont indiscutablement opposés à la neutralité de l'économie des libéraux. On peut les trouver parmi les libéraux, les économistes critiques et les matérialistes. Ceci ne constitue nullement un débat idéologique classique.

Le patronat chrétien et l'économie sociale demandaient aux classes favorisées de ne pas négliger les déshérités. Pendant la période des Lumières, la tradition va exister comme on peut le lire dans *Le visiteur du pauvre* de J.M Gérando : « Riches, encore un coup, comprenez votre véritable dignité. Ce ne sont pas seulement vos libéralités qu'on demande ; vous êtes appelés à une tutelle, à une tutelle libre de votre choix, mais réelle et active. Ce n'est pas assez de vos dons, c'est votre personne qu'on invoque, c'est votre magistrature qu'on vous confère » [cité par Serge Latouche, 2003]. L'économie politique chrétienne à travers la doctrine sociale va développer le paternalisme du XIXème siècle. En 1848, Monseigneur Veuillot évoque la « sainte usine » Léon Harmel, en 1889 « l'usine chrétienne ».

A. Sen en faisant la relecture d'Aristote montre que le lien entre éthique et économie remonte à cette période lointaine. Ainsi, pour lui dans *L'Ethique à Nicomaque*, Aristote établit un lien entre l'économie et les finalités humaines en évoquant les rapports de l'économie à la richesse. A.Sen donne à l'économie deux origines liées à la politique, « l'éthique » et « le mécaniste ». L'origine de l'économie liée à l'éthique analyse le comportement humain.

L'origine « mécaniste » est l'analyse de l'art de gouverner au sens de l'organisation de la société par l'Etat : organisation foncière, collecte des impôts, la lutte contre les détournements de fonds par les fonctionnaires... À partir de ces deux approches, A. Sen conclut en ces termes : « Etant donné la nature de l'économie, il n'est pas surprenant que ces deux origines (....) possèdent.... les questions profondes que soulève la conception éthique de la motivation et de l'accomplissement social que doit occuper une place importante dans l'économie moderne ».

L'éthique économique est un nouveau domaine de recherches en sciences sociales. Elle est définie comme : « La partie de l'éthique qui traite des comportements et des institutions relatifs à cette sphère : Comment devons-nous nous comporter individuellement dans ces activités d'échange et de production (dimension individuelle) et comment devons-nous définir collectivement des règles légales auxquelles ces activités doivent se soumettre (dimension institutionnelle) ? [Christian Arnsperger, 2000, cité par J-Pierre Galavielle]. L'importance accordée à l'éthique économique est consécutive à la montée du libéralisme économique caractérisée par la dérégulation généralisée. Selon J-P Galavielle, l'éthique constitue une manière d'empêcher la régulation étatique qui constitue la revendication des peuples. Elle est acceptée par les libéraux qui s'opposent aux interventions de l'Etat sur le marché, c'est donc une solution de compromis, c'est ce qu'affirme Anne Samon [2002] : « Dans l'éthique économique, de nouvelles formes de soutien à la rationalité capitaliste sont recherchées : il s'agit en effet d'orienter les comportements et de plier les individus aux exigences de l'économie de marché, tout en cherchant à étouffer les attitudes déloyales et imprévisibles....attitudes qui lorsqu'elles se généralisent, mettent en péril la viabilité du système. »

Christian Arnsperger parle de l'éthique sociale qui est aussi l'éthique économique. Il part de la démonstration suivante : Si l'éthique est une science du bien agir, une éthique est forcément une éthique sociale car c'est un « agir social », parce que tout acte se fait dans un contexte social. Ainsi : « agir humain (....) est toujours un agir inscrit dans, et traversé par, des médiations sociales (....) et tout acte individuel est d'emblée social parce que inscrit dans un réseau de compétences et de capacités qui sont sociales en ce sens qu'elles ont besoin du social pour exister ». Il continue en affirmant qu'une éthique sociale est aussi une éthique économique parce que toute société est aussi une société économique, parce que la logique économique est présente dans tous les domaines de l'existence humaine. Ainsi, « l'objet de l'éthique ne peut être rien d'autre que les bonnes raisons d'agir au sein d'une société économique ».

5)– L'éthique dans l'entreprise

L'économie éthique a son prolongement dans les entreprises. L'impact du discours éthique sur l'entreprise vise à rendre plus humains les objectifs des entreprises capitalistes auprès des travailleurs et des peuples. La mondialisation libérale a développé des risques élevés d'explosions sociales, de dumping social et de précarité suite à la libéralisation du marché du travail.

La recherche du profit, seul objectif fondamental de l'entreprise, vise à satisfaire les actionnaires sans préoccupation du consommateur. « L'éthique des affaires ne part pas en guerre contre le profit, elle s'alarme des excès du court terme et du tout-financier » [Lipovetsky, 1992, cité par J.P Galavielle]. Elle vise à corriger la vision négative des entreprises au sein de la société.

Ainsi est né le concept de l'entreprise citoyenne. L'entreprise doit dorénavant s'insérer au sein de la société, « c'est un élément vivant de l'environnement social » [S.Mercier, 1999].

Gendron [2000] distingue trois approches dans ce domaine :

– L'approche moraliste selon laquelle l'entreprise doit agir de manière responsable parce que c'est son devoir moral. L'entreprise devient un « agent moral ».

– L'approche sociopolitique qui est la recherche de l'amélioration de la performance de l'entreprise en tenant compte des revendications sociales.

– L'approche société et entreprise qui lève la dichotomie entre entreprise et société. Ici l'entreprise doit obligatoirement servir les intérêts de la société.

Toutefois la société possède une capacité régulatrice qui exerce un contrôle sur l'entreprise.

La nouvelle entreprise citoyenne s'est donnée de nouvelles ambitions qui vont au-delà de l'entreprise. Elle cherche à se substituer à l'Etat dans une société démocratique en ayant des responsabilités nouvelles dans certains domaines à partir de la maxime « ce qui est bon pour l'entreprise est bon pour la cité ». Elle va donc intervenir en matière d'environnement et du respect du consommateur. « L'entreprise citoyenne apparaît comme soucieuse du bien public et des causes d'intérêt général » (J-P Galavielle, 2003].

Le contenu pratique de l'éthique des entreprises est varié. W. Baumol l'énumère :

– maintien de l'intégrité du produit (pas d'altération de ses qualités au fil de la production, sincérité de la publicité etc.) ;

– poursuite volontaire d'objectifs sociaux (protection de l'environnement, de la santé, refus d'avoir une activité dans les pays dont le comportement est inacceptable, etc) ;

– refus de toute discrimination raciale, sociale, religieuse ou sexuelle en matière d'emploi.

Au total, l'éthique est devenue un mode pour corriger quelques imperfections du marché sans mettre fondamentalement en cause l'objectif central de l'entreprise qui est la recherche du profit.

6) – Ethique et relations économiques internationales

L'éthique dans les relations économiques internationales vise à corriger les inégalités importantes dans le développement international et ses conséquences dans les pays en développement, en particulier en Afrique. Les toutes- puissantes organisations financières et économiques telles que le Fonds monétaire international, la Banque mondiale et l'organisation mondiale du commerce accompagnent la mondialisation libérale qui a réduit le rôle des Etats et imposé la logique du marché comme seul moyen de répartition internationale. Comme dit si bien B. Vergely : « Nous vivons dans un monde dévié. Ce monde dévié vient de ce que l'économie n'a pas respecté la place qui est la sienne. L'économie tend aujourd'hui à tout régenter et à se substituer à la morale, ce qui déséquilibre tout... La logique de l'expansion économique conduit à un épuisement des ressources naturelles de la planète et à un épuisement des hommes » [2003].

L'éthique pose ainsi la logique de la gestion des « biens communs planétaires » qui doivent mieux être gérés au profit de l'humanité entière.

La recherche constante de la démocratie est aussi un défi que le monde doit réaliser.

a)– L'échec du développement économique international

Le développement économique international est fondé sur les théories libérales, notamment sur les approches de David Ricardo reprises et/ou enrichies par les néo-libéraux.

Les tentatives des partisans de l'éthique sont d'apporter quelques innovations pratiques qui ont eu des résultats très marginaux. Il s'agit du commerce équitable ou du renforcement des organisations non gouvernementales.

b)– L'échec du développement économique basé sur l'intégration du marché mondial.

Aujourd'hui, une part importante des économistes y compris certains libéraux reconnaissent que les théories libérales qui constituent les bases des politiques des échanges internationaux n'ont pas eu des effets réels positifs. Les substitutions à l'inégalité constituées de l'aide et de certains concours financiers internationaux n'ont pas pallié le gap de développement entre les pays développés avec la plupart des pays en développement. Seuls les pays industrialisés ont tiré des avantages du commerce international ainsi que certains pays nouvellement industrialisés du sud-est asiatique. Serge Latouche n'exagère nullement quand il tire un bilan totalement négatif de ces politiques : « Les effets pervers du libre-échange sont surtout sensibles dans les pays du sud. Les méfaits du libéralisme économique n'y sont pas nouveaux ; ils datent de l'époque où les pays occidentaux se sont arrogés le droit d'ouvrir à coup de canon la voie du libre commerce..., l'analyse des conséquences désastreuses, pour les pays faibles, de la division internationale du travail n'est pas à faire. Les procédés actuels impulsés par le FMI, la Banque mondiale et l'OMC renouvellent le genre. Tout va dans le sens de la dérégulation, de la privatisation et de l'intégrisme libéral : les conseils du FMI, les conditionnalités liées à l'obtention des prêts, les plans d'ajustement structurel, les accords commerciaux signés sous forte pression de l'OMC, la libéralisation des mouvements de capitaux imposés par le FMI » [2003]. L'auteur cite pêle-mêle les autres formes de pillage et d'exploitation des pays africains : la destruction de l'agriculture vivrière et de l'élevage par l'exportation à bas prix des excédents agricoles subventionnés des pays occidentaux, ruine des systèmes de pêche traditionnelle par les bateaux-usines et les chalutiers des pays occidentaux qui occupent les côtes africaines.

Jean-Paul Maréchal dresse, lui, les conséquences humanitaires et environnementales. Il montre que malgré une production de richesse inégalée, 25 millions de personnes du nord disposent d'autant de richesse que près de 2 milliards au sud ou encore que le revenu des 5 % les plus riches de la planète est 114 fois supérieur à celui des 5 % les plus pauvres en 2004. Pour la même période, la faim a touché 831 millions de personnes dans le monde.

On assiste également à la dégradation de l'environnement par le renforcement de l'effet de serre et l'accroissement des quantités de déchets toxiques. Cette situation environnementale alarmante a bien entendu des effets négatifs sur le développement économique et social.

c)– Le commerce équitable

Le commerce équitable est né des dysfonctionnements qui existent au niveau du commerce international et qui défavorisent les participants des pays en développement. Ces inégalités ont deux origines selon les tenants du commerce équitable :

– endogènes par l'inorganisation des paysans pauvres et qui sont également victimes de la corruption des fonctionnaires de leurs pays dans la définition et les paiements de leurs produits. Les prix fixés ne sont pas ajustés en fonction des prix internationaux. Ils sont de ce fait surexploités déjà à l'intérieur de leurs propres pays. Les victimes sont les petits producteurs pauvres qui dépendent du marché intérieur et ont des difficultés à faire face aux approvisionnements des intrants.

– exogènes, qui défavorisent les mêmes paysans au niveau des échanges à travers la dégradation séculaire de termes d'échange et qui jouent défavorablement sur le pouvoir d'achat des paysans pauvres, incapables de faire face aux dépenses prioritaires de santé et d'éducation dans des pays monétarisés. Les réformes libérales des programmes d'ajustement structurel supprimant toutes les subventions ont réduit également les petits producteurs ruraux à la misère.

Le commerce mondial étant inéquitable, le commerce équitable entend développer des relations privilégiées et équilibrées avec des groupes de petits producteurs défavorisés dans les pays pauvres et promouvoir leur développement durable grâce à la commercialisation de leurs produits, suivant des conditions commerciales avantageuses sur les marchés développés [Tristan Lecomte, 2004].

Sur le plan pratique, le commerce équitable vise à développer des échanges solidaires entre les pays du nord et du sud et à les aider à se développer durablement. La charte française du commerce équitable intègre les critères d'exigence qui sont impératifs et qui consistent à travailler en priorité avec les producteurs, acheter le plus directement possible pour maximiser la marge du producteur, garantir un prix d'achat juste pour permettre au producteur de mieux vivre. La charte exige de la transparence dans les informations des circuits de commercialisation, etc. Les critères de progrès contenus dans la charte visent l'élimination du travail des enfants, la garantie d'un salaire et des conditions de travail décentes aux salariés, l'encouragement des producteurs à l'autonomie, l'engagement des acteurs envers leur environnement économique et social. Les bénéfices réalisés sont réinvestis dans les coopératives et /ou dans des programmes de développement à caractère collectif, économique, écologique ou social.

Le commerce équitable commence à être intégré au niveau des hypermarchés français. Cependant, il occupe une place encore marginale dans les échanges, même si celle-ci est croissante et significative pour certains produits.

Le commerce éthique amène des observations contradictoires. Alors que ses partisans veulent dépasser le marché et prendre en compte des critères non économiques, ces nouvelles pratiques instaurent de fait un nouveau marché, celui des normes éthiques privées innombrables et de leur contrôle. On voit apparaître un « marché de la vertu » [Javier Santiso, 2000]. Il est aussi reproché au marché équitable que la majorité des produits du commerce équitable sont destinés à l'exportation et donc sont fonction de la demande des pays du nord. Le commerce équitable n'envisage pas non plus les transformations des produits dans les pays du sud.

7)– Les biens publics mondiaux

Le débat sur les biens publics mondiaux a pris une tournure importante ces dernières décennies. Son essor part de la dégradation des biens nécessaires pour la survie de l'humanité et les controverses sur sa gestion mondialisée qui tend à réduire les ressources naturelles. Les épidémies qui ont des effets fâcheux sur l'homme accentuent des inquiétudes. Dès lors, se pose le problème de la définition des biens publics mondiaux, son contenu, les effets de la mondialisation sur eux et sa gestion.

8)– définitions et caractéristiques

D'une façon générale, les biens publics sont des biens, services ou ressources qui bénéficient à tous. On parle d'un bien public pur quand il est caractérisé par la non-rivalité, c'est-à-dire que sa consommation par un individu n'empêche pas sa consommation par un autre. L'exemple d'un bien pur est l'enseignement, dans ce sens que sa consommation par un apprenant n'appauvrit pas l'enseignant. L'autre caractéristique d'un bien pur est la non-exclusion qui signifie que tous les individus ont accès à la consommation de ce bien, même si la personne n'a pas participé à sa production. C'est l'exemple de l'éclairage public ou des routes.

Les biens publics sont du domaine de l'économie publique. Elle se substitue au marché qui est dans l'incapacité de développer ces biens qui font partie des prérogatives de l'Etat. L'économie publique est « l'expression des préférences des citoyens sur un marché politique, qui peuvent s'exprimer par des consommateurs sur le marché » [P. Hugon, 2003].

L'Etat se substitue en amont au secteur privé dans le cas des externalités négatives telles que les nuisances générées par l'activité économique dont le coût est pris en charge par la collectivité.

Les biens publics sont généralement assimilés aux biens communs qui sont plus du domaine de la gestion des ressources naturelles utilisées par un groupe humain telles que l'eau, la forêt.

On appelle biens publics mondiaux (BPM) selon J-J Gabas et P. Hugon [2001] « des biens, des services, des ressources dont l'existence est *bénéfique* à un pays, à une région, voire à une planète entière ». Ils sont appelés publics parce qu'ils sont utilisés par tous les acteurs de la société. La Banque mondiale [2001] donne une définition plus large : « biens, ressources, politiques et services, produisant des conséquences positives transcendant les frontières des pays, ayant un intérêt pour le développement et la réduction de la pauvreté et ne pouvant être mis en œuvre sans une action concertée de la communauté internationale ».

Le PNUD a tracé le triangle du bien public mondial. C'est un bien qui est public dans sa consommation (tous doivent y avoir accès) ; public dans la participation au processus politique qui a amené à l'identifier (tous participent au débat politique) ; public dans la distribution des bénéfices (tout le monde en profite). La vision du PNUD des biens publics mondiaux est amplement politique, c'est un instrument de politique économique et sociale. « L'idée est que le caractère « public » du bien puisse être un choix politique plutôt qu'une quantité inhérente du bien... il ne s'agit plus de résoudre le problème de non exclusion ou de non-rivalité par exemple en instituant des droits d'usage mais au contraire de rendre « inclusif » un bien qui ne l'est pas forcément, au nom d'un « intérêt général mondial ». [Séminaire ENSA, Montpellier 2002].

9)– Contenu des biens publics mondiaux

La liste des biens publics mondiaux est exhaustive et leur nombre est d'environ une soixantaine et dépend aussi des auteurs.

J-J Gabas et P. Hugon [2001] distinguent les biens publics matériels (dépollution de l'eau ou de l'air), immatériels (production et diffusion des connaissances, la recherche, la sécurité, la justice, les droits de l'homme), naturels (le climat, l'eau, l'air, la biodiversité, les milieux), des biens « humains » (connaissance scientifique et technique, héritage culturel mondial, infrastructures transnationales), des questions de politique mondiale (paix, santé, stabilité financière). Ils citent également les biens considérés comme des externalités négatives engendrées par les actions humaines (changement climatique, couche d'ozone).

A. Sen ajoute pour sa part la liberté, fin ultime de développement et son principal moyen, ses cinq composantes instrumentales étant les libertés politiques, les facilités économiques, les opportunités sociales, les garanties de la transparence et de la sécurité politique. Stiglitz nomme un système commercial ouvert et un système monétaire international stable.

10)– La problématique de la gestion et de la production des biens publics mondiaux

L'absence de consensus général sur le contenu des BPM se retrouve aussi dans la problématique de leur gestion, malgré des tentatives éparses proposées. La difficulté première est que cette gestion ne peut être que supranationale et suppose que les pays renoncent à une partie de leur souveraineté par le principe de subsidiarité. Ces biens peuvent-ils être gérés par les Etats-nations ou cogérés par la coopération internationale. Depuis 1972, plusieurs conférences internationales ont reconnu l'environnement comme bien mondial, dont la gestion ne peut être qu'internationale. Il s'agit aussi de la paix, de la démocratie et des libertés protégées par les Nations unies par le droit d'ingérence. La notion de patrimoine commun de l'humanité est inscrite dans la Convention sur le droit de la mer et dans le traité sur la lune. Sylvie Paquerot propose [2002] que les BPM devraient être administrés par une institution supranationale, son usage devrait être non-exclusif et les bénéfices et charges devaient être répartis entre tous.

J-J Gabas et P. Hugon [2001] se sont également posé la question de la production et de la gestion des BPM. Ils distinguent les biens qui ne peuvent être gérés que par les pays occidentaux par exemple les vaccins contre le SIDA, les biens considérés comme « dépendants du maillon le plus faible » tels que les épidémies en Afrique que les Etats ne sont pas en mesure d'éliminer, les biens publics « additifs » qui résultent de la somme des efforts de tous les acteurs, par exemple la stabilité climatique.

La situation initiale de compétition entre les pays développés pourrait aussi faire l'objet de coopération. Les deux autres concernent la coopération internationale avec des difficultés entre ceux qui sont responsables et ceux qui ne se disent pas coupables du développement des effets de serre. D'une façon générale, pour ces auteurs la gestion des BPM doit revenir aux gouvernements, au secteur privé, à la société civile et aux collectivités territoriales.

Ces auteurs se sont penchés également sur les difficultés du financement des biens publics mondiaux et ont conclu en ces termes : les BPM permettent de « légitimer l'APD autrement que par des justificatifs de solidarité ou éthique et de refonder la coopération internationale en retrouvant un fondement théorique ou idéologique aux politiques publiques. Dans cette logique, il s'agit d'un concept permettant de relégitimer certaines instances de régulation ou institutions internationales, notamment les Nations unies. Il s'agit également en dernier lieu, d'intégrer les acteurs nouveaux dans le jeu international ».

Section 5 –
Cadre d'une société juste

La recherche de la justice est au centre du modèle de l'économie éthique. En effet, la justice doit constituer le fondement de toute société démocratique à laquelle nous adhérons pleinement, un des objectifs majeurs de la démocratie est de réduire les inégalités sociales et d'assurer le bien-être de la population.

L'histoire de l'économie et de la politique a été marquée par plusieurs théories de la justice. Nous venons de rejeter « la justice » basée sur l'utilitarisme, doctrine téléologique pour laquelle la justice est basée sur la maximisation du bien et non sur l'égale considération des intérêts de chacun.

Le siècle des lumières a été marqué par des penseurs comme Rousseau et Montesquieu qui ont élaboré des théories de l'égalité et de la liberté.

L'égalitarisme marxiste fondé contre l'exploitation trouve la solution à la justice sociale dans la révolution prolétarienne.

Récemment, l'approche féministe incrimine l'égalité juridique qui fait l'impasse sur les injustices « ayant lieu dans la sphère intra-domestique ».

Mais, il revient à John Rawls d'avoir élaboré dans toutes ses dimensions une théorie de justice progressiste. Il définit un nouveau paradigme qui intègre le marché, la démocratie et la justice sociale. Cette nouvelle orientation n'est pas favorable au « capitalisme sauvage » qui domine le monde actuel et défend l'égalitarisme dans les institutions démocratiques de la société.

A)– Rappel de quelques théories de la justice

Les intellectuels qui ont marqué le siècle des lumières ont mis en exergue l'importance de la liberté et de l'égalité qui a servi d'outils politiques de lutte contre l'ancien régime en France et pour la république et la révolution française. Il s'agit essentiellement de Rousseau, Montesquieu et Voltaire. Deux principes fondateurs ont marqué cette évolution radicale : la liberté et l'égalité, principes défendus par la bourgeoisie montante, force historiquement progressiste à cette période pour lutter contre le mode de production féodal en déconfiture. On aura la liberté pour les serfs qui travaillent exclusivement au profit des seigneurs par une contrainte extra économique et de ce fait privés des libertés humaines. La crise du servage, provoquée par les luttes multiformes des serfs et de certaines couches sociales, va participer à la décomposition des rapports féodaux et leur disparition. Les serfs vont devenir des paysans libres et propriétaires des terres sur lesquelles ils travaillaient jusqu'alors. Cette liberté acquise va entraîner l'égalité en droit des citoyens qui constitue la fondation de la république. La liberté et l'égalité vont reconnaître à l'individu le droit fondamental à une autonomie morale c'est-à-dire à sa capacité de se donner des règles qu'il s'attribue personnellement. « Le volet politique de l'autonomie sera donc le principe de souveraineté du peuple qui est seul légitimé à se forger les lois qu'il entend suivre » [J. Savary, 2004]. L'égalité est aussi le traitement égalitaire de tous les membres de la communauté.

Le courant libertarien qui se réclame des principes de justice communitative est inspiré par les travaux de Friedrich Hayek. Il définit une société juste comme une société qui ne permet à personne d'extorquer à un individu ce qui lui revient en un sens prédéfini. Ce courant identifie la justice à la défense de la liberté individuelle conçue comme « un droit strict à la propriété ». Cette liberté est « la situation dans laquelle chacun peut utiliser ce qu'il connaît en vue de ce qu'il veut faire » [F.A. Hayek, cité par J. Savary, 2004]. C'est dire que la justice n'a pas de lien avec les inégalités et que le libertarien ne se préoccupe pas de la pauvreté dans la société. La justice distributive est donc exclue.

La justice marxiste pose que la liberté permet aux capitalistes de détenir les moyens de production alors qu'elle est formelle pour les salariés et que l'égalité n'est vraie qu'au niveau de l'échange, mais apparente au niveau de la production. Au niveau de la production, le travailleur qui a vendu sa force de travail ne la possède plus et a perdu les droits qu'il avait sur elle. Le capitaliste peut alors utiliser la force de travail en l'incorporant dans le procès de marchandise pour produire les valeurs d'échange. Le capitaliste ne produit pas des produits (valeur d'usage) pour eux-mêmes, il ne les produit que dans la mesure où il peut en tirer profit. Ce qui anime la production capitaliste n'est pas la production en vue de satisfaire les besoins, mais la production en vue de faire la plus-value par l'exploitation du salarié par le capitaliste. K. Marx est contre la liberté favorable au capitaliste et appelle à « abolir l'individualité, l'indépendance, la liberté bourgeoise » [1847]. La théorie marxiste appelle donc à la révolution ouvrière, seule possibilité d'instaurer la justice.

B)– Une société juste

On peut considérer que John Rawls en présentant ses recherches sur la théorie de la justice a posé les jalons solides de la fondation de l'éthique politique, économique et sociale. Il a bouleversé les théories libérales classiques et marxistes de la justice et présenté les contours d'une nouvelle société démocratique juste. De ce fait, il instaure un nouvel ordre socio-économique.

Il définit clairement la société démocratique, ses principes et ses institutions qu'il appelle la structure de base de la société politique équitable. Il présente les deux principes fondamentaux de la justice en posant la liberté comme non-substituable et bien premier. Il propose une justice distributive, s'opposant ainsi radicalement à l'utilitarisme, analyse les inégalités dans la société et définit sa société juste.

1)– La société comme système équitable de coopération sociale et ses institutions

La société est définie comme un système équitable de coopération, pérenne et transgénérationnel qui vise la satisfaction du bien commun caractérisé par des contradictions d'intérêt et des identités d'intérêt. Dans ce cadre, les institutions doivent être démocratiques, justes et équitables pour mériter l'adhésion et le respect des citoyens.

La société est dite système équitable de coopération parce qu'elle est d'abord démocratique, et les individus qui y vivent sont libres et égaux en droit et en devoir, dans le respect des lois, et sont bénéficiaires des ressources collectives sans discrimination aucune et selon la règle de juste répartition. La société de Rawls est « une société politique... c'est-à-dire comme un système équitable de coopération à travers le temps, d'une génération à la suite, dans lequel ceux qui sont engagés dans la coopération sont considérés comme des citoyens libres et égaux et comme des membres normalement coopérants de la société pendant leur vie entière ». [2003]. Les idéaux de cette société sont classés comme biens premiers et ne sont pas négociables quelle que soit la situation.

– La liberté est nommée prioritaire dans la société démocratique et on ne peut « échanger une diminution ou une inégalité économique contre une amélioration du bien-être économique ». La liberté n'est pas limitée et égale pour tous et est étendue et compatible avec une même liberté pour tous. Dans sa règle de priorité, Rawls énonce deux situations pour limiter la liberté : « (1) une réduction de la liberté doit renforcer le système total de la liberté que tous partagent, et (2) une inégalité des libertés doit être acceptable pour les citoyens ayant une moindre liberté ».

C'est aussi la liberté qui permet aux citoyens de faire des revendications fondées, à l'égard des institutions pour la mise en œuvre de celles qu'ils estiment nécessaires pour améliorer leur situation sociale.

– L'égalité des citoyens se situe à deux niveaux. Le premier niveau est l'impartialité des règles et leur interprétation, le second est l'application des principes de justice et droits fondamentaux à tous. « C'est le second principe de la justice qui réglemente la structure des organisations et la répartition de manière à ce que la coopération sociale soit à la fois juste et efficace ».

La société bien ordonnée rawlsienne est définie comme une société conçue pour favoriser le bien de ses membres et gouvernée efficacement par une conception publique de la justice. Dans une telle société, tous les individus doivent accepter et agir selon les mêmes principes de la justice. Sa stabilité conditionne sa pérennité et les citoyens doivent agir dans ce sens.

Une société bien ordonnée est gouvernée par la conception publique de la justice : « ce fait implique que ses membres ont un désir profond et normalement efficace d'agir conformément aux principes de la justice ». Dans cette société, les gouvernants doivent agir dans le sens juste et éviter que l'injustice s'installe. Les citoyens doivent agir dans le sens de la justice acceptée par eux en accomplissant leurs devoirs et obligations, c'est ce qui leur permet de justifier leurs revendications en matière de droit politique et social.

2)– Les institutions démocratiques

Sur le plan politique, c'est l'adhésion à une constitution qui doit être une procédure juste qui satisfait aux exigences de la liberté égale pour tous, et à d'autres organisations justes et applicables. L'élément fondateur est un système de « législation juste et efficace ». Les principes démocratiques sont l'égalité de la participation de tous les citoyens au processus constitutionnel ; la garantie de la vie des hommes ; la représentation juste des citoyens ; la tenue d'élections justes et régulières ; le respect des autres libertés fondamentales. Le principe de l'opposition doit être reconnu, qui entraîne nécessairement les divergences des opinions. Le principe de la participation et l'accès égal de tous les citoyens aux fonctions publiques.

Sur le plan économique, la doctrine économique acceptable doit être basée sur une conception de la justice. L'objectif du système économique est de satisfaire les besoins existants, de créer les besoins futurs et de les répartir selon les principes de justice.

Si Rawls ne définit pas un système économique idéal, « Il appartient alors au jugement politique, dans un cas donné, de dire quelle variance a le plus de chances de donner les meilleurs résultats dans la pratique ».

Il rejette cependant le « laisser-faire », le capitalisme d'Etat-providence et le socialisme centralisé qui ne répondent pas à ses critères. Pour lui, dans le système de propriété privée et de socialisme centralisé, la fonction distributive est limitée et en outre le mode de transmission de la richesse par l'héritage est « incompatible avec les valeurs de la justice ».

Néanmoins, il expose un système économique acceptable : une démocratie de propriétaires sous régime privé. Ce système tend à disperser la propriété de la richesse et du capital pour éviter qu'une petite partie de la société ne contrôle l'économie et, indirectement, la vie politique elle-même. Ainsi « les institutions doivent, dès le début, remettre entre les mains des citoyens dans leur ensemble, et pas seulement d'une minorité, les moyens de production afin qu'ils puissent pleinement coopérer à la vie de la société ». Un tel système permet la distribution équitable et aux citoyens de gérer leurs propres affaires et de participer à la coopération dans l'équité.

3)– Les deux principes de la justice et la notion des biens premiers

John Rawls a utilisé la théorie des biens premiers pour élaborer les principes de la justice.

La notion des biens premiers.

Le bien d'une personne est déterminé « par ce qui est, pour elle le projet de vie le plus rationnel dans un contexte relativement favorable ». En effet, l'homme a toujours besoin d'un bien et c'est ce qui est nécessaire pour le situer dans la société. Mais ce bien doit intégrer la notion de la justice qui permet à une personne de le posséder, même si elle n'était pas au départ destinée à posséder ce bien. L'autre caractéristique d'un bien est qu'il satisfasse l'être humain, c'est donc un bien humain parce qu'il participe à la réalisation du succès de la personne.

Rawls déduit qu'un bien premier est « ce qu'on suppose qu'un être rationnel désirera, quels que soient les autres désirs puisqu'il est généralement nécessaire pour concevoir et réaliser un projet rationnel de vie ». Il va donc considérer comme biens premiers, la liberté, la richesse, les revenus. Certains biens premiers définissent l'attitude et les qualités de l'individu : le respect de soi-même, l'excellence.

4)– Les principes fondamentaux de la justice

La justice doit être au centre des organisations sociales. Elle est considérée comme l'élément fondateur de la société. Ainsi une société juste est celle où « l'égalité des droits civiques et des libertés pour tous est considérée comme définitive ; des droits garantis par la justice ne sont pas sujets à un marchandage politique ni aux calculs des intérêts sociaux ». C'est dire que toutes les sociétés ne sont pas justes et que ces principes ne sont pas formels, mais réels et constituent la démarcation entre les sociétés. La justice apparaît ici comme un idéal social et devient politique quand l'auteur parle de « justice comme équité », fondement du droit des peuples. Elle s'applique à la base de la société à trois niveaux : la justice locale qui s'intéresse aux institutions et associations ; la justice domestique dont les principes s'appliquent à la base de la société et enfin la justice globale dont les principes s'appliquent au droit international.

Dans la société rawlsienne, on distingue deux principes de la justice qui sont formulés ainsi :

(1) chaque personne a une même prétention indéfectible à un système pleinement adéquat de libertés de base égales, qui soit compatible avec le même système de libertés pour tous ; et

(2) les inégalités économiques et sociales doivent remplir deux conditions : elles doivent d'abord être attachées à des fonctions et des positions ouvertes à tous dans des conditions d'égalité équitable des chances ; ensuite elles doivent procurer le plus grand bénéfice aux membres les plus défavorisés de la société.

Le premier principe a priorité sur le second. Le premier principe a pour contenu les libertés de pensée et la liberté de conscience, les libertés politiques et d'associations. Plus généralement, il s'agit des garanties constitutionnelles (lois constitutionnelles et les déclarations des droits de l'homme).

Dans le deuxième principe, l'égalité de chances est supérieure conformément au principe de la différence, ce qui signifie qu'elle doit être obligatoirement satisfaite. Toutes les opportunités doivent être ouvertes à tous sans discrimination aucune y compris des postes publics. Le système doit les permettre à tous, surtout à ceux qui potentiellement peuvent y avoir accès en sachant qu'ils ont les mêmes capacités intellectuelles et techniques.

Le concept de différence dans ce second principe se penche sur les défavorisés et permet de régler les inégalités socio-économiques dans la société. Il explique que la satisfaction des plus favorisés est acceptable que si elle améliore le sort des plus défavorisés. « L'ordre social n'est pas fait pour établir et garantir des perspectives plus favorables pour les avantagés, à moins que ceci ne soit à l'avantage des moins favorisés ».

5)– La justice distributive

Une société juste est caractérisée également par la justice distributive, c'est-à-dire la distribution des biens entre les individus à besoins ou désirs connus et qui coopèrent pour produire ces biens.

Le problème que pose la justice distributive est de « concevoir le système social de façon à ce que la réparation résultante soit juste, quelles que soient les circonstances ». Il faut des institutions justes chargées de définir la répartition du revenu total, les salaires et les autres transferts de revenus. Ces institutions sont rendues responsables en cas de développement des inégalités sociales, mais c'est le gouvernement en dernière analyse qui perd sa crédibilité vis-à-vis du peuple. Ainsi, « dans une société bien ordonnée, dans laquelle les libertés de base égales (avec leur valeur équitable) et l'égalité équitable des chances sont garanties, la distribution du revenu et de la richesse illustre ce que nous pouvons nommer la justice procédurale pure du contexte social». La justice procédurale est la pérennité des règles de répartition inscrites dans de textes fondamentaux justes et équitables capables de résister à toutes les générations.

6)– Les inégalités sociales et la justice sociale

La société juste en vertu du principe de la différence doit éviter le développement des inégalités sociales importantes.

La justice est l'accès à des biens primaires et l'injustice sociale est la privation de ces mêmes biens. Nous appelons biens primaires à la suite de Rawls « des choses dont les personnes ont besoin et qui leur sont nécessaires, dès lors qu'on les considère à la lumière de la conception politique des personnes, c'est-à-dire comme des citoyens et des membres pleinement coopérants de la société, et non pas seulement comme des êtres humains ».

On distingue cinq sortes de biens primaires :

– les droits et libertés de base : la liberté de pensée, la liberté de conscience... ;

– la liberté de mouvement et le libre choix d'une occupation dans un contexte social offrant des possibilités diverses ;

– les pouvoirs et les prérogatives aux fonctions et aux positions d'autorité et de responsabilité,

– le revenu et la richesse, considérés comme des moyens polyvalents (dotés d'une valeur d'échange) dont on a généralement besoin pour réaliser une vaste gamme de fins, quelle que soit la nature de ces fins ;

– les bases sociales du respect de soi-même, comprises comme les aspects des institutions de base normalement essentiels pour que les citoyens aient un sens aigu de leur valeur en tant que personne, et qu'ils soient capables de progresser dans leurs fins avec confiance.

Ces biens primaires sont caractérisés par leur libre accessibilité et déterminent les conditions sociales objectives des individus de la cité. Ceux qui n'y accèdent pas sont donc des défavorisés, victimes des inégalités sociales. Cette situation ôte à la société sa nature ordonnée et juste.

La structure de base avec ses institutions doit permettre l'accès des citoyens à des biens primaires indépendamment de leur situation sociale d'origine, de leurs dons innés. Pour Rawls, « Si nous laissions ces inégalités se développer sans instituer les réglementations nécessaires pour préserver la justice du contexte social, nous ne prendrions pas au sérieux l'idée de société conçue comme un système équitable de coopération entre citoyens libre et égaux ».

La société inégalitaire peut s'exposer à la désobéissance civile, qui est ainsi légitimée par ceux à qui les gouvernants n'ont pas tenu leur engagement de construire une société juste. C'est donc la réponse à cette situation qui est une force de violence comme dit l'auteur de la théorie de justice : « une organisation sociale injuste est également elle-même une forme d'extorsion, même de violence, et y consentir ne crée pas une obligation ».

Section 6 –
Contenu de l'éthique économique, politique et sociale

Ses caractéristiques essentielles ayant été définies, quel peut être son contenu ? Nous appelons contenu les éléments fondateurs de l'éthique politique, économique et sociale. Il constitue « une bible » que le partisan de l'éthique doit appliquer. Nous distinguons le contenu politique ou démocratique, le contenu économique et social et le contenu de gestion administrative. Les éléments qui constituent des contenus ne sont pas exhaustifs et reprennent certains développements qui sont dans ce chapitre.

A)– Contenu de l'éthique politique ou démocratique

Le contenu de l'éthique politique ou démocratique est l'application et la défense sans réserve des principes universels de la démocratie présentés dans ce chapitre :

– les libertés fondamentales reconnues à tous les citoyens et les biens premiers définis dans toute constitution réellement démocratique qui doit s'inspirer des textes internationaux fondamentaux (garanties de toutes les libertés, en particulier, liberté d'aller et venir, droit à l'organisation, droit à l'information, droit de l'opposition) ;

– la défense des droits humains et sociaux ;

– la lutte contre l'impunité qui constitue une entorse majeure à la démocratie et à l'égalité des citoyens devant la loi ;

– la lutte contre la corruption

etc.

B)– Contenu de l'éthique économique et sociale

Le contenu de l'éthique économique et sociale est la recherche de la justice sociale basée sur la justice distributive et la lutte contre les inégalités sociales. La production économique doit favoriser toutes les couches de la population, en particulier le développement des capacités des populations démunies.

La satisfaction de la demande sociale (santé et éducation), élément déterminant de l'augmentation de la production des richesses et de justice sociale.

La maîtrise de l'environnement pour garantir l'avenir économique et social de la génération future.

C)– Contenu de l'éthique administrative

L'éthique administrative vise :

– la transparence par l'utilisation des procédures légales et la mise des informations à la connaissance de la population ;

– la neutralité par rapport au pouvoir politique et la non-discrimination ;

– la légalité par le respect strict de la loi ;

– l'intégrité et la probité morale qui est la négation du népotisme, du trafic d'influence, du favoritisme :

– l'absence de conflit d'intérêts car le fonctionnaire ne doit pas avoir une autre fonction ou position ni des intérêts financiers ou commerciaux incompatibles avec ses fonctions.

PARTIE II.

LA CENTRAFRIQUE :
UN PAYS PAUVRE DURABLE

Chapitre 10.

Agriculture et élevage

La Centrafrique dispose de plusieurs potentialités favorables au développement de l'agriculture et de l'élevage. Elle bénéficie d'écosystèmes diverses et possède de bonnes terres agricoles. En outre, elle est bien arrosée en eau, possède des terres arables, des pâturages, et la faune sauvage et halieutique.

À l'indépendance, le pays s'est focalisé sur les cultures de traite destinées à l'exportation : le coton, le café et le tabac destinés à l'exportation. Deux cultures peuvent être ajoutées : l'huile de palme et la reprise ces dernières de la production du cacao.

À l'inverse, des cultures vivrières destinées au marché local ne sont pas formellement encadrées.

L'agriculture centrafricaine est restée depuis l'indépendance, manuelle et familiale. Moins de 5 % des terres aptes à la mise en culture sont cultivées annuellement soit 700 000 hectares.

Les crises récurrentes que connait le pays a eu raison de l'agriculture qui est en berne depuis des années. La production du café et du coton ont quasiment disparu pendant certaines périodes et ont repris très timidement ces dernières années.

La contribution de l'agriculture au produit intérieur brut (PIB) représente un peu moins de 30 %.

L'élevage est introduit en Oubangui-Chari vers 1920. La constitution du premier cheptel a été possible grâce à l'arrivée des Mbororo venus d'abord du Cameroun et ensuite du Tchad et du Soudan. Ils représentent environ 70 % des éleveurs centrafricains. En 1950, le cheptel de zébus Mbororo est estimé à 350 000 têtes et 700 000 en 1970. Elles sont localisées dans les zones d'élevage situées dans les sept communes situées dans les régions de Bouar et de Bambari. L'élevage s'est développé grâce à son encadrement par la fédération nationale des éleveurs centrafricains (FNEC) qui joue un rôle important dans la formation des éleveurs, notamment en santé animale.

Les Mbororo ont été au cœur des crises en Centrafrique en 2003 et surtout en 2013. Selon Julie Roselyne Betabelet et autres « les conflits mettent en lumière différentes mutations au sein des éleveurs. S'opposent d'abord des éleveurs peuls Mbororo installés de longue date en Centrafrique depuis le Cameroun et des éleveurs peuls Mbororo Oudda, entrés plus récemment en Centrafrique et originaires du Tchad. Les seconds sont plus impliqués dans les coupeurs de route, la militarisation autour de Baba Ladé en 2009, puis en 2014 d'Ali Darras » [2013].

La crise a provoqué longtemps la pénurie en viande bovine à Bangui, notamment et l'augmentation de ses prix. Sa contribution au PIB est tombé à 5 %.

Section 1 –
L'agriculture

L'agriculture comprend traditionnellement trois cultures de rente : le coton, le café et le tabac auxquelles il faut ajouter le l'huile de palme et le cacao dont la production a été reprise récemment.

Les cultures vivrières qui sont composées essentiellement du manioc, du riz, du mil etc., sont destinées à la consommation domestique.

A)– Le coton

Le cotonnier a été diffusé à partir de 1918, sur l'initiative du gouverneur Lamblin, pour « porter secours aux villageois » après les ravages économiques et humains causés par la cueillette forcée du caoutchouc et le potage [J.B Suchel, 1967]. En 1924, l'administration coloniale a imposé aux paysans la culture du coton, pour un prix dérisoire. Le coton est historiquement la première culture. Il a été introduit en Oubangui-Chari dans la région du Mbomou à l'est du pays.

C'est la première culture de rente dont la quasi-totalité est destinée à l'exportation. Elle est devenue obligatoire pendant la colonisation et est cultivée essentiellement dans le nord, puis au centre et a été abandonnée dans certaines régions du sud-est.

Pour développer cette culture, l'institut de recherche du coton et des textiles exotiques (IRCT) est créé en 1945, chargé par l'administration des travaux de recherche technique situé à Bambari et à Bossangoa. L'école territoriale d'agriculture de Grimari pour former les « aides de culture ».

Sa commercialisation est assurée par la compagnie française du développement du textile (CFDT), et qui en outre est chargée de son exportation dans toutes les colonies françaises et également après les indépendances avec des changements de nom.

1)– L'évolution de la production coton-graine

Dès le début des années 1900, la production du coton représentait 585 tonnes de coton graine pour la campagne 1925/1926. À partir de cette date la production va connaitre une ascension importante : 10 000 tonnes en 1934/35 et 30 000 tonnes en 1939/40. Les rendements moyens doublent d'environ 140 kg/ha pour la période 1925-29 à environ 280/ha pour la période 1943/44. La production a connu une progression constante pour atteindre 41281 tonnes coton graine pendant la campagne 1951/1952. A la veille de l'indépendance, la production de coton graine a atteint 43 665 tonnes, mais a baissé le lendemain de l'indépendance de 33 % pour la campagne 1960/1961.

La production du coton a connu une évolution insuffisante, contrastée et lente, marquée par l'histoire politique, économique et sociale du pays.

Graphique 3 : Evolution de la production du coton graine (1926-2023) (En tonnes)

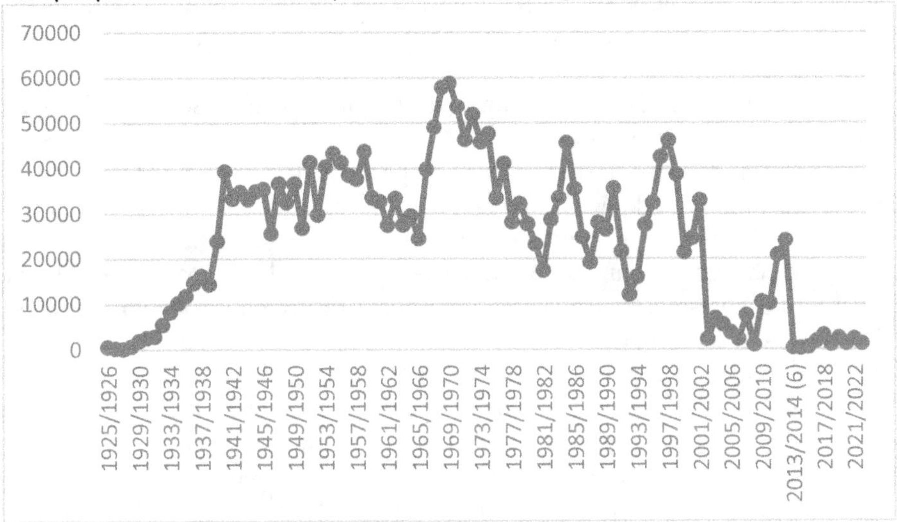

Source : Office national du coton

– Période des baisses de la production

Les baisses ont été plus significatives que les hausses et marquent plusieurs phases :

– de 1961 à 1967, les baisses ont été quasiment continues les cinq premières années qui ont suivi l'indépendance et ont représenté environ 25 % en quatre ans. La production qui était 32 633 tonnes en 1960/61 est tombée pendant la campagne 1965/66 à 24 445 tonnes. La baisse cumulée des surfaces cultivées pendant la même période représente environ 21,6 % tandis que les rendements ont légèrement progressé.

La cause de la baisse est probablement la suppression du travail forcé, l'indépendance a été longtemps interprétée à tort comme une époque où il fallait moins travailler.

– de 1977 à 1982, les baisses ont été importantes. La production du coton graine qui était de 41 039 tonnes pendant la campagne 1976/1977 est descendue à 28 603 tonnes pour la campagne 1978/1982 soit une baisse de 30 % en six ans.

Les surfaces cultivées ont régressé de 54 % en cinq ans passant de117 000 ha à 54 000 ha. Sur la période les rendements ont stagné.

Cette tendance s'explique par la crise généralisée sur le plan politique, économique et financier : le renforcement du pouvoir autoritaire et personnel de l'empereur Jean- Bédel Bokassa. Dans les campagnes, les infrastructures économiques et financières telles que la poste, la caisse d'épargne et les chèques postaux sont tombées en déconfiture. La dégradation des routes a découragé les paysans, ajoutée à l'absence d'encadrement efficace et le manque d'intrants. Il en est de même des magasins d'approvisionnement détenus pour la plupart par les portugais à cause de la baisse du pouvoir d'achat des paysans et les retards des salaires des fonctionnaires qui ont apparu déjà en 1975. Le niveau très bas de la production, soit

17 365 tonnes de 1981/82 s'explique par la grande sécheresse de 1982 où les surfaces cultivées ont baissé de 34 %.

L'investissement dans le secteur rural est passé en 1971/75 de 1,2 milliard de FCFA/an à 0,5 milliard de FCFA /an en 1976/79.

– de 1986 à 1995, les niveaux de production ont été très nettement inférieurs à ceux de la période des années de l'indépendance. Pour la campagne 1992/93 la production a été presque trois fois inférieure à celle de la campagne 1960/61, avec 12 500 tonnes, soit une baisse de 66 % en deux campagnes. Les surfaces cultivées sont passées pour la même période de 120 000 ha à 68 000 ha.

– de 1987 à 1993, la période est caractérisée par une stagnation et une progression lente. Entre 1986 et 1988 la baisse a été de 46 %, passant de 35 405 tonnes à 19 158 tonnes. Cette situation correspond à des difficultés rencontrées par la filière et qui ont nécessité sa restructuration, par la réduction des encadreurs, la suppression de certaines zones dites marginales, la réduction du nombre d'usines d'égrainage. Entre 1991 et 1993, la production a baissé de 66 %, période qui correspond à la crise politique qu'a connu le pays et qui s'est manifestée dans les campagnes par une baisse généralisée de toutes les productions agricoles. La démonétisation des campagnes, suite au non-paiement des salaires des fonctionnaires pendant une année, n'a pas permis d'acheter les produits agricoles des paysans. La baisse de la demande a fait chuter le prix des biens agricoles et a appauvri davantage les paysans.

– depuis le début des années 2000, c'est la chute brutale de la production du coton. La production du coton graine a connu une chute vertigineuse parce qu'elle est descendue à 2229 tonnes pour la campagne 2002/2003 niveau historiquement bas jamais connu, contre 32 859 tonnes pour la campagne 2001/2002. Pour la campagne 2019/2020 la production représentait seulement 2492 tonnes de café-cerise, Les troubles engendrés par la rébellion de 2002 à 2003 qui a continué jusqu'en 2013, ont dispersé les producteurs du coton dans la brousse ou au Tchad et les usines d'égrainage de coton ont été démontées et auraient été amenées au Tchad voisin. Cette situation a bouleversé les circuits de commercialisation du coton et a été accentuée par l'absence d'un partenaire pour la commercialisation.

On peut considérer que la production a quasiment disparu en Centrafrique parce que sa production moyenne s'effondre à 366 tonnes entre 2013/2014 et environ 4000 t pour la période 2016/2017. La crise a amené les agriculteurs à abandonner la production du coton et qui en outre ont totalisé des arriérés de paiement de quatre ans représentant 1,4 milliard de FCFA en 2017. Le gouvernement a dû régler ces arriérés grâce à l'appui budgétaire de la Banque mondiale.

– Période des hausses de la production

On distingue deux phases d'augmentation relative de la production du coton :

– de 1966 à 1975, la production est passée de 24 445 tonnes à 39 765 tonnes soit une augmentation de 63 %. Cette hausse est restée continue jusqu'à 1975 et a atteint un niveau jamais égalé depuis, de 57 824 tonnes pour la campagne 1968/69. Dans le même temps, les surfaces cultivées ont augmenté du même ordre, parce qu'elles sont passées de 120 000 ha à 180 000 ha soit 45 % d'augmentation. Cette hausse importante a été possible grâce à la propagande politique menée par le président Bokassa dans le cadre de « l'opération Bokassa » basée sur la philosophie : « le travail nourrit, pas la politique ».

Dans ce cadre, en 1966, les pouvoirs publics ont fait appel à la compagnie française pour le développement du Textile (CFDT), ont créé l'union cotonnière centrafricaine (UCCA) et ont renforcé l'encadrement technique. L'investissement a dans le même temps augmenté dans le secteur agricole.

– de 1994 à 2000, la production a recommencé à augmenter. Elle est passée de 12 500 tonnes pour la campagne 1992/93, à 27 500 tonnes pour la période 1994/95 soit 120 % d'augmentation et a atteint

50 000 tonnes pour la campagne 1997/98. Les surfaces cultivées sont passées de 40000 ha en 1993 à 52 000 pour la campagne 1996/97. Les rendements qui ont commencé à augmenter depuis 1982, soit 421kg/ha, ont continué leur ascension pour atteindre 815 kg/ha en 1998. Cette hausse est liée à la dévaluation du FCFA en 1994 et a permis d'équilibrer la filière qui a connu une dizaine d'années de déficit.

La production du coton a repris entre 2009/2010 et 2012/2013 avec une moyenne 16 329 tonnes, mais à partir de 2013/2014, elle est tombée à 347 kg de coton-graine et est restée en dessous de 500 kg jusqu'à la campagne de 2015/2016. Pendant la campagne 2016/2017, elle a remonté à 1726 tonnes et a accru de nouveau jusqu'à la campagne 2017/2018 avec une production de 3124 tonnes. L'accumulation de

500 millions de dette envers les cotonculteurs les a découragés et pendant les périodes 2019/2023, les productions ne vont que baisser atteignant seulement 1 256 tonnes de production de coton graine.

2)– Evolution de la production coton fibre

Historiquement le coton fibre est vendu par les sociétés françaises depuis la colonisation. L'arrivée de certaines sociétés a changé la donne et correspond aux crises de production du coton en Centrafr

Graphique 4 : Production coton fibre (1925-2023) (en kg)

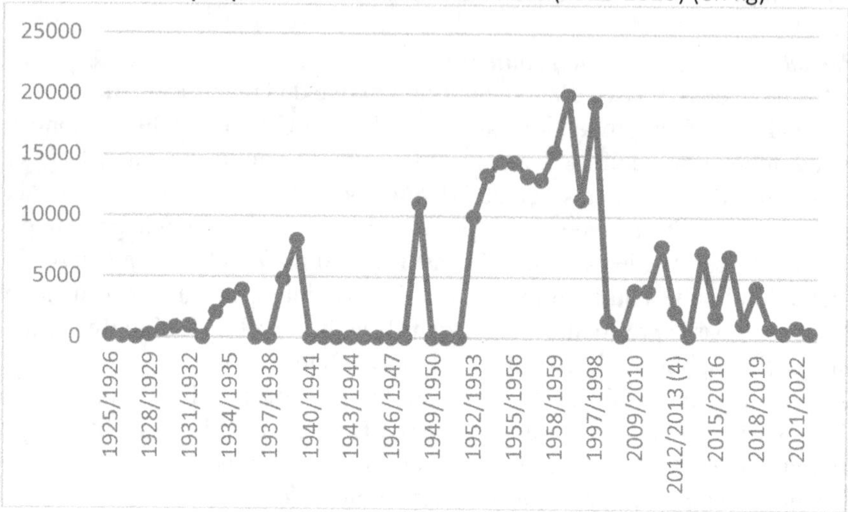

Source : Office national du coton

Depuis 2012, une convention a été signée entre l'office national du coton et une société chinoise qui théoriquement est arrivée à terme en 2022 et qui n'est pas encore renouvelée. Un contrat de vente des fibres a été signé à terme. Ce contrat a fixé à 1400 FCFA le kg de coton fibre et ne tient pas compte de l'évolution du coût de production qui s'élève à 1800 FCFA par kg, ni de l'évolution du prix sur le marché mondial. Sur les 1400 FCFA payés pour le coton fibre, la société chinoise déduit 300 FCFA qui représentent le remboursement de l'investissement de la société chinoise. Ainsi, l'office national du coton ne récupère que 1100 FCFA par Kg/coton fibre. Ce qui explique le déficit de la filière depuis les cinq dernières années et l'incapacité de l'office national du coton à payer les 500 millions des cotonculteurs et la stagnation de la production du coton.

La subvention de l'Etat promise à l'office se fait rare et aggrave donc la situation de la filière.

Les rendements sont bas en Centrafrique par rapport aux autres pays étudiés. Pour la période 1965-66, le rendement au kg/ha est trois fois supérieur au Cameroun et un peu plus au Bénin par rapport à la Centrafrique. Le rendement du coton graine au Burkina-Faso a suivi une évolution très forte. Il est passé de 135 kg/ha en 1960 à 1221 kg/ha en 1985 soit 9 fois plus, alors que dans le même temps la Centrafrique a seulement doublé son rendement qui passe de 201 kg/ha à 427 kg/ha. Pour la campagne 2019/2020, le rendement du coton graine est tombé à 325kg/ha.

Le nombre des cotonculteurs est tombé à 20 000 pour la campagne 2018/2019, contre 114 000 environ en 1997 /1998 et près de 400 000 au début des années 1940. Entre 2020 et 2024 le nombre des cotonculteurs est en baisse continue pour atteindre 7 467 en 2024.

Pour la campagne 2018/2019, 382 groupements d'intérêts ruraux (GIR) étaient en activité contre 834 auparavant. Le nombre des GIR ont décru continuellement pour atteindre 260 en 2024.

Tableau 28 : Evolution des rendements dans certains pays(kg/ha)

	1960/61	1970/71	1980/81	1990/91	1995/96	2019/2020
Burkina	135	292	834	1140	945	nd
Bénin	705	923	617	1 207	1 199	1011
Cameroun	533	376	1 293	1 207	1 226	805
Centrafrique	**201**	**425**	**282**	**792**	**759**	**325**
Tchad	156	312	515	767	755	298

Source : CIR, SODECOTON

Cette situation s'explique par l'utilisation des techniques rudimentaires basées essentiellement sur la houe. L'introduction de la culture attelée en Centrafrique dans la culture du coton n'a pas été rigoureuse et suivie d'une manière durable. On note qu'entre 1965 et 1996 le nombre d'attelages est passé de 140 à 722. L'insuffisance des structures d'encadrement, les difficultés financières des agriculteurs pour faire face au paiement des petits crédits nécessaires à l'acquisition des bœufs et des charrues n'ont pas permis de pérenniser et développer cette politique.

Au Burkina Faso la culture attelée a commencé avec 4 000 bœufs de trait en 1970, ce nombre est passé à 46 000 en 1982 et à 80 000 en 1990, le pays a permis d'introduire 300 tracteurs. Et en 2024, le gouvernement militaire de transition a doté les agriculteurs de plusieurs machines agricoles et des motos.

3)– Place du coton centrafricain dans les pays de la zone franc

En 1940/1941, l'Oubangui-Chari (actuelle Centrafrique), était le premier producteur de coton des pays de l'actuelle zone franc et occupait le 7ème rang en Afrique avec13 000 tonnes de coton fibre. À l'indépendance, la Centrafrique occupait la deuxième place pour une production de 33 633 tonnes de coton graine après le Tchad avec 47000 tonnes. À cette période le Mali ne produisait que 6000 tonnes, la Côte d'Ivoire 5000 tonnes, le Bénin et la Haute Volta (ex Burkina) 3 000 tonnes.

En 1969 la Centrafrique était encore la 3ème productrice de la zone franc, avec 20 000 tonnes de coton fibre, derrière le Cameroun et le Tchad. Cinq ans plus tard, le Cameroun a doublé sa production alors que la Centrafrique en a perdu environ un quart. Le Burkina-Faso en quinze ans a multiplié sa production en coton graine par 17, passant de 3 000 tonnes pour la campagne 1960/61 à 51 000 tonnes pour la campagne 1975/76.

Tableau 29 : Comparaison dans la zone Franc (en tonnes)

	1960-61	1970-71	1980-81	1990-91	2016/17
Burkina	3 000	23 484	62 539	166 274	750 000
Bénin	3 000	36 000	15 000	143 743	720000
Cameroun	29 000	38 000	84 000	113 258	ND
Centrafrique	**32 633**	**53 593**	**23 125**	**37 189**	**32 100**
Tchad	47 000	95 000	86 000	158 333	ND

Source : CFDT, SOCOCA, COMMODAFRICA

L'évolution dans les autres pays est demeurée satisfaisante. Pour la période 1980 et 1985 la production du Burkina Faso a été multipliée par 2,2 en espace de cinq ans. Burkina Faso est devenu leader avec 750 000 tonnes de coton graine (+29 %) par rapport à 2015/16) pour la campagne 2016/17. Celle du Bénin a été multipliée par 6. Le Bénin a atteint une production de 720 000 tonne de coton graine pour la campagne 2018/2019. Le Mali a atteint 650 000 tonnes de coton graine pour la campagne 2018/2019.

4)– Place du coton dans l'économie nationale

Le coton occupait environ 150 000 familles et nourrissait environ 800 000 personnes. Il jouait un rôle relativement important dans la création et la distribution des revenus monétaires, contribuait aux exportations, et exerçait un effet d'entraînement pour la production des cultures de subsistance. En effet, les engrais utilisés pour le coton profitent aux cultures vivrières.

5)– L'évolution des prix aux producteurs

Le prix du coton a progressé très lentement de 1960 jusqu'à 1994, date de la dévaluation du FCFA. En 13 ans, de 1960 à 1973, le prix du coton au producteur a augmenté de 33 % alors que les cours mondiaux ont progressé de 120 %. La flambée du cours mondial de 73 % en 1973 n'a été répercutée qu'à la hauteur de 41 %. La hausse mondiale de 1976 qui était de 45 % n'a été bénéfique au producteur qu'à la hauteur de

11 %. Le prix au producteur qui était de 24 FCFA en 1960 n'avait atteint que 28 FCFA en 1968. Entre 1985 et 1993, il a diminué de 22 % passant de 100 FCFA à 80 FCFA, alors qu'en 1987 et 1989 les cours mondiaux ont augmenté respectivement de 56 % et 31 %. La plus importante hausse au producteur est celle survenue après la dévaluation du FCFA de 1994, le prix est passé de 80 FCFA en 1994 à 120 FCFA en 1995 et à

155 FCFA en 1997 soit une hausse cumulée de 93 % en trois ans. De 2019 à 2024, le prix de kg de coton graine au producteur est 230 FCFA.

6)– Les revenus des producteurs distribués chaque année sont fonction de la production et du prix d'achat au producteur. Le revenu brut global équivaut à la somme de la valeur totale du coton graine et des intrants qui ont été vendus à crédit aux producteurs.

Le revenu net est la différence entre la valeur représentant les achats du coton et la valeur des intrants.

Tableau 30 : Revenus distribués aux producteurs du coton

	1986-87	1987-88	1988-89	1989-90	1990-91	1991-92	1995-96	1997-98	2001-2004	2017/2017
Revenu brut global	2,4	1,8	2,7	2,5	3,5	1,9	4,6	6,8	2,23	1,7
(en milliards)										
Revenu moyen net en FCFA	17181	20 491	27 349	32 716	38607	22450	43455	49468		

Source : SOCADA, SOCOCA

Le revenu brut global provenant du coton est resté modeste et représentait 2,7 milliards de FCFA pour la campagne 1986/87 et 3,5 milliards de FCFA en 1990/91 avec une diminution de 25 % en 1987/88. La plus forte baisse est celle de la campagne 1991/92 où le revenu brut global est descendu à 1,9 milliard et correspond à la régression de la production de coton au niveau de 12500 tonnes de coton graine. La dévaluation du FCFA et les hausses au producteur les trois premières années ont vu le revenu brut global faire un bon quantitatif passant de 1,9 milliard de FCFA en 1991/92 à 4,6 milliards de FCFA pour la campagne 1995/96. Alors qu'il représentait 6,2 milliards de FCFA en 1999, il est tombé à 1,7 milliards de FCFA en 2017/2020. Les arriérés cumulés pour les campagnes agricoles 2001/2002 et 2003 /2004 de la SOCADA et SOCADEX, évalués à 2,326 milliards de FCFA ont été apurés avec l'assistance financière de l'union européenne en 2007/2008. En 2024, l'Etat doit 500 millions de FCFA aux producteurs du coton.

Part du coton dans les exportations

Sur la période qui couvre notre étude, la part globale du coton parmi les produits d'exportation représente 10,8 % en valeur soit le quatrième de produit d'exportation après le diamant, le bois et le café. Sa part est devenue négligeable ces dernières années à cause des crises successives dont les premières victimes sont les producteurs du coton. À partir de 2003, la part du coton dans les exportations est devenue très négligeables. Entre 2000 et 2010, sa part représentait 3, 2 % des exportations totales et entre 2011 et 2015, 5,8 % des exportations totales. Ces dernières années les exportations du coton sont en dessous du milliard du FCFA.

7)– Politiques mises en place en faveur du coton

Le coton est la culture la plus structurée et la plus suivie grâce à sa caractéristique de première culture de rente et sa commercialisation par la compagnie française du développement du textile (CFDT). C'est une culture stratégique pour l'ancienne colonie.

Plusieurs politiques ont été mises en place pour augmenter la production ou pour « sauver » financièrement la filière qui a subi les contrecoups de l'évolution des cours mondiaux et des situations politiques difficiles.

Après la chute de la production dans les premières années postcoloniales, le gouvernement a réintégré la CFDT dans le dispositif cotonnier et a contribué à créer l'union cotonnière centrafricaine (UCCA) et la caisse de stabilisation des prix du coton. La culture attelée a été introduite ainsi que les engrais et les semences sélectionnées. Ces actions ont contribué à la montée de la production les années suivantes pour atteindre le chiffre historique de 57 824 tonnes de coton graine.

La réforme agraire décidée par le gouvernement en 1970, a atténué ses efforts engagés car elle a été accompagnée par l'expulsion des chercheurs français et la fermeture des structures de recherche telles que le BDPA et l'IRAM.

Pendant la période 1976/1980, trois projets ont été mis en place dans le but de développer le coton, il s'agit :

– de l'agence centrafricaine de développement de l'Ouham-Pendé, financée par la coopération allemande, qui a pour tâche essentielle la construction et l'entretien des routes et pistes rurales dans l'Ouham-Pendé, la première région productrice du coton ;

– du projet coton financé par la coopération française ;

– du projet de développement agricole intégré de l'Ouham-Pendé.

Les résultats escomptés n'ont pas été atteints parce que pendant cette période les productions ont continué à baisser en raison d'une situation politique instable.

L'importante crise de la filière est apparue au milieu des années 80 avec la chute surprise des cours mondiaux. Pour la campagne 1984/85, le prix de vente moyen est passé de 714 FCFA à 499,53 FCFA, soit une baisse de 30 %. La crise de la filière a eu des répercussions négatives sur les résultats d'exploitation de la société centrafricaine du développement agricole (SOCADA), structure de commercialisation du coton.

Tableau 31 : Résultats d'exploitation de la SOCADA (en milliards de FCFA)

83/84	84/85	85/86	89/90	91/92
0,7	-3,1	-4,9	-1,5	-1,2

Source : SOCADA

Les résultats d'exploitation sont passés à – 4,9 milliards de FCFA en 85/86 contre un résultat positif de 700 millions de FCFA en 83/84. En deux ans, la SOCADA a cumulé une perte de 8 milliards de FCFA. Cette crise a été générale pour les pays africains face à la concurrence de la Chine et la politique de subvention des États-Unis. Les pays de la zone franc ont perdu en 83/84, 50 milliards de FCFA.

Cette crise a amené le gouvernement à mettre en place certaines mesures tendant à équilibrer la filière et sauver le coton.

Deux partenaires au développement sont intervenus : La caisse française pour le développement (actuelle agence française pour le développement) pour un montant de 3,5 milliards de FCFA pour permettre à la SOCADA de financer son déficit et de faciliter l'achat du coton. La Banque mondiale-IDA est intervenue dans le cadre des PAS I, II, III et le PASA pour un total de 5,8 milliards de FCFA.

La persistance de la crise a amené le gouvernement à restructurer la SOCADA en 1991. Celle-ci a disparu au profit de la société cotonnière centrafricaine (SOCOCA) chargée de commercialiser le coton et l'agence centrafricaine de développement agricole (ACDA) chargée de l'encadrement et de l'entretien des pistes rurales. Un contrat confiant la gestion de la commercialisation du coton à SOCOCA (société dans laquelle la CFDT détient 34 % des actions et l'Etat 66 %) pour quatre ans renouvelables, a duré de 1991 à 1999. En1999, le gouvernement, pour favoriser les intérêts de certains de ses membres, a décidé de résilier l'accord avec la CFDT, (devenue DAGRIS) et par la même occasion a mis le secteur en difficulté parce que la société choisie, la SOCADETEX, n'a pas pu redresser le secteur et a laissé une dette importante. En 2007, celle-ci était de 2,3 milliards de FCFA représentant la valeur du coton non payée au producteur pendant les maigres saisons.

La convention de partenariat pour le développement de la filière coton en Centrafrique signée le 14 janvier 2012 pour une durée de dix ans entre le gouvernement et la compagnie d'Etat china SDIC international trade Co.Ltd, porte sur un montant de près de 16 milliards de FCFA. La SDIC a financé la construction de la nouvelle usine de Bossangoa ainsi que les semences de coton et les intrants.

Un protocole d'accord relatif au projet industriel de développement de la chaîne des valeurs du coton en Centrafrique a été signé le 12 avril 2017 par le gouvernement pour une durée de 10 ans avec la société Atlantic cotonnière (S.A.U) à capitaux turcs pour le développement de la culture de coton dans la préfecture de l'Ouham-Pendé avec extension possible dans la zone de Bambari

Un protocole d'accord signé le 25 mai 2017 par le gouvernement avec ADVENS GEACOTON, établissant un partenariat pour la réalisation des campagnes 2017/2018 à 2019/2020. Cette entreprise appui le gouvernement depuis décembre 2017 au travers d'un contrat d'assistance technique pour la relance de la culture du coton dans le centre-est du pays autour de Guifa qui doit être réhabilité.

La grande crise permanente ne permet pas vraisemblablement la réalisation de ces objectifs, notamment la construction d'une huilerie à Bossangoa, prévue dans la convention passée avec la SDIC.

En juillet 2019, l'Assemblée nationale centrafricaine a voté la loi mettant en place l'office national du coton pour relancer la filière. L'office ne dispose pas de crédit pour acheter le coton à la livraison. Les cotonculteurs sont payés une fois le coton vendu sur le marché mondial. Le coton comme les autres cultures est victime de la marginalisation des paysans à cause des groupes armés qui les empêchent d'aller dans les champs.

8)– L'avenir incertain du coton centrafricain

L'avenir du coton centrafricain est incertain au regard des statistiques de la filière. Les semis sont tombés à 3 403 ha en 2023/2024, les engrais 15 600 kg, les insecticides à 16 569 litres. Sur le terrain il n y a plus d'encadreurs. Et surtout le coton n'est plus payé aux paysans et un déficit important de la filière.

Tableau 32 : Evolution de la filière ces cinq dernières années

	2019/2020	2020/2021	2021/2022	2022/2023	2023/2024
Semis (ha)	7 663	9 602	8 574	5 498	3 403
Semence (ha)	382 980	562 470	340 680	378 990	228 840
Engrais (kg)	0	0	0	152 450	15 600
Insecticides (litres)	0	0	19 696	22 453	16 569
Production (tonnes)	2 492	1 277	2 323 500	1 256 163	
Fibres produites (kg)	970 504	510 301	954 588	482 831	
Nombres de GIR	274	308	205	194	260
Surfaces par planteur (ha)	0,53	0,46	0,41	0,74	0,46
Prix d'achat coton graine	230	230	230	250	250
Planteurs réels	14 349	20 871	15 927	7 458	7 467

Source : Office national de coton

Périodes de hausse

– De 1980 à 1989 la production du café a connu une hausse relative par rapport aux années qui ont précédé l'indépendance. En moyenne, le niveau est maintenu à environ 15000 tonnes de café cerise. On note que la production de la campagne 1963/64 a atteint 12 603 tonnes soit une augmentation de 117 % par rapport à la campagne précédente et celle de l'année 1960-69 avec 13 205 tonnes qui correspond à une année d'augmentation générale des productions agricoles.

Pendant trois campagnes successives, la production a connu une hausse sans interruption, passant de 8 635 tonnes en 1978/79 à 17 400 tonnes pour la campagne 1981/82, soit une augmentation de 101,5 %. La sécheresse de 1983 a ralenti cet élan pendant deux ans. Ensuite, la production a évolué en dents de scie jusqu'à 1988/89 l'année où elle a fait un saut à 24 470 tonnes soit 97,3 % d'augmentation par rapport à l'année précédente. Mais celle-ci a chuté de 42 % l'année d'après avant de reprendre à la campagne 1992/93. La hausse importante est celle de l'année 1994/95 où elle a représenté 52,6 % par rapport à la campagne précédente avec 14 500 tonnes, ces hausses sont restées insuffisantes parce qu'elles n'ont pas atteint les 25 000 tonnes qui représentaient le quota accordé à la Centrafrique dans le cadre de l'Accord international de café (OIC).

Les hausses dans les années 2000 ont été rares et ont repris à partir de la campagne 2017/2018 où elle a atteint 10 678 tonnes de café-cerise elle aurait. Les productions de café décortiqué oscillent entre 9000 tonnes et 9500 t, soit le double en café coque.

Ces augmentations correspondent aux accroissements des rendements importants mais irréguliers. Ainsi, les rendements ont progressé de 139 % en une année passant de 175,5 kg/ha en 1962/63 à 420 kg/ha en 1963/64 alors qu'elle a diminué de 35 % l'année d'après. Pour la seconde fois, il est passé de 304,5 kg /ha en 1967/68 à 489 kg/ha en 1969/70 soit une augmentation de 57 % en deux ans. Dans la même période de référence, les superficies cultivées ont constamment diminué passant de 33000 ha en 1961/62 à 26000 ha pour la campagne 1970/71. Cependant à partir de 1971/72 les surfaces cultivées ont connu une progression moyenne de 6 %.

Les surfaces cultivées sont restées stables entre 1980 et 1983 à un niveau moyen de 46 000 ha avant de commencer à décroître de 45 % en 1983-84. La baisse est demeurée continue n'atteignant pas le niveau de 30 000 ha jusqu'à l'an 2005.

Cette baisse des surfaces cultivées a été compensée par la hausse des rendements qui est demeurée néanmoins irrégulière. Les points culminants sont 1986, 1988 et 1995 où les rendements ont dépassé légèrement 800 kg/ha et où les augmentations ont représenté successivement 88 %, 101 % et 92 %.

Cette période de hausse relative de la culture caféière s'explique par le changement de la politique du gouvernement qui a consisté à redynamiser le secteur par des actions plus ou moins vigoureuses par :

– la création de l'agence de développement de la zone caféière (ADECAF) en 1977, qui a joué le rôle d'encadrement des producteurs de café par la vulgarisation agricole, le développement de la caféiculture et l'assistance aux coopératives ;

– la mise en place de la caisse de stabilisation et de péréquation des produits agricoles (CAISTAB), financée par le prélèvement de 50 % du prix de kilo de café à l'exportation et par les 70 % du bénéfice de la SOCADA (le coton). Elle joue le rôle financier et accessoirement encadre les producteurs.

Ainsi elle :

– soutient les prix de café en cas de perte importante et finance les engrains et les insecticides,

– verse des subventions à l'ADECAF,

– finance les projets liés au café,

– délivre les autorisations d'exportation du café.

La CAISTAB n'a pas joué pleinement son rôle à cause de l'interférence du gouvernement dans sa gestion qui l'a déviée de son rôle essentiel de stabilisation. En effet, le Gouvernement a affecté les fonds destinés aux producteurs, à d'autres dépenses extra-agricoles. Elle a été dissoute en 1991.

2) – Place du café dans l'économie centrafricaine

Le café occupait environ 50 000 personnes, ce qui représente environ 175 000 personnes vivant de ce produit. Il est resté pendant quelques années la première culture d'exportation et une des sources du revenu de l'Etat et des commerçants exportateurs.

i)– Commercialisation du café

Le marché du café est libre à la différence de celui du coton et toute personne peut acheter le café aux producteurs sous certaines conditions. Il est généralement acheté par des exportateurs privés et une partie par l'ex-caisse de stabilisation des produits agricoles (CAISTAB) jusqu'à sa disparition en 1991 où elle fut remplacée par l'office de réglementation de la commercialisation et du contrôle du conditionnement des produits agricoles (ORCCPA). L'ORCCPA a pour objets essentiels :

– la réglementation du commerce du café,

– l'agrément des acheteurs et exportations de café,

– le contrôle du conditionnement des lots et la fixation et le réajustement des prix internes en fonction des variations du prix du café international,

– la répression de la fraude etc.

3)– Organisation de la commercialisation

Les acheteurs et les exportateurs de la filière doivent être agréés par l'ORCCPA.

L'acheteur doit disposer d'un camion, avoir une garantie bancaire, présenter un quitus fiscal et offrir des garanties de moralité propres à exercer la profession commerciale. Ces acheteurs agréés collectent le café coque, le livrent au décorticage et le vendent aux exportateurs ou tout autre demandeur.

L'exportateur du café pour être agréé par l'ORCCPA doit remplir les conditions suivantes :

- être exploitant d'une plantation de café,
- disposer d'une infrastructure de stockage,
- et présenter une caution bancaire.

On constate que les exportateurs sont en même temps acheteurs. La part consacrée à la consommation intérieure représente en moyenne à peine 10 % de la production totale et le café moulu est essentiellement transformé par les sociétés privées : *Café Star, Sato et S.A Cattin* en faillite en faillite depuis. Seule la société *Gbako-café*, une petite structure transforme une très petite quantité

Pendant plusieurs années, des coopératives à caractère public ont joué le rôle important dans la collecte et la commercialisation du café. Elles ont été dissoutes en 1988 à cause de leur inefficacité et leur mauvaise gestion.

Avec la crise il n'existe plus d'exportation du café vers l'Europe depuis plus de cinq ans. Les camerounais achètent en fraude dans la zone ouest et les soudanais se procurent du café de l'est du pays.

ii)– Fixation du prix du café

Depuis 1991, le prix du café est libre. Cependant, le gouvernement fixe un prix indicatif en fonction du cours mondial dès le début de chaque campagne. Ce prix est modifié au fur et à mesure de l'évolution des cours mondiaux tout le long de la campagne, néanmoins les prix réels aux producteurs sont fixés par la loi du marché entre l'acheteur et le producteur.

iii)– Revenus distribués par la filière

Les revenus provenant du café sont plus importants que ceux du coton parce que les prix relatifs du kilogramme versés aux producteurs sont nettement supérieurs à ceux payés aux cotonculteurs. Les prix peuvent être doublés à certaines périodes, c'est le cas de la période de 1976 à 1981. Ainsi, quand le prix du café cerise était de 240 FCFA en 1995, celui du coton était de 120 FCFA. L'évolution du prix au producteur a été lente à part quelques périodes de hausse sur le plan international. Quand le prix mondial est passé de 160 cents de 1975 à 505,7 cents en 1977, soit 216 % d'augmentation, le prix au producteur est passé dans la même période de 56 FCFA à 100 FCFA soit seulement une variation de 79 %. Depuis cette date, l'évolution est restée lente, en dix ans le prix au producteur a progressé de 90 %, passant de 100 FCFA en 1977 à 190 FCFA en 1987 avant de commencer à décroître à partir de 1988 jusqu'en1993. Il était de 40 FCFA en 1993 contre 110 FCFA en 1988. La dévaluation du FCFA en janvier 1994 a été répercutée l'année même. Ainsi le prix au producteur est passé de

40 FCFA à 120 FCFA, prix indicatif soit 200 % d'augmentation. L'année suivante le prix indicatif a augmenté de 100 % avant de diminuer de 25 % en

1997. Depuis cette date le prix indicatif continue à diminuer à cause de la même évolution sur le plan international.

En 1986, 70 000 caféiculteurs se sont partagés 5 milliards de FCFA alors que les pouvoirs publics percevaient 1 milliard au titre des droits de sortie et autres taxes. En 2014, le nombre de caféicultures est passé à 41 000 environ et leurs revenus à 1,5 milliard de FCFA.

4)– Part du café dans les exportations et la production nationale

Le café fut la première culture de rente qui procurait au pays plus de recettes que le coton. Elle a représenté entre 1960 et 2005 en moyenne 12 % des recettes totales d'exportation. Cependant l'évolution n'est pas linéaire et dépend de la production et des cours du marché international.

Dans les premières années de l'indépendance, sa part dans les exportations représentait environ 30 % après le coton, devant le diamant avec 12,5 % et le bois qui ne représentait qu'une moyenne de 2,5 %.

À partir de 1965, il a amorcé une baisse au profit du diamant. En valeur, sa part dans les exportations a continué à évoluer très lentement à cause des cours mondiaux qui se sont stabilisés de 1960 à 1970 avant d'augmenter à partir de 1970 et flamber en 1976 représentant 96 % par rapport à la dernière année. La chute des prix mondiaux amorcée en 1989 a réduit les recettes du café qui sont tombées à environ 5 % pendant la période, avant de commencer à se redresser en 1994 après la dévaluation. Dans la période étudiée, les exportations du café ont procuré environ 224 milliards de FCFA au pays.

Pendant les années 2000 la contribution du café a été très maigre. Entre 2000 et 2010 le total des exportations n'était que de 10,6 milliards de FCFA. Entre 2011 et 2019, le chiffre a augmenté pour atteindre de 17,4 milliards.

5) – Place du café centrafricain dans la zone franc

Tableau 33 : Production de café cerise dans trois pays de la zone franc (en tonnes)

	1960	1965	1970	1975	1980	1985	1990
Cameroun	51 000	71 000	7 1000	89 000	112 000	124 000	72 000
Centrafrique	**7 487**	**7 647**	**13 205**	**11 832**	**10 900**	**13 400**	**14 000**
Côte d'Ivoire	188 000	261 000	240 000	316 000	365 000	265 000	220 000

Source : B. DAVIRON, DSEE

La quantité du café produite par la Centrafrique a toujours été inférieure à celle des pays africains membres de la zone franc alors que ces pays, comme la Côte d'Ivoire et le Cameroun ont les mêmes caractéristiques climatiques.

La comparaison des rendements montre que sur le long terme, l'écart de la moyenne des rendements n'est pas très important. Par contre, les surfaces cultivées sont très supérieures dans les autres pays. Les rendements sont tombés à 300 kg/ha en 2010/2011 et à 202 kg/ha en 2013/2014, pour remonter légèrement en 2015/2016 remontant à 230kg/ha.

Tableau 34 : Rendement de café cerise dans trois pays de la zone franc

	1960	1965	1970	1975	1980	1985	1990
Cameroun	395	415	345	378	456	388	196
Centrafrique	**374**	**273**	**489**	**320**	**236**	**447**	**400**
Côte d'Ivoire	392	424	356	351	298	231	181

Source : B. DAVIRON, DSEE

En trente ans, les surfaces cultivées en Côte d'Ivoire ont été multipliées par un peu plus de 2 passant de 625 000 ha à 1 420 000 ha. Le Cameroun a suivi la même évolution, alors qu'en Centrafrique, la progression est en dents de scie.

Tableau 35 : Superficies de café (ha) dans trois pays de la zone franc

	1960	1965	1970	1975	1980	1985	1990
Cameroun	150 000	185 000	215 000	240 000	290 000	340 000	370 000
Centrafrique	**20 000**	**28 000**	**27 000**	**37 000**	**46 236**	**30 000**	**34 972**
Côte d'Ivoire	625 000	685 000	887 000	1 214 000	1 260 000	1 290 000	1 420 000

Source :B. DAVIRON, DSEE

Les autres pays ont adopté une politique extensive, alors que celle de la Centrafrique est intensive. Il faut noter que dans ce dernier pays, les plantations industrielles ont été abandonnées au profit des plantations familiales et que les politiques volontaristes de financement mises en place, particulièrement en Côte d'Ivoire, ne sont pas les mêmes qu'en Centrafrique.

6)-Les politiques mises en place en faveur du café

La politique du gouvernement en faveur du café a commencé réellement en 1975 par la création de l'ADECAF.

i)– La création de l'ADECAF

Le premier projet sur le café est le projet de développement et de multiplication du matériel végétal, financé par la coopération française entre 1975 et 1979. Mais c'est avec la création par le gouvernement de l'ADECAF (agence du développement de la zone caféière) qu'une politique intégrée du développement du café a été mise en place. L'ADECAF, une structure qui s'est fixée comme objectif le développement de la caféiculture. Elle a mis l'accent sur les plantations familiales en encadrant les producteurs par des actions phytosanitaires et de vulgarisation agricole. Le projet a été financé par le Fonds européen pour le développement et ensuite par la Banque africaine de développement (BAD). La mission de l'ADECAF a été étendue à l'entretien des routes et des pistes rurales, au développement et à la commercialisation des cultures vivrières et des oléagineux, à la prise en charge de la gestion des coopératives, d'usinage et de commercialisation du café, au rajeunissement et la modernisation des plantations, aux recherches agronomiques et à la multiplication des semences.

Les objectifs visés d'atteindre 20000 tonnes de café marchand en 1985 et 25 000 tonnes en 1990 n'ont pas été atteints parce qu'à ces dates le pays n'a produit que 18 246 tonnes et 18000 tonnes de café cerise. Cependant, les rendements ont augmenté parce qu'ils sont passés 235 kg/ha en 1979 à 840 kg/ha en 1986.

ii)– La dissolution de la CAISTAB

L'effondrement des cours mondiaux, conjugué à une gestion inefficace des fonds de la CAISTAB, ont entraîné des déficits de la filière. Plusieurs initiatives ont été prises par le gouvernement pour rechercher l'équilibre de la filière. Un fonds de soutien a été créé et a atteint 11,79 milliards de FCFA en 1992, et les différents programmes d'ajustement structurel ont financé la filière à la hauteur de 5,6 milliards de FCFA.

Sur le plan institutionnel, la CAISTAB a été dissoute et deux entités ont été créées : la Société de Commercialisation du Café (SCC) et l'ORCCPA. La SCC, non conforme à la loi a été dissoute en octobre 1993.

Le gouvernement s'est désengagé de la commercialisation du café au profit des professionnels de la filière. La suppression du soutien a été décidée et la répercussion du cours mondial de manière équitable sur tous les opérateurs de la filière depuis le planteur jusqu'à l'exportateur.

7)– L'avenir du café centrafricain

Le pays peut atteindre à moyen terme 50 000 tonnes si les plantations abandonnées sont réhabilitées. Le potentiel réel du pays est largement au-delà.

Seule une politique volontariste basée sur la recherche et la vulgarisation, doublée d'un investissement adéquat, pourra favoriser l'accroissement substantiel de la production.

La formulation d'une politique d'ensemble du développement de la caféiculture peut contenir notamment les éléments suivants :

– La reprise de la recherche abandonnée à cause de la réforme agraire de 1970 par l'Institut centrafricain pour la recherche agronomique. Cette recherche devrait vulgariser des variétés et les intrants permettant d'augmenter le rendement.

– L'encadrement des paysans abandonnés à eux-mêmes doit être mieux développé et maîtrisé.

– Une politique de crédit permettant d'effectuer des investissements importants. Ce point est nécessaire si le pays veut développer la production par la mécanisation, et la réhabilitation des plantations industrielles abandonnées. Le retour des coopératives agricoles indépendantes des pouvoirs publics pourrait motiver les paysans.

La FAO fait également quelques recommandations aux autorités politiques résumées ainsi :

– Accroitre la productivité par la production et la diffusion des boutures de caféiers à haut rendement et résistants à la sécheresse et aux maladies.

– Améliorer la qualité par la réhabilitation des unités de décorticages et la construction des aires de séchage et de magasins en matériaux permanents et la réfection des routes de desserte.

Promouvoir les cultures intercalaires du café telles que le haricot, l'arachide et le maïs dans l'optique de renforcement de la sécurité alimentaire des ménages, de diversification de leurs revenus et d'atténuation de risques associés à la caféiculture.

– Renforcer les associations des caféiculteurs en institutionnalisant les pratiques de mutualisation bénéfique des efforts et d'autonomisation tels que le champ-école paysan, les associations villageoises d'épargne et de crédit soutenues par les établissements de micro finance ou de banques commerciales.

C)– Le tabac

La culture du tabac a été initiée par une entreprise française la SEITA à partir de 1948. Cette société a développé avec succès une production commerciale de tabac de cape qui a progressé jusqu'en 1962, puis de nouveau en 1965.

La culture du tabac est localisée dans les villes de la région de l'ouest et sa production n'a pas connu un essor important.

1)– L'évolution de la production

De 2 tonnes en 1953, la part commercialisée passe à 225 tonnes en 1958, pour atteindre 550 tonnes en 1962.

Pendant les premières années de l'indépendance, le tabac a connu une évolution positive et depuis la fin des années 80, la baisse est continue.

Graphique 6 : Evolution de la production du tabac (en tonnes)

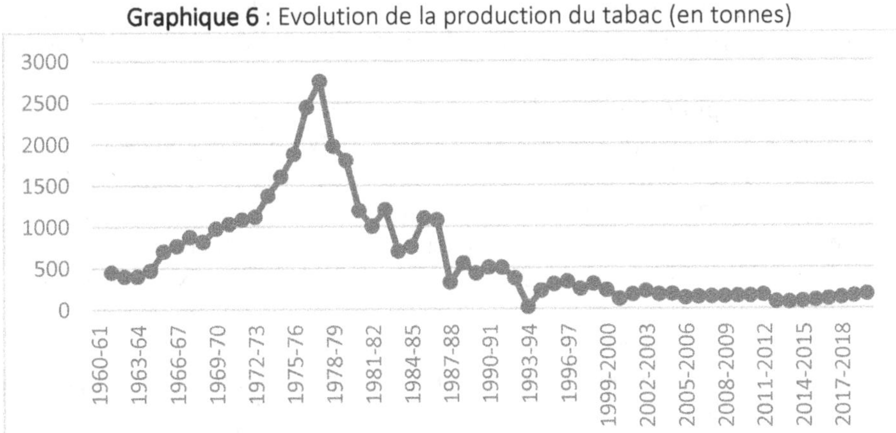

Source : BEAC, Ministère de l'agriculture, plan

Sa production qui était de 450 tonnes de tabac cape en 1961/62 est passée à 1029 tonnes en 1970/71, soit une croissance de 128,6 % en 9 ans. À partir de cette date la production a commencé à décroître, atteignant 1876 tonnes pendant la campagne 1975/76.

Parallèlement, les cours mondiaux ont continué à augmenter jusqu'à 1978, l'année où la hausse de la production du tabac oriental n'a pas permis la vente du tabac centrafricain. Cependant en 1984, on a assisté à la reprise de la production du tabac de cape, consécutive à la montée des cours mondiaux avec la reprise de sa consommation aux États-Unis.

Pendant la campagne 1977/78, la production du tabac cape a atteint un niveau jamais égalé de 2753 tonnes, soit une augmentation de 46,7 % en deux ans. Depuis cette date la production a baissé. Elle est même passée en dessous de 900 tonnes en 1996-97.

Pendant les années 2000 et les productions n'ont pas dépassé 200 tonnes. Elles ont fluctué entre 225 tonnes (1999-2000) et 174 tonnes (2019-2020)

Les surfaces cultivées ont connu les mêmes tendances avec1600 ha en 1970/71, contre 1100 ha pour la campagne 1961-62 soit une augmentation de 45 % en 9 ans. Cette croissance, inférieure à la production, a été compensée par l'augmentation des rendements qui ont atteint 1045 kg/ha en 1966/67 contre 409 kg/ha en 1961/62 soit un accroissement de 155,5 % en six ans. Deux ans plus tard, le rendement est passé à 490 kg/ha ce qui représente une diminution de 53,1 %. Mais l'année d'après, la croissance a repris sans atteindre le niveau de 1966/67 jusqu'à la campagne de 1977/78 où le rendement est passé à 1 037 kg/ha.

Les rendements du tabac sont importants si on compare avec d'autres cultures. Malgré la diminution des surfaces cultivées, ils ont empêché la production de baisser de façon importante.

La hausse de la production est liée à l'encadrement des producteurs par la société franco- centrafricaine de tabac (FCAT) créée en 1966 avec pour missions d'organiser la production, la collecte, le traitement, la commercialisation et l'exportation du tabac.

La baisse significative de la production du tabac a commencé à la campagne 1978/79 où la production est tombée à 1972 tonnes contre 2 753 tonnes en 1977/78 soit une diminution de 28 %. À partir de cette date, la production a continué à décroître pour atteindre 1000 tonnes pendant la campagne 1981/82, soit une diminution de 49,2 % en trois ans. Depuis, la production ne s'est pas relevée, elle est même descendue à 172 tonnes, le niveau le plus bas de la période étudiée.

Les superficies cultivées ont suivi la même tendance parce qu'elles ont été divisées par 4, en passant à 632 ha alors qu'elles représentaient 2 654 ha pour la campagne 1977/78.

Les rendements ont diminué mais pas dans la même proportion que les surfaces cultivées. Ainsi, alors que pour la campagne 1979/80 les surfaces cultivées ont diminué de 21 %, le rendement s'est accru de 15 %. Il en est de même de la période 1983/84 où les rendements ont augmenté de 20 % alors que les superficies ont diminué de 51 %. En 1988/89, les superficies ont diminué de 31 %, contre une augmentation de 147 % des rendements et 71 % pour la production. L'accroissement des rendements a compensé la baisse des surfaces cultivées.

Les baisses de la production du tabac sont imputables à :

– L'augmentation importante de la production de tabac oriental en feuilles en 1978. Cette situation a provoqué un goulot d'étranglement pour le tabac centrafricain parce que sa production n'a pratiquement pas été achetée à cette période.

– La diminution du nombre de producteurs qui s'est située au niveau d'un peu plus de 1 000.

– L'arrêt justifié de la production du tabac de coupe, de mauvaise qualité, n'a pas été compensée par le tabac de cape dont la qualité est meilleure.

2)– Place du tabac dans l'économie nationale

La culture du tabac constitue une partie des ressources des producteurs et les revenus distribués sont relativement élevés grâce aux prix importants aux producteurs. Pendant plusieurs années, le tabac a été transformé localement, ce qui a permis de créer les emplois dans le secteur moderne. Il contribue modestement aux revenus d'exportation, à l'Etat et à la formation du produit intérieur brut.

i)– Les revenus des producteurs

Les revenus distribués aux producteurs de tabac sont relativement plus importants que ceux distribués aux producteurs du café et de coton à cause des prix élevés aux producteurs.

En 1975, une augmentation sensible de 32 % a été constatée, consécutive à la variation du prix international de 24 % en 1974. Pendant la période de 1975 à 1980, les cours sont restés stables au niveau international, ainsi que le revenu des producteurs. Par contre, la reprise amorcée en 1981 avec une augmentation de 45 % des cours mondiaux n'a pas été répercutée automatiquement. Les prix à la production sont restés à 215 FCFA de 1981 à 1984 alors que dans le même temps les prix mondiaux en FCFA sont passés de 665,1 FCFA en 1980 à 1790,2 FCFA en 1984. Pendant cette période, alors que l'augmentation des prix internationaux représentait 169,1 %, les prix au producteur sont demeurés inchangés se stabilisant à 215 FCFA. Les changements des prix au producteur ont été faits pour l'année 1985, passant de 215 FCFA à 418 FCFA soit une croissance de 94 %.

La situation s'est détériorée deux ans de suite parce que le prix au producteur est passé à 400 FCFA en 1993 soit une baisse de 60 % en deux ans, avant de croître l'année d'après de 213 %.

Les diverses crises ont impacté négativement la production du tabac qui avait déjà connu une régression. En 2017, pour relancer la production du tabac, l'Etat a payé les arriérés de la campagne 2010/2011 pour une valeur 40 millions de FCFA aux 269 producteurs et le personnel d'encadrement.

ii)– Exportations

Les recettes provenant des exportations du tabac restent insuffisantes au regard d'autres produits agricoles de rente. Sur la période étudiée, elles représentent en moyenne 2,5 % des exportations totales. Les recettes cumulées de 1975 à 2005 sont évaluées à 31 milliards de FCFA. De 2006 à 2019, la part du tabac n'était que de 0,13 % des exportations totales.

iii)– Transformation du tabac

La transformation du tabac était faite par : la Manufacture Centrafricaine de Cigares (MANUCACIG), la SCAT et SOCACIG. Seule la dernière a maintenu ses activités.

3)– Politiques de mises en faveur du tabac

Quelques initiatives ont été prises par le gouvernement pour développer la production du tabac notamment :

– le projet « appui aux planteurs de tabac », qui a développé des séchoirs en faveur des producteurs et a été financé par le fonds européen pour le développement (FED) ;

– le projet de développement du tabac de cape, et d'appui à la société centrafricaine de tabac (SCAT), créé en 1984, a été financé par le fonds d'aide et coopération (FAC) et la caisse centrale de coopération économique. Ce projet a permis de restructurer la SCAT par l'augmentation de son capital et les revenus des planteurs par l'accroissement des surfaces cultivées et des rendements.

4)– L'avenir du tabac centrafricain

Ces dernières années, le tabac n'a pas été la préoccupation des pouvoirs publics. Alors que le pays dispose d'une usine de transformation (SOCACIG), celle-ci a été réduite à importer la matière première. Un plan de développement s'impose parce qu'il existe un débouché réel. La lutte anti-tabac menée au niveau international n'a pas encore de répercussions en Afrique, même si le danger de la consommation du tabac est réel sur le plan de la santé publique.

D) – Le cacao

En 1960 le cacao représentait 15 % du PIB selon la Banque mondiale, mais sa production a été suspendue. La culture du cacao se pratique dans la zone forestière de la Centrafrique, particulièrement dans les régions de Mambéré-Kadéï et Sangha Mbaéré, de Basse-Kotto et du Mbomou. La production abandonnée un moment a été reprise ces dernières années. En 2017 le nombre des producteurs représentait 5 300 pour une superficie de 2 000 hectares.

Tableau 36 : Evolution de la production cacaoyère

Campagnes	Nombre de planteurs	Superficies (ha)	Superficies moyenne (ha)	Rendement (Kg/ha)	Production (kg)
2014/15	227	1 404,86	6,18	400	561 920
2015/16	500	3 500	7	400	1 400 000
2016/17	750	4 500	6	400	1 800 000
2017/18	1 000	6 000	6	750	4 500 000

Source : Ministère en charge du développement du monde rural/ORCCPA

Pour l'essentiel la production des régions de sud-ouest est vendue au Cameroun à vil prix. Le gouvernement a pris la décision de créer un marché en Centrafrique où le cacao est vendu à 1000 FCFA le kilogramme.

En 2020, les investisseurs espagnols ont été intéressés par le cacao centrafricain avec un projet de production et de transformation dans les préfectures de la Lobaye et la Mambéré Kadéï.

E)– Le palmier à huile

La palmeraie naturelle de palmiers à huile couvre environ 18 000 hectares dans la zone forestière et pré-forestière du pays, et elle est exploitée de façon traditionnelle pour la consommation domestique.

En 1953, une expérience de paysannat avait été lancée à Kembé (Basse-Kotto) pour « valoriser la palmeraie naturelle et mettre en place 1 4000 hectares supplémentaires de palmiers sélectionnés ». Ce fut un échec à peu près total. Vers 1967 il n'y avait que 800 hectares de plantations de palmiers.

Tableau 37 : Evolution de la production des palmiers à l'huile (en tonnes)

1953	1960	1965	1966	1988-1992	2003	2004	2005
206	1 185	1 468	1300	3 000	2 500	300	241

Source : Jean Bernard Suchel et autres auteurs

En 1986, l'Etat a inauguré l'usine de la centrafricaine des palmiers (CENTRAPALM), avec une superficie totale de 2 500 hectares plantés. Cette société publique avait le monopole de production d'huile de palme. La production moyenne de la période 1988 à 1992 a été de l'ordre de 3 000 tonnes d'huile. Vers 2003, elle était de 2 500 tonnes. L'absence de bonne gestion ou du vieillissement des plantations, en 2009-2010, la production de la palmeraie de Centrapalm était passée 2 500 à 1 000 hectares.

Compte tenu de la faible production d'huile comestible par Centrapalm, une grande partie de l'offre intérieure de l'huile de palme est faite par la contrebande, notamment provenant du Congo démocratique ou par la production artisanale, principalement à partir de plantations familiales [Ricardo Carrere, 2010, 2013].

Pour développer la production de l'huile de palme, l'Etat a donné une concession de 25 000 hectares de savane arbustive dans la commune de Lessé, sous– préfecture de Mbaïki dans la Lobaye à Palme d'or. Cette entreprise devrait développer une plantation industrielle de 10 000 hectares de palmiers à l'huile et y implanter une ou plusieurs huileries de palme. La production d'huile devrait approcher 5 700 tonnes en 2020 et atteindre 9 000 tonnes /an à partir de 2023. Le projet emploierait à terme près de 500 ouvriers pour la plantation, 60 pour l'usine et une quinzaine de cadres et agents de maîtrise.

F)– Les cultures vivrières

La Centrafrique dispose de nombreuses potentialités en cultures vivrières. Notre étude ne concerne que les principales cultures que sont le manioc, l'arachide, le maïs, le sorgho-mil, le sésame et le riz-paddy.

1)– L'évolution de la production des cultures vivrières

La production totale de ces cultures reste insuffisante pour la consommation de la population, ce qui explique le niveau élevé des prix de certains produits, l'ajustement se faisant par les prix. Une partie est importée. La production a évolué en dents de scie mais n'a pas connu une forte baisse comme les produits de rente. Sa régression visible couvre la période de 2013 à 2015 qui est la grande crise qui a touché les paysans qui ont quitté leurs terres à cause de la terreur des sélékas et les antibalakas.

Graphique 7 : Evolution des cultures vivrières (en tonnes)

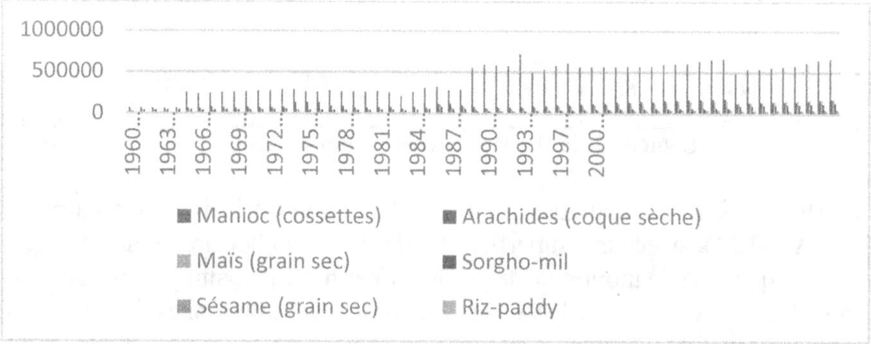

Source : BEAC

En 1965, la production totale de toutes les principales cultures vivrières était estimée à environ 400 000 tonnes. La progression est demeurée lente. Entre 1965 et 1971, la progression était de 12,8 % alors que l'évolution démographique était estimée à la même période à 15 %. Les hausses les plus importantes sont celles qui ont eu lieu entre 1984 et 1986 où la production est passée de 353 600 tonnes à 639 230 tonnes soit une progression de 80 % en trois ans. En 1995, l'accroissement était de 21 % en une année après la dévaluation du FCFA de 1994, certainement à cause de la hausse de la demande des biens locaux, notamment du manioc (qui a augmenté de 24,7 %) contre les biens importés tels que le riz et la farine dont les prix ont été multipliés par deux.

Les périodes de baisses ont été importantes. A titre d'exemple, en 1983, la baisse était de 20 % et en 1996 de 22 %. À partir de cette date l'augmentation a été continue à part la période de 2013 et 2014 à cause de crise de sécurité que le pays n'a jamais connu. La production connait une tendance haussière depuis 2015/2016.

D'une façon générale, il manque des stratégies de développement des cultures vivrières. Les projets de zones vivrières n'ont pas eu les effets escomptés par manque d'investissement réel.

2)– L'économie des cultures vivrières

Les cultures vivrières ont représenté ces quinze dernières années entre 25 et 29 % du produit intérieur brut au prix courant. La valeur ajoutée est passée de 57,7 milliards en 1960 à 368,4 milliards en 2004 soit 28,8 % du PIB.

La valeur ajoutée des cultures vivrières est restée longtemps inférieure à celle du secteur tertiaire jusqu'en 1990 avant de le dépasser à partir de 1991 jusqu'à 2005. La production a atteint 191,1 milliards de FCFA en 2012 avant de continuer à descendre en 2013 à 94 milliards de FCFA. En 2021, la production ne représentait 119,5 milliards de FCFA en prévision.

Sa part dans le PIB, représentait 29,2 % et a diminué pour atteindre 21,1 % en 2010 et 15 % du PIB en 2020.

i)– Le manioc(en cossettes)

Le manioc constitue la culture la plus importante en termes de production et de consommation. Ses tubercules sont consommés sous plusieurs formes et ses feuilles comme des légumes. Sa production est en hausse, même si quelques baisses sont observées pendant des périodes courtes. La production de manioc a augmenté d'une manière modeste jusqu'à 1975. Sa production annuelle n'a pas dépassé les 300 000 tonnes de 1965 à 1984. C'est à partir de cette date que la production a augmenté sur deux années successives, passant de 258 000 tonnes en 1984 à 319 550 tonnes soit une augmentation de 13 % en deux ans. La plus forte croissance est intervenue en 1991 où la production est passée à 547 300 tonnes soit un accroissement de 92 % en trois ans. La production a même atteint 717 500 tonnes en 1995.

Dans les années 2000, la progression de la production a été lente tournant de moins de 60 000 tonnes par an. C'est seulement à la campagne 2018/2019 que la production du manioc a atteint 609 000 tonnes et la progression est continue depuis cette date.

Les surfaces cultivées ont été continuellement en croissance jusqu'à 1984. De 185 100 ha en 1966, elles ont atteint 302 300 ha en 1973, ce qui représente 63 % de croissance en 7 ans alors que la production n'a augmenté que de 20 % dans la même période. Les surfaces ont commencé à diminuer de façon régulière à partir de 1977 et n'ont pas atteint le niveau de 1973. La baisse décisive a commencé en 1984, où les surfaces cultivées sont passées de 260 000 ha à 80 540 ha ce qui représente une régression de 690 % en un an. Depuis, les augmentations sont restées timides.

Alors que la production a augmenté de 88 % en 1976, les surfaces ont diminué très légèrement, la grande sécheresse de 1982 ne semble pas expliquer cette situation car les surfaces ont diminué que de 1,6 %.

Ce sont les forts rendements qui expliquent l'augmentation de la production du manioc. En effet, les rendements ont atteint un niveau important jamais égalé par d'autres productions agricoles en Centrafrique. En 1966, les rendements étaient déjà à 1275 kg/ha avant de décroître pour atteindre 992 kg/ha en 1984.

L'année d'après, les rendements ont été multipliés par 3,2 passant de 992 kg/ha en 1984 à 3806 kg /ha en 1985. Depuis le niveau n'est pas descendu au-dessous de 3000 kg/ha.

La recherche dans ce domaine pourrait permettre d'avoir une production plus importante comme dans d'autres pays limitrophes où certaines variétés sont récoltées deux fois par an. Certaines structures artisanales de transformation commencent à apparaitre, signe que des débouchés intérieurs existent et qui pourront agir sur la demande et donc susciter l'augmentation de l'offre du côté des producteurs.

ii)– L'arachide

L'arachide constitue la deuxième culture vivrière après le manioc. Elle est produite dans tout le pays même si la grande production est localisée dans les régions du nord et nord-est. Son évolution n'a pas connu un développement important, ce qui justifie l'importation d'une partie des arachides du Tchad et du Soudan pour combler le déficit en consommation locale.

La production des arachides a connu une évolution lente sauf en 1974, où elle a augmenté de 83,3 % en un an avant de chuter dans la même proportion l'année d'après, ce niveau n'a jamais été atteint à nouveau.

Cependant en 1986, on a observé une nouvelle augmentation de 86 % ; celle-ci passant de 63 060 tonnes en 1985 à 117 440 tonnes en 1986. Depuis cette année, la production n'a cessé de baisser jusqu'en 1998 avant de reprendre une croissance lente. Depuis cette date, la courbe est demeurée ascendante atteignant 180 500 tonnes pour la campagne 2011/2013. La crise a un impact négatif sur sa production, parce que l'année d'après celle-ci est descendue 124 100 tonnes soit une baisse de 31 % en un an au sommet de la grande crise de 2013. L'année d'après la production a repris légèrement mais d'une façon continue sans atteindre la récolte de 2011/2012. Pour la dernière campagne de 2020/2021 étudiée, la production a atteint 176 200 tonnes.

Les surfaces cultivées ont évolué plus vite que la production, pendant quinze années successives, elles sont restées en dessous de 100 000 ha. Ainsi les surfaces sont passées de 87 300 ha en 1971 à 138 000 ha en 1984 soit une progression de 58 % en 13 ans, alors que dans la même période la production est restée presque stationnaire, à l'exception de l'année 1974.

Les rendements n'ont pas progressé d'une façon déterminante, ce qui explique aussi la production modeste des arachides. En effet, les rendements ont évolué en dents de scie et sont tombés à 439 kg/ha en 1983 contre 1132 kg /ha en 1975, ceux-ci sont restés en dessous de 1000 kg/ha pendant 22 ans.

iii) – Le maïs (en graine sèche)

Comme la plupart les cultures vivrières, l'évolution de la production du maïs est restée modeste malgré une demande qui s'est accrue ces dernières années. La quantité produite n'a pas dépassé en moyenne 50 000 tonnes par an pendant les vingt-cinq ans qui ont suivi l'indépendance. La production importante est celle de l'année 1986 où elle a représenté 103 620 tonnes soit le double de celle de l'année précédente. La baisse a été continue jusqu'en1999/2000 avant reprendre en 2000/2001 avec 101 000 tonnes et atteindre 160 400 tonnes en 2011/2012 avant de chuter en 2012/2013 à 130 000 tonnes, années de la crise. Depuis, sa courbe est demeurée ascendante atteignant 167 200 tonnes pour la campagne 2020/2021.

En réalité, ces dernières années sa production est soutenue par le financement international mais celui-ci est accaparé en grande partie par les hommes politiques. Ceux-ci qui sont devenus brusquement des producteurs du maïs. Des machines objet des dons, sont installées dans des champs des élites politiques au lieu de les mettre à la dispositions des paysans pour leur permettre d'augmenter leur production et productivité.

Le maïs est également produit sur toute l'étendue du pays dans le double but de consommation et d'aliments pour l'élevage.

Les surfaces cultivées de maïs sont importantes au regard de la production. Elles ont augmenté régulièrement à partir de 1971 et sont restées en moyenne à 120 000 ha. Les rendements ont subi une baisse importante pendant plusieurs années et ont été divisés par 3 en vingt ans. En 1986, le rendement a atteint 1202 ha en quatre ans soit une augmentation de 243 %.

iv) Le sorgho-mil

Le sorgho-mil est produit essentiellement dans les régions du nord et nord-est du pays et constitue une des consommations de base de ces habitants. Le mil est utilisé également pour fabriquer la bière locale.

La production est relativement importante, si on considère le sorgho-mil comme une production locale et non nationale par rapport aux autres céréales. Alors que la production n'était que de 20 000 tonnes en 1960, elle a subi une hausse quasi-continue, passant à 35 000 tonnes en 1961 et à 43 200 tonnes en 1965, soit le double en cinq ans. Après une baisse l'année d'après, la production a continué sa progression atteignant 51 600 tonnes en 1973.

Cependant à partir de 1991, la production a connu une baisse de 49 % par rapport à 1988 où elle est tombée à 30 200 tonnes. La régression est continue en onze ans et malgré l'augmentation qui a débuté en 2001, le niveau est resté bas, soit 55 000 tonnes en 2004.

Depuis cette date, la production est continue et n'a pas subi les effets des crises. Sa production a atteint 124 500 tonnes pour la saison 2020/2021.

Les surfaces cultivées ont connu une croissance régulière et sont passées de 26 500 ha en 1960 à 54 000 ha en 1965 soit une augmentation de 103,7 %, la même tendance que la production de la période. Les surfaces cultivées ont continué à croître atteignant 70 000 ha en 1973. Elles ont amorcé une baisse continue mais faible jusqu'à 1984. Pour les périodes ultérieures, les surfaces cultivées ont évolué en dents de scie.

Les rendements sont moyens et n'ont pas dépassé le chiffre de 1000 kg/ha d'une façon durable et sont restés entre 1 000 et 700 en moyenne. De 755 kg/ha en 1960, les rendements sont passés à 1 044 kg/ha en 1961 et depuis ils n'ont fait que décroître atteignant 613 kg/ha en 1983, néanmoins, l'augmentation a atteint 1181 kg/ha en 1986.

v– Le sésame

Le sésame est une culture produite dans la quasi-totalité du pays mais sa consommation reste limitée.

La production a connu une évolution relativement importante depuis les années 60 et est passée de 7 500 tonnes en 1960 à 10 000 tonnes en 1963, soit une croissance de 33 % en deux ans et puis a baissé les trois années suivantes.

Depuis, la production a connu une évolution positive atteignant 146 000 tonnes en 1969. La production a augmenté significativement et sans interruption depuis 1986 où elle a atteint 15 660 tonnes. Depuis cette année, elle a connu une ascension constante atteignant 32000 tonnes en 1998. En dix ans sa production a été multipliée par deux. La production a continué sa progression jusqu'en 2011/2012 atteignant 51 900 tonnes avant de subir un contrecoup de la crise pour descendre à 36 100 tonne pour la période de 2012/2013, soit une régression de 16,9 % ne un an. Les années suivantes ont été marquées par des progrès réguliers pour atteindre 48 700 tonnes pour la récolte 2020/2021.

Les surfaces cultivées sont restées modestes parce qu'elles n'ont jamais dépassé les 50 000 ha d'une manière durable. En 1960, elles étaient à peine 30 000 ha et ont presque doublé en neuf ans atteignant 58 000 ha en 1969. Depuis cette date, elles n'ont fait que décroître atteignant 31 700 ha en 1991.

Les rendements sont demeurés faibles. En 25 ans successifs, les rendements n'ont pas dépassé 300 kg/ha. C'est seulement en 1986 qu'ils sont passés à 455 kg/ha et 567 kg/ha en 1988.

vi– Le riz-paddy

Le riz-paddy est produit et consommé dans tout le pays. Sa production reste insuffisante pour la consommation locale et la quasi-totalité du riz consommé en milieu urbain est importée.

La production du riz-paddy n'a pas atteint un niveau important. En 1960, la production représentait à peine 2 500 tonnes mais a connu un progrès continu. Ainsi, elle a doublé entre 1960 et 1964 et a été multipliée par quatre en moins de dix ans, soit 10 100 tonnes en 1969. À partir de 1970, la production a décru continuellement atteignant 6 200 tonnes en 1973, soit une diminution de 38 % en quatre ans.

À partir de cette date, la production a augmenté de 100 % en un an en 1974 et a maintenu le mouvement atteignant 14500 tonnes. Elle a connu une période de baisse mais reste aux environs de 8000 tonnes avant de commencer à augmenter en 1997 doublant pratiquement son niveau en un an, passant de 8700 tonnes en 1996 à 17000 tonnes en 1998. La croissance est restée continue et a atteint 31 900 tonnes en 2004. La production est moindre et évolue en dent de scie et a atteint que 40 600 tonnes en 2012/2021.

Les surfaces cultivées ont évolué dans le même sens que la production. En 1960, les surfaces mises en valeur représentaient 29 000 ha et ont augmenté régulièrement, doublant en 1969. La baisse a commencé en 1970 et d'une façon continue, descendant à 36800 ha contre 58000 ha en 1969 soit une baisse de 36 % en 12 ans. Depuis, les surfaces cultivées n'ont fait que baisser restant au-dessous de 40 000 ha.

Les rendements sont demeurés relativement importants, ce qui explique la croissance de la production malgré la baisse des surfaces cultivées. Les rendements qui étaient de 833kg/ha en 1960 ont progressé d'une manière continue et sont passés à 1056 kg/ha en 1967. On note une période courte de baisse entre 1969 et 1973. Cependant la hausse a vite repris, atteignant 1934 kg/ha en 1985. Depuis les rendements sont restés au-dessus de 1000 kg/ha.

3)– Contribution de l'agriculture au PIB

L'agriculture importante dans l'économie centrafricaine. Elle occupe au moins 70 % de la population et contribue en moyenne un tiers au produit intérieur brut au prix du marché.

Tableau 38 : Part de l'Agriculture dans le PIB (%)

	1985	1995	2000	2010	2014	2020
Secteur primaire	158,5	245,3	335,1	367,3	204,9	238,3
Agriculture	106,6	153,8	170,9	259,3	146	136,9
Cultures vivrières	99,6	140,2	162,2	189,7	96,5	114,9
Cultures de rente	6,6	13,6	8,7	69,6	49,5	22
PIB nominal	340,4	667,6	598,5	896,4	624,7	769,7
Agriculture/PIB	**31,1**	**27,54**	**28,3**	**28,8**	**23,3**	**17,8**
Cultures vivrières/PIB	**29,2**	**25,1**	**26,7**	**21,1**	**15,4**	**15**
Cultures de rente/PIB	**1,9**	**2,44**	**1,6**	7,7	7,9	**2,8**

Source : BEAC

Le tableau 38 montre que sa contribution au PIB régresse ces dernières années à cause des crises récurrentes dont les victimes sont des cultivateurs. La part de l'agriculture dans le pays PIB est passée de 31,1 % en 1985 à 17,8 % en 2020 en estimation.

4) – Une agriculture largement sous-développée et accentuée par des crises durables

L'agriculture centrafricaine est restée fondamentalement stationnaire depuis plus d'un siècle. Depuis au moins au début des années 2000, elle est la grande victime des crises récurrentes et les agriculteurs et le monde rural sont désespérés où vivent la majorité des pauvres.

i)– Quelques obstacles au développement de l'agriculture centrafricaine et orientations de politique agricole.

Quelques obstacles expliquent le recul de l'agriculture et comment les surmonter.

a)– Le recul de l'agriculture et quelques obstacles à son développement

L'agriculture occupe environ 80 % de la population centrafricaine qui vit des produits du monde rural essentiellement, agricoles pour une grande partie et ensuite de l'élevage et de la pêche.

Le développement de l'agriculture constitue une condition essentielle pour l'industrialisation dans un pays à vocation agricole. C'est par elle qu'on peut vaincre la pauvreté et la faim et accéder à une bonne nutrition. Son développement s'impose à tout pays soucieux de son développement.

L'agriculture connait un déclin né des multiples crises dont les victimes sont les agriculteurs qui sont privés de leurs outils de travail. Ils n'ont pas accès à leurs champs. En outre, ils ont de nombreux problèmes de commercialisation de leurs produits par manque des clients et des dégradations des routes et pistes rurales.

Les jeunes ruraux ont déserté les champs pour intégrer les groupes armés pour des gains faciles, alors que les rebelles se sont accaparés ou ont pillé les matériels agricoles ou les habitations des agriculteurs, si elles ne sont pas incendiées.

Les conflits entre les agriculteurs et éleveurs tournent dans plusieurs cas en faveur des seconds car armés.

L'insécurité alimentaire s'est installée dans des zones rurales ainsi qu'en villes, les travaux champêtres étant perturbés.

En 1985, l'agriculture représentait 31,1 % du PIB et en 2020 17,8 % du PIB. Sa contribution à la croissance du PIB, est passée de 55 % en 2011 à 32 % en 2020.

L'évolution de la croissance de la valeur ajoutée de l'agriculture par rapport au PIB est contrastée. De -2,53 % en 2010, elle est descendue à -12,4 % en 2013 et est restée faible. En 2021, la croissance a atteint 21,2 % pour tomber à 1,29 % en 2022.

Les investissements publics représentent 3 % des dépenses du secteur public alors le taux fixé pour l'agriculture africaine est de 10 %.

Ces cinq dernières années plusieurs projets ont été mis en place par le gouvernement pour relancer le secteur : l'office national de semence, le pacte national pour l'agriculture et l'alimentation, le projet d'appui à la relance agricole et au développement de l'agriculture en Centrafrique (PRADAC), et le projet d'appui à la promotion de l'entreprenariat en milieu urbain et rural (PAPEUR). Le bilan de ces projets est mitigé à cause de la mauvaise gestion et le détournement des fonds alloués.

b)-Quelques obstacles structurels peuvent être énoncés

L'obstacle fondamental est d'ordre technique cultural.

Les agriculteurs centrafricains utilisent des outils rudimentaires, notamment la houe, ce qui fait que l'agriculture centrafricaine est familiale et statique, avec des surfaces très petites, sans utilisation des engrais au minimum. En 2020, « le Cameroun et la république du Congo ont utilisé respectivement plus de 70 et plus de 50 fois plus d'engrais pour l'agriculture – mesurés en kilogrammes d'engrais utilisés par hectare de terre arable– que la RCA » [évaluation de la pauvreté en RCA, 2023]. En Centrafrique, les engrais et les autres intrants agricoles coûtent très chers et les faibles revenus des agriculteurs ne leur permet de s'en procurer.

Cette politique ne permet pas le développement de la production et de la productivité agricole.

L'encadrement technique et administratif des agriculteurs a disparu, ainsi que le système de vulgarisation, or c'est le canal des informations les agriculteurs. Le système n'a pas intégré la nouvelle race des jeunes qui constitue les nouveaux agriculteurs qui possèdent un niveau scolaire supérieur à leurs parents et qui décident de se lancer dans l'agriculture.

L'inexistence des routes et des postes rurales pour faciliter la commercialisation de produits agricoles.

L'accès difficile au financement agricole.

ii)– quelques orientations

Les objectifs recherchés

– Vulgarisation des intrants agricoles et des équipements par les agriculteurs.

– Accès au financement : l'accès au capital de base représente une contrainte majeure pour les entrepreneurs agricoles. Un cadre réglementaire des finances rurales assorti des prêts à faibles taux d'intérêt proposés par les institutions de micro finance, ainsi que le développement des services bancaires mobiles pourraient aider les agriculteurs à avoir des prêts au marché de crédit formel.

– Accès aux marchés : le mauvais état des routes affecte sévèrement la capacité d'accès des agriculteurs aux marchés. Il est vital d'améliorer la qualité des routes et des rapports pour permettre d'acheminer les produits agricoles depuis les zones rurales.

– Une nouvelle agriculture ne peut être construite que si une paix véritable et durable est retrouvée en milieu rural.

Plusieurs propositions peuvent être résumées.

– L'accent doit être mis dans le développement des cultures vivrières destinées à la consommation locale et dont une partie doit être transformée par les installations des petites unités de transformation. L'objectif est d'avoir l'autosuffisance alimentaire suivi d'acquisition de revenus monétaires tout en limitant les importations qui concurrencent les cultures nationales. Ceci signifie produire suffisamment et diversifier les cultures. Un des objectifs recherchés est la substituions aux importations en ce qui concerne certains produits.

– Les cultures de rente sont nécessaires pour distribuer des revenus importants et avoir des devises. De nombreuses nouvelles cultures peuvent également apparaitre en tenant compte de la demande sur les marchés des matières premières. Si nous prenons l'exemple du coton, plusieurs produits dérivés ont été déjà transformés dans le pays : huile, fabrications des draps et couvertures et les aliments de bétail etc.

– Un point important doit être mis sur la recherche de bonnes relations entre éleveurs et agriculteurs.

– Les réformes peuvent aboutir si les pouvoirs publics redynamisent les structures d'encadrement qui ont quasiment disparu en milieu rural.

– La culture attelée doit être généralisée et le machinisme comme technique capable de développer la production et la productivité. Il existe aujourd'hui une nouvelle race des agriculteurs qui sont éduqués et qui peuvent utiliser de nouvelles technologies.

Les cultures vivrières nécessaires pour la consommation devraient bénéficier de nouvelles techniques culturales simplifiées (TCS) pour augmenter leur production et la productivité et développer des petites unités de de transformation avec un gain en valeur ajoutée. Cette TCS, appliquée à la production du maïs a eu des résultats probants : la production nationale du maïs est passée de 67 514 tonnes en 2012 à 106 541 tonnes en 2017 en 5 ans soit en moyenne 20 000 tonnes par an pour un rendement de 0,8 tonne à l'hectare

[Implémentation des techniques culturales simplifiées pour la production des variétés améliorées de maïs en République Centrafricaine].

Section 2 –
L'élevage

L'élevage est apparu en Centrafrique au début du 19e siècle. Sa production n'est pas facilement saisissable à cause de certaines pratiques coutumières des principaux éleveurs, les Mbororos.

L'élevage au sens large, concerne une partie non négligeable des centrafricains. En effet, 21 % des ménages possèdent du bétail, le tiers dans la zone savane.

On distingue traditionnellement trois zones d'élevage : la zone de Yadé et sa bordure immédiate au nord-ouest est une zone de pâturages s'étendant surtout sur les hauts plateaux de l'Adamaoua au Cameroun, d'où sont venus les pasteurs Mbororos ; la région de Bambari-Alindao dans le centre-est. C'est une zone d'élevage d'étendue limitée et isolée par des foyers de trypanosomiase et la zone de transhumance de Birao et du Fertit, au nord-est. Les pâturages de cette région ne sont fréquentés que pendant la saison sèche, par des troupeaux de zébus « arabes » venant transhumer sur les hauteurs du Fertit, à partir du Soudan. L'élevage centrafricain a connu une expansion dans les années 80 grâce à la politique d'investissement mise en place par les pouvoirs publics. Son organisation est basée sur les éleveurs et accompagnée d'un encadrement des pouvoirs publics.

Depuis ces dernières années, la désorganisation du secteur pose des problèmes importants de ravitaillement des grandes villes en viande bovine. La crise de 2013 a provoqué une désorganisation profonde de l'élevage bovin, les peuls qui constituent les principaux éleveurs historiques étaient parties prenantes ou victimes de la crise armée.

De nombreux éleveurs de bovins ont été victimes de déplacements forcés et ont perdu dans la grande majorité leurs troupeaux. Les groupes armés ont dessaisi les bœufs de leurs propriétaires pour brader sur des marchés improvisés.

A) – L'évolution du cheptel

Le cheptel qui comprend les bovins, les ovins, les caprins, les porcins et les volailles.

Les politiques des pouvoirs publics ont concerné essentiellement les bovins dont la viande constitue la consommation de base de la population. Les volailles qui ont aussi une forte demande pour la chair et les œufs ne bénéficient pas d'une attention suivie.

Les bovins

Estimé à près de 150 000 têtes en 1933, et 20 000 en 1937, le cheptel des bovins atteint 350 000 têtes en 1950 et 400 000 à partir des premières années 1960 et 700 000 têtes environ en 1970.

La progression de l'élevage des bovins a été très importante dans les années 80. Elle a représenté en moyenne 6 % de croissance annuelle et est passée de 1 560 millions de têtes en 1979 à 2 405 millions de têtes en 1989. À partir de 1991, la croissance est de 2,3 % atteignant 3 129 millions de têtes ce qui représente un peu moins d'une tête par habitant et qui a fait de la RCA le premier pays consommateur de viande des pays africains de la zone franc avec 16,9 kg/personne.

La crise de 2013 qui a duré des années a impacté très négativement la production des bovins du fait des groupes armés qui ont spolié les éleveurs ou de la participation des Peuls Mbororos armés au mouvement des sélékas à prédominance musulmane. D'où une baisse vertigineuse de la produstion.

Graphique 8 : Evolution de la production des bovins (en milliers)

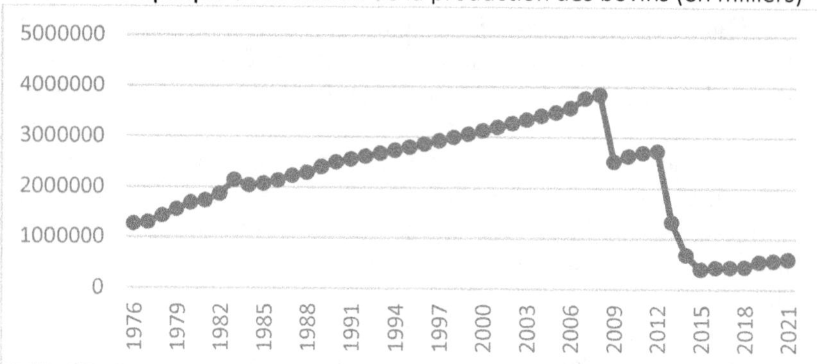

Source : BEAC, CEMAC

La production des bovins est passée 27 293,2 têtes à 13 291,1 têtes en 2013, soit une baisse de 51, 30 % en un an. Les baisses ont continué car le nombre des bovins ont représenté 6 817,6 têtes en 2014 et 3 975 en 2015. Les estimations montrent que la production a commencé à augmenter à partir de 2016 atteignant 5 988,4 en 2021.

Entre 2016/2017 la croissance représentait 3,4 % en moyenne avant de tomber à 24 % en 2022, liée à un faible encadrement et la recrudescence de l'insécurité dans les communes d'élevage.

On peut distinguer des causes internes et externes pour expliquer cette évolution.

Sur le plan interne :

La politique mise en place par les pouvoirs publics dans les années 80 avec l'aide de la Banque mondiale a joué un rôle déterminant. Entre 1982 et 1999 un investissement de 11 milliards de FCFA a été consacré au secteur..

L'organisation de la fédération nationale des éleveurs centrafricains (FNEC) a permis la formation sur le plan du suivi vétérinaire des bœufs et la création de structures permettant l'acquisition des produits vétérinaires.

Graphique 9 : Evolution des autres élevages (en milliers)

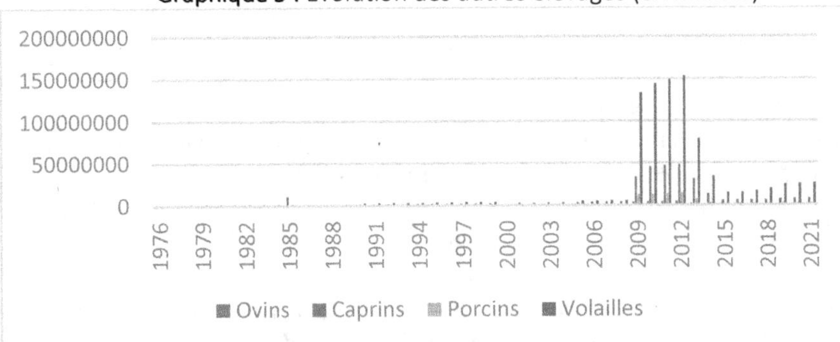

Source : BEAC

Sur le plan externe, il y a eu immigration des éleveurs :

– provenant du Tchad fuyant les multiples guerres dans ce pays,

– provenant du Soudan et du Cameroun pour échapper à la peste bovine dans ces pays,

– provenant des zones sahéliennes dans lesquelles la sécheresse a amené les éleveurs à chercher les zones plus humides pour les animaux.

La crise que connaît le pays depuis 1996 a changé la donne. La rébellion armée a poussé les Peuls à la fuite, abandonnant les bœufs qui ont ensuite été volés par des rebelles ou ont occupé les passages. Cette situation est aggravée par les coupeurs de routes qui visent les éleveurs de bovins, les Peuls, par les vols de leurs recettes et de leurs bœufs. Ils évitent d'amener désormais la majorité les bœufs à pieds à Bangui et livrent aux marchés des pays voisins, ce qui raréfie la viande bovine. L'autre élément est l'exportation des bœufs à pieds ou sous forme de viande au Congo, alors que la consommation nationale n'est nullement satisfaite.

B)– L'organisation de l'élevage

L'organisation de l'élevage est basée sur deux structures interdépendantes et complémentaires : l'ANDE et la FNEC.

L'agence nationale de développement de l'élevage (ANDE) est une structure étatique qui a une autonomie de gestion mais dont le directeur général est nommé par le gouvernement. Son objectif est de définir une politique favorable à l'augmentation de la production de l'élevage. Pour atteindre cet objectif essentiel, elle est chargée de l'encadrement des éleveurs par leur sédentarisation ; de la satisfaction des besoins des éleveurs, notamment en leur fournissant les produits vétérinaires. La fédération nationale des éleveurs centrafricains (FNEC) est une structure dirigée par les éleveurs, le secrétaire général provenant obligatoirement de ce milieu. Elle est chargée d'encadrer les éleveurs en assurant leur formation par l'alphabétisation et la vulgarisation. La FNEC approvisionne les éleveurs en médicaments et en aliments et constitue l'élément de concertation avec le gouvernement sur la définition de la politique de l'élevage.

C)– Place de l'élevage dans l'économie nationale

La contribution de l'élevage à l'économie centrafricaine est importante tant par la distribution des revenus que par rapport à la production nationale. Le pays est aussi exportateur de la viande vers certains pays limitrophes.

L'augmentation de la valeur ajoutée de élevage s'est accrue de manière constante dans les années 80, en moyenne de 13,4 % du PIB. À partir de 1990, une forte baisse a été enregistrée passant de 13,4 % en 1989 à 8,5 % du PIB en 1990. Depuis, une reprise timide mais constante a été observée atteignant 13,5 % du PIB en 2004. Les crises successives qui ont impliqué des éleveurs ont contribué à diminuer la production de l'élevage et sa contribution au PIB est tombé à 2,2 % en 2020.

Tableau 39 : La part de l'élevage dans le PIB (en %)

Année	1985	1995	2005	2015	2020
PIB (en milliards de FCFA)	340,	556,7	745,2	1002,6	1333,7
Elevage (en milliards de FCFA)	31,8	49,6	48	23,2	30,3
%	**9,3**	**8,9**	**6,4**	**2,3**	**2, 2**

Source : BEAC, CEMAC

En terme absolu la valeur ajoutée du secteur élevage représentait 31,8 milliards de FCFA et a augmenté constamment fin des années 1990. Elle a même atteint environ 93 milliards de FCFA en 2004. Depuis cette date une régression est continue avec un niveau très bas en 2015 (2,3 % du PIB) et en 2020 (2,2 % du PIB) qui correspond aux années de crise.

D)– Politiques mises en place en faveur du bovin

Depuis les années 60, les pouvoirs publics ont mis successivement en place des politiques à travers plusieurs projets pour accroître la production des bovins.

Les investissements rapportés au PIB sont nettement insuffisants, ne représentant en moyenne que 0,4 % dans les années 80. Ramené au développement rural, le secteur élevage a bénéficié en moyenne de 15 % des investissements dans la même période. Depuis la fin des années 90, les investissements sont inexistants, le bailleur de fonds principal, la Banque mondiale, s'est désengagé à cause du manque de transparence dans la gestion des prêts et dons. De 1982 à 1990, les financements totaux en faveur du secteur ont été d'environ 13 milliards de FCFA. Entre 1967 et 1981, les projets mis en place n'ont pas été de grande envergure. C'est surtout entre 1982 et 1990 que deux grands projets ont été formulés.

Le premier projet financé par le fonds européen de développement (FED) a permis entre 1967 et 1975 d'assainir les zones d'élevage notamment dans la ville de Bambari et de créer des centres vétérinaires. Les investissements qui ont été faits à cette période sont évalués à 2,4 milliards de FCFA.

En 1980-81, un projet financé par la FIDA-BAD-CE a mis en place un projet de développement intégré de l'élevage et a procédé à l'extension et au développement de la zone d'élevage de Bambari, le plus grand centre de l'élevage du pays.

Entre 1982 et 1986, deux grands projets ont eu un impact appréciable sur le développement de l'élevage : Le premier est le « projet de développement intégré en zone orientale » qui a concerné les préfectures de la Ouaka, de la Basse-Kotto, du Mbomou, de la Haute-Kotto et du Haut-Mbomou. Ce projet a été financé par le fonds européen de développement pour un montant de 3,3 millions d'écus et a permis de faire plusieurs réalisations, dont l'enquête sur les principales maladies et les diffusions de médicaments, des vaccins contre la peste bovine, la réhabilitation et la création des postes vétérinaires, des actions de vulgarisation et d'organisation de la commercialisation des marchés de bétail etc.

Le deuxième projet, « le projet de développement de l'élevage dans l'ouest » qui a concerné les préfectures de la Haute-sangha, la Sangha-Economique, la Lobaye, la Nana-Mambéré, l'Ouham-Pendé, l'Ouham et l'Ombella-Mpoko ont bénéficié d'une ressource de 8,8 millions de dollars. Les résultats sont importants :

– Sur le plan sanitaire, le projet a permis la diffusion de médicaments, la vaccination des troupeaux, la lutte contre les épizooties et la construction des centres vétérinaires.

– Sur le plan agro-pastoral, l'aménagement de 328 km de piste de desserte des campements d'éleveurs a été effectué.

– Sur le plan institutionnel, le projet a permis la mise en place du système d'appui technique par la mise à disposition d'un expert financier à l'Association nationale des éleveurs centrafricains (ANEC) par la construction du siège de l'association et la dotation d'un fonds de produits vétérinaires.

En 1986, les deux projets ont fusionné pour constituer le projet national de développement de l'élevage en RCA.

E)– L'avenir de l'élevage centrafricain

L'élevage centrafricain est très en retard parce que le système est basé sur la transhumance, notamment celui des bovins, le système moderne reste très marginal. La rareté de la viande de bœuf qui explique son prix constamment élevé doit interpeller les pouvoirs publics. Une politique du développement de l'élevage en faveur des nationaux sédentaires suivi du développement des structures devrait être mise en place.

Chapitre 11.

L'industrie et le commerce

En 1966, on avait inventorié 120 entreprises à caractère industriel et 132 appartenant au sous-secteur commercial avec des chiffres d'affaires respectifs de 11,257 milliards de FCFA et 28, 128 milliards de FCFA. Les deux secteurs se partageaient 66 % des employés pour l'industrie et 24 % pour le commerce.

L'industrie centrafricaine est composée de l'industrie extractive qui concerne l'exploitation des mines, en particulier le diamant et l'or. On remarque l'industrie forestière dans une grande partie du pays et l'industrie manufacturière, embryonnaire et constituée par des petites industries de production du sucre, de l'huile et de la bière.

Le secteur du commerce est dominé par le petit commerce d'importation dont une partie demeure dans le secteur informel qui prend un essor continu.

Section 1 –
L'industrie extractive

L'industrie extractive centrafricaine est potentiellement immense. Il est composé de gisements de cuivre, diamant, or, graphite, minerai de fer, cyanite, lignite, calcaire, manganèse, monazite, quartz, rituel,, sel, étain et uranium [Wikipédia]. Sur 16 préfectures du pays, selon l'ancien nombre (20 aujourd'hui) dix produisent de l'or et neuf des diamants.

Seuls le diamant et l'or sont exploités. On n'estime que 150 000 à 200 000 personnes travaillent sur les sites miniers. Avant la crise de 2013, les minéraux étaient la troisième source de revenus du gouvernement centrafricain, après l'agriculture et la sylviculture. Les exportations de diamants représentaient à elle seules 11 % des recettes fiscales en 2010.

L'industrie extractive est dominée pour le moment par le diamant et l'or, certaines richesses potentielles ne sont pas encore exploitées. L'exploitation de l'uranium sous forme d'échantillons par une société française pendant les années 60 a été abandonnée. Depuis le milieu de l'année 2006, une société sud-africaine a fait des études aboutissant sur l'exploitation. Au début des années 80, une société américaine avait mené des études dans le nord, voisin du Tchad, où il existerait des gisements de pétrole. Son exploitation aurait un coût énorme, mais l'existence du pétrole n'est pas formellement mise en cause.

Ces dernières années plusieurs opérateurs économiques ont investi dans le secteur minier selon le ministère des mines :

– La Chine a investi dans 9 permis de recherche et 10 permis d'exploitation de mines, dans l'or, le plus grand bloc pétrolier du pays et le diamant.

– Les américains détiennent 17 permis d'exploration. Des autorisations de recherche sont octroyées à 5 sociétés à capitaux américains, notamment dans la lithium, fer, cuivre, or, diamant....

– Les Rwandais possèdent 2 sociétés qui détiennent 9 permis de recherche minière, en particulier dans l'exploitation de l'or et du diamant ;

– Les russes à travers la société Midas ressources détient le permis d'exploitation la mine de Ndassima, considérée comme ma plus important mine d'or de la RCA.

– Les sud-africains détiennent une seule société qui possède 4 permis de recherche de mines, principalement dans les hydrocarbures, l'or et le diamant.

A)– Le diamant

Le diamant est exploité dans les régions de l'ouest et une partie de l'extrême nord, mais, ces dernières années, des gisements du diamant ont été découverts dans une partie importante du pays, notamment des régions du sud (Lobaye), de l'est et centre-est (Basse-Kotto) et de l'est (Mbomou).

Le diamant constitue la première ressource de la république centrafricaine sur la période étudiée et est d'excellente qualité car de type alluvionnaire très recherché par les joailliers. Il représente ces dernières années avant la crise plus de 50 % des exportations. La fraude développée dans le secteur cette dernière décennie est estimée à environ 50 % et prive ainsi l'Etat des recettes budgétaires importantes.

Le pays est classé cinquième producteur du diamant du monde et en 2003, il a adhéré au processus de Kimberley qui lutte contre « les diamants de guerre ».

Avec l'entrée de la séléka, groupe de rebelle qui a pris le pouvoir en Centrafrique, celui-ci a été exclu par le processus de Kimberley pour exploitation illicite par les groupes armés. Le pays a été réintégré définitivement en novembre 2024.

La production reste artisanale et privée, même si on a constaté l'apparition de la production semi-industrielle ces dernières années.

1)– L'évolution de la production

Les gisements du diamant de Centrafrique sont connus depuis plus d'un siècle. Il existe deux zones principales, l'une située entre Berberati et Carnot à l'ouest du pays, et l'autre près de Bria à l'est du pays.

Graphique 10 : Evolution de la production du diamant (en carats)

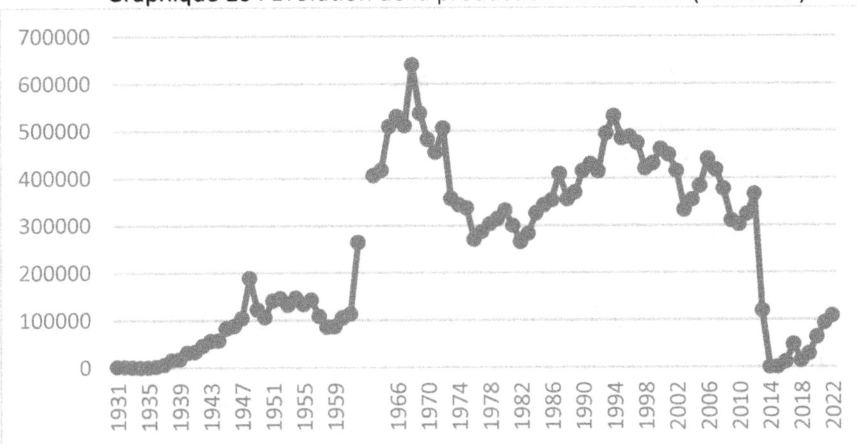

Sources : Mongenet, BEAC, Plan, Ministère des Mines, Banque mondiale

La production officielle du diamant centrafricain a commencé 1931 avec 1500 carats et a augmenté continuellement pour atteindre 147 104 en 1954. À partir de cette date, la production a commencé à régresser pour atteindre 69 641 carats en 1960. En 1961 la production a repris avec 111 484 carats et 265 417 carats en 1962 soit une augmentation de 66,6 % passant à 442 200 carats en trois ans. La production a continué à augmenter constamment atteignant 635 900 carats en 1968 niveau qui n'a jamais été égalé et la production a baissé constamment pour descendre à 279 800 carats en 1976.

La production a repris légèrement à partir de la chute de l'empire en 1979, mais est restée assez modeste et lente. À partir de 1984 et suite à la baisse des taxes sur le diamant qui sont passées de 20 % à 12 %, la production a augmenté mais en dents de scie et est restée en dessous de 500 000 carats. C'est en 1994 que le niveau de 531 992 carats a été atteint et a commencé sa descente qui a été sévère à partir en 2003 pour descendre à 333 000 carats. Depuis, la tendance baissière continue pour atteindre 301 000 carats en 2010 et 81 000 carats en 2013. Les deux années qui ont suivi (2015 et 2014), les productions officielles sont nulles au pic de la crise à cause de l'embargo imposé à cette période qui correspond aux contrebandes organisées par séléka (diamants de sang). La reprise timide continue pour atteindre 118 000 carats. Ce chiffre est bas par rapport à la fraude développée par les exploiteurs avec la complice de l'administration centrale sans doute. Selon l'ONG, *Global Witness*, des trafiquants à visage découvert sur les réseaux sociaux pour vendre des pierres interdites à l'exportation pour financer la guerre. Selon le groupe des experts de l'ONU, 140 000 carats ont quitté illégalement la Centrafrique entre mai 2013 et fin 2014.

Une recherche publiée en décembre 2022 par la quotidien belge de Standaard, le réseau médiatique European investigative collaborations (EIC) et le projet all ayes sur Wagner a conclu que « le groupe russe Wagner obtient l'accès aux matières brutes précieuses en échange d'un soutien militaire au gouvernement de la RCA ».

2)– La place du diamant dans l'économie Centrafricaine

Le diamant représente environ 15 % du secteur secondaire. Sa contribution au produit intérieur brut est évaluée en moyenne à 4 %.

Le diamant a été longtemps premier produit d'exportation avant d'être évincé dans les années 2000 par le bois. En 1970, il représentait 43,6 % des exportations et en 1990 54,5 %.

Tableau 40 : Part du diamant dans les exportations (en %)

Années	1960	1970	1980	1990	2000	2010	2020
Exportations totales (en milliards de FCFA)	2,7	8,15	29,21	36,1	101,1	62,4	68,6
Exportation du diamant (en milliards de FCFA)	0,35	3,56	10,23	19,7	43,9	25,9	4
%	**13**	**43,6**	**35**	**54,5**	**42,6**	**41,5**	**5,8**

Source : BEAC

La tendance baissière s'est poursuivie jusqu'à ce jour. Elle est tombée à 5,8 % en 2020.

Tableau 41 : Production du diamant et valeur taxable de 2020 à 2023

Années	Quantités en carats	Valeur taxable en FCFA
2020	50 410,60	4 024 436 613
2021	103 647,48	6 391 123 802
2022	115 607,43	8 929 799 968
2023	107 857,72	8 776 006 358

Source : BEC d'OR

Depuis 2021, la production du diamant augmente après la levée partielle de l'embargo.

La production de 2022 a plus que doublé par rapport à l'année précédente. Elle a atteint 103 647 carats pour une valeur taxable de 6 391 123 802 de FCFA. La croissance a continué pour atteindre 107 857, 72 carats pour une valeur taxable de 8 776 006 358 milliards de FCFA.

3) – Organisation de la production

La production reste pour l'essentiel artisanale. L'autorisation est donnée par l'Etat pour les prospections et l'exploitation.

Selon le code minier, le permis d'exploitation industrielle de grande ou petite taille est accordé par décret pris en conseil des ministres pour une durée de 25 ans mais selon la constitution de 2016, l'avis de l'assemblée nationale est requis. Avec la nouvelle constitution ce point n'existe plus. En outre, 15 % des actions doivent être attribuées à l'Etat. Les détenteurs d'un titre foncier sont tenus au paiement d'une taxe établie en fonction de la superficie.

L'Etat centrafricain garantit aux titulaires des titres de transférer les dividendes et produits des capitaux investis ainsi que le produit de la liquidation ou de réalisation de leurs avoirs. L'exploitation minière artisanale est réservée aux personnes physiques centrafricaines, aux coopératives minières à participation exclusivement centrafricaine et aux entreprises et sociétés de droit centrafricain dont le capital est exclusivement centrafricain. Dans la réalité, il y a plus de personnes étrangères, grâce aux délivrances des vrais-faux papiers centrafricains aux étrangers par les autorités. L'artisan doit payer 100 000 FCFA.

Dans cette situation, l'entreprise travaille d'une manière libre avec l'obligation théorique de déclarer les pierres au ministère des mines qui dispose des experts-évaluateurs.

Les artisans peuvent également exploiter les diamants et les vendre aux bureaux d'achats qui sont chargés de l'exportation. Cette organisation facilite les fraudes en direction des pays du nord ou des pays limitrophes qui possèdent des bureaux d'achat alors qu'ils ne disposent d'aucun gisement de diamant.

En 1964, les pouvoirs publics avaient créé le comptoir national du diamant (CND) où ils détenaient 51 % des actions pour la taillerie, mais qui ne taillait qu'à peine 10 % de la production.

Cette entreprise a été dissoute en 1990 et une deuxième tentative initiée récemment par les privés est restée éphémère. Pour l'essentiel, la totalité de la production des diamants est exportée.

Le Bec d'or créé également par l'Etat joue le même rôle.

4)– L'avenir du diamant

Après la chute brutale des productions des cultures de rente et de leurs cours internationaux, le diamant reste la seule richesse naturelle qui produit des ressources financières pour l'Etat. Il est donc urgent de mettre en place une politique efficace. Le rôle de l'Etat doit être clairement défini dans toute politique des mines. La question fondamentale qui peut être posée est celle de savoir si l'Etat doit rester totalement à l'écart de la production et laisser ce secteur stratégique au privé ? Dans certains pays de l'Afrique de l'est, l'Etat détient des gisements qui sont exploités en faveur du Trésor public. Cette stratégie permet à l'Etat de limiter la fraude et de mieux contrôler la partie privée.

B)– L'or

D'après les statistiques du ministère des mines, la production de l'or a commencé dans la même année que celle du diamant en 1929 avec 2, 889 kg. L'année d'après la production représentait 87,74 kg avant de passer 478, 447 kg en 1932, 906,9 kg en 1934. Entre 1935 et 1944, la production a varié entre 867 kg et 616 KG.

Sa production déclarée reste très marginale malgré l'existence de l'or dans la quasi– totalité des régions du pays.

Graphique 11 : Graphique Evolution de la production de l'or (en kg)

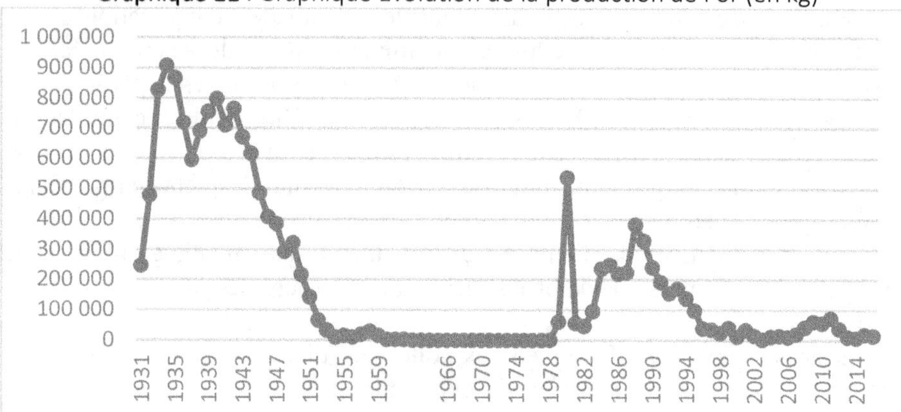

Source : Mongenet, BEAC, Plan, Minstère des Mines

Tableau 42 : Production l'or et valeur taxable

Années	Quantités en grammes	Valeur taxable en FCFA
2020	401 147,30	6 855 401 435
2021	857 921,94	14 666 469 922
2022	1 536 233,61	31 458 758 078
2023	1 743 945,17	43 779 745 790

La production de l'or a évolué ces dernières années. Elle est passée de 401,9 kg en 2020 à 1, 4 tonne en 2023, représentant respectivement en valeur taxable de 6, 855 milliard de FCFA et 43,779 de FCFA. La croissance de la production en quatre ans est 334,4 %. La production est totalement privée, l'Etat ne se contente que des 2,5 % de taxe qui lui revient.

Son exportation officielle reste marginale, même si progressivement sa contribution évolue et a atteint

6, 1 milliards de FCFA en 2020. Le ministre de Mines « estime que les deux tiers de la production nationale de l'or, soit deux tonnes, quittent le pays sans être déclarés » [interview avec le ministre des mines, Rufin Bénam Beltoungou, par Jean-Fernand Koena, 30/05/2022].

Tableau 43 : Exportation de l'or (en milliards de FCFA)

1993	1995	2000	2005	2010	2015	2020
0,3	0,1	0,2	0,1	0,5	0,1	6,1

Source. BEAC

La recherche et l'exploitation de l'uranium sont encore récentes car elles datent de la fin de 2006. L'uranium est situé à l'est du pays dans le Mbomou à Bakouma. Le pétrole n'est pas encore arrivé au stade d'exploitation.

C)– Politiques des pouvoirs publics en faveur du secteur.

L'importance économique et financière du secteur s'est imposée aux autorités publiques. Les gouvernements successifs ont tenté de mieux contrôler le secteur en mettant en place quelques réformes. La création du comptoir national du diamant pour la taillerie du diamant visait le contrôle par les pouvoirs publics de la production du diamant. En 1980, la société centrafricaine de recherche et d'exploitation minière (CAREMI) a été créée pour l'exploitation industrielle du diamant. Cette société à capitaux privés à 80 % n'a pas été opérationnelle.

Plusieurs actions ont été mises en place pour l'encadrement et la formation des artisans dans le but de mieux contrôler le secteur.

En 2009, la loi N° 09.005 portant code minier de la république centrafricaine a été votée par l'assemblée nationale. Dans la même année, le décret 09.126 fixant les conditions d'application de cette loi a été signé par le Chef de l'Etat.

En 2024, le code minier a été révisé sur certains points et fait de l'Etat un agent majeur dans le secteur. Il est donc créé une société nationale d'affinage dénommée « société centrafricaine d'affinage (SOCAF) » à capitaux de l'Etat centrafricain. En outre, une taillerie nationale a été créée appelée « la centrafricaine des tailleries des germes (CATAGEM) ».

Dorénavant, seuls les centrafricains d'origine ont accès à une zone d'exploitation minière et artisanale. Cette disposition est contraire à la pratique où les étrangers ont évincé les centrafricains de ces zones avec l'aval du gouvernement.

Section 2 :
L'industrie forestière

La Centrafrique a un potentiel forestier important et occupe une bonne partie ouest, sud et est du pays. Sur une superficie nationale de 62,3 millions d'hectares, la RCA comptabilise près de 6,9 millions de forêts denses qui représentent 3,71 % de l'ensemble des forêts du bassin du Congo. On trouve des espèces recherchées nécessaires pour les bois d'œuvre telles que le sapelli (bois rouge), le limba (bois blanc), l'ayous, le kossipo, le sipo, le tiama. Son exploitation pose des problèmes environnementaux importants, car les reboisements n'existent pratiquement pas.

1)– L'évolution de la production

La production du bois a accru d'une façon lente dans les années 60. C'est à partir de 1970 que l'exploitation a commencé à devenir importante passant de 193 m3 en 1969 à 346,6 m3 en 1970, soit une croissance de 79 % en une année. Une croissance régulière s'est maintenue jusqu'en 1981 correspondant en partie à l'évolution positive des cours mondiaux et à un investissement important dans le secteur.

Graphique 12 : Evolution de la production du bois (en milliers de m3)

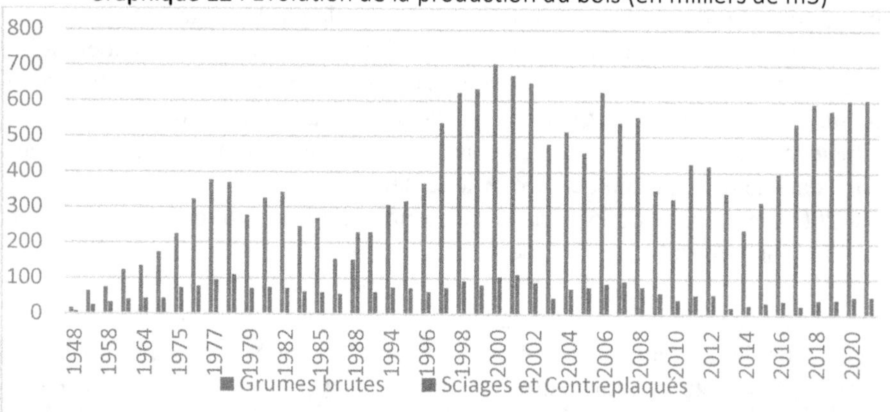

Source : Mongenet, BEAC, Plan, Ministère des Mines

La baisse a débuté en 1982 d'une manière constante jusqu'en 1994 avec une reprise vraisemblablement liée à la dévaluation du FCFA conjuguée avec l'amélioration des cours mondiaux.

En 1997, une progression de 45 % a été constatée où la production a atteint 534,4 m3 contre 367,7 m3 en 1998. La hausse est restée continue car la production a atteint 806,8 m3 en 2000 suite à la bonne tenue des cours mondiaux et aussi à de nombreuses attributions des permis d'exploitation avant d'amorcer une baisse à partir de 2001 pour atteindre 513,4 m3 en 2004. En 2006 l'augmentation a atteint 624,9 m3, avec une baisse importante en 2014 pour une production de 237,5 m3. Pendant cette période une production appelée « bois du sang » est sortie par le

Cameroun comme nous avons largement décrit dans un chapitre antérieur de ce livre. Depuis l'ascension est continue et a atteint 602 m3 en 2020 mais est descendue à 549,6 m3 en 2021 soit - 8,7 % de baisse en une année.

2)– Transformation

Les transformations en sciages et contreplaqués restent largement insuffisantes au regard des textes qui obligent les producteurs à le faire. Alors qu'en 1948, les transformations représentaient 45 %, elles ne font que régresser pour tomber à 8 % en 2020. Or, selon la législation, 70 % de la production doit être transformée localement. D'environ 49 % en 2001, le taux des transformations est tombé à 14 % en 2017, pour remonter à 29 % en 2021

3)– La place du bois dans l'économie centrafricaine

Le bois est devenu progressivement depuis les années 90 le deuxième produit d'exportation du pays dépassant ainsi le café et le diamant. Sur la période étudiée les exportations du bois représentent environ 26 % des exportations totales.

Tableau 44 : Part du bois dans les exportations

Années	1960	1970	1980	1990	2000	2010	2020
Total des exportations en milliards de FCFA	2,7	8,5	29,1	36,1	103,1	62,4	68,6
Bois (en milliards de FCFA)	0,08	0,51	7,2	9,2	48,9	30,5	57,1
%	**2,96**	**6**	**24,34**	**25,48**	**47,42**	**48,87**	**83,2**

Source : BEAC, CEMAC

Si on analyse l'évolution pendant la dernière décennie, la moyenne est environ à 30 % et a même atteint

45 % en 2000. Entre 2000 et 2003 les exportations du bois ont dépassé celles du diamant avant de commencer à décroître. Depuis 2000 le bois est devenu le premier d'exportation. En 2010 sa part dans les exportations représentait 48,87 % et 83,2 % en 2020 ;

Exportation des grumes et des sciages

Graphique 13 : Evolution des exportations des grumes et des sciages (en m3)

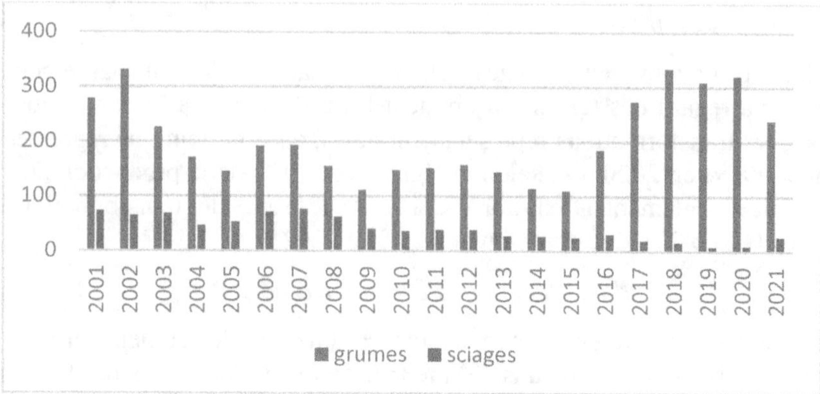

Source : Etat du secteur forêts-bois en RCA

Sur la période étudiée, les exportations du bois représentaient 330 811 m3, et la tendance baissière a commencé en 2003, année du coup d'Etat du président Bozizé. Jusqu'en 2017, ce niveau n'a été atteint. C'est plus tard en 2017 que les exportations ont atteint 333,4 m3. Mais les années d'après la baisse a continué pour descendre à 238,6 m3.

En 2020, une directive de la CEMAC a interdit les exportations de bois sous forme de grume par tous les pays membres du bassin du Congo à compter de 1er janvier 2022 et prolongée au 1er janvier 2023. Sauf le Gabon a appliqué cette directive. Or, la transformation créerait une valeur ajoutée importante et l'emploi.

Les principales destinations des grumes centrafricaines en 2021 ont été la Chine (39 %), et l'Allemagne (19 %), alors que pour les sciages, les positions sont inversées, avec l'Allemagne (31 %) et la chine (23 %). Depuis 2001, un accord de partenariat volontaire (APV) a été signé entre l'union européenne (UE) et la république centrafricaine sur l'application des réglementations forestières, la gouvernance et le commerce de bois et de produits dérivés du bois destinés au marché de l'UE (FLEGT).

4)– Les entreprises forestières

En 2021, 13 entreprises forestières ont été enregistrées en Centrafrique, dont 2 sociétés ayant exploité les plantations de teck. La production annuelle moyenne sur la période 2011/2021a été d'environ 450 000 m3.

Les titres d'exploitation forestière sont appelés permis d'exploitation et l'aménagement (PEA) et ils octroient un droit d'exploitation avec des moyens industriels, moyennant le respect des lois et règlements nationaux complétés par des clauses spécifiques d'une convention d'aménagement que l'entreprise signe avec l'Etat.

Tableau 45 : PEA attribué par entreprise

N°	PEA	Société	Surface totale (ha)	Surface utile (ha)
1	165	IFB (Industrie forestière de Balalimo)	208 038	
2	186	IFB (Industrie forestière de Batalimo)	218 587	62 122
3	171	SCAD (Société centrafricaine d'agriculture de déroulage)	475 002	339 947
4	190	SINFOCAM (Société industrielle forestière centrafricaine et d'aménagement)	234 465	184 695
5	191	RSM Rougier Sangha-Mbaéré	270 005	193 736
6	164	Thanry-Centrafrique	225 321	205 100
7	174	SEFCA Société exploitation forestière centrafricains	395 856	311 543
8	183	SEFCA Société exploitation forestière centrafricaine	325 563	230 795
9	184	VICA Vcwood en Centrafrique	370 294	201 932
10	175	SOFOKAD Société forestière de la Kadéï	188 691	92 057
11	188	STI Timberland Industries	229	025
12	189	STBCA Société de transformation des bois de Centrafrique	211 155	173 169
13	192	CENTRABOIS La centrafricaine des bois	157 233	59 138
14	193	Bois rouge	186 596	137 585
		Total	**3 69 831**	**2 468 959**

Source : Etat du secteur forêt-bois en République centrafricaine.

En 2021, sur 14 PEA attribués, dix étaient opérationnels, et un a fait l'objet d'un retour au domaine, deux sont considérés comme dormants et un dernier a été nouvellement attribué. Dix-huit permis ont été octroyés pour l'exploitation artisanale.

Tableau 46 : Permis artisanaux (2018-2021)

Localité	2018	2019	2020	2021	Total
Mambéré-Kadéï (Berbérati)	1	5			6
Lobaye dont Ngotto Mbaïki	12	6		1	19
Nana Mambéré (Bouar)		3	4	6	13
Mambéré			1		1
Ombella-Mpoko		3	2	13	18
Haute Koto (Bria)				2	2
Ouham		2	2		4
Kémo (Sibut)		1		1	2
Total	**13**	**20**	**9**	**23**	**65**

Source : Etat du secteur forêt-bois en République centrafricaine.

La répartition des taxes par les sociétés forestières sont réparties comme suit dans le tableau 47 :

Tableau 47 : Répartition des taxes payées par les sociétés forestières à l'Administration (en %)

Taxes	Trésor	FDF (CAS-DF)	AGDRF	Communes
Loyer	70	24	6	
Abattage	40	24	6	30
Reboisement	25	40	10	25

Source : Agence de gestion durable des ressources forestières

Pour les loyers : 70 % revient au trésor public, 24 % au FDS et 6 % à l'AGDRF, tandis que pour l'abattage : 40 % pour le Trésor public, 24 % revient à FDF, 6 % pour AGDRF et enfin 30 %pour les communes.

Pour le reboisement : 25 % pour le trésor public, 40 % pour FDF, 10 % pour AGDRF et enfin 25 % pour les communes.

5)– La gestion durable des forêts centrafricaines

La Centrafrique fait face depuis la colonisation à l'exploitation de ses forêts. La déforestation à l'échelle industrielle a débuté au lendemain de la deuxième guerre mondiale avec des conséquences sur l'écosystème.

En effet, selon les scientifiques « l'exploitation forestière sélective entraine une réduction sélective des stocks de carbone en surface, en raison de l'élimination directe de quelques gros individus commerçables et de la mort de plus petits arbres blessés ou écrasés à la suite de la récolte ». Les menaces naturelles, comme le feu, les insectes et maladies font partie intégrante de la dynamique forestière. Cependant, elles peuvent perturber le flux des biens et services procurés par les forêts, en nuisant à la croissance et à la survie des arbres, à la qualité et au débit de l'eau et à la biodiversité, la destruction de l'habitat etc.

La déforestation provoque directement le changement climatique en libérant du dioxyque et le carbone et d'autres gaz à effet de serre précédemment stockés dans les arbres et les sols. Cela entraine à son tour des changements dans les conditions météorologiques, les précipitations et la température, tant au niveau local que mondial.

Les catastrophes naturelles sont consécutives à la déforestation, car celle-ci réduit la capacité de la forêt restante à leurs résister aux catastrophes naturelles telles que les incendies ou les sècheresses.

Il y a donc interactions entre l'homme et la faune sauvage qui sont fréquentes du fait de la diminution des forêts vierges et de la présence accrue de l'homme dans les zones où vivaient auparavant les animaux.

a)– La situation de la RCA

En Centrafrique, dans le document de « stratégie nationale REDD+ de la république centrafricaine », l'évolution du couvert forestier et l'émission de gaz à effet de serre associés sur les périodes historiques 1990 à 2000, les rapports d'état des forêts d'Afrique centrale montrent que la déforestation est relativement faible dans les forêts humides de la RCA, environ 2 % en 10 ans à l'exception des certaines préfectures comme Nana-Manbéré et Kémo qui présentent un taux de déforestation jusqu'à 10 % en 10 ans. La forêt humide de la RCA a perdu 4 % de sa surface totale en 20 ans. Dans la zone sud-ouest les taux de déforestation est de 8,18 % par an (soit 94 230 ha) entre 1985 et 2000, et 0,13 % par an (soit 66 810 ha) entre 2000 et 2015. Les émissions de GES couvrant la période 2011 et 2016 sont estimées à 93 % des émissions nationales et sont attribuées aux secteurs agriculture, foresterie et affectation des terres.

b) – La politique de lutte contre la déforestation en RCA

L'objectif 15 des objectifs de développement durable (ODD) est de préserver et restaurer les écosystèmes terrestres, en veillant, à les exploiter de façon durable, gérer durablement les forêts, lutter contre la désertification, enrayer et inverser les processus de dégradation des terres et à l'appauvrissement de la biodiversité.

Il existe au moins trois moyens de lutte contre la désertification : Mettre un terme à la déforestation et préserver les forêts ; remettre en état les terres dégradées et développer l'agroforesterie et enfin utiliser les forêts de manière durable et créer des chaines de valeur vertes.

En Centrafrique, sur le plan institutionnel, c'est le ministère de l'environnement et du développement durable qui a mis en place la politique de la lutte contre la déforestation. En son sein, est créée une « Coordination nationale climat (CNC) qui pilote et coordonne l'ensemble des initiatives en relation avec le climat. La coordination technique REDD+ (CT REDD+) coordonne tous les aspects politiques et techniques.

Ce premier plan a été financé par la Banque mondiale avec objectifs d'analyser la situation actuelle et développer un ou des scénarios nationaux de référence (REL) pour les émissions de GES dues à la déforestation et à la dégradation des forêts ; élaborer une stratégie nationale et un plan d'actions REDD+ et appuyer et renforcer le programme de réforme en cours du secteur forestier par une amélioration des capacités institutionnelles et techniques.

Le pays a rédigé la stratégie nationale et élaboré les orientations stratégiques et les cadres de mise en œuvre de la stratégie sur la base des diverses études conduites et consultations publiques effectuées par les différents bureaux d'études.

Section 3 –
Evolution et structure du secteur secondaire

Le secteur secondaire comprend l'industrie manufacturière, l'industrie extractive, l'énergie (eau et électricité) et la construction.

A)– Evolution du secteur secondaire

Le secteur secondaire s'est accru d'une façon constante de 1960 jusqu'en 1978 avant de commencer à régresser pour atteindre en 1980, le niveau de 1970.

La croissance de cette période est due à l'apparition timide de certaines unités agroalimentaires et la transformation d'une partie du bois. La contribution des industries manufacturières au PIB est passée de 3,4 milliards de FCFA en 1960 à 33,3 milliards en 1978. La baisse de 1978 est consécutive à la crise généralisée de l'économie et l'année 1980 correspond au changement du pouvoir politique qui a relancé les activités économiques.

À partir de 1984, le secteur secondaire a fait un bond important passant à 36,81 milliards de FCFA contre 26,4 milliards de FCFA en 1982 soit une augmentation de 39,4 % en un an.

La tendance à l'accroissement s'est maintenue, mais dans une moindre mesure et s'est renforcée à partir de 1994 grâce à la dévaluation du FCFA et aussi à l'accroissement des industries extractives qui concernent en quasi-totalité le diamant.

Le secteur a subi une régression constante à la fin des années 90 et au début des années 2000 car il est passé de 16,2 % du PIB en 1996 à 14 % en 2004 et 12,1 % en 2005. En 2010, le secteur représentait

27,2 % du PIB et est tombé 13,7 % du PIB en 2020.

B)– La structure du secteur industrie

Le secteur secondaire comprend les industries manufacturières, les industries extractives, le sous-secteur eau et électricité et bâtiments et travaux publics.

1)– L'industrie manufacturière

La production industrielle est très peu diversifiée, insuffisante pour la consommation locale, embryonnaire et régressive. On distingue : les sous-secteurs agro-alimentaires, du bois, du textile, chimie et métaux.

Le sous-secteur agro-alimentaire est constitué par une usine de production de la bière, des jus de fruits, de boissons gazeuses et de glaces, une sucrerie, deux huileries et produits dérivés.

Tableau 48 : Evolution du secteur secondaire entre 1985-2020 (en milliards de FCFA)

	1985	1990	2000	2010	2020
Industries manufacturières	35	41,9	39,6	140,2	104,1
Industries extractives	13,1	15,9	26,7	20,3	11,5
Eau, électricité	1,1	1,5	4,3	4,9	3
Bâtiment et TP	7,3	13,9	20,6	11,9	4,8
Total	**56,5**	**73,2**	**91,2**	**177,3**	**123,4**
PIB	388	392	667,7	651,3	896,4
Total/PIB (%)	14,6	18,7	13,6	27,2	13,7

Source : BEAC

– Une sucrerie a été créée en 1987 avec une capacité de 8000 à 12 000 tonnes par an. Cette production est insuffisante pour la consommation et le pays importe chaque année une quantité représentant le tiers de la consommation totale en sucre. À la création de la société, l'Etat en était l'actionnaire principal. Elle a été privatisée depuis mars 2004.

– Une usine de fabrication cigarettes qui importe des tabacs pour la transformation dans le pays. Le pays disposait jusqu'en 1990 de trois sociétés de fabrication de cigarettes et de cigares : SCAT, Manucacig et Socacig. Seule la Socacig, détruite pendant la mutinerie de 1996 a été reconstituée partiellement en 1998. Les autres autres n'ont pas repris leurs activités en ont disparu.

– L'usine Centrapalm dont les actions étaient détenues par l'Etat fabriquait de l'huile de palme, produit de base consommé par la totalité de la population est en faillite.

– L'usine Husaca devenue Palm d'or fabrique de l'huile d'arachide et du savon à partir de l'huile brute de Centrapalm.

Le sous-secteur bois

Le sous-secteur comprend une dizaine de sociétés. L'exploitation du bois a développé une petite industrie qui transforme une partie des grumes en sciages et en contre-plaqués. Ils sont destinés à la consommation locale et une partie à l'exportation régionale notamment en direction du Tchad.

La transformation du bois en sciages et en contre-plaqués reste moins importante parce qu'elle représente en moyenne 20 % des grumes entre 1975 et 2004. Depuis 1996, la partie transformée ne fait que chuter, atteignant 8,8 % en 2003, ce qui montre que la grande partie du bois est destinée à l'exportation sous forme de grumes. En réalité, depuis une dizaine d'années les contre-plaqués ne sont plus fabriqués en Centrafrique car ceux qui sont vendus sur le marché sont importés du Cameroun et de la Chine. Aucune transformation n'est par conséquence faite dans le pays. Le secteur produit par conséquent moins de valeur ajoutée. La situation particulière de 2013 a impacté négativement ce sous-secteur avec le bois de sang.

Le sous-secteur textile

L'usine Ucatex qui fabriquait les couvertures, les draps et les pagnes a disparu depuis 1987, elle n'a pas pu faire face à la concurrence des pagnes venus du Nigeria, de la République du Congo et des pays asiatiques.

Le sous-secteur chimie

Ce sous-secteur est constitué d'une seule entreprise, Colalu qui fabrique des articles de ménage et des tôles. Sépia qui faisait le montage des motocycles et des vélos a été pillée suite à la mutinerie de 1996 ainsi que l'usine de conditionnement de peinture et du gaz.

L'industrie manufacturière qui représentait 9 % du PIB en 1985 est descendue à 7,5 % du PIB en 1996, année de la mutinerie où une partie des unités de transformation a été détruites. Ce qui explique le recul de la production manufacturière de 30 % en 1996. Depuis cette date sa production ne fait de décroître.

2)– Industries extractives

L'industrie extractive est constituée principalement par l'exploitation du diamant qui reste artisanale dans la grande majorité. Pendant ces dernières années deux sociétés dont une sud-africaine ont introduit une exploitation moderne.

L'industrie extractive a progressé d'une façon continue depuis 1987 et a atteint 15,9 milliards en 1991 contre 10,8 milliards en 1985 soit un accroissement de 78,7 % en quatre ans.

La progression a atteint 25,8 milliards en 1994, même si on observe depuis une stagnation ou de légères baisses. Elle n'a pas dépassé 6 % du PIB cette dernière décennie.

Globalement le secteur secondaire a diminué ces dernières années, même s'il a connu une légère expansion dans les années 90. Depuis l'année 2000, la diminution de la production du secteur est régulière, atteignant 13,5 % du PIB en 2004. Ce sous-secteur représentait 20,3 milliards de FCFA en 2010 et a régressé à 11,5 milliards de FCFA en 2020 à cause de la crise de 2013.

3)– Evolution de la valeur ajoutée du secteur industrielle

Entre 2010 et 2022, la contribution de la valeur ajoutée au PIB du pays est restée en moyenne négative en termes de croissance. L'augmentation importante est celle de l'année 2011 avec une progression de 8,69 % contre -0,24 % en 2010.

Graphique 14 : Evolution de la valeur ajoutée du secteur industrielle (% PIB)

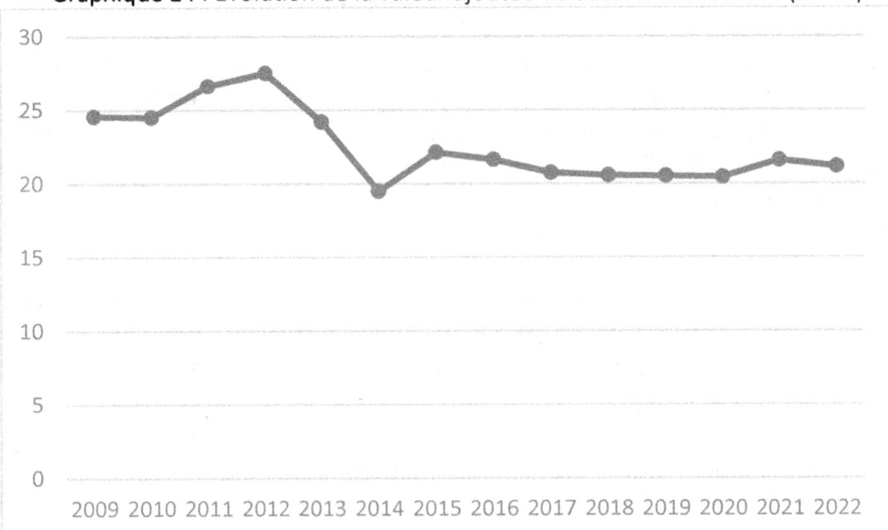

Source : Banque mondiale

Au pic de la crise sa croissance a dégringolé d'une façon importante avec des taux respectifs de de -12,1 % et - 19,5 % en 2013 et 2014. Pendant les crises les groupes armés ou les rebelles ont tendance à détruire les unités industrielles installées à Bangui et en province.

4)- Les obstacles au développement industriel

Les obstacles à l'industrialisation sont nombreux :

– L'enclavement du pays qui renchérit les coûts de production et décourage les futurs investisseurs, le pays étant situé à 1200 km de Douala, le port le plus proche.

– L’étroitesse du marché, la population est estimée à 6,1 millions d’habitants pour une superficie 623 000 Km2. Ce marché est jugé insuffisant pour de grandes unités de production.

– Les difficultés d’accès aux financements pour les entrepreneurs nationaux à cause des conditions draconiennes imposées par le système bancaire et le coût élevé du crédit. Le pays ne dispose pas d’institutions financières de long terme, la Banque des Etats de l’Afrique Centrale ne refinance quasiment pas les crédits à long terme, nécessaires pour les immobilisations industrielles.

– Problème d’énergie.

– La corruption généralisée de l’élite politique et administrative.

– Etc.

Section 4 –
Le secteur du commerce

Le secteur du commerce comprend les services privés (commerce, transports et télécommunications), autres services et les administrations publiques (intérieure, assistance publique extérieure) et a progressé d’une façon continue depuis 1960 jusqu’en 1977 avec un léger recul en 1968.

À partir de cette date le secteur évolue en dents de scie avec une augmentation plus importante que les périodes de baisse.

La baisse la plus importante est celle d’entre 1989 et 1993 qui est de 14 %. C’est une période de crise sociopolitique caractérisée par des grèves pour non-paiement des salaires des fonctionnaires. Cette période a connu une baisse importante de pouvoir d’achat des agents de l’Etat et des paysans qui n’ont pas pu écouler leurs produits agricoles et se sont désintéressés de l’agriculture. L’autre année de baisse significative est 1996 avec 8,7 % suite à la crise politico-militaire où on a assisté à une baisse de l’assistance technique étrangère de 40 % et du sous-secteur commerce de 7 %.

Tableau 49 : Evolution du secteur tertiaire (en milliards de FCFA)

	1985	1995	2005	2015	2020
Secteur tertiaire	124,6	164,1	259,6	307,4	378,3
Transport, commerce, télécommunication	74,94	79,9	108	147	162
Autres services	10,03	25,1	68,3	86	103,3
Administrations publiques	39,63	59,1	83,3	79	112,9
PIB	340,4	556,5	745,2	620	688,6
ST/PIB (%)	**36,6**	**29,5**	**36,8**	**49,5**	**49,1**

Source : BEAC

Sa contribution au produit intérieur brut a diminué au profit du secteur primaire. Elle est passée de 38,5 % en 1985 à 28,2 % en 2004. En 2005, la contribution est de 36,8 % et dans la période étudiée elle s'approche de la moitié.

En 2015 elle a représenté 49,5 % du PIB et a légèrement diminué en 2020. Selon la Banque africaine du développement (BAD), le secteur tertiaire devrait croitre de + 3,2 % et +3,9 % respectivement en 2023 et 2024.

C'est la caractéristique des pays en développement, l'hypertrophie du secteur tertiaire qui se développe indépendamment du secteur primaire et secondaire. Son développement est constitué des biens et services importés.

Chapitre 12.

La production, l'investissement et l'épargne

Nous présentons dans ce chapitre l'évolution du produit intérieur brut depuis 1960 en faisant ressortir les différentes phases importantes. L'investissement et ses origines et l'épargne seront mesurés en rapport avec le PIB pour tenter d'expliquer l'évolution défavorable de l'économie centrafricaine.

Section 1 –
Evolution de la production

Nous distinguerons les différentes périodes de l'évolution du produit intérieur brut (PIB) et sa structure.

A)– L'évolution de la croissance du produit PIB

On peut distinguer trois cycles différents de croissance de l'économie centrafricaine.

Graphique 15 : Evolution de la croissance du PIB de 1960 à 2020 (en milliards de FCA)

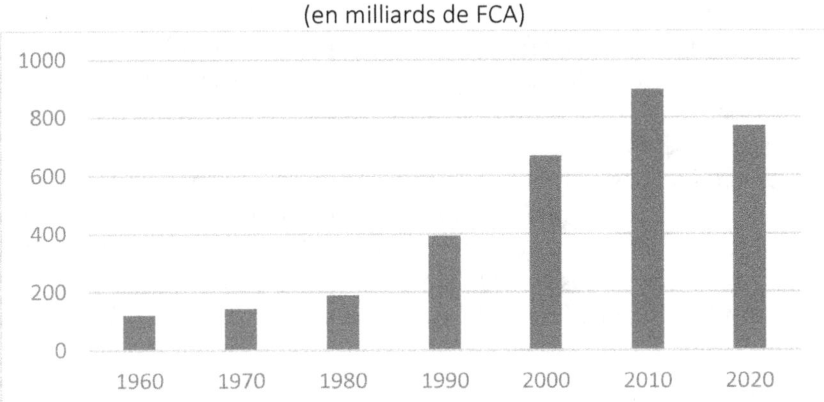

Source : Mongelet, Banque mondiale

1)- Le premier cycle de 1968 à 1978 a connu un taux de croissance moyen de 2,8 %, ce taux est le plus élevé de l'histoire de l'économie du pays. Le maximum est celui de 1969 avec 6,26 % grâce au secteur moderne qui a cru de 12,3 % la même année alors que le secteur primaire moteur de l'économie n'a progressé que de 1,7 %. On constate également que les taxes indirectes sont devenues négatives (-1,1 %) alors qu'elles avaient progressé de 15,8 % l'année précédente.

2)- Le deuxième cycle de 1979 à 1993 a connu une croissance moyenne de -0,2 % sur la période avec un pic de -6,4 % en 1992. Les crises importantes couvrent la période de 1979 et 1983 avec une moyenne de taux de croissance de -1,50 % et de 1990 à 1993 avec un taux de -2,1 %.

La première période correspond à la sortie de l'empire et la remise en place des infrastructures routières dont la dégradation avait ralenti la croissance de l'agriculture.

La deuxième période correspond à la grave crise politique et sociale, caractérisée par des grèves principalement des fonctionnaires et agents de l'Etat. Cette crise s'est arrêtée avec les élections démocratiques de 1993 et est marquée par la régression de la production rurale qui a baissé de 2,2 % et du commerce de 3,4 % consécutif à la baisse du pouvoir d'achat des fonctionnaires qui ont les plus hauts revenus.

La troisième période correspond à la dévaluation du FCFA qui a eu des effets mécaniques positifs les deux premières années sur la production, avant de décroître à cause de la rigidité de l'appareil productif et du manque de mesures d'accompagnement nécessaires à une telle mesure monétaire. Entre 1994 et 1999, le taux de croissance réel a progressé en moyenne de 3,5 %. Cette situation est imputable aux produits échangeables internationalement qui ont vu leur valeur doubler : coton, café, bois. Le commerce et les services ont augmenté dans la même période de 10 %. La croissance aurait pu se maintenir à un niveau relativement appréciable si le pays n'avait pas connu en 1996 et 1997 des troubles provoqués par les mutineries militaires.

3)- Le troisième cycle couvre les années 2000 et est caractérisée par des crises politico-militaires majeures, des rébellions, la pandémie à Covid 19 et la guerre de l'Ukraine qui ont découragé la production et provoqué l'inflation. Entre 2000-2003, la chute très brutale de la croissance de la production avec un taux de croissance réel de -0.76 %. Ce qui correspond à la prise de pouvoir par le François Bozizé par une rébellion armée où le taux de croissance est tombé à -4,6 %. Toutes les productions ont baissé, certaines dans des proportions importantes. C'est le cas du coton graine et du café qui sont tombés à des niveaux inimaginables de 5496 tonnes et 2100 tonnes en 2003 contre respectivement 21 300 tonnes et 11 800 tonnes en 2000. La production du diamant est estimée à 352 000 carats en 2003 contre 461 000 carats en 2000. Une reprise a été amorcée à partir de de 2006 avec 4,8 % de taux.

Graphique 16 : Taux de croissance 2012 à 2024 (en %)

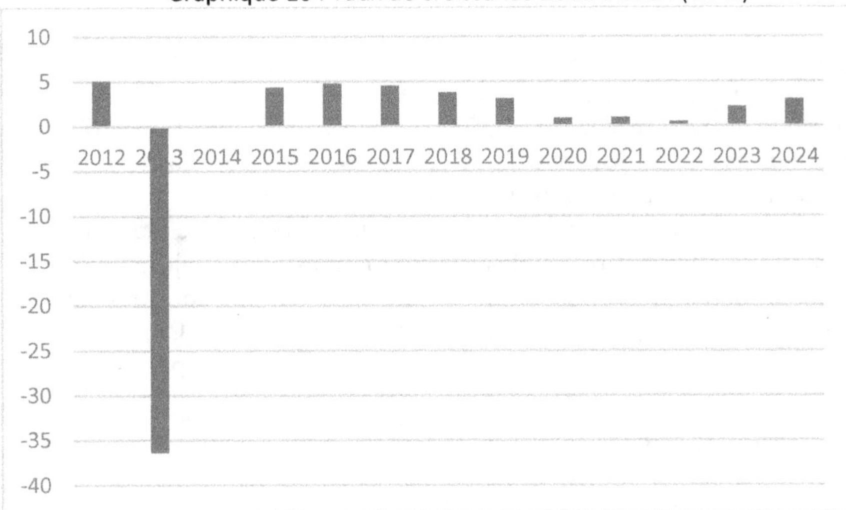

Source : Banque mondiale

La période du dernier cycle est celui de 2013-2024. Elle est caractérisée par une crise d'instabilité politique majeure, la plus longue de l'histoire du pays, engendrée par la rébellion armée du groupe Séléka qui a pris le pouvoir en 2013. En effet, le taux de croissance est à la hauteur de la crise parce qu'il a représenté environ -36,4 % en 2013 niveau jamais atteint par le pays. La crise fondamentale de 2013 a vu l'économie s'écrouler avec un taux de croissance réelle de - 36, 4 % : le secteur primaire -18,4 %, le secteur industrie -8,2 % et le secteur du commerce - 6,3 %. Les années d'après ont été marquées par une reprise atteignant une moyenne de 4,5 % de taux de croissance entre 2015 et 2017, le plus fort taux des pays de la CEMAC. La production a repris pour atteindre une moyenne 3,50 % entre 2017et 2019 avant d'être nul en 2020 en faveur de la pandémie COVID-19 et la guerre de l'Ukraine. Selon le ministre des finances et du budget, le pays sera en récession en 2024 et 2025 avec des taux de croissance respectivement de - 2,7 % et -0,5 % [Rapport du budget 2024, assemblée nationale, 23 décembre 2024].

Le secteur primaire demeure sinistré à cause de l'insécurité des groupes armés avec un taux de croissance négatif pendant la même période. Cet élan a été annulé avec les effets désastreux de la pandémie à la Covid 19 qui a vu le taux de la croissance économique tombée 0,9 % en 2022 alors que les autres pays de la CEMAC ont connu des taux nuls ou négatifs. L'augmentation anti économique des prix des carburants et alimentant l'inflation à cause de la guerre de l'Ukraine a certainement été des facteurs négatifs qui ont nui à la croissance économique centrafricaine. Cependant il est prévu une augmentation du taux de croissance à 2,2 % et 3 % respectivement en 2023 et 2024. Cette évolution est liée aux estimations des secteurs primaire et secondaire qui vont croitre respectivement de

4,1 % et 5,3 % en 2023 et 2024 et respectivement 3,2 % et 3,9 % dans la même période.

D'une manière générale, on peut dire que depuis 1960, le pays n'a pas connu une croissance durable et inclusive capable de transformer le pays et lutter contre la pauvreté. La croissance en moyenne est restée inférieure à la croissance démographique avec une pauvreté qui se développe de plus en plus.

Comparaison avec les PIB des pays de la zone CFA en 2024

La comparaison des productions des pays membres de la zone Franc, place la Côte d'Ivoire comme le pays le plus riche en termes de produit intérieur brut d'après les prévisions du Fonds monétaire international, avec 86,91 milliards de dollar. Sa production représente 25,55 % du PIB total de la zone CFA.

Le Cameroun représente 15,64 % et est classé le deuxième pays de la zone CFA.

Graphique 17 : Comparaison des PIB des pays de la zone CFA en 2024 (en milliards de dollars)

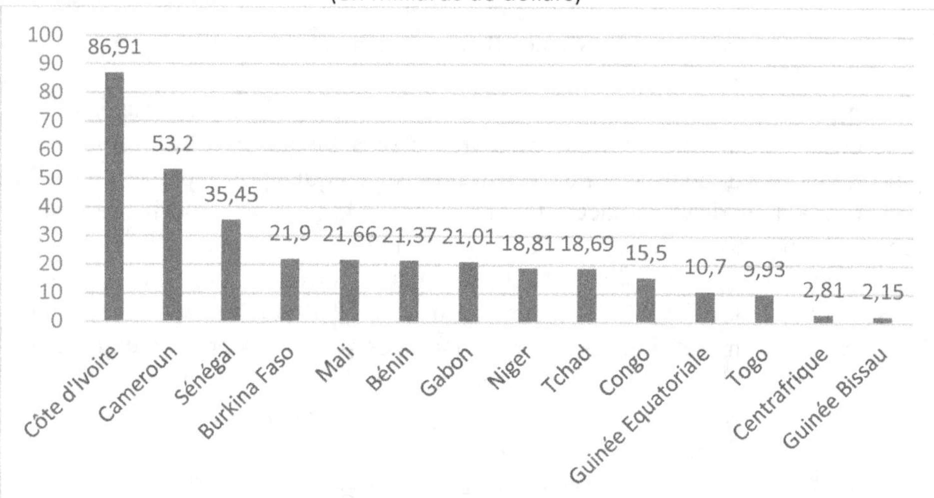

Source : FMI

Le PIB de la Centrafrique a représenté 0,82 % du total de la zone Franc et est classée 13ème sur 14 pays. Ce pays vient juste après le Togo qui a un PIB 9,93 milliards de dollars représentant 2,91 %.

Le critère géographique n'explique pas la situation de la Centrafrique car les quatre autres pays enclavés sont mieux classés. Sauf le manque de volonté politique, la mauvaise gestion et la corruption peuvent expliquer ce retard dans le développement. On peut noter par ailleurs que les conditions agricoles sont les mêmes en Centrafrique, qu'au Cameroun et qu'en Côte d'Ivoire. En plus, la Centrafrique a du diamant et de l'or qui sont exploités depuis des années, ce qui n'est pas le cas de ces deux pays.

B)– Evolution du PIB/Habitant

Depuis 1990, l'évolution est régulièrement en hausse sauf pour les années 2003 et 2013 années des crises où les baisses importantes sont observables, de -5,83 % et -33,2 % respectivement. Pour la période étudiée, on observe une augmentation en moyenne de 3,5 %.

De 634, 17 dollars courants en parité de pouvoir d'achat (PPA) en 1990, le PIB/Habitant a atteint 973,2 dollars en 2020 soit une augmentation de 53,4 % en 32 ans.

Graphique 18 : PIB/ habitant de 1990 à 2022 (PPA)(en dollar courant)

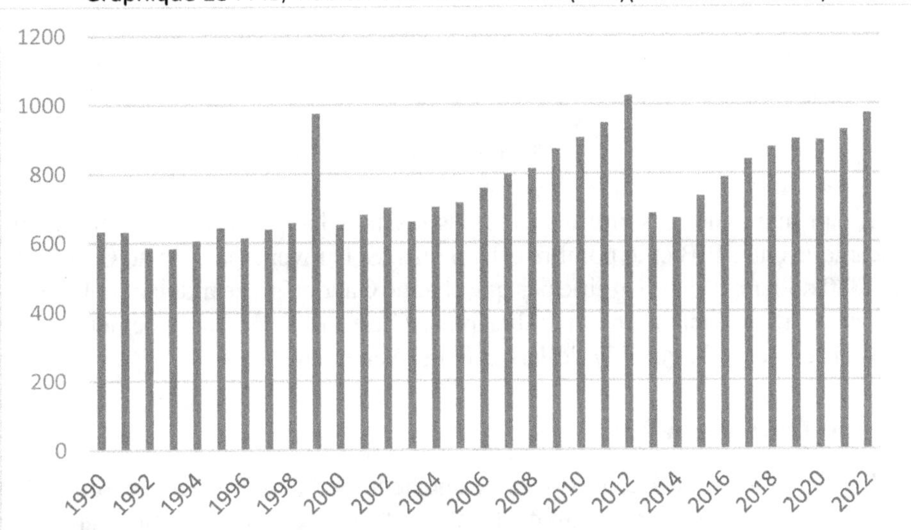

Source : Banque mondiale

Selon la Banque mondiale si on compare avec le Rwanda on note qu'en 1960, le PIB réel par habitant était deux fois plus élevé en RCA qu'au Rwanda, alors que désormais la situation est inversée en faveur du deuxième pays.

Comparaison avec les pays de la zone CFA

La comparaison avec les pays de la zone Franc montre que la RCA reste le pays dont le PIB par habitant de la zone en terme de PPA est le plus faible.

Graphique 19 : PIB par habitant des pays de la zone CFA -2022- (PPA en dollar)

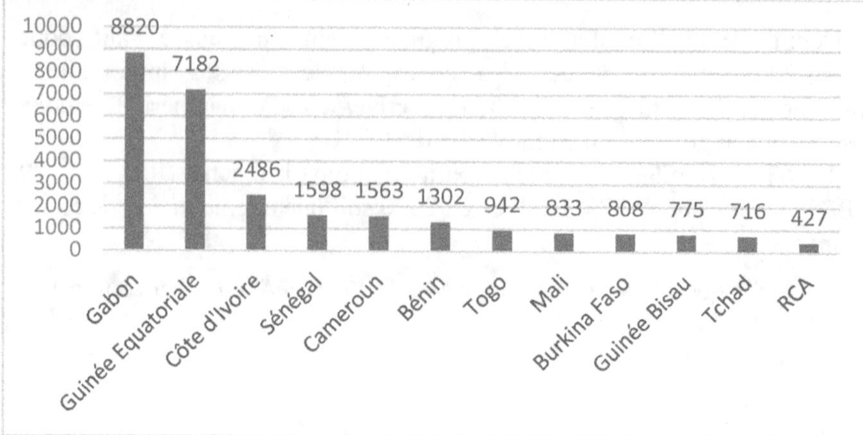

Source : Wikipédia

Il faut manipuler ces chiffres avec des réserves habituelles. C'est un rapport mécanique entre PIB et le nombre d'habitants. Si le revenu par tête au Gabon est de 8 820 dollars, ceci ne signifie pas que chaque Gabonais a ce montant pour vivre par an. Certains ont moins et l'élite plus. C'est aussi le cas également de la Centrafrique qui n'a que 427 dollars et classée en queue.

C)– La structure du PIB

L'économie centrafricaine est restée une petite économie agricole et rurale. Le secteur primaire qui représentait en 1960, 51, % est devenu plus important pour atteindre 56 % du PIB en 2004 et est descendu à 49,1 % en 2020

Graphique 20 : Structure du PIB de 1960 à 2020 (en milliards en FCFA)

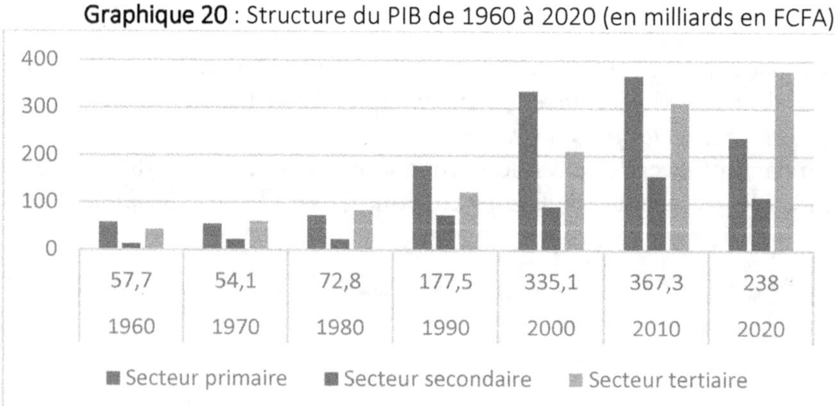

Source : BEAC, CEMAC

Le secteur secondaire n'a pas connu un développement important à cause du sous-développement de l'agriculture qui n'a pas dégagé un surplus transformable. Il est constitué par un petit nombre d'unités agro-alimentaires et l'extraction du diamant. En 1960, il représentait 11 % et a suivi une évolution contrastée.

Graphique 21 : Structure du PIB de 1960 (en %)

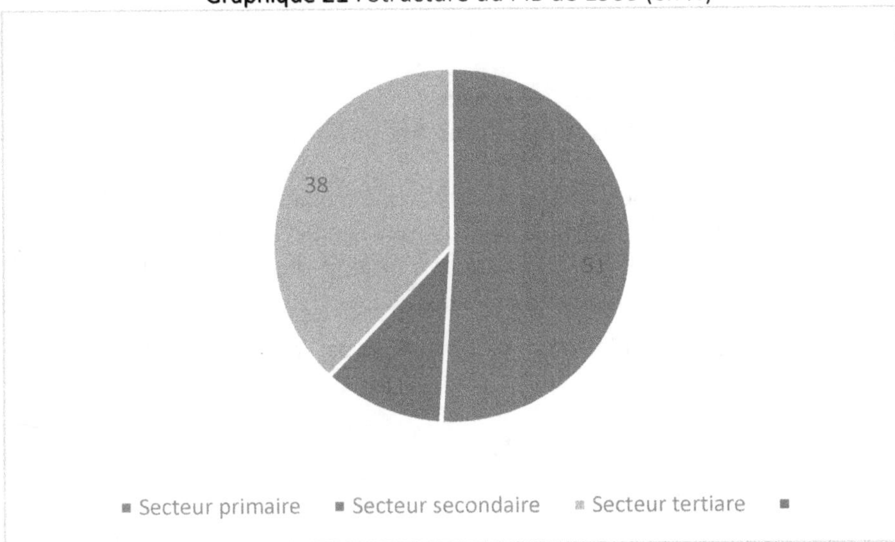

Source : Mongelet, BEAC, CEMAC

Sa part en moyenne est inférieure à 18 % du PIB. Elle a même régressé en 2004 par rapport en 1985 pour descendre à 14 % du PIB. En 2020, il est resté au même niveau (14,50 %).

Graphique 22 : Structure du PIB de 2020 (en %)

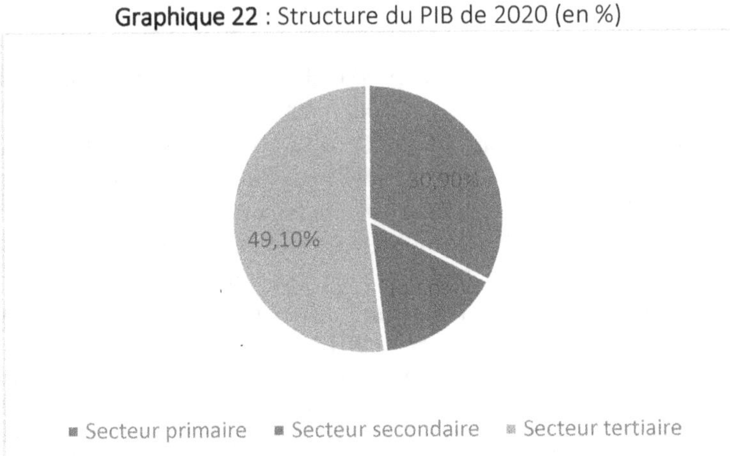

Source : BEAC, CEMAC

Le secteur du commerce a augmenté régulièrement jusqu'en 1984 pour atteindre 42,4 % du PIB contre

38 % en 1960 et entre 1979 et 1984, il est devenu plus important que le secteur primaire, son développement n'est pas lié aux deux autres secteurs. Il est composé du commerce, du transport, des télécommunications et de l'administration. En 2020, il représentait 49,10 %.

Section 2–
Les investissements publics

Les investissements publics ont évolué d'une manière très irrégulière et sont restés à un niveau relativement bas pour un pays en développement. Or, ce sont des investissements productifs qui sont à l'origine de la croissance, donc du développement et de la réduction de la pauvreté.

Graphique 23 : Evolution des investissements par rapport au PIB (en %)

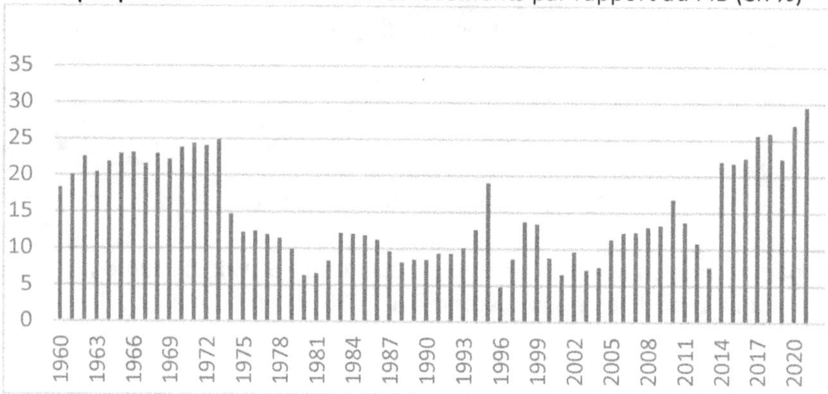

Source : BEAC, CEMAC

Ils ont progressé lentement entre 1960 et 1973 et ont représenté en moyenne 23 % du PIB entre 1965 et 1973, niveau qui n'a plus été atteint. Ils ont brutalement décru de 1974 à 1982 soit une baisse de 44,2 %. Depuis, les investissements restent insuffisants : de 1979 à1982, ils ont représenté en moyenne 7,75 % du PIB, entre 1983et 2004, 10,1 % du PIB, en 1996 le taux est de 4,8 %.

Au début des années 2000, les investissements sont restés au-dessous de 10 %. Les relèvements timides ont commencé en 2014 à cause des investissements extérieurs liés aux projets sociaux pour la plupart d'entre eux. Ils sont passés respectivement à 7,5 % en 2013, à 22 % 2014 et à 29,5 % en 2021.

Les autorités politiques n'ont pas mis l'accent suffisamment sur l'investissement malgré d'importantes ressources financières tirées de l'augmentation généralisée des prix des matières premières des années 70.

La plupart des économistes affirment que pour avoir un taux de croissance durable de 5 %, un pays doit investir sur une période longue l'équivalent de 25 à 30 % du PIB par an.

Tableau 50 : Investissement moyen des pays de la CEMAC (en % du PIB)

	1993	2000	2014	2018	2020 (est)
CEMAC	18,8	39,9	30,9	26,2	26,5
RCA	**10,1**	**10,5**	**22**	**22**	**27**

Source : CEMAC

La comparaison avec les pays de la CEMAC montre que les investissements moyens des pays de la CEMAC sont supérieurs aux investissements en Centrafrique.

A)– Origine des financements

Le financement des investissements provient pour l'essentiel de l'extérieur avec une moyenne 80 % environ. On constate que pour les années où le pays n'est pas sous-programme avec les institutions de Bretton Woods, les financements extérieurs diminuent.

Généralement, la condition nécessaire pour bénéficier des financements extérieurs est d'être sous-programme avec le FMI.

Financement pour la période 2017-2020.

Les financements extérieurs totaux ont représenté 4, 150 milliards d'euros qui sont répartis comme suit :

– Le sous-secteur « social » a bénéficié de 33,46 % soit 1,388 milliard d'euros. Les principaux bénéficiaires sont les affaires sociales et la santé, respectivement 580 millions d'euros et 509 millions d'euros.

– Le sous-secteur « sécurité, gouvernance et Etat de droit » avec 1,257 milliard d'euros soit

30,31 %. Les principaux bénéficiaires sont constitués par les administrations générales (gouvernance politique et administration) représentant 545,161 millions d'euros ; économie et finances (258,229 millions d'euros), et défense nationale (215,702 millions d'euros)

Graphique 24 : Financements 2017-2020 tous sous-secteurs tous bailleurs (en euros)

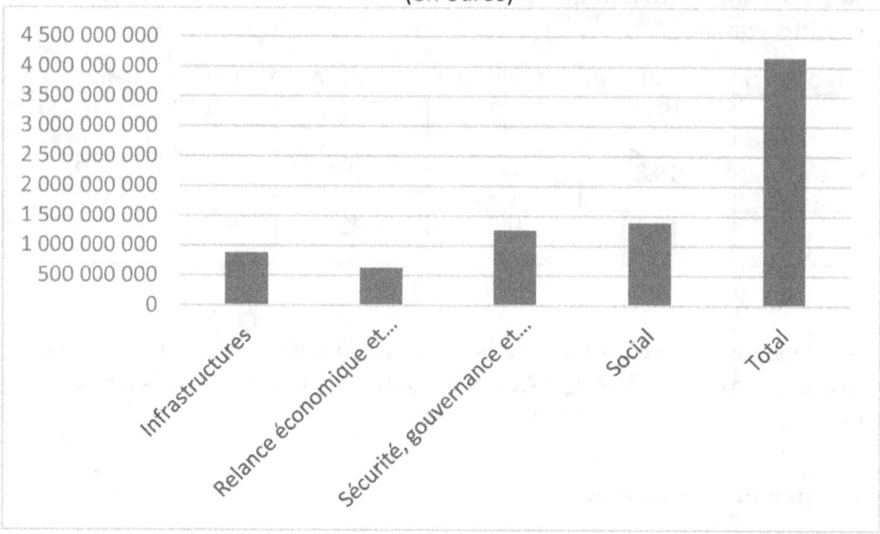

Source : Multi-annual Indicative Programme 2021-2027

Graphique 25 : Financements en euros 2017-2020 tous sous-secteurs tous bailleurs (en %)

Source : Union européenne

– Le sous –secteur « infrastructures » pour un montant de 879,760 millions d'euros (21,19 %). Les travaux publics (Equipements et désenclavement) ont bénéficié la part importante, soit 463,562 millions de d'euros, l'énergie (hydroélectrique, solaire éolienne, etc.) pour un montant de 128 millions d'euros et l'eau pour un montant 109,917 millions d'euros.

– Le sous-secteur « relance économique et production » pour un montant 623,607 millions d'euros

(15,02 %). Il comprend principalement l'agriculture et l'élevage avec 369 millions d'euros et le commerce représentant 83,1 millions d'euros.

La capacité autonome de financement reste très insuffisante ce qui peut influer l'orientation des investissements. Il est difficile de convaincre l'extérieur de financer par exemple les cultures vivrières nécessaires pour la consommation locale et qui ne sont pas échangeables internationalement.

B)– Investissements directs étrangers

Les investissements directs étrangers (IDE) de ces dernières années ont baissé d'une façon importante entre 2019 et 2021, passant de 15 milliards de FCFA en 2019 à 1 milliard de FCFA en 2020, soit une baisse de - 93,3 %. Ils ont monté légèrement pour atteindre 3 milliards de FCFA en 2021. Les projections entre les années 2022 et 2026 sont optimistes, car ils représentent en moyenne 23,42 milliards de FCFA.

Les investissements de portefeuille sont nuls sur toute la période étudiée.

Graphique 26 : Investissements directs estimés ou projetés de 2019 à 2026 (en milliards de FCFA)

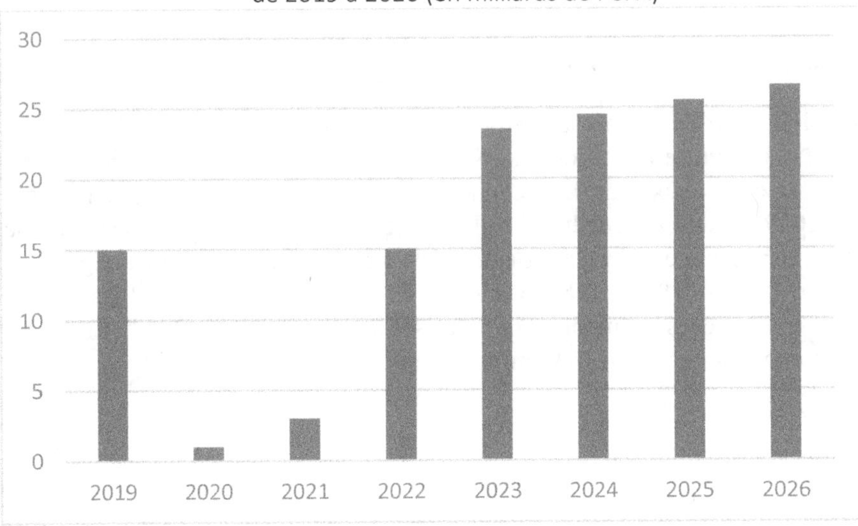

Source : FMI

C)– Besoins de financement

Les besoins de financement totaux ont pour but d'éponger pour l'essentiel les déficits du compte des transactions courantes (hors appui budgétaire) qui sont de 1523,8 milliards de FCFA soit 99,1 % des besoins de financement totaux.

Tableau 51 : Evolution des besoins de financement extérieur estimés entre 2020-27 (en milliards de FCFA)

	2020	2021	2022	2023	2024	2025	2026	2027
Besoins de financements totaux	214,5	278,2	83,3	147,5	160,3	185,8	213	226,6
Financement disponible total	105,7	165,2	81,8	98,5	103,7	117,7	113,	133,1
Ecart de financement	**108, 8**	**113,1**	**1,5**	**48,9**	**56,5**	**68,1**	**100,1**	**93,6**

Source : Banque mondiale

Section 3 – L'épargne

Sur la période étudiée, l'épargne est restée insuffisante. L'épargne publique est supérieure à l'épargne privée.

A)– L'évolution de l'épargne

L'évolution de l'épargne centrafricaine a représenté en 1960, 9,788 millions de dollars et a évolué en dents de scie. Si elle a augmenté de 50 % l'année d'après, elle a régressé les deux prochaines années soit -13,% et -12,9 % respectivement en 1962 et 1963 et est descendu à 2 millions de dollar en 1967, soit une baisse de -81,5 %. Entre 1979 et 1983 la croissance de l'épargne est demeurée négative à -89,1 % en 1979, -90 % en 1981 et -89,6 % en1983. À partir de 2012 les baisses ont représenté successivement -172 % et -368 % en 2012 et 2014. En 2022, l'épargne en valeur est de -135.8 millions de dollar.

Graphique 27 : Evolution de l'épargne (en dollar courant)

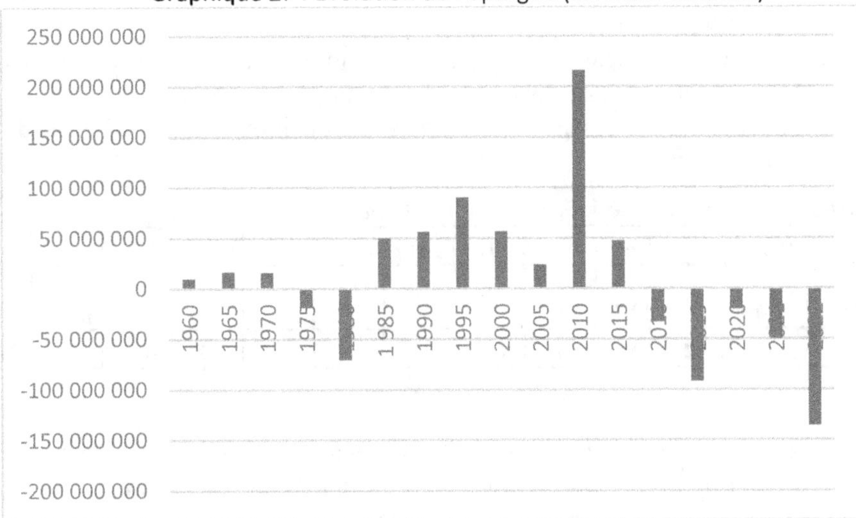

Source : Banque mondiale

L'épargne intérieure a évolué très insuffisamment depuis 1960. Elle n'a jamais dépassé les 15 % du PIB et pendant longtemps au-dessous de 10 % du PIB.

Graphique 28 : Evolution de l'épargne par rapport au PIB (en %)

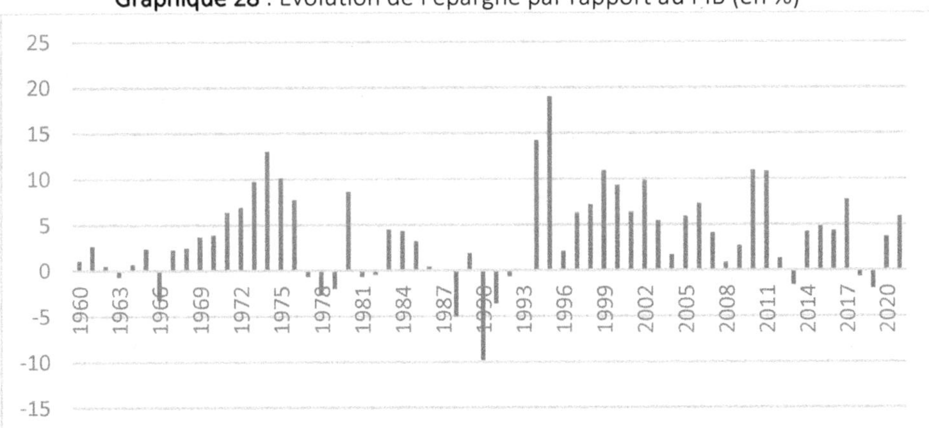

Source : Banque mondiale

L'épargne est devenue négative entre 1977et 1982, sauf en 1980 où elle est positive. Le pays a connu la même situation entre 1998 et 1992 où l'épargne est devenue négative pendant cinq années successives. La reprise a été nette en 1995 avec 19 % du PIB et depuis, l'épargne est en forte régression pour tomber à 2 % du PIB en 2003. De 1967 à 2004, la moyenne est de 13 % du PIB, ce qui est très insuffisant.

Elle a atteint en moyenne 10,7 % entre 2010 et 2011 et a dégringolé constamment le reste de la période étudiée.

On trouve ici l'explication nécessaire à l'importance que revêtent les financements extérieurs : l'insuffisance de l'épargne intérieure.

La comparaison avec les pays de la sous-région montre l'insuffisance de l'épargne centrafricaine.

Tableau 52 : Epargne intérieure moyenne des pays de la CEMAC (en % du PIB)

	1993	1994	1995	1996	2014	2017	2018	2019	2020	2021	2022
CEMAC	21,4	26,4	29,1	29,7	11,4	29,7	29,4	29,5	25,9	22,1	nd
RCA	**2,3**	**14,2**	**19**	**2,1**	**-6,4**	**-3,7**	**-1,4**	**-3,7**	**-0,8**	-1,2	-1

Source : BEAC

Sur la période étudiée, la moyenne de taux d'épargne des pays de la CEMAC est de 25,46 % % du PIB contre seulement 1,7 % du PIB pour la Centrafrique soit quatre fois moins, ceci représente un des taux le plus bas en Afrique.

L'insuffisance de l'épargne centrafricaine est liée à un niveau assez faible du revenu qui est consacré intégralement à la consommation. L'irrégularité des salaires participe à aggraver cette situation. Il y a également l'insuffisance de système de collecte de l'épargne, le système bancaire ne favorise pas la collecte chez des petits épargna

Chapitre 13.

Les Finances publiques

Les finances publiques constituent un instrument important de politique économique et financière. Elles mesurent la capacité du pays à financer son développement et ses dépenses prioritaires et à être moins dépendant de l'extérieur.

Dans le cas de la Centrafrique, une politique transparente des finances publiques permet de mesurer la gouvernance des autorités politiques, économiques et financières. En effet, elle constitue le critère de performance pour avoir accès aux divers financements internationaux.

Une bonne politique dans ce domaine permet également le paiement régulier des salaires des fonctionnaires et agents de l'Etat et met ainsi les autorités à l'abri des conflits sociaux qui paralysent l'administration régulièrement. Ce sont les recettes publiques qui permettent l'apurement la dette extérieure et intérieure et qui mesure la capacité du pays à s'endetter.

Nous allons donc mesurer la performance des finances publiques à travers les recettes et les dépenses rapportées au PIB.

Nous ferons une comparaison avec les pays de la Communauté économique et monétaire en Afrique centrale (CEMAC), les pays de l'Union économique et monétaire ouest africaine (UEMOA), et avec d'autres pays subsahariens. Nous présenterons quelques politiques mises en place dans le cadre des politiques de stabilisation et les résultats obtenus ainsi que d'autres réformes.

Section 1 –
L'évolution des finances publiques

Nous dégagerons deux phases dans l'évolution : 1960 -1980, période qui n'a connu aucune réforme majeure et 1980 - 2015, période pendant laquelle l'économie a été placée sous ajustement ainsi que les dernières tendances.

A)– L'évolution des recettes fiscales

En 1960, les recettes budgétaires totales représentaient 3,5 milliards de FCFA, soit 3,1 % du PIB.

Graphique 29 : Recettes budgétaires (en milliards de FCFA)

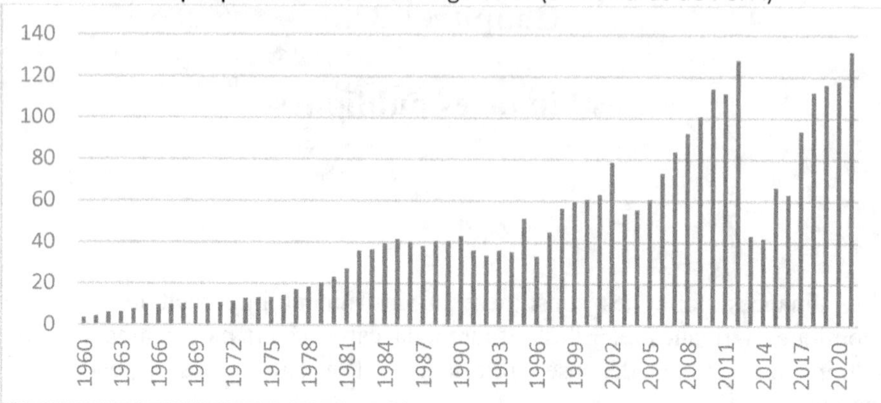

Source : Monjenet, BEAC, CEMAC

La progression en valeur absolue a été continue pour atteindre 9,8 milliards de FCFA en 1965 soit une augmentation de 180 % en 4 ans, mais ne représentait que 8,6 % du PIB. Certes, la pression fiscale a augmenté de 5,5 points de pourcentage mais demeure encore très insuffisante au regard de la production de la richesse. À partir de 1966, la pression fiscale a commencé à augmenter avec 8,4 % du PIB ce qui correspond au changement du pouvoir politique. La situation s'est stabilisée à ce niveau jusqu'en 1979, alors que dans la même période le PIB a augmenté de 49 %.

Graphique 30 : Evolution des recettes fiscales/PIB (en %)

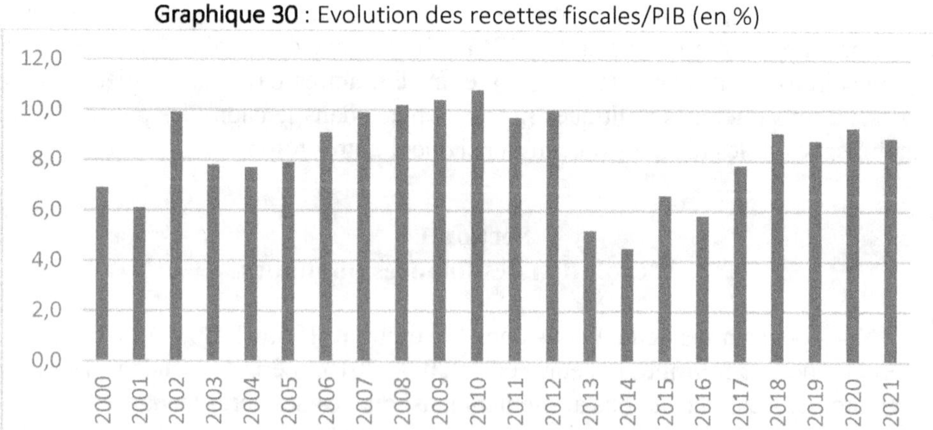

Source : Monjenet, BEAC, CEMAC

Le premier signe de crise financière est apparu en 1973 avec un déficit budgétaire de 4,2 % du PIB, contre seulement 1,4 % du PIB en 1972. Ce déficit « passager » s'est maintenu à partir de 1975 à un niveau supérieur à 3 % du PIB.

C'est pour réduire ce déficit persistant que le pays a signé le premier accord de stabilisation financière avec le Fonds monétaire international en 1981.

Les premières mesures prises ont permis d'augmenter les recettes de 2,2 points de pourcentage en un an (de 1981 à 1982) et ce niveau a été stabilisé jusqu'en 1984.

Les recettes sont passées de 27,1 milliards de FCFA en 1981 à 35, 8 milliards en 1982 soit une croissance de 32,1 %. À partir de 1984, malgré les réformes, la baisse relative des recettes s'est amorcée brutalement perdant en un an environ 4 points de pourcentage par rapport au PIB. Dans le même temps, le taux de croissance du PIB au prix de marché a augmenté de 39,3 % et la pression fiscale n'a pas dépassé 10 % du PIB les quatre premières années du programme.

Dans les années 2000, la pression fiscale est demeurée largement en dessous de 10 % sauf la période de 2008 à 2010 avec une moyenne 10,4 % du PIB.

La comparaison avec la moyenne des pays de la CEMAC et de l'UEMOA montre la faiblesse de la pression fiscale en Centrafrique. En 2022, alors que la moyenne de la pression fiscale en zone CEMAC était de

11,1 % du PIB, en Centrafrique elle était de 7,3 %.

Celle-ci représente moins de la moitié de la moyenne des pays de la CEMAC et reste très inférieure à celle des pays de l'UEMOA. Le taux de la pression fiscale est vraisemblablement un des taux le plus bas en Afrique et dans le monde.

L'objectif qui doit être atteint dans le cadre des réformes économiques et financière (PREF-CEMAC) pour les pays de la CEMAC est de 17 % du PIB.

Tableau 53 : Comparaison pression fiscale en zone franc (en %)

Années	2015	2016	2017	2018	2022
UEMOA	15,3	15,7	15,7	15,3	nd
CEMAC	12,3	11,3	11,1	11,5	11,1
RCA	**6,6**	**5,8**	**7,8**	**9,1**	**7,3**

Sources : UEMOA, CEMAC

Contrairement aux idées reçues c'est un pays où on paye moins d'impôt. En effet, le développement du secteur informel et de la fraude fiscale font porter le poids de l'impôt sur une minorité des entreprises du secteur formel. Ainsi, les autorités devraient mener une réforme de l'élargissement de la base fiscale et lutter contre la fraude fiscale.

Comparaison des budgets dans les pays de la zone franc

La comparaison des budgets qui est en majorité le reflet des recettes budgétaires nationales, place la RCA en dernier de la liste avec seulement 200 milliards de FCA. Le budget Tchadien est dix fois plus que celui de la RCA alors que le potentiel agricole et minier centrafricain est supérieur à celui du Tchad même si celui-ci est devenu un pays pétrolier au début des années 2000.

Le potentiel des recettes fiscales centrafricaines peuvent atteindre le niveau de 1 000 milliards de FCFA en cinq ans si une politique rigoureuse de recettes est mise en place et une lutte implacable contre la corruption des agents fiscaux est engagée

Graphique 31 : Budget des 12 pays de la zone CFA en 2024(en milliards de FCFA)

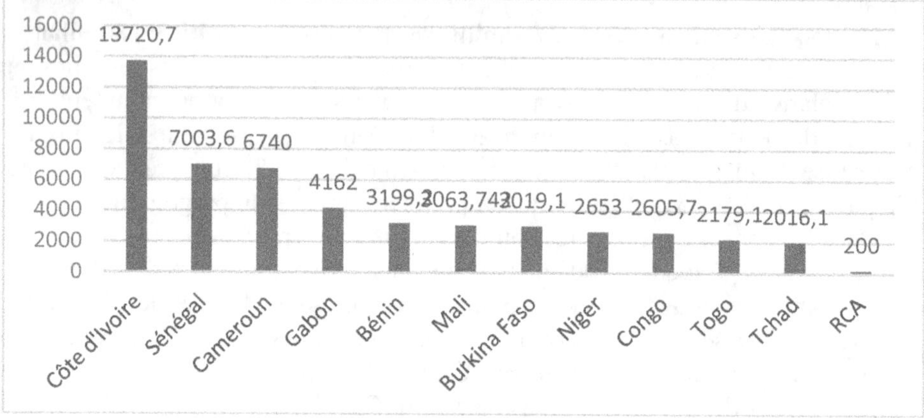

Source : Brissse 4 Africa

B)– Traitements et salaires/recettes budgétaires

La part consacrée aux traitements et salaires est très élevée et montre la faiblesse des recettes. En 2016, le rapport est de 105,6 %, contre 51,44 % pour les pays de la CEMAC et 40,25 % pour ceux de l'UEMOA.

Graphique 32 : Evolution traitements et salaires / recettes fiscales (en %)

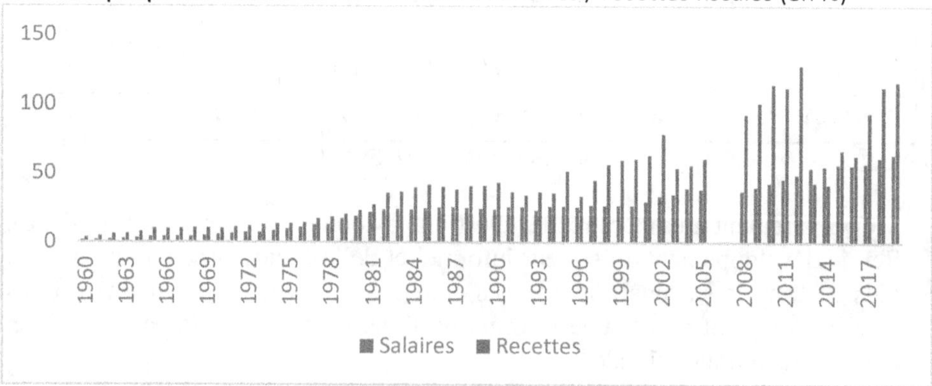

Source : Monjenet, BEAC, CEMAC

La baisse structurelle des recettes fiscales a plusieurs origines :

– la désorganisation du système de recouvrement des recettes de l'Etat,

– l'apparition des malversations financières de certains agents des régies financières malgré les avantages qui leur sont accordés pour mieux les motiver et les moraliser,

– le développement de la fraude fiscale, notamment les fausses déclarations des impôts sur les biens et services,

– la faiblesse des droits d'exportation qui sont restés en moyenne à 1 % du PIB,

– l'augmentation des importations frauduleuses,

– l'exonération et les avantages fiscaux abusifs,

– l'absence de contrôle rigoureux d'imposition.

Tableau 54 : Ratio masse salariale et traitements/recettes fiscales (en %)

Années	2015	2016	2017	2018	2022
UEMOA	40,8	40,1	39,7	41,2	nd
CEMAC	51,8	57,5	57,7	48,3	41,9
RCA	**92,6**	**105,6**	**67,4**	**60**	**81,3**

Source : UEMOA, CEMAC

L'étude comparative des deux zones montre sur la période étudiée, que la moitié des recettes est consacrée aux paiements des salaires et traitements par les pays de la CEMAC alors que dans les pays de l'UEMOA c'est environ 40 %. Quant à la Centrafrique, elle a consacré pour la période de référence 77, 6 % de ses recettes pour le poste salaires et traitements. Pour l'année 2016, plus de la totalité des recettes qui y est consacrée. En 2022, alors que la moyenne pour la zone CEMAC était de 41,9 %, la part de recettes consacrée à la masse salariale représentait 81,3 % pour la RCA alors que la norme dans la région doit être supérieure et ou égale à 35 %.

On comprend aisément que la communauté internationale qui paye une partie importante des salaires et traitements.

C)– Projections macro-budgétaires et financières sur le moyen terme

Une brève analyse de la projection macro-budgétaire et financière sur le moyen terme nous permet de faire quelques commentaires.

– Pendant un peu plus de quatre décennies le pays n'a jamais atteint plus 10 % du PIB de pression fiscale. Tout le malheur économique de notre pays vient en grande partie de cette situation. L'insuffisance des recettes signifie que le pays ne profite pas de ses richesses, car les exploiteurs de ces richesses ne versent pas à l'Etat la part qui lui revient pour créer les infrastructures économiques et sociales, nécessaires au développent du pays.

Tableau 55 : Projections macro-budgétaires et financières sur le moyen terme (%PIB

	2019	2020	2021	2022 Est	2023 Proj	2024 Proj	2025 Proj
Recettes totales et dons	18,3	21,8	13,7	12,3	13,3	14,6	15,6
Recettes fiscales	7,8	7,5	8,2	7,2	6,9	7,4	8
-Taxes sur les biens et services	4,1	3,5	3,7	3,2	3,2	3,4	3,7
- Impôts directs	1,8	2	2,2	2	1,8	1,9	2,1
-Taxes sur le commerce international	2	2	2,2	1,8	1,9	2,1	
Recettes non fiscales	0,9	1,6	0,6	0,6	0,5	1	1
Dons	9,6	12,6	4,9	4,5	5,9	6,2	6,6
Dépenses	16,9	25,1	19,7	17,9	17,3	17,2	18
Dépenses courantes	11,3	13,8	12,3	11,8	10,9	11,1	11,1
- Salaires et rémunérations	4,9	5,8	5,7	5,2	4,9	4,7	4,5
-Biens et services	3,2	3,8	3,5	3,2	3	2,9	2,8
-Paiements d'intérêts	0,3	0,3	0,4	0,5	0,9	0,9	
Transferts courants	2,9	3,9	2,8	3	2,6	2,7	2,9
Dépenses en capital	5,6	11,3	7,4	6,1	5,8	6,1	7
- Domestique	1,3	2,3	1,9	1,1	1	1,4	1,9
-Financé par bailleurs	4,3	9,1	5,5	5	4,8	4,7	5,1
Solde global (dons inclus)	1,4	-3,4	-6	-5,6	-3,9	-2,7	-2,4
Solde primaire (dons inclus)	1,8	-3,1	-5,7	-5,2	-3,5	-1,8	-1,5
Solde intérieur global (hors dons)	-3,9	-6,9	-5,4	-5,1	-5,1	-4,2	-4
Solde primaire intérieur (hors dons	-3,6	-6,6	-5,1	-4,7	-4,6	-3,3	-3,1
Solde global (base caisse)	-0,7	-4,5	-6,9	-5,6	-3	-2,5	-2,3
Financement public	0,7	4,5	6,9	5,6	3	2,5	2,3
-Extérieur net	0,3	1,3	0,4	0,1	0,2	2	1,9
-Intérieur net	0,4	3,2	6,5	5,5	1,9	0,6	0,4

Source : Banque mondiale

– Le solde primaire (hors dons) est la suite logique de l'insuffisance des recettes fiscales intérieures. La RCA ne peut faire face à ces dépenses régaliennes, notamment les salaires des fonctionnaires qui ne sont payés par l'appui budgétaire extérieur ou la spoliation de certaines entreprises publiques qui sont au bord de la faillite. Elle ne peut non plus régler le service de la dette.

– Les impôts directs ont représenté pour la période étudiée que 2 % du PIB, donc de la richesse produite par la RCA.

– Le solde global est évidemment négatif, étant lié au solde primaire.

Au total, la situation économique et financière à moyen terme reste morose et ne permet pas de voir le bout du tunnel.

D– Quelques autres causes expliquant l'insuffisance des recettes publiques

– L'incapacité des agents l'administration fiscale. Depuis 1993, plusieurs agents des régies financières ont été recrutés sans concours et donc sans formation. Certains d'entre eux n'ont pas fait une école professionnelle dans ce domaine.

L'exemple du graphique 33 montre la faiblesse du dispositif du contrôle. Sur un montant total de 14,3 milliards de FCFA de taxes notifiées par l'administration fiscale en 2017, 3,1 milliards de FCFA seulement ont été effectivement confirmés, dont 2,4 milliards représentaient des paiements de principal et 0,7 milliard des amendes infligées aux contribuables pour non-conformité. Cela démontre une faible productivité et un bas niveau de contrôle ou la corruption des agents fiscaux.

Graphique 33 : Contrôle fiscal en RCA 2017 (en milliards de FCFA)

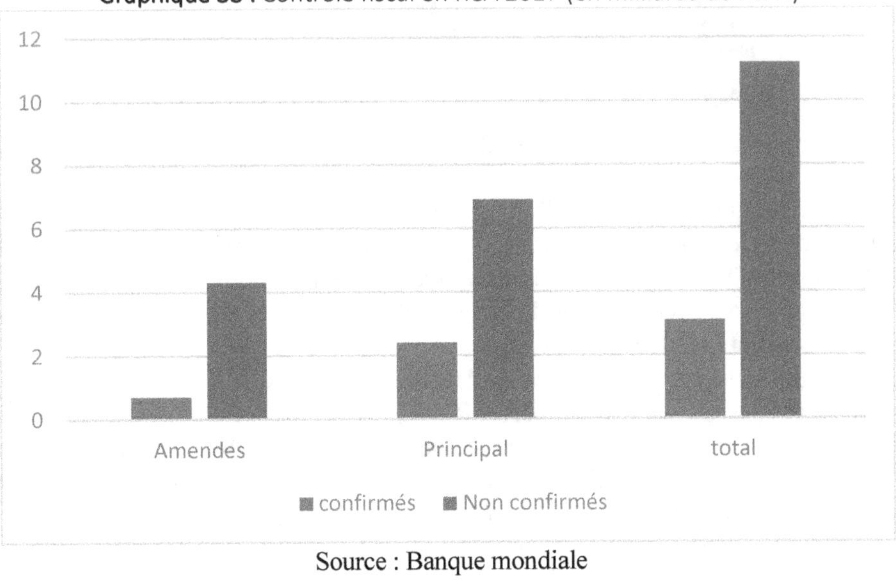

Source : Banque mondiale

– L'interférence entre le monde politique et les affaires. Plusieurs hommes politiques notamment, certains députés et ministres pensent qu'ils sont exonérés de payement des impôts. Certains fonctionnaires appartenant aux corps de l'armée nationale ou de la police nationale qui se livrent au commerce par violation des textes existants.

– Les exonérations sont très nombreuses et doivent être réduites car elles causent au trésor public une perte importante.

– La TVA représente 70 % des exonérations et les grandes entreprises 15 % les impôts sur les sociétés. Certes les efforts sont faits par le gouvernement pour les diminuer, c'est ainsi qu'elles sont descendues à 1,6 milliard de FCFA en 2018.

Graphique 34 : Exonérations fiscales consenties par l'administration fiscale en 2016 (en %)

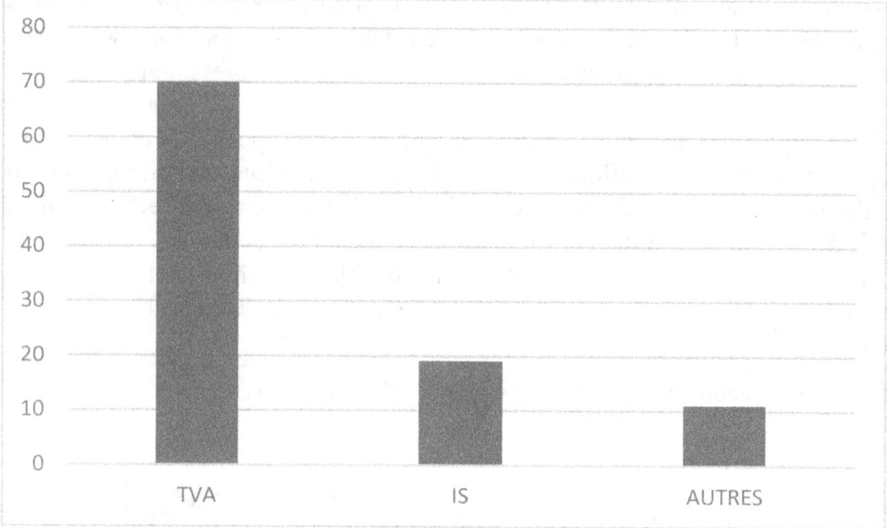

Source : Banque mondiale

– Le potentiel des impôts foncier. Selon la Banque mondiale, les impôts fonciers devraient rapporter 12 milliards de FCFA par an, soit environ 1,1 % du PIB et sont inférieurs de 10 % à leurs niveau potentiel pour deux raisons : une législation obsolète (les textes datent de 1926 et 1960) et n'a pas intégré les dernières évolutions de l'économie ;

– le faible respect des obligations fiscales ; et le manque de moyens humains et financiers des services concernés.

Selon le « Groupe d'action contre le blanchiment d'argent en Afrique centrale (GABAC), une institution de la CEMAC, il y a un développement des agences immobilières qui travaillent dans l'illégalité parce qu'elles ne sont pas déclarées au fisc. Selon cette institution sous régionale, 11 agences immobilières réalisent un chiffre d'affaires entre 3 et 9 milliards de FCFA « mais l'Etat n'en tire aucun profit au plan de fiscal », « ce qui n'exclut pas les risques de blanchiment de capitaux et de financement du terrorisme ». En plus, l'agence note que « plus grave encore plusieurs bureaux d'achats de diamants et or opèrent sous la forme d'agence immobilière sans en avoir le statut »

E)– Quelques réformes possibles

L'insuffisance structurelle des recettes fiscales nécessite des efforts et réformes continus pour augmenter les recettes fiscales de l'Etat nécessaires au développement du pays.

– La lutte contre la corruption des agents des régies financières doit demeurer permanente. Plusieurs d'entre eux ont des niveaux de vie sans rapport avec leurs revenus. La déclaration des revenus devraient être une exigence au début des recrutements et suivre leur évolution matérielle. L'impunité devrait être bannie. En effet, la corruption limite les efforts de réformes qui se mènent et minimise ses résultats.

– L'administration fiscale devrait être modernisée permettant de contrôler les processus depuis l'amont par des agents honnêtes. Elle doit être accompagnée par le développement des capacités des agents fiscaux.

– La réforme foncière doit être le moteur. En commençant par la déclaration des biens immobiliers de tous les propriétaires des immeubles dans tous les quartiers de Bangui et en province et exiger la détention par chaque propriétaire d'un titre de propriété. Ceci faciliterait le recensement des foyers redevables de la taxe foncière.

– La réforme de l'assiette fiscale est aussi importante pour augmenter des recettes publiques. Elle vise à mobiliser le potentiel des recettes fiscales du pays. La fiscalité peut être étendue sur d'autres produits et d'autres contribuables. Par exemple l'alcool, le tabac et le secteur informel.

– Etendre l'imposition de la TVA à tout le secteur formel. Avec la complicité des agents fiscaux qui minimisent les chiffres d'affaires et les importations de certaines entreprises formelles pour ne pas que celles-ci ne soient assujetties à la taxe à la valeur ajoutée (TVA).

Section 2 –
L'évolution des dépenses publiques

Les dépenses ont évolué modérément de 1960 jusqu'en 1968 et la situation a commencé à se dégrader à partir de 1969.

Les dépenses sont passées de 7,9 % du PIB en 1970 à 12,9 % du PIB en 1973. Cette progression est restée continue à cause des dépenses du couronnement de l'empereur Bokassa et la création de deux gouvernements : un au service de l'empereur installé à la cour impériale de Bérengo et l'autre à Bangui ainsi que d'autres dépenses de prestige.

Graphique 35 : Evolution des dépenses/PIB (%)

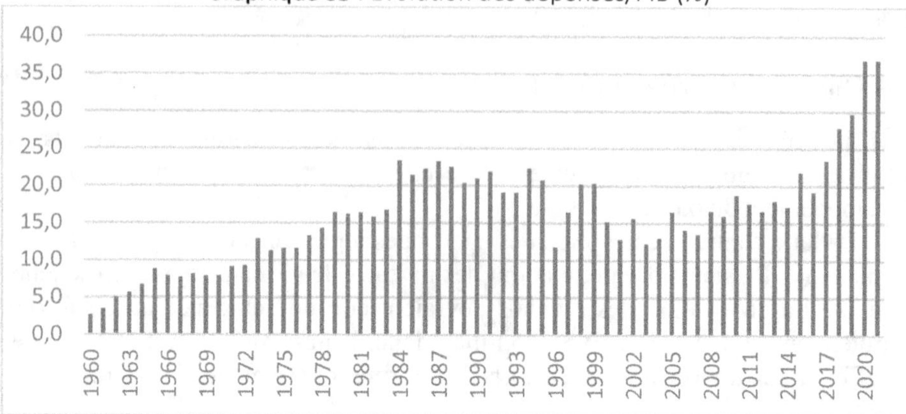

Source : Monjenet, BEAC, CEMAC

Les salaires sont passés de 4,8 milliards de FCFA en 1969 à 12,7 milliards de FCFA en 1979 soit une augmentation de 164,5 % et représentant respectivement 47,5 % et 74,7 % des recettes budgétaires. En effet, le nombre des fonctionnaires et agents de l'Etat est passé de 15 000 en 1975 à 24 360 en 1979 soit une augmentation de 62,4 % en quatre ans.

En 1986, le pays a signé le premier PAS avec les institutions de Bretton Woods qui constitue le début des trois premiers programmes d'ajustement structurel (PAS).

L'option pour des réformes a permis de maintenir une rigueur relative du côté des dépenses. La moyenne de croissance est maintenue à un peu plus de 20 % du PIB sur une période d'une dizaine d'années consécutives. La croissance des dépenses courante de l'Etat s'est stabilisée.

La masse salariale a été maîtrisée grâce au ralentissement des recrutements dans la fonction publique, aux départs volontaires assistés (DVA), et à la réduction des salaires de 15 % à partir de 1982. Cette politique relativement bien suivie a été rompue par trois fois. En 1994, le nouveau pouvoir a fait des rappels de salaires à certains de ses partisans pour toute la période où ils n'ont pas travaillé. Certains d'entre eux ont perçu 15 ans de salaire et la masse salariale est ainsi passée de 22 milliards de FCFA en 1993 à 25,7 milliards en 1994 soit une progression de 16,8 % en un an. Le gouvernement en 2000, a procédé à des recrutements des fonctionnaires qui a accru la masse salariale de 23 % en 2001, augmentation la plus importante depuis une vingtaine d'années. C'est la même situation en 2003 et 2005 où la croissance de la masse salariale en une année a été de 12,7 % à cause de l'intégration dans l'armée nationale les « libérateurs » qui ont amené au pouvoir le nouveau Président. Deux années après, les dépenses ont régressé de 1 % et ont continué leur ascension représentant 16,6 % du PIB atteignant 21,8 % du PIB en 2015. En 2020 elles ont représenté 36, 9 % du PIB et 14 % du PIB en 2021.

La Structure des dépenses

Les dépenses courantes sont restées supérieures à celles des dépenses d'investissement sur les sept premières années de la période étudiée.

Graphique 36 : Structure des dépenses (en milliards de FCFA)

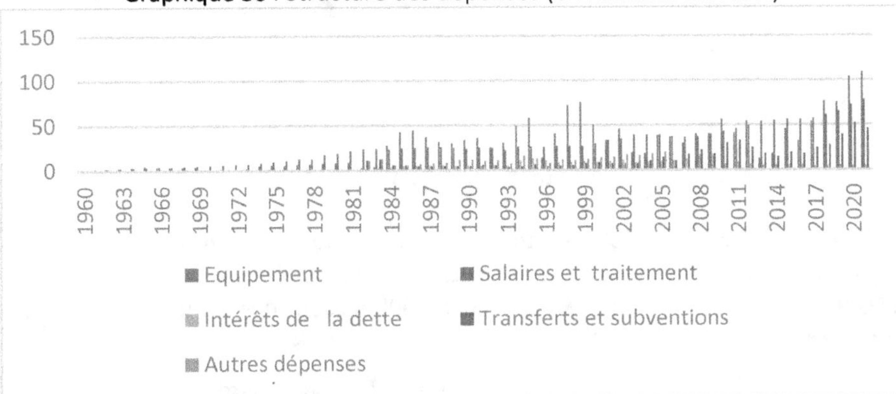

Source : Mogenet, BEAC, CEMAC

La reprise des investissements a été amorcée en 1994 et 1996 avant de tomber en 1996 à environ

12 % du PIB. À partir de 1997, on constate une reprise, mais à partir de 2000, la chute est devenue importante jusqu'en 2005. En effet, les flux des financements extérieurs sont tributaires des accords avec le FMI et la Banque mondiale. La reprise des investissements en 1994/1995 correspond à la dévaluation du FCFA qui a été suivie d'un accord avec le Fonds monétaire international, accord qui a été suspendu en 1996 à cause des contre-performances financières. Les dépenses en capital sont également tributaires de la stabilité. Les crises font baisser les investissements extérieurs. Leurs reprises ces cinq dernières années correspondent à l'intervention de l'extérieur pour construire les destructions liées à la crise actuelle.

Graphique 37 : Dépenses en capital et dépenses courantes (en milliards de FCFA)

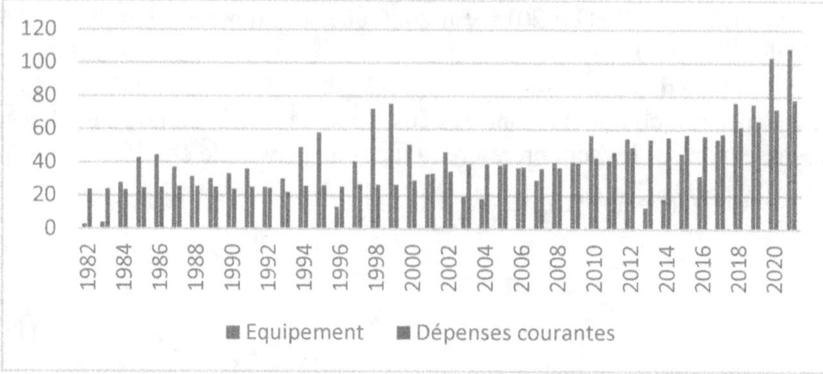

Source : Monjenet, BEAC, CEMAC

La période de 1997 à 1999 correspond à la signature du quatrième programme d'ajustement structurel avec le gouvernement de l'unité nationale (GAAD). Cet accord a été suspendu au début de l'année 2000 à cause des contre-performances en matière des finances publiques.

Graphique 38 : Origine des investissements (en milliards de FCFA)

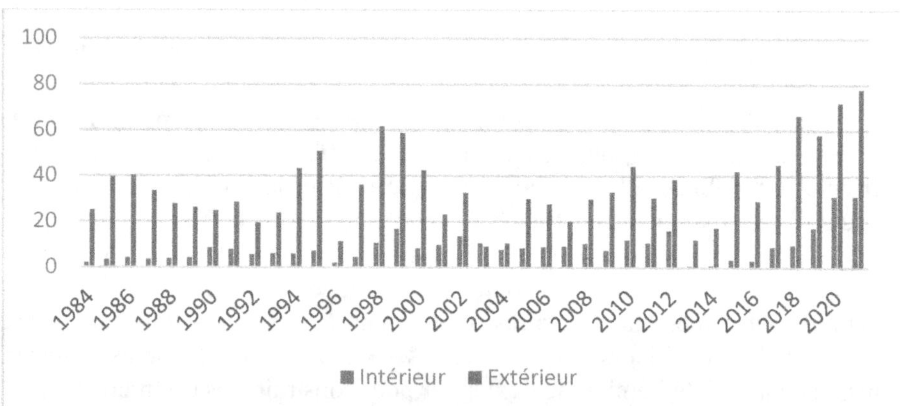

Source : Monjenet, BEAC, CEMAC

Les dépenses en capital ont moins progressé par rapport aux dépenses courantes. Cependant avec les PAS, les investissements ont été plus importants. Mais dans à partir de 2001, les investissements ont connu une baisse irrégulière jusqu'en 2013. La reprise amorcée en 2015 a continué jusqu'en 2021, période de la profonde crise qui a nécessité les investissements dans les bâtiments et autres infrastructures détruites par la rébellion Séléka.

Entre 2018 et 2020 ils sont estimés en progression importante. En 2018, le montant est de 76,2 milliards de FCFA alors qu'en 2019, 108,8 milliards de FCFA.

Section 3 –
Evolution des soldes budgétaires

Nous analyserons successivement l'évolution des soldes primaires et des soldes budgétaires.

A)– Evolution des soldes primaires 1986-2021

Le solde primaire est la différence entre les recettes totales et les dépenses hors paiement des intérêts de la dette et les dépenses d'équipement sur financement extérieur. Ce solde mesure l'autonomie financière d'un pays pour faire face à ces engagements fondamentaux.

Graphique 39 : Soldes primaires (hors intérêts et investissement) (en milliards de FCFA)

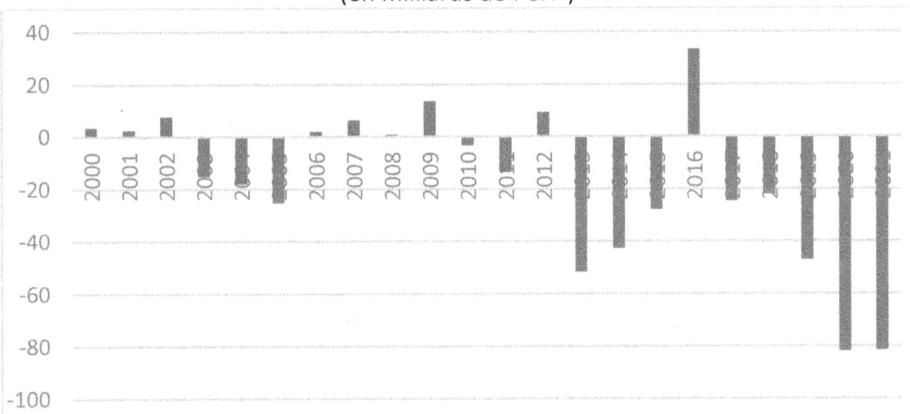

Source : BEAC, CEMAC

La performance financière se mesure au solde primaire, ainsi dans les programmes de réformes financés par les institutions financières internationales, une importance est accordée à ce solde.

Dans le cas de Centrafrique, sur la période étudiée, le solde est resté négatif sur une longue période. Il est passé d'un solde légèrement positif de 190 millions de FCFA en 1986 à un solde négatif de -12,8 millions de FCFA en 1987, et est resté constamment négatif sauf entre 2000 et 2002. Les crises de l'année 2003 et des années suivantes ont creusé les déficits successifs. Entre 2003 et 2000 et 2005 la moyenne est de

– 19,8 milliards de FCFA. Entre 2013 et 2019, autre période de crise, les déficits ont varié entre - 51,7 milliards en 2013 et - 47,1 milliards en 2019.

B)– Soldes budgétaires

Le pays a connu de légers excédents budgétaires de 1960 à 1966 de 0,2 % du PIB en moyenne. De 1967 à 1972, les déficits sont apparus représentant en moyenne 0,6 % du PIB, et ceux dits insoutenables sont apparus à partir de 1973 avec 4,2 % du PIB. Cette tendance s'est maintenue sur une longue période atteignant respectivement 9 % et 10,7 % du PIB en 1984 et 1985.

Graphique 40 : Soldes budgétaires/PIB de 1960 à 2021(en %)

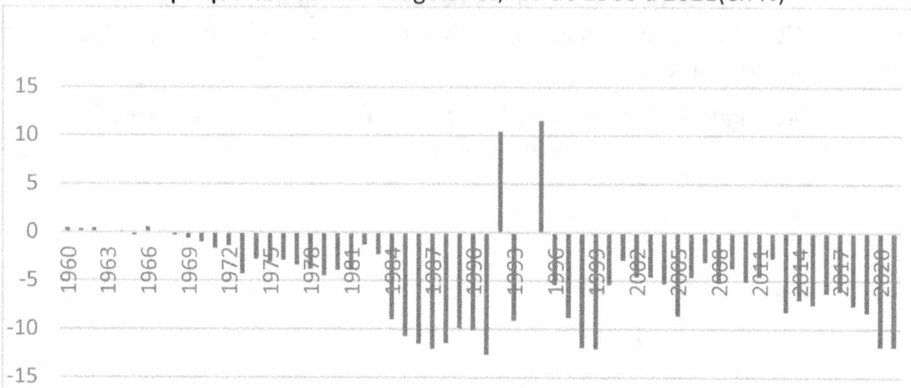

Source : Monjenet, BEAC, CEMAC

Cette tendance est devenue structurelle, car elle a représenté pendant les dix années suivantes, de 1986 à 1995, 11,3 % du PIB. Dans les 2000, la baisse est continue mais en dent de scie jusqu'en 2020. Ces déficits sont imputables à l'instabilité et surtout au niveau des recettes structurellement bas et à l'augmentation des dépenses malgré les réformes mises en place.

Section 4 –
Les politiques budgétaires suivies

Les réformes budgétaires ont commencé par le premier accord de stabilisation signé avec le Fonds monétaire international en 1981 et a mis l'accent sur la stabilisation financière. C'est à partir de 1986 que le pays a signé successivement trois PAS, les deux derniers respectivement en 1998 et en 2006.

Dans le domaine de la recherche de l'équilibre des finances publiques, des mesures ont été prises pour augmenter les recettes de l'Etat et maîtriser la progression des dépenses publiques.

A) – Les politiques d'augmentation des recettes

Pour augmenter les recettes, les politiques ont visé :

La répression de la fraude douanière en mettant en place un mécanisme de contrôle appelé système douanier automatisé (SYDONIA) qui a permis d'informatiser toutes les données des importations et exportations. L'objectif est d'empêcher que quelques agents de douane puissent faire des déclarations imparfaites et incomplètes. L'élargissement de l'assiette douanière par l'élimination des exonérations et exemptions en douane, la mise en place d'une procédure d'urgence pour recouvrer les arriérés (500 millions prévus pour 1988).

Il a été décidé la taxation des projets sur financement extérieur, la réforme du barème douanier dans le cadre de l'UDEAC : révision et simplification du tarif extérieur commun, remplacement de la taxe unique par un tarif intra-UDEAC, uniformisation de la taxe à la consommation sur les produits importés.

Une réforme fiscale a été proposée : élimination de tranche de 70 % pour le calcul de l'impôt général sur le revenu (IGR), création de taxes complémentaires (véhicules, cigarettes etc...), recouvrement au profit du trésor des recettes fiscales encaissées par les sociétés d'Etat et non reversées.

Création de la TVA.

En outre, pour les impôts, la surveillance a été renforcée notamment pour le contrôle des chiffres d'affaires par le recoupement des données économiques, financières et fiscales. Le recensement des propriétés bâties pour augmenter les impôts fonciers a été fait.

Pour l'essentiel, l'impossibilité de l'application des réformes et de recouvrement des différentes taxes est fondamentalement liée à la corruption intergénérationnelle des agents des régies financières. L'impunité reste la règle générale dans ce domaine. Tous les centrafricains le voient quotidiennement dans la vie de ces agents qui n'a rien à avoir avec leur revenu de fonctionnaire.

B)– Les politiques de maîtrise des dépenses

Pour maîtriser les dépenses, il a été décidé :

– de rationaliser l'embauche dans la fonction publique en appliquant la règle de recrutement de 1 FCFA d'embauche pour 3 FCFA d'économie, en mettant à la retraite à titre normal et en redéployant certains fonctionnaires.

– de plafonner à 90 % les dépenses de fonctionnement et déduire des dépenses courantes non salariales.

– réduire de 68 % à 54 % la part des salaires dans les recettes fiscales en diminuant le nombre des fonctionnaires et des allocations familiales. Les transferts pour bourses d'études ont été réduits ainsi que les transferts au titre des contributions aux organismes internationaux.

L'objectif de renforcement institutionnel et d'amélioration du rendement des services financiers a été fixé et a consisté en l'amélioration des procédures d'élaboration budgétaire et la subordination des intéressements des agents à la productivité.

Les dépenses courantes ont été limitées à 10 % du PIB à partir de 1992. Pour atteindre ce résultat, la masse salariale devant être ramenée à 22 milliards en 1991 avec une croissance seulement de 5 % à partir de 1992, une augmentation nominale de 10 % des moyens de fonctionnement au profit des actions prioritaires, la stabilité des dépenses de transfert (bourses), la remise de la dette bilatérale.

Les réformes mises en place n'ont pas eu les résultats escomptés. Les recettes n'ont pas augmenté d'une façon majeure, ce qui pose toujours des problèmes de trésorerie. La question est de savoir si les réformes édictées ont été bien appliquées avec rigueur. La réponse à cette question devrait être nuancée.

La fraude n'a pas été réduite, elle s'est même aggravée avec l'impunité des responsables des malversations financières.

Les réformes n'ont pas été appliquées avec rigueur et impartialité et ont même été sélectives dans le domaine de la fiscalité du diamant, du commerce et du foncier.

Le développement du secteur informel encouragé par l'Etat a été néfaste et l'Etat attribue des marchés importants à des entreprises du secteur informel en défaveur des entreprises qui payent l'impôt sur les sociétés.

Une véritable réforme foncière n'a pas été faite, plusieurs propriétaires immobiliers ne possèdent pas des titres fonciers, étape nécessaire pour l'imposition.

Une véritable réforme passe par l'élargissement de la base, accompagnée des taux d'imposition réduits. L'attitude citoyenne devant l'impôt devrait être équitable, cela signifie une véritable lutte sans merci contre la corruption au sein des régies financières. Ce sont certains corrompus des régies financières qui favorisent les corrupteurs. La tenue de la comptabilité par tous les commerçants constitue un début de lutte contre la fraude.

Chapitre 14.

Les politiques économiques

Avant 1960, le pays n'avait pas mis en place les plans de développement. La programmation était faite par le fonds d'investissement pour le développement économique et social (FIDES), organisme public français qui finançait les activités des colons et des activités de l'administration coloniale.

À partir de 1960, un plan triennal qui n'a jamais été exécuté a été élaboré, suivi d'un plan biennal 1965/1967 qui n'a été appliqué que très partiellement. En réalité, le premier plan de développement a débuté avec le plan quadriennal 1967/1970. De 1967 à 1990 le pays a élaboré au total 6 plans de développement aux résultats mitigés.

Depuis 1990, les plans de développement ont été abandonnés, jugés trop lourds, au profit des plans triennaux glissants, plus réalistes et plus souples selon les néolibéraux du Fonds monétaire international.

On note par ailleurs trois programmes d'ajustement structurel (PAS), un document de stratégie de lutte contre la réduction de la pauvreté (DSRP), le plan de relèvement et de consolidation de la paix en Centrafrique (RCPCA) et enfin, le plan national de développement (PND) de 2024 à 2028.

Section 1 –
Le Plan quadriennal 1967 /1970

Le premier plan lequel avait mis l'accent sur le développement des infrastructures sociales par l'importance des investissements consacrés à ce secteur soit 11,3 milliards de FFCA représentant 34,3 % des financements. C'est dans le domaine scolaire que quelques progrès ont été faits. La forte progression de la population scolarisable a nécessité la construction des collèges d'enseignement général dans les villes de province et à Bangui. Le taux de scolarisation est passé de 25 % en 1960 à 56 % en 1969, date à laquelle fut créée l'université de Bangui.

Tableau 56 : Programme des investissements publics réalisés au cours du plan 1967/1970 (en milliards de FCFA)

	Investissements prévus		**Investissements réalisés**		**Taux de réalisation**
Secteurs	**Total**	**%**	**Total**	**%**	**%**
Secteur rural	6,5	19,8	4,6	19,0	70,8
(agri, élevage, forêts)					
Industrie	8,6	26,1	7,1	29,3	82,6
Infrastructures	6,5	19,8	5	20,7	76,9
de communications					
Infrastructures sociales	11,3	34,3	7,5	31,0	66,4
TOTAL	**32,9**	**100**	**24,2**	**100,0**	**73,6**

Source : Ministère du Plan

Le secteur rural a bénéficié de 19,8 % des investissements prévus, soit 6,5 milliards de FCFA qui ont permis d'accroître les cultures agricoles d'exportation. Ainsi, la production du coton est passée de 49 000 tonnes en 1967 à 58 730 tonnes en 1969 soit une augmentation de 19,8 % en deux ans. La production du café a augmenté dans la même période de 36,4 % passant de 9 000 tonnes à 13 100 tonnes. Pendant ce premier plan, le secteur primaire a augmenté de 7,3 %.

Le secteur industriel a bénéficié de 26,1 % des investissements et s'est accru de 30 % et a représenté 15,4 % du PIB.

Les infrastructures de communication n'ont bénéficié que de 19,8 % des investissements totaux soit 6,5 milliards de FCFA, destinés aux travaux de bitumage de la route Bangui /Damara.

Les investissements ont été réalisés dans la proportion de 73,6 % et les ressources extérieures ont représenté 80 %.

Le bilan de ce premier plan est globalement satisfaisant, les objectifs ayant été globalement atteints sur le plan de la production agricole et industrielle, mais il est insuffisant dans le domaine social, les investissements n'ont pas été réalisés que dans la proportion de 66 %.

Section 2 –
Le Plan quinquennal 1971/1975

Le deuxième plan a été plus ambitieux dans ses investissements, la prévision est passée de 32,9 milliards de FCFA à 50,4 milliards de FCFA, soit une augmentation de 53,1 %. La priorité a été donnée aux infrastructures de communications avec 29,8 % des prévisions et au secteur rural représentant avec 24,8 %

Tableau 57 : Programme et investissements publics réalisés au cours du plan 1971/1975 (en milliards de FCFA)

	investissements prévus		**Investissements réalisés**		**Taux de réalisation**
Secteurs	**Total**	**%**	**Total**	**%**	**%**
Secteur rural (agri, élevage, forêts)	12,8	25,4	6,7	17,6	52,3
Industrie	12,5	24,8	11,4	30,0	91,2
Infrastructures de communications	15	29,8	9,3	24,5	62,0
Infrastructures sociales	10,1	20,0	10,6	27,9	105,0
TOTAL	**50,4**	**100**	**38**	**100**	**75,4**

Source : Ministère du Plan

Dans le domaine rural, les résultats ont été assez modestes, le taux de réalisation n'est que de 52,3 %, ce qui ne représente que 6,7 milliards contre une prévision de 12,8 milliards de FCFA. La production du coton a amorcé une baisse à partir de 1971 jusqu'en 1975, même si une légère augmentation de 11,9 % a été observée en 1972. Entre 1971 et 1975, la production du coton a baissé de 35,3 % alors que la prévision était de 150 000 tonnes. La contribution du secteur rural au PIB s'est stabilisée à 38 milliards de FCFA pendant toute la période du plan.

Cette situation est consécutive à la « réforme agraire » proclamée par le gouvernement qui a mis en place des fermes d'Etat, investi dans des tracteurs et des charrues alors que les paysans n'étaient pas encore formés pour ces technologies. Les pouvoirs publics ont également déversé des engrais et des semences sélectionnées.

Parallèlement, le gouvernement a fait partir les coopérants techniques français responsables des structures de recherche, notamment du centre de Wakombo, un centre de recherche agronomique réputé dans le cadre d'une réforme agraire qui a eu des conséquences incommensurables sur le secteur rural. En effet, cette politique a mis fin à l'élan de recherche agricole. Ces chercheurs se sont installés en Côte d'Ivoire et ont développé des techniques en faveur de l'agriculture ivoirienne.

Le secteur industriel a pris un essor avec un accroissement de 17,8 % des investissements sur la période du plan grâce à la production et à la transformation du bois, les BTP par le bitumage de la route Bangui/Damara/Sibut, l'adduction d'eau de Bangui et de Bambari, la construction du stade omnisport, du central téléphonique, de la centrale hydro-électrique de Boali II, du palais de l'UDEAC, et de la cité de l'OCAM.

Section 3 –
Le Plan quinquennal 1976/1980

Le troisième plan a été élaboré dans des conditions de début de crise économique, politique et sociale. Les investissements prévus ont été doublés par rapport au précédent plan quinquennal.

C'est l'avènement de l'empire et le début du deuxième choc pétrolier de 1979. Les autorités ont affiché une ambition démesurée alors que les financements extérieurs ont continué leur baisse, ce qui explique que le taux de réalisation n'est que de 37,8 %. En outre, le plan a été interrompu en faveur du changement de pouvoir au dernier trimestre 1979.

Tableau 58: Programme et investissements publics réalisés au cours du plan 1976-1980 (en milliards de FCFA) (en milliards de FCFA)

	Investissements prévus		Investissements réalisés		Taux de réalisation
Secteurs	**Total**	**%**	**Total**	**%**	**%**
Secteur rural	22,9	21,6	6,4	16,0	27,9
(agri, élevage, forêts)					
Industrie	16,5	15,5	14,8	36,9	89,7
Infrastructures	51,2	48,2	10,1	25,2	19,7
de communications					
Infrastructures sociales	15,6	14,7	8,8	21,9	56,4
TOTAL	**106,2**	**100**	**40,1**	**100,0**	**37,8**

Source : Banque Mondiale

Dans le domaine rural, le taux de réalisation n'a été que de 27,9 % soit 6,6 milliards de F.CFA contre 22,9 milliards prévus. Les actions en faveur du coton ont été limitées par manque de ressources financières. Entre 1976 et 1979, la valeur ajoutée du secteur primaire s'est stabilisée à 63 milliards de FCFA.

Cependant, le projet d'assainissement de la zone d'élevage de Bambari a été exécuté, ce qui a permis la croissance des produits d'élevage de bovins de 7 %. Le projet de l'aménagement de la forêt dense et le projet application de la recherche à la mise en valeur des ressources forestières financés par le FAC (Fonds d'aide et de Coopération) ont été réalisés. Ce qui a permis d'augmenter la production des grumes et des sciages, la valeur ajoutée de ce sous-secteur s'est accrue de 57,8 % entre 1975 et 1977.

Les infrastructures de communications qui sont financées quasi-intégralement sur ressources extérieures ont été exécutées à 19,7 %. Cette période correspond à la dégradation généralisée des routes qui ont été dommageables à l'agriculture.

Les réalisations des infrastructures de communications ont été limitées à l'aménagement et au bitumage d'une partie de la route Bangui/Bossembélé et à l'achèvement de la route Bangui/Damara.

Section 4 –
Plan de redressement économique et social 1980/1981

À la chute de l'empire, les nouvelles autorités face à la déconfiture de l'économie, ont élaboré un programme de redressement pour deux ans avec comme priorités : la réhabilitation des routes qui sont nécessaires pour désenclaver le pays et faciliter la reprise économique et la relance du secteur rural.

Les résultats obtenus ont été relativement satisfaisants eu égard à l'état de régression générale de tous les secteurs économiques et sociaux. Le taux de réalisation a été de 62 % malgré la reprise des financements extérieurs qui ont représenté 70 % des financements totaux contre seulement 30 % pour les financements intérieurs.

Tableau 59 : Programme et investissements publics réalisés dans le cadre du plan de redressement national 1980/1981(en milliards de FCFA)

	Investissements prévus		**Investissements réalisés**		**Taux de Réalisation**
Secteurs	**Total**	**%**	**Total**	**%**	**%**
Secteur rural	14,4	32	7,4	26,5	51,4
(agri, élevage, forêts)					
Industrie	2,7	6	8,1	29	300
Infrastructures	18,5	41,1	10,5	37,6	56,8
de communications					
Infrastructures sociales	9,4	20,9	1,9	6,8	20,2
TOTAL	**45**	**100**	**27,9**	**100**	**62,**

Source : Banque mondiale

Dans le domaine rural, les principales structures agricoles ont été transformées en sociétés ou agences et les autorités ont opté pour la politique d'intégration. Chaque structure prend en charge tous les aspects de la production : l'encadrement des paysans, la recherche, les approvisionnements en semences, l'entretien des pistes et routes rurales, la commercialisation et la transformation des produits. La SOCADA (société centrafricaine de développement Agricole) est en charge de la culture du coton, l'ADECAF (agence de développement de la culture caféière) pour le café. Les trois caisses de stabilisation chargées du soutien des prix du café, du coton et la caisse de péréquation ont été fusionnées pour créer la CAISTAB, organisme unique de stabilisation afin de la rendre plus efficace.

Ces structures ont été accompagnées de la mise en place ou la réhabilitation des projets agricoles dans les préfectures de l'Ouham-Pendé (ACADOP), de l'Ouham, de la Ouaka et de la Basse-Kotto, de Gribingui et de la Gribingui-Economique.

Les résultats ont été relativement positifs malgré un taux de réalisation financière de 51,4 %, le secteur rural s'est accru de 33,8 % entre 1979 et 1982.

Le secteur industriel a bénéficié d'une rallonge financière importante, car les investissements prévus ont été triplés pendant l'exécution du plan, ce qui a permis d'investir dans le réseau électrique de Bangui, la recherche du pétrole, la relance de la SICPAD (huile), la reprise de l'ICAT (industrie textile). La valeur ajoutée du secteur est restée modeste, après avoir baissé de 28,9 % en 1980, elle a progressé légèrement de 8,5 %.

La première priorité du plan de redressement est le secteur des infrastructures de communications avec des prévisions de 18,5 milliards de F.FCA, soit 41,1 % des investissements prévus. La réalisation a été moins ambitieuse parce qu'elle n'a représenté que 56,8 % et n'a pas permis de réhabiliter les grands axes routiers dégradés pendant plusieurs années de crise généralisée.

Les principales réalisations sont : l'achèvement des travaux de bitumage du tronçon Bangui/Bossembélé et la réhabilitation du tronçon Bossembélé/ Gamboula. Le port de Bangui a été réhabilité et la flotte, les barges et les pousseurs remis en état.

Les investissements prévus pour les infrastructures sociales n'ont été exécutés qu'à la hauteur de 20,2 %.

Section 5 –
Le Programme national d'action 1982/1985

Le programme national d'action a été élaboré par le gouvernement militaire issu d'un changement de pouvoir en septembre 1981. Les priorités n'ont pas changé car les contraintes sont restées les mêmes.

Les pouvoirs publics ont privilégié les infrastructures qui ont reçu 44 % des investissements prévus soit 56,9 milliards de FCFA avec un taux de réalisation de 69,1 %, taux le plus bas par rapport aux autres secteurs. Les principales réalisations sont les suivantes : réfection de la route Bangui/Mbaïki, réhabilitation de la route Berbérati/Carnot/Baoro et Salo, et Damara /Sibut, entretien de la route Bangui/ /Bouar/Garoua-Boulaï et 19 ouvrages d'art sur l'axe RN3 (axe Cameroun) et sur la RN2 (Sibut/Bangassou). L'aéroport de Bangui M'Poko a été mis aux normes des Boeing 747.

Le développement industriel qui initialement représentait 24,6 milliards de FCFA a dépassé légèrement les prévisions avec des résultats relativement appréciables. Ainsi, la production de l'industrie extractive est passée de 5,7 milliards de FCFA en 1982 à 13,1 milliards en 1985 soit une augmentation de 129,8 %. Il en est de même de l'industrie manufacturière qui a progressé de

157,3 %. La valeur ajoutée du secteur secondaire a atteint en 1985, 56,8 milliards de FCFA contre 24 milliards au début du plan.

Le programme du secteur rural, deuxième priorité dans les prévisions, a été exécuté dans la proportion de 94,3 %.

Tableau 60 : Programme et investissements publics réalisés au cours du plan national d'action1982/85 (en milliards de FCFA)

	Investissements prévus		**Investissements réalisés**		**Taux de réalisation**
Secteurs	**Total**	**%**	**Total**	**%**	**%**
Secteur rural (agriculture, élevage, forêts)	44	32,4	41,5	33,9	94,3
Industrie	24,6	18,1	26	21,3	105,7
Infrastructures de communications	56,9	42,0	39,3	32,1	69,1
Infrastructures sociales	10,1	7,4	15,5	12,7	153,5
TOTAL	**135,6**	**100**	**122,3**	**100,0**	**90,2**

Source : Banque Mondiale

La production du coton graine qui était tombée à 17 200 tonnes en 1981 a atteint 45 500 tonnes en 1984 avant de descendre à 35 500 tonnes l'année suivante. Le café qui a connu une année très difficile en 1983 à cause de la sécheresse et qui a vu sa production descendre à 2 700 tonnes, a atteint 13 400 tonnes en 1985 et 20 000 tonnes en 1986. Ces bons résultats sont dus au renforcement du projet de développement rural en zone caféière et le projet ADECAF qui a aménagé les pistes rurales, développé la formation et la vulgarisation, ainsi que la modernisation des plantations et la multiplication des semences.

Le projet de développement intégré de l'élevage dans l'ouest a été mis en place, avec comme objectif la mise en œuvre d'un programme d'aménagement à long terme de l'élevage centrafricain : santé animale, formation et vulgarisation en milieu agricole. Ce programme a eu un impact important dans le développement de l'élevage centrafricain.

Les bons résultats obtenus ont permis d'accroître la valeur ajoutée du secteur primaire qui est passée de 102,7 milliards de FCFA en 1982 à 169,7 milliards en 1985.

Le plan quinquennal 86/90 ayant été refondu avec les PAS, son bilan est intégré à celui des PAS.

Section 6 –
Les politiques d'ajustement structurel

La Centrafrique, comme la plupart des pays africains a connu, à partir de la fin des années 70, des déséquilibres macro-économiques fondamentaux qui ont mis en péril la croissance économique et réduit le niveau de vie de la population.

Jusqu'en 1977, le pays a bénéficié des ressources importantes qui provenaient des hausses généralisées des prix des matières premières, et qui dissimulaient certains déséquilibres amorcés dans les mêmes périodes. À partir de cette date, plusieurs difficultés sont apparues : dégradation des voies de communication, politique de commercialisation déficiente qui a entraîné la régression des productions, des échanges et la réapparition de l'autoconsommation.

Les déficits des finances publiques se sont accentués à cause du gonflement du nombre des fonctionnaires qui a entraîné : l'augmentation de la masse salariale ; le développement du secteur parapublic et des subventions aux entreprises alors que, dans le même temps, les recettes fiscales continuaient à baisser. La conséquence est la dégradation des finances publiques et les risques bancaires.

Cette situation a été aggravée par la dégradation des productions agricoles et l'amorce de la chute des prix des matières premières sur le marché mondial.

A)– Les déséquilibres macro-économiques et sectoriels

– Les déficits des finances publiques sont apparus en 1971 avec 2,4 milliards de FCFA soit 1,7 % du PIB pour atteindre 8,6 milliards en 1981 représentant 3,9 % du PIB.

– La balance des paiements est restée déficitaire d'une façon continue. Le déficit global est passé de 1,5 milliard en 1981 à 13,9 milliards de FCFA en 1982, la balance des transactions a accusé un déficit de 13, 5 milliards de FCFA en 1982 et 21,7 milliards de FCFA en 1985.

– L'endettement a pris de l'ampleur en 1981, année où il est passé de 61 milliards de FCFA à 111,7 milliards en 1984 (40,1 % du PIB). Le service de la dette a représenté en moyenne 21 % des recettes budgétaires entre 1984-1986, l'encours de la dette 41,1 % des recettes des exportations en 1984.

– Le secteur parapublic est devenu important avec 52 entreprises et offices Publics dont 17 offices publics, 14 sociétés d'Etat et 21 sociétés d'économie mixte. L'importance de ce secteur découlait de la volonté des gouvernements postindépendances de voir l'Etat jouer un rôle important sur le plan économique dans le cadre d'une politique étatique poussée, alors que le pays ne disposait pas de ressources humaines et financières capables de gérer et de maintenir un secteur parapublic de grande taille rentable. Les nationalisations du début des années 70 ont contribué à l'expansion du secteur parapublic. L'interventionnisme de l'Etat dans ces sociétés et offices publics, par la nomination de gérants non rompus aux pratiques de la gestion, conjuguée à un manque de transparence, a créé des déficits importants que les finances publiques devraient combler. Les subventions de l'Etat ont atteint 7,9 milliards de FCFA en 1986.

– L'investissement public a régressé d'une manière importante. Il est passé de 24,1 % du PIB en 1973 à 6,3 % en 1980.

B)– Les objectifs fixés par les réformes

Les programmes d'ajustement structurel ont visé trois objectifs fondamentaux :

– assainir les bases de l'économie par la recherche des équilibres macro-économiques de court et moyen termes : équilibre de la balance des paiements et des finances publiques. C'est la condition d'une croissance durable de l'économie ;

– libéraliser l'économie ;

– atteindre une croissance économique de l'ordre de 4 % par an ;

– rembourser le dette extérieure.

C)– Les principales politiques des PAS

1)– Dans le domaine budgétaire

Dans le domaine de la recherche de l'équilibre des finances publiques, des mesures ont été prises pour augmenter les recettes de l'Etat et maîtriser la progression des dépenses publiques.

Du côté des recettes budgétaires

– dans le PAS I, les recettes devraient croître de 10 à 11 % par an. Pour obtenir cette performance, il a été envisagé une répression de la fraude douanière, une réforme fiscale pour les exportations, le renforcement des moyens de recouvrement des impôts.

– dans le PAS II, une réforme fiscale a été proposée : élimination de la tranche de 70 % pour le calcul de l'impôt général sur le revenu (IGR), création de taxes complémentaires (véhicules, cigarettes etc...), élargissement de l'assiette douanière par l'élimination des exonérations et exemptions en douane, mise en place d'une procédure d'urgence pour recouvrer les arriérés (500 millions prévus pour 1988), recouvrement au profit du trésor des recettes fiscales encaissées par les sociétés d'Etat et non reversées. Les réformes devraient permettre l'augmentation des recettes de l'Etat afin de dépasser les 10 % du PIB.

– dans le PAS III, sur le plan douanier, en particulier : taxation des projets sur financement extérieur ; réforme du barème douanier dans le cadre de l'UDEAC, avec révision et simplification du tarif extérieur commun ; remplacement de la taxe unique par un tarif intra-UDEAC ; uniformisation de la taxe à la consommation sur les produits importés.

– sur le plan des impôts : recensement et taxation de propriétés bâties ; fiscalisation des entreprises par le réexamen à la hausse des impôts forfaitaires (BIC et ICA).

Du côté des dépenses :

– dans le PAS I, pour réduire les dépenses, certaines mesures ont été arrêtées : ramener le montant salarial qui représente 65 % des recettes budgétaires à 50 % en 1990 ; rationaliser l'embauche dans la fonction publique en appliquant la règle de recrutement de 1 FCFA d'embauche pour 3 FCFA d'économie, en mettant à la retraite à titre normal, en redéployant certains fonctionnaires ; plafonner à 90 % les dépenses de fonctionnement et déduire des dépenses courantes non salariales.

– dans le PAS II, l'effort de l'allégement des dépenses publiques a consisté à réduire à 68 % et 54 % la part des salaires dans les recettes fiscales, par la diminution du nombre des fonctionnaires et des bénéficiaires des allocations familiales. Les transferts pour bourses d'études devaient être réduits ainsi que les transferts au titre des contributions aux organismes internationaux.

– dans le PAS III, tout en renforçant les mesures prises dans le cadre des autres PAS, les dépenses courantes ont été limitées à 10 % du PIB à partir de 1992. Pour atteindre ce résultat, la masse salariale devrait être ramenée à 22 milliards de FCFA en 1991 avec une croissance seulement de 5 % à partir de 1992, une augmentation nominale de 10 % des moyens de fonctionnement au profit des actions prioritaires, la stabilité des dépenses de transfert (bourses), la remise de la dette bilatérale.

2)– Dans le domaine des investissements

Afin d'atteindre l'objectif de croissance de 4 % par an du PIB, plusieurs mesures ont été proposées :

– dans le PAS I : accroître les investissements publics, pour atteindre 11 % du PIB en 1990 avec augmentation de 8 % à 9 % en termes réels. Une part importante doit être réservée aux secteurs prioritaires. Pour une gestion plus rationnelle, un système de programmation triennale glissante des investissements a été introduit. Un effort devrait être fait dans le domaine de l'investissement privé pour le porter à 4 % du PIB en 1990 afin de développer le secteur.

– dans le PAS II, des mesures complémentaires ont été prises tout en maintenant à 75 % la part consacrée aux investissements prioritaires (agriculture, infrastructures physiques et sociales) : remise en place d'un processus de planification permanente, suivi physique et financier du programme d'investissement de l'Etat, ainsi que le suivi de la conjoncture économique et la réactualisation chaque année du programme d'investissement public.

3)– Dans le domaine de l'épargne

L'objectif est d'atteindre un taux d'épargne publique de 2,5 % du PIB en 1990 (1,1 % en 1986 et 1,4 % en 1987).

4)– Dans le domaine de la gestion de la dette publique

La politique définie est le paiement régulier de la dette en évitant l'accumulation d'arriérés.

– dans le PAS I, le gouvernement s'est engagé à ne pas contracter ni garantir de nouvelles dettes extérieures d'une durée inférieure à 12 ans, à renforcer les moyens de gestion de la caisse autonome d'amortissement de la dette de l'Etat (CAADE) et à ne faire appel qu'aux dettes concessionnelles.

– dans le PAS II, la politique définie dans le précédent programme a été reconduite.

5) – Dans le domaine de la croissance économique

L'objectif est d'atteindre et de maintenir un taux de croissance de PIB d'au moins 4 % par an.

Pour atteindre cet objectif et au-delà des conditions déjà analysées (assainissement budgétaire et augmentation des investissements publics) qui ont été maintenues, les grandes orientations sont les suivantes : une stratégie de croissance basée sur l'agriculture et l'ouverture de l'économie au marché mondial, une contraction du secteur para - public, une mobilisation des ressources privées et publiques en vue d'accroître le taux d'épargne intérieure pour le développement du secteur privé.

D)– Mise en œuvre des PAS

Les Programmes d'ajustement structurel sont constitués des objectifs bien définis et des mesures pour les atteindre.

Dans le cadre du PAS I, 16 objectifs et 47 mesures ont été définis, dans celui du PAS II, 43 objectifs et 149 mesures, et enfin 9 objectifs et 96 mesures dans celui du PAS III. La Centrafrique a bénéficié dans le cadre des PAS, d'un montant total de 53,1 milliards de FCFA dont 47,9 milliards de FCFA provenant de l'IDA (association internationale pour le développement) de la Banque mondiale et 5,1 milliards de la part de FAD-BAD dans le cadre du PAS III.

E)– Les résultats obtenus

Faire le bilan global des programmes d'ajustement structurel ne paraît pas aisé. Les difficultés résident tant dans le choix de la méthodologie que dans la détermination des impacts réels des PAS sans tenir compte de l'influence de l'économie mondiale.

Sur le plan méthodologique, on peut utiliser deux démarches avec des difficultés qui ne sont pas les mêmes. La première consiste à mesurer la situation du pays avant et après ajustement. C'est un exercice qui paraît délicat à réaliser. La deuxième méthodologie qui sera utilisée ici est de comparer la situation du pays à partir des objectifs prévus et des résultats obtenus.

Il sera difficile cependant de mesurer avec exactitude si certains mauvais résultats sont liés à l'application des mesures ou à la situation économique internationale.

Nous n'analyserons que les objectifs macro-économiques globaux et les limites des programmes.

1) Les finances Publiques

La recherche de l'équilibre des finances publiques a été le souci constant des autorités économiques depuis 1986 dans le cadre des réformes. Tous les PAS ont pris plusieurs mesures pour augmenter les recettes et diminuer les dépenses afin de dégager une épargne budgétaire positive nécessaire pour le financement des biens d'équipement. Les chiffres montrent que les résultats sont assez décevants par rapport aux efforts consentis. En 1986, les recettes totales étaient de 40,10 milliards de FCFA, en 1991 36,28 milliards soit une régression de 10 % et 9,4 %.

La situation s'est aggravée à cause aussi de la crise sociopolitique de 90-93.

Il manque une volonté politique pour le recouvrement des recettes fiscales de l'Etat à cause de la corruption et du laxisme de l'administration fiscale. Ceci, malgré les efforts déployés dans la recherche de la performance des services fiscaux, par la création de SYDONIA et l'intéressement des agents.

En revanche, du côté des dépenses, les objectifs ont été dépassés mais au détriment des investissements dans des secteurs sociaux (la santé et l'éducation). Les dépenses d'investissement sont passées de 12 % du PIB en 1986 à 9,5 % en 1991.

Le niveau des salaires et traitements en 1991 était le même qu'en 1987, représentant 69,3 % des recettes alors que l'objectif était de 50 %. Néanmoins, les salaires et traitements ont été relativement maîtrisés grâce au programme des « départs volontaires assistés » et l'application de la règle de 1F de dépense pour 3F d'économie. Les déficits sur base engagement ont diminué en 1987 et sont passés de 15 % à 14 % du PIB en 1991.

Dans l'ensemble, les dépenses courantes ont progressé moins vite que les recettes. L'ajustement s'est fait essentiellement par le bas avec des conséquences sur l'investissement productif notamment dans le secteur rural. C'est ce qui explique en partie les baisses successives des taux de croissance en termes réels pendant la période étudiée.

2)– Les balances des paiements

L'étude des balances des paiements de 1987 à 1992 montre une détérioration constante. Les seules améliorations enregistrées pendant cette période sont les excédents de 1 milliard de FCFA en 1986 et de 5,47 milliards en 1990, grâce au déblocage des emprunts de 28,8 milliards de FCFA. Dans le même temps le déficit des transactions courantes s'est alourdi. En 1989, le déficit a été moindre et proche de l'objectif fixé.

Du côté des exportations, les objectifs fixés n'ont pas été réalisés et sont à l'origine des déficits persistants de la balance commerciale pendant la période étudiée. Les objectifs ont été définis à partir de l'augmentation des produits primaires, mais malheureusement ceux-ci ont baissé constamment. C'est le cas respectif des années 1990 et 1991 où les réalisations n'étaient que de 40,98 milliards de CFAF et 35,4 milliards de FCFA, contre des objectifs affichés de 50,7 et 55,7 milliards.

Les importations ont diminué constamment et correspondent à la diminution des biens d'équipement, liée à la baisse des investissements. A titre d'exemple, la baisse des importations des biens alimentaires est passée de 18,7 milliards de FCFA en 1986 à 8, 3 milliards de FCFA en 1991. D'autres causes de la détérioration de la balance des paiements peuvent être imputées à la détérioration des finances publiques, la surévaluation du FCFA et la dégradation des termes de l'échange estimée à 30 % en ce qui concerne le café et le coton.

3)– La dette publique

L'encours total de la dette publique en nette progression depuis 1981, a atteint 236,1 milliards en 1993 contre 146 milliards de FCFA en 1986 et ceci malgré l'annulation de la dette française de 40 milliards en 1990. L'encours de la dette en 1992 représentait 56,2 % du PIB contre 48 % du PIB en 1986 ; le ratio dette/ exportations est de 17 % en 1991 contre 30,8 % en 1986 ; le service de la dette 30 % des recettes budgétaires en 1992 contre 22 % en 1986.

L'allégement de la dette extérieure pour la période 1986-1991 est de 14,5 milliards de FCFA et la Centrafrique s'est présentée cinq fois au " Club de Paris " entre 1986et 1991. En 1990, la part de la dette multilatérale a atteint 64,2 % pour descendre à 60 % en 1991.

4) – La croissance

Le taux de croissance économique pendant la période de l'ajustement structurel est en dessous de l'objectif de 4 % fixé par les autorités économiques.

De 1986 à 1992, le taux de croissance réel par an est nul pour un taux de croissance de la population de

2,5 % par an. Cette régression est imputable à plusieurs causes : le secteur rural qui est l'élément moteur de la croissance économique est resté stationnaire pendant la période de l'ajustement. La part de l'agriculture dans le PIB, en valeur a diminué à partir de 1986, l'élevage a maintenu une croissance en moyenne de 4 % par an. La stagnation, voire la baisse du secteur tertiaire a entraîné un désinvestissement dans le secteur. Par contre la production industrielle a augmenté de 12 % entre 1986 et 1991, essentiellement à cause des deux industries agro-alimentaires, la Sogesca (sucrerie) et Centrapalm (huile de palme). Ces progrès ont été amoindris par le développement des importations frauduleuses de sucre et d'huile de palme.

Pendant la période, l'épargne privée qui représentait 3,1 % du PIB en 1986 est tombée à 0,9 % en 1991, ce qui explique le déficit du compte courant de la balance des paiements qui a représenté 8,9 % du PIB.

La baisse de la demande, consécutive aux prélèvements sur les salaires a fortement joué sur les revenus à cause de la hausse des prix et a fait décroître le pouvoir d'achat des populations urbaines. Cette situation a dégradé le niveau de l'offre des entreprises et de ce fait a contribué à réduire l'évolution de la croissance économique. Les commerçants ont subi ce contrecoup et les chiffres d'affaires ont baissé fortement. Il s'en est suivi les fermetures d'entreprises et le développement du chômage.

5)– La monnaie et le crédit

L'instrument monétaire est utilisé dans le programme, dans le but de réduire la création monétaire source de l'inflation (selon les néolibéraux) et par conséquent du déficit des finances publiques et de la balance des paiements. L'objectif poursuivi est de restreindre les crédits à l'économie et les avances à l'Etat et parallèlement d'augmenter les avoirs extérieurs.

Les objectifs essentiels fixés ont été atteints. Les avoirs extérieurs ont progressé mais moins vite que les prévisions envisagées jusqu'en 1990 et 1991, dates où ils ont baissé fortement.

La progression de crédits à l'économie en terme réel, est négative, ce qui renforce le caractère déflationniste des PAS. Cette politique qui est accompagnée de l'utilisation de l'encadrement de crédit a amené les autorités monétaires à supprimer les taux d'intérêt privilégiés, réservés aux crédits de campagne. Il y a eu une hausse des taux d'intérêt qui a rendu difficile l'accès des agents économiques au crédit, les investissements privés ont donc baissé.

6)– Le secteur social

Le secteur social a connu une réduction des dépenses, le budget de fonctionnement de la santé qui était de 5,8 milliards de FCFA en 1986 est passé à 5 milliards en 1991. Celui de l'éducation, qui représentait
23,5 % du budget de fonctionnement en 1987 est tombé à 13 % en 1990.

Dans l'enseignement, le nombre des enseignants dans le fondamental I qui était de 4544 en 86/87 est passé à 3581 en 1989/1990 soit 21 % de baisse entre 1988 et 1989. Le taux de scolarisation dans le primaire, qui était de 49 % en 1986, est passé à 43 % en 1991, celui de l'enseignement secondaire de 13 % à 9 %.

L'effectif moyen par enseignant est passé à 90 élèves soit 30 de plus qu'en 87 et celui par salle qui était de 79 élèves en 1988/1989 est passé à 83 élèves. La situation dans le secondaire reflète la même tendance.

Dans le domaine de la santé publique, le nombre de lits a diminué de 5 % entre 1989 et 1990.

La rationalisation des embauches dans la fonction publique a provoqué le chômage notamment celui des diplômés. On constate dans ce domaine un grand paradoxe : alors que le secteur social manque de ressources humaines, les personnes formées pour ce secteur sont demeurées au chômage à cause des réductions budgétaires des PAS. Le blocage des salaires a entraîné une baisse de pouvoir d'achat important, notamment, pour les fonctionnaires et agents de l'Etat estimée à 50 %. Cette situation a limité la demande des biens de consommation locaux et a réduit les revenus monétaires des ruraux qui sont devenus des pauvres, des laissés- pour-compte de la crise économique.

L'introduction de la dimension sociale de l'ajustement (DSA) dans le PAS III avait pour objectif de réduire les effets négatifs des PAS. Ainsi le gouvernement a mis en place un programme de formation des instituteurs. Le budget qui, à l'origine était évalué à 30 millions de dollars, a été ramené à 6 millions de dollars et n'a pas permis la mise en place d'une politique large.

F) – Les limites de l'ajustement interne et la dévaluation de 1994

Les mesures prises dans le cadre des programmes d'ajustement structurel essentiellement internes n'ont pas eu les résultats escomptés, les déséquilibres fondamentaux sont restés insoutenables. Il apparaît que l'ajustement sans modification de la parité du FCFA a eu des limites.

La dévaluation du FCFA de 50 % par rapport au FF vise la restauration des grands équilibres macro-économiques par le rétablissement de la compétitivité de l'économie centrafricaine, en particulier l'agriculture et l'élevage, condition de l'amélioration du niveau de vie de la population. Mais cela suppose des mesures d'accompagnement efficaces, pour la réussite de toute dévaluation.

Encadré 11

L'impact de la dévaluation du FCFA sur l'économie centrafricaine

La dévaluation a pour but essentiel le rétablissement de la compétitivité d'un pays en ajustant les coûts réels par rapport au marché mondial et le rétablissement de ses comptes extérieurs.

Le pays doit augmenter les recettes tirées des exportations si le volume vendu à l'extérieur est très important. A moyen terme, cette tendance peut être confirmée à condition que la prime à la dévaluation ne soit pas accaparée par les intermédiaires ou par l'Etat. En plus, ces revenus doivent être réinvestis dans une proportion importante capable d'augmenter la production et la productivité. Si ces conditions ne sont pas remplies, les effets de la dévaluation peuvent être annulés.

Dans le cas centrafricain, quel résultat peut-on tirer de la dévaluation du FCFA de janvier 1994 ?

1)– Sur le plan budgétaire

La dévaluation concourt à rééquilibrer le budget national par l'augmentation des recettes de l'Etat provenant des exportations. En outre, l'Etat pourra voir les dons extérieurs augmenter en monnaie nationale.

Les recettes budgétaires ont augmenté de 25 % passant ainsi de 28,6 milliards en 1993 à 35,4 milliards en 1995 soit une augmentation de 45,4 %. Ce niveau est resté insuffisant à cause de l'inefficacité des services des douanes d'une part, et du fait que les nouveaux taux, suite à la nouvelle parité, n'ont été intégrés que tardivement ainsi que la réforme fiscalo- douanière qui a été mise en place en retard.

2) – Sur la production

D'une façon mécanique les valeurs des productions à l'exportation ont augmenté. Un an après la dévaluation, certaines productions en volume ont également augmenté, même si cette tendance n'est pas affirmée. La dévaluation a entraîné l'augmentation du prix offert aux producteurs du coton et du café.

a) Le coton

La filière, déficitaire depuis 1986, est devenue excédentaire. Le prix chez le producteur a été augmenté de 50 % mais les prix des intrants ont aussi augmenté. Ainsi la production du coton graine s'est accrue en 1995 de 74,4 %. En valeur, elle est passée de 2,7 milliards de FCFA en 1993 à 5,7 milliards de FCFA en 1994, soit une augmentation de 108 %.

b) Le café

Le café, plus que le coton a bénéficié non seulement de la dévaluation mais aussi de la flambée surprise des cours mondiaux. Le café a bénéficié de plusieurs augmentations même si son prix est libre, ainsi le cours pivot est passé de 680 FCFA en janvier 1994 à 1850 FCFA en août 1994. Il est descendu à 1441 FCFA en janvier 1995.

c) Le bois

La production de bois a représenté 306 337 m3, soit une hausse de 12,7 % par rapport à 1993. La production des grumes est de 231 410 m3 en 1995 contre 210 390 m3 en 1993, cette production a représenté en valeur 22,932 milliards en 1994 contre 6,805 milliards de FCFA en 1993.

d) Les mines

La production du diamant a augmenté de 7 %, passant de 529 800 carats en 1994 contre 494 900 carats en 1993. Les exportations ont représenté en valeur 41,119 milliards contre seulement 20,8 milliards en 1993. L'Etat a perçu les taxes pour 3,672 milliards.

3) P.I.B

Le produit intérieur brut a augmenté sensiblement avec un taux de croissance réel de 4,9 %.

4) Balance commerciale

La balance commerciale est devenue positive grâce à l'augmentation de 93,7 % des exportations et seulement de 62,5 % pour les importations.

5) Effets négatifs de la dévaluation

a) L'inflation

Le premier effet négatif est l'inflation mécanique transmise par la dévaluation, mais pas dans la même proportion que le taux de la dévaluation. L'augmentation du niveau général des prix est située à 24, 6 %, les urbains ont été touchés durement par cette hausse. Cette inflation concerne les entreprises liées à l'importation, c'est le cas de celles qui généralement ont leurs fournisseurs en dehors de la zone franc.

b) La dette

L'encours de la dette a pratiquement doublé passant de 236,1 milliards de FCFA en 1993 à 464,9 milliards de FCFA en 1994.

Source : l'auteur

Section 7 –
Le document de la stratégie de réduction de la pauvreté (DSRP)

La Centrafrique s'est dotée en septembre 2007 de son premier document stratégique de réduction de la pauvreté (DSRP) élaboré selon l'approche participative et avec l'appui de ses partenaires au développement. Le DSRP a intégré à la fois les impératifs liés au relèvement post-conflit et à l'atteinte des objectifs du millénaire pour le développement (OMD).

Les objectifs essentiels recherchés étaient la consolidation de la paix, la création de la richesse et la généralisation de l'accès aux services sociaux de base pour la réduction de la pauvreté.

Ce document contient 155 programmes et projets prioritaires à inscrire au financement des bailleurs de fonds, suite au programme économique du gouvernement soutenu par la facilité pour la réduction de la pauvreté et la croissance (FRPC) du FMI.

On distingue les DSRP 1 et 2

Le document de la stratégie de réduction de la pauvreté est décliné en quatre piliers : Restaurer la sécurité, consolider la paix et prévenir les conflits ; Promouvoir la bonne gouvernance et l'Etat de droit ; Rebâtir et diversifier l'économie ; Développer le capital humain.

Le bilan de DSRP 1

Selon le bilan « indépendant » fait dans le document du DSRP II (version finale au 19 novembre 2011), il ressort que des efforts ont été faits par le pays, en particulier l'organisation du dialogue politique inclusif (DPI) en 2008, entrainant la sauvegarde de la paix et la cohésion sociale.

Le pays a accédé au point de décision de l'initiative renforcée en faveur des pays pauvres très endettés (PPTE) en 2008 et au point d'achèvement en juin 2009, avec comme résultats l'allègement de la dette multilatérale et bilatérale de la RCA.

A) – Les niveaux globaux d'exécution du DSRP 1

Le bilan est fait selon chaque pilier.

– **Pilier 1 : Restaurer la sécurité, consolider la paix et prévenir les conflits**

Les actions mises en œuvre dans ce pilier portent sur les domaines de sécurité, paix et justice

Quatre (4) objectifs stratégiques pour treize (13) actions prioritaires ont été retenus. Huit (8) actions prioritaires ont été réalisées, soit un taux de réalisation de 62 %.

L'ensemble des actions engagées a abouti pour l'essentiel à l'exécution des activités du court terme de la RSS, au lancement du processus DDR, à la signature des accords de paix avec des mouvements politico-militaires et au retour de l'accalmie dans les zones de conflit, à l'organisation du dialogue politique inclusif (DIP), à l'organisations des élections générales et à la mise en œuvre des projets du fonds de consolidation de la paix et du cadre stratégique pour la consolidation de la paix.

–**Pilier 2 : Promouvoir la bonne gouvernance et l'Etat de droit**

Les activités mises en œuvre ont été concentrées sur les domaines de la gouvernance, de l'environnement des affaires, la population et genre. Ce pilier comporte neuf (9) objectifs stratégiques et trente (30) actions prioritaires dont vingt-trois (23) ont été mises en œuvre avec un taux de réalisations de 64 %.

Ces réalisations ont en grande partie des actions prioritaires, principalement l'exécution de la feuille de route issue de la revue à mi-parcours du DSPR 1 a permis l'atteinte du point d'achèvement de l'IPPTE. On note, entre autres, les plus grandes réalisations :

– l’adoption des codes minier et forestier, l’adhésion de la RCA à l’ITIE (initiative pour la transparence dans les industries extractives),

– le renforcement du processus de Kimberley,

– l’audit de six (6) ministères cibles dans le cadre du renforcement de la gouvernance de la fonction publique,

– la réforme des finances publiques,

– l’adoption de la stratégie nationale de lutte contre la corruption,

– l’évolution des travaux préparatoires au lancement du programme pôles de développement.

–Pilier 3 : Rebâtir et diversifier l’économie

Les actions de ce pilier ont porté sur les infrastructures de base, le développement rural et la sécurité alimentaire, le commerce, le secteur privé, l’intégration régionale, l’emploi, l’eau et l’assainissement. Vingt- trois (23) objectifs stratégiques pour soixante -quatorze (74) actions prioritaires ont été prévues. Vingt-huit (28) actions prioritaires ont été exécutées pour un taux de réalisation de 38 %, parmi lesquelles le lancement en 2009 des travaux de réhabilitation de la route nationale n° 3 (Bangui-Mbaïki-Boda), le bitumage de la route Bouar-Garoua Boulai, la réhabilitation des infrastructures urbaines publiques à Bangui, la mise aux normes internationales de sécurité et de sûreté de l’aviation civile à l’aéroport Bangui Mpoko, la mise en route du programme de réhabilitation des infrastructures rurales dont le lancement a eu lieu le 30 mars 2010 ; la mise en œuvre du programme cadre intégré renforcé, création d’un guichet unique des formalités des entreprises en 2008, l’élaboration d’un projet de code de commerce, la mise en place d’un comité mixte chargé de l’amélioration de l’environnement des affaires et l’appui à la commercialisation du sésame.

Pilier 4 : Développer le capital humain

Les actions réalisées couvrent sur les secteurs de l’éducation, de la santé et le VIH/SIDA. Quinze (15) objectifs stratégiques et quarante-huit (48) actions prioritaires ont été retenus. Vingt-quatre (24) actions prioritaires ont été exécutées, avec un taux de réalisation de 50 %.

Les réalisations ont permis pour l’essentiel, le démarrage du projet de construction d’un hôpital de 100 lits à Bimbo, l’adoption des interventions à haut impact pour accélérer la réduction des taux de morbidité et de mortalité maternelle et infanto-juvénile, l’introduction des interventions de prise en charge des cas de maladies de l’enfant au niveau communautaire (PECADOM), les contrats basés sur les performances en vue d’améliorer les résultats des interventions en faveur des populations.

Tableau 61 : Récapitulatif des réalisations par pilier

	Objectifs	Actions par pilier	Réalisations	Taux de réalisation	Montants (million USD)	
					Engagé	Dépensé
Pilier 1	4	13	8	62 %	70	64
Pilier 2	9	36	23	64 %	210	164
Pilier 3	23	74	28	38 %	299	147
Pilier 4	15	48	24	50 %	201	101

Source : Données d'Assistance du Développement (DAD)

B) – Mobilisation des ressources pour le financement du DSRP 1

Les ressources mobilisées pour la mise en œuvre du DSRP 1 ont été enregistrées dans la base des données sur l'aide au développement (DAD). Sur la période 2008-2010 des engagements à la hauteur de 1 731 millions de dollars US, se décomposant comme suit : 747 millions de dollars US pour l'annulation de la dette et l'aide budgétaire (dont 584 millions de dollars US au titre de l'IPPTE), 269 millions de dollars US en aide humanitaire et 715 millions de dollars US en aide au développement.

Le niveau des ressources mise à la disposition de la RCA sur la base des engagements (accords et conventions signés) est de 75 % et celui des dépenses sur la base des versements reçu de 85 %.

Tableau 62 : Répartition des ressources par type de bailleurs (en millions de dollars US)

Partenaires	Engagées	Versées
Multilatéraux	1351	548
Bilatéraux	166	156
Autres	35	36
Total	1552	740

Source : BAD, Ministère du Plan et de l'Économie, 2011

Les besoins de financement du DSRP étaient d'un montant de 1 334 600 000 USD, mais ont été couverts qu'à 55,45 %, avec un gap de financement de 594,6 millions de dollars US.

Le DSRP 2 a été rédigé mais nom appliqué à cause de la prise de pouvoir par les rebelles de la Séléka.

Section 8 –
Plan national de relèvement et de consolidation de la paix en Centrafrique (RCPCA) 2017-2021

Le plan national de relèvement et de consolidation de la paix en Centrafrique a été mis en place après la grande crise de 2013-2016 qui a mis en mal l'unité nationale, la cohésion sociale, la paix, la désorganisation de l'économie par les pillages des richesses nationales, des biens publics et privés par les groupes armés. Le tiers du pays est contrôlé administrativement et économiquement par des groupes armés et qui a affaibli et a désorganisé le système social, éducatif et l'économique.

Sur le plan institutionnel, l'organisation des élections générales en 2015 a permis de mettre en place les nouvelles institutions : l'élection du président de la république, Faustin Archange Touadéra et une nouvelle assemblée nationale.

Les objectifs principaux fixés par le gouvernement sont la sécurité, la réconciliation nationale, le redéploiement de l'Etat et de la relance des secteurs productifs et créé un cadre macro-économique stable.

Bilan du Plan national de relèvement et de consolidation de la paix en Centrafrique (RCPCA) 2017-2021

Le bilan de ce plan et l'audit n'ont pas été faits par le gouvernement centrafricain malgré l'insistance des institutions internationales et de la société civile. Nous avons contacté le secrétariat général du RCPCA qui nous a promis quelques données en vain.

L'ambassadeur Douglas Carpentier de l'Union européenne, lors d'une interview accordée à radio Ndeke Luka le 20 mai 2024 a déclaré que : « l'évaluation minutieuse du plan de relèvement et de consolidation de la paix (RCPCA) est nécessaire ...En toute humilité, il faut évaluer ensemble l'efficience, l'efficacité, l'impact, la durabilité et la pertinence des actions qui ont été engagées pendant le RCPCA »

Le premier ministre Félix Moloua, ancien ministre de l'économie qui a piloté ce plan a notamment a déclaré le 11 novembre 2023 que : « si nous réussissons à payer jusqu'aujourd'hui les salaires, c'est le RCPCA. La restructuration de l'armée, la construction des écoles, même si on ne l'a pas fait partout, c'est le RCPCA. La construction des infrastructures sanitaires, le redéploiement des autorités dans l'arrières pays, c'est le RCPCA ».

Le financement serait de l'ordre de 2 000 milliards de FCFA. Si le gouvernement ne rend pas compte au peuple centrafricain pour ce programme important post conflit, ceci témoigne du mépris du peuple et cacherait probablement également des malversations financières éventuelles qui sont décriées par la presse indépendante. Le plan devrait « faciliter l'accès à l'éducation, aux soins de santé et à une alimentation saine. Un volet important de ce plan était aussi la relance de l'économie au sortir de la crise. Sept ans après, ce plan souffre de réalisations visibles ». [Quel bilan pour le RCPCA après 7 ans d'exécution ? Ndeke Luka, 3 /1 /2024].

Section 9 –
Le programme national de développement (PND)

Le programme national de développement est un plan quinquennal qui s'étend de 2024 à 2028. Au moment où nous finissons d'écrire ces lignes nous avons eu accès à « l'avant-projet PND définitif ». Il est validé par le ministre de plan, de l'économie et de la coopération internationale, mais pas par le gouvernement dans son entier, ni approuvé par l'assemblée nationale.

Le coût global du PND est estimé à 7 040 milliards de FCFA, soit environ 12,8 milliards de dollar USD.

Tableau 63 : Evolution du taux de croissance du PIB et de l'investissement (en %)

	Moyenne 2017-2023	Moyenne 2024-2028
Taux de croissance PIB réel	2,1	2,5
Secteur primaire	1,9	2,8
Secteur secondaire	0,8	3,8
Secteur tertiaire	3,2	-6,5
Taux d'investissement public (en % du PIB)	10,7	11,5 %
Taux d'investissement privé (en% du PIB)	3	4

Source : DGEPD, 2024

Ce plan manque d'ambition évidente pour le pays. Le taux de croissance pour la période est estimé à 2,5 %, représentant juste le taux de croissance démographique et 0,4 % de plus que le taux de croissance des cinq dernières années. Il n'est pas assez robuste pour éradiquer la pauvreté extrême. En effet, il faudrait un taux de croissance de 5 % au moins sur une longue période pour s'attaquer à la pauvreté. En outre, le taux d'investissement public de 11,5 % légèrement supérieur à celui des cinq dernières années est insignifiant. Il faudrait un investissement public qui avoisine les 30 % du PIB sur le long terme.

Le plan national de développement, s'il reste avec ses chiffres ne permet pas de voir le bout du tunnel et continuera à plonger le peuple centrafricain dans la pauvreté.

Le secteur primaire devrait être fortement relancé pendant ce plan avec des techniques culturales pour accroitre sa puissance de moteur de développement.

Les investissements déboursés dans le cadre de RCPCA pour l'agriculture, ne sont pas arrivés aux destinataires intégralement et sont détournés en partie par l'élite politique et administrative. Les nombreux scandales de détournement des dons au ministère de l'agriculture devraient cesser. L'élite ne peut pas continuer à appauvrir les vulnérables de notre société.

Tableau 64 : Evolution des principaux indicateurs budgétaires (En %)

	2023	2024	Moyenne 2017-23	Moyenne 2024-28
Recettes fiscales/PIB nominal	8,8	8	8,8	9
Dons /PIB	5,5	7,5	8,8	9,6
Recettes budgétaires/PIB nominal	15	15,9	18,5	18,6

Source : DGEPD, 2024

Sur le plan des finances publiques, le plan n'encourage pas à l'augmentation des recettes nécessaires pour financer une partie des objectifs du plan. La pression fiscale reste le même, c'est-à-dire qu'il n'aura pas d'augmentation des recettes intérieures. Des réformes vigoureuses devraient permettre à l'Etat d'augmenter les recettes fiscales.

Tableau 65 : Ratios de dette selon le scénario volontariste (En %)

	2023	**2024**	**Moyenne 2017-23**	**Moyenne 2024-2028**
Dette/PIB	57,7	65,7	50	77,6
Dette extérieure/PIB	25,1	26,5	27	36,9
Dette intérieure/PIB	32,4	39,2	23	40,7

Source : Dette/MFB, 2024

Par contre il est prévu l'augmentation de la dette de 22 points de pourcentage par rapport au PIB, ce qui dépasse la norme de la CEMAC et source d'inflation.

Chapitre 15.

Les relations économiques et financières internationales

Les relations économiques internationales et financières comprennent les rapports commerciaux et financiers avec le reste du monde. Nous présenterons les relations commerciales et financières et les différents soldes, la balance des paiements et également l'endettement du pays et les aides que le pays reçoit de ses partenaires au développement.

Section 1 – La balance des paiements

La balance des paiements sera analysée à travers la balance des transactions courantes, les transactions financières et l'évolution du solde global.

A)– L'Evolution des exportations et des importations

Les exportations du pays sont basées essentiellement sur les produits de rente sans transformation : le coton, le café, le diamant, le bois et le tabac pour l'essentiel. Les importations concernent les biens d'équipement, de consommation, les produits pétroliers etc. Le solde commercial est demeuré négatif depuis 1960 sauf la période de 1994-2003.

1)– Les exportations

Les exportations totales pour la période 1960 et 2021 ont représenté 2620,03 milliards de FCFA. Elles ont évolué constamment de 1960 à 1966 passant de 13,1 milliards de FCFA à 20,2 milliards de FCFA soit un accroissement de 54 % en six ans. L'augmentation la plus importante est celle de 1967 qui s'est établi à 33,3 % grâce aux exportations du diamant qui ont été multipliées par plus de 4 passant de 350 millions en 1960 à 4,66 milliards de FCFA.

Graphique 41 : Evolution des exportations (en milliards de FCFA)

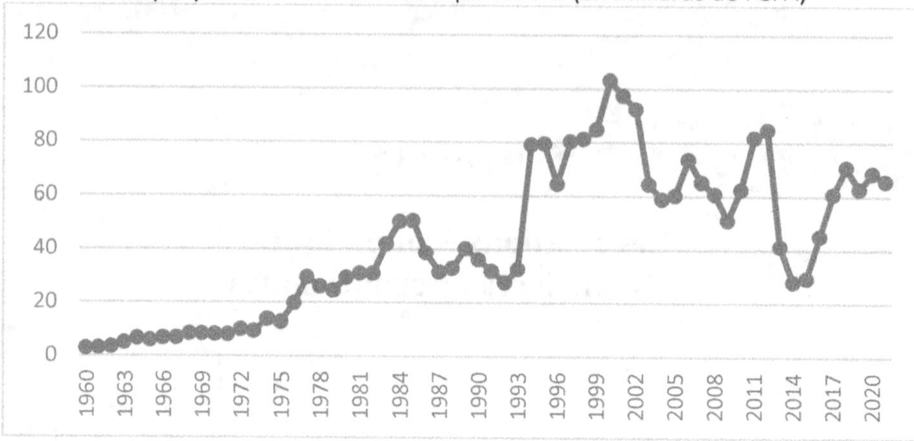

Source : Banque mondiale

Depuis 1960, une baisse s'est amorcée et l'évolution est en dents de scie jusqu'en 1973 où la croissance des exportations est passée de 23,1 milliards de FCFA en 1972 à 46,6 milliards de FCFA en 1974 soit une évolution de 101,7 %. Cette période marque le début de la flambée des prix des matières premières sur le marché international. Les recettes d'exportation du coton ont augmenté de 43 %, celles du café ont été multipliées par trois, celles du bois ont augmenté de 64,2 % et celles du diamant de 225 %. En quatre ans le pays a bénéficié de 72,8 milliards pour ces quatre produits.

La période de 1980 à 1993 est caractérisée par les fluctuations des prix des matières premières agricoles (coton et café), qui ont entraîné la baisse les recettes provenant de ces produits. Les recettes du bois sont restées stables, seules celles du diamant ont progressé. Ainsi elles sont passées de 9 milliards en 1980 à 44 milliards en 1993 avec une croissance de 395,5 %. L'année de la dévaluation du FCFA, 1994, a été marquée par une augmentation des exportations de 177 % qui a permis de dégager un excédent du solde de la balance des marchandises. La croissance des exportations s'est maintenue malgré la baisse du prix du coton et du café au niveau international qui a été compensée par les recettes provenant du bois. À partir de 2003, une baisse s'est amorcée avec 74,2 milliards contre 110,6 milliards de FCFA en 2000. La baisse des exportations a continué et a évolué en dents de scie et atteint 100,3 milliards de FCFA en 2011 et un niveau légèrement supérieur en 2012. Depuis la baisse continue, pour descendre à 48,6 milliards de FCFA en 2016, soit une diminution de 51, 7 % entre 2011 et 2016. La reprise positive est timide depuis et les estimations pour l'année 2021 est de 89,9 milliards de FCFA.

Structure des exportations

Les exportations sont composées en quasi-totalité des matières premières non transformées, le coton est exporté sous forme d'égrenage et seul 1 % était transformé sur place par la société UCATEX (société de textile), le café est exporté juste après l'égrenage, une partie très fable est transformée localement.

Le diamant est exporté sous la forme brute ou taillé et le bois est transformé dans la proportion de 10 % environ.

L'économie centrafricaine est donc une petite économie d'exportation basée sur le coton, le café, le bois et le diamant essentiellement et plus tard l'or.

Graphique 42 : Structure des exportations de 1960 à 2022 (en milliards de FCFA)

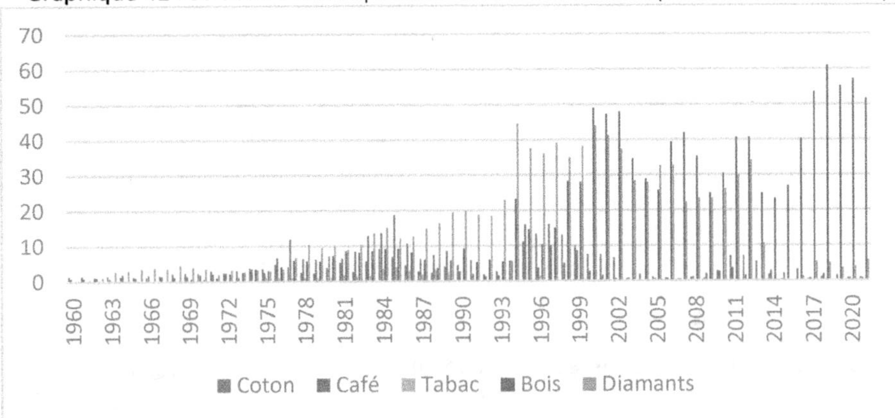

Source : BEAC, CEMAC

Entre 1960 et 2021, la répartition pour les quatre principales productions était faite de la manière suivante : le coton 8,86 % avec 232,3 milliards de FCFA, le café 9,30 % soit 243,78 milliards de FCFA, le bois 43,24 % représentant 1133, 1 milliards de FCFA, le diamant, 48 % milliards soit 955,81 milliards de FCFA, l'or 0,85 % soit 22,5 % milliards de FCFA.

Au début des années 1960, le coton fut longtemps le premier produit exporté en terme de valeur. De 1984 à 2004, la tendance s'est inversée en faveur du bois et du diamant, le café et le coton constituant 24,3 %, contre 30,9 % pour le bois et 44,6 % pour le diamant.

Cette situation a plusieurs explications : les fluctuations des prix de ces produits ont découragé les producteurs, les crises militaro-politiques, les politiques de désengagement de l'Etat par la suppression des subventions des intrants a alourdi les coûts de production chez les producteurs, les difficultés d'achat du coton chez le producteur et la réduction des encadrements des paysans.

Graphique 43 : Part des différents produits dans les exportations totales de 1960 à 2021 (en %)

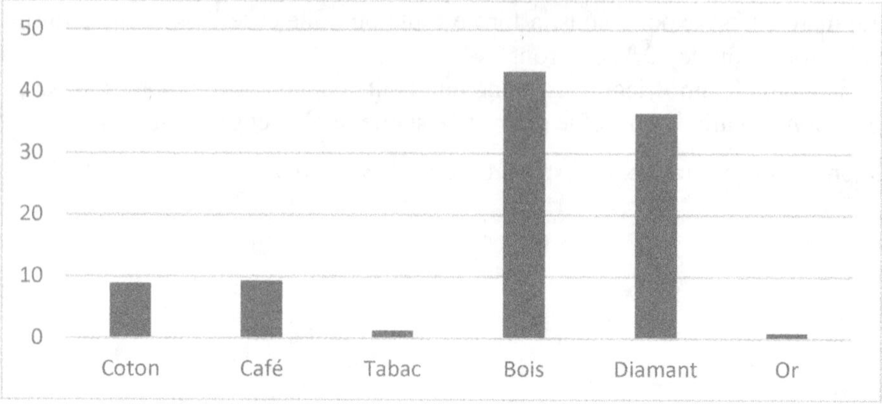

Source : BEAC, Banque mondiale, FMI

2)– Les importations

Les importations ont évolué moins vite que les exportations pendant la période étudiée parce que la moyenne du taux de croissance est de 1,6 % contre 2,7 % aux exportations

Graphique 44 : Evolution des importations de 1960 à 2021 (en milliards de FCFA)

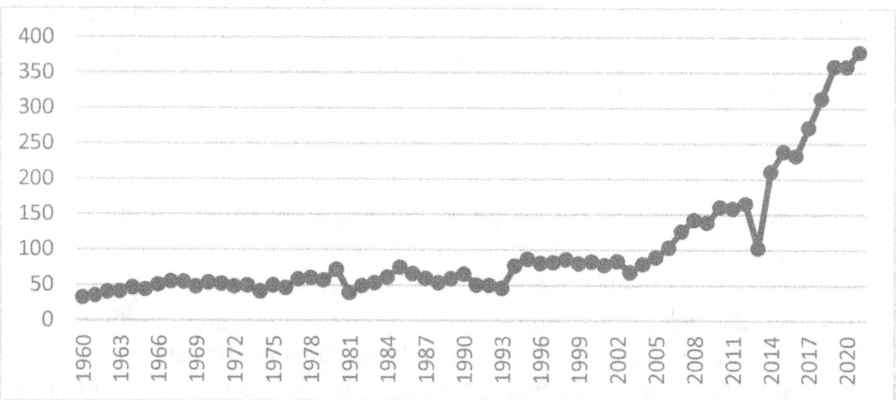

Source : BEAC, CEMAC

Les importations sont constituées en grande partie des biens importés par les entreprises privées. Les importations se sont accrues constamment de 1960 à 1970 avant de commencer à baisser entre 1971 et 1976 de 14 %. Une reprise a été amorcée de 1977 à 1990, correspondant à l'augmentation des investissements publics qui sont financés par l'extérieur.

Structure des importations

Graphique 45 : Structure des importations de 2000 à 2021 (en milliards de FCFA)

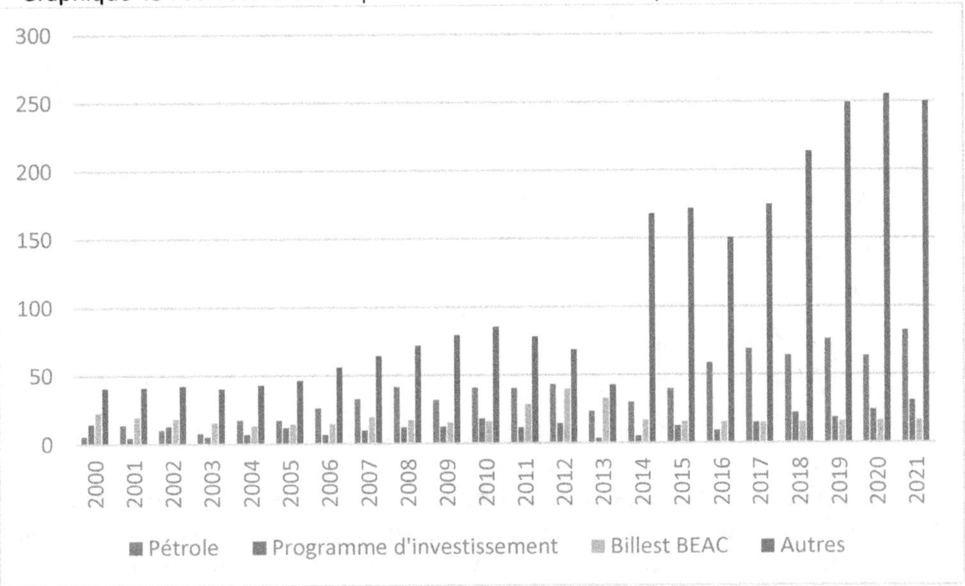

Source : BEAC, CEMAC

Depuis 1992, une baisse a été amorcée sans atteindre le niveau de 1991 qui était de 98,1 milliards de FCFA. En effet depuis cette date, une reprise durable n'a pas eu lieu à cause des programmes avec le FMI qui limitent la demande. À partir de 2006, le volume des importations a continué sa progression sans discontinuer atteignant 210, 4 millions de FCFA en 2014 et en 2021, le chiffre estimé est de 379,2 milliards de FCFA.

Les importations sont constituées pour l'essentiel des biens et services, du pétrole, des billets de la BEAC et du programme d'investissement.

Sur un total de 3952,8 milliards de FCFA, sur la période étudiée, les importations concernant le poste « autres » représentait 61,47 %, le pétrole 21,04 %, les billets de la BEAC 10,41 % et le programme d'investissement 7,07 %.

B)– Evolution des différents soldes

1)– La balance commerciale de la RCA est structurellement déficitaire depuis 1960 même avec des taux de croissance positif tels qu'en 1990 où elle a cru de 43 %, en 1995 de 272 % ou encore en 1998 de 180 % et en 2022 de 16,6 %.

Graphique 46 : Evolution des soldes de la balance commerciale de 1960 à 2021 (en milliards de FCFA)

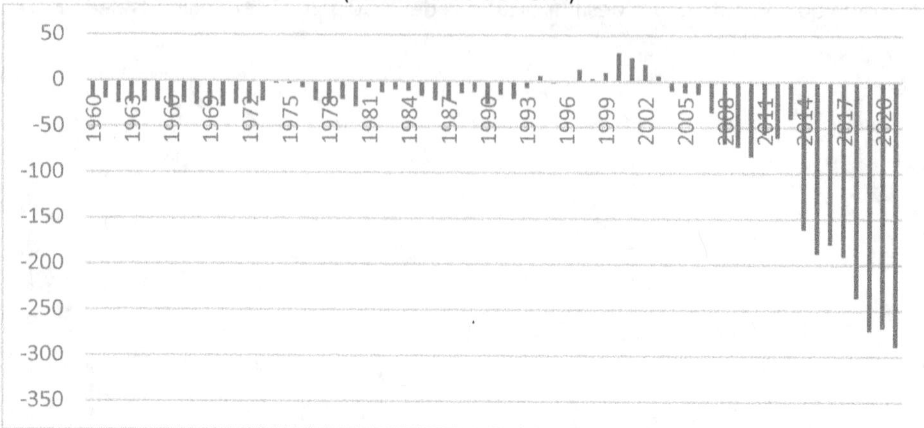

Source : BEAC, CEMAC

Le solde commercial est resté déficitaire de 1960 à 1993 et amélioré entre 1994 et 2003. En 1994, l'année de la dévaluation du FCFA où il est devenu excédentaire de 6 milliards du FCFA. L'année suivante, un léger déficit de 1,6 milliard est apparu. De 1996 à 2003, la balance commerciale est demeurée excédentaire atteignant un chiffre record de 25,8 milliards de FCFA en 2001. Le solde positif du commerce extérieur n'explique pas la bonne tenue de l'économie nationale car, dans la même période les exportations n'ont augmenté que de 2,7 %. La baisse à partir de 2001 est aussi consécutive à la réduction du programme d'investissement public qui a chuté de 70 % en un an, passant de 14,6 milliards de FCFA en 2000 à 4,4 milliards de FCFA en 2001 alors que dans le même temps les exportations n'ont diminué que de 15 %.

On note également une diminution des importations. Depuis, la balance commerciale est redevenue déficitaire et s'est même aggravée dangereusement à partir de 2014 atteignant 161 milliards de FCFA et l'estimation pour 2018 est 235,9 milliards de FCFA, et 289,3 milliards de FCFA en 2021. Le déficit devrait atteindre 12,2 % du PIB et 10,5 % du PIB en 2023 et 2024 en recul par rapport à 2022 grâce à la redynamisation de l'exploitation forestière et l'amélioration de la gouvernance du secteur extractif.

2)– Evolution du solde commercial par rapport au PIB

Globalement, l'évolution du solde commercial rapporté au PIB est aussi structurellement déficitaire, le pays n'a pas une capacité à produire davantage pour l'extérieur et est moins compétitif.

Graphique 47 : Evolution du solde commercial par rapport au PIB (en %)

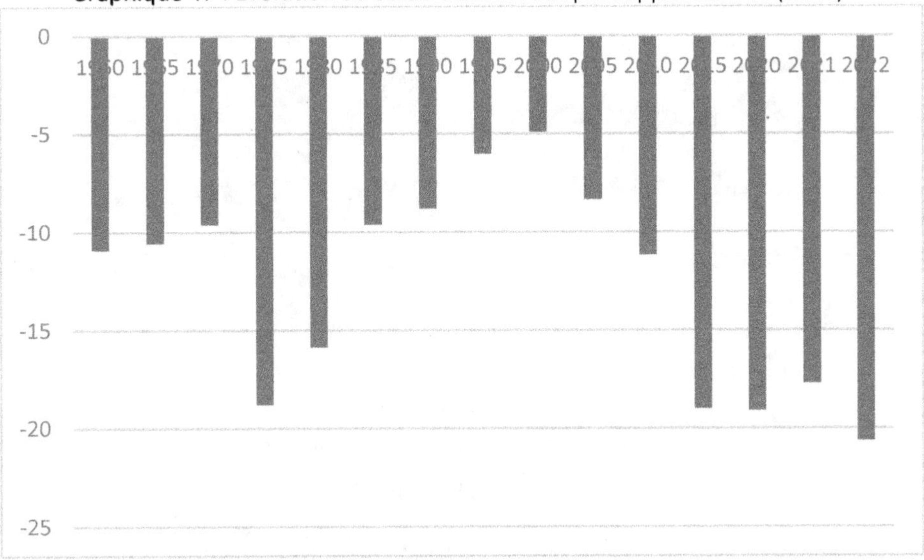

Source : Banque mondiale

L'analyse montre les variations positives sur certaines périodes. Ainsi, entre 1977 et1980, la croissance a été en moyenne de 22,1 %.

3)– Les termes de l'échange

Les termes de l'échange ont connu une légère amélioration de 1980 à 1993. Le pouvoir d'achat des exportations compense plus que le coût des importations. On peut également interpréter comme une appréciation du FCFA à cette période, ce qui ne permet pas au pays de tirer des avantages nets, au début des années 80.

Graphique 48 : Evolution de la variation termes de l'échange de 2000 à 2021 (en %)

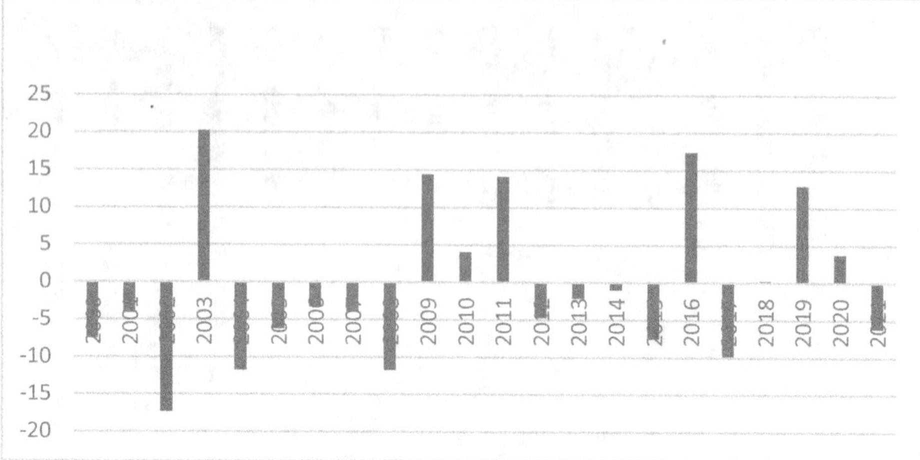

Source : BEAC, CEMAC

La situation est inverse à partir de 1994, les termes de l'échange se sont dégradés en défaveur du pays par la baisse des prix relatifs des exportations et des importations à la suite de la dévaluation du FCFA alors que le pays a bénéficié des gains de compétitivité. L'évolution est restée contrastée depuis 2000.

4)– L'évolution des soldes des transactions courantes de 1981 à 2021

La balance des transactions courantes regroupe les échanges de marchandises, les échanges de services, le flux de revenus et les transferts courants entre la RCA et les reste du monde. Le solde de transactions courantes indique l'aptitude de l'économie centrafricaine à équilibrer des échanges avec les autres pays. Ceci explique deux situations en économie : Par définition, chaque pays doit équilibrer ses échanges de biens et de services avec l'extérieur. Le déficit signifie que le pays dépense plus qu'il ne gagne (qu'il produit), il a donc un besoin de financement. L'épargne intérieure peut combler ce déficit. Le pays ne disposant pas d'épargne, il peut emprunter sur le marché international. C'est ce qui a amené les économistes libéraux à mettre en place les programmes d'ajustement structurel (PAS) avec des résultats mitigés. La RCA n'étant pas crédible sur le plan extérieur, elle a des difficultés pour emprunter sur le marché mondial d'où les prêts des balances des paiements du FMI.

Les soldes de la balance des transactions courantes sont restés négatifs pendant la période sous revue sauf, l'année 1994 qui correspond à la dévaluation du FCFA et qui s'est traduite par un excédent de la balance commerciale et une augmentation des transferts unilatéraux de 24,2 % grâce au secteur public.

Graphique 49 : Evolution des soldes des transactions courantes de 1981 à 2021 (en milliards de FCFA)

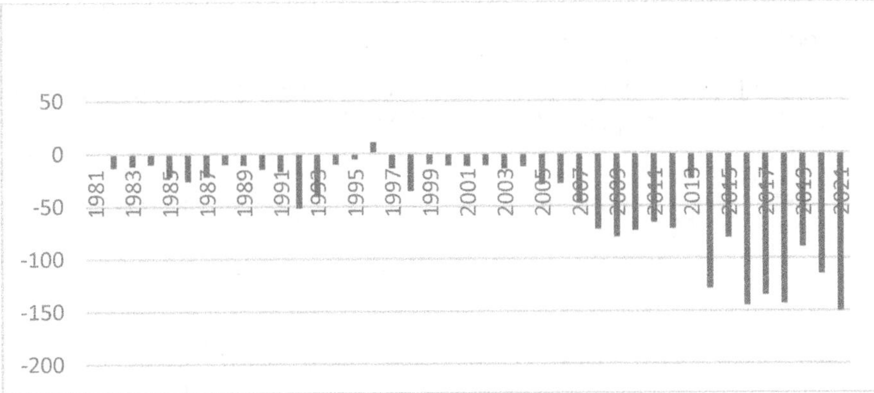

Source : BEAC, CEMAC

Cette tendance s'est maintenue en 1996 avec un accroissement de 24,5 %, la situation défavorable concerne les autres périodes jusqu'en 2005 malgré les transferts unilatéraux en faveur du secteur public qui ont représenté pendant la période une moyenne de 28,2 milliards de FCFA par an. Depuis le déficit est structurel et s'est aggravé à partir de 1997 jusqu'en 2021. Il est passé à - 4,6 % du PIB en 2000 à -16,6 % du PIB en 2021.

5)– Estimations et projections des soldes des transactions courantes.

Les déficits du solde de transactions courantes sont déficitaires en terme d'estimation et de projection de 2022 à 2027. Ils diminuent très légèrement, mais le déficit est moins important qu'il se situe à - 92,9 lilliards de FCFA contre - 195,1 milliards de FCFA en 2022.

Graphique 50 : Estimations et projections des soldes des transactions courantes (en milliards de FCFA)

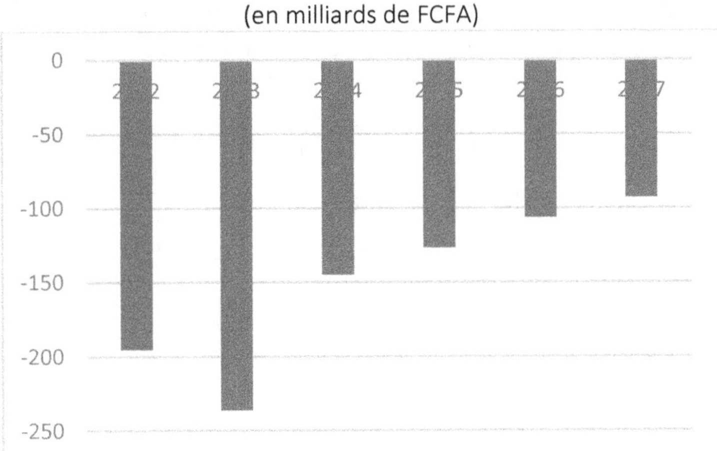

Source : Banque mondiale

Entre 2022 et 2027 les transferts courants nets (privés et officiels) sont estimés à 1 040,9 milliards de FCFA, soit 173, 4milliards de FCFA en moyenne annuelle.

6)– Soldes des transferts courants

Les transferts publics atténuent d'une manière importante la tendance, ce qui signifie que le pays ne dispose pas de capacité suffisante pour le financement de son économie.

Graphique 51 : Soldes des transferts courants de 1981 à 2021 (en milliards de FCFA)

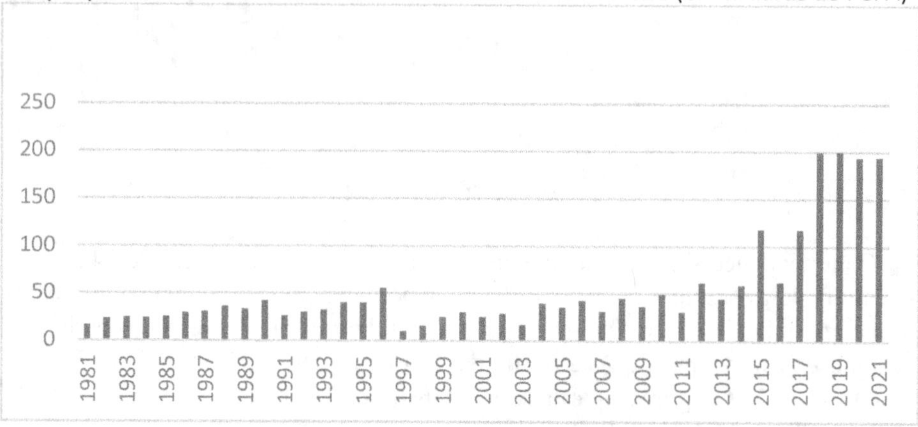

Source : BEAC, CEMAC

Il est largement endetté vis-à-vis du reste du monde.

7) – Solde du compte de capital et d'opérations financières de 2000 à 2021

Les capitaux à long terme pour la période de 1981 à 1996 sont demeurés positifs, soit en moyenne 12,3 milliards de FCFA pour un total de 193,4 milliards, correspondant aux financements extérieurs sous forme de tirages sur emprunts. Les capitaux privés à court terme ont représenté en moyenne de - 4 milliards.

Graphique 52 : Compte de capital et d'opérations de 2000 à 2021
(en milliards de FCFA)

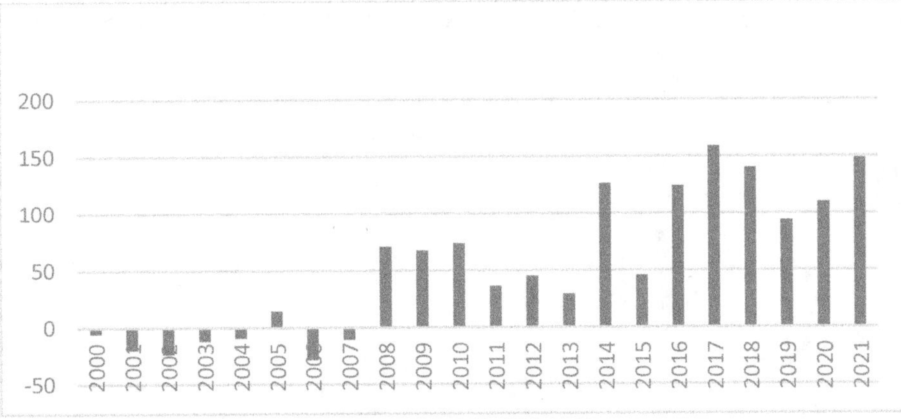

Source : BEAC, CEMAC

On constate l'insuffisance des investissements directs étrangers (IDE) qui représentent en moyenne 1,8 milliard par an, pour la période.

La situation est différente pour la période allant de 1997 à 2005 qui accuse un déficit moyen de -7,1 milliards de FCFA à cause de la chute de transferts publics qui sont passés de 31,9 milliards de FCFA en 1999 à 8,3 milliards en 2003 et qui a continué à décroître. Cette situation est imputable aux dernières crises politiques que connaît le pays et l'absence d'accord avec le FMI entre 1999 et 2006. Certes, un accord post-conflit a été signé mais les financements étaient légers. C'est seulement à la fin décembre 2006 que le conseil d'administration du FMI a mis en place un programme de 3 ans avec le pays pour un montant de 27 milliards de F CFA dont 6,5 milliards de FCFA sont réservés au paiement de la dette vis-à-vis du FMI. Mais l'emprunt obligataire lancé le 4 mai 2007 au taux de 8 % par le gouvernement centrafricain a entraîné les réticences du FMI. La suspension de cette opération et quelques résultats macro-économiques positifs ont permis au pays d'accéder au point de décision du programme des pays pauvres très endettés (PTTE).

Il y a un regain des investissements directs qui ont atteint 11,3 milliards de FCFA en 2003 et 71,4 milliards de FCFA en 2005. Ces fonds sont destinés à l'exploitation des matières premières, notamment les mines, les pouvoirs publics ayant signé de nombreux accords avec les investissements étrangers. A part les comptes négatifs de 2006 et 2007, le reste des périodes étudiées ont les comptes positifs dominés par ses fonds publics même si pour les années 2016 et 2017 les fonds privés étaient plus importants.

a)– Le compte de capital

Pour l'essentiel ce compte concerne les dons-projets qui représentent pour la période étudiée 471,1 milliards de FCFA e, soit 78,5 milliards en moyenne par an.

Graphique 53 : L'évolution du compte de capital estimé de 2022-20027 (en milliards de FCFA)

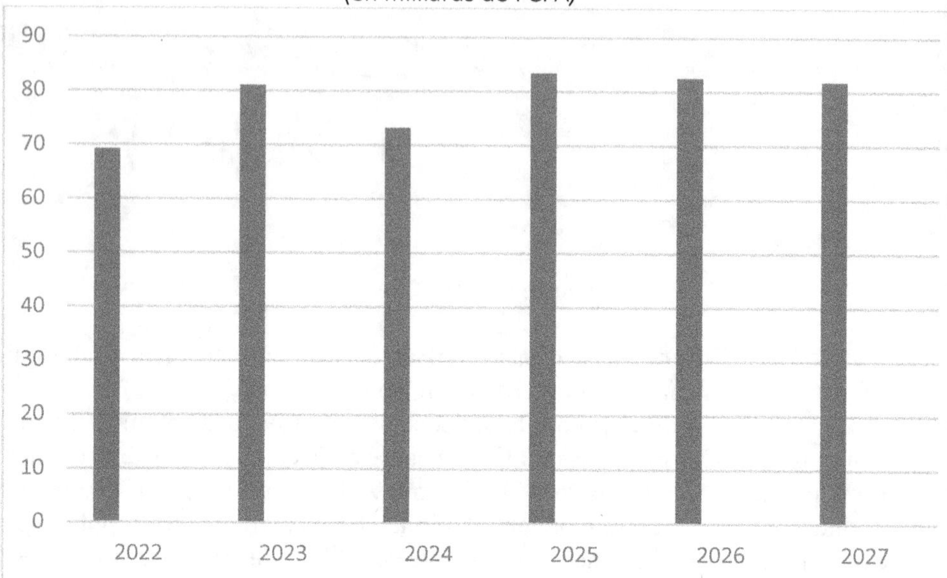

Source : FMI

b)– Compte d'opérations financières

Le compte d'opérations financières pour l'essentiel comprend les investissements directs, autres investissements du secteur public (décaissements au titre de projets, décaissement au titre de programme amortissement inscrit à l'échéancier, allocation DTS), et autres flux à court terme.

Graphique 54 : Compte d'opérations financières estimé et projeté de 2022 à 2027 (en milliards de FCFA)

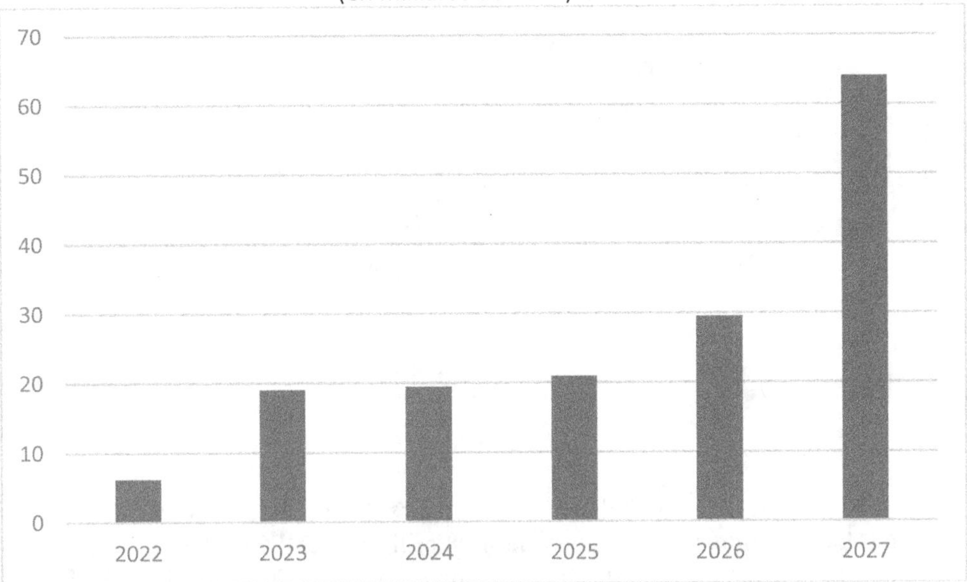

Source : FMI

Pour la période, l'estimation est de 159,1 milliards de FCFA, soit une moyenne de 26,5 milliards de FCFA par an avec un pic en 2027 estimé à 64,1 milliards de FCFA.

8)– Solde de balance globale

L'évolution des soldes de balances des paiements montre un déséquilibre structurel sur une longue période, imputable aux transactions courantes. Entre 1981 et 1996, la moyenne du déficit des transactions courantes a représenté -10,7 milliards de FCFA et s'est aggravée entre 1997 et 2005 pour se situer à -15,1 milliards de FCFA, avec des déficits qui ont continué de grimper, liés essentiellement aux différents déficits commerciaux, des balances des services.

Graphique 55 : Evolutions des soldes globaux des balances des paiements de 1981à 2021(en milliards de FCFA)

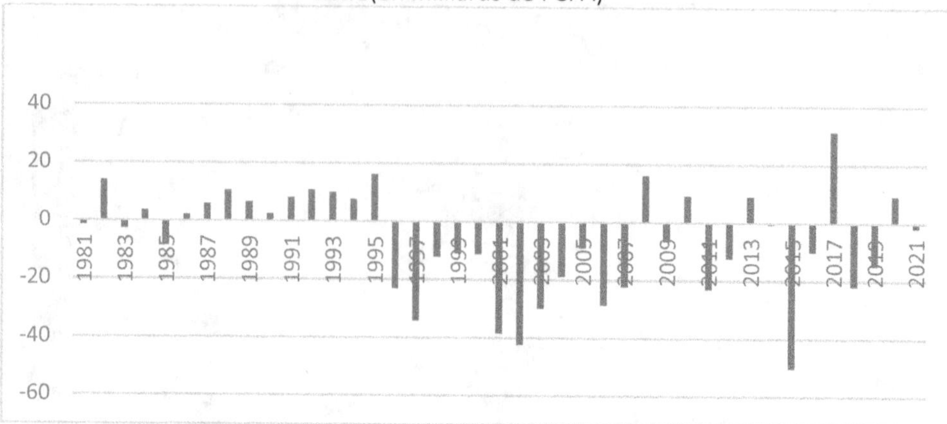

Source : BEAC, CEMAC

En 2008, le solde global a été excédentaire de 16,1 milliards de FCFA grâce au solde des transferts courants de 44,8 milliards de FCFA et le compte des opérations financières est devenu largement positif de 70 milliards de FCFA en 2008 contre -10 milliards un an plutôt. Dans la même année, la balance du compte courant s'est aggravé passant de - 47,5 milliards de FCFA à -72,2 milliards de FCFA en 2008. Les soldes sont demeurés négatifs continuellement, sauf l'année 2013 où il est positif pour une valeur de 9,2 milliards de FCFA.

Le développement insuffisant des produits exportables, la rareté de capitaux étrangers, l'inexistence d'un secteur privé développé et le manque de confiance vis-à-vis du pays peuvent expliquer la situation dégradante sur le long terme de la balance des paiements.

Section 2 –
L'endettement extérieur et intérieur

Cette section présente l'évolution de l'encours de la dette extérieure, ramené à quelques ratios pour montrer le poids de la dette sur l'économie.

A)– L'évolution de l'encours de la dette extérieure et intérieure

L'encours de la dette extérieure en 1984 représentait 112 milliards de FCFA et a progressé pour atteindre 213 milliards en 1991. En faveur de la dévaluation du FCFA, l'encours a doublé pour atteindre 689,3 milliards de FCFA en 1994 soit 84, 8 % du PIB. La dette extérieure a continué son évolution en dents de scie pour un encours de 684,2 milliards de FCFA.

Graphique 56 : Encours de la dette extérieur et intérieur de 1984 à 2024 (en milliards de FCFA)

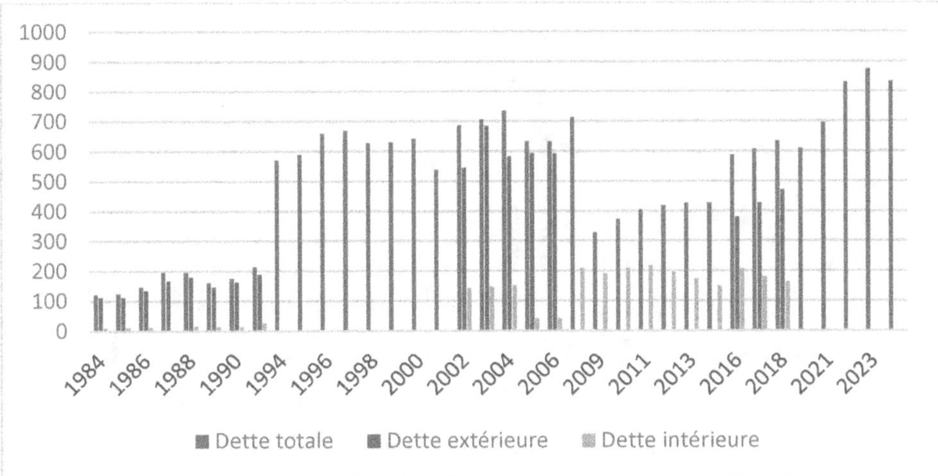

Source : Mongenet, CAADE, FMI, Ministère des finances, Banque mondiale

En 2009, où le pays a atteint son point d'achèvement, il a bénéficié des annulations importantes dans le cadre PPTE et la dette est tombée à 136,8 milliards de FCFA contre 505,6 milliards de FCFA en 2008.

La dette est restée modérée jusqu'en 2018 avant de commencer à augmenter.

La caractéristique de la dette est qu'elle est dans sa quasi-totalité concessionnelle et la dette privée est quasi-inexistante.

B)– Les ratios de la dette publique

Si on ramène l'encours de la dette à certains ratios, on observe que la capacité de remboursement du pays de la dette extérieure est très faible.

i)- Dette publique / PIB

Le ratio dette publique par rapport au produit intérieur brut est le plus important. Son évolution dépend de quatre facteurs : Le taux de croissance annuel ; le taux d'intérêt moyen de la dette publique ; le taux d'inflation et le solde public primaire c'est-à-dire la différence entre les recettes et les dépenses publiques hors charges d'intérêts. Si le taux d'intérêt de la dette est supérieur au taux de croissance du PIB (inflation comprise) alors la dette s'accroit mécaniquement, même en l'absence d'un déficit primaire.

C'est le phénomène « l'effet boule de neige » de la dette publique. C'est ainsi que si la gestion de la dette est saine, le poids de la dette dans le PIB peut s'accroitre mécaniquement du fait du taux d'intérêt trop élevé.

Graphique 57 : Dette publique/PIB (%)

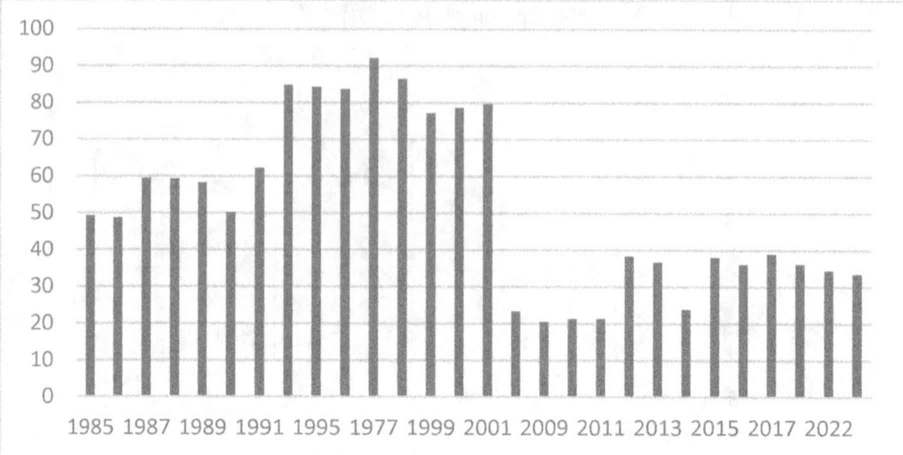

Source : BEAC, CEMAC, Banque mondiale

En politique économique, il est donc déconseillé de faire des emprunts à taux élevés. Dans ce cas, il est nécessaire de dégager un excédent primaire afin de stabiliser le ratio dette /PIB.

Les conseils aux Etats d'avoir seulement accès aux prêt concessionnels va dans ce sens et que la croissance de la dette est limitée à un pourcentage du PIB. Dans les pays de la CEMAC, ce taux est de 70 % du PIB et que le taux d'inflation doit être inférieur ou égal à 3 %.

Pour la RCA, le rapport dette/PIB est resté au-dessus de 70 % entre 1994 et 2001 avant de descendre au-dessous de 50 % du PIB à partir de 2008 où ce ratio était de 23,3 %. Avant de commencer à remonter modérément. Ces dix dernières années ce rapport pour la Centrafrique est restée en descendu à moins de 50 % du PIB. Il représentait 31,6 % du PIB en en 2018 pour remonter à 49,7 % en 2021 et est estimé à 35,4 % en 2024.

ii)– Ratios service de dette/ Recettes budgétaires et Exportations

Le service de la dette est le montant payé pour une période donnée par un emprunteur pour rémunérer les prêteurs (c'est-à-dire payer les intérêts) et rembourser la part du principal venant à échéance.

– Le ratio service de la dette et recettes budgétaires renvoie à la notion de soutenabilité des finances publiques. La situation des finances publiques est considérée soutenable lorsque l'Etat a la capacité d'honorer ses obligations présentes et futures de la dette publique [FMI]. Il mesure aussi la capacité du gouvernement à mobiliser les recettes intérieures pour faire face à ses engagements.

Graphique 58 : Ratio service de dette/ Recettes Exportations (en %)

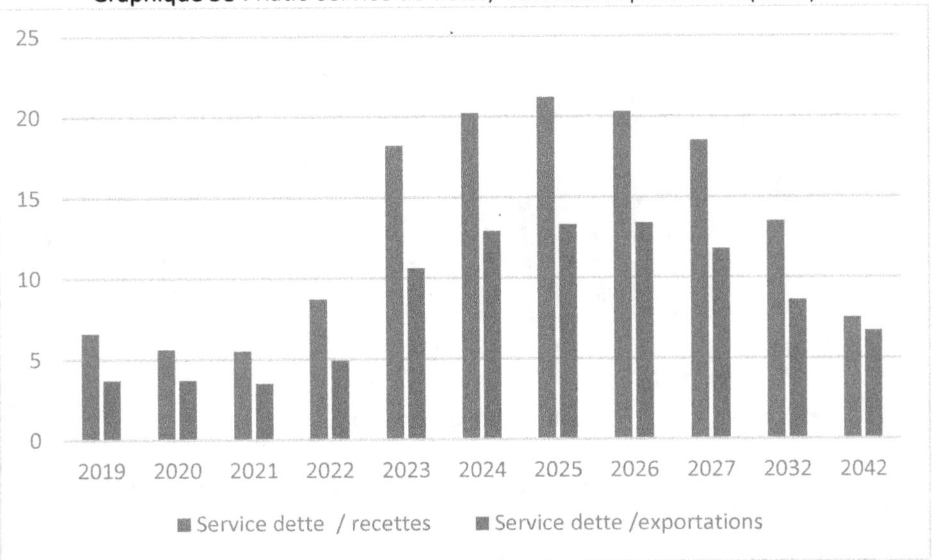

Source : FMI

Le service de la dette représentait en 1994, 48,5 % des recettes budgétaires et 38,1 % en 2004, ce qui explique les difficultés auxquelles les autorités publiques ont à faire face au service de la dette.

En 1998, le gouvernement a payé aux institutions internationales l'équivalent de 5 mois de salaire des fonctionnaires, ce qui a aggravé les retards les arriérés.

Selon les directives de la CEMAC, ce ratio doit être inférieur ou égal à 20 %. Entre 2016 et 2017 la moyenne annuelle était de 46,32 %. En 2020 la norme a été respectée soit 16,14 % selon le ministère des finances et du budget.

– Le ratio service de la dette et les exportations est définie comme les paiements du principal et des intérêts au titre de la dette publique extérieure pour une année.

Les exportations représentaient 15,5 % du service de la dette en 1994 et 25 % en 2004.

Ce ratio représentait en moyenne entre 2013 et 2015, 15 % avant de descendre entre 2019 et 2022 en moyenne annuelle de 4 %. La projection montre une tendance haussière avec une moyenne de 12,55 % entre 2023 et 2026.

C)– Dette par centrafricain

La dette de chaque centrafricain représentait en moyenne, 137 870 FCFA entre 2000 et 2011.

Graphique 59 : Dette par centrafricain en Euro

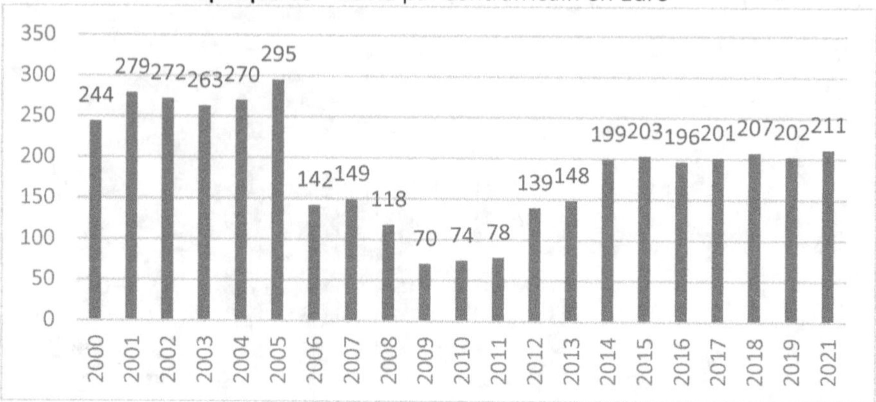

Source : Banque mondiale

Entre 2012 et 2021 le montant a baissé passant en moyenne à 119,592 FCFA soit une baisse de de -15,28 % entre les deux périodes.

D)– Les divers engagements

1)– Engagements de la Banque mondiale de 2020 à 2024

Les engagements de la Banque mondiale a augmenté d'une façon importante entre 2020 et 2021. Ils sont passés de 32 milliards de FCFA à 241 milliards de FCFA soit une hausse de 653, 1 % dans l'intervalle d'une année. Une légère diminution est observable en 2022 et est devenue plus importante entre 2002 et 2023 soit une diminution de -77,1 % passant de 232 milliards de FCFA en 2022 à 53 milliards à 2023. C'est certainement lié au manque d'accord avec la FMI à cette période et à la mauvaise gouvernance. En effet, des projets ont été annulés par l'incapacité d'absorption de certains financements. C'est le cas de la société de distribution de l'eau, la Sodeca, qui n'a pas utilisé un financement de 1,2 milliard destiné à faire des forages aux populations démunies.

La situation est plus grave en ce qui concerne les financements de la Banque africaine de développement (BAD) décriée par le représentant résident de cette institution : « Plus de 60 % des 400 milliards de FCFA destinés aux projets de développement restent bloqués, témoignant de l'inefficacité du gouvernement centrafricain. Mamady Souaré, représentant résident de la BAD, a souligné que cette incapacité à suivre les procédures et à décaisser les fonds entrave gravement les initiatives de croissance : les fonds destinés à renforcer l'usine de Boali 2, cruciaux pour palier la crise d'électricité que traverse la pays, restent inactifs » [I.Kphx.net, 2024].

Le projet agricole PRADAC, financé par la Banque mondiale est devenu une source de détournement de l'élite politique et administre centrafricaine en défaveur des cultivateurs. Ainsi le Banque mondiale a du limoger tout le personnel qui travaille dans ce projet. Motif : les agents, cadres et hommes politiques auraient monté chacun un projet pour bénéficier du financement. Ce qui est contre-nature et unique dans l'histoire de ce pays. Les nouveaux recrutements et attributions des marchés ont été remis à un bureau d'études centrafricain.

Ce cas n'est pas unique. C'est la situation dans plusieurs ministères où les ministres et autres cadres créent leurs propres entreprises pour bénéficier des projets de leurs ministères. Certains ministres exigent 10 % à chaque attribution des marchés.

Graphique 60 : Engagements de la Banque mondiale de 2020 à 2024 (en milliards de FCFA)

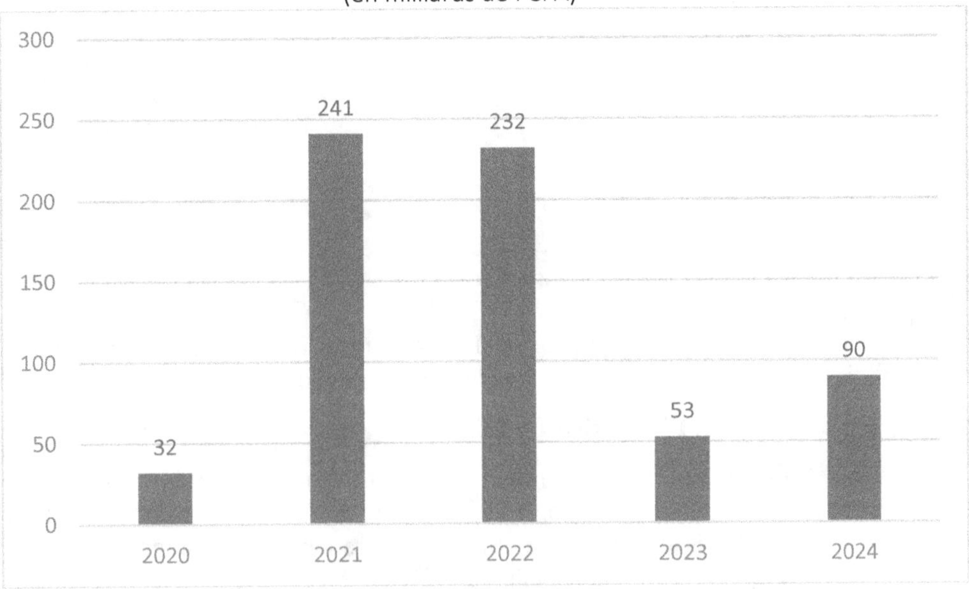

Source : Banque mondiale

2)– Engagements de la Banque mondiale de 2020 à 2024

Les engagements du FMI sont moindres. La Banque mondiale finance le développement alors que le FMI finance les déficits des balances de paiement.

Graphique 61 : Evolution récente du crédit du FMI (estimé et projeté) de 2020 à 2027 *(en milliards de FCFA)*

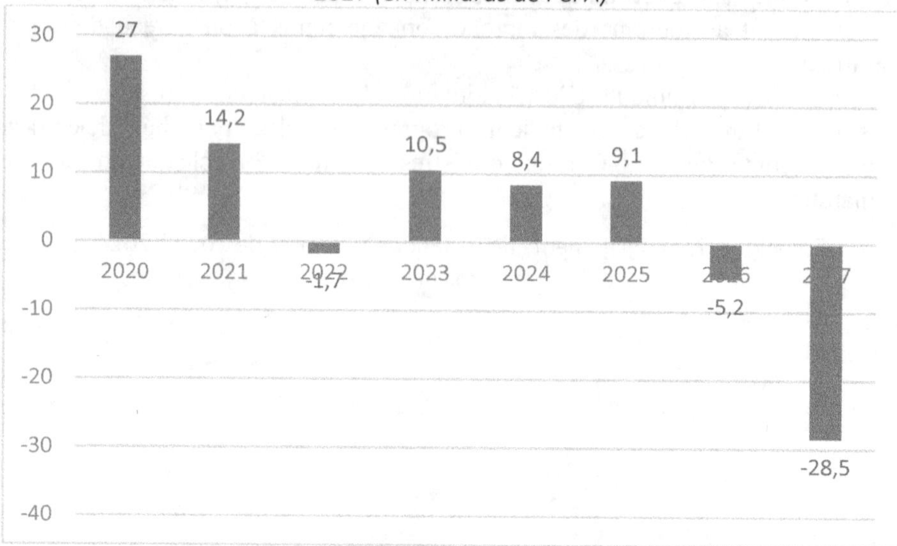

Source : FMI

Mais un accord avec le FMI est la condition du financement de la Banque mondiale et les autres institutions financières internationales

E)– La RCA et l'initiative PPTE

En rappel, l'initiative PPTE (pays pauvres très endettés), mise en place en 1996 et renforcée en septembre 1999, est destinée à alléger la dette des pays pauvres très endettés avec modeste objectif de la rendre juste et soutenable.

La république centrafricaine était le 26ème pays à atteindre le point de décision en septembre 2007 au titre de l'initiative PPTE renforcée. Ainsi les conseils d'administration du FMI et de Banque mondiale ont approuvé en sa faveur un concours d'allégement de sa dette d'un montant de 583 millions d'USD en valeur actualisée nette (VAN) fin 2006. Sans concours de l'initiative PPTE, la VAN de la dette de la RCA serait estimée à 855,9 millions de dollars d'USD fin 2006.

Le 30 juin 2009, les conseils d'administration du FMI et de la Banque mondiale ont jugé des progrès de la RCA de manière satisfaisante pour atteindre le point d'achèvement.

Le pays a bénéficié d'un allègement de dette d'un montant de de 578,2 millions de dollars EU en VAN fin 2006. Au point d'achèvement la dette centrafricaine a été réduite sensiblement. Le ratio de la dette aux exportations en VAN est tombé de 359 % à fin 2008, à 8,3 % fin 2009 [BAD].

1)– L'effet de la dette publique sur la croissance économique centrafricaine

Une étude économétrique sur l'évaluation des effets de la dette publique centrafricaine sur sa croissance économique, a été faite par K.P. Ouguehi et G.B Yanoe en 2024 basée sur les séries temporelles de 1970 à 2021. L'analyse économétrique est menée avec le modèle MCE, à partir des données secondaires de différentes sources.

Le résultat de l'étude montre que la dette publique extérieure affecte négativement et significativement la croissance économique tant à court terme qu'à long terme. Ce résultat s'explique par le fait que les paiements au titre du service de la dette constituent une ponction sur les ressources internes qui devraient servir à l'investissement productif à long terme, afin de payer les intérêts liés aux prêts, rembourser le capital emprunté et de contribuer à la croissance économique. Par ailleurs, la forte pression de la dette sur le budget oblige également l'Etat centrafricain à renoncer à certains investissements de base ; ce qui est à la base l'instabilité économique, sociale et politique.

2) – La dette centrafricaine est-t-elle viable ?

La dette publique d'un pays est considérée comme viable si le gouvernement est en mesure de s'acquitter de toutes ses obligations de paiement actuelles et futures sans recourir à une aide exceptionnelle ou sans se trouver en défaut de paiement. [Finances et développement, septembre 2020].

Selon le Fonds monétaire international (FMI), en 2021, la capacité d'endettement de la RCA est jugée faible par rapport aux critères retenus par cette institution : 30 % pour la valeur actuelle du ratio dette/ PIB,

140 % pour la valeur actuelle du ratio dette/exportations, à 10 % pour le ratio service de la dette/exportations et à 14 % pour le ratio service de la dette/recettes. Le repère pour la valeur actuelle publique totale est 35 % du PIB.

La dernière évaluation a conclu à la viabilité de la dette extérieure centrafricaine. En effet, la valeur actuelle du ratio dette/PIB baisse à un rythme moindre que dans la précédente AVD mais se détériore quelque peu. La décomposition des flux générateurs de la dette extérieure est restée similaire, mais les variations par rapport aux cinq dernières années sont proches du niveau médian des pays à faible revenu.

Section 3 –
L'aide publique au développement

L'aide publique au développement (ADP) a évolué très progressivement depuis 1960. Ces dernières années, elle a augmenté d'une façon importante, notamment avec la crise persistance depuis 2013, avec la présence de la MINUSCA et des diverses ONG internationales qui gèrent ces aides. En effet, depuis les années 90, les institutions internationales préfèrent utiliser les canaux des organisations non gouvernementales pour la gestion des aides afin éviter les détournements des gouvernements.

En 1960, l'ADP en direction du nouveau pays indépendant était environ 30 000 dollars avant de passer en 1962 à 1 980 000 dollars, soit une augmentation de 6500 % dans l'espace de 3 ans. La progression est demeurée lente et en dents de scie. La tendance haussière s'est envolée à partir de 1969 pour atteindre presque 20 millions de dollars, environ 30 millions de dollars en 1974 et 54 millions de dollars en 1975 et 84 millions en 1979.

Les années 1980 et 1982, périodes de mouvements sociaux, après l'élection présidentielle contestée de 1980 que les baisses ont été importants. Ainsi en 1980, la chute a été très importante soit 86,72 % en un an. C'est la période de reconstruction d'une économie qui a presque disparu à cause du sacre de l'empereur, les crises sociales et politiques d'entre 1979 et 1982 et qui ont abouti à un changement, où le président David Dacko a cédé le pouvoir à l'armée septembre 1981.

En 2004, le niveau de l'APD n'a pas atteint ceux de 1982 et 1983. C'est plus tard en 2005 que l'aide a atteint le montant de 88 millions de dollars. Les baisses ont été importantes entre 2010 et 2011 avec une moyenne de 20 millions de dollars avant de commencer à augmenter pour atteindre 83 millions de dollar en 2020 et descendre à 65 millions de dollar en 2021.

Graphique 62 : Evolution de l'aide publique au développement de 1960-2021 (en milliers de dollars courants)

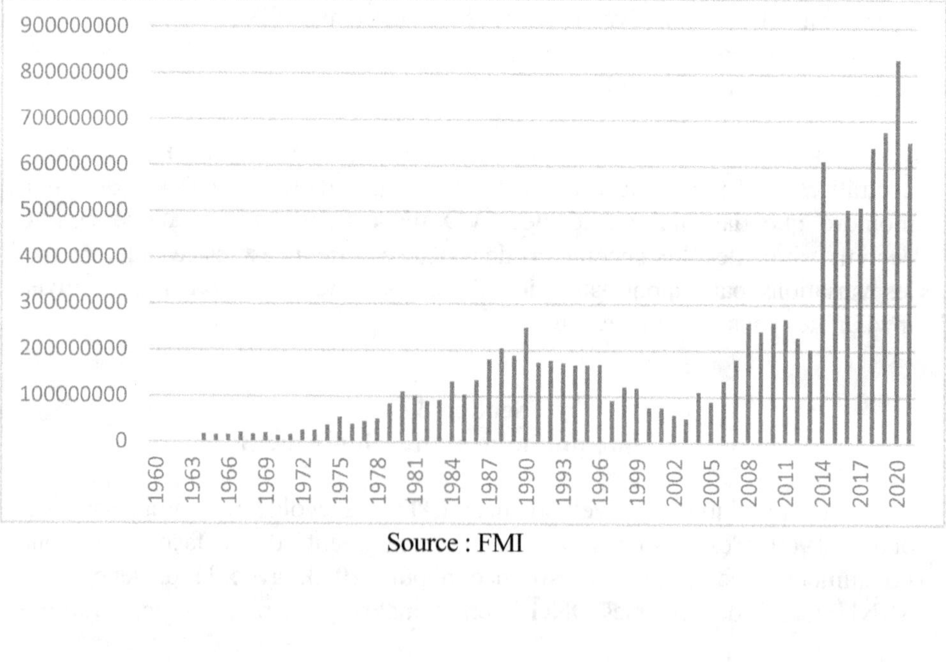

Source : FMI

Les principaux donateurs multilatéraux

Graphique 63 : Principaux donateurs d'APD pour la RCA 2010-2018 (en millions de dollars)

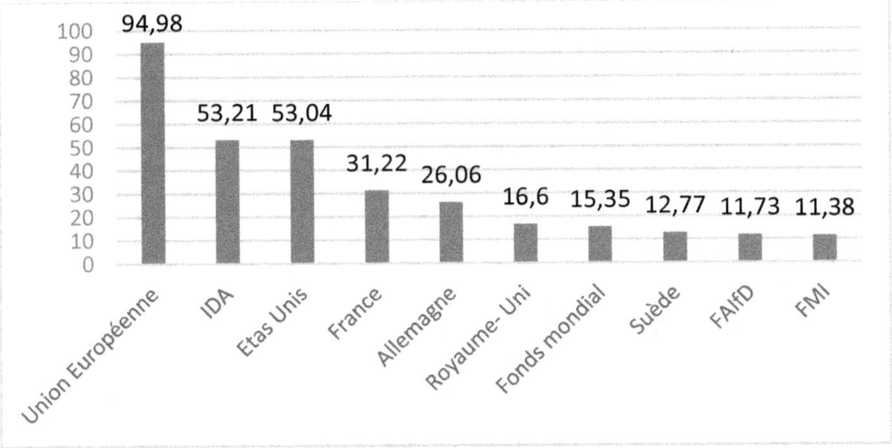

Source : OCDE

L'union européenne apparait comme le premier donateur avec 94,98 millions de dollars pour la période étudiée, suivie de la Banque mondiale (IDA) représentant 53,21 millions de dollars et les États-Unis qui la talonnent avec 53, 04 millions de dollars.

L'aide publique au développement de la France pour la période est de 31,22 dollars.

Chapitre 16.

La pauvreté en Centrafrique

La notion de pauvreté est restée controversée pendant plusieurs années tant dans son contenu et que dans sa mesure. Depuis quatre décennies, les organisations internationales du développement et les économistes se sont accordés sur une définition qui dépasse la stricte pauvreté monétaire. L'aspect de la pauvreté humaine est largement véhiculé par le programme des nations unies pour le développement (PNUD).

Pour cette institution, la pauvreté n'est pas seulement un phénomène monétaire car elle est liée à un éventail très large de facteurs comprenant le revenu, la santé, l'éducation, l'accès aux biens, la position géographique, le genre, l'origine ethnique et les circonstances familiales.

La pauvreté multidimensionnelle est calculée comme le produit du taux d'indice de la pauvreté (le pourcentage de personnes pauvres au plan multidimensionnel) et de l'intensité ou de la proportion moyenne de privations pondérées qu'une personne pauvre subit

La pauvreté monétaire se mesure par les revenus provenant du travail non salarié et salarié. Par contre, la pauvreté humaine est mesurée par le manque d'accès aux infrastructures socio-économiques et le développement du capital humain.

En Centrafrique, on peut considérer que le point de départ de la connaissance de la pauvreté est la grande enquête appelée « Enquête prioritaire sur les conditions de vie des ménages » faite dans le cadre du projet « Dimensions sociales de l'ajustement et du développement » (DAS) et publiée en juillet 1994. Quelques études partielles ont été menées pour actualiser les résultats de cette première enquête, en particulier celles sur les conditions de vie en milieu urbain (ECVU) et rural (ECVR) ainsi que les publications annuelles du rapport mondial sur le développement humain (RMDH).

La dernière grande enquête est celle de 2021 qui est présentée dans le rapport de 2023 élaborée par la Banque mondiale et l'institut centrafricain des statistiques et des études économiques et sociales. Elle correspond à la période post conflit et décrit le développement de la pauvreté en Centrafrique comme un phénomène

« profond et généralisé » touchant 68,8 % de la population soit 4,2 millions de personnes sur une population de 6,1 millions d'habitants, faisant du pays le plus pauvre de la zone CEMAC. Cette enquête faite dans la période post-crise fondamentale a tracé quelques problématiques de lutte contre la pauvreté extrême qui touche une partie importante de la population y compris les déplacés pour raison de conflit. Une croissance durable et inclusive suivie d'une distribution équitable de revenus est une condition essentielle de lutte contre la pauvreté. Compte tenu de la structure de la population et du PIB, le développement de l'agriculture est essentiel pour lutter contre la pauvreté.

Section 1 –
La pauvreté en Centrafrique

L'étude faite sur « l'évaluation de la pauvreté en République centrafricaine 2023 » [Banque mondiale et ICASEES] a présenté les différents aspects de la pauvreté et son développement ces dernières années

A)– Une pauvreté profonde et généralisée

En 2021, sur une population de 6,1millions d'habitants, 4,2 millions vivaient sous le seuil de la pauvreté national soit 68,8 %. C'est un taux le plus élevé dans le monde et dans la sous-région. Celle-ci signifie que si l'individu consacre tout son revenu à l'alimentation, il ne pourra pas se nourrir. Cette situation est imputable à une « productivité agricole insuffisante et à des infrastructures de mauvaise qualité empêchant les denrées alimentaires d'atteindre les bons endroits ».

Graphique 64 : Taux de pauvreté alimentaire total (%)

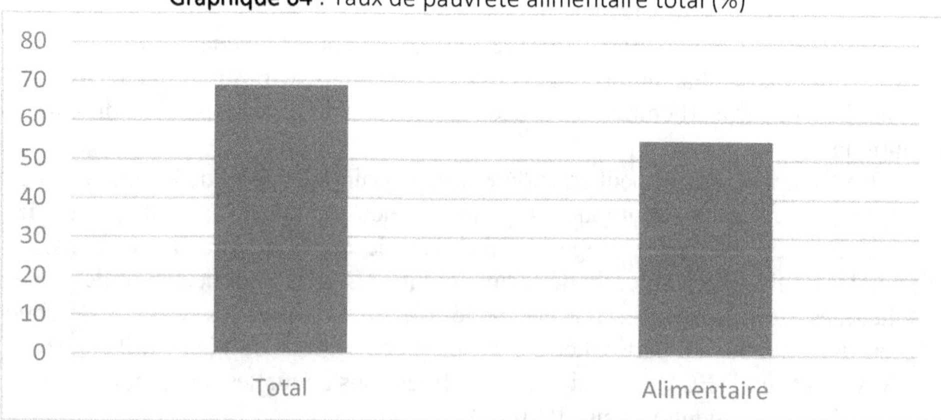

Source : Evaluation de la pauvreté en République Centrafricaine 2023

Environ 54,9 %, soit 3,3 millions des centrafricains ont des niveaux de consommation inférieurs au seuil de pauvreté alimentaire de 197 990 de FCFA par personne et par an.

Graphique 65 : Taux de pauvreté alimentaire urbain (%)

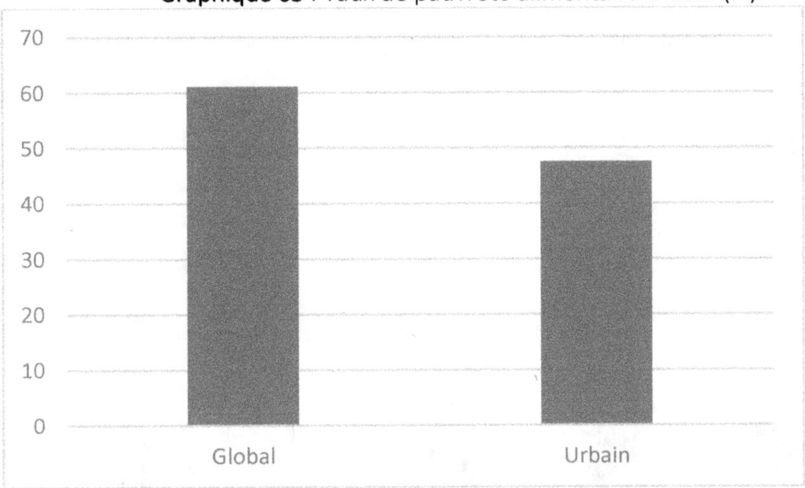

Source : Evaluation de la pauvreté en République Centrafricaine 2023

On remarque une disparité de pauvreté alimentaire entre les urbains et les ruraux.

Ainsi, sur un taux de pauvreté global de 61,1 %, le taux de pauvreté alimentaire urbain est de 47,5 % tandis que dans la zone rurale, sur 74,2 % de pauvreté global alimentaire, la pauvreté alimentaire représente 60,1 %.

Graphique 66 : Taux de pauvreté alimentaire rural (%)

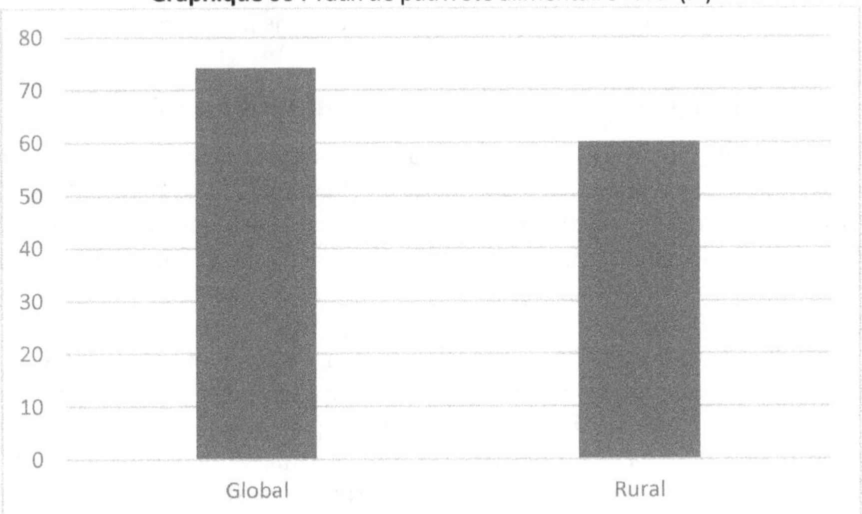

Source : Evaluation de la pauvreté en République Centrafricaine 2023

B)– Comparaison sous régionale de la pauvreté

La république centrafricaine a un taux de pauvreté international de 65,7 %. Elle est située sous le seuil de pauvreté international de 2,15 dollars en PPA de 2017 par personne et par jour.

Graphique 67 : Comparaison sous régionale (en %)

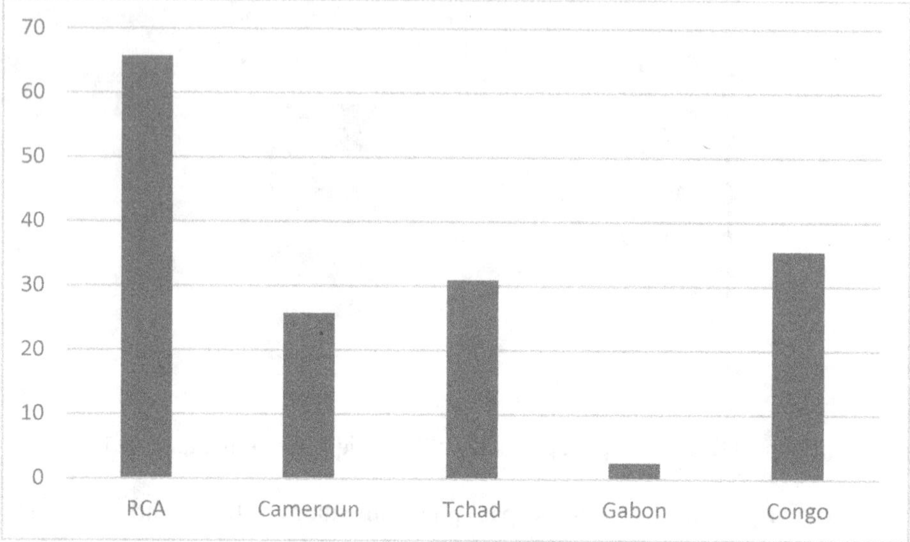

Source : Evaluation de la pauvreté en République Centrafricaine 2023

Pour les pays de la zone CEMAC, la Centrafrique est le pays où il y a plus de pauvres. Pour les quatre pays étudiés, la moyenne des personnes déclarées pauvres représentent une moyenne de 23,6 % contre 65,7 %. En république centrafricaine il y a environ 2,8 fois de pauvres que dans les autres pays de la zone CEMAC.

C)– Une pauvreté durable, généralisée et difficile à éradiquer.

L'étude citée montre que « la quasi-totalité des centrafricains sont vulnérables à la pauvreté globale et plus de trois quarts à la pauvreté alimentaire ». Ainsi sur 68,8 % des pauvres qui vivent en dessous du seuil de la pauvreté national, 88,6 % peuvent être considérés comme vulnérables à la pauvreté, ce qui signifie que la probabilité qu'ils tombent dans la pauvreté au cours des deux prochaines années est d'au moins 50 %.

Plus des trois quarts des centrafricains sont également vulnérables à la pauvreté alimentaire, ce qui montre qu'ils sont exposés à des formes très sévères de privation. La vulnérabilité s'explique principalement par le fait que les personnes sont déjà pauvres. En Centrafrique, la vulnérabilité est structurelle à cause du taux de pauvreté très élevé. La vulnérabilité est structurelle à la hauteur de 84,8 % au seuil de la pauvreté globale et de 71 % au seuil de la pauvreté alimentaire.

La vulnérabilité à la pauvreté alimentaire touche principalement les déplacés et les ménages de grande taille, où les chefs de ménages sont moins éduqués et travaillent principalement dans le secteur agricole.

D)– Les divers chocs aggravent la pauvreté.

Les divers chocs qui aggravent la pauvreté sont essentiellement ceux liés aux conflits, au changement climatique et à la hausse des prix.

Les chocs sont « définis comme des évènements défavorables entrainant une perte de revenus pour les ménages, une réduction de la consommation ou une perte d'actifs productifs ». Environ 9 centrafricains sur 10 ont subi un choc au cours des trois dernières années.

Graphique 68 : Chocs liés aux conflits

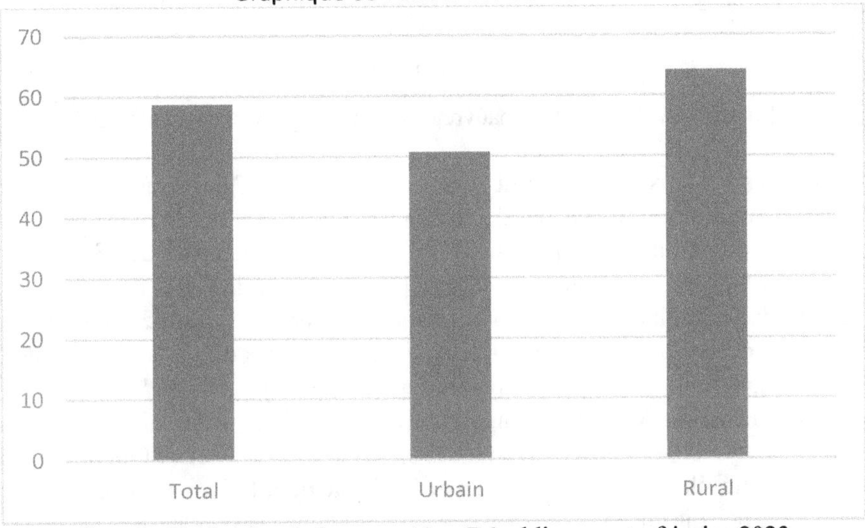

Source : Evaluation de la pauvreté en République centrafricaine 2023

Environ 90,4 % des personnes vivant dans des ménages pauvres avaient subi un choc au cours des trois dernières années précédant l'enquête contre 87,1 % des personnes vivant dans des ménages non pauvres. D'une façon générale les chocs basculent plusieurs familles dans la pauvreté.

Les chocs liés aux conflits sont les plus importants et touchent 58 % de la population dont 48 % ont été victimes des conflits armés au cours des trois dernières années précédant l'enquête. Les conflits armés dépossèdent des ménages ou les communautés des biens ou des moyens de subsistance, notamment du bétail ou des objets domestiques avec des répercussions sur les activités génératrices de revenus. Les dégradations des infrastructures physiques et sociales empêchent les mouvements de la population, les fréquentations scolaires et les soins de santé primaire

Graphique 69 : Chocs liés aux revenus

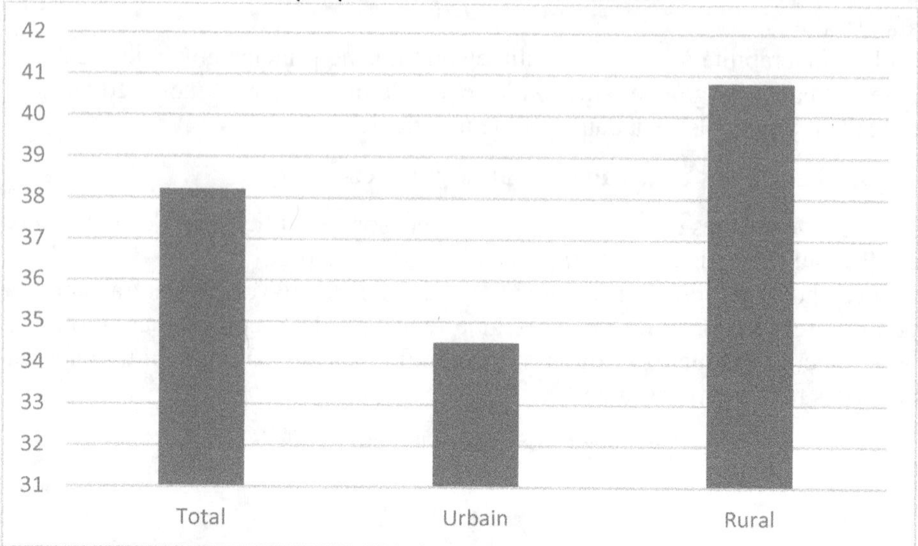

Source : Evaluation de la pauvreté en République Centrafricaine 2023

Les chocs liés aux revenus sont ceux qui impactent négativement les sources de revenus ou le pouvoir d'achat des ménages. Parmi ceux-ci la hausse des prix des produits alimentaires essentiels qui ont concerné un peu plus de 28,5 % de la population et qui est provoquée par le conflit entre l'Ukraine et la Russie.

L'inflation a atteint environ 5 % mais cache la disparité pour certains produits de première nécessité qui ont atteint deux chiffres. Le prix du maïs a augmenté de 40 %. L'augmentation des prix des carburants a atteint plus de 80 %.

Il en est de même de changement climatique qui provoque depuis ces dernières années à Bangui et les villes de provinces situés le long du fleuve Oubangui. Ces calamités naturelles ont plongé une partie de la population dans la pauvreté, notamment, détruisant les habitations et développant les pandémies qui avaient disparu.

Section 2 –
Mesure de la pauvreté en Centrafrique

On peut distinguer la pauvreté monétaire qui mesure le revenu par tête et les revenus des personnes et des ménages permettant de faire face à des dépenses nécessaires à l'individu. Il est important de disposer d'un revenu monétaire pour acquérir les biens alimentaires et sociaux, nécessaires à la reconstitution de l'homme.

Il existe la pauvreté non monétaire. La pauvreté humaine mesure l'accès de la population aux infrastructures sociales permettant l'amélioration de sa situation afin de mieux vivre. Elle intègre les éléments qualitatifs, et son amélioration permet l'accès aux biens économiques et sociaux. C'est le cas des routes et autres moyens de communication, l'éducation. la santé, le logement, la nutrition etc.

A)– Revenu par tête

Cet indicateur, s'il ne peut pas expliquer à lui seul la pauvreté dans les pays, est néanmoins utilisé par les institutions internationales pour mesurer la pauvreté monétaire. Il a été depuis des années contesté par certains économistes dans sa démarche et son interprétation. S'il ne peut expliquer le niveau de vie de la population, il montre la richesse produite par un pays.

En Centrafrique, le revenu par tête a régressé passant de 415,6 dollars en 1985 à 266 dollars en 2001. Les baisses correspondent aux diverses crises socio-politiques traversées par le pays, ainsi, entre 1991 et 1993, qui correspondent aux crises fortes : une baisse de 7,29 % en 1992, 4,77 % en 1996 et 5,83 % en 2003 ont été observées.

Il a commencé à augmenter très légèrement en 2002 pour atteindre 330 dollars en 2004 loin du niveau de 1985. Il montre néanmoins l'état monétaire pauvre de la population parce qu'il éclaire le niveau faible de la croissance par rapport à la population.

Graphique 70 : PIB/habitant (PPA) $ courant

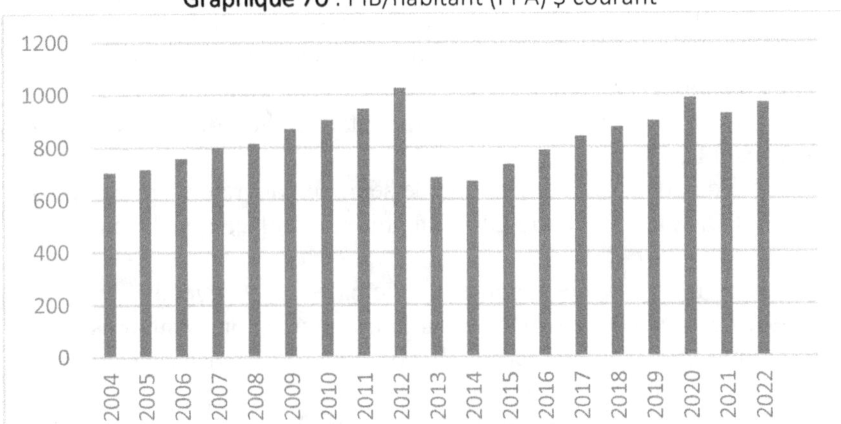

Source : Banque Mondiale

La forte baisse observée est celle de 2013 qui correspond à l'entrée des Séléka, groupe armé à dominance musulmane où la baisse a représenté 33,2 % passant de 1024 dollars nominal à 684 dollars, à cause de la persistance de la crise historique connue par le pays en 2013. La comparaison avec les pays de la zone de la communauté économique et monétaire en Afrique centrale (CEMAC) montre la faiblesse du revenu par habitant en Centrafrique par rapport à ses voisins.

Graphique 71 : PIB/Habitant (2015 USD) en Zone CEMAC

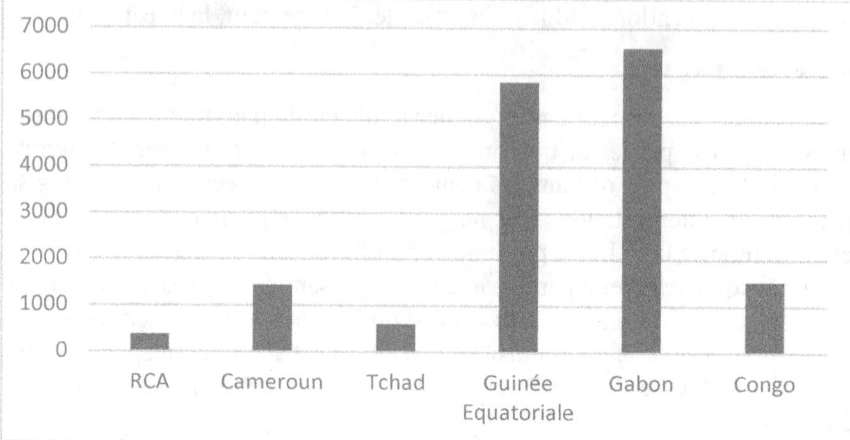

Source : Evaluation de la pauvreté en Centrafrique, rapport 202.

B)– Revenu moyen annuel des ménages selon les différentes sources en 1994 et 2003 et 2021

Le revenu est défini comme la somme des revenus provenant des cultures agricoles, de l'élevage, de la pêche, de la chasse, de la forêt et des salaires distribués. L'étude de 1994 a montré que le revenu moyen annuel du ménage centrafricain était de 371 650 FCFA, avec un revenu médian de 129 000 FCFA, le revenu moyen annuel par tête d'habitant était de 86 240 FCFA et le revenu médian 35 500 FCFA.

L'enquête de 2003, fait ressortir que le seuil de pauvreté en milieu urbain est de 149 276 FCFA et 120 896 FCFA en milieu rural et que la proportion de pauvres est de 71 %.

Dans leur majorité, les sources principales des revenus des ménages proviennent des revenus des entreprises non agricoles qui sont constituées des transformations des bois, du fer, et des produits de l'artisanat et représentent environ 35 %. Les revenus provenant des cultures vivrières, de l'élevage, de la pêche et de la chasse représentent 30 %. La contribution des revenus provenant des cultures de rente telles que le café et le coton reste marginale.

L'inégalité des revenus est importante parce que les 20 % de personnes classées les plus riches détiennent 71, 9 % du revenu total et 40 % de personnes classées les plus pauvres détiennent 5,2 % du revenu global en 1994. L'enquête de 2003 a montré qu'en milieu rural les 10 % les plus riches possèdent 60,6 % du revenu global tandis que les 10 % les plus pauvres ne disposent que de 0,25 % du revenu total. En milieu urbain, les 10 % les plus riches détiennent 75 % du revenu total et les 10 % les plus pauvres 0,15 % du revenu total.

Le monde rural est plus pauvre car les ménages qui ont pour chefs de famille des agriculteurs ont les revenus les plus bas.

Les données par zone montrent une disparité importante, la zone la plus défavorisée est la zone extrême qui ne détient que le dixième du revenu des ménages de Bangui et 20 % des revenus de la zone minière. Bangui reste la ville où les ménages détiennent la grande partie du revenu national grâce à la concentration des activités salariées et commerciales.

La zone extrême a les revenus les plus bas à cause des terres qui sont dans la majorité arides. Ces villes sont éloignées de la capitale et des centres commerciaux, il s'agit des villes suivantes : Obo, Birao, Ndélé. Le revenu moyen annuel par ménage de la zone est de 102 508 FCFA, alors que le revenu médian est de 129 000 F, le revenu par tête est de 28 369 FCFA dans la zone. Les revenus proviennent essentiellement des cultures vivrières.

La zone de savane est caractérisée par la prédominance de la culture du coton, des arachides et est couverte par les grandes villes suivantes : Bambari, Bossangoa, Bozoum, Bouar. Le revenu moyen annuel par ménage de la zone est estimé à 232 297 FCFA. Les revenus proviennent pour 30,7 % des entreprises non agricoles et pour 18,2 % des cultures vivrières.

Le revenu par tête d'habitant dans la zone savane est estimé à 48 097 FCFA soit un peu moins du double de celui de la zone extrême.

La zone forestière couvre les villes principales qui sont : Berbérati, Bangassou, Mbaïki, Mobaye. Le revenu moyen annuel par ménage est estimé 232 297 FCFA, représentant un revenu moyen annuel par tête d'habitant de 68 000 FCFA. C'est une zone qui est relativement riche parce qu'elle possède du bois, de l'or, du diamant et du café, ce qui explique l'importance du salaire dans les revenus, et les entreprises non agricoles représentent 40,6 % tandis que les cultures vivrières ne représentent que 18,4 %, contre 28,2 % dans la zone savane.

La zone minière, selon le classement adopté par l'enquête est constituée de quatre villes : Carnot, Boda, Bria et Ouadda, où est exploité le diamant essentiellement, ce qui explique la prédominance des entreprises non agricoles qui représentent 44 % des revenus globaux, les autres sources de revenu s'établissant à

34 %. Les revenus provenant de l'agriculture ne représentant que 12 %.

Le revenu annuel moyen est de 510 033 FCFA ce qui correspond à un revenu annuel par tête de 147 879 FCFA en 1994.

La ville de Bangui détient les revenus les plus importants qui proviennent à 40,4 % des entreprises non agricoles et 31,8 % du salaire principal. C'est la ville qui concentre la plupart des activités économiques du pays et dispose du plus grand nombre de salariés du secteur public et du secteur privé.

Section 3 –
La pauvreté humaine

La pauvreté humaine peut aussi être définie comme la « négation des opportunités et des perspectives fondamentales sur lesquelles repose tout développement humain, à savoir vivre une vie longue, saine constructive, et jouir d'un niveau de vie décent ».

Plusieurs indicateurs permettent d'appréhender la pauvreté humaine qui est basée sur le non accès aux infrastructures économiques et sociales.

1)– L'indice de développement humain de la RCA

L'indice de développement humain (IDH) correspond à un indice statistique composite visant à évaluer le taux de développement humain créé par le programme des nations unies pour le développement (PNUD). Il est calculé chaque année par le PNUD afin d'évaluer le niveau de développement des pays en se fondant non pas sur des données strictement économiques, mais sur la qualité de vie de leurs ressortissants.

Tableau 66 : Évolution de l'indice de développement humain de la RCA

Année	1990	1995	2000	2005	2013	2015	2020	2021	2022
IDH	0,317	0,303	0,309	0,342	0,370	0,391	0,411	0,404	0,406
Classement mondial	134	144	167	184	189	189	188	188	188

Source : Rapports du PNUD sur le développement humain

L'IDH intègre trois facteurs : l'espérance de vie à la naissance, car elle est significative des conditions de vie à venir (alimentation, logement, eau potable, etc.) et de leur accès à la médecine ; le niveau de l'éducation, qui détermine l'autonomie professionnelle que sociale de l'individu ; le revenu national brut par habitant, révélateur du niveau de vie des individus et ainsi de leur accès à la culture, aux biens et services, aux transports etc.

Quatre autres indices ont été créés pour affiner la perception du niveau de développement : l'indice du développement du genre (IDG), qui permet de comparer l'IDH des femmes et des hommes ; l'indice d'inégalité de genre (IIG), qui se concentre sur l'autonomisation des femmes ; l'IDH ajusté aux inégalités (IHI) dont le calcul tient compte de l'étendue des inégalités ; l'indice de pauvreté multidimensionnelle (IPM), qui permet de mesurer différents aspects de la pauvreté à l'exclusion du revenu.

L'IDH se présente sous la forme d'un nombre situé entre 0 et 1. 1 symbolisant le niveau de vie le plus élevé et 0 le niveau de vie très faible.

L'évolution des notes et classements montrent une pauvreté structurelle et systémique du pays. Ainsi la Centrafrique est classée 171ème sur 177 pays étudiés en 2005, 189ème sur 191 en 2013 et 188^{ème}sur 191en 2022.

Tableau 67 : Evolution de l'indice de développement humain des pays de la CEMAC (2021)

PAYS	RANG	CATEGORIE
Gabon	112	Elevé
Guinée Equatoriale	145	Moyen
Cameroun	151	Moyen
Congo	153	Moyen
Centrafrique	188	Faible
Tchad	190	Faible

Source : PNUD

La comparaison avec les pays de la sous-région montre que le Gabon est leader parmi les pays de la CEMAC avec un score de 0,706 en 2021. Celui-ci est classé 8ème sur les 53 pays africains et 112ème place mondiale. Le Cameroun, le Congo et la Guinée Equatoriale ont un IDH moyen et enfin la RCA et le Tchad appartiennent à la catégorie où l'IDH est faible.

2)– L'éducation et pauvreté

Florence Arestoff et Jérôme Sgard ont montré les relations économiques qui existent entre éducation, pauvreté et inégalités [2022]. Ils se sont basés sur la théorie du capital humain qui formalise que « l'investissement en éducation est le déterminant principal du capital humain individuel ». En deuxième lieu « ce capital incorporé détermine une bonne partie de la productivité de l'individu ». C'est un investissement exceptionnellement rentable car c'est ce qui justifie que les familles consacrent des ressources importantes aux études de leurs enfants. De même la collectivité est justifiée à subventionner l'éducation, en partie des investissements (les écoles, les enseignants).

Le rendement de l'éducation varie en fonction du nombre total d'années d'études, « plus le capital humain accumulé dans le pays améliora son niveau moyen de productivité et donc sa capacité à produire de la richesse ».

A)– La scolarisation en Centrafrique

Le taux net de scolarisation dans le primaire est le pourcentage des jeunes qui ont atteint l'âge d'être scolarisés et qui sont allés effectivement à l'école.

En Centrafrique, ce taux était de 81 % en 1975, en 2000, il est descendu à 55 %. Dans le fondamental 1, l'augmentation a été nette ces dernières années parce qu'elle représentait une augmentation de 105 % pour l'année scolaire 2015/2016 et 134 % pour l'année scolaire 2016/2017.

Tableau 68 : Nombre d'élèves inscrits dans l'enseignement secondaire en RCA de 2009 à 2017(en milliers)

2009	2011	2012	2016	2017
93,34	126,91	125,91	118,88	137,84

Source : Banque mondiale

Dans le secondaire, le nombre des inscrits représentaient 9334 en 2009 et est passé à 13785 en 2017, soit une augmentation de 47,6 % en onze ans.

En termes de genre, le taux net de scolarisation des garçons reste toujours supérieur à celui des filles. Alors que le taux des garçons est passé 79 % en 2016 à 112 % en 2019, celui des filles est passé de 65 % à 90 % dans la même période. En 2019, en fondamental 1, les garçons représentaient 56 % contre 44 % pour les filles.

Tableau 69 : Taux net de scolarisation(en %)

Sexe	2016	2017	2018	2019
Garçons	79	94	100	112
Filles	65	74	85	90

Source : Profil genre de la RCA 2021

La comparaison internationale montre le retard pris dans la scolarisation de sa jeunesse.

Tableau 70 : Comparaison internationale (en %)

Secteurs	RCA	Afrique Subsaharienne	Monde
Pré primaire	**5,4**	17	40
Primaire	**57**	101	106
Secondaire 1er cycle	**21,5**	45	81
Secondaire 2ème cycle	**8,9**	31	59

Source : Plan du secteur de l'éducation 2013-2015

Quand on compare au niveau des pays subsahariens les différences sont importantes. Alors que le taux de scolarisation du primaire en Afrique au sud du Sahara représente 101 %, celui de la RCA est de 57 %. La même tendance est observée pour le secondaire 1er cycle mais elle est nette pour le secondaire 2ème cycle.

1)– La scolarisation des filles

La scolarisation des filles reste en retrait même si des efforts sont faits pour améliorer leur situation. En 2019, la proportion des filles scolarisées dans le primaire représentait 44 % contre 56 % pour les garçons.

On estime qu'en Centrafrique 22 % des filles en âge scolaire ne sont pas scolarisées. « Après le cycle primaire, les filles connaissent plus d'éventualités de ruptures de scolarité que les garçons ». Pour plusieurs raisons dont la grossesse précoce.

Tableau 71 : Education par genre (2019)

Filles	Garçons
5468	622974
44 %	56 %

Source : Annuaire statistique 2018-2019, MEPS

À l'université, la différence se creuse car les filles ne représentaient en 2021 que 36 % contre 64 % pour les garçons.

Tableau 72 : Universités

Filles	Garçons
5468	9595
36 %	64 %

Source : Profil genre de la RCA, 2021

Les filles quittent l'école rapidement plus que les garçons en proportion. Dans le Fondamental1, le décrochage est passé de 40 % en 2016 à 47 % en baisse. La même situation est perceptible chez les garçons passant de 54 % à 63 %.

Tableau 73 : Taux d'achèvement du Fondamental 1 (%)

Sexe	2016	2017	2018	2019
Garçons	54	58	59	63
Filles	40	40	42	47
Ensemble	43	49	50	55

Source : Profil genre de la RCA, 2021

La situation est la même dans le fondamental 2 dans les mêmes proportions.

Tableau 74 : Taux d'achèvement du Fondamental 2 (%)

Sexe	2016	2017	2018
Garçons	21	27	36
Filles	14	16	22
Ensemble	40	19	29

Source : Profil genre de la RCA, 2021

Le dérochage est plus important dans le secondaire. En 2018, sauf 36 % des garçons achèvent l'école et

22 % pour les filles. Certes il y a une évolution par rapport à l'année 2016.

Dans le rapport de l'UNESCO de 2021, l'agence des Nations unies note que les obstacles à l'éducation des adolescentes sont dus à la pauvreté, aux tâches domestiques, à la violence sexiste, aux mariages des enfants, aux grossesses précoces et à la gestion inadéquate de l'hygiène menstruelle.

2)– Ratio élèves/maîtres

Les surcharges montrent que l'offre dans le secteur de l'éducation reste très nettement insuffisante par rapport à une demande qui augmente sans cesse. Certes, les conflits armés ont perturbé longtemps les fréquentations scolaires par manque d'enseignants et la destruction des instruments pédagogiques nécessaires aux enseignements tels que les tables-bancs ou les occupations des salles de classes par les groupes armés.

Tableau 75 : Ratio élèves /maitres

2010	**2017**
92	100

Source : DGESP, annuaire statistique 2009/2010 et 2016/2017

Plusieurs explications peuvent être avancées :

– Le développement des infrastructures scolaires n'a pas suivi le boom démographique des années 70. Les pouvoirs publics ont créé des établissements sans construire les nouveaux locaux, utilisant les anciennes infrastructures dans la plupart des cas. Ce qui a amené à l'instauration des cours à mi-temps soit au maximum 4 heures de cours par jour alors qu'ils occupaient toute la journée auparavant.

–La stagnation du nombre des enseignants dans les années 80, qui a entraîné une surpopulation des salles de classe. Il manque des enseignants qualifiés, des tables-bancs des salles de classe. En effet, le ratio élèves/maître dans le primaire est passé de 54 au début des années 60 à 77 au milieu des années 90 et en 2017 à100.

3)– phénomène des maîtres/parents

Le phénomène des maitres /parents s'est généralisé dans tout le pays. Par exemples à Naga-Boguila sur 37 écoles avec un effectif de 4000 élèves, on trouve que 5 enseignants qualifiés.

Tableau 76 : Pourcentage de maitres/parents

2010	**2017**
53	62

Source : DGESP, annuaire statistique 2009/2010 et 2016/2017

Au lycée de cette même ville il avait que 4 enseignants qualifiés pour 700 élèves.

Tableau 77 : Ecoles sans enseignants payés par l'Etat

Nombre	En % des écoles publiques
1194	51

Source : DGESP, annuaire statistique 2009/2010 et 2016/2017

51 % des enseignants du secteur public ne sont pas payés par l'Etat mais par des parents. Les maitres/parents sont généralement payés par des parents d'au moins 10 000 par parents et par an qui sont soient payés en liquide ou en nature (manioc, viandes etc.)

4)– L'éducation et la pauvreté.

L'éducation est l'outil essentiel de lutte contre la pauvreté, c'est pourquoi les pouvoirs publics doivent investir dans l'éducation, la formation et l'apprentissage. « Augmenter d'un point de pourcentage les ressources publiques en matière d'éducation allouées aux 20 % de ménages les plus pauvres permettrait de sortir de la pauvreté des apprentissages 35 millions d'enfants » [UNICEF]. Les enquêtes sur la pauvreté ont montré que les ménages dont les chefs ont une éducation sont moins pauvres que les ménages qui en sont dépourvus.

En effet, l'éducation crée des opportunités de création des activités génératrices de revenus ou d'emplois. La pauvreté ne peut disparaitre que grâce à une éducation de tous les enfants du pays. D'une façon générale, les travailleurs qui ont une bonne éducation par acquisition des connaissances produisent dans des conditions efficaces et efficientes.

Selon une étude menée par l'institut des statistiques en 2017 sur les pays pauvres, si tous les adultes achevaient le secondaire, 55 % sortiraient de la pauvreté.

B) – Le secteur de la santé

Le pays a un taux de mortalité encore élevé, ainsi que l'espérance de vie à la naissance.

1)– Taux de mortalité

Le taux de mortalité a baissé régulièrement en Centrafrique de 1960 à 1976 en moyenne de 2,2 %. De 1976 à 19, la baisse est moindre parce qu'elle a représenté en moyenne un peu moins de - 1 %.

Graphique 72 : Taux de mortalité brut (par 1000 habitants)

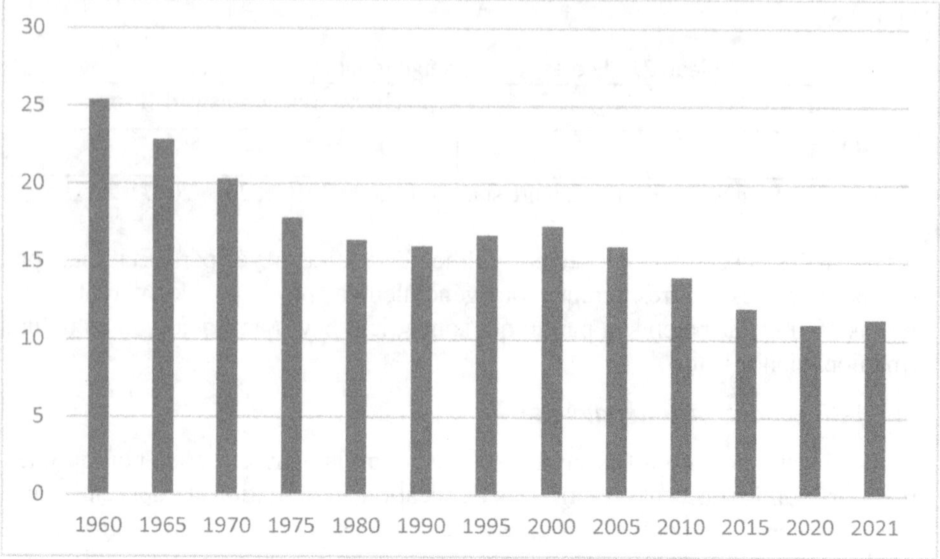

Source : Banque mondiale

La reprise est amorcée entre 1990 et 2000 en moyenne 0,5 % et une baisse modérée jusqu'en 2021. Cette situation montre des progrès lents dans les prises en charge.

Selon une étude, le taux de mortalité en RCA est quatre fois plus élevé que les autres pays africains.

Selon une étude menée par Patrick Vinck et Phuong Pham menée en 2009, seul un décès sur 5 apparaît directement lié aux violences. La majorité des décès sont liées à l'extrême pauvreté et à une pénurie de centres de soins que les conflits n'ont faits qu'exacerber. La conséquence est un manque d'investissement dans les infrastructures, et dans le capital humain.

2)– Espérance de vie à la naissance

L'espérance de vie à la naissance est une mesure de la qualité de vie globale dans un pays et résume la mortalité à tous les âges. L'espérance de vie à la naissance a monté lentement depuis 1960.

Elle est passée de 37 ans en 1960 à 48,5 ans en 1995, grâce aux progrès réalisés en matière de santé publique. Cette tendance est restée stationnaire pendant deux décennies avant de commencer à régresser. En 2000, l'espérance de vie est descendue à 40,4 ans pour chuter à 39,3 en 2003. Depuis 2007 à 2017, la progression est continue pour atteindre 55,03 ans en 2019 et a descendu jusqu'en 2021 où l'espérance de vie est descendu à 53,9 années.

Graphique 73 : Evolution de l'espérance vie à la naissance

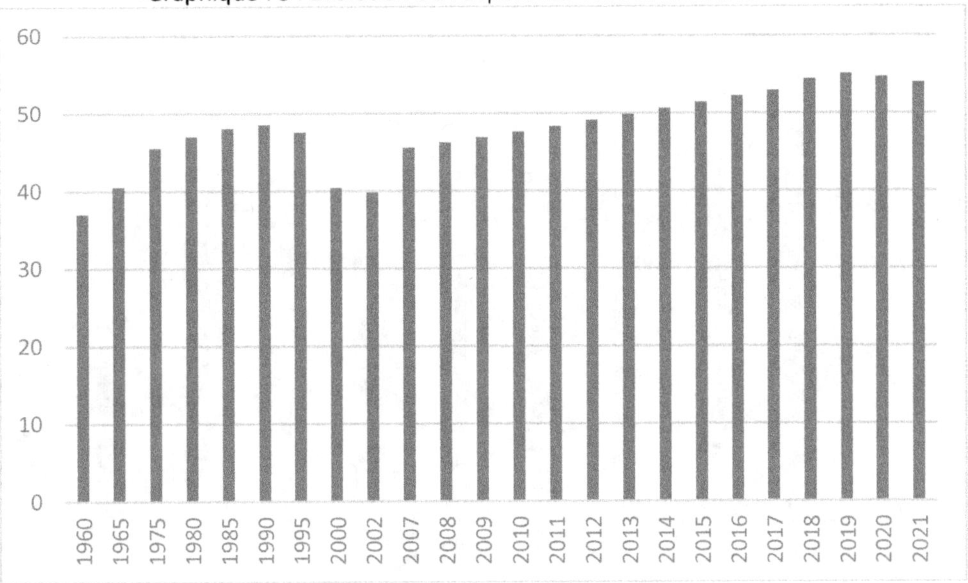

Source : Banque mondiale

C'est la conséquence de la dégradation des formations sanitaires et de la qualité des soins. Les dernières crises ont accentué la situation.

3)– Taux de mortalité infantile

Le taux de mortalité infantile est le nombre de décès d'enfants de moins d'un an rapporté au nombre de naissances vivantes. Il est généralement calculé pour une année et exprimé pour 1000 nouveau-nés vivants.

Graphique 74 : Evolution de taux de mortalité infantile (pour 1000 naissances)

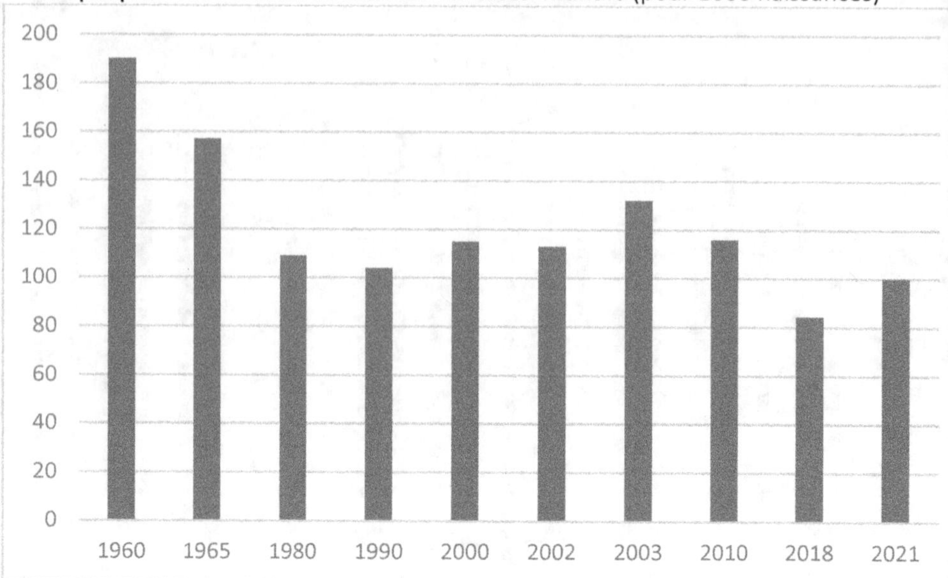

Source : Banque mondiale, PNUD, BAD

Sur la période étudiée, le taux de mortalité infantile a baissé continuellement sauf en 1995 et 2000 mais reste important. Alors que taux était passé à 84,3 en 2018, il a remonté en 2021 pour attendre 100.

Les causes principales énoncées par l'organisation mondiale de la santé sont : les maladies infectieuses, notamment la pneumonie, la diarrhée et le paludisme, ainsi que les naissances prématurées, l'asphyxie à la naissance, les traumatismes, et les anomalies congénitales.

Sur le plan social, dans un milieu très pauvre dont la maman n'a pas été scolarisée, le risque est élevé avec un taux de 40 %.

4)– Nombre de médecins

Depuis 1960, le nombre de médecin est resté très bas par rapport à la population. La baisse a été forte en 1995 (-33 %) et 2008 (-50 %). Ceux-ci sont concentrés à Bangui.

Graphique 75 : Médecin pour 1000 personnes

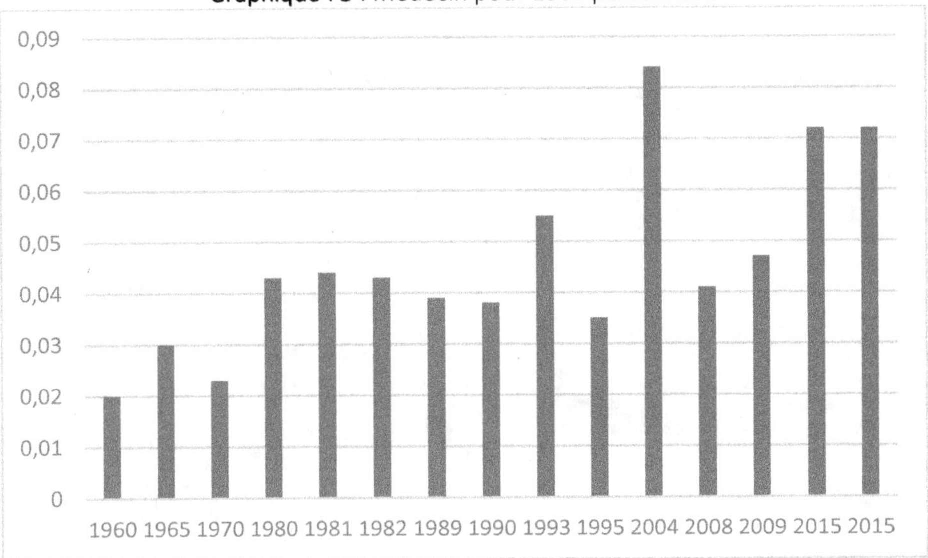

Source : Banque mondiale

Selon l'OMS, moins de 2,3 médecin pour 1000 habitants ne permettent pas de couvrir les besoins primaires en terme de soins de santé d'une population donnée.

On estime le nombre de médecins à 300 environ pour une population de 6 millions dont la plupart d'entre eux sont à Bangui. Dans certaines villes de province il y a absence de médecins, accentué par les différentes crises.

Comparaison internationale

Tableau 78 : Nombre de médecins pour 1000 habitants

	Classement mondial	2000	2010	2018
Cuba	1er	5,92	6,75	8,19
Tunisie	105	0,77	1,22	1,27
Guinée Equatoriale	149	0,25	0,21	0,40
Centrafrique	**194**	**0,04**	**0 ,05**	**0,06**

Source : Banque Mondiale

Selon le classement mondial, le Cuba est le pays qui a plus de médecins par habitant en 2018 avec 5,92 médecins pour 1000 habitants. Le premier pays africain est la Tunisie avec un chiffre de 0,77. La RCA est classée 194 avec 0,06 médecin pour 1000 habitants en 2018

5)– VIH/SIDA

Le VIH/SIDA reste l'une des principales causes de décès en Centrafrique. [En 2019, près de 4800 personnes en sont mortes dans le pays et pas moins de

5500 nouveaux cas sont confirmés chaque année. [Médecins sans frontières, 2022]

Graphique 76 : Evolution de la pandémie VIH/SIDA en Centrafrique (en % de la population)

Source : Différents rapports

La pandémie du VIH/SIDA dont le taux de prévalence était de 2,6 % en 1985 a continué sa progression pour atteindre 15 % en 2001 avant de chuter à 6,2 % en 2006. Depuis le taux continue à diminuer pour atteindre 3,4 % en 2022, mais reste néanmoins l'un des plus élevés du monde.

Les causes sont multiples : une extrême pauvreté, des violences généralisées, un manque drastique de structures de santé et de personnel soignant.

La trithérapie n'a été mise en place qu'en mai 2003 et le coût de traitement était jugé élevé pour une population très pauvre.

Pour favoriser l'accès aux traitements gratuits, le gouvernement a créé le comité national de lutte contre le sida (CNLS) qui multiplie les initiatives en vue de lutter efficacement contre la pandémie du VIH en Centrafrique. Récemment, le gouvernement et ses partenaires ont lancé le 26 avril 2023, un nouveau plan de stratégie nationale qui s'étale sur la période 2023/2027.

Ce nouveau plan de stratégie national de lutte contre le VIH/SIDA prend en compte plusieurs défis. Il va de la réduction de nouvelles infections au nombre de décès en passant par la réduction du taux de transmission de la mère à l'enfant.

Le coût de ce projet est de 250 milliards de FCFA.

La comparaison avec les pays de la CEMAC montre que le taux de prévalence de l'épidémie de la pandémie VIH/SIDA de la RCA est de 4 %, supérieure aux autres pays, sauf la Guinée Equatoriale.

Comparaison sous régionale

Graphique 77: Zone CEMAC (2016)

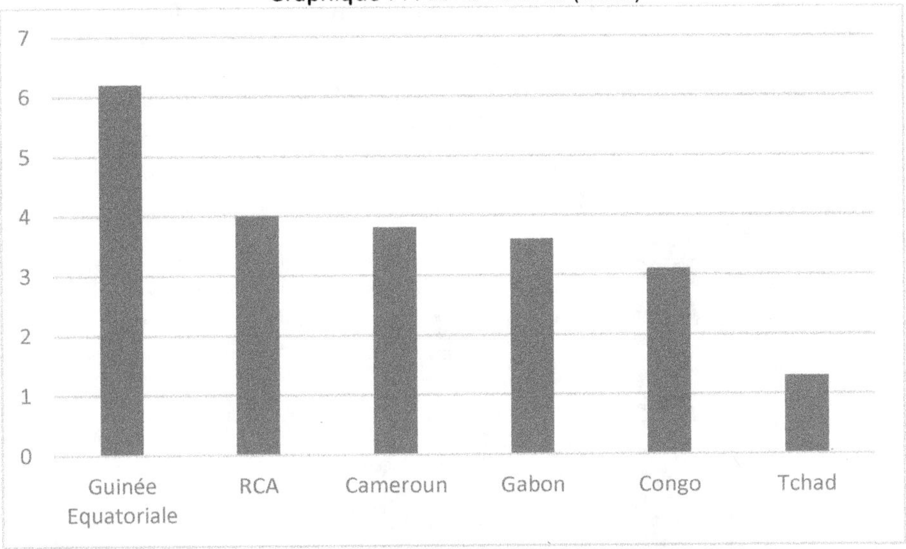

Source : World Factbook de la CIA

Section 4 –
Autres aspects multidimensionnels de la pauvreté : accès aux infrastructures économiques

Les infrastructures économiques sont constituées par l'ensemble des équipements de base dont une société a besoin pour permettre la production et la consommation : réseaux d'eau, d'électricité, de téléphone, d'évacuation des eaux, routes, ports, etc.

Le pauvre ne dispose pas des revenus suffisants pour accéder à ces infrastructures.

1)– L'accès à eau potable, l'assainissement et l'hygiène

L'accès à l'eau potable et à l'assainissement est une des conditions d'amélioration de la vie des populations, notamment, la santé publique et impacte le développement de l'éducation, de la santé et d'autres secteurs économiques.

L'eau et l'assainissement permettent de lutter contre de nombreuses maladies diarrhéiques telles que le choléra et la dysenterie, les infections par les vers intestinaux et la poliomyélite.

En 2018, on estimait que seulement 38 % de la population centrafricaine avait accès à un service d'approvisionnement en eau de base, 11 % à un service d'assainissement de base et 20 % à un service d'hygiène de base [MICS 2018-2019].

En Centrafrique, seulement un habitant sur trois a accès à l'eau potable [OCHA, 2021].

Graphique 78 : Évolution des indicateurs d'infrastructures de base (2006 – 2018) (en %)

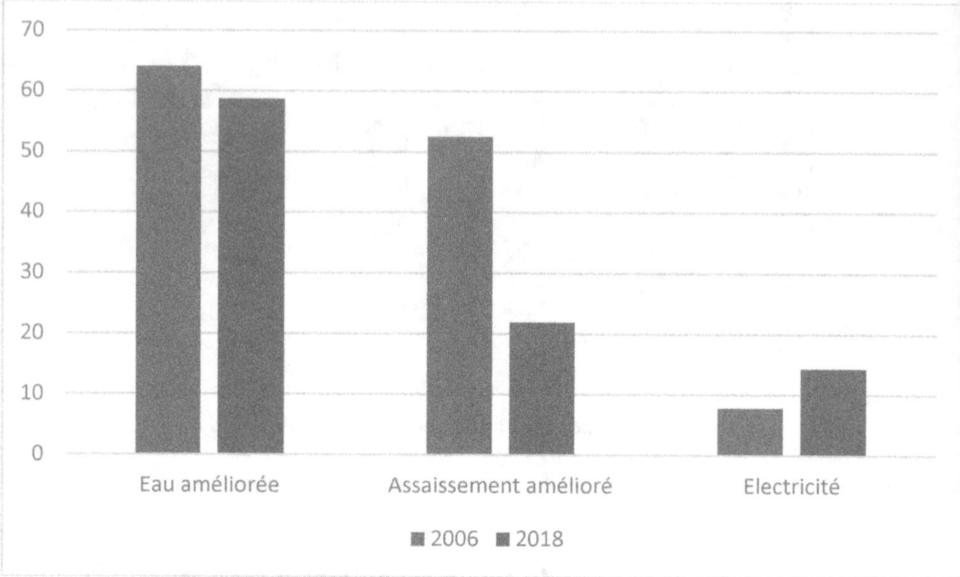

Source : MICS 2006 et 2018, Banque mondiale

Selon le graphique 78, il y a recul des personnes qui bénéficiaient de l'eau améliorée entre 2006 et 2018 de 9 %. Tandis que l'assainissement amélioré ne bénéficiait qu'à 21,9 % de la population entre 2018 contre 52,5 % en 2006.

En dépit de nombreux forages réalisés en milieu rural selon un ratio de 1491 personnes/habitants pour un forage, ce qui est faible lorsqu'on prend la base un forage pour 300 personnes [Nguimalet, 2013].

Selon l'union européenne, partenaire des pouvoirs publics dans ce domaine, plus de 2,3 millions de centrafricains ont besoin d'une assistance de base en matière d'eau, d'hygiène et d'assainissement. Le fonds Békou financé par l'union européenne contribue à la politique et à la stratégie nationale de l'eau et de l'assainissement (PSNEA) en soutenant des projets comme le « projet de renforcement des capacités de l'agence nationale de l'eau et de l'assainissement (ANEA) pour un accès durable à l'eau et à l'assainissement en milieu rural » mené par le fonds des nations unies pour l'enfance (UNICEF) depuis 2018. Le projet vise à « augmenter le taux de couverture en eau potable et améliorer l'hygiène et l'assainissement dans les zones rurales ».

2)– L'accès à l'électricité et aux routes

Accès à l'électricité

Le taux de l'électrification pour le pays est de 14,3 %, Bangui représente à 35 % et 0,4 % en zones rurales [Banque mondiale, 2022]. Or l'électricité est nécessaire pour la croissance économique, car elle permet l'industrialisation. L'accès des PME et PMI à l'électricité est couteuse et perturbée, ce qui aggrave les coûts de production et renchérit les prix de vente payés par les consommateurs. Ceci décourage les potentiels investisseurs et retarde ainsi le développement du pays. Les travailleurs du secteur informel qui font partie des pauvres et qui travaillent par exemple la soudure, ou la menuiserie se voient leurs activités réduites ou disparaitre par manque d'électricité.

L'électricité améliore le bien-être des populations et réduit la pauvreté. Son absence constitue un obstacle à la réduction de la pauvreté. L'absence de l'électricité dans les hôpitaux est à l'origine de certains décès.

Ces dernières années, des efforts ont été faits par gouvernement car entre 2006 et 2018, le pourcentage des personnes ayant accès à l'électricité est passé de de 7,8 % à 14,3 %, notamment à Bangui alors que les villes de province en sont dépourvues.

La situation a évolué « l'ENERCA passe de 18 MGWAT à 100 MGWAT entre autres, 15 MGWAT pour la centrale photovoltaïque de Sakaï, 25 MGWAT pour celle de Danzi », [Conférence de presse du président Touadéra, 2/8/2024].

Comparaison sous régionale

La comparaison avec certains pays de la CEMAC montre que l'électricité consommée en RCA est très nettement inférieure à celle d'autres pays de la sous-région.

Graphique 79 : Consommation d'électricité finale par habitant (en KWh)

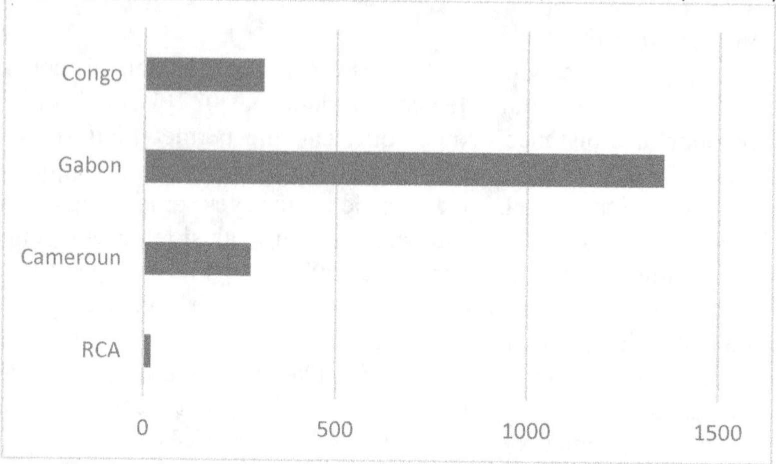

Source : Agence internationale pour les énergies renouvelables, Commission africaine de l'énergie et estimations de la Banque mondiale

Accès aux routes

La République centrafricaine est un vaste pays de 623 000 km² pour une population de 6,1 millions d'habitants soit une densité 9,8 habitants au km². Elle est donc sous-peuplée, un des obstacles à son développement. Les régions sont isolées les unes des autres, d'où nécessité d'avoir les routes qui les lient et permettent de développement des échanges. Les routes doivent permettre l'évacuation des produits de l'agriculture vers les régions déficitaires, ce qui encourage la production.

Sur les routes nationales qui représentent 4 947 km, seules 2,5 % sont bitumées, ce qui est insuffisant.

Les rares routes de desserte sont extrêmement dégradées. La seule route praticable le long de l'année est celle qui relie Bangui à la frontière du Cameroun, passage qui arrive à Douala, le seul port où transitent les marchandises à destination du pays.

Depuis les différentes crises, les organisations humanitaires sont handicapées pour l'acheminement de l'aide aux bénéficiaires. « 47 % des organisations humanitaires, qui implémentent des activités de réponse rapide, affirment avoir interrompu leurs interventions au moins 34 fois au cours de l'année 2022 du fait de la dégradation des routes ». [hi.org, 2024].

Il en est de même pour les agriculteurs qui ne peuvent pas atteindre des marchés pour vendre leurs produits qui puissent leur permettre de disposer de petits revenus monétaires afin de faire face aux soins primaires de santé ou assurer la scolarisation de leurs enfants. C'est un obstacle important de sortie de la pauvreté.

Chapitre 17.

Pour une guerre économique en Centrafrique

La Centrafrique connait un sous-développement durable. Malgré ses nombreuses ressources naturelles et l'abondance des facteurs de production, le pays n'a jamais connu de période de prospérité, ni le peuple le bien-être social.

La seule solution pour que ce pays trouve le début du développement est de déclarer la guerre économique totale. Le terme de « guerre » répond à des idées bien simples : la guerre au sens général suppose la désignation d'un ennemi. En Centrafrique, l'ennemi est intérieur, il se nomme la « pauvreté durable ».

Plusieurs pays africains ont déclaré des guerres contre l'extérieur, mais aussi contre leur propre peuple, détruisant ainsi leur économie : c'est une guerre dévastatrice et appauvrissante.

L'histoire de la Centrafrique est caractérisée par des mutineries et des rébellions militaires sanglantes qui ont détruit le léger tissu économique existant et ramené le pays au niveau économique de 30 ans en arrière.

Ces conflits internes ont des raisons sociopolitiques et visent la prise de pouvoir par la force pour répondre aux ambitions personnelles.

Dans ce dernier chapitre nous proposons que la « vraie guerre », celle qui vise la reconstruction et la fondation d'une économie de production et de distribution et non celle qui détruit le peuple centrafricain et ses ressources. Cette guerre économique est possible à condition de se débarrasser des obstacles qui retardent la société économique centrafricaine et de formuler une nouvelle vision.

L'exigence d'un nouvel ordre éthique est au centre de notre démarche. Elle est opposée à la corruption généralisée de l'élite politique et administrative qui bloque le démarrage économique et social du pays.

Section 1 –
Approches sur la guerre économique

La notion de la guerre économique n'est pas nouvelle. Déjà en 1915, N. Boukarine développait ce thème dans « L'*Économie mondiale et l'impérialisme* ». En remontant chez les classiques, leur vision sur le commerce international était perçue comme une guerre économique.

Pendant la première guerre mondiale, le blocus a été utilisé comme une guerre économique pour réduire l'ennemi.

Avec la mondialisation, la notion de guerre économique a été utilisée pour signifier les politiques mises en place par un pays ou les multinationales pour gagner en compétitivité. Cette guerre est sans merci et écrase ceux qui ne résistent pas au libéralisme économique. Les critiques affirment que les « bras armés » de cette guerre sont le FMI, la Banque mondiale, l'OMC, et autres institutions de même genre qui étouffent l'Afrique.

Plusieurs approches tentent de définir la guerre économique non sans quelques difficultés. Coulomb limite l'emploi de ce terme à la description d'actions de violence à l'encontre d'un autre pays. Elle est conçue comme « une action économique qui affaiblira l'autre partie, même au détriment de ses propres avantages économiques » [2003], il met dans cette définition l'embargo.

W.N. Medlicott compare la guerre économique à la guerre en général. C'est « une opération militaire comparable aux opérations des trois armes en ce que son objet est la défaite de l'ennemi, et complémentaire de celles-ci en ce que sa fonction est de priver l'ennemi des moyens matériels de résistance. Mais, à la différence des opérations des forces armées, ses résultats ne sont pas assurés seulement par une attaque directe sur l'ennemi mais aussi par l'exercice d'une pression sur ceux des pays neutres qui lui assurent vivres et matières premières » [1952, cité par M.M Farrar].

Pour l'amiral Lacoste, les enjeux de la guerre économique sont d'abord la richesse. L'objet n'est pas d'occuper les territoires, de contrôler les populations mais de tirer des bénéfices financiers et commerciaux. Ainsi la « guerre économique a pour but d'être les premiers dans les secteurs les plus rentables, aujourd'hui ceux des services, la banque, l'assurance, les télécommunications » [2001]. Les perdants subissent la destruction de leur tissu économique avec la disparition des entreprises et l'apparition de nouveaux chômeurs.

Elie Cohen préfère parler de performance économique qui est l'objectif des économies nationales, « le véritable enjeu est la productivité ou la capacité d'un pays à produire mieux et moins cher en utilisant son capital humain, son capital physique, et en mobilisant les ressources technologiques et scientifiques » [2004]. Il donne l'exemple des États-Unis qui ont pris le dessus face au Japon grâce aux technologies de l'information et de la communication et aux biotechnologies qui lui ont permis de faire un point de croissance supplémentaire.

Selon Eric Bosserelle « la guerre économique semble renvoyer à la mise en œuvre par les Etats d'un ensemble de pratiques orientées vers la recherche de puissance économique, commerciale, industrielle, technologique et/ou financière [Revue française de socio-économique, 2011].

La notion de la guerre économique a toujours été utilisée dans la littérature économique depuis les classiques et a évolué selon les périodes économiques. Nous la placerons dans le contexte de l'économie libérale et évoquerons le blocus et la sanction économique dans le cadre des relations internationales.

A)– Guerre économique et libéralisme économique

Le libéralisme économique est par essence propice à la guerre économique parce qu'il est basé sur le laisser-faire et fait confiance au marché autorégulateur qui nie toute intervention de l'Etat. La mondialisation libérale constitue à tous égards une véritable guerre économique impitoyable en ce qu'elle s'oppose à la régulation étatique de l'après-guerre.

Jean Baptiste Say, économiste français du 19ème siècle donne une définition qui correspond à une guerre économique : « Une nation, par rapport à une nation voisine, est dans le même cas qu'une province par rapport à une autre province, qu'une ville par rapport aux campagnes : elle est intéressée à la voir prospérer, et assurée de profiter de son opulence [...] On ne gagne rien avec des peuples qui n'ont rien à vous donner. Il est précieux pour l'humanité qu'une nation, entre les autres, se conduise en chaque circonstance d'après des principes libéraux. » [1883, cité par Fanny Coulomb, 2005].

A.O. Hirschman, qui reste néanmoins dans la tradition libérale, énonce une relation entre le commerce et la puissance d'une nation. Ainsi, la guerre économique est le fait qu'un pays puisse mettre en place des politiques protectionnistes comme les quotas ou, le contrôle des échanges pour constituer une force économique vis-à-vis des pays du reste du monde. Elle permet de mesurer la vulnérabilité des économies des pays à l'utilisation de l'arme économique [1980].

La mondialisation libérale est analysée comme une guerre économique parce qu'elle est contraire à la régulation. Philippe Labarde et Bernard Maris parlent de sauvagerie et de saccage, de prédation au cœur de l'idéologie libérale, de pillage de la nature [1998]. Ces auteurs ont montré que la guerre économique totale est présentée par l'idéologie dominante comme inévitable, avec les armes suivantes :

– les fusions des grands groupes industriels et financiers qui constituent les oligopoles et éliminent les entreprises ayant des capacités financières moindres ;

– l'acquisition et l'absorption des entreprises vulnérables par des grands groupes ;

– la délocalisation des entreprises pour augmenter des profits avec les conséquences sur les emplois dans les pays de la Triade ;

– la disparition de toute législation du travail et l'abandon de la protection sociale collective.

Pour L.Kalafatidès, la guerre économique attaque les services publics par la privatisation de l'eau, l'énergie, la poste, le chemin de fer [l'écologie, N° 3].

L'enseignement privé se substitue progressivement à l'enseignant public et gratuit : selon l'UNESCO, « dans un grand nombre de pays, les règles qui entravent l'ouverture d'une école privée sont assouplies et la gestion d'établissements publics passe à des sociétés privées. L'étape suivante est de faire de l'école une entreprise de plein droit» [Cynthia, Courrier de l'UNESCO, décembre 2000].

B)– Guerre économique et colonialisme

La guerre économique, selon Boukarine et Lénine, répond à une phase du capitalisme (impérialisme) qui pour contrecarrer la baisse tendancielle du taux de profit est obligée de conquérir d'autres nations. Ici, la guerre économique est inhérente aux contradictions internes au système capitaliste. C'est ce qui explique certaines guerres coloniales menées par la France et l'Angleterre, les guerres du Golfe de 1991 et 2003 procèdent des guerres impérialistes.

La colonisation a eu également pour but de disposer des ressources économiques des pays colonisés par la force pour le bien-être des pays colonisateurs. Face aux résistances, ces puissances ont utilisé la force. Les pays africains n'ont pas connu le processus d'accumulation primitive à cause du pillage des matières premières en direction des pays occidentaux selon Frank Gunter. Elika M'Bokolo reproduit une des instructions d'un responsable administratif belge : « J'ai l'honneur de porter à votre connaissance, dit une instruction à un chef de poste, que vous devez tâcher de livrer, dès le 1er janvier 1899, 4000 kilos de caoutchouc. Pour cela vous avez carte blanche. Essayez d'abord par la douceur, mais, si les indigènes persistent à refuser les taxes réclamées par l'Etat, employez la force des armes ». L'auteur décrit comment les Swahili ont été chassés de leur pays par les Belges pour faciliter les pillages et de conclure que « les désaccords ne portaient pas seulement sur l'occupation du territoire ; ils étaient aussi de nature économique » [2003].

C)– Arme économique et guerre économique

L'arme économique a été utilisée pendant la Première Guerre mondiale et s'est développée pendant la période de la guerre froide. Klaus Knorr a analysé l'avantage qu'il y a à utiliser l'arme économique à travers les sanctions économiques internationales. L'analyse est faite en terme de coût efficacité et l'auteur montre que c'est un moyen de pression politique. Pour les amis politiques ce sont l'extension des prêts, des dons financiers ou moyens de coercition [cité par Fanny Coulomb, 2003].

Le blocus économique est une forme de guerre économique qui vise à réduire la force de l'ennemi, il est défini comme « un ensemble de mesures qui cherchaient à empêcher tous les produits de parvenir aux puissances centrales ». Au niveau du droit international c'est « le stationnement de navires devant un port ou une côte ennemie pour empêcher le passage des marchandises » [Marjorie M. Farrar, 1999]. La première guerre mondiale a été l'occasion de structurer le blocus économique, ainsi les français, les anglais et alliés ont imposé un blocus à l'Allemagne. Ce blocus a consisté à désorganiser l'économie pour empêcher l'Allemagne de continuer la guerre. Un décret du 27 septembre 1914 a interdit aux Français tout commerce avec les sujets ennemis. Pendant la guerre froide les deux superpuissances ont utilisé l'arme économique. Ainsi, les États-Unis ont imposé un blocus à certains partisans de l'autre puissance, dont les plus connus sont Cuba et Nicaragua. L'URSS avait appliqué l'arme économique à certains pays du bloc soviétique qui ont refusé d'appliquer sa politique : la Yougoslavie et ensuite l'Albanie et la Chine communiste.

Les Nations unies ont utilisé le boycott comme sanction économique dans le cadre de la lutte contre l'apartheid, ce qui a eu des résultats probants.

Section 2 –
Philosophie de la guerre économique

L'orientation du développement économique a besoin d'être éclairée même si les éléments développés dans ce paragraphe ne sont pas nouveaux. Ils sont nécessaires pour situer le débat sur l'orientation stratégique.

Quelle est la place du marché et de l'Etat ? Le questionnement sur le marché est double : la nature capitaliste ou non des économies africaines, en particulier centrafricaine, et le fonctionnement du marché au sens général en Afrique. Le rôle de la femme dans le développement et l'apport économique et social de l'égalité des sexes. Et enfin nous aborderons la protection de l'environnement comme facteur du développement durable et équilibré et les avantages que procurent les techniques de l'information et de communication.

La philosophie générale

Le développement peut être défini à la suite de Amartya SEN comme « un processus d'expansion des libertés réelles dont jouissent les individus » [2003]. Le non-développement est l'absence des libertés, l'absence des opportunités économiques, les conditions sociales précaires, l'absence des services de l'éducation et de la santé, la dictature. A contrario, le développement est la liberté d'expression et les élections démocratiques, l'accès de la population aux demandes sociales (éducation et santé), la liberté économique. Les personnes qui en sont privées ne sont pas libres et il n'y a donc pas développement. C'est la liberté qui est son fondement et le développement qualitatif est privilégié. Ce développement énumère cinq principes de libertés : libertés politiques, facilités économiques, opportunités sociales, garanties de transparence et sécurité protectrice. Les libertés politiques sont constituées des droits civiques. Les facilités économiques sont des opportunités offertes aux citoyens dans le domaine de la consommation, de la production ; à titre d'exemple le pouvoir doit développer les capacités des agriculteurs (octroi des intrants, équipements divers), des entrepreneurs privés (accès au crédit...). Il s'agit également de droits économiques des personnes, la distribution équitable. Les opportunités sociales sont constituées des offres sociales dans le domaine de la santé (par la gratuité des soins primaires) et de l'éducation (par la généralisation de l'alphabétisation et de l'école primaire minimale pour tous).

A)– La nature des économies africaines

Il nous paraît nécessaire de définir la nature des économies africaines ou la caractéristique du système des économies africaines pour mieux comprendre les retards du développement, liés au blocage de l'accumulation, étape nécessaire pour le développement économique. Il est aussi important d'analyser les forces sociales en présence en Afrique pour expliquer le retard démocratique.

1)– Caractéristiques du capital en Afrique

Le capital en Afrique francophone en particulier est essentiellement étranger, notamment français. De ce fait, le pouvoir économique est détenu par les entrepreneurs étrangers dont le souci est d'expatrier l'épargne, privant ainsi les pays de l'accumulation nécessaire à la croissance auto-entretenue.

Dans une étude sur le capitalisme en Côte-d'Ivoire, Samir Amin a montré que la croissance rapide de l'économie ivoirienne est liée à l'abondance des capitaux étrangers qui s'accompagnent d'une domination étrangère. Ces capitaux étrangers facilitent le retour des profits importants vers les pays du centre avec « des profits réexportés l'emportant de plus en plus largement sur l'apport des capitaux » [1971]. L'épargne n'est pas destinée à être réinvestie sur place mais à être exportée et « aucune technique financière de mobilisation de l'épargne ne permettra de transgresser cette loi objective ».

Les sociétés installées en Centrafrique sont contrôlées par le capital étranger avec les mêmes conséquences sur l'économie nationale. On peut conclure à ce niveau que les pays africains ne peuvent pas construire une économie autonome. Les stratégies adoptées n'ont pas permis de développer des modèles propres en satisfaisant les biens essentiels mais des modèles extravertis. En partant de l'exemple ivoirien, Samir Amin a montré que malgré un développement important de l'agriculture, ce pays n'a pas pu acquérir l'indépendance alimentaire et continue à importer des produits alimentaires. En réalité, cette agriculture n'a développé que les produits destinés à l'exportation.

2)– Caractéristique des classes sociales : absence d'une bourgeoisie nationale

Analysant les rapports sociaux dans le développement du capitalisme en Côte d'Ivoire S. Amin a montré que la croissance ivoirienne a plus profité aux européens qui ont vu leur revenu augmenter de 50 % entre 1950 et 1965, les profits des grandes entreprises sont passés de 7 % du PIB en 1950 à 14 % en 1965. Les salaires européens représentent 40 % du montant global des salaires distribués par l'économie productive.

Les revenus africains sont constitués des salaires versés par les entreprises européennes, des gains des petits entrepreneurs jugés « trop petits pour permettre une accumulation progressive ».

Les masses populaires qui représentent 90 % auxquelles il faut ajouter les employés, les fonctionnaires moyens ont des revenus « médiocres pour permettre une véritable accumulation ».

L'auteur conclut ainsi : « Enfin parce les « élites » du pays sont ici presque uniquement administratives et para administratives et ne comptent pas plus d'hommes d'affaires qu'ailleurs en Afrique noire. Si l'on peut parler d'un développement du capitalisme en Côte-d'Ivoire, on n'est pas autorisé à parler d'un développement du capitalisme ivoirien. La société ivoirienne n'a pas d'autonomie propre, elle ne se comprend pas sans la société européenne qui la domine : si le prolétariat est africain, la bourgeoisie nationale véritable est absente, domiciliée dans l'Europe qui fournit capitaux et cadres ».

L'absence d'une bourgeoisie africaine explique l'impossibilité de l'accumulation alors qu'elle est une des conditions du développement du capitalisme national. Karl Marx pose l'accumulation comme une loi inhérente au capitalisme. L'exploitation impérialiste accumule, à la seule différence près que cette accumulation n'est pas nationale mais internationale dans le sens où le capital est étranger. Dans cette logique, la plus-value tirée de l'exploitation de la force de travail n'est pas réinvestie dans les moyens de production dans le pays et de facto de nouveaux travailleurs ne peuvent pas intégrer le système de production. Pour K. Marx, le capitalisme est « un agent fanatique de l'accumulation, il force les hommes, sans merci ni trêve à produire pour produire, et les pousse ainsi instinctivement à développer les puissances productives et les conditions matérielles qui seules peuvent former la base d'une société nouvelle et supérieure... Le développement de la production capitaliste nécessite un agrandissement continu du capital placé dans une entreprise... » [*Le Capital*, T3]. Il va donc déduire dans le *Manifeste du Parti Communiste* que « la condition essentielle de l'existence et de la domination de la classe bourgeoise est l'accumulation de la richesse entre les mains des particuliers, la formation et l'accroissement du capital ; la condition de l'existence du capital ».

En Afrique, la bourgeoisie en tant que classe des capitalistes n'existe pas. Par contre, il existe en Afrique ce que le président Mao appelait « la bourgeoise compradore » qui doit son existence aux capitalistes impérialistes et n'est pas autonome comme classe capitaliste. La bourgeoisie compradore est également assimilable à la bourgeoisie bureaucratique qui s'enrichit grâce au pouvoir de l'Etat, leur existence est liée à l'Etat et au capital étranger.

3)– Un sous – produit du capitalisme international

Les économies des pays africains ne peuvent être qualifiées d'économies capitalistes, elles n'ont pas connu le même processus d'accumulation que les pays développés et par conséquent ne possèdent pas une bourgeoisie nationale indépendante. Leur croissance économique est entretenue par les capitaux étrangers, donc le capitalisme international. Les conditions d'un développement du capitalisme ne sont pas réunies, tant par l'existence de capitaux nationaux que par l'existence d'un prolétariat lié au développement du capitalisme. Les économies demeurent arriérées et constituent le sous-produit du capitalisme international. La voie du libéralisme économique choisie par les pays africains ne signifie pas qu'il existe dans ces pays la formation du capitalisme au sens strict.

B)– La place de l'Etat et du marché national, et celle du marché mondial

La toute-puissance supposée du marché capable de réguler la société sans intervention de l'Etat, reste une controverse essentielle dans l'orientation des politiques économiques. La question est de définir la place du marché et de l'Etat dans des économies sous-développées durables, ce qui est la situation en Centrafrique.

Le marché qui fait appel à la liberté de produire et de vendre s'est toujours imposé dans les faits. C'est la liberté d'initiative qu'a tout individu d'entreprendre dans le respect des lois. Le marché ici permet une saine émulation de l'homme à transformer la nature pour y mieux vivre. Mais ce marché a des limites dans la satisfaction de la demande sociale et est défaillant dans certains domaines économiques.

L'Etat doit se substituer au marché dans ces conditions. Ainsi, la liberté de dispenser une éducation reste une prérogative de l'Etat, il en est de même de la santé, des infrastructures économiques et de l'accès au travail, notamment des jeunes.

Dans un pays comme la Centrafrique, l'Etat doit être développementaliste. Il est le seul à créer une administration capable de gérer le développement et a un rôle économique majeur à jouer en ce qui concerne les investissements dans le domaine agricole : financement de la modernisation de l'agriculture y compris la subvention des engrais pour les agriculteurs pauvres. Les pays qui théoriquement reconnaissent le marché régulateur, comme les États-Unis, subventionnent leur agriculture pour nourrir leur population et maintenir un minimum de revenu à leurs agriculteurs. L'Etat doit aussi aider le secteur privé à faire des investissements importants ou acquérir des entreprises privatisables au nom du « patriotisme économique » et pour maintenir des emplois.

Le marché mondial est inévitable mais doit être subordonné au marché national. Ceci signifie que la demande locale doit d'abord être satisfaite par la production locale des biens essentiels nécessaires à la consommation de la population.

C)– La maîtrise de l'environnement pour un développement durable et équitable

Le développement durable et équitable passe nécessairement par la maîtrise de l'environnement qui implique une exploitation rationnelle des richesses naturelles. Leur destruction par des délivrances illégales des permis d'exploitation des mines et du bois dans le pays est inquiétante. Cette politique renforcée par la corruption de l'élite politique et administrative ne tient pas compte des populations qui vivent dans ces régions et d'une façon globale des générations futures en sachant que ces ressources ne sont pas renouvelables. C'est un problème de responsabilité par la préservation des intérêts de toutes les couches trans-générationnelles, c'est la recherche de l'équité.

Les risques écologiques sont déjà perceptibles : la réduction de la forêt par manque de reboisement qui agit négativement sur le changement climatique avec l'étendue de la sécheresse dans des zones jadis forestières. Des dégradations liées à l'exploitation des ressources minières sans précautions élémentaires détruisent également l'agriculture vivrière etc.

Section 3 –
Le rôle des technologies de l'information et de communication (TIC) dans le développement en Centrafrique

L'apparition des nouvelles technologies de l'information et de la communication est sans doute la quatrième révolution industrielle avec l'apparition de l'informatique et de l'internet.

D'une façon générale, ce réseau mondial de communication joue un rôle indirect dans la croissance économique des Etats en la propulsant. Le progrès technologique accroit la production et la productivité et le bien-être de la population.

En 2000, la déclaration du millénaire pour le développement à sa huitième résolution souligne le rôle stratégique de la science et de la technologie dans le processus développement. Les TIC abaissent les coûts de transactions et facilite des échanges.

Le plan d'action consolidé pour l'Afrique (2010-2015), porté par le NEPAD et l'Union Africaine (New Partnership for Africa's Development) donne un rôle important aux sciences et technologies dans le développement du continent.

A)– La situation et l'apport des technologies de l'information et de communication (TIC) en Afrique

L'économie numérique se développe rapidement en Afrique à une vitesse supérieure à son début dans les pays développés. Ce développement est relativement moindre en Afrique au sud du Sahara qu'au nord.

Les technologies de l'information et de communication (TIC) contribuent d'une manière importante au développement économique et financier dans toutes ses dimensions : l'agriculture, le transport, la finance, le commerce, l'éducation, la gestion des administrations publiques, les services, etc. « Les solutions apportées par les TIC peuvent permettre à l'Afrique de « sauter » des étapes et donc atteindre plus rapidement le développement » [SEQConsulting, TIC en Afrique : Etat des lieux].

Pour Jamal Saghir, directeur du développement durable de la Banque mondiale, le réseau internet et les téléphones portables transforment les perspectives de développement en Afrique. Ils introduisent un nouveau dynamisme dans les secteurs clés.

a)– L'évolution de l'économie numérique en Afrique.

Les technologies de l'information et des communications se développent très rapidement en Afrique, notamment dans les pays qui ont pris conscience de leur efficacité dans le développement et dans la vie économique et sociale de leurs concitoyens.

Certes, l'Afrique est encore en bas du classement en matière de développement des technologies de l'information et de communication (TIC), cependant leur diffusion sur le continent qui date 1990, s'est fortement accélérée.

L'Afrique subsaharienne représentait un marché de 8,6 % du PIB en 2020 avec des recettes fiscales générées par le secteur d'environ 13 milliards de dollars [E. Peyroux et O. Ninot, 2019].

i)– Le marché de la téléphonie mobile

Selon l'union internationale des télécommunications (UIT), le marché de la téléphonie mobile en Afrique progresse deux fois plus rapidement que la moyenne mondiale.

Le nombre d'abonnés au mobile en Afrique qui était de 16 millions en 2000 a bondi pour atteindre 198 millions en 2006 et 278 millions en 2007. Cette croissance est plus forte en Afrique subsaharienne où le taux de pénétration de la téléphonie mobile qui était de 6,3 % en 2003, a triplé pour atteindre 21,58 % en 2006. Entre 2005, 2012 et 2015, le nombre d'appareils utilisés sur le continent était respectivement 130, 650 et 900 millions.

En 2010, l'Afrique dépassait l'Europe occidentale pour le nombre de connexions mobiles.

L'Afrique subsaharienne comptait à elle seule, 420 millions d'abonnés uniques en 2016, soit un taux de pénétration de 43 % et a atteint 50 % en 2020 avec 535 millions d'abonnés en Afrique subsaharienne et 725 millions pour tout le continent.

La connexion par carte SIM s'est élevée à 772 millions en 2016 et plus d'un milliard en 2020. La progression pour l'ensemble de l'Afrique a été de 344 % en dix ans alors que dans le même temps, le nombre de connexions dans le reste du monde passait de 3,2 à 6,6 milliards, soit une progression seulement de 107 %.

ii)– L'internet

Même si l'Afrique est en retard avec 100 millions d'internautes, entre 2000 et 2001, elle a enregistré un taux de pénétration d'internet qui a atteint 2 000 %, soit plus de cinq fois que dans le reste du monde [J. MAY, Chronique ONU].

En 2016, le taux de pénétration d'internet en Afrique représentait pour le continent et à moins de 24 % pour l'Afrique subsaharienne alors que la moyenne mondiale dépassait 45 %. En juin 2019, le taux était passé à 39,8 %, soit 525 millions d'usagers contre une moyenne mondiale de 57,3 % [SEQConsulting, TIC en Afrique : Etat des lieux].

B)– L'économie numérique dans les pays africains

Le classement de *the ICT Development Index* des pays dans le domaine du numérique, analyse et évalue les progrès accomplis dans le domaine des TIC dans 169 pays et territoires. Il se base sur quelques indicateurs, dont le pourcentage des particuliers utilisant l'internet, la pénétration de la téléphonie mobile à large bande mobile, le trafic internet à large bande mobile (en gigaoctets par abonnement), le prix des données mobiles et des services et le taux de possession de téléphones mobiles.

Le classement au niveau mondiale place les Emirats arabes unis en tête avec un score de 100 points, devant les États-Unis (99,1), le Qatar (98,7) le Koweït (98,2) et le Danemark (96,9).

Tableau 79 : Classement 2023 des pays africains selon leur développement dans les TIC (En points : 100)

Maroc	Maurice	Gabon	Sénégal	Cameroun	Congo	RDC	Burundi	Somalie	Tchad
85,1	81,7	72,9	66,5	36,8	29,2	29,1	23	21,4	20

Source : Measuring digital development : the Development index 2023

En Afrique, la moyenne est de 72,8 points et le classement montre qu'il existe une forte corrélation entre les performances des pays et leurs niveaux de revenu. Le score moyen des pays à faible revenu est de 31,5 points, contre 62 points pour les pays à revenu intermédiaire de la tranche inférieure, 76,4 points pour les pays à revenu intermédiaire de la tranche supérieure, et 90,1 points pour les pays à revenu élevé.

Ces chiffres cachent les disparités car si le taux de pénétration en 2019, pour l'ile Maurice et l'Afrique du sud était environ de 70 %, le chiffre pour le Niger et la république centrafricaine n'atteignait pas 25 % et l'Erythrée 9 %.

C)– Position du problème, atouts et obstacles au développement de l'économie numérique en Afrique.

Il s'agit pour l'Afrique de bâtir une société basée sur les technologies d'information et de communication qui doit la propulser. Elle a certainement des atouts non négligeables dont en premier lieu sa jeunesse qui a soif du savoir et qui doit porter cette nouvelle technologie.

Néanmoins on peut noter quelques obstacles surmontables.

i) – Position du problème

L'économie numérique ou la nouvelle économie peut être définie « comme étant une nouvelle structure économique mondiale dans laquelle la production de biens et services d'information est prédominante dans la création des richesses et d'emplois » [A.F Loukou, in tic et société, 2012]. Ainsi les nouveaux facteurs de productivité et de compétitivité deviennent la créativité, le savoir, l'intelligence et l'expertise. Pour l'UNESCO, la TIC est « l'ensemble des dispositifs et des systèmes informatiques de stockage, de communication, de traitement et de gestion des données ».

Les avantages procurés par l'économie numérique sont nombreux :

– Les TIC rendent possible un accès plus facile et moins couteux à l'information à un moment où la maîtrise de celle-ci est devenue un facteur capital du développement et où la maîtrise de celle-ci est devenue un capital du développement et où la capacité à y accéder, à la manipuler et à la diffuser conditionne la faisabilité de la durabilité du développement socioéconomique.

– Les TIC donnent aux pays africains la possibilité d'une plus grande intégration économique, commerciale et culturelle dans le monde, à condition bien entendu que ces pays soient parfaitement conscients et qu'ils consentent les investissements nécessaires devant leur permettre d'en saisir les opportunités.

– Les réseaux télématiques offrent un gain de productivité et de compétitivité à travers la modification du système de management des entreprises.

– Une administration électronique permettrait à nos Etats d'être plus efficaces et de mieux servir les citoyens grâce à : une circulation plus rapide de l'information sous forme numérique, une communication et un partage de l'information entre les directions centrales et les services décentralisés et une dématérialisation des certaines procédures administratives (télé procédures *via* des réseaux sociaux ou *via* internet).

ii)– Les atouts pour l'Afrique pour le développement de l'économie numérique

L'Afrique est un continent où la jeunesse a soif d'apprendre et la nouvelle économie est aussi une opportunité pour la création d'emplois et de petits métiers liés aux TIC dans le secteur informel.

En outre, le marché numérique va se développer davantage. Par exemple, la demande de services mobiles, en particulier de smartphones, devrait accroitre rapidement en Afrique. La GSMA, une association regroupant le plus grand nombre d'opérateurs mobiles au monde, prévoit qu'environ 600 millions d'africains s'abonneront à des services mobiles d'ici 2025, contre 456 millions en 2018. Le haut débit mobile stimulera la demande non seulement pour les industries créatives, mais aussi dans le domaine de la santé créant un effet d'entraînement.

La demande d'infrastructures de TIC dites « dorsales », qui comprend plusieurs types d'équipements différents, est également en forte hausse, Il s'agit notamment de serveurs racines, de lignes haut débit en fibre optique, de commutateurs et de routeurs de réseau et de tours cellulaires. La construction de tous ces éléments représente pour les investisseurs autant d'opportunités pour répondre à une demande galopante, mais aussi un potentiel important de création d'emplois dans la construction, l'installation et les services.

Le rapport de SFI et de Google, intitulé eConomy Africa 2020 prévoit une économie africaine d'internet qui pourrait atteindre 180 milliards de dollars d'ici 2025, soit 5,2 % du PIB du continent. D'ici 2050, la contribution potentielle pourrait atteindre 712 milliards de dollars, soit 8,5 % du PIB du continent.

iii)– quelques obstacles au développement de l'économie numérique en Afrique

L'une des limites à la diffusion des TIC en Afrique et à l'exploitation de leur potentiel tient au développement tardif des infrastructures qui restent encore insuffisantes, au regard des besoins et du rythme auquel croit la demande.

Les différents rapports -GSMA, Banque mondiale, notamment- avancent trois obstacles au développement de l'économie numérique en Afrique :

– Le besoin de développement des infrastructures qui reste insuffisant au regard des besoins et du rythme auquel croît la demande, et de nombreux espaces ruraux restent sans réseau. Pour le développement futur d'internet, la connexion du continent au reste du monde par fibre optique est devenue un facteur crucial de développement. En complément des connexions intercontinentales via les câbles sous-marins, le programme pour le développement des infrastructures en Afrique (PIDA) porté par le Nouveau partenariat pour le développement de l'Afrique (NEPAD) prévoit de soutenir la formation d'un réseau transafricain de fibre optique terrestre afin de satisfaire la demande croissante de haut débit à moindre coût.

– Risque de fracture numérique. La révolution numérique, par sa rapidité et sa technicité, porte en elle des risques de fragmentations spatiales, entre villes et campagnes notamment, et sociales, liées à l'âge, au sexe, aux inégalités de revenu et/ou au niveau d'éducation. La voie du numérique ne pourra en effet être suivie et porter ses fruits sans efforts importants en matière d'éducation, de formation, de renforcement des capacités.

– Nécessité de renforcer les politiques publiques. Les gouvernements africains doivent mener des politiques incitatives et régulatrices. Ils doivent définir des cadres réglementaires pour endiguer la cybercriminalité qui s'amplifie, pour accélérer les innovations et leur diffusion tout en veillant à ce qu'elles soient plus inclusives possible.

D)– Le rôle des TIC dans le développement en Afrique

Les technologies de l'information et de communication sont en train de favoriser le développement en Afrique et ceci dans plusieurs domaines non limitatifs. On peut citer plusieurs secteurs : l'agriculture, la santé, l'éducation, la lutte contre la pauvreté et la corruption, le secteur financier, la gestion administrative, la planification, gestion et aménagement urbain, etc.

i)– La TIC, la croissance économique et la réduction de la pauvreté

La révolution numérique est apparue comme un outil qui propulse la croissance économique dans le monde en particulier en Afrique tout en réduisant la pauvreté. Elle permet aux pays en développement de « sauter les étapes du développement et les barrières de la technologie pour réaliser à la fois la croissance économique et favoriser un développement généralisé » [Julian May, université de KwaZulu-Natal]. Une étude menée sur 21 pays membres de l'organisation de coopération et de développement économique (OCDE) établit une causalité entre infrastructure des télécommunications et la production économique. Ce lien a également été établi pour la téléphonie mobile et les données de 113 pays au cours d'une période de 20 ans, ce qui a montré qu'une augmentation de 1 % du taux de pénétration des télécommunications engendre une augmentation de 0,03 % du produit intérieur brut (PIB) [Torero et Von Braun, 2006]. Cette corrélation positive entre TIC et la croissance économique s'étend au monde en développement par les dépenses directes consacrées à l'infrastructure et au service de l'information et de la communication, ainsi que ses effets multiplicateurs. On estime que les opérateurs de téléphonie mobile ont investi plus de 90 milliards de dollars sur la période étudiée en Afrique. Les revenus et les dépenses en télécommunications contribuent en moyenne à 7 % du PIB dans de nombreux pays africains, tandis que les investissements dans les communications ont atteint 5 % du total des investissements sur le continent.

Les TIC peuvent aussi avoir un impact plus important sur le développement et sont un outil puissant pour l'autonomisation et la création d'emplois ainsi que pour l'accès à l'éducation et aux autres services sociaux.

L'impact sur la pauvreté reste minime parce que l'accès à l'économie numérique est lié au revenu.

Une étude menée en Afrique de l'est et l'Afrique australe (PICTURE-Afrique) recense les inégalités en matière d'accès aux TIC en Afrique de l'est et a conclu que les chances d'accès étaient multipliées par deux lorsque les revenus étaient élevés et une année de scolarisation supplémentaire augmentait de près de 30 % les chances d'accès. Une analyse du lien de causalité entre les TIC et la réduction de la pauvreté indique que ces technologies ont un impact léger, mais positif, sur les groupes les plus pauvres et que la téléphonie mobile, en particulier, est un outil utile qui peut leur permettre « d'améliorer leurs moyens de subsistance » à moyen terme (6 à 10 ans). Les éléments concrets présentés par les études comme PICTURE-Afrique suggèrent que les bénéfices économiques de cet essor peuvent s'accumuler plus rapidement parmi les populations pauvres. Si c'est le cas, cela signifie que non seulement les TIC contribuent à la réduction de la pauvreté, mais sont favorables aux pauvres en ce qui concerne la manière dont ces bénéfices sont partagés.

ii)– La pénétration des TIC dans l'agriculture africaine

L'agriculture africaine est caractérisée par une faible productivité et est moins compétitive par rapport à d'autres régions alors qu'elle constitue le pilier du développement de ces pays. Les zones rurales sont généralement enclavées par rapport aux zones urbaines à cause, entre autres les mauvais états des routes ou encore par absence de communications. Les informations sur les marchés des matières premières au niveau international font défaut.

La pénétration des TIC dans le monde rural contribue à améliorer ces dysfonctionnements qui jouent également sur la vie des agriculteurs africains.

Dans un rapport de la FAO, cité par Sara Gustafson en 2017, l'auteur cite les avantages que des TIC apportent au monde rural en Afrique : facilitation d'accès à des informations pertinentes en nutrition et à des informations adéquates en agriculture ; en augmentant l'accès aux services financiers pour les communautés rurales ; en augmentant l'accès à l'assurance et aux outils permettant de mieux gérer les risques ; et en fournissant de nouvelles opportunités d'affaires dans les zones rurales. Une étude parue dans *world development* montre que le marché des TIC a exercé un impact significativement positif sur l'utilisation des intrants, sur la productivité du travail et des terres.

Les plateformes TIC peuvent fournir des informations sur les prix du marché pour aider les petits exploitants agricoles à commercialiser leurs produits. Par exemple, *Mfarm* au Kenya et *Agro-hub* au Cameroun fournissent aux petits exploitants agricoles des informations sur les prix du marché local et leur permet de contacter directement des acheteurs potentiels *via* SMS ou *via* une application mobile. *Farmbook*, disponible au Malawi, en Zambie, au Zimbabwe et à Madagascar, aide les agents de vulgarisation agricole à travailler avec les agriculteurs (planifier leurs entreprises agricoles et évaluer leur productivité). Le système forme également des agents de terrain à être meilleurs conseillers commerciaux et permet aux agents de terrain isolés de partager des données avec les gestionnaires de projet.

iii)-La pénétration des TIC dans le système de la santé en Afrique.

Le développement des TIC impacte positivement le système organisationnel de la santé dans les pays africains tant dans le domaine de dépistage, de prévention, de traitement et l'élargissement de l'accès aux soins. La technologie réduit les distances et les coûts et pallie le manque de personnel ou d'infrastructures sanitaires, notamment en faveur de groupes isolés et de zones reculées. Ainsi, le développement de kits d'examens portables couplés à la prise de photographies de haute qualité avec des téléphones portables et leur transmission à des spécialistes permettent-ils à des médecins de procéder à des diagnostics en temps réel a permis de contenir l'épidémie.

Les drones sont utilisés pour parachever des poches de sang dans les zones difficiles d'accès au Rwanda dans le cadre de la lutte contre les hémorragies post-partum. L'impression 3D peut révolutionner la médecine à travers la fabrication de prothèses orthopédiques ou de dépistage de maladies. Dans le cas de malaria, la création de kits de diagnostic offre des services à coûts réduits à de communautés à faibles revenus.

Au Mali, la télémédecine contribue à pallier le manque de travailleurs et de spécialiste de la santé dans les zones rurales, grâce notamment au programme de télé-radiologie IKON.

iv) -La pénétration des TIC dans le système éducatif en Afrique.

Les nouvelles technologies ont également transformé le système éducatif en Afrique. Ainsi certains outils de travail ont été intégrés dans l'enseignement : universités en ligne, campus numériques, plateformes numériques de cours en accès libre (*MOOC, massive open online course)*, petites plateformes d'accès à l'internet (*BluPoint)* permettant un accès gratuit du contenu en Bluetooh ou wifi sur les téléphones portables ou appareils compatibles (tablettes, liseuses) dont le prix et la consommation d'énergie diminuent.

v)– Le secteur financier

L'économie numérique a transformé le secteur financier devenu plus proche des citoyens. Dans les banques, assurances, transferts d'argent, bourses : les innovations sont considérables. La plateforme de paiement numérique M-Pesa, proposée par Safaricom au Kenya depuis 2007. Les envois et les réceptions d'argent à partir des téléphones mobiles : envoi de fonds par les travailleurs émigrés à coût fortement réduit, accès à des crédits, microcrédits ou comptes d'épargne et autres services tels que le paiement de factures d'électricité ou le règlement d'achats dans les supermarchés pour les populations n'ayant pas accès aux systèmes bancaires.

Par exemple, la *marketplace* marocaine Jumia montre, quant à elle, une adaptation africaine de la vente en ligne en permettant le paiement à la livraison ou par le service de paiement mobile *(mobile money)* à la commande et en privilégiant la livraison en points relais.

vi)– Planification, gestion et aménagement urbain

Ces secteurs connaissent également de profondes transformations : utilisation de plus en plus répandue des TIC dans la gestion des services urbains, projets de villes intelligentes (*smart cities*) créées de toute pièce, comme Konza City au Kenya, surnommée la « Silicon Savannah », ou Eko Atlantic City au Nigéria.

Les technologies numériques sont mises au service des enjeux internes aux villes : améliorer l'efficacité des services publics, à travers la numérisation du cadastre, la gestion du temps réel du transport ou de la sécurité via la vidéosurveillance, l'offre de nouveaux services par les usagers dans le cadre l'e-gouvernance, le développement d'outils et d'applications par les usagers ou les opérateurs privés. Ainsi, se développent des applications et plateformes pour signaler des incidents et des dysfonctionnements urbains, pour géo localiser les bus, assurer un dépannage à distance.

Les technologies numériques répondent également à des enjeux de compétitivité économique nationale et internationale. C'est ainsi qu'ont été créées des hubs technologiques (de la Silicon Cape en Afrique du sud à la Silicon Savannah au Kenya) ou des espaces de travail partagés permettant de mutualiser les coûts, de favoriser les échanges d'idées et d'offrir aux startups un accueil en phase de pré-incubation ou de prototypage, à l'image des FabLabs.

Les plus gros hubs se trouvent à Nairobi (Kenya), Abidjan (Côte d'ivoire), Accra (Ghana) et Durban (Afrique du Sud). Ces « écosystèmes numériques », fondés sur l'économie collaborative, les données ouvertes (*open data*), la production participative (*crowdsourcing*), les forums numériques, transcendent les modèles classiques de l'économie basés sur la centralisation.

E)– L'économie numérique en Centrafrique

La république centrafricaine est l'un des pays où la pénétration de la nouvelle économie est très faible à cause vraisemblablement des multiples crises qui ont retardé les projets dans ce domaine. Et, aussi le manque de volonté politique. La construction par exemple de la fibre optique, infrastructure déterminante de l'internet a accusé des retards énormes.

a)– L'évolution de l'économie numérique en Centrafrique

L'évolution de l'économie numérique a été très lente. Moins d'études ont été faites dans ce domaine, ce qui est difficile d'avoir des chiffres plus anciens alors que l'introduction de la téléphonie mobile date de la moitié de l'année 90 avec l'apparition des premiers téléphones mobiles commercialisés par TELECEL.

Une étude rapportée par Oubangui media du 8 avril 2021 donne les statistiques suivantes :

– Entre 2001 et 2011, le nombre des internautes est passé de 1976 à 98 710, soit 2,2 % de la population. Ce chiffre a été presque doublé en 2018 soit 4 %. En 2020, les utilisateurs d'internet ont atteint 557.000 et le taux de pénétration d'internet de 11,4 % en 2021 contre un taux de 5,4 % en 2020.

Les utilisateurs d'internet sur téléphone mobile représentent 97,8 %.

– 2 953 155 personnes utilisent le téléphone mobile en 2021, soit 48,41 % de la population. En 2022 il y a eu 15,78 %, soit 2 487 103 personnes utilisant les téléphones mobiles représentant 40,77 % de la population.

– Les trafics voix ont représenté 206 744 976 en 2021 dont 164 430 385 SMS. Pour 2022 les chiffres respectifs étaient 289 407 436 et 207 682 782.

– Les revenus bruts qui proviennent de ce sous-secteur étaient de 5 725 249 008 de FCFA en 2021 et 7 534 338 387 en 20220, soit une croissance de 31,59 % en un an.

– Les détenteurs connectés ont atteint 1 500 000 en 2021, soit 30, 7 % de la population.

– Les abonnés sur Facebook-Messenger sont au nombre 41 000, soit 1,4 % de la population en 2021.

– 10 000 abonnés pour Instagram en janvier 2021.

– 28 000 abonnés au Linkedin, soit 1,2 % de la population.

– 4 350 sur le réseau Twitter soi 0,1 % de la population.

Tableau 80 : Données du marché de la téléphonie mobile

	2021	2022
Total clients mobiles	2 953 155	2 487 103
Total trafics voix Dont SMS	206 744 976 164 430 385	289 407 436 207 682 782
Total revenu en FCFA	5 725 249 008	7 534 338 387

Source : ARCEP

La construction de la pénétration unique de haut débit mobile en Afrique subsaharienne reste très faible en RCA en comparaison avec des autres pays de cette sous-région. Elle ne représente que 13 % et, est classée 19ème sur 23 pays étudiés. Elle dépasse la Somalie, le South Sudan, l'Erythrée et les Comores [Evaluation de l'économie numérique en République centrafricaine, Banque mondiale].

Pour la couverture de la population par les réseaux 3G en Afrique subsaharienne, la même étude classe la RCA en dernier.

Le coût du haut débit mobile en pourcentage du RNB par habitant montre que le prix d'accès à l'internet est le plus cher en Centrafrique avant la RDC et le

Tchad. Le prix est l'un des plus chers au monde. Le prix de 1 Go de données en pourcentage du revenu national brut (RNB) par habitant est de 22,63 %, contre 2,85 % au Cameroun voisin, 6,4 % au Congo.

Selon l'alliance pour un internet abordable (A4AI), la RCA est le deuxième marché des télécommunications le plus cher au monde après la RDC et le Tchad.

b) Les obstacles au développement du numérique en RCA.

Le manque d'infrastructures et des compétences numériques constituent les principaux obstacles.

1)– Les infrastructures numériques.

La construction des infrastructures numériques constitue le point de départ pour l'économie numérique. La RCA n'en possède pas assez ce qui explique le grand retard accumulé dans l'évolution de l'économie numérique.

L'étude de la Banque mondiale déjà citée dans cette section affirme que « la RCA possède l'un des marchés de connectivité les plus sous-développés au monde, caractérisé par un manque d'infrastructure le long de tous les segments de la chaîne de valeur du haut débit ».

Le pays ne dispos pas d'un réseau dorsal international et national en fibre optique, qui permettrait de distribuer un accès à l'internet à large bande de bonne qualité sur l'ensemble de son territoires.

La même étude appelle le pays à combler le déficit s'il veut développer l'économie numérique. Le retard est pris dans la construction et l'opérationnalisation de la fibre optique nécessaire pour le haut débit. Sur le plan économique, la pénétration du haut débit de 10 % dans les pays en développement augmente le PIB de 1,4 % selon la Banque mondiale. Ce qui n'est pas négligeable si l'on associe à la création des emplois d'autant plus que le secteur des télécommunications est porteur. C'est la condition pour que la RCA s'intègre dans la sous-région et dans le monde. La construction de la première tranche de la dorsale nationale de fibre optique commencée en 2019 et qui devrait finir en 2022 est hors délai.

2)– Les compétences numériques

Le développement de l'économie numérique est lié à la formation d'une main d'œuvre adaptée et compétente à cette technologie. L'analyse des compétences en Centrafrique montre un déficit énorme dans ce domaine. Selon l'étude de la Banque mondiale, « le système éducatif sous-développé de la RCA a du mal à fournir une éducation de base universelle, y compris en ce qui concerne les compétences numériques ».

L'inventaire des structures des formations en numérique reste défavorable. Sur sept écoles techniques et professionnelles qui existent dans le pays, trois seulement proposent des études en informatique, celles-ci couvrant l'utilisation d'un petit nombre de logiciels informatiques. En 2018, 51 étudiants seulement étaient inscrits aux programmes d'informatiques soit 1 % des 6 061 étudiants inscrits.

Dans l'enseignement supérieur, on dénote que l'université de Bangui et trois instituts privés proposent des programmes en informatique, en sécurité informatique et en systèmes d'information de gestion (SIG). En 2018, il n'y avait que 561 inscrits à ces cours, ce qui représente 3,4 % du total des effectifs de l'enseignement supérieur.

« En résumé, à l'heure actuelle, l'offre en compétences numériques de base est faible et l'acquisition de compétences numériques plus avancées se trouve entravée » selon le même rapport.

c)– La politique du gouvernement dans le domaine numérique

Pour stimuler le développement de l'économie numérique en Centrafrique, le gouvernement a mis un cadre favorable. Ainsi, le gouvernement avait inscrit dans le pilier 3 du plan de redressement (RCPCA) la construction d'un réseau dorsal à moyen terme pour améliorer la couverture internet et connecter la RCA à l'économie régionale dans son ensemble et devrait s'achever en 2022. Ceci permettait d'offrir un haut débit du réseau.

Le cadre politique de l'éducation définit par le plan sectoriel de l'éducation (PSE) 2020-2029 du gouvernement a intégré l'enseignement des technologies d'information et de communication dans le programme éducatif.

Le ministère de la recherche scientifique et de l'innovation technologique a aussi adopté sa politique stratégique de transformation numérique de l'Union africaine pour soutenir la transition de la RCA vers une économie basée sur la connaissance et l'innovation, ce qui nécessite le développement d'une base de compétences numériques plus large et plus avancée.

Section 4 –
Eléments pour la guerre économique et sociale en Centrafrique

L'objectif de cette section n'est pas de faire un catalogue de programmes, mais de donner des éléments fondamentaux pour un développement économique et social partagé. Certains sont connus, mais malheureusement ne sont généralement pas pris rigoureusement en compte, les déclarations restant sans application réelle.

A)– Conditions nécessaires : Une démocratie véritable et la lutte impitoyable contre la corruption généralisée et contre l'impunité

Nous posons deux conditions qui sont essentielles qui doivent être réalisées, étant les socles pour un développement inclusif qui sont la démocratie et la lutte contre la corruption et l'impunité en Centrafrique. Les deux dernières sont les corollaires de la démocratie.

1)– L'existence pérenne de la démocratie

La démocratie en Centrafrique n'est pas un fait d'un hasard mais le produit des luttes contradictoires entre les tenants d'un parti unique et ceux du pluralisme démocratique au début de l'année 1990. Le peuple centrafricain a perdu ses nombreux enfants pendant ces luttes multiformes dont le plus connu est le docteur Claude Conjugo. Celui-ci a été assassiné lors de la grande marche du 1er août 1992 de l'opposition sur l'avenue des martyrs contre le « grand débat national » organisé par le pouvoir en lieu et place de la conférence nationale souveraine exigée par les forces vives de la Nation.

Auparavant, de nombreux centrafricains pour la plupart des intellectuels patriotes dans une lettre ouverte au président de la république, le général André Kolingba demandant une conférence nationale pour instaurer la démocratie. En pleine réunion vingt membres d'entre eux ont été arrêtés et cinq autres lors d'un meeting qu'ils ont organisé pour soutenir ceux qui ont été déjà arrêtés.

Avec la pression du peuple centrafricain et celle de la communauté internationale, le procès des vingt n'a pas eu lieu et ont été libérés. C'est la veille de la libération des cinq autres, que le président André Kolingba dans un discours à la nation a restauré la démocratie multipartite en février 1991. Cette lutte qui a commencé en mai 1990 est terminée en octobre 1993 avec l'élection d'un président de l'opposition, le candidat du pouvoir a été éliminé au premier tour.

La démocratie en Centrafrique n'a pas été donnée mais grâce à la lutte du peuple centrafricain et de son élite militante et démocrate et elle doit être sauvegardée.

1.1 Les élections démocratiques qui ont suivi ont fait chuter le candidat du pouvoir contre celui de l'opposition. Le président Ange-Félix Patassé qui a pris le pouvoir n'a pas respecté sa promesse de tenir la conférence nationale souveraine promise dans son programme. Les premières décisions prises dans l'élaboration de la constitution doublée d'une politique non démocratique ont provoqué une crise gouvernementale avec le départ de certains partis du gouvernement.

Les premières élections législatives post-démocratiques de 1998 ont vu la victoire de l'opposition. Le détournement d'un député de l'opposition par le MPLC a permis à celui-ci de se maintenir au pouvoir. L'élection présidentielle un an plus tard a été truquée.

Plusieurs crises militaro-politiques ont amené la formation de deux gouvernements d'unité nationale constitués du pouvoir, de l'opposition et de la société civile.

Le tribalisme qui a été dénoncé sous l'ancien régime s'est encore mieux incrusté. La chasse aux personnalités de la tribu de l'ancien président a provoqué un important exil jamais connu dans notre pays et a fissuré l'unité nationale. Plusieurs familles se sont installées à l'étranger définitivement perdant ainsi des cerveaux nécessaires pour le pays. La corruption et l'impunité se sont développées.

1.2 La rébellion du général Bozizé sonne la fin du régime du MLPC avec l'instauration d'un autre avec plus de violence et la destruction des biens publics et privés avec l'aide du Tchad voisin. Plusieurs véhicules, des machines pour faire des routes ont pris la route pour le Tchad. Une sorte des butins de guerre de ceux qui ont accompagné le nouveau président le long du maquis depuis N'Djamena. Alors que le nouveau président a déclaré faire la transition et organiser les élections libres et transparentes et transférer le pouvoir aux civils, rien de tout cela. Il restera au pouvoir jusqu'à son renversement violent par la Séléka.

Son pouvoir a été caractérisé par le recul démocratique fondamental avec des arrestations et emprisonnements arbitraires. La prison politique de Bossembélé où plusieurs détenus politiques ont disparu ou vraisemblablement tués, c'est le cas du colonel Charles Massi, pharmacien et ancien ministre dont le corps n'a jamais été retrouvé.

Son régime a été aussi caractérisé par une violence envers la population centrafricaine.

1.3 Le pouvoir Séléka a instauré un régime de terreur et de prédation avec son leader Michel Ndotodjia qui a conduit une rébellion à dominance musulmane téléguidée par le président tchadien. Il a chassé le président Bozizé et est demeuré au pouvoir moins d'une année. Son régime a détruit l'économie centrafricaine avec un taux de croissance de -36 % en 2013, l'année de sa prise de pouvoir. Plusieurs centrafricains ont été tués sans vergogne à l'allure d'une vengeance. Il a été chassé du pouvoir par la conférence des chefs d'Etat de la communauté économique des Etats de l'Afrique centrale (CEEAC), tenue à Ndjaména en janvier 2014.

1.4 La transition dirigée par madame Cathérine Samba Pamza a duré de janvier 2014 à mars 2016. Elle a fait rédiger une constitution après des consultations à la base de toute la population centrafricaine et des villes de province et de Bangui. Elle a organisé le plus grand forum de Bangui regroupant tous les centrafricains ainsi que ceux de la diaspora. Le pouvoir de transition a organisé une élection transparente et crédible. Son pouvoir a été marqué par l'opacité qui a entouré l'aide financière de l'Angola à la république centrafricaine.

1.5 Les premières élections post-crises ont amené au pouvoir le professeur Faustin-Archange Touadéra qui a été plébiscité au 2ème tour de l'élection présidentielle avec environ 65 % contre son adversaire monsieur Anicet-Georges Dologuélé. En effet, tous les autres candidats éliminés au premier tour se sont coalisés pour soutenir le professeur qui s'est présenté comme « candidat des pauvres ».

Les premières années du régime Touadéra ont été appréciées par la population malgré certaines entorses aux principes de la démocratie.

Il est fait interdiction des activités des opposants et leur accès aux média de l'Etat. La tolérance est mise à mal car des libertés fondamentales de certains citoyens ne leur sont pas reconnues alors que les activités du parti du pouvoir et de ses alliés sont tolérées. Un exemple d'intolérance : pendant le défilé décalé du

1er décembre 2024, le ministre de la justice et des droits de l'homme, ancien ministre de la Séléka, un groupe armé, monsieur Abazen a interdit aux militants du parti UNIR, un parti de l'opposition de défiler à cette fête nationale qui s'est tenue à Birao.

Un autre exemple : monsieur Armel DOUBANE, ancien ministre de l'éducation nationale et des affaires étrangères et enseignant à l'université, a été chassé en plein cour le 18 novembre 2024 par la notification d'un huissier de justice, envoyé par le doyen de la faculté des sciences juridiques et politiques au motif suivant : « Il m'a été donné de constater que vos animations de cours ne s'arriment pas avec le contenu conformément à la règle de l'art en termes de résultats pédagogiques. En conséquent je me vois dans l'obligation de redéployer tous vos enseignements ». [Dr. Augustin Jérôme DOUI-WAWAYE, le doyen, novembre 2024]. En tant qu'ancien doyen et de mémoire d'universitaire, cet acte est unique dans son genre. Il met en cause la franchise université et la liberté des enseignants, donc la démocratie.

Le développement de la corruption est devenu un véritable sport national. Celle-ci est développée par certains ministres, propos tenus par le Chef d'Etat lui-même qui n'a pas manqué de le rappeler dans certains de ses discours : « qu'être ministre n'est pas une occasion de s'enrichir ». Certains d'entre-deux ont créé des sociétés pour éjecter le secteur privé pour certains marchés en les attribuant pour eux-mêmes. Alors que l'étymologie du ministre est servir, c'est le contraire pour certains des ministres. Ils appauvrissent le peuple en le privant des recettes nécessaires pour le financement des politiques publiques.

L'impunité généralisée constitue non seulement un recul pour la démocratie mais la détruit. L'extraction du ministre Hassan Bouba de la prison alors qu'il est arrêté par une juridiction hybride (CPS) composée des magistrats internationaux et nationaux en est une preuve palpable d'impunité dénoncée par la communauté internationale et nationale. La justice reproche à ce ministre, alors dirigeant d'un groupé d'avoir tué des centrafricains.

La suppression de la limite de la durée et du nombre du mandat présidentiel est un recul historique de la démocratie. C'est la première fois qu'une constitution centrafricaine rédigée depuis la restauration de la démocratie en 1991 ait supprimé le nombre et la durée du mandat présidentiel.

1.6 Pour une démocratie véritable.

Nous avons développé largement dans les pages antérieures tous les contours de la démocratie politique, économique et sociale et le concept de la justice dans toutes ses dimensions. Le lecteur peut s'en référer.

La véritable démocratie doit permettre au peuple de s'exprimer sur les grands choix politiques, économiques et sociaux. Elle doit être exigeante permettant au gouvernement de rentre compte au peuple centrafricain d'une part et d'autre part lui permettre de définir ses priorités afin d'améliorer sa situation économique et sociale.

L'opposition démocratique et la société civile doivent jouer leur rôle de contrepouvoirs sans être inquiétées par le pourvoir. Ses demandes de manifestations pacifiques doivent être acceptées et protégées par la police du peuple.

2 La lutte effrénée contre la corruption et l'impunité

Cette partie a été également largement développée dans la première partie de ce livre. On peut s'y reporter utilement.

Fondamentalement, c'est la haute corruption des élites politiques et administratives qui explique en grande les mauvais résultats économiques et financiers du pays. Elle touche les secteurs économiques et financiers essentiels :

– Les mines qui sont exploitées sans déclarations régulières ou exploitées d'une façon informelle. Certaines élites de ce ministère vivent nettement au-dessus de leurs salaires, donc de la corruption. Il n'est pas étonnant que les chiffres déclarés surprennent le chef de l'Etat lui-même dans le discours à la nation de 2023. À l'époque, les recettes du diamant suffisaient à payer les salaires. Or, aujourd'hui, l'exploitation de l'or devrait augmenter largement les recettes de ce sous-secteur. En outre, l'or et le diamant sont bradés aux étrangers sans contrepartie financière.

– La forêt pourvoyeuse des recettes publiques est aussi victime de la grande corruption développée par l'élite politique et administrative. Une grande partie du bois brut sort du pays sans contrôle, échappant ainsi au fisc.

– Les régies financières, chargées de recouvrer les recettes de l'Etat en faveur du Trésor public, caisse de l'Etat, ont en leurs seins certains fonctionnaires qui le font pour eux-mêmes. Ce qui explique un recul des recettes de l'Etat ou son insuffisance qui provoque une insuffisance de trésorerie structurelle.

La lutte contre la corruption et l'impunité reste la priorité des priorités. Seule l'exigence de la bonne gouvernance dans ce domaine peut sécréter suffisamment des recettes intérieures pour le financement du développement économique et social.

Section 5 –
L'agriculture : base fondamentale de la guerre économique

L'agriculture développée constitue la base fondamentale de développement, alors qu'elle est délaissée et tombe en déconfiture depuis ces dernières années.

A)– La situation actuelle de l'agriculture

L'agriculture actuelle est un secteur qui est systématiquement prélevé en faveur des villes et des autorités centrales, ce qui le prive de son développement autoentretenu. L'insuffisance de la production agricole ne permet pas à l'agriculture de jouer son rôle historique dans le développement en tant que pourvoyeur du secteur industriel et entraîneur du développement économique et social en général. Sa régression est le facteur explicatif du non-développement du pays.

Les politiques mises en place en faveur de l'agriculture sont restées insuffisantes au regard des investissements, l'agriculture est demeurée sous-développée et incapable de nourrir la population. Toutes les productions sont en chute depuis ces vingt-cinq dernières années. Les rendements sont demeurés stationnaires, voire en baisse pour certaines cultures. La permanence des techniques rudimentaires qui limite les surfaces cultivées explique la faible productivité et fait de l'agriculture centrafricaine, une agriculture de subsistance. L'agriculture centrafricaine n'utilise pas la culture attelée d'une manière durable, ni les petites techniques utilisées dans les autres pays en développement, moins encore le machinisme alors qu'une partie des agriculteurs potentiels ont au moins fini l'éducation primaire voire l'enseignement secondaire.

Les politiques d'ajustement structurel n'ont pas favorisé l'agriculture et les agriculteurs. Ainsi, la suppression des subventions des prix agricoles et des intrants, et la libéralisation ont désorganisé le secteur en décourageant des agriculteurs appauvris, ne produisant que pour payer les dettes des intrants. Les services de vulgarisation de l'Etat ont été réduits d'une façon drastique s'ils n'ont pas été supprimés. Ces politiques ont paupérisé le monde rural qui comprend environ 80 % des pauvres. Les cultures de rente ont quasiment disparu.

L'évolution des vingt-cinq dernières années a plongé les agriculteurs et les éleveurs dans l'insécurité permanente décrite dans les pages antérieures.

B) – L'agriculture doit être le pilier de l'économie centrafricaine

La nouvelle politique doit placer l'agriculture réellement au centre du développement, condition de réussite de la guerre économique. C'est une véritable révolution verte qui est à faire si le pays veut emprunter le chemin du développement, c'est donc un passage obligé pour l'industrialisation, l'emploi des jeunes et la réduction de la pauvreté.

En réalité, l'agriculture historiquement, a toujours joué un rôle déterminant dans le développement des pays industrialisés. Les pays en développement qui ont donné la priorité à l'agriculture ont connu une avance du développement sur les autres, c'est plus visible en Asie et dans une moindre mesure en Afrique, dans les pays comme la Côte-d'Ivoire et le Cameroun.

Le développement économique passe par le développement de l'agriculture, surtout dans un pays comme la Centrafrique où la population rurale est plus importante. C'est le sol qui nourrit la population, en ce sens l'autosuffisance alimentaire est un facteur de réduction de la pauvreté. Le recul de l'agriculture centrafricaine ces dernières années, est à l'origine de la famine dans les régions et du renchérissement des prix des produits de base.

Le développement de l'agriculture est un facteur de l'industrialisation parce qu'elle fournit les matières premières, l'industrie constitue à son tour un débouché pour l'agriculture y compris pour l'emploi libéré par l'agriculture moderne.

C)– Les atouts du développement agricole

La Centrafrique dispose de ressources naturelles importantes lui permettant de développer et de diversifier des productions agricoles. Le deuxième facteur est le potentiel humain différent des anciens cultivateurs et capable de moderniser l'agriculture par l'introduction de techniques nouvelles.

Le pays est vaste avec 623 000 km² pour 6,1 millions d'habitants, la superficie cultivée ne représente que 3 % de la superficie totale. Aucune contrainte ne pèse sur la terre qui appartient à l'Etat et aucune formalité rigoureuse n'est indispensable pour devenir propriétaire des terres. Sur les 2 millions d'hectares cultivés, les cultures permanentes ne représentent que 94 000 hectares.

On distingue deux zones agro-écologiques :

– la zone équatoriale dans le sud-ouest et sud-est avec une pluie abondante de 1500 à 1800 mm/an. On peut y produire des cultures pérennes : café, cacao, palmier, banane, piment...

– la zone tropicale humide avec une pluviométrie annuelle de 1 100 à 1500 mm/an où on peut cultiver du coton, de l'arachide....

Le réseau hydraulique est riche et constitué de deux bassins : bassin du chari et bassin oubanguien. Le potentiel irrigable est important et n'est pas utilisé.

Le potentiel humain est constitué des jeunes déscolarisés ou des chômeurs diplômés qui sont disposés à faire de l'agriculture moderne, mais ne possédant pas de moyens d'acquisition des matériels agricoles. Récemment, la Banque africaine de développement (BAD) a mis en place un projet de modernisation de l'agriculture en faveur des paysans qui n'en n'ont pas bénéficié suffisamment. L'élite politique et administrative s'en est accaparée pour vendre ou garder pour elle.

D)– Les conditions du développement agricole

La guerre pour le développement agricole nécessite une approche volontariste qui formule une série de mesures. La nouvelle politique est constituée des conditions qui doivent être remplies pour réussir la révolution verte entraînant le développement économique et social. Nous formulons au moins six conditions : conditions de formation et d'éducation pour former une nouvelle race d'agriculteurs et d'éleveurs, conditions de financement des techniques de production, conditions technologiques qui visent à augmenter la productivité et la production, les conditions de commercialisation pour l'évacuation des produits avec un système de prix juste, conditions de diversification de cultures et les conditions des femmes dans le monde rural.

1)– Conditions de formation et d'éducation

La population rurale est composée d'environ 85 % d'analphabètes, ce qui ne favorise pas l'accès aux techniques culturales et au programme de la santé publique, et handicape la gestion quotidienne des produits.

L'éducation et la formation sont déterminantes dans les réformes de la politique agricole sur plusieurs plans. Une éducation primaire obligatoire et l'alphabétisation de la population rurale doivent faciliter l'accès à la vulgarisation et l'utilisation des techniques agricoles. L'agriculteur peut ainsi savoir déchiffrer la quantité produite et sa valeur monétaire, ce qui écarte les mauvaises intentions des acheteurs ou des secrétaires des groupements villageois.

L'éducation est aussi un facteur favorable à la maîtrise du planning familial et des soins primaires dans le milieu rural, c'est aussi une arme importante de lutte contre le VIH/SIDA qui agit négativement sur les travaux champêtres.

Les autres avantages sont également l'accès à l'information sur les prix nationaux et internationaux, la gestion des micro-crédits.

La formation des techniciens agricoles et agents ruraux semble être supprimée ou réduite pour des raisons budgétaires alors que l'encadrement des ruraux fait défaut depuis quelques années. Ces formations devaient être réhabilitées, améliorées et ouvertes aux jeunes qui choisissent de s'installer dans l'agriculture ou l'élevage. Dans les écoles primaires et secondaires installées dans les zones rurales, l'enseignement de l'agriculture devait être intégré et obligatoire.

2)– Conditions de financement

Le financement direct des agriculteurs est inexistant en Centrafrique, les pouvoirs publics et les financements internationaux privilégient des filières des produits d'exportation. Si le coton a bénéficié des financements pendant la période des programmes d'ajustement structurel, les ressources financières ont été plus utilisées pour les réformes institutionnelles que pour permettre aux agriculteurs d'augmenter la production et leurs revenus. Les crédits octroyés par les banques dans le domaine du café sont destinés à la commercialisation, et les bénéficiaires ont été pour la plupart des anciens hauts fonctionnaires à la retraite qui ont repris certaines plantations industrielles délaissées par les anciens propriétaires européens.

Les agriculteurs ont de grandes difficultés à bénéficier des crédits des banques primaires par manque de structures de garanties adaptées à leur situation de pauvres, ce qui rend difficile l'acquisition des matériels agricoles et des engrais.

La nouvelle politique doit développer des services financiers ruraux capables de drainer l'épargne rurale et d'octroyer des crédits aux paysans. La pratique généralisée des micro-crédits dans plusieurs pays en développement, calquée sur la Banque grameen de Bangladesh est devenu un modèle crédible. En Centrafrique, l'essor pris par le Crédit mutuel montre qu'il existe une épargne dormante chez les économiquement faibles.

a)– Position du problème

Nous avons rappelé les effets positifs d'une agriculture développée sur l'économie nationale. Elle joue le rôle de financement de l'économie par le surplus dégagé comme source d'accumulation primitive. L'absence d'un système de financement accessible aux agriculteurs ne favorise pas ce processus économique historique. Les banques classiques ne répondent pas aux besoins des agriculteurs analphabètes ne disposant pas des garanties exigées.

L'objectif est de développer les services financiers ruraux adaptés et d'impliquer les institutions financières nationales et internationales dans le financement des infrastructures rurales (routes, irrigation, électricité, etc).

b)– Mise en place des institutions de microfinances pour les agriculteurs

L'objectif global est de permettre aux agriculteurs d'avoir accès aux crédits, d'épargner et d'investir dans les projets. Il passe par :

– la création de coopératives de crédit, institutions gérées et dirigées par leurs représentants. Ce fonctionnement a fait ses preuves dans beaucoup de pays africains : les déposants bénéficient des intérêts pour les encourager à épargner et les prêts ne peuvent être accordés qu'aux groupements ou familles. Les particuliers doivent bénéficier de la confiance des autres membres. En Centrafrique, plusieurs études ont été faites dans ce domaine et un début d'application existe, même si l'évaluation globale n'est pas encore satisfaisante. Le problème de garantie peut être résolu par l'instauration des systèmes de caution solidaire s'appuyant sur les groupements coopératifs et le remboursement au moment des ventes des produits.

– l'étendue des guichets des banques mutualistes dans des centres ruraux. Le crédit mutuel de Centrafrique s'est développé rapidement et devrait s'installer progressivement dans tout le pays même s'il y a quelques problèmes. Il devrait privilégier le financement des agriculteurs et jouer un rôle de conseil. Cette institution, comme les coopératives, peut bénéficier des lignes de crédit dans le cadre des projets financés par les institutions financières internationales (IFI).

c)– Rôle de l'Etat

Le rôle de l'Etat est déterminant dans la réussite de la mise en place des structures financières en faveur du monde rural. Il doit être le garant majeur par la mise en place d'un fonds de garantie vis-à-vis des institutions financières, chercher des financements internationaux et saisir les diverses opportunités dans ce domaine. Cependant la gestion des structures doit incomber aux bénéficiaires.

3)– Conditions technologiques

L'objectif est d'augmenter les productions agricoles par l'amélioration de la productivité, ceci nécessite le changement de mode de production par l'innovation.

a)– Des techniques agricoles innovantes

L'agriculture centrafricaine est victime de son non adaptation aux changements de techniques culturales. Elle est restée familiale, tournée vers l'autoconsommation. L'utilisation des houes cantonne les agriculteurs à de petites productions à dominance extensive. L'agriculture doit se moderniser par l'utilisation des techniques moins capitalistiques qui sont adaptées aux réalités culturelles nationales : la culture attelée qui ne nécessite qu'une charrue et une paire de bœufs est facile à mettre en place après une formation accessible à tous les paysans sans prérequis. Elle est généralisée dans beaucoup des pays africains. La mécanisation de l'agriculture concerne les jeunes diplômés dont le niveau d'éducation permet des formations à l'entretien des machines.

L'irrigation qui peut pallier l'insuffisance de pluviométrie dans les régions de la savane peut être développée pour permettre deux récoltes dans l'année (manioc, riz, maïs). Il faudrait la disponibilité des intrants, notamment les semences améliorées qui augmentent des rendements.

b)– Recherche et vulgarisation agricoles

La « réforme agraire » de 1970 a été dévastatrice pour l'agriculture centrafricaine, car elle a consisté en l'expulsion des chercheurs du centre de recherche régional de Boukoko dont les résultats ont été amenés en Côte d'Ivoire. En 1992, le gouvernement a mis en place l'institut centrafricain de recherche agronomique (ICRA) et l'agence centrafricaine du développement agricole (ACDA), chargée de la vulgarisation. Ces structures n'ont pas été réellement opérationnelles par manque de financement et par la mauvaise gestion de certains responsables.

Les pouvoirs publics doivent doter ces structures des moyens adéquats pour relancer la recherche et la vulgarisation, essentiels pour la révolution verte.

4)– Conditions de commercialisation

La commercialisation a deux aspects : l'enlèvement des produits chez les producteurs pour le marché intérieur et l'accès des produits centrafricains au marché international.

Les difficultés actuelles de commercialisation des productions agricoles pénalisent les paysans et les découragent. C'est un facteur de recul des productions et de maintien des agriculteurs dans l'autoconsommation, qui les éloigne de la modernisation agricole et de l'économie monétarisée. Cette situation favorise l'inflation dans les zones urbaines des produits agricoles locaux et l'inondation par du marché par des produits venant des pays voisins. A titre d'exemple, le manioc, produit de base provient en partie du Congo démocratique alors que la qualité est moins bonne que celle du manioc centrafricain. Cette situation est liée à la dégradation structurelle des routes, en particulier les routes rurales qui ne sont plus entretenues depuis plusieurs années. L'accès devient impossible pour les véhicules des commerçants dont beaucoup ont abandonné leur profession. Les paysans ne disposent pas d'un système de stockage efficace.

La libéralisation brutale des prix agricoles n'a pas eu les résultats escomptés, car elle n'a pas amené la confiance attendue et les agriculteurs ont été déstabilisés par la stagnation voire la baisse de leurs revenus. La détérioration des termes de l'échange entre les ruraux et les urbains a continué à grandir.

Le pays n'a pas de tradition d'exportation, sauf pour les produits de rente, le café et le coton. La nouvelle politique de commercialisation nécessite un investissement important dans les infrastructures rurales :

– Les pouvoirs publics devraient mettre l'accent sur la construction des routes nationales et rurales nécessaires pour permettre aux agriculteurs la vente des produits dans les zones urbaines et aux commerçants et transporteurs d'avoir rapidement accès au monde rural.

– L'électrification des zones rurales par la multiplication des petits barrages électriques, les groupes électrogènes, les énergies solaires ou d'autres formes d'énergie constitue une des conditions de l'émergence les petites unités de transformation des produits agricoles.

– Les téléphones mobiles doivent être favorisés par le développement des panneaux solaires et avec l'apparition d'une nouvelle race des paysans. Ils pourront avoir accès aux informations nécessaires au fonctionnement des marchés des produits primaires et manufacturés.

L'information et la communication sont donc nécessaires pour les agriculteurs, ce sont les moyens d'accès au marché des nouvelles technologies et aux prix des produits agricoles.

L'accès au marché sous régional et international sera favorisé par ces nouvelles infrastructures et les informations sur les préférences commerciales.

La nouvelle agriculture modernisée devrait ainsi réunir les conditions de sa compétitivité pour trouver progressivement sa place sur le marché sous régional, africain et mondial.

5)– Conditions de diversification

La recherche et la vulgarisation agricoles doivent favoriser la diversification de l'agriculture centrafricaine, notamment les productions pour lesquelles il existe des avantages comparatifs réels sur le marché extérieur et intérieur. Les bonnes conditions écologiques sont favorables à de nouvelles productions à grande échelle telles que le cacao, le poivron, le piment, le riz, etc.

6)– Conditions des femmes dans le monde rural

Les femmes rurales jouent un rôle déterminant dans l'agriculture, mais restent toujours marginalisées, ne bénéficiant pas suffisamment de structures économiques, financières et sociales. Elles n'ont pas facilement accès à la terre, aux crédits, à la formation et à l'alphabétisation. Les femmes rurales doivent être privilégiées dans la distribution des micro-crédits, être reconnues propriétaires des terres qu'elles cultivent et doivent bénéficier de l'alphabétisation et de l'éducation dans le milieu rural. Elles doivent avoir accès à la technologie, bref, être reconnues comme pilier de l'économie agricole.

Section 6 –
Une industrie centrée sur l'agriculture

La Centrafrique ne possède qu'un embryon d'industrie qui a régressé depuis 1996 à la suite des évènements de 1996 et 2003. Ces très petites unités industrielles n'ont pas été reconstruites dans leur totalité. La part de l'industrie dans le produit intérieur brut est restée très faible car elle ne représentait entre 1986 et 1994 qu'environ 7,5 % en valeur constante et 6,6 % entre 1995 et 2020. Cette situation s'explique par une agriculture sous-développée non favorable à l'industrialisation, le manque d'initiative et les difficultés d'accès aux crédits. Or, le développement industriel n'est possible que par la transformation de produits agricoles.

A) – Une problématique d'industrialisation

L'agriculture étant la nouvelle priorité pour la guerre économique, elle apparaît comme le catalyseur de l'industrie. L'industrie doit donc être centrée sur l'agriculture, dans le sens où elle doit assurer en premier lieu la transformation des produits agricoles. L'objectif premier est de développer l'industrie agro-alimentaire pour nourrir la population et éradiquer la pauvreté par la transformation des biens de consommation essentiels et créer la chaine de valeur. Une telle politique va accroître les productions agricoles, donc les revenus agricoles et assurer une croissance équilibrée.

L'autre secteur favorable à l'industrialisation est la transformation des ressources non-agricoles qui sont également importantes dans le cadre d'un développement durable. L'industrialisation doit être basée sur les petites et moyennes industries.

B) – Les atouts de l'industrialisation centrafricaine

Les atouts sont au nombre de deux : les ressources naturelles et l'accès à des technologies adaptées disponibles sur le plan international.

a)– Les ressources nationales disponibles :

– dans le domaine agricole, la disponibilité de plusieurs produits dont la transformation pourra dégager d'importantes valeurs ajoutées : le coton, le café, les arachides, l'huile de palme et d'autres produits dans le cadre de la diversification (poivron, piment, cacao, etc.).

– le secteur forestier riche, dont les bois sont encore majoritairement exportés sous forme de grumes, alors qu'une grande partie devrait être transformée avant exportation, y compris la fabrication des meubles, pour mieux en tirer profit et éviter ainsi une exploitation sauvage ; les huiles essentielles ; les plantes médicinales...

– l'élevage qui peut permettre d'avoir de la viande, du beurre, du lait, etc.

– les richesses minières qui peuvent être exploitées telles que le ciment, le fer, le diamant, l'or, l'uranium, le pétrole etc.

b)- L'accès à des technologies adaptées

La disponibilité des technologies au niveau international existe. On devrait choisir l'option pour des techniques adaptées, moins capitalistiques, peu coûteuses et pourvoyeuses de main-d'œuvre. Celles-ci sont facilement accessibles à travers diverses formes de coopération industrielle, par des prises de participation, des facilités d'installation des entreprises mixtes privées ou publiques.

C)– Quelques conditions d'un développement industriel

On peut distinguer une série de conditions qui peuvent favoriser l'essor industriel en Centrafrique : développer davantage les ressources agricoles, lever les obstacles liés aux infrastructures économiques, redynamiser le secteur privé, et lutter contre la corruption et l'impunité.

a)– Développer davantage les ressources agricoles

L'industrie ne peut connaître un essor que dans le cadre d'une agriculture développée et compétitive. Le coton et le café qui ont vu leurs productions régresser d'une façon drastique ces dernières années devraient être réhabilitées et encouragées. L'arachide peut être transformée en huile, produit de consommation de masse, les mangues qui existent abondamment à l'état naturel peuvent être cultivées et transformées pour leur jus comme les ananas et autres fruits. Le piment peut être transformé et mis en boîte. Le pays peut également cultiver les bananes douces ou plantains pour l'exportation.

b)– Lever les obstacles liés aux infrastructures économiques

– Les transports

La Centrafrique dispose d'environ 9 307 km dont seulement 440 km de pistes revêtues et 5993 km de pistes classées, dont 3400 km de routes nationales et régionales qui sont entretenues très irrégulièrement. Le pays dispose de 1470 km de voies fluviales dont 600 km de Bangui au Congo menant vers la mer et l'Oubangui n'est navigable que six mois par an. Le projet de barrage de soutien d'étiage sur le site de Palambo, situé à 70 km en amont de Bangui, devrait être une solution partielle, mais n'est pas exécuté, alors qu'il constitue également une source d'énergie hydraulique.

Le pays ne dispose que d'un aéroport international et aérodromes publics secondaires non entretenus.

L'énergie électrique

L'énergie électrique est produite et distribuée par l'énergie centrafricaine (ENERCA), société où l'Etat détient la totalité des actions. La puissance hydraulique est restée stagnante depuis 1980, se situant à 18 650 kW (Boali I + Boali II). La puissance thermique varie régulièrement pour pallier la sécheresse des installations hydrauliques. Ainsi la puissance thermique est passée de 11 700 kW en 1983 à 16 780 kW, année de grande sécheresse. De 1983 à 1990 on a assisté à des délestages de 4 à 6 heures, la situation a empiré ces cinq dernières années car l'électricité est rare. Le gouvernement a fait des efforts ces deux dernières années avec le développement de l'énergie solaire en 2023 qui a augmenté la capacité en énergie. L'état de ces infrastructures n'est pas favorable à un essor industriel.

c)– Le coût de crédit

L'argent a un coût prohibitif avec un taux d'intérêt débiteur situé entre 18 % et 20 % et un apport personnel entre 20 % et 40 %. Les taux des crédits de campagne sont supprimés et les conditions d'octroi ne sont pas abordables par de nombreuses entreprises ne disposant pas d'une surface financière importante. La rareté des crédits à long terme et les faillites des banques de développement aggravent la situation. Les grandes entreprises étrangères se font généralement financer par l'intermédiaire de leurs entreprises mères ou obtiennent des crédits dans les pays occidentaux où les taux dépassent rarement les 3 %. Dans tous les cas il ne peut y avoir croissance économique sans investissement avec la création des banques spécialisées dans les divers secteurs économiques du pays.

d)– L'environnement politique et juridique des affaires

L'environnement général immédiat n'est pas encore propice aux investissements. L'insécurité est réduite à Bangui, ce qui n'est pas la situation dans certaines villes de province. La sécurité des personnes et des biens n'est pas toujours garantie. On assiste à la recrudescence du phénomène des coupeurs de route qui dissuadent les agents économiques de voyager à l'intérieur du pays et les rébellions n'ont pas disparu d'une façon durable dans certaines régions. La route principale qui mène au port de Douala, où transite la totalité des importations et exportations, n'est pas totalement sécurisée.

La corruption de l'élite politique et administrative qui systématiquement exige des pots de vin à tout investisseur potentiel décourage. Les entrepreneurs considèrent que les sollicitations de l'Etat qui les oblige à payer les impôts en avance de 2 ou 3 ans déstabilisent leur trésorerie.

Le système judiciaire est jugé inefficace, partial et fortement corrompu. Plusieurs reproches sont faits au système judiciaire. Le tribunal du commerce ne fonctionne pas efficacement, les affaires jugées sont rarement exécutées et pour la plus part en défaveur du secteur privé. Il arrive que les indemnités exigées par les juges et les avocats en faveur des plaignants dépassent le capital social de la société. Un arrangement parmi le corps judiciaire répond à une logique de corruption favorable aux corps judicaires.

Il y a un retard dans l'application des textes de l'OHADA en matière commerciale et sociale par l'administration et les juridictions centrafricaines alors qu'ils ont été ratifiés par le pays.

e)– La main d'œuvre

L'industrialisation exige une main-d'œuvre qualifiée, moderne, polyvalente et diversifiée capable de maîtriser la technologie et les nouvelles méthodes managériales. L'accent doit être mis sur la formation dans ces deux domaines. La prolifération des écoles privées de gestion est trompeuse car les niveaux et les contenus des formations ne correspondent guère aux évolutions dans ce domaine. La baisse du niveau des études et la recrudescence de faux diplômes sont inquiétantes pour une ressource humaine capable de gérer un développement moderne et les entreprises.

f)– Le secteur privé

L'absence d'une classe d'entrepreneurs nationaux constitue un handicap, mais surmontable à condition que les obstacles dont certains ont été cités soient levés. L'évolution du secteur privé signifie que les incitations soient mises en place et que l'accès au crédit soit facilité par les pouvoirs publics, notamment par une politique de garantie pour les investisseurs. La mise en place d'un guichet unique est favorable à la création d'une entreprise, la charte des investissements devrait être une incitation importante.

Le pays ne bénéficie pas pleinement des structures de financement régionales ou sous régionales. A titre d'exemples, les centrafricains ne bénéficient pas suffisamment des financements de la Banque du développement des Etats de l'Afrique centrale (BDEAC) ou de la garantie du Fonds africain de garantie et de coopération économique (FAGACE). Le développement du secteur privé est donc nécessaire pour l'industrialisation du pays.

Conclusion générale

Après au moins 66 ans de l'indépendance, la plupart des pays africains au sud de Sahara n'ont pas connu un développement inclusif et leurs peuples la prospérité. Plusieurs d'entre eux sont restés dans la pauvreté alors que d'autres pays, notamment asiatiques ont réduit la pauvreté et ont développé une économie d'exportation des produits manufacturés.

Ces pays sont restés dans l'ancienne division internationale du travail basée sur les exportations des matières premières brutes, sans transformation.

Les politiques économiques mises en place sont demeurées inefficaces avec des bilans controversés.

Les politiques de libéralisation des programmes d'ajustement structurel (PAS) imposées aux pays africains au sud du Sahara n'ont pas eu des résultats escomptés. Mieux, elles ont eu des conséquences sociales néfastes.

L'endettement s'est aggravé et est devenu insoutenable. En 2005, la dette des pays africains au sud du Sahara atteignait 232,1 milliards de dollars, soit en moyenne 80,1 % du PIB, 345 % des exportations et un service de dette représentant 15,1 % des exportations. Parallèlement, le transfert net des capitaux s'est inversé au profit des pays créanciers, car entre 1999-2004, il représentait pour l'Afrique Subsaharienne

-21 milliards de dollars. Selon la CNUCED, « ces pays ont déjà remboursé parce que pour 1 dollar dû en 1980, 4 dollars ont été remboursés mais les pays africains doivent encore 2,5 dollars ».

En dix ans, la dette extérieure publique de l'Afrique subsaharienne est passée entre 2009 et 2018 de 269 milliards de dollars à 585,8 milliards de dollars, soit une augmentation de 17 % pendant cette période, et a représenté en moyenne 5 % du PIB.

La dette privée qui représentait 4,6 % en 2009 est passée à 34, 4 % en 2017, alors que la dette publique de 10,4 % à 20,2 % dans la même période.

C'est surtout après la crise financière de 2008 que la dette extérieure des pays de l'Afrique au sud du Sahara a repris brutalement son envol avec un ratio de dette de 40 % du PIB. Le ratio prudentiel d'endettement fixé par le FMI à 55 % du PIB a été dépassé par les pays africains. Le poids de la dette en Afrique est passé en moyenne de 37 % du PIB en 2012 à 62 % du PIB en 2019.

Au total, le poids de la dette, avec les effets négatifs des PAS, conjugué à un manque de démocratie véritable et à une absence de vision claire de la politique des gouvernements de ces pays, le développement de la corruption de l'élite politique et administrative, les guerres civiles dévastatrices sans perspectives nouvelles, les exploitations anarchiques des ressources naturelles (posant la problématique de la dégradation de la nature et de l'avenir des générations futures), font de l'Afrique subsaharienne un sous-continent qui s'enlise dans la pauvreté.

La Centrafrique est l'exemple type d'un pays pauvre durable. Elle n'a jamais connu une prospérité économique et sociale postindépendance durable et inclusive et a continué à vivre le long de son histoire des périodes d'instabilités politiques marquées par des coups d'Etat, de rébellions armées, des mutineries et de d'intolérance démocratique.

Les politiques économiques et financières sont demeurées inefficaces, suivies d'une corruption généralisée de l'élite politique et administrative et un gouvernement inefficace dont les membres « ont plus de temps à s'occuper de leurs affaires personnelles » [discours du chef d'Etat du 9 janvier 2025]. Cette élite vise à satisfaire ses propres intérêts que ceux du peuple centrafricain qui demeure dans la pauvreté.

Ces situations expliquent ses contre-performances économiques et financières durables incapables de juguler une pauvreté généralisée.

On peut distinguer trois cycles de croissance ou de récession économique :

– Le premier cycle de 1960-78 avec un taux de croissance moyen de 2,8 % qui est le plus élevé de toute l'histoire économique du pays correspond à une augmentation des cultures de rente et des prix internationaux des matières premières. Cependant, il est relativement insuffisant pour un pays qui s'engage dans le processus du développement économique et social, dont les facteurs de production sont abondants. Les investissements dans cette période ont représenté 23 % du PIB.

– Le deuxième cycle de 1979-1993 a connu une croissance moyenne de -0,2 %, largement inférieure aux taux de croissance démographique et correspond à des crises politiques qui ont fait suite à l'instauration de l'empire en 1977 et à la désorganisation des infrastructures économiques et financières sur le plan intérieur. L'environnement international est demeuré hostile par la baisse des prix des matières premières. L'investissement est tombé de moitié pendant la période, soit 10,3 % du PIB.

– Le troisième et dernier cycle couvre la période 1994 -2024, marquée par la dévaluation du FCFA en 1994 qui a fait progresser la croissance de 1994 à 1999 de 3,5 % en moyenne. Cette situation favorable a été mise à mal par l'instabilité causée par des crises politico-militaires qui ont marqué la période 1996 - 2003. En 2003, l'année du coup d'Etat du général Bozizé, la croissance est tombée à -4,6 %. Entre 2004 et 2012 la moyenne de la croissance était de 3,84 % avec un pic de 5,1 % en 2012.

La période de 2013-2024. Elle est caractérisée par une crise d'instabilité politique majeure, la plus longue de l'histoire du pays, engendrée par la rébellion armée du groupe Séléka qui a pris le pouvoir en 2013. En effet, le taux de croissance est à la hauteur de la crise parce qu'il a représenté environ -36,4 % en 2013 niveau jamais atteint par le pays. La production a repris pour atteindre une moyenne 3,50 % entre 2017 et 2019 avant d'être nul en 2020 en faveur de la pandémie COVID-19 et la guerre de l'Ukraine. Selon le ministre des finances et du budget, le pays sera en récession en 2024 et 2025 avec de taux de croissance respectivement de -2,7 % et -0,5 % [Rapport du budget 2024, Assemblée nationale, 23 décembre 2024].

Les contre-performances sont inhérentes à cette instabilité politique, au manque d'une politique volontariste, à l'absence de la lutte contre la corruption et l'impunité, au manque d'une démocratie véritable, à la non modernisation de l'agriculture qui demeure celle de subsistance et non de production etc.

Les principales cultures vivrières ont connu une évolution régulière mais lente et représentent en moyenne ces dernières années 28 % du PIB contre une moyenne de 1,2 % du PIB aux cultures de rente. Leurs productions ont baissé ces dernières années à cause de la crise prolongée de 2003 et 2013 où les cultivateurs ont fui leur terre à cause les violences des divers groupes armés. La situation n'a pas fondamentalement changé depuis.

Les cultures de rente ont quasiment disparu pour les mêmes raisons à partir de 2003, une autre crise. Entre 2004 et 2012 la croissance était négative. En 2013 la production du coton a été évaluée à 3666 tonnes avec des arriérés dus aux cotonculteurs et la production du café est descendue à moins de 1000 t. La production du coton a repris avec une moyenne de 16 329 tonnes de coton graine entre 2009 et 2013 et reste nettement insuffisante.

L'élevage a représenté entre 1990 et 2005 en moyenne 16 % du PIB avec une croissance moyenne de 4 %. La rébellion armée et les « coupeurs de route » ont ralenti cette progression et les éleveurs qui viennent généralement des régions du nord se sont détournés vers les pays limitrophes. En 2013, les éleveurs qui ont intégré les rebelles de la séléka ont quasiment arrêté l'élevage en faveur de la Centrafrique. Cette situation a raréfié la production bovine en direction de la capitale et a renchéri les prix de la viande bovine dans les zones urbaines.

L'industrie manufacturière reste embryonnaire et régressive. Elle représente en moyenne à peine 8 % du PIB. Elle est constituée essentiellement des petites unités agro-alimentaires et la transformation marginale de certaines ressources telles que le bois.

L'industrie extractive est dominée par l'exploitation du diamant et de l'or. La production diamant ne cesse de diminuer à cause de la fraude et qui est évaluée à au moins de 50 % de la production réelle. La production du diamant est passée de 635 900 carats en 1968 à 354 200 carats en 2004. La tendance haussière a continué pour atteindre 417 690 carats en 2007. Avec la grande crise de 2013, la production est descendue à

118 900 carats pour être nulle en 2014 et 2015, le pays ayant été exclu du processus de Kimberley. Sa part dans les exportations représentait en 1990, 54,5 % et 5,8 % en 2020. Le diamant a été évincé par le bois dans les exportations à partir des années 2000.

La production de l'or a commencé en 1934 avec 906, 886 kg et, est descendue à 2,362 kg, avant disparaitre dans les statistiques. La production a réapparu en 1980 avec 537,508 kg et elle croit constamment ces dernières années. La fraude est également importante dans ce sous-secteur.

L'industrie forestière a pris un essor en la faveur de l'amélioration des cours mondiaux, ce qui a favorisé une exploitation sans précautions écologiques. La production a atteint 806,8 m3 en 2000 avant de commencer à diminuer pour atteindre 237,5 m3. La production a repris pour atteindre 602 m3 en 2020 mais est descendue à 549,6 m3 en 2021, soit une baisse de -8,7 %.

Les transformations sous forme de sciages et contre-plaqués restent marginales parce qu'elles sont inférieures à 15 % de la production et les exportations se font sous forme de grumes. Depuis une dizaine d'années les fabrications des contreplaqués sont quasiment arrêtées et sont dorénavant importés.

Selon la législation, la transformation devrait représenter 70 %. En 2021 elle n'était que 29 %. La directive de la CEMAC de 2020, fait obligation aux Etats de ne plus exporter les bois sous forme de grumes. La RCA n'applique pas encore cette directive.

En 1960, la part du bois dans les exportations était de 2,96 % et a augmenté constamment pour atteindre 47, 42 % en 2000 et 83,2 % en 2020 occupant ainsi la première place des produits exportés.

Le secteur du commerce est passé de 38 % du PIB en 1960 à 36 % en 1985, et est resté supérieur au secteur primaire jusqu'en 1989. En 2020, il représentait 49,1 % du PIB. Cette situation explique l'hypertrophie du secteur tertiaire, car le sous-développement de l'agriculture ne permettant pas de développer l'industrie, les produits manufacturés dans sa totalité proviennent de l'importation.

Entre 1993 et 2001, l'investissement public ne représentait en moyenne que 11,8 % du PIB et a décru continuellement pour atteindre 10,5 % en 2000. Une reprise est constatée et en 2014 elle représentait 22 % du PIB et 27 % du PIB estimé en 2020 en faveur de la crise qui a commencé depuis 2013. La faiblesse de l'investissement public explique les résultats économiques défavorables.

Les finances publiques centrafricaines sont victimes d'une faible pression fiscale, car en 1960, elle ne représentait déjà que 3,1 % du PIB avec une évolution défavorable. Entre 1986 et 2005, les recettes fiscales ont représenté en moyenne 8,1 % du PIB et peuvent être considérées comme la plus faible pression fiscale de l'Afrique.

Les causes de l'insuffisance des recettes fiscales sont essentiellement le développement de la corruption de certains agents des régies financières, la faiblesse des droits d'exportation et l'augmentation des importations frauduleuses ainsi que la grande fraude de la TVA. Cette situation fait que le pays fait appel constamment aux financements extérieurs pour payer une partie de ses dépenses régaliennes, en particulier les salaires des fonctionnaires.

Les dépenses courantes ont progressé plus vite que les recettes. Entre 1986 et 2005, elles ont représenté 19,1 % du PIB. Entre 2006 et 2012, le chiffre est de 10,12 %. Pour les autres années les dépenses n'ont pas beaucoup augmenté.

Le premier déficit budgétaire est apparu en 1967 mais ne représentait que 0,6 % du PIB. À partir de 1967, il est devenu important et se situe à 4,2 % du PIB, de 1986 à 1995 la moyenne est de 11,3 % du PIB. Dans les années 2000, les baisses sont à un niveau tolérable par rapport à la doctrine.

Les politiques économiques suivies ont été définies dans les plans de développement ou les programmes d'ajustement structurel (PAS). Depuis 1960, le pays a rédigé six plans de développement dont le premier n'a pas été appliqué et quatre PAS. Les résultats sont contrastés. Le plan quadriennal 1967/1970 a été exécuté à 73,6 % et a privilégié les infrastructures sociales, alors que le plan d'action 1982/1985 a été réalisé à 90,2 % et a mis l'accent sur les infrastructures de communication. Ce plan a répondu à la crise économique et financière post-empire qui a désorganisé l'économie. Le plan 1986/1990 a été confondu aux deux PAS qui ont couvert cette période avec des résultats mitigés.

Entre 2008 et 2010, le pays a mis en place la stratégie de réduction de la pauvreté (DSRP 1). Il a accédé au point de décision de l'initiative renforcée en faveur des pays pauvres très endettés (PPTE) en 2008 et au point d'achèvement en juin 2009, avec l'allègement de la dette multilatérale et bilatérale de la RCA.

Le DSRP 2 mis en place pour la période 2011-2015 a été écourté à cause de la rébellion armée de la Séléka.

Le Plan national de relèvement et de consolidation de la paix en Centrafrique (RCPCA) a été mis en place par le nouveau gouvernement issu des élections post-crises de 2013 pour la période de 2017-2021. Le bilan n'a pas été fait par le gouvernement. Cependant, globalement les notes partielles évoquent des résultats critiquables.

En 2024, le gouvernement a rédigé un plan national de développement (2014-2028). Celui-ci n'est pas ambitieux avec un taux de croissance projeté de 2,5 % et un investissement public représentant environ 11 % du PIB ce qui est très faible et ne peut relancer l'agriculture et éradiquer la pauvreté. Le taux faible de croissance prévu de 2,5 % sera difficilement atteint car le pays connaitra la récession en 2024 et 2025.

Les comptes extérieurs centrafricains sont globalement négatifs sur le long terme, ce qui dénote une capacité d'exportation et une économie de production insuffisantes. Le solde du commerce extérieur est demeuré négatif depuis 1960, avec une moyenne de 13 milliards sauf entre 1996 et 2003 à cause de l'augmentation des ressources provenant du bois qui a connu une embellie pendant la période. Ces excédents ont aussi été obtenus aussi par la rareté des financements extérieurs nécessaires aux investissements publics, qui a réduit les importations. Depuis, la balance commerciale est demeurée déficitaire et s'est aggravée à partir 2014 atteignant 161 milliards de FCFA.

Les soldes des balances des paiements montrent un déséquilibre structurel sur une longue période. Entre 1981 et 1996, la moyenne du déficit des transactions courantes a représenté -10,7 milliards de FCFA et s'était aggravé entre 1997 et 2005. Le déficit est devenu continu, atteignant -128,5 milliards de FCFA en 2014. Après 2015, la tendance baissière a continué, représentant 12.2 % du PIB et 10,5 % du PIB respectivement en 2023 et 2024, grâce à la redynamisation forestière et à l'amélioration de la gouvernance du secteur extractif.

L'endettement extérieur est passé de 111,7 milliards en 1984 à 689,3 FCFA en 1994, conséquence de la dévaluation du FCFA qui a doublé mécaniquement son encours. En 2004, le ratio dette/exportations a représenté 872,9 %, le service de la dette/ exportations 24,9 %, et le service de la dette/recettes budgétaires 38,1 %. En 2009, la RCA a atteint le point d'achèvement et a ainsi bénéficié de la réduction de la dette dans le cadre de l'initiative PPTE. Ainsi l'encours de la dette extérieure a commencé a baissé : en 2014, le ratio par rapport au PIB est passé à 43,7 % du PIB. Entre 2016 et 2017 ce ratio était en moyenne de 46,32 % du PIB. En 2020, il est tombé à 16,14 % du PIB. Le plan national de développement prévoit une augmentation de la dette publique de plus de 70 % du PIB dépassant la norme habituelle.

La pauvreté s'est développée ces dernières années d'une manière importante car le revenu par tête est passé de 415,6 dollars en 1985 à 330 dollars en 2004. Entre 1994 et 2003 l'indice de la pauvreté est passé de 62 % à 71 %, soit une progression de 9 % de la pauvreté. En 2004 le pays est classé selon le PNUD, 169ème sur 177 pays étudiés.

Le taux net de scolarisation qui était de 81 % en 1975 est descendu à 55 % en 2000. Le taux de prévalence du VIH/SIDA est passé de 2 % en 1984 à 6,2 % en 2006, mais a diminué ces dernières années. L'espérance de vie à la naissance qui était de 48,5 ans en 1995 est descendue à 39,8 ans en 2002. La situation n'a guère changé en 2023. D'après une étude de la Banque mondiale faite en 2023, la pauvreté est généralisée et touche 68,8 % de la population, soit 4,2 millions de personnes sur une population de 6,1 millions d'habitants. Ce qui fait de la RCA, le pays plus pauvre de la zone CEMAC et de l'Afrique. Elle est située sous le seuil de pauvreté internationale de 2,15 dollars en PPA de 2017 par personne et par jour. L'indice du développement (IDH) classe la RCA parmi la catégorie « faible ».

La situation économique actuelle du Centrafrique ainsi décrite nécessite une vraie guerre économique et démocratique qui passe par l'instauration d'un ordre éthique national. Le mot guerre est utilisé volontairement, opposé à une situation de guerre qui est devenue récurrente depuis trois décennies dans ce pays. À des guerres dévastatrices et inutiles qui ont pour but de détruire l'économie et les hommes dans le but de satisfaire des intérêts individuels, nous opposons une guerre qui vise le bien être de la population.

Dans le cadre de cette guerre économique, nous énumérons quelques éléments de la politique économique qui est basée sur la révolution verte. En effet, la cause essentielle de la pauvreté durable en Centrafrique est une agriculture sous développée et archaïque malgré ses nombreuses potentialités.

L'agriculture est la base fondamentale de la guerre économique, en ce sens qu'une agriculture développée a un effet entraînant sur l'industrie et réduit la pauvreté par l'augmentation des revenus et d'opportunités.

L'agriculture développée nécessite plusieurs conditions :

– Conditions de formation, d'éducation et d'alphabétisation de la population rurale qui représente environ 85 % de la population, lui permettant de mieux avoir accès aux maniements des technologies adaptées et qui doivent être introduites dans l'agriculture dans le cadre de la nouvelle politique.

– Conditions de financement pour permettre l'accès aux technologies et aux intrants. La nouvelle politique doit développer les services financiers ruraux pour drainer l'épargne rurale et distribuer des crédits. Dans ce domaine, l'Etat a un rôle fondamental à jouer tant par la subvention d'intrants, les garanties de certains prêts et les négociations pour faire bénéficier les agriculteurs des financements internationaux.

– Condition de l'existence pérenne de la démocratie, victoire historique du peuple centrafricain contre le parti unique en 1991, dont certains principes fondamentaux sont mis en cause par les gouvernements successifs depuis 1993.

– Condition de lutte contre la corruption et l'impunité. Sauf l'instauration d'une bonne gouvernance peut sécréter suffisamment des recettes intérieures pour le financement du développement.

– Conditions technologiques de l'information et de communication (TIC) peuvent accélérer le développement économique et social de la RCA. Or, l'économie numérique est très en retard en Centrafrique : insuffisance d'infrastructures et de compétences numériques.

– Conditions de commercialisation qui concernent l'enlèvement des produits chez les producteurs pour le marché interne et l'accès des produits centrafricains au marché international. Pour faciliter les circulations des produits dans ce domaine, les pouvoirs publics doivent construire et entretenir les routes, électrifier des zones rurales par toutes les possibilités existantes (énergie solaire, hydraulique en particulier).

– Conditions de diversification des cultures pour s'adapter aux demandes des marchés.

– Conditions des femmes dans le monde rural. L'amélioration de leur situation par l'éducation, l'accès aux crédits et leur reconnaissance en tant qu'élément déterminant dans le développement agricole.

L'industrie doit être centrée sur une agriculture développée, car son objectif premier est de transformer les produits agricoles et de l'élevage nécessaires pour la grande consommation et tirer ainsi une valeur ajoutée importante. Elle doit être bâtie sur les petites et moyennes industries.

Le pays dispose de deux atouts pour développer l'industrie : des ressources naturelles agricoles et de l'élevage et les réserves du sous-sol et la disponibilité des technologies adaptées existantes dans de nouveaux pays industrialisés.

Quelques conditions doivent être également remplies dont certaines ont été énumérées dans le cadre du développement agricole :

– les transports routiers, fluviaux et aériens doivent être développés ainsi que les télécommunications et l'énergie.

– le coût de crédit doit être réduit ainsi que les conditions d'accès.

– l'amélioration de l'environnement politique et judiciaire des affaires.

– le développement du secteur privé.

– le développement des technologies de l'information et de communication (TIC).

Cette guerre économique doit avoir comme base, l'éthique économique, politique et sociale.

Nous distinguons le contenu politique ou démocratique, le contenu économique et social et le contenu de gestion administrative. Les éléments qui constituent des contenus ne sont pas exhaustifs.

1)– Contenu de l'éthique politique ou démocratique

Le contenu de l'éthique politique ou démocratique est l'application et la défense sans réserve des principes universels de la démocratie suivantes :

– les libertés fondamentales reconnues à tous les citoyens et les biens premiers définis dans toute constitution réellement démocratique qui doit s'inspirer des textes internationaux fondamentaux (garanties de toutes les libertés, en particulier, liberté d'aller et venir, droit à l'organisation, droit à l'information, droit

de l'opposition etc.) ;

– la défense des droits humains et sociaux ;

– la lutte contre l'impunité qui constitue une entorse majeure à la démocratie et à l'égalité des citoyens devant la loi ;

– la lutte contre la corruption

Etc.

2)– Contenu de l'éthique économique et sociale

Le contenu de l'éthique économique et sociale est la recherche de la justice sociale basée sur la justice distributive et la lutte contre les inégalités sociales. La production économique doit favoriser toutes les couches de la population, en particulier en développant les capacités des populations démunies.

La satisfaction de la demande sociale (santé et éducation), élément déterminant de l'augmentation de la production des richesses et de justice sociale.

La maîtrise de l'environnement pour garantir l'avenir économique et social de la génération future et confirmer le rôle de la femme dans la transformation du pays.

3)– Contenu de l'éthique administrative

L'éthique administrative vise :

– la transparence par l'utilisation des procédures légales et la mise des informations à la connaissance de la population ;

– la neutralité par rapport au pouvoir politique et la non-discrimination ;

– la légalité par le respect strict de la loi ;

– l'intégrité et la probité morale qui est la négation du népotisme, du trafic d'influence, du favoritisme ;

– l'absence de conflit d'intérêts car le fonctionnaire ne doit pas avoir une autre fonction ou position ni des intérêts financiers ou commerciaux incompatibles avec ses fonctions.

Éléments bibliographiques

ADDA (J) : *La mondialisation de l'économie*, La Découverte, 2004

ALLAN Colm et NEIL OVERY : *La gouvernance économique et les normes de gestion : Ce que devrait rechercher la société civile*, 2009

AMIN (S) : *Le développement du capitalisme en Côte– d'Ivoire*, Ed. de minuit,1971

APAZA (C) : *La pertinence des « indicateurs mondiaux de la gouvernance » : un débat scientifique en cours*, 200

ARNSPERGER : (C) *L'éthique économique et sociale nous aide-t-elle à agir ?* Revue de théologie et de philosophie, Octobre, 2004

ASSOGBA (Y) : Gouvernance, économie sociale et développement durable en Afrique, 200

BACHELARD (G) : *La formation de l'esprit scientifique*, Vrin, Ed. 1993

BAIN (O) : *De la faillite des programmes d'ajustement structurel en passant par le problème de la dette à travers l'étude de quatre pays : Le Ghana, le Sénégal, le Mali et le Zimbabwe,* 2001

Banque mondiale : *Evaluation de l'économie numérique en République centrafricaine*, 2021

BANQUE MONDIALE : *La lutte contre la corruption*, 2020

BANQUE MONDIALE : *Les technologies de l'information et des communications sont en train de révolutionner de développement en Afrique*, 2012

BANQUE MONDIALE : *Rapport 2020 sur la pauvreté et la prospérité partagée,* 2020

BANQUE MONDIALE, *Accélérer la réduction de la pauvreté en Afrique*, 2019

Banque Mondiale, ICASEES : *Evaluation de la pauvreté en République Centrafricaine 2023*, 2023

BARBIER (E) : *Économie verte et développement durable ; enjeux de politique économique*, 2012

BARDELLI (P) et BELO (P) : *Le développement durable : Enjeux et ambiguïtés,* 2005

BAYEMI (V) : *Corruption et crise des hôpitaux publics à Douala ; Le schéma d'une organisation tripolaire*, 2008

BIRD (G) et GUTMAN (S) : *Foreign aid, the issues*, in « National Westminster Bank Quaterly Review", Londres, Août 1981

BLUNDO (G) et OLIVIER de SARDAN (J-P) Sous la direction de : *La corruption au quotidien en Afrique de l'Ouest,* EHESS, IUED, IRD, 2001

BLUNDO (G) et OLIVIR DE SARDAN (J-P) : *La corruption quotidienne en Afrique de l'ouest*, 2001

BOONGI EFONDA Efolote : *L'instabilité politique : cause majeure de l'afflux des réfugiés en Afrique,* Université de Kinshasa, 2002

BORE (H) : *Avez-vous dit République centrafricaine ?* , 2014

BOYER (R) : *Etat, marché et développement : Une nouvelle synthèse pour le XXIe siècle*, CEPREMAP, CNRS, EHESS, 2004

BRODHAG (C), GONDRAN (N) et DELCHET (K) : *Du concept à la mise en œuvre du développement durable : Théorie et pratique autour de guide SD 21000*, Septembre 2004

CALLOVD (H): *Dollar et l'Europe monétaire*, Banque de France, 1983

CAPIAN (A) : *Cours d'économie politique*, Université des sciences sociales de Toulouse, 1978

CARTIER-BRESSON (J) : *La Banque Mondiale, la corruption et la gouvernance,* 2000

CASDONA (F) : *Politiques et organismes de lutte contre la corruption*, 2015

CEA, NATIONS UNIES : *Vaincre la corruption en Afrique grâce à un système judiciaire indépendant, responsable et intègre*, 2017

CESAR (J) et SMAILI (N) : *Ecosystème de lutte contre la corruption : une approche intégrative*, 2021

CHENERY (H) et autres, *Redistribution et croissance*, Ed.PUF, 1977

CHENERY (H. B.) et STROUT (A) : *Foreign assistance and economic development*, AER,September, 1966

CLING (J-P), RAZAFINDRAKOTO (M) et ROUBAUD (F) : *La banque Mondiale et la lutte contre la pauvreté : tout changer pour que tout reste pareil ?* D.I.A.L, document de travail, 2002

CLING (J-P), RAZAFINDRAKOTO (M), ROUBAUD (F) : *Les novelles stratégies internationales de lutte contre la pauvreté et pour les droits humains,* DIAL, 2002

COMMUNAUTE AFRICAINE DES PRATIQUES : *Recueil d'études de cas sur la gouvernance et le développement socio-économique,* 2018

CONFERENCE des NATIONS UNIES sur le COMMERCE et le DEVELOPPEMENT : *Le développement économique en Afrique, de l'ajustement à la réduction de la pauvreté : qu'y a-t-il de nouveau ?* Genève, 2002

CONSEIL DE L'EUROPE : *Les bases conceptuelles de la lutte contre la corruption*, 2014

COULOMB (F) : *Pour une nouvelle conceptualisation de la guerre économique,* Editions Ellipses, 2003

COUSSY (J) : *Etats africains, programmes d'ajustement et consensus de Washington*, 2006

DAKOURE (E) : *Gouvernance de TIC et inégalités en Afrique : une approche critique*, 2012

DAVAKAN (B.A) : *Démocratie et pesanteurs culturelles en Afrique Noire : faut-il penser une« démocratie tropicale » ?* Perspective africaine, 2005

DE COSTER (L) ET AUTRES : *La corruption dans la chaîne pénale à Bangui, en République centrafricaine, Malheur à l'homme seul*, 2017

DELEAGE (J-P) et HEMERY (D) : *L'écologie, critique de l'économie*, 1989

DOUACLE KETTE (O) : *République centrafricaine : les raisons d'un enlisement prévisible en les leçons à tirer*, 2019

DOUBA (G) : *Faire de la lutte contre la corruption en République centrafricaine un enjeu fondamental,* 2013

EPAULARD (A) : *Croissance et réduction de la pauvreté dans le pays en développement et les pays en transition,* 2003

ESCOFFIER (S) ET AUTRES : *Nature et formes de la violence causes du conflit en RCA*, 2014

FERRO (M), sous la direction : *Le livre noir du colonialisme*, Robert Laffont, 2003

FERRY (B) : *Population, développement et VIH/Sida, et leurs rapports avec la pauvreté*, INED, Paris X, 2005

FMI : C*adre stratégique de lutte contre la pauvreté- Questions d'ordre opérationnel,* 1999

FOUNOU-TCHUIGOUA (B) : *L'échec de l'ajustement en Afrique*, 1994

FOURNIER (C) : *Notre système économique est-il incompatible avec l'écologie ?*, 2021

FUALDES (N) : *Dette ; vingt ans après l'initiative PPTE, retour au point de départ*, 2018

GABAS (J-J), HUGON (P) : *Les biens publics mondiaux : conceptions et implications pour la coopération internationale*, GEMDEV, 2001

GALAVIELLE (J-P) : *De l'éthique économique à l'éthique des affaires*, Problèmes économiques

GAULME (F) : *Congo-Brazzaville, la guerre civile et ses conséquences sur le Gabon*, 2000

GLOBAL WITNESS : *Bois du sang. Comment l'Europe a aidé à financer la guerre en République centrafricaine*, 2015

GODOUAMA (J-B V) ; *Voyage dans le temps, Le combat du silence*, L'Harmattan, 2023

GROUPES D'ETUDES GEOPOLITIQUES-AFRIQUE SUBSAHARIENNE : *Comment traiter la dette africaine contaminée par le Covid-19 ?* 2020

GURTNER (B) : *Comment financer le développement après la crise économique et financière,* 2011

GUSTAFSON (S) : *Les TIC dans l'agriculture africaine*, 2017

HOUENOU (A-S) : *Aspects de la crise en république centrafricaine*, PSEI, N° 5

HOUSSEIN (M) : *Les conflits armés en Centrafrique, cause et conséquences*, 2014

HUGON (P) : - *L'économie éthique publique : Biens publics mondiaux et patrimoines communs*, Économie éthique N° 3, 2003

HUMBERT (M) : Bonne gouvernance versus démocratie : les rhétoriques de la Banque mondiale, Presses universitaires de Rennes, 2018

HUSSAMAN (K) : *Traiter le problème de la corruption dans le secteur de la santé. Comment assurer un accès équitable pour tous les soins de santé*, U4 Anticorruption Ressource Centre, 2012

HUSSON (B) : *La problématique : entre indigénités et modernités*, Cahier du GEMEDEV, juin1998

KALAFATIDES (L) : *Ecole : les casernes de la guerre économique*, l'Ecologie N° 3

KALULAMBI PONGO (M) : *Démocratie et développement durable en Afrique francophone : éléments pour un débat.* Université nationale de Colombie, 2003

KANDEM (E) : *Le management face à l'environnement socioculturel*, Colloque du réseau de recherche en sciences de gestion de l'Agence universitaire francophone, Beyrouth, 2004

KENMOGNE (R) et OYENLYI (K) : *Liberté d'Internet en République centrafricaine*, 2021

LABARDE (P) et MARIS (B) : *Ah Dieu* ! *Que la guerre économique est jolie*, Albin Michel, 1998

LALLAU (B) : *Plongée au cœur des ténèbres centrafricaines*, Journal des anthropologues, 2O15

LAMPRISRE (L) et FOURMY (S) : *Les mensonges français sur l'aide publique au développement*, 2008

LATOUCHE(S) : - *Justice sans limites*, fayard, 2003

LAURENT (M) : *L'apport des nouvelles technologies au développement de l'Afrique : l'exemple des données satellitaires,* 2011

LAUTIER (B) : *Pauvreté : Quelques aspects particuliers. L'étude de la pauvreté est-elle un substitut à l'étude du développement ?* Revue Tiers-Monde, N° 160, 1999

Le MASNE (P) *: Privatisations et affaiblissement des services publics : Nouvelle régulation et conséquences sociales,* Université de Poitiers, 2003

LECOMTE (T) : *Le commerce équitable*, Eyrolles, 2004

LONSDALE (J) : *Ethnicité, morale et tribalisme politique*, Trinity College (Cambridge), 1995

LOUKOU (A-F) : *« Les TIC au service du développement en Afrique » Simple slogan, illusion ou réalité ?*, 2012

MAIL et GUARDIAN-JOHANNESBURG : *Enquête, Centrafrique : le blanchiment des diamants*, 2016

MANZAGOL (C) : *La mondialisation*, Armand Colin, 2003

MARECHAL : (J-P) *Ethique et économie, une opposition artificielle*, Presses Universitaires de Rennes, 2005

MASSIAH (G) : *Grandeur et décadence de l'ajustement structurel. Les programmes d'ajustement structurel et le développement,* AITEC, 2000

MAURO (D) *: Théorie de l'« ethnie » et réalités sociales à Madagascar, Colloque du centenaire de l'Académie Malgache*, 2002

MAY (J) : Le lien entre TIC et pauvreté, Université de KwaZulu-Natal

MBONDA (E-M) *: La « justice ethnique » comme fondement de la paix dans les sociétés pluriethniques. Le cas de l'Afrique,* 2002

MEDECINS SANS FRONTIERES : RCA : *Une population livrée à la violence*, 2021

MEDINA (V) : *Causes et conséquences des guerres civiles, Problèmes économiques*, N° 31, 2004

MEITE (Z) : *Corruption en milieu scolaire ivoirien, représentations sociales de sa solution par les enseignants,* Université Félix Houphouët-Boigny, 2020

MEYER-BISCH (P) : *L'éthique économique : une contrainte méthodologique et une condition d'effectivité des droits humains,* Économie éthique N° 5, UNESCO, 2003

MEYER-BISCH : *L'éthique économique,* Université Catholique de Louvain, 2004

MICHALET (C-A) : *Qu'est-ce que la mondialisation ?* La découverte/poche, 2004

MICHELSEN INSTITUTE : *Risques de corruption dans le système de justice pénale et outils d'évaluation*, U4 Issue, mai 2015

MICHELSEN INSTITUTE, *La corruption dans le secteur de la santé*, U4 IUUE ,2009

MULUMA MUNANGA (A) et NGOMPER HUNGA : *Guerres et problèmes de l'environnement en Afrique, cas de la République démocratique du Congo*, INVENT, N° 3, 2002

MURSELI (H) : *L'éducation en situation de conflit en République centrafricaine : les Espaces Temporaires d'Apprentissage en question*, 2019

NANGA (J) : *Le* néocolonialisme *et l'Ethnisme néolibéral. L'exemple du Congo-Brazzaville*, 2003

NATIONS UNIES *: L'incitation à la haine et à la violence en République centrafricaine*, 2019

NATIONS UNIES : *Système financier international et développement, Rapport du secrétaire général,* 2018

NATIONS UNIES-COMMISSION ECONOMIQUE EN AFRIQUE : *Rapport sur la gouvernance en Afrique IV*, 2016

NDIAYA (N) *: Le rôle de la femme dans les conflits en Afrique et la réponse de l'OIM*, Accra, 2001

NGASSA NYA (Y-D) : *La corruption en milieu scolaire au Cameroun : Les opinions des élèves comme moyen de compréhension du phénomène*, 2016

NGOVON (G) : *Le contrôle des ressources de l'Etat, un enjeu des conflits en Centrafrique*, 2014

NTAMAHUNGIRO (J) : *Les causes de la pauvreté en Afrique Subsaharienne et les enjeux pour en sortir*, 2008

OCHA /*Journée mondiale de l'aide humanitaire. Les civils ne sont pas une cible, Bulletin humanitaire, République centrafricaine*, août 2017

OSMONT (A) : *L'Etat efficace selon la Banque Mondiale. Les villes et l'ajustement structurel,* cahier du GEMDEV, N° 25, Juin 1996, Paris

PERRET (C) : *Des modèles de croissance aux théories du développement territorial endogène ; vers une prise en compte de capital social*, 2014

PEYROUX (E) et NINOT (O) : *La révolution numérique en Afrique*, 2019

PLIHON (D) ; *L'alter mondialisme, version moderne de l'anticapitalisme ?,* Actuel Marx 2008, N°44

PNUD : *Enquête sur la corruption auprès des ménages et des entreprises-Résultats de l'enquête en Centrafrique*, 2005

PNUD : *Evaluation de l'impact socio-économique de la pandémie de coronavirus en République centrafricaine*, 2020

PONTY (N) : *Mesurer la pauvreté dans un pays en développement*, Statéco N° 90-91, 1998

POURTOIS (H) : *L'enseignement de l'éthique peut-il contribuer au développement social ?* Université catholique de Louvain, Forum Barcelone, 2004

RAFFINOT (L) : *La dette des tiers mondes,* La découverte, 1993

RAPPORT sur le DEVELOPPEMENT HUMAIN-Burkina-Faso : *Problématique de la corruption et développement humain*, 2003

RAWLS (J) : *Théorie de la Justice*, Seuil, 1987

REISEN (H) : *Chine/Afrique, vers une dette plus soutenable* ?, Courrier de la planète N° 84

ROUSSEAU (S) : *Capabilités, risque et vulnérabilité*, (C3ED, UVSQ), 2002

ROYAUME DU MAROC, LE PREMIER MINSTRE, *Etude sur le phénomène de la corruption dans le secteur de la santé : Evaluation et diagnostic, Rapport de synthèse,* 2011

SAVARY (J) : *Les théories de la justice : Eléments du débat contemporain*, 2004

SCHOUTEN (P) et KALESSSOPO (S-P) : *« Laissez-piller », l'économie politique des barrières routières en République centrafricaine. La route sa coute*, 2018
SEN (A) : *Un nouveau modèle économique*, Ed. Odile Jacob, 2003
SOULEY (A-N) : *Ajustement structurel et effondrement des modèles idéologiques : Crise et renouveau de l'Etat africain*, 1991
TENE-KOYZOA (A) : *Centrafrique, histoire économique et sociale au XXe siècle*, 2005
THE GLOBAL FUND : *Rapport d'enquête, Subventions du Fonds mondial à la République centrafricaine, fuites importantes de médicaments*, Genève, 2018
TILOUINE (J) : Des « diamants du sang » de Centrafrique en vente sur Facebook et Whatsapp, 2017
TORRE de la (R) : *Mexique : inégalité, pauvreté et polarisation sociales*, Instituto tecnologico autonomo de México, 1997
TOUSSAINT (E) : *À qui profite réellement l'Aide Publique au Développement*, TIM/Genève, 2004
TRANPARENCY INTERNATIONAL : *Rapport mondial sur la corruption, le changement climatique :*
TRANSPARENCY INTERNATIONAL et PNUD : *Les conventions contre la corruption en Afrique, que peut faire la société civile pour qu'elles fonctionnent*
TRANSPARENCY INTERNATIONAL : *Perceptions et expériences de la corruption par les citoyens,* 2019
TRANSPARENCY INTERNATIONAL, *Rapport mondial sur la corruption : L'éducation*, 2013
TRAORE (D) : *Le rôle des TIC dans l'intégration régionale et le développement économique en Afrique de l'ouest*, 2015
UNICEF : *Un retour en arrière : impact de la crise sur l'éducation en République centrafricaine depuis décembre 2012*, 2013
UNICEF, *la crise en république centrafricaine*, 2018
UNION INTERNATIONALE DES TELECOMMUNICATIONS : *La situation des TIC en Afrique*, 2007
VALLEE (O) : *La construction de l'objet corruption en Afrique*, 2006
VIRCOULON (T) : *Ecosystème des groupes armés en Centrafrique*, 2020
VIRCOULON (T) : *Pourquoi la crise centrafricaine dure et va durer*, 2017
YACOUBA (H) : *Guerres et conflits identitaires en Afrique / nécessité d'un dialogue interculturel,* 2012

Table des matières

PARTIE II.
LA CENTRAFRIQUE : UN PAYS PAUVRE DURABLE

Structures éditoriales du groupe L'Harmattan

L'Harmattan Italie
Via degli Artisti, 15
10124 Torino
harmattan.italia@gmail.com

L'Harmattan Hongrie
Kossuth l. u. 14-16.
1053 Budapest
harmattan@harmattan.hu

L'Harmattan Sénégal
10 VDN SICAP AMITIE 3
BP 45034 Dakar-Fann
direction@senharmattan.com

L'Harmattan Cameroun
Tsinga/Derrière polyclinique FECAFOOT
BP 11486 Yaoundé
Jacques.koukam@harmattan.fr

L'Harmattan Burkina Faso
Villa 281, secteur 23 623, rue 14.32
Ouagadougou
zagbie@outlook.fr

L'Harmattan Guinée
Almamya, rue KA 028 OKB Agency
BP 3470 Conakry
harmattanguinee@yahoo.fr

L'Harmattan RDC
185, avenue Nyangwe
Commune de Lingwala – Kinshasa
matangilamusadila@yahoo.fr

L'Harmattan Congo
219, avenue Nelson Mandela
BP 2874 Brazzaville
deunovmikhael@gmail.com

L'Harmattan Mali
Immeuble Mgr Jean Marie Cissé
Aci Hamadallaye
BP 145 Bamako
syllaka@yahoo.fr

L'Harmattan Togo
Djidjole – Maison Amela
face EPP BATOME
02 BP 20680 Lomé
didieramela11@gmail.com

L'Harmattan Côte d'Ivoire
Résidence Karl – Cité des Arts
Abidjan-Cocody
03 BP 1588 Abidjan
harmattan.ivoire@gmail.com

L'Harmattan Bénin
Rue 604, (Immeuble à l'entrée
de la rue UCAO- Cite de Saint-Jean)
Cotonou
stepcorpus@gmail.com

Nos librairies en France

Librairie internationale
16, rue des Écoles
75005 Paris
librairie.internationale@harmattan.fr
01 40 46 79 11
www.librairieharmattan.com

Librairie des savoirs
21, rue des Écoles
75005 Paris
librairie.sh@harmattan.fr
01 46 34 13 71
www.librairieharmattansh.com

www.ingramcontent.com/pod-product-compliance
Lightning Source LLC
LaVergne TN
LVHW021134061026
849535LV00002B/235